台湾人四百年史

史明〔著〕

秘められた植民地解放の一断面

鴻儒堂

台湾島図

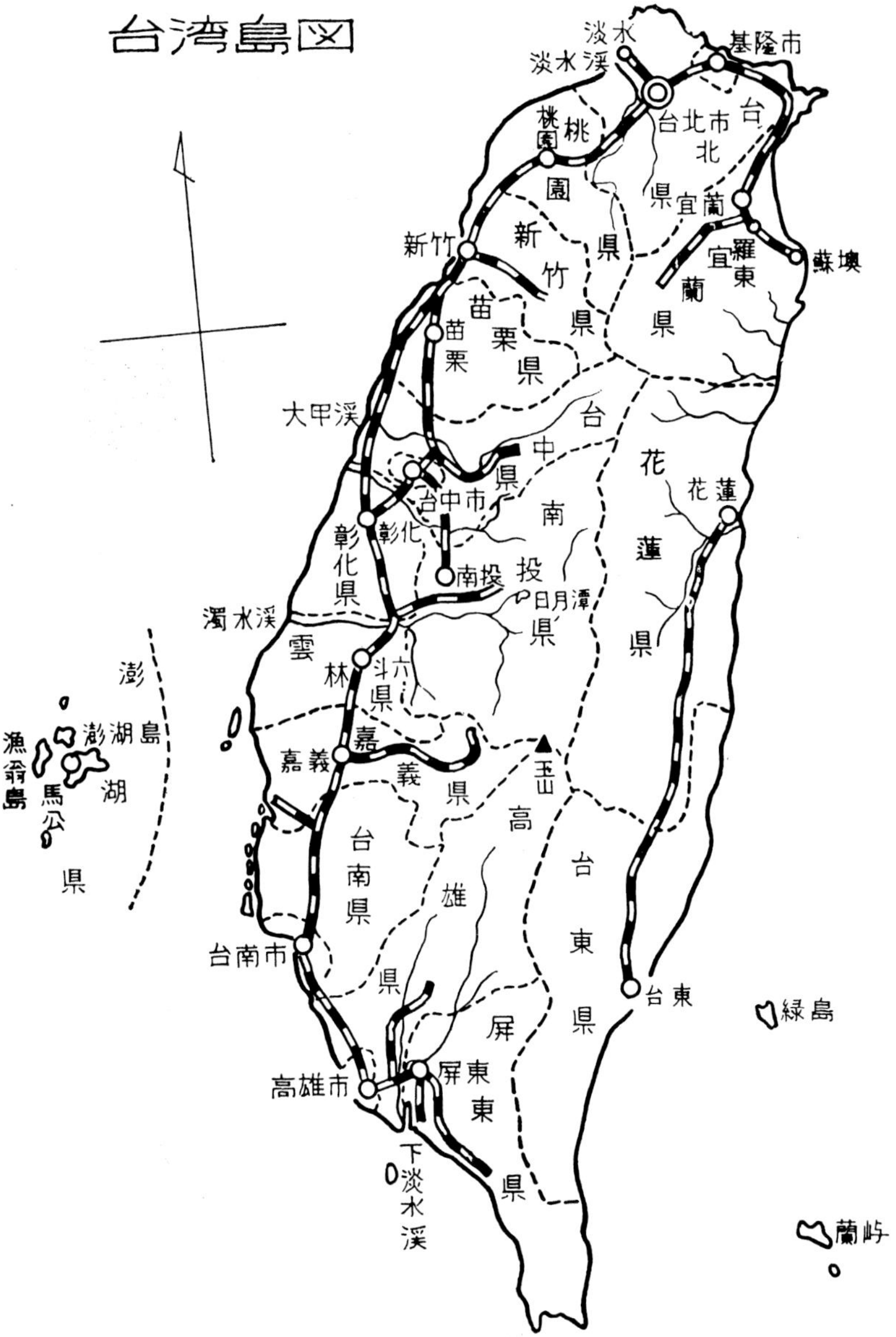

淡水
淡水渓
基隆市
台北市
台北県
桃園
桃園県
新竹
新竹県
宜蘭
宜蘭県
羅東
蘇墺
苗栗
苗栗県
大甲渓
台中県
台中市
彰化
彰化県
南投
南投県
日月潭
花蓮
花蓮県
濁水渓
雲林県
斗六
澎湖島
漁翁島
馬公
澎湖県
嘉義
嘉義県
玉山
台南県
台南市
高雄県
台東県
台東
緑島
高雄市
屏東
屏東県
下淡水渓
蘭嶼

台湾人四百年史　目次

題字　武者小路実篤

再版はしがき

人はなぜ歴史を学ぶのか、人は常に歴史のなかに生きている。だから、人は歴史を師として、過去の行為や社会の営みから学び、現在に連なり、更に未来の可能性を目指す。

台湾史は、昔古に悠久なる「史前時代」を重ね、嗣いで「有史時代」に連続して、今日の台湾・台湾人に繋いだ。しかるに、有史四百年、台湾・台湾人は、次々と外来侵略者に犯され、非情な植民統治を受けてきた。

それでも各時代の台湾祖先たちは、営々辛苦と汗水ながし、移民・開拓・資本主義化・近代化の「物質建設」に励み、外敵に対しては、「台湾人」（原住民系台湾人と漢人系台湾人）の立場を堅持し、反オランダ・反清朝漢人統治・反日本帝国主義、及び反蒋家国民党中華民国に、生死をかけて、「精神建設」に努力し、「出頭天做主」（自主独立をえて、自ら自分の主人になる）、という一大遺産を子孫に残した。

だけれど、二十一世紀に至る今日と言えども、台湾・台湾人は、また植民地体制下に呻吟していて、未だ解放されていない。その原因を手繰れば、色々とそのわけは雑多であるが、何と言っても、台湾人自身が、基本である台湾史の探究や省察が粗かで、一般大衆に対する啓蒙普及にも無関心であったことが、一大致命傷であったことは否めない。

もともと、本書は、真理探究の精神に則し、次の諸項に基いて台湾史を叙述してきた：

（1）「歴史社会学」の方法でもって、台湾史上の諸現象を分析する。

（２）台湾の「史実」に基いて叙述する。

（３）被圧迫民族、とくに台湾大衆の立場に立って諸史実の位置ずけする。

（４）経済及び人文の発展の観察を諸史実分析の基礎にする。

（５）台湾をめぐる国際環境や時代潮流、及び外来統治者の国内事情とその植民地政策を重視する。

今般、日本文に堪能な方々の御要望に答えるため、本書の再版に踏込むことにした。

本書には、資料不足や叙述の旧式化などの諸欠陥を免れないが、一九八〇年版、あるいは一九九六年版の漢文版「台湾人四百年史」（台湾台北・草根文化出版社，TEL：02-23632366）、及び“Taiwan's 400 year History”（一九八六年）を併せ、ご参考にして載いたら、幸甚に存じます。

本書再版に際し、面倒な編集業務などを担当して来られた鴻儒堂書局黄成業社長、及び殷子期さんに、心から感謝いたします。

二〇〇四年寒冬

史明

はしがき

まず最初に、〝台湾人四百年史〟という書名に奇異の感を抱かれる方も多いと思う。何故、〝台湾史〟もしくは〝台湾四百年史〟としなかったかと訝かる向きもあろう。

それは筆者が、四百年来、被支配に終始してきた台湾人とはいかなる民族か、その生成発展はどうであったか、また、その民族意識はいかなる紆余曲折をへて、現在にいたったかを明かにし、かつ、台湾人の歴史の歩みの中に、これら一千万同胞（一千三百万同胞――一九七三年現在）の今後、進むべき道を見出さんがため、〝台湾人四百年史〟という名称を選んだのである。

われわれ台湾人は今日まで、自分たちの住んでいる社会の生いたちには余りにも疎かったし、わが祖先たちが血と汗で築き上げてきた台湾開拓の歴史についても、殆んど断片的な知識しか持ちあわせていなかった。これが台湾人意識を脆弱なものとし、四百年の長きにわたって植民地の被支配的地位に甘んじさせてきたゆえんである、といって過言ではない。

筆者は台湾に生れ、一台湾人として育ち、幼き頃から父老たちの語る伝説や体験談に、〝開けゆく宝庫・台湾〟の往時を偲び、南海の孤島にうちよせる潮騒のなかに、島の住人たちの辛苦艱難をひしひと感じとってきた。長ずるに及んで、郷土台湾についての史料、文献を渉猟することに、人一倍興味を覚えるようになったが、それが殆んど例外なく、中国人もしくは日本人のような支配者側の観点から記されたものばかりであって、父老たちやわれわれが身をもって体験した事実との懸隔の甚しさに、しばし忘然自失せねばならならなかった。

ここにおいて筆者は、台湾人自身による台湾人の歴史書の必要をしみじみ痛感させられ、情熱のほどばしるまま、浅学非才をも顧みず、あえて〝台湾人四百年史〟の筆をすすめた。

わずか数百頁の紙数の中に、四百年の歴史をもることは、まことに至難の業であったし、語り伝えの不鮮明、信ずべき資料の散佚、筆者の記憶ちがい等による誤りもあるやもしれず、この点、大方の叱正を得て、後日、その正鵠を期したい、と念願するものである。

一九六二年六月初夏

東京寓居にて

著者識す

第一章　台湾のあけぼの

台湾の風土

北緯二十三度半の北回帰線という熱帯と温帯の境界線にまたがり、アジア大陸にそって南シナ海に浮ぶ台湾の島々は、はるか遠い地球草創の年代には大陸と陸続きとなっていた。

それが、ずうっと下っていまから五万年ばかり前の洪積世の終りころまでには、すでに大陸からはなれ、現状とほぼかわらない島々ができあがったものと思われる。

地理上でいう台湾とは、台湾本島と澎湖諸島の二つのグループに大別され、大小七十九個の海島からなりたっている。

そのうち、総面積の九十九パーセントをしめる台湾本島は、ベルギーよりちょっと大きく、日本でいえば九州より少し小さいぐらいの大きさで、三万五千七百五十九平方キロメートル強の細長い島である。南北の長さは三百七十七キロメートルに対し、東西は、最も巾広いところでも百四十二キロメートルにすぎない。周囲は千五百六十六キロメートルである。そして、地図で見れば、この島の形が両端の尖ったサツマイモにそっくりの格好をしている。いまでは、その親しみ深い格好が、この島で生れでた台湾人たちの共通のシンボルとなってしまい、それにあやかって彼ら同士で、〃蕃薯仔《ハンチア》〃（サツマイモの台湾語）と呼びかけあう情感をつくりあげるにいたった。

島内は、地形上、中央山岳地、西部平地、東部渓谷地の三つの部分に大別される。そのうち、山岳地帯は本島面積

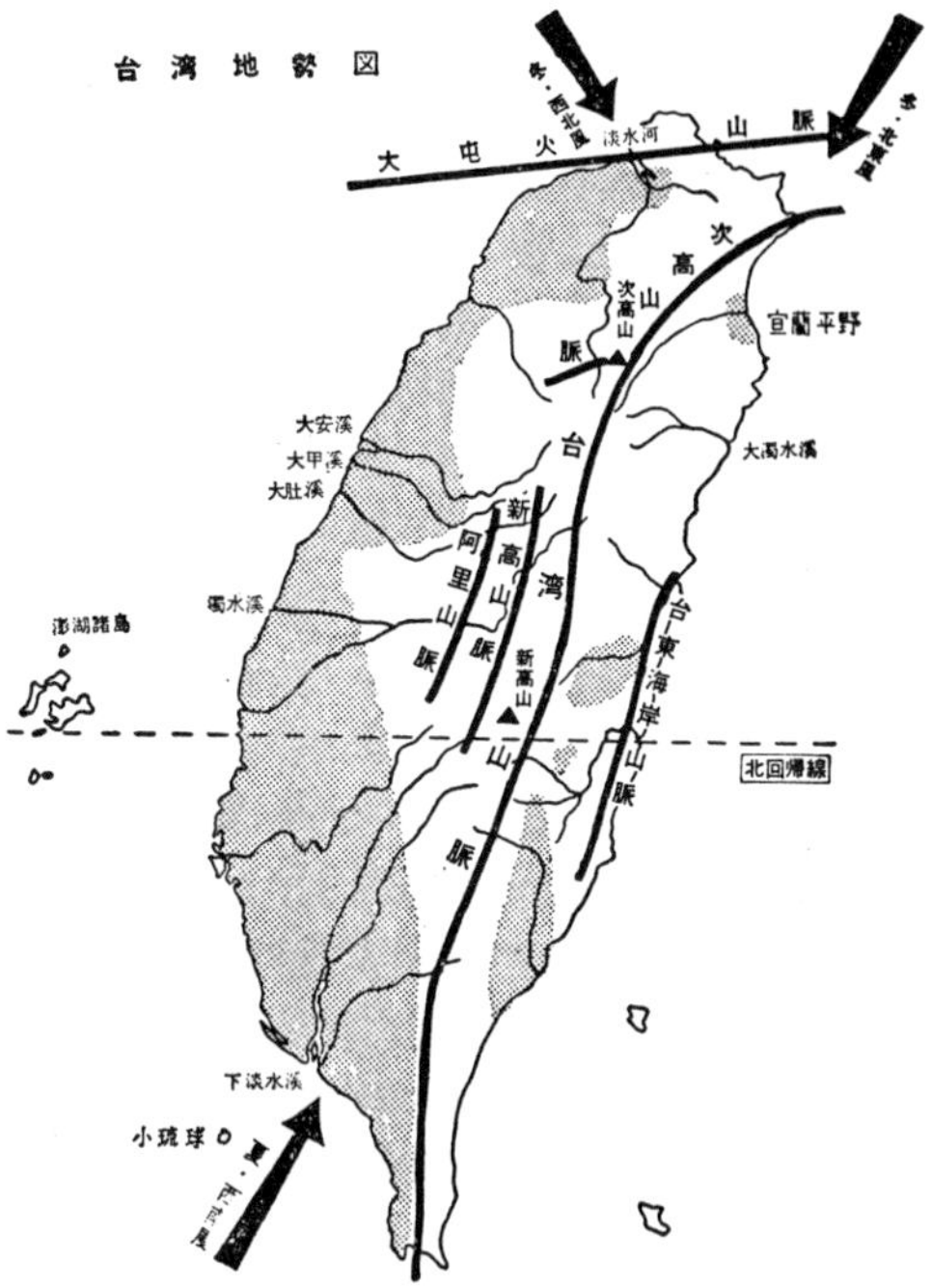

の三分の二以上を占め、かの有名な新高山（いまでは玉山と呼んでいる）はじめ、高さ三千メートル以上の高山が六十二座も峰をつらねてそびえたっている。島の広さに比べ、このように広大な山脈をもつことは、世界には稀なことである。しかも、これら峻厳な連峰が中央部を南北に縦貫しているので、そのため、穀物のよくとれる西部平地と、断崖絶壁の多い東部渓谷地が、別天地さながらに分け隔たれてしまう特徴をつくりあげた。

　河川はおおかた中央の山岳地に源を発し、西の台湾海峡あるいは東の太平洋に注ぎこんでいるが、水路はきわめて短く傾斜が急である。雨期には急流となって出水するかと思うと、乾燥期にはからからに渇水して河床が一時的に歩道に化してしまうといった具合なので、河川航行の便はほとんどない。

　アジア・モンスーン地帯の温暖地になっている台湾の気候は、平均気温が摂氏十八度を降らないほど暖く、雨量も一年中を通じて多い。したがって〝常夏《とこなつ》の緑島〟といわれるように、四季にわたって熱帯の樹木が青々とおいしげり、米は年に二度とれて生物の棲息に最適の桃源境である。近時には開発があまねく進み、台湾といえばすぐに、米砂糖、バナナを思いだすほどに、その豊かさを加えてきた。

このように全般的にいって温暖で住みよい台湾であるが、北回帰線が本島の中部を東西に横断し、高山は気流をよくさえぎり、海洋性と大陸性の両様の影響をうけて、夏には南西風、冬には北東風と北西風という具合に、季節風が吹きつのるので、気温や降雨状況に季節と地方的な差異が少なからず生ずる面もある。北部では冬が雨期となり、夏が乾燥期になるが、中南部では、逆に冬には乾燥して夏は雨量が多い。たとえば、北端の基隆地方は世界有数の雨量の多い所となっている。冬の日に、その基隆を雨にうたれながら汽車でたった旅行者は、小一時間もすれば台北につくが、その時分には雨があがり、さらに南下して中部の苗栗駅を過ぎるころ、トンネル一つこせば、くっきりと晴れあがった青空が車窓に映じ、陽光がさんさんと照りこんでくるのである。そして、車内では暑さのため上衣をぬいでしまう旅客の姿がにわかに増えてくる。このような風物詩は台湾ならではの光景といえよう。

だが恵まれた条件ばかりではない。この南海の島々は、ちょうど、おり悪しく熱帯地方から北上してくる台風の進路の真ん中にさらされているため、著しくその被害をうけ、毎年、夏になると暴風雨と河川の氾濫でこの地に住む人人の頭痛の種はつきない。

このような離れ島の地理的条件、高山にはばまれた地形上の特色、気候の特徴が加って台湾特有の風土をつくりあげるにいたった。そして、それがこの島とかかわりをもってくる人間たちに、いろいろと影響を与えずにはおかなかった。

温暖で住みよい自然環境は、すでに幾千年前の早い時代に、南方から北上の海路をたどる原始の人々の足をとどめて、この島に定住させるようになったし、また、近世このかた、その美麗さと豊かさとが紅毛人の青い眼をひきつけこの島の争奪に寧日なき奔命をくりかえさせてきたのである。

いまから四百年ばかり前にシナ大陸から移住してきた開拓者たちは、島の風土に育くまれ、年月を重ねていくうちに、彼らの子孫は今日では、大陸本土の中国人とは生活感情や気質などのまったくちがった、一千万人近い台湾人として、成長発展するにいたっている。

特筆しなければならないことは、離れ島であることと、高山にわけへだてられた地形が、先史時代の人々を数千年もの長きにわたって、山間に隔離したまま、ついに文明の今日にいたるまで、その原始の状態をつづけさせてきたことである。台湾の山々が遠い昔の人類のふるさとを今日まで温存してきた、といっても言いすぎではないであろう。

人類の痕跡

では、この台湾の島々には、いつごろから人類が棲息しはじめ、また、彼らはどういう系統の種族だったのであろうか。

古代台湾の、このような問題を解くには、少くとも、

一　台湾原始人の遺跡、遺物

二　アジア民族の移動経路

三　現存の台湾原住民

の三つの面から考えていく必要がある。ことに台湾島内に一部原住民が、ほぼ原始のままの生活を今でも営んでいるということは、台湾の先史時代を探究する上において、よそではえられない利点となっている。

日本人と台湾人の学者たちの研究の結果、人類史上でいう新石器時代には、すでに台湾には人類が棲息していたと推定されている。つまり、紀元前二、三千年の時代に台湾にも人類の足跡がみられたわけである。そして、それら原始の人たちは、南方系モンゴリアン人種の分流であるマライ・インドネシア族に属していることも、ほぼ明らかにされてきた。

台湾先史遺跡分布図

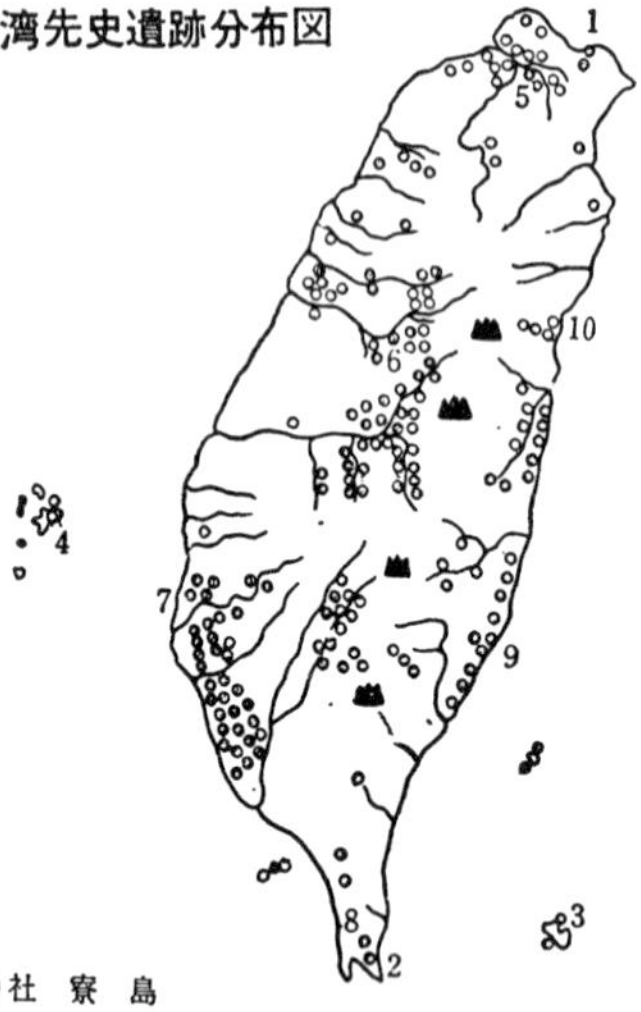

①社寮島
②ガランビ　⑤円山　⑧墾丁寮
③紅頭嶼　⑥埔里大馬璘　⑨台東・新港
④澎湖島　⑦烏山頭　⑩タツキリ渓

いままでに発掘された台湾先史時代の遺跡は、四百五十数カ所の多きにのぼっている。それは、台湾本島の北端の基隆、社寮島から南端の鵞鑾鼻《がらんび》岬にいたるまで、東は紅頭嶼という太平洋上の一島嶼から西は澎湖島におよぶ台湾全域にあまねく発見されてきた。

その分布状態を立体的にみた場合、海浜数メートルの地点から標高二千メートルの高所にまでおよび、それが現存の原住民の居住する山間の高さとおおむね一致している点は、注目に値いする。

遺跡には貝塚、土器層、石器分布地、石棺群、石柱などがあり、そのなかから石器、土器、骨器、角器、石棺、人骨、玉、その他の装飾品が二万点以上も出土した。そのうちでとくに知られているものは、台北・円山の貝塚、台中・埔里の石棺と石器、台南・烏山頭の土器層、高雄・墾丁寮の石棺群と人骨、台東・新港の石棺と石器、タッキリ溪谷の土器などである。

発掘された遺跡・遺物には、幾千年も前の石器時代に属するとおぼしきものもあれば、わずか数十年前の原住民たちの持物もあって、その外観が新旧ともに非常に似通っているので、古代のものか現存原住民のものか判断の困難な場合が往々にしてあるといわれる。このことは現存する原住民の生活のなかに、いまなお太古の原始状態が多分に温存されていることを物語るものであろう。たとえば、紅頭嶼に住むヤミ族のなかに古代人類の使った打製石器の製法が伝えられており、いまなお昔の縄紋式の土器をつくっている部族もあることは、その顕著なる一例である。

台湾で出土した原始遺物のなかには、フィリッピンその他の南太平洋地域に生棲する土人の持物や、出土品と関連あるように見受けられるものもあった。一方、南シナの一地方や香港附近の島嶼にも、台湾で発掘された石器と同一のものが見出だされている。

このような遺跡や遺物から得られるもろもろの事例によって、台湾先史時代の原始人の生態、及び彼らと現存原住民との関係、台湾原住民と南方の諸原始民族との関連、あるいは原始人の移動経路などを探ることができて、なかなか興味ぶかいものがある。

もちろん、これら出土品から知りうる事柄は、わずか古代台湾の人類の痕跡にしかすぎず、その全貌はいまだ未知の世界にとざされたままであるとみて差支えない。しかし、これら先人たちの遺産によって語られる溶暗に包まれた遠い古代に思いを馳せると同時に、記録にとどめられた台湾の有史時代が、わずか四百年しかないということを併せ考えれば、その書かれざる先史の時代が、かくも悠久であったことに、いまさらのように驚きの眼をみはらずにはおられない。

世界史の伝える地中海の民族大移動や、それにつづくヨーロッパ古代文明のおこりは、紀元前五千年ころのことであった。紀元前三千年にはエジプトでピラミット文化が展開され、その時分には東洋では、黄河流域に中国文明が発祥しており、日本列島に縄文文化が呱々の声をあげたころであった。

このような人類史上のエポック的な出来事を念頭に浮べて、遺跡・遺物からえがきだされる古代台湾を考えてみると、人類の文明が発祥し、各民族が移動発展を開始するころには、台湾にもすでに原始の人びとが生存していて、彼ら相応の原始生活を営んでいたことが察知できる。そして、彼らこそ、台湾史上における、あけぼの時代のにない手であったことがわかってくるのである。

アジア民族移動のうちに

さて次に、これら古代台湾の原始の人たちが、どこからやってきたのか、ということである。もともと、アジア民族の発祥地としては、世界の屋根と呼ばれるパミール高原をはじめ、いろいろと説が挙げられているが、だいたい中央アジアの高原地帯であったことは、ほぼ間違いないようである。そして、このアジア民族が分岐して北方系モンゴリアンと、南方系モンゴリアンの二大幹流に分れたといわれてきた。

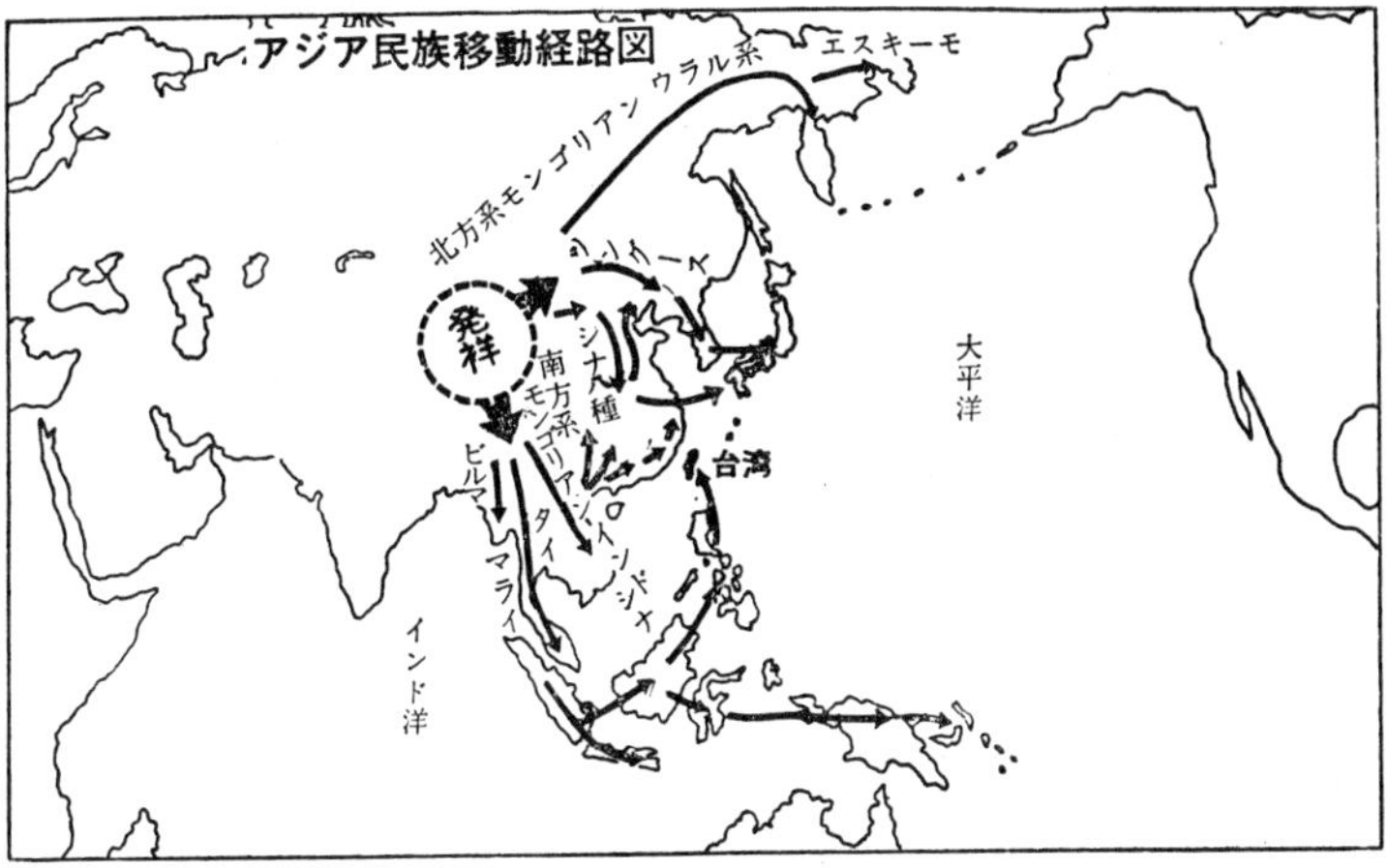

北方系モンゴリアンとは、中央アジアからチベット、ゴビ砂漠を北に迂回して、シベリア、カムチャッカに向ったウラル系。アジア東北端、グリーンランド、アラスカ、カナダにまでのびたエスキモー人。蒙古、満州に定着したツングース人種、それから、黄河流域にやってきた漢人種に大別される。そして、蒙古、満州、黄河流域の系統が、更にその足跡を朝鮮、日本にまでのばしていった。

南方系モンゴリアンは、古蒙古人種（パレモンゴロイド）とも呼ばれ、北方系モンゴリアンとは正反対のコースを取って移動した。彼らは中央アジアの高原地帯からビルマ、マライ、タイ、インドシナの各地に分散して降ってきたのである。そのうちでインドシナの系統はさらに転進して、内陸の貴州、雲南をへて南シナに入り、揚子江沿岸まで北上して、のちに南下してきた北方系モンゴリアンの漢人種と混血するにいたった。一方、マライ半島からインドネシヤはじめ南太平洋の諸島嶼に渡った系統は、島々で黒色人種であるヴェーダ・ネグリト人種やメラネシヤ人種を吸収していったといわれる。そして、南太平洋にでてきた原住民の一分流が、海路、フィリッピン群島、台湾に、島々を飛石づたいに北上してきたのである。さらに、台湾に達したもののなかには、たぶんに琉球、日本まですすみ、ここで大陸、朝鮮から日本に渡った北方モンゴリアンと混血合体するにいたったとみて差支えない。

元来、台湾は台湾海峡をへだてて中国大陸と一衣帯水の地にあり、南はバシー海峡をへだててフィリッピン群島に接し、北は琉球列島を島づたいに日本に通じている。つまり、海路によるアジア各地の往来には、必らず経なければならない地理的要衝の位置を、台湾が占めているのである。ことに、東南アジアと中国大陸、日本、朝鮮などの南北の交流には、台湾は計り知れないほどの重要さを備えていた。したがって、いまも昔も、その航行する舟が小さなカヌー船であろうが巨大な汽船であろうが、アジアの南北を往来する船舶はすべて、台湾に錨をおろすようにしむけられたのである。

このような地理上の特点が、古代アジアの民族移動、もしくは原始人の集団移動の際に、台湾をして、その移動線上の欠かせない中継地たらしめたことは贅言を必要としないであろう。

アジア民族の移動経路と、台湾の地理上の位置を結びつけて考えれば、台湾古来の原始人及び現存の原住民が、南方からやってきたマライ、インドネシヤ族のうちに包括されることが容易に納得できる。そして、既述した如き遺跡・遺物の研究に、更に原住民の文化特質、言語、骨格体質などの学問的研究が加わった結果、台湾原住民の種族およびその源流が一段と明らかにされてきた。

これ以外に、時代は異なっていたであろうが、南シナの沿岸地方あるいはインドシナの各地からも、別派の南方モンゴリアンが台湾に渡ってきたと思われるが、それは地理上の近接関係からいってもあり得ることだし、遺物のなかにもそれらしい痕跡がみとめられる。ただ、このような大陸からやってきた原始人の名残りは、早くから現存原住民の生活や持物のうちには見出すことができない。おそらく、この種の人たちは、よその種族に吸収されてしまったかあるいは絶滅してしまったか、そのいずれかであったろう。

かくして、いちばん最初に台湾に生存し、その第一の主人公たるべきはずの原住民は、過去四百年を通じ、後に侵入してくる外来者のために、ことごとに征服されてきたのであるが、彼らは今日では、台湾人社会の最下層の一部として、厳然と存在しているわけである。

第二章　原住民の生活と文化

山間に孤立した原住民

その昔、大陸の中国人から〝夷〟（イ）あるいは〝蕃〟（ホアン）といって野蛮人あつかいにされ、日本時代には〝高砂族〟と呼ばれてきた台湾の主人公である原住民も、いまでは、新たに〝高山族〟（カオサンツウ）と名付けられるようになった。

台湾先史時代の原始人たちのうちで、長い月日のうちに絶滅してしまった種族もみとめられるから、彼らの全部が現存原住民の祖先であるとはもちろんいえないが、しかし、両者が同じく南方モンゴリアンのマライ・インドネシヤ族であることは、学問的にはすでに立証されてきている。

台湾原住民の祖先たちは、大昔、マライ、ボルネオ、ニューギニアあるいは南太平洋の島々で原始の生活を営んでいたのだろうが、赤道直下の焼けつくような炎暑と獰猛な野獣どもから逃れながら、北上するうちに台湾に達し、この地の気温快適で獲物の豊富なことに足止めされて、大部分のものがそれ以上に北上することを見合せ、定着するにいたったのではあるまいか。

彼らの祖先は三々五々と小集団をなして北上してきたであろうから、発生原住地、北上経路、上陸地点と到達した年代などはそれぞれまちまちであったと推定され、したがって、台湾の海岸に第一歩を踏みいれ定住する早々から、分散孤立して各地に群をなして生存していったものと思われる。

彼らが住みつくようになった後も、その子孫たちは、マラリヤ病がすくないうえに平地よりも涼しく、しかも、台風の被害をよくさけ得る中央部の山岳地帯へと、居住適地をもとめて次第に入山してゆき、それがいよいよ、彼らの小集団的な孤立性を強めていったのにちがいあるまい。

台湾のけわしい山々や断崖絶壁にさえぎられた彼ら原住民たちの居住地は、いきおい、異種族や外来文化との接触を遮断したばかりでなく、同じ原住民同士でも部族やグループがちがうと、互いに敵対して弓矢などの原始武器でもって争い合ったから、ますます小集団に分派してゆく過程をたどっていった。

さらに、近世になって文化の高いオランダ人や漢人がやってくるようになってからは、いままで平地を縄張りとしていた原住民たちまでが、益々、山岳地へ追いあげられるようになった。これで、大部分の原住民が峻厳な山奥にひきこもり、いよいよ封鎖的な原始生活に停滞してゆくのである。およそ、他民族との接触に乏しく、異質文化との交流のない人間集団が、物質的にも精神的な面においても、数千年も未開の状態に停頓して進歩しないことは、世界各地の原始民族に共通することだが、台湾原住民もその例に漏れることなく、往古の祖先たちが営んだ未開状態を続けて近年におよんでいるのである。

このように台湾現住民は、その大多数が山岳地帯に蟄居し、日本人がやってきて日本のユカタや草履、下駄を着用することを強いられるまでは、祖先たちと同じくマル裸にちかい格好して、ハダシのまま、山間のサルにもまけないぐらいに、断崖絶壁を駆け廻るのを得意としてきた。その日常は、原始農法によるあわやひえの農耕と、鹿やいのしの狩猟を併せ行い、粗末な藁ぶきやスレートを積んだ掘立て小屋に住んでまずしい食生活を営んできた。いうまでもないことだが、身の廻りの器具、武器もおおかた原始そのもので、漢人から得た鋼鉄の刀や矢尖と、稚拙きわまりない火縄式の猟銃が唯一つの文明の利器であった。

由来、人類はその発展の歴史過程で、金属を用いることを覚えた時から、革命的進歩を遂げてきたことは周知の通りである。しかるに、台湾の原住民たちには、彼ら自身によって金属を発見し用いることを覚えたという痕跡は遂に見当らなかった。それは台湾の資源が先天的に金鉱に乏しいことに起因するのかも知れないが、とにかく、長い歴史過程のうちで、遂に、彼ら自らの手で鉱石を採取することを知らず、まして錬金術などは到底かんがえられないことであった。ただ、この一事だけをもってしても、彼らがいかに長い期間、未開、停滞の状態におかれてきたかということが、ほぼ察しがつくであろう。

彼らの使う言葉は、その音、語彙、語法からすれば、総体的にはマライ・インドネシア語系に属するが、それでも内部同志のなかでは、部族がちがうとほとんど話が通じないぐらいに分化しており、近年になって日本人から習った日本語がようやく彼ら各部族に共通の最初の言葉となったほどであった。言葉を書きのこす文字の創造も、どの部族のうちにも発見することができなかった。したがって、部族同士の文化交流もほとんど封鎖的な殻にとざされ、これがひいては精神文化の発展をさまたげる厚い壁となったのである。

もちろん、どの原始民族にもよくある、口から口へ語りつたえる口啤や伝承は、彼ら原住民のうちにもあるにはあった。しかし、それも、何れもが断片的なものばかりで、各部族に共通なものはいままでに発見されていない。

このような未開で、分散せる原住民のほんとの姿が、わずかながらも紙筆にのこされるようになったのは、十七世紀になって、外来の漢人や紅毛人が、彼らの閉された扉を叩くようになってからのことである。そして、台湾原住民の調査研究が、本格的かつ学問的に行われるようになったのは、ずうっと後の二十世紀に入って、日本人学者が最初に手を染めるようになってからのことであった。

複雑な種族

台湾に入植してきた漢人（当今の台湾人）は、台湾原住民が自分たちに同化されているか否かによって、〃熟蕃〃（漢人化したもの）と〃生蕃〃（同化しないもの）とに分ける一方、居住する場所によって、平地に住むものを〃平埔蕃〃、山地に住むものを〃高山蕃〃とよんできた。

熟蕃あるいは平埔蕃とよばれた西部平地に住む原住民たちは、長いこと漢人と群居し、雑婚をかさねていくうちに、ほとんど漢人とかわらない生活様式を身につけるようになり、原住民本来の風習はいつの間にか失われていった。こういう同化された原住民たちは、日本統治の初期には、まだいくぶんなりとも漢人と区別ができたが、六十余年後のいまでは、その見分けがほとんどできないくらいになっている。そして、その数はほぼ五万人ほどであったといわれている。

これにたいし、生蕃あるいは高山蕃とよばれるものは、中央山岳地に約十万人、東部海岸と太平洋の小島嶼に住むものを併せて五万人ほどいるが、ここでは、生蕃という名称で呼ばれてきた、これら約十五万人の原住民について、話をすすめることにしよう。

一口に、台湾原住民といっても、種族的に見ると、いくつかの部族に分れているが、それぞれの部族は体質、容貌

（原住民の粟つき）

骨格、言語、風習、生活ともに一様ではなく、もちろん民族学的にかなりはっきりした相異がうかがわれる。

試みに山間の原住民居住区をすこしでも歩いてみれば、すぐ感ずることだが、原住民たちには、その居住する地区によって、それぞれの特徴と相異があるということである。たとえば、北部中部の山地では、頭が大きくひらたく、顔が横にひろがって鼻低く背の小さいものにでくわし、東部の南部海岸にいけば、頭が細長く頰と鼻は割合に高い、中肉中背のものにであい、いれずみをしているもの、していないもの等等、いくつかのちがった特徴をもったグループに出くわすことだろう。こういう容貌骨格の相異ばかりでなく、服装や部落などの外見からもかなりちがった種族がいることに気づくであろう。

それをさらに言語、文化特質にまで立ちいって調査するならば、種族的区別があることを科学的に把握できるはずである。もちろん、種族があい異り、種族間の対立反目が頻繁におこなわれたとはいえ、長い年月の間には、近隣の部落同士が種族のわくを越えて結合したり、異種族の間でも同盟をむすんで親類づきあいをしたり、地域的に集団移動したり、あるいは同じ種族などでも離反したものなどがあって、複雑な離合集散がくりかえされた形跡も歴然とのこされている。したがって、種族は数多く分れていても、外見上、どこまでがどのグループであり、どこから他の種族になるという、はっきりした見分けが困難になっており、グループの種族的限界はむしろぼやけていることが多い。また、それはつねに固定したものではなく、徐々に流動混交をかさねてきた。そのため、その分類をする場合にも、いろいろな分け方が生じてくるのは当然のことである。ここでは、つぎの分類をとることにした。

	種族名	部落数	戸数	人口
(A)	アタイアル族	一八四	七、二一三	三四、三四五
(B)	サイセット族	一〇	二四五	一、三八一
(C)	ブヌム族	一〇五	一、九六〇	一八、二一二
(D)	ツウオ族	二三	二五七	二、二一七
(E)	ルカイ族	…	…	…
(F)	パイワン族	一七四	八、二九二	四二、一五三
(G)	ピユーマ族	…	…	…
(H)	アミ族	九〇	五、二九一	四五、三二七
(I)	ヤミ族	七	三九二	一、七〇二

（数字は一九三三—昭和八年末現在）総督府統計書による

以上のように九つの種族にわけられるが、各種族はさらに幾つかの亜族、あるいは群に再分化されて複雑である。そのほか、過去の歴史上の存在として、熟蕃に数えられるものには、ルイラン、ケタガラン、グウアラン、タオカス、バゼベ、パポラ、バブザ、ホアニア、シラヤ、サウの十部族があり、言語、居住区もまちまちであったが、いまでは漢族に吸収されて、ほとんどそのあとかたを残していない。

首狩りの風習と多霊魂崇拝

台湾原住民の生活からうかがわれる文化的特質は、中国、インド、アラビヤなどのもつ文化とはまったくちがったもので、しかも、これらアジアの高度の文化にはほとんど影響されていない、いわゆる東南アジア文化圏の中のインドネシア群原始文化に属するということである。彼らは、それぞれ前述のように複雑多岐にわかれた種族として、それ相応の異った言語、風習、生活の特徴がうきぼりされているわけであるが、総括的には、〃文明〃とはおよそ縁どおい未開民族としての原始文化に停滞してきた状態にある。

さて、台湾原住民といえば誰でもすぐ思いつくことは、首狩りの風習があったこと、足のウラがあつく、山のぼりの名人であるなどということだろう。

その健脚ぶりはつぎの一事でも、およその見当がつくとおもう。北回帰線の横断地点に当る嘉義から阿里山行きの登山列車にのると、山岳地帯にはいり、坂道にさしかかった汽車はスピードが落ちてきてあえぎはじめる。そのころ車窓から、全身、焦げ茶色をした原住民の群が一団となって、急傾斜の山道をのぼってゆくのをみかけることがある。そして、その一団はみるみるうちに山頂にのぼりついてしまうのをみて、その足のバネの強さと、その身軽さには、たいていの人は舌をまいて驚嘆してしまう。

ところで、もう一つの首狩りの風習である。これは宗教的信念と五穀豊穰、狩猟収獲の多きことを祈念するためのもので、種族によっては、日本統治時代の中期ごろまで行われてきた。

彼ら原住民の原始的な宗教信念からいうと、人間の五体のうちでいちばん大切なところは頭である。頭には霊魂がやどっていると彼らは信じているからである。そして、この霊魂が多ければ多いほど、その人の生活は豊かになる。

原住民各族分布

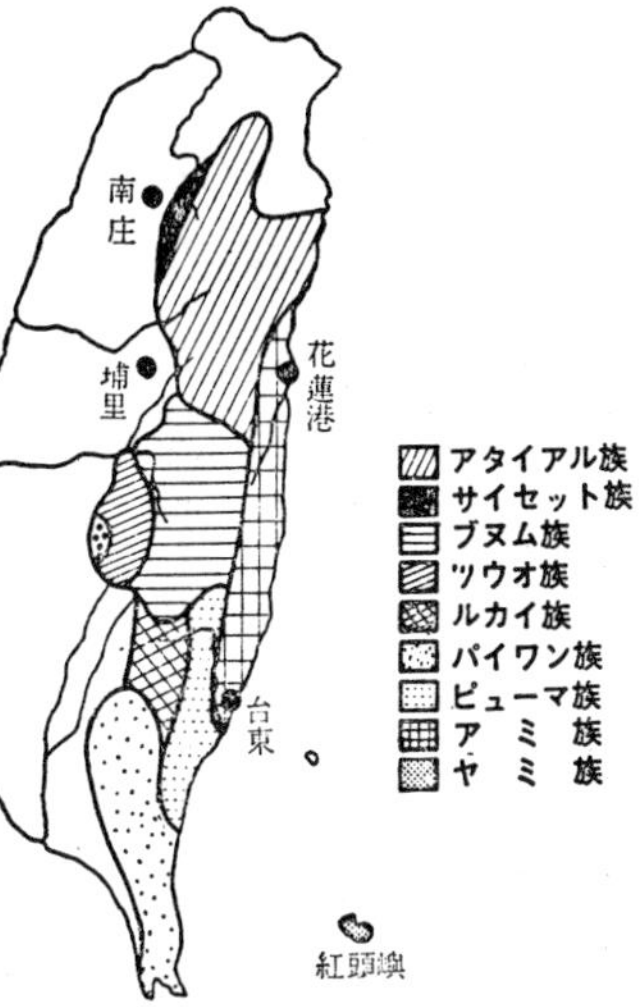

たくさんの霊魂を自分のものにするには、他人の首級をあげなくてはならない。こういう宗教的信念が、種族的対立抗争から生ずる敵愾心と相まって、昔から他種族の首狩りを最大の神事としてしきりにおこなってきた。ことに、漢人との軋轢のうちに、この首狩りが猛威をふるったのはいうまでもなかった。

彼らが下山して首狩りを行うことを漢人は〝出草〟と呼んだ。狩りとった首級には、酒や食物をそなえ、自分たちの味方がふえたことを喜び、全部落の集団的な踊りを伴う盛儀として首祭りを入念に行った後、その骸骨は部落の集会所に保存されることになっている。そして、その数がふえれば穀物が豊穣となり、狩猟の収獲が多くなると満足するのであった。

こういう風習は、ジャングルや山間離島のごとき孤立無援の地理的環境のなかに生存してきた原始人集団には、よくみられることである。台湾原住民ばかりでなく、南洋ボルネオ、アフリカにもこの首狩り人種がいまだにいることは、周知のとおりである。ただ、同じ台湾原住民のうちでも紅頭嶼に住むヤミ族だけが、首狩りの風習がなく、過去にもその形跡がなかったことが、むしろ不思議なぐらいである。

では、こういう首狩りの風習が宗教的信念に発したものとすれば、人間の生死についての考え方や、生活風習はどんなものであったろうか。それについて一言せねばなるまい。

まず、出生については、男女両性の結合の結果であるとは考えず、それをすべて神の意志によると信じていることは、全ての原始民族の例に漏れない。妊婦に対しては数々のタブーのうちにも慎重な心づかいがほどこされ、出産は部落全体の最大の出来事として、神事あつかいにされる。

生まれた子供が大きくなって、一人前になる成人の儀式も壮重そのものである。成人になった証拠として、いれずみを彫ったり、前歯をぬきとったりして、服装の飾りつけなどもすっかり大人向きのものに替えられてしまう。とくに、アミ族などは特別の青年集会所が設けられてあって、ここで厳粛な成人の儀式が行われることになっている。

婚姻はおおかた一夫一婦制をとり、近親婚と他種族との縁結びは、長年に亘ってタブーとされてきた。未婚男女の性行為は一般的には禁忌されているが、それほどきびしく考えてない部族もあってまちまちである。結婚した女子はすべて、夫の家の祭祀にしたがうのが普通であるが、アミ族だけは母権家族で、一家の祭祀やその他の行事は婦人の手でとりおこなわれることになっている。

彼らにとって、疾病や死亡は神罰によるものである。それは神霊の意向を尊重しなければ病気は治癒しない。そこで、神霊と交渉を保って神意を伺う霊媒者が存在し、それが神意にかなった処置をとって、治癒せしめる巫医ともなる。

そして、死は不浄を意味した。アタイアル族とパイワン族の如く、死人は屋内に穴を掘って埋葬するのと、他部族のように屋外に葬むるのとがある。屋外に葬むる場合は、死体をふだん出入する戸口から運びださない。もし、死体が戸口にふれたりすると凶事があいついでおこり、その家屋を捨てねばならないと信じているからである。

一般に原住民たちは多霊魂説を信仰しており、神霊の他に精霊、死霊、妖怪がほんとに実在すると考えていることは、他の未開民族と同様である。変死したものは別であるが、病死者は神霊となって加護してくれると信じているから、遺骸は鄭重に祭られることとなっている。

しかし、前記の風習は、日本統治時代の教化や強制改良のために、いろいろと修正もされてきており、ことに霊媒者とか巫医などは、日本官憲の弾圧によって激減してきたようである。

神秘な輸舞と部落生活

台湾原住民は、家長を中心とした家族、そして、この家族のよせあつまりである部落が単位となって、原始生活を営んできた。

家長と部落の頭目が、その小集団の生活万般の中心となるわけで、それ以外に他の原始民族によくあるような、広範囲な種族的規模の僧侶、軍事首領、祈禱者の如き支配階層の存在はみとめられなかった。

彼らは、あくまで部落を単位として、孤立した生活を営む傾向を持ち、外来者も種族全体を相手にするのではなくして、部落単位を相手にして彼らと交渉することを余儀なくされた。漢人の開拓者たちは、このような原住民部落を〝蕃社〟と呼び、部落の長を〝頭目〟と呼んで彼らと交渉を持続してきた。たとえば、北部山地に住むアタイアル族のうちにサバヤン社とか、タラナン社などと〝蕃社〟が百八十四ヵ所もあるように、こまぎれの如くに分散、孤立した生活をしていたのである。

このように、少くとも一種族を単位とする、判然とした階級分化を見なかったことが、彼らをしていつまでも原始の状態にとどまらせた、社会要因の一つともなってきたのである。

その部落の結合状態も決して一様でなかった。パイワン族とツウオ族などは、密集した集団部落をなしているが、アタイアル族とサイセット族は数戸づつ散在して、広い地域にわたって一部落を形成していた。大家族制のブヌム族は、一戸に二、三十人も同居しているという賑かさである。各部落ともその周辺を勢力範囲として農耕、狩猟に使っていた。パイワン、ルカイ、ピューマの各族は、自分の起居する住いのほかに、部落共同の集会所をもっている。紅頭嶼のヤミ族になると、集会所のほかに共同の涼み台までもっていて、南島の風情を一段とそえてきた。

住居のつくり方も少しづつ違っていて一様ではない。アタイアル、ブヌム、ツウオ、パイワン族は、地面を掘りさげて、半ば地下室のようなものをつくり、その上に柱をたてて家をつくる。壁は木片、竹などでかこみ、屋根は南部ではカヤぶきだが、北部ではスレートを使っている。いずれも話にならないほど粗末なものであるが、ただ、台風にたいする防禦対策をよく考えてつくられている点は、たとえ、稚拙であるとはいえ、さすがに台湾の風土に立派に順応していて、古代台湾の主人公としての面目躍如たるものがある。

部落集会所は普通、蕃社の中心にあって、床を非常に高くつくってあるのも、湿気の多い南方に順応した特色がでている。

次ぎに、彼らの風習をちょっとのべることとする。

男子は、昔はいずれも長髪にしていたが、最近は短髪になった。女子は今ではどの部族でも結髪している。

（蕃地の部落）

身には褌あるいは腰巻をまきつけ、日本古代の陣羽織のような上衣を着用するが、これに胸当、袖、脚絆などの付属品をつける時もある。アクセサリーの数々も彼ら原始の人々には欠かせないもので、頭髪飾り、耳輪、首飾り、胸、腕の装飾品など、貝殻や人歯、竹細工のものを多くつかっていた。

男子が猟にでるときは腰刀をたばさみ、火縄銃をひっさげて野生の鹿、猪、キョンなどをおいまわす。農耕では主として、粟、ひえ、さといも、豆類をつくるが、ブヌム、アタイアル、サイセットなどでは、後に漢人に見習って陸稲と甘蔗をも栽培するようになった。彼らは、東南アジアの未開民族と同じように、山野の草木を焼きはらい、その焼跡に種子をまき農作物をつくってきた。焼墾農耕というのがこれである。台湾原住民といえば、普通、彼らの狩猟の光景を想像して、専らそれによって生きてきたように思いがちであるが、事実はこれに反し、原始的ではあるが焼墾農法による粟、ひえを早くから主食として栽培してきた。これは一見、誰でも意外に思う事柄であるのだが、この辺に、外界のものにはいまだに解明されえない、彼らのかくれたる生活の歴史がひそんでいるのではないかと思われる。

農耕の合間には、狩猟を行い、海や川で魚撈をやることもしばしばある。太平洋の一小島嶼である紅頭嶼（蘭嶼と中国人は呼んでいる）に住むヤミ族は、さすがに海洋の魚獲を得意とし、造船の技術にも秀でている。東部渓谷に住むアミ族は、よく毒草の汁を渓流に流して魚をとることを古くから行ってきた。

日本時代には、日本人が原住民たちに産業指導を行い、平地に移住せしめて水田で稲作することをやらせたが、その政策上の目的や方法上のおしつけがましさはともかくとして、産業指導や生業転換それ自体は、原住民たちに画期的な前進をあたえてきたといって差支えない。

ちなみに、熟蕃の方は、もっと早く、清朝中期ころからすでに漢人に混って水田農耕に従事してきた。

お祭りや集会には、酒はつきものだが、原住民も早くから粟やひえをもとにして、酒をつくることを知っていた。これも南方の原始人の間によく見受けられることであるが、彼らは、二人で一つの椀の酒を同時に口にあてて飲む風習があった。

酒に酔えば、大小さまざまの竹のキネで地面や石板の上をついて拍子をとり、輪舞する。この舞踏はなかなか見物で有名である。

中部山中の有名な日月潭という湖の畔で、独特な衣裳や装身具で盛装し、頭に豪華な鳥の羽の冠をかぶった、ブヌム族の一団が輪になって、皎々と照り輝く月の光をうけて、キネの音に奇声をまじえ、何ものかにつかれた如く輪舞する有様は、あやしいまでの神秘にあたり一面をつつんでしまい、原始さながらの雰囲気をただよわすのである。

鮮かな原始芸術と最高の造船技術

台湾原住民も、衣類をつくるのは婦人の仕事となっているが、彼らは苧麻から繊維をとって、それで布を織るのである。よくアンペラの上に坐って、婦人たちが機《はた》に向い、布を織る光景に接することがあるが、彼女たちの手製の布地は素朴で独特の味をそなえている。パイワン族とアタイアル族の婦人は、布地に模様を織りだす技術を早くから身につけていた。昔から漂白には灰を用い、染料としては草根からしぼった汁があったが、近年では酸化鉄を使うことを漢人から教わった。

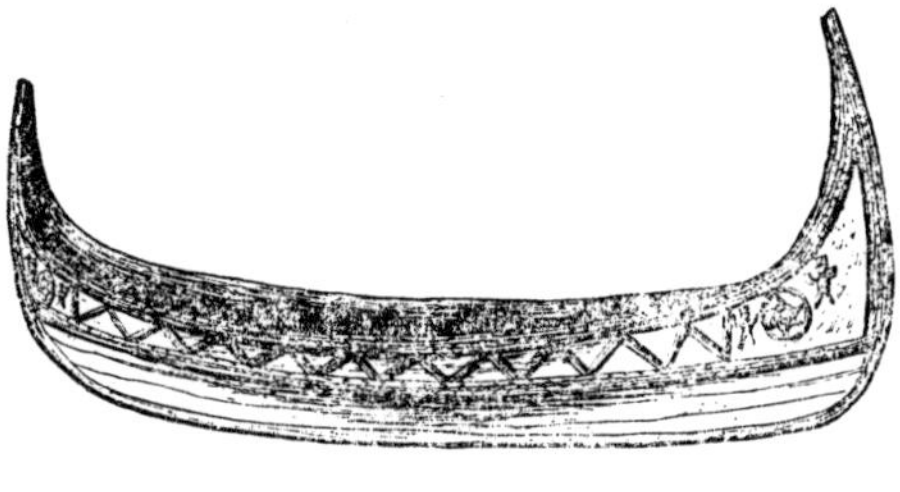

（ヤミ族の丸木航）

髪飾り、帯の端、上衣、あるいは婦人の腰巻には、人形、蛇、花などの模様を好んで刺繍し、パイワン、ブヌムなどはこのような技芸に非常に秀いでていた。

彼らのうちで、もっとも豊かな文化の持主であるパイワン族は、家屋の柱や壁に鮮かな人形、蛇、面などの彫刻をほどこす。

ヤミ族は、大波にも沈まない耐波性に富んだ船をつくる技術をもっていて、一人乗りから十人乗りまでの、大小さまざまな船をつくっている。海にかこまれた紅頭嶼の住人だけあって、ヤミ族の造船技術は、恐らく台湾原住民のもつ文化のうちで、最高水準をゆくものであろう。そのうえ、船体に美しい彫刻をほどこすだけの芸術的センスをも兼ねそなえているのは、驚嘆に値いするものがある。

パイワン、ルカイ、ヤミ、ブヌムの各族は、粘土を杵でくだき、手でこねて土器をつくりそれを乾燥してたき火で焼いた。土器をつくる道具といっても、ロクロなどはもちいず、まるい石と叩き板だけのお粗末さではあるが、それにしてはかなり精巧なものをつくっているといわねばなるまい。

つくられた土器は、酒壺、水容れ、祭祀用の鉢などに用いられている。壺の大きいものになると、口径二尺くらいのもある。土器の飾りは、縄文あるいは蛇模様が大部分である。

当今の原住民の祖先たちが、石器を使うことをやめてから久しい年月がたったようであるが、ただ、ヤミ族の一部に磨製石器を保存していて、その製法を記憶しており、ブヌム族では近年まで打製石器の手鍬を使っていた形跡がのこっている点は、遠い石器時代の名残りとして特筆すべきであろう。

金属の製法を知らない原住民の日用器具は、木碗、木盆、木匙といった木製のものばかりで、ヤミ族では農具までも木製のものを使ってきた。前にもふれたように、鉄製の鍬、鍋などは漢人、後には日本人から得たものである。

狩猟や武器の用をなす弓は、梓と麻糸でつくり、矢じりは外来の鉄製品である。よその原始民族がよくつかった毒矢は、台湾では発見されていない。また、未開民族につきものの吹き矢や棍棒なども用いられなかったようである。楯は木製の長方形のものが残っている。

鉄砲は近世になって、漢人との交易で得られたのがその使い初めであり、硫黄と木炭でまぜあわせて原始的な火薬をつくり、弾は鉛に小石をまぜてつくるなど、文明と遠い原住民たちにしては、なかなかの工夫をこらしたもので、外来品の模造にはちがいないが、近世における、ただ一つの科学的製品であるといえよう。

第三章　上代の台湾

中国の古い文献にあらわれた台湾

では、このような封鎖的で孤立した原住民の台湾が、外界の他民族に知られるようになったのは、いつの時代からだろうか。

台湾のことを最初に文献上にとりあげたのは、中国を以て嚆矢とするが、それは、台湾が地理的に南シナの福建地方とは、わずか海峡一つ隔てた〝唇歯の間柄〟にあることをもってすれば、けだし当然のことといわねばなるまい。したがって、いちばん先に台湾およびその原住民と交渉をもつようになったのも、大陸本土の中国人であることは、いまや定説になっている。

それなら、台湾と中国大陸は、いつごろから交渉をもちはじめたのか。この問題になると、いろいろの説があって、いまだ一定の結論をみるにいたっていない。

これを研究するためには、結局は、中国のめぼしい古代の文献から逐一あたっていくほかはないが、斯界の研究者のうち、あるものは二千五百年ばかり昔の春秋列国時代にまで遡って、尙書の禹貢のうちから資料を求めようと試み、あるものは、漢代や三国時代の前漢書地理志、後漢書東夷伝、沈瑩臨海水土志などから、その材料を発掘することに努めてきた。また、他のものは、時代をずうっと降って隋代の隋書・流求国のくだり、あるいは宋・元時代の宋史琉求伝、趙汝适・諸蕃志、元史・瑠求伝のうちに、その答を求めようとした。

ここでは、オランダ人が台湾を占領するあたりまでの先史時代、詳しくいえば、十七世紀初頭の明朝末期までの台湾を、〃上代の台湾〃とかりに呼んで、桑田六郎氏と凌純聲氏の両説を主として参考にしながら、中国の古い文献にあらわれてくる台湾のことをみていきたい。

それに先だち、次の五点を頭にいれておけば、問題の理解によい手助けとなるとおもう。

一 台湾を指すもっとも古い名称として、前漢書の東鯷、臨海水土志の夷州、隋書の流求が、それぞれあげられてきた。

二 いささかの憶測をも加えず、〃これが台湾のことを記録した文献だ〃、と明確に指摘できるのは、八百年ばかり前の南宋中期に、澎湖島のことを〃平湖〃と呼んだ、樓鑰の〃攻媿集〃である。

台湾本島の一地方を確実に指す名称が、文献に散見するようになったのは、澎湖島の記述があってから余程あとの明朝以後である。

そして、〃台湾〃という字句が初めて登場してくるのは、そのまた次代の、いまから三百年ばかり前の清朝初期のことである。

三 漢人の漁民や海賊たちが澎湖島にやってくるようになったのは、十二世紀初頭の南宋初葉とされ、農業移民として漢人が台湾本島に移住してきたのは、四百年ばかり後の十六世紀末葉ごろのオランダ人が来台する直前であった。

四 それ以前はもちろんのこと、清朝が台湾を中国の版図にいれたあとでさえ、朝廷と民間人は、そろって台湾を異域としてかんがえ、かつ、あつかってきた。しかも、それが清朝末期、日本帝国の占領直前まで続いた。

五　今日の如く、台湾本島と澎湖島とを一緒にして、〃台湾〃の枠内にいれて総称するようになったのは、清朝の行政支配が始まってから後のことに属する。それ以前は、台湾本島と澎湖島とは別々に考えられ、各々の名称で呼ばれていた。

東鯷とは

古い順に従って、まず、東鯷から話をすすめてゆくことにしょう。

いまから約二千年前の漢代のことを記した、〃前漢書〃の地理志のなかに、

「会稽海外有東鯷人、分為二十余国、以歳時来献云々」

とあるのを見て、一部の日本と中国人の学者が、東鯷とは台湾をさすと推定し、前漢書をもって、台湾のことを記録した最古の文献であると主張した。

もし、この説が信憑性のあるものとすれば、台湾と中国本土—当時は黄河流域を指す—との交渉は、少くとも今をさる二千余年の古い昔にはじまったということになる。

さて、漢民族が西から黄河流域にやってきて、すでに五千年の月日を経過し、漢代には国家的態勢も一応とととのい、為政者の目がようやく国外に向きはじめた。当時、漢民族のホームグランドは、中原と呼ばれる黄河の下流流域にとどまり、その周辺は東夷、南蛮、西戎、北狄と呼ばれる異民族の勢力範囲に属していた。

その四周の蕃夷のうちで、漢の為政者が征圧しなければならない相手は、絶えず中原を犯す北方の匈奴と、西方の羌という遊牧民族であって、漢朝八百年の対外交渉は、ほとんど西北に向う軍事行動によって、埋めつくされていた観があった。

これにたいし、東南のあの広大な南シナ地方に住む異民族との軋轢はあるにはあったが、それはむしろ、二次的なもので、漢の武帝が南シナを含んだ中国の統一を実現したとはいえ、その勢力のおよぶところは、南では揚子江の流域一帯にすぎず、さらに南の広大な地域は、無数の南方系原始民族が棲息していた。そのうちでも、福建・広東の沿海州は、地理的にも江西・湖南の内陸地方とは高山の連峰に隔絶されて別天地をなし、揚子江河口から海路で往来する外なく、したがって、漢人との交渉も稀であったとみるのが隠当のようである。まして、それからまた先の海一つ隔てた東方海上の台湾と、年々、国交を交すほどの交渉があったとは考えられないことである。

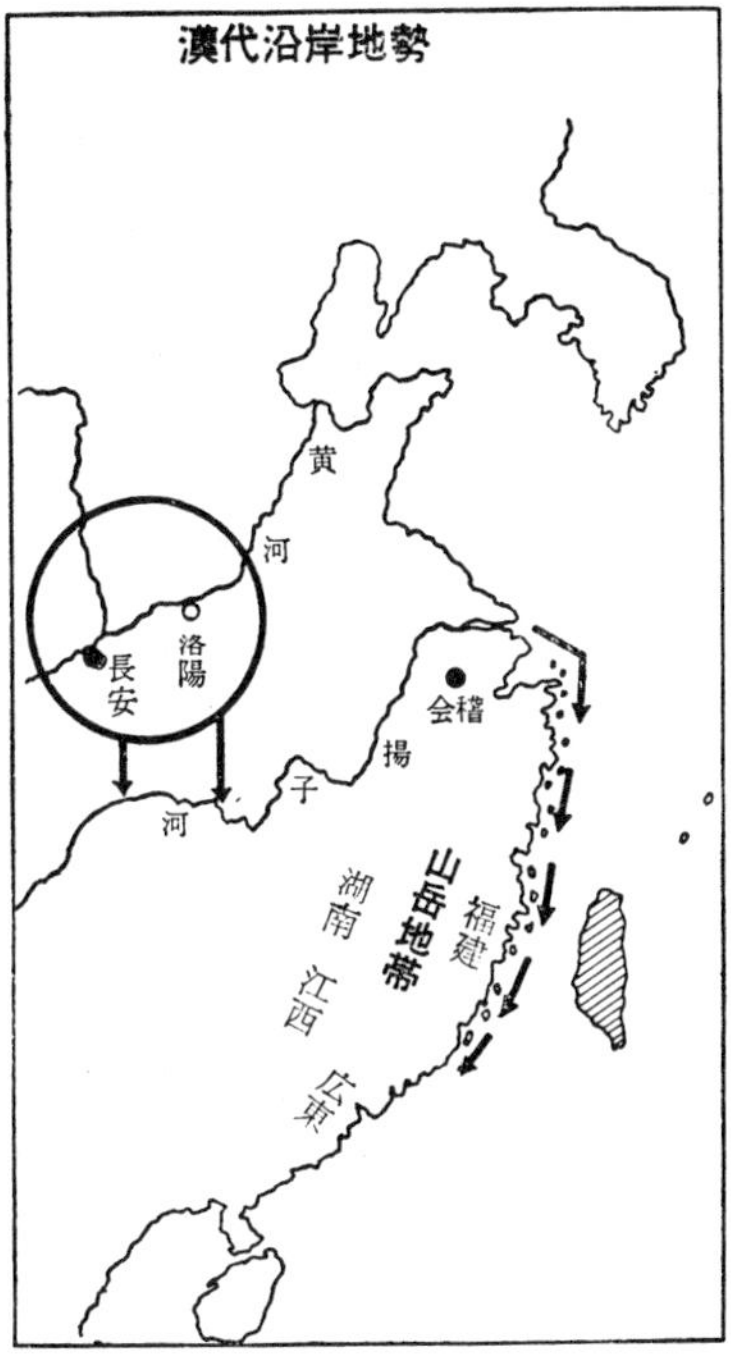

東鯷が台湾とか、あるいはその他の特定の島をさしているのではなかろう。もちろん、当時の中国人が台湾に行きついて、東鯷と名付けたのではさらさらないことである。

恐らく、内陸育ちの漢人が、揚子江の河口—会稽は現在の抗州附近に当る—から海洋にでて、目に写ったありとあらゆる島々をすべて包括して、東鯷と呼んだのではなかろうか。そして、それを後世の人たちが、昔は「島」という普通名詞として用いられていた、この〝東鯷〟を「台湾島」という特定の固有名詞として誤認したとしかおもえない。

さらに、その東鯷人が二十余国にわかれて、〝以歳時来献〟というくだりになると、近時の台湾原住民の研究成果と睨みあわせた場合、東鯷が台湾を指すという立論は、ほとんど、崩れてゆくことになる。

かりに東鯷が特定の島を指しているとしても、その場合にはむしろ、日本の一部分か、あるいは沖縄の一島嶼のことをいっていると考える方が、よほど、自然のようである。

とにかく、前漢書が台湾を記した最古の文献であるとか、漢代にはすでに台湾との交渉があったと推論するのは、これだけでは主観的すぎるという誹をまぬがれない。

夷州とは

次に、夷州を今の台湾であるとし、それを記録した〝臨海水土志〟を台湾に関する最も古い文献とみとめる学者が多くでてきた。とくに中国人は、大体この説をとるようである。

三国時代の、呉国の丹陽太守であったといわれる沈瑩が書いた、〝臨海水土志〟—すでに散逸—の一部が、宋代の〝太平御覧巻七八〇東夷伝〟に引用され、後世にまで残されてきた。そのなかに、

「夷州在臨海東南、去郡二千里、土地無雪霜、草木不死、四面是山、衆山夷所居、山頂有越王射的正白、乃是石也

云々」（凌純聲「古代閩越人与台灣土著族」より引用）

とある。

三国時代の東呉という国は、〃三国志〃で魏の曹操、蜀の劉備と並び称せられた孫権の天下である。彼は、揚子江下流の豊沃な江南一帯を根拠地としていたから、南シナの福建・広東はもちろんのこと、さらに南方にも関心をもっていたことは当然であった。したがって、沿海の島々や嶺南―広東―に多く交渉を持ち、従来になく豊富な海外知識をもっていたのみでなく、遠く南方の扶南国―カンボジャ―にまで康泰という家臣を派して、修好に努めていた。

夷州という字句は、その字ずらからみれば、東夷の住む州という意味で、それが揚子江河口の臨海群から二千里離れたところにあり、気候、風土は揚子江流域より温暖だからその南方に位していることはほぼまちがいない。また、夷人は漢人とは人種がちがうから、その習俗ももちろん漢人とは異なり、これらのことをやや詳しく述べている。

おおざっぱにみて、南方との交渉が割合に密で、それについての知識も豊富な東呉の国情と、これらの記録を結びつけて、あるいは当時の夷州と現在の台湾は同じであるかもしれない、と結論したいところである。

ただ、この場合に一歩すすめて、いざ、その個々の内容を詮索しだすと、やはり、否定的な材料が続出してくることをまぬがれない。たとえば、〃山頂に越王が射的した正白を石に刻みこんでいる〃という個所がでてくるが、台湾のどこをさがしてもそれらしい痕跡がみとめられない点には、目をつぶるわけにはゆくまい。

夷州とは

しかも、夷人についての個々の記述をみると、それが台湾原住民を指すとみるよりも、むしろ、当時の福建地方に棲息する南方系原始民族の〃安家之民〃に近いことに気がつけば、問題がたやすく解けそうである。

おもうに、海路で揚子江河口をでて安陽、羅江とよばれていた今の温州、福州一帯に行きついた北方系の漢人が、そこで〝安家之民〟と総称された、南方モンゴリアンの獠族、越濮族、傜族、苗族等についての見聞を記録したのを、現代の学者がそれをとって、同じ南方系の台湾原住民と混同した結果、当時、福建沿海州を指した夷州を、台湾のことだと誤って認めたということは、大いにありうることである。

また、かりに夷州が台湾であると見るのが正しいとしても、せいぜい、航行中の船が海上から台湾を望見したか、暴風雨に遭った難船が一時的に台湾西岸に漂着したぐらいのこととしか考えられない。しかしそれにしては、同時代の孫権伝や陸孫伝に、東呉が夷州に何度も大挙出兵したと記されていて、かえって、夷州が台湾であるという説を翻えす反証になりかねない。

結局、夷州という名称は、東鯷と同じく、上代の台湾を研究するのに参考になる程度のもので、それ以上の論断は、さらにきめ手となる確かな資料の見出されるまでさし控えるべきであろう。

流求とは

三国時代から両晋南北朝をへて、隋代にいたるまでの三百五十年の間、後世の研究者をして台湾らしいと思わせるような記録は、絶えて見当らなかった。

隋代になって、隋書の流求国伝にはじめて、〝流求〟という東方海上の島嶼のことを指す記録がでてくる。

七世紀の初頭、隋の煬帝が、朱寛と陳稜という二人の武将を、数回にわたって流求国に送り、その地の住民で帰順しないものを討ち、男女数千を捕えて帰った、というのである。

そこで、現代の中・日学者とヨーロッパの東洋社会研究家が、隋代に呼ばれてきた〝流求〟とは一体どこの国を指したか、としきりに考えてきた。

その結果、流求は今の沖縄をさすという説、台湾であるという説、ただ漠然と沖縄・台湾を含んだ島々の総称であるとする説、の三つに分れるにいたった。

その記されている航海の路程、風土、習俗あるいは散見する流求言語などから推して、流求が台湾を指しているという説が相当に有力である。この隋代にでてきた〝流求〟が、宋代にもそのまま継承されて用いられ、元代になると〝瑠求〟とも書かれて高興や揚祥の出兵が繰返された。もし、その〝流求〟あるいは〝瑠求〟がまちがいなくいまの台湾島のことである、と断定する説が正しいとすれば、台湾は隋代から徐々に中国本土と交渉があったという結論をひきだせるわけである。

ただし、当時の〝流求〟が台湾を指すという説をとる場合、いささか気になるのは、〝流求〟という字句である。このことから推してゆくと、〝流求〟とは台湾をも含んだ沖縄列島の総称である、とする主張も傾聴する必要が生じてくる。

宋・元時代にまでつづいた流求という名称の推移からみて、隋代には流求は、沖縄列島のことを指したかも知れない。そして、後に台湾の一地方—たぶん台湾北端—を沖縄と併せて流求と呼ぶようになった、という順序をとったのではなかろうか。

とにかく、確実な年代はわからないが、隋代から宋・元までの間に、台湾本島の一角を流求と呼ぶようになったとみて間違いない。いまでも台湾本島の西南角の海上に〃小琉球〃という小島があって、往時の名残りをとどめているが、これは重要な参考資料としての価値がある。

平湖と澎湖

隋代以後、宋代までの六世紀の間はこれという台湾に関する記述らしい書物もなく、空白の期間がまた続く。

唐代に施肩吾という進士がおり、〃澎湖嶼に題す〃という詩作があった。一時、それが台湾に関する最も古い文章として喧伝されたが、それは台湾でないことが明らかになり、その後、顧りみられなくなった。

宋・元時代にいたり、流求、瑠求の字句が台湾本島の一地方を指すことがほぼ確実となり、南シナ沿岸の住民たちも台湾本島や澎湖島のことをはっきりと摑むようになった。いままで台湾島の上に霧のごとくかかっていた抽象観念が次第にとり払われ、島の存在がくっきりと中国人の眼中に映ずるようになったのである。

さて、宋代になると、問題はもっと手近かのところから解けていった。南宋、樓鑰の〃攻媿集〃のなかに、

「乾道七年（一一七一年）四月起、知泉州、……郡実瀕海、中有沙洲数万畝、号平湖、忽為島夷号毗舎耶者奄至、尽刈所種云々」

とある。その平湖と澎湖は、南福建語では同じく〃ピエ・オー〃と発音する。そして、澎湖島というところは、山なく平坦そのもので、暴風雨でもくれば、全くの吹き曝らしで何でもとばされてしまうような島嶼であるから、〃平

湖〃が澎湖島であることは、字句の音あるいは意味からしてぴたりと符合するわけである。

この〃平湖〃の出現こそ、いささかの論争の余地もなく、すなわち今日の台湾の一角を、文献に登場せしめた最初の記録である。

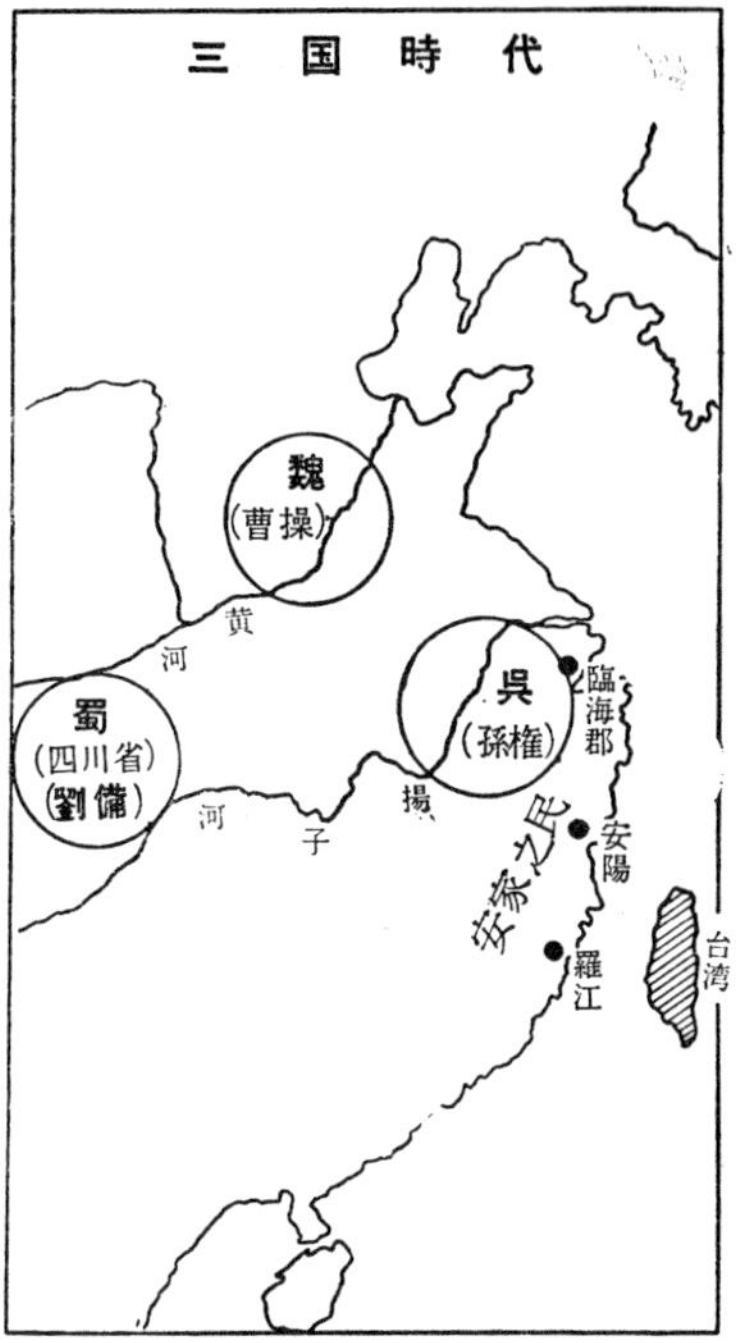

つまり、東鯷はいうにおよばず、夷州も流求という名称もその度合の差こそあれ、いずれも〃台湾を指すらしい〃という推論はできても、断定はなしえなかった。そこへゆくと〃平湖〃がすなわち澎湖＝台湾であるということは、寸分の疑いをさしはさむ余地もなく、世人をなっとくさせるだけの信憑性がそなわっている。そこに〃平湖〃という名称の歴史的意義がある。

したがって、掛値なしにこの問題を考えるものは、漢人が最初に台湾＝澎湖に渡来してくるようになったのは、この〃平湖〃という名称が書籍上にあらわれだした時期よりやや前の時代、すなわち〃北宋末葉から南宋初頭にかけての時代、いまから八、九百年前のこと〃、という結論をつけるわけである。また、ここら辺が隠当であるようだ。

これに続いて、南宋の趙汝适の筆になる、〃諸蕃志〃のうちの毗舎耶という一節に、

「泉有海島曰澎湖、隷晋江、与其国邇、煙火相望」

と記されていて、そこにはすでに漢人が千人以上も屯している、と推察できる情景描写があった。

元代になると、澎湖島のことがさらにはっきりしてきた。一例を汪大淵の〃島夷誌略〃にとれば、「島は三十六個―今日では六十四個を確認―にわかれ、泉州から順風にのれば二昼夜で到達できる。地味やせて稲田なく、移住してきた泉人（福建省泉州の人）が茅屋をたてて住み、製塩・漁撈を業として海産物を常食した。薪炭がわりに牛糞を乾燥させて使用する」、とあるのは、いまの澎湖島の風物にそっくりである。

元代の至元年間には、巡検司が島内の馬宮に置かれるようになった。このように、中国の役所がおかれて塩民から徴税するようになったのは、歴史上はじめてのことで、いまから六百年ばかり前であった。

ところが、いままで述べてきたのは澎湖島までの話であって、それからまた東に向う台湾本島のことになると、〃瑠求〃の個所でそれらしいと認められるのがせいぜいで、それ以上の記述は杳としてでてこない。

しかし、周囲の動静から察して、記録にはなくとも、台湾本島と大陸との交渉はこの時分にぼつぼつ進展しつつあった、とみて差つかえなかろう。元代といえば、かの歴史上でも有名な日本征伐や南洋遠征の大軍がしきりにくりだされた時代である。福建泉州から台湾本島までは、彼の二十万の元軍が日本に赴いた征途の四分の一にもみたぬ距離であった。福建の漢人が澎湖島を仲継地として、大陸から台湾沿海に往来したとしても不思議ではない。ただ台湾島に精悍な原住民が頑張っていて、移住し農耕するには時機尚早であったろうが、海賊どもが、原住民を相手に争奪をくりかえしながら、物々交換も兼ねおこない、あるいは漁船が出没してボラ魚を獲ることは容易に想像され得る。

この時分になると、沖縄と台湾の区別もできていたようで、沖縄を大瑠求と呼ぶのにたいし、北部台湾を小瑠求というようになってきた。島の大きさからいえば、台湾の方が遙かに大きいのに小瑠求とはこれいかにと、一見、奇異の感を抱くようである。しかし、当時では文化の点、また力量からして、沖縄の方が台湾よりは数段も上であったことが察せられる。だから、台湾の方が面積が大きくても沖縄列島の一小部分とされ、〃小瑠求〃の称号をたまわったとおもう他ない。前掲の〃島夷誌略〃に、「土民は舟の代りに筏を用いた。沙金、黄豆、硫黄、鹿皮を産出し、漢人は瑪瑙、金珠、粗碗をもって交換した」とでている。その風物ともに北部台湾の情況とほぼ一致する。また、この時代にすでに物々交換がおこなわれていたとすれば、当時では、北部の原住民は南部の原住民に比べ平和的であったのかもしれない。

北部を漢人が小瑠求と呼んだのにたいし、南部台湾には、福建地方のものが〃毗舎耶〃という名称を送った形跡がある。前掲〃諸蕃志〃の毗舎耶の節に、「毗舎耶人は漢人と言語が相通せず、商販の及ばざるところである。澎湖とは煙火相望む。不測の時に来冦して首級を狩りとり、居民これに苦しむ」、という意味の記録があって、その首狩り人種の毗舎耶とは、南部台湾に生棲するパイワン族のことであるようだ。

ちなみに、そのパイワン族のすむ南部台湾の西南海上に、ひそむが如き一小島嶼がある。その金魚の糞のような小島嶼は、今では〃小琉球〃と呼ばれている。とうの昔に世界の耳目から消えさつたはずのこの歴史的名称は、よく、往時を知らない旅行者をして、「こんなところに何時の間にか琉球の子供が島流しになっていたのか」、と驚嘆させることがある。

明代からやってきた紅毛人は、〃フォルモサ〃という称号をつけるまでは、台湾島を早くから〃小琉求〃と呼んできた。

大員から台湾へ

明の太祖、朱元璋は天下をとった早々から眼を東方海上に注ぎ、洪武五年（一三七二年）に揚載を琉球に遣わした。揚載は琉球国王の使者を伴って帰国し、これを機会に明朝と琉球国は正式に通好するまでに発展した。

この時から〃琉球〃という名称は、沖縄の琉球国の固有名詞と化してしまうのであるが、その半面、台湾は自然に〃琉球〃のワクから除外される結果を招いた。

さて、明初の〃東西洋考〃、〃閩書〃あるいは〃世法録〃などに、台湾のことを指す新名称として、〃東蕃〃という字句が登場してきた。元来、漢民族は中国を自ら〃中華〃と称し、東方の異民族を歴来、東夷と呼んできたものである。台湾を同じく東夷とよばずに、新たに〃東蕃〃と命名したことは、台湾原住民を中華からさらに一段と遠いものとかんがえ、ちょうど日本人を倭人とよんだのと軌を同じくするようである。この時分の書籍には、台湾のことについては少しづつ散見できるようになり、南部の魍港《バンカン》、打狗《タアカオ》（高雄）、および北部の鶏籠《ケラン》（基隆）、滬尾《ホボエ》（淡水）などの地名が目にとまるようになった。

そして今日の安平・台南附近は、周嬰・東蕃記に〃台員《タイワン》〃、陳第・東蕃記と何喬遠・閩書島夷誌に〃大員《タイワン》〃、張燮・東西洋考に〃大円《タイワン》〃、何喬遠・鏡山全集に〃台湾《タイワン》〃、それから沈鉄の上奏文には〃大湾《タイワン》〃、というようにそれぞれの字句で〃タイワン〃と呼ばれ、台湾全体を〃台湾〃という草創の時代がやってきた。

このような情勢の成熟にともない、福建地方の漢人が従来になく頻繁に澎湖か台湾と交渉を持つにいたった。そしてオランダ人の台湾占領を出発点として、漢人の本格的な農業移民が怒濤の如く押しよせてきた。かくして、南海の孤島はにわかに世界のフット・ライトをあびながら、台湾有史の歯車が回転しはじめるのである。

いよいよ清朝になると、島内の一地方名であった〝台湾〟が、台湾全体の名称として、小琉球あるいは東蕃の旧名にとってかわった。

さらに、台湾島が中国の版図に編入され、清朝の行政がおよぶのを機に、台湾本島と澎湖諸島がはじめて一緒に〝台湾〟の枠内に入れられ、今日にいたった。

ちなみに、倭冦の碇泊地に利用されたり、中国貿易の仲継地になったりして、当時の日本人も台湾には早くから交渉を持ったが、彼らは台湾島のことを高砂、高山国、たかさぐん国、多伽沙古、塔伽沙谷というような名称でよんできたことを附記しておくとしよう。

第四章　漢人移民のはじまり

漢人の南遷の果てに

中国の歴史を通観すればわかることだが、漢人が黄河流域に住みついてから六、七千年このかた、歴代の皇帝、為政者、将軍たちは、西北の草原地帯にたえず視線を注いで、国力の大半を傾け蒙古・満州・西域に蠢動する遊牧民族と攻防の戦いを繰りかえさなければならなかった。

しかるに、支配者たちが西北方で、異民族とあくなき抗争に終始している間に、被支配者である大多数の中国農民は、それとは正反対の方向をとって、南へ南へと歩を進め、南シナの原野に鍬をいれて、のちのちの繁栄を築く尖兵となってきた。

黄河を境にして、西北方に進めば、気候寒冷のうえに精悍な異民族との角逐がたえないのに対し、東南に向えば、南シナ一帯は温暖で地味肥え農耕に適していて、しかも、原住民はいずれも漢人よりも弱小で征服同化しやすい、という好条件にめぐまれていた。このような東南地域の自然と社会の利点が、漢人の農民たちをして一路、南下する方向にしむけたのである。

かくして、遠く春秋戦国以前の年代から、群をなして南下していった漢人は、時代をへるにしたがい、大河のごとき南遷のブームを現出するにいたるが、それはただたんに、社会の発展や人口の膨張にのみよるものとはいえなかった。

むしろ、あいつぐ北方民族の入寇、連年の戦乱、大河の氾濫および凶作飢饉の如き天災人災によって造成された社会の変革のために、生活からほおりだされた農民たちが、生きる方途を求めて、家郷を捨てることを余儀なくされた結果である、といっても過言ではない。

したがって、漢代の黄巣の乱とか、金・元の関内侵入、満州族の中国支配のような歴史的大変革が起きるたびに、千万を数えるあぶれた農民流氓の群が、南シナ地方へ押しよせてきたものである。言い換えれば、漢人南遷のブームは、いつの時代にも逃難の農民によってつくりだされたということができよう。

しかるに、南遷のブームと南シナの繁栄の果てには、人口過剰と社会的行き詰りがやがてやってくることは避けられない。その場合には、封建社会の底辺に生きる農民階層が、ふたたび、失業や破産という形をとって旧社会からいびり出され、更に新しいハケロを捜し求めなければならない破目におちいってしまう。

さて、次に拓くべき新天地は大陸本土をはなれ、不慣れな船旅を数十日もつづけてはじめていきつく、中国の勢力圏外にある外地であった。そして大へんな決意を抱いて南シナ沿岸からでてゆく、これら流氓たちが、後世に華僑という名で呼ばれる海外移民のそもそもの発端となった。

昔から中国に〝南船北馬〟という言葉がある。北シナでは馬やロバが交通機関として用いられるのにたいし、南シナは河川やクリークを往来する内陸用の小舟を使うという意味である。だが、今度の海外流氓は南船どころの騒ぎではなかった。それは実に〝海を渡る〟ことであった。大陸育ちの漢人には、〝海を渡る〟ということは、中国本土と生離死別することで、平時なら思いもよらない破天荒のことであった。

したがって、海路南方をめざす移民たちの心情は、かって北方から南遷してきた人たちとはくらべものにならぬほど、きびしいものがあったと想像できる。しかも、このような死別するにも等しい海外移住の先達となって、敢然と南方各地に進出していったのは、福建広東地方の、土地を失なった農民流寓者、海賊、政治上の敗北者という、おちるところまでおちきった人たちなればこそであった。

南支那から海外に進出した漢人移民には、約一千年の歴史がある。そもそもその始まりは唐の時代にまでさかのぼり、南洋ではいまでも華僑のことを〝唐人〟（タンガス）と呼んでいる地域があることでも、ほぼ察しがつくであろう。

十三世紀から十五世紀までの元・明時代には、南洋移民がようやく上昇期になっていった時代である。そのうえ、元の成祖（忽必烈）が安南はじめボルネオ、スマトラ、ビルマ、ジャワの各地に遠征し、明代には鄭和という朝廷の臣が前後五回にわたり海路、南洋に使いしている。元来があぶれものたちの自力で開拓していった移民のルートも、こういう軍事的、政治的な海外進出の力添えをえてくると、にわかに活発さを加えてきたことはいうまでもなかった。

十六世紀に入ると、さらに一つの新しい局面が展開してきた。それは、ヨーロッパ人植民者の組織的な嚮導によって、海外移民のブームが訪れてきたことである。

西欧では十五世紀にコロンブスがアメリカ大陸を発見し、まもなくヴアスコ・ダ・ガマがアフリカ南端を迂回してインドに達した。このような新世界の発見は、ただちにポルトガル、スペインの東洋侵略を導き、西欧諸国はきそってアジアに植民地を設置することに狂奔するようになった。

彼らヨーロッパ人植民者は、自国の植民地経営のために、低廉で従順な労働力を大量に必要とした。そこで、優秀な農耕の経験を身につけ、勤勉で労苦をいとわぬ福建・広東の失業農民が早速彼らの目にとまった。

巧言と詐術で、この地方の移民をあつめたポルトガル人やオランダ人は、漢人の農業労働者をインド、マライ、ジャワ、スマトラ、安南、フィリッピン、それから台湾の各地域に次々とおくりこんだのである。

このような西欧植民者による海外移民の大量需要は、南シナの窮乏した農民たちにとって、渡りに舟であったことはいうまでもない。かくして十六世紀末から、紅毛人の〝大刎船〟（ガレー船）という大規模な輸送船にのせられて、漢人移民が群をなして福建の厦門・泉州から出港していった。

台湾に移り住んでいった漢人の移住者も、いま述べてきたような歴史と性格をそなえている、南シナの海外移民の一環として、理解されてしかるべきである。

漢人まず澎湖に渡る

では、漢人はいつごろから台湾に移住してきたのだろうか。前掲の文献から推論すれば、八、九百年前の北宋末葉から南宋初期にかけて、南シナの海外移民が盛になりかけたころ、福建・泉州地方の漁民や海賊たちが澎湖にやってきたのが、そのはじまりであるということになる。そして、〝諸蕃志〟に、「毗舎耶が不測の時に来襲して、漢人が四百余人も捕虜にされ、その後、二百軒の家屋を建て、兵隊も駐屯した」とでているのをみると、十二世紀末ごろには、漢人の数は少なくとも千人以上に達したと推定してよいであろう。

元代になると、澎湖に移住してくる漢人はますます増加し、農業に適さない島嶼であるから農耕こそできなかったが、宋代に較べれば、漁撈、製塩のほかに、海賊貿易の方もいよいよ盛になり、規模も大きくなって殷賑を極めたことが察知できる。「工商興販、以楽其利」（島夷誌略）とは少し大袈裟な表現であるが、移民が増えて日常品を販売する商販が日に日に栄えていった、と解しても充分にその状況が察せられる。そして、至元十八年には、はじめて巡検司が置かれることになった。

つまり、澎湖は台湾本島よりも一足さきに漢人移民が渡来し、中国の行政権がしかれるにいたったのである。

しかるに、澎湖の繁栄に対して、それと「煙火相望む」というお隣りの台湾本島の移民については、宋元時代の文献には皆目その記録が見当らない。わずかに〃島夷誌略〃の毗舎耶と琉球の個所に、南部台湾と北部台湾の状況と原住民の習俗の一端が記されているだけである。そして、漢人と原住民との交渉については、琉球と呼ばれた北部台湾では交易が行われ、南部台湾では毗舎耶と呼ばれた原住民とよく争奪したことがうかがえるのみである。もし、これらの文献だけによれば、宋・元時代には漢人は台湾本島とは交渉はあったが、移民はまだまだなかったとみなければならない。また、それが実情でもあるようだ。

ではなぜ、台湾本島の漢人移住が澎湖より遅れて、宋元時代にその進展を見なかったか。

それは、本島に原住民という、れっきとした先住の主人公が住んでいて、侵入者に対しては容赦なく殲滅的反撃を加えようとしていた、ということに、その主たる原因を求めなければなるまい。つまり、台湾原住民の弓矢と首狩りの前では、政府の軍事力を後楯にしない限り、漢人の移民も、台湾本島にはいりこむ余地がなかったのである。

したがって、漢人の台湾本島への本格的な移住は、歴史的には、次代の明朝末期に、オランダ人が原住民を制圧してしまうまで、待たなければならなかったわけである。

澎湖・台湾を大陸から隔離する明朝の鎖国政策

十四世紀の末期、明代にはいるや、太祖の朱元璋は、倭寇が大陸沿海の各地を騒擾するのを根絶するため、周徳興と湯和（信国公）に命じて福建・浙江の沿海を守らしめ、日本との往来を禁止するとともに、海岸地方の住民を大陸の奥地に強制的に移した。そして、「寸板不得下海」（いかなる小舟といえども海上に出ることを許さない）といって海上封鎖の挙にでたのである。

そのころ台湾・澎湖島は、為政者には海賊や罪人の蝟集する巣窟として厄介視されていた。また、実のところ、澎湖島にやってくるものは、南シナからあぶれた、命しらずの荒くれ者たちばかりであった。彼らは時には貿易商人あるいは漁撈者ともなれば、また、時に応じて海賊にも豹変するというものばかりで、自然と澎湖島のような、官憲の力がおよばない無法地帯に集ってくることは、いうまでもなかった。そのうえ、北部台湾の基隆や淡水を、八幡船の碇泊地にしていた倭冦が、澎湖島に蟠居する中国人海賊と連繋をとって、大陸沿岸を騒擾するから、これらの島々はますます明朝に眼の仇とされたわけである。

いよいよ、明朝は封鎖の手を澎湖島までひろげてきた。湯和は、洪武二十一年（一三八八年）を期して、澎湖島の六巡司を廃止し、居住民を大陸奥地の漳・泉地方に強制移住させ、この島々を無人の孤島たらしめんとした。

しかし、果して澎湖の漢人がすべて大陸に送還されたかどうかは疑わしく、おそらく、全部が全部移転させられたものではなかったろう。交通も一時は中断されたかも知れないが、賄賂と冒険心でたちまちその禁令を空文にしてしまったと想像していいわけである。

十五世紀になると情況が少しずつ好転してきた。倭寇の跳梁がまず下火になり、明朝の封鎖政策がいくぶん緩和されつつあった。

客観情勢の変化は、たちどころに、台湾・澎湖にもひびいてきた。たとえば、有力な海賊である林道乾、曾一本、林鳳が台湾・澎湖に拠ったとか、金門から澎湖に移民があったとか、顔思斉が台湾西部を開拓したとか、あるいは鄭芝竜が、福建省長の熊文燦に建議して、饑餓農民を台湾開拓につかったとか、大陸と台湾の交渉がしきりに喧伝されるようになるが、その真偽はともかく、これらの掛声のうちからも、台湾と中国本土との交渉が密になりつつあることがうかがわれる。

もちろん、明朝は封鎖策を緩めたとはいえ、海外移民や対外貿易を公然と許したわけではなかった。ことに、ポルトガルとオランダがこの開かれざる扉を叩けば叩くほど、明朝の門戸は、いよいよ厳重に閉ざされてゆく観があった。しかし、朝廷の禁令は、取締の役人を肥らせはしたが、海外移民を根絶することにはならなかった。

このような内外情勢の推移によって、台湾・澎湖に向う移民の機はだんだんと熟していった。そして、十七世紀に入るとともに、オランダ人が登場して、台湾に向う漢人の足がいよいよ繁くかつ本格化してくるのである。

そもそも、移民と開拓という一連の歩みなくして、台湾の繁栄はありえなかった。換言すれば、移民と開拓をさておいて、台湾史の展開はありえないのである。

以下、各段にわけて、この二つの歩みを考察してゆきたいとおもう。

明末の海寇たち

明代の中期ごろ、社会の不安と、倭寇の騒擾につづくヨーロッパ人の来寇などの内憂外患の時期に、南シナの農民流寓者や無頼漢どもが、群盗化して各地に蜂起し、軽視しえない社会の禍いとなった。

そのうちでも福建・広東の沿岸地方に住むものは、海上にいでて海寇になりはて、倭寇と結んで沿海を荒らし廻ったり、あるいは紅毛人の海賊商人と合作して、通商と掠奪を兼ね行う海賊稼業に突進していった。

そして、十六世紀後半の隆慶年間には、この海寇の勢力は軽視できないほどに増大してくるようになるが、その雄たるものは、もはや、たんなる一介の海賊者として殺戮をほしいままにするだけでなく、すでに武力と経済力を兼ねそなえた貿易業者になりすまし、台湾海峡を股にかけ、遠く南洋各地や日本にまで貿易船を派遣して、交易の実をあげていた。

彼らの大多数は、ただでさえ、斬罪に処せられるべき凶状持ちばかりであるうえに、倭寇と結託し、西欧人とも交易するようになったのだから、「私通販夷」という罪状がさらに一枚加わるわけで、中国本土には、もちろんよりつくことさえできない身上であった。

したがって、自然と明朝の勢力下にない澎湖を選んで根拠地とし、すすんで台湾島とも交渉を持つようになったことは、いうまでもなかった。

彼らは悪名高い海寇であり、南シナ沿岸地方や台湾海峡を、その残虐さでもって血腥く染めた。が、しかし、彼らのような命知らずの荒らくれ者なればこそ、海外移住の魁となって、新しい道をきりひらくパイオニアとなり得たのであった。

南洋に落ちてゆくものはもちろんのこと、福建・広東を立って、澎湖・台湾に赴く移民たちは、よく彼らの手引により、海賊船に便乗させてもらい、台湾海峡を渡ったものである。

これら海賊であると同時にパイオニアの役を演じたものについて、一筆ふれておく必要があろう。いくたの強大な海寇のうちで、とくに台湾と因縁ぶかい者として林道乾、林鳳、顔思斉、李旦、鄭芝竜などが挙げられる。

林道乾は潮州の人で、倭寇を率いて福建・広東を劫掠しまわり、嘉靖四十五年、都督の兪大猷に追われて澎湖島に逃れた。その後、台湾の鹿耳門に渡ったという説と、カンボジャに走ったという説と、二通りの言い伝えがある。

林鳳は潮州饒平の人、林道乾を打倒して福建・広東を荒し廻った。万暦二年に澎湖に拠り、さらに東蕃(台湾)の魍港に渡り、後にフィリッピンで、史上有名なマニラ攻撃を行って失敗した。再度、台湾に戻って魍港に拠ったが、それから先は不明となっている。

顔思斉のことは、日本甲螺《カレエ》（通事）として、後世にいろいろと取沙汰されているが、当時の記録には、彼のことが見当らず、伝説的人物だという説がある。

李旦は泉州の産、フィリッピン、台湾、日本を股にかけたチャイナ・キャプテンとして英・蘭人と交渉が深く、当時ではもっとも実力ある貿易業者であった。天啓五年（一六二五年）、日本に没している。

李旦の死後、彼に代ったのはその配下の老一官とよばれた鄭芝竜であった。彼は泉州府南安県石井の出身。早くから李旦にしたがってポルトガル人やオランダ人に接し、後に日本にわたって長崎の平戸で田川氏を娶り、成功をもうけたことは有名な話である。彼は李旦の子の一官を圧倒して、一六二六年ころから台湾海峡の一方の雄となって、南洋、台湾、日本に通ずる海路をおさえた。

崇禎元年(一六二八年)、朝廷の招撫に応じて明の海将となってからは、海上の清掃に名をかりて貿易上の敵を駆逐し、紅毛人を圧倒してオランダ人の台湾貿易を麻痺せしめた。

後に、彼は故郷の泉州府の南、安平鎮に築城して根拠地とし、日本、台湾、マニラ、東京に貿易船を派して、極東の海上では押しも押されもせぬ覇者にのしあがった。

日本には砂糖、絹糸、綢緞などを持っていって、日本市場を支配した。たとえば、一六三九年に日本に来航したジャンク船九十三隻のうち、その大半が鄭芝竜の持ち船であったとオランダの出島日記に載っているが、これをもって当時における彼の勢力の絶大さがまざまざとうかがわれよう。

明朝滅亡の寸前、彼は清に降参したが、その後、清軍の殺害するところとなった。その子の鄭成功は明の遺王を奉じて清軍と戦い、台湾史に一頁をのこすこととなった。

第五章　世界史に浮び上った台湾

有史四百年のはじまり

古代原始人と、その子孫といわれる台湾原住民には、今日にいたるまで文字というものがなかった。台湾は長いこと、自らの筆によって記録されたものがない先史時代を経験してきたわけである。

一方、おとなりの中国の方には、後世の学者たちをして、台湾のことをいっているらしい、と思わせる記述が秦漢時代いらい、諸文献のなかに散見できるが、いずれも真偽のほどが疑わしく、現在でも論争のまととなっていることは、すでにのべたとおりである。さらに、時代をへていまから八百年前の南宋初期に、澎湖島についての明確な記録がはじめてみられるが、それも、ほんの断片的なものにすぎなかった。

結局、台湾に関する明確で継続された記録というのは、十六世紀末葉に、これら離れ島が世界史のフットライトに照らしだされて、漢人、日本人、オランダ人はじめ多くのヨーロッパ人が、台湾にやってきて、移民開拓の歯車が廻りだしてからのことであった。十六世紀の中葉に、台湾海峡を航行中のポルトガル人が洋上にうかぶ島の美しさに魅せられ、思わず〝イラ・ホオルモサ〟（美しい島）と叫んだことは、歴史上にのこる有名なエピソードであるが、その異邦の航海者の一声によって、台湾有史の幕がきっておとされたといってよかろう。

このように、台湾の綴られた歴史がわずか四百年そこそこしかないのに較べ、古代原始人から始った書かれざる台湾の歴史そのものが、幾千年もの長きにわたっていることは、いまや誰ひとりうたがうものはあるまい。

いままで、先史時代にふれることからスタートして、そのあゆみをたどってきたが、これからいよいよ有史時代に入るわけである。

その前に、忘ることできないのは、好むと否とにかかわらず、台湾が当初から植民地として各国の統治支配の下におかれ、いまにいたるもなおかつ、そのような被支配の境遇から解放されていない、ということである。

植民地というものは、その歴史的変革の節々が、自己社会の内部に起因するよりも、遥かに多く、世界情勢の移り変りや支配者側の諸変動に左右されることは、もはや贅言を必要としない。このことは台湾もその例外でありえず、過去においては欧亜の連絡が、中央アジアのシルク・ロードをラクダで往き来することから、帆船でアフリカ南端を迂回する海上ルートにかわることによって、台湾がオランダ人の植民地に陥る結果になり、近時では、日本帝国の敗退による世界大戦の終結が、中国政府の台湾接収を招くにいたったことなどは、その最も顕著な例であるといえる。

したがって、台湾史自体をみるためにも、その時その時の世界情勢や、支配者側の状況から一瞥してゆくわずらわしさを避けられないのである。

十世紀以後のアジアとヨーロッパ

さて、世界史がはじまって十世紀もたつと、地球上には人種、生活、文化、歴史などの諸点で、まったく異なった二つのブロックができていた。アジアとヨーロッパという二つの隔てられた世界である。そして、十世紀の末ごろまではアジアの方がはるかにすぐれていた。

アジアではまず中国が、宋朝の手で国内をふたたび統一して繁栄を持続する一方、国外において北は朝鮮、日本、南は安南、カンボジャにまで中国文化を侵透させ、その勢力をほこっていた。西ではアーリアン族のインド人とアラビア人が、ビルマ、セイロン、パレスチナおよびメソポタミアまで進出していた。

他方、この時代のヨーロッパは輝けるアジアにくらべて生彩がなかった。ギリシャ、ローマ時代の栄光は、遠い昔にきえ失せ、それにかわる新しい文化の萌芽はいまだみられず、群小国が乱立して、紛争をつづけている状態であった。

この年代には、二つの世界の交流は、わずかにインド人、アラビア人の地中海進出と、中央アジアの内陸を越える隊商の、二つのルートによって細々となされるくらいのもので、双方の関係はごく稀薄な状態にあった。

しかるに、こういう形勢も十一世紀に入ると、だんだんと逆転しだし、アジア、ヨーロッパの優劣が所をかえはじめたのである。

アジアにおける古い文明は、その後もなお生命をもちつづけていくが、中国とインドはようやく老化のきざしがではじめ、蒙古の華々しい勃興も、軍事的な一時の線香花火でしかなかった。アラビア人の最良の日は終りを告げ、アジアがいままで誇りつづけてきた優越は、下降を早めてきたのである。

これとは逆に、ヨーロッパはそれまでの混沌とした紛争の中で、新しい生命力と新文化創造のエネルギーを養い、沈滞から脱皮して大きく伸びようとする転換期に入ったのである。

十一世紀早々におこった十字軍は、いままで閉ざされていた別世界の存在をヨーロッパ人に知らしめた。十三世紀には経済都市がおこって近代化への道がひらけ、十四世紀になると文芸復興の最盛期にはいっていった。アジアから遠征を試みた蒙古軍までが、前進気運にみちたヨーロッパの発展を後押しする結果となった。ヨーロッパはいままでの遅れをとりもどし、アジアを追い越す発剌さにみちあふれて動き出したのである。

マルコ・ポーロの東方見聞録

十一世紀のヨーロッパが、内にこのような新生の力をたたえてくると、その眼は当然、外へそそがれだした。彼らはまず、古来からあったアジアへの路をたどって、中央アジアの砂漠地帯をまわり、中国から絹やどんすをヨーロッパにもちかえった。この隊商ルートは、東洋の珍奇な品物を求めるヨーロッパの欲望に比例して、繁栄していき、後日、シルクロードと呼ばれるほどに、その名を世界に馳せた。また、西アジアとヨーロッパ人の交流は、インド人とアラビア人による胡椒の取引で、さらに密接の度を加えていったのである。

そして、このように頻繁に往来することによって高められた、ヨーロッパ人のアジアにたいする関心を、さらに輪をかけて刺激したのが、彼の有名なマルコ・ポーロの東洋見聞録であった。

マルコはシルクロードの最盛時に、この路程をたどって北京に行き、元の皇帝・忽必烈に可愛がられて七年間滞在した。そして故郷のベネチャに帰ったのが一二九五年。その年に、自分の眼でみ、耳できいたことを一冊の旅行記にまとめあげ、神秘的なイメージで想像されてきた東洋社会の実情を、ヨーロッパ人の前に詳しく紹介したのである。

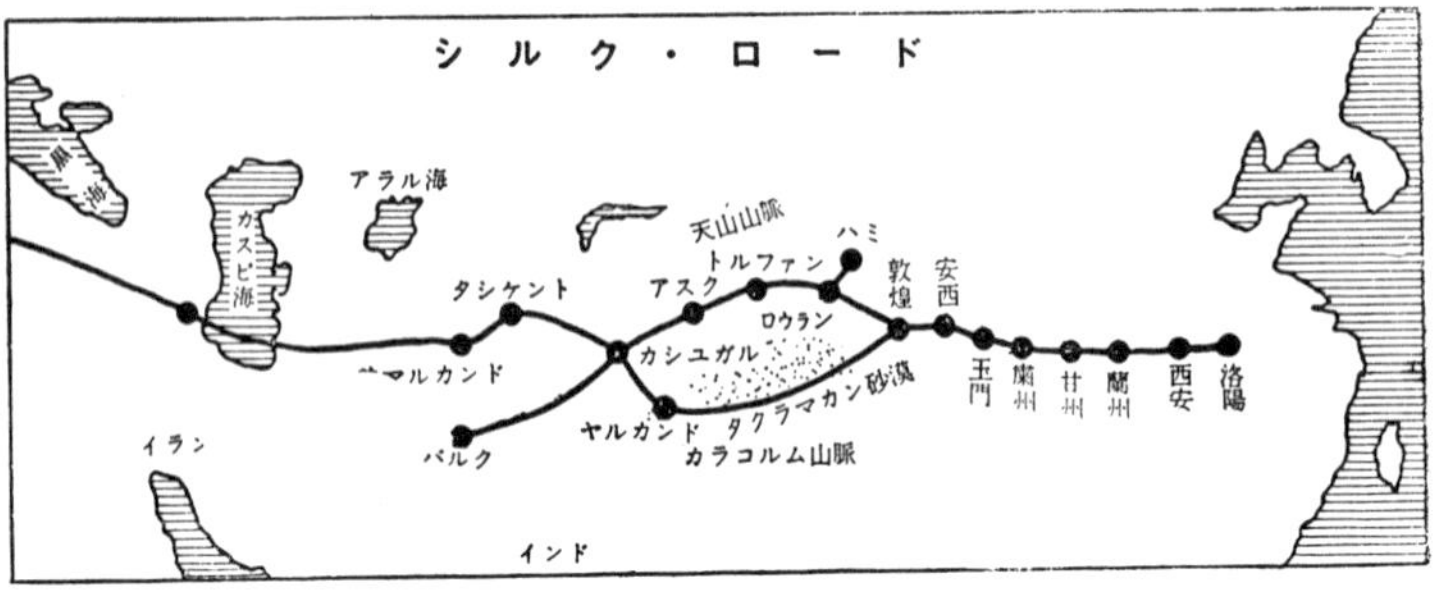

彼は旅行記のなかで、中国の富裕と強大をほめたたえ、日本を黄金の国とよび、その筆はジャワ、セイロン、インドにまでおよんだ。

ヨーロッパ人は、この驚異にみちた別世界の話に接して、地球の大きさにいまさらのように驚きの眼をみはると同時に、東方の空にむかって新しい夢をえがき、冒険心をとぎすますのであった。そして、このような夢と冒険心が、碧眼の紅毛人をアメリカ新大陸にはこび、アフリカ南端の喜望峰を回らせ、インド、フィリッピン、中国大陸、台湾、日本とはてしなくつき進ませ、遂に世界を席巻させたのである。

東洋侵略のチャンピオン

マルコ・ポーロの見聞録によって東洋熱をかきたてられてからの二、三百年のうちに、ヨーロッパ世界の内部には大きな出来事が次々とおこった。そのうちで重要な変化として挙げなければならないのは、アジアに一歩先んじて近代国家の統一をめざしたことと、もう一つは商業資本が育ち、社会的にアジアをぐんぐん引き放して前進したということであった。そして、急速に集積された力は、新しい夢と冒険心と相まって、未知の世界への探求となってあらわれた。

まず、ポルトガル人は東航をこころみ、スペイン人は西へとむかった。一四九二年にはこうして、ゼノア人のコロンブスが大西洋を横断してアメリカ大陸を発見し、一四九八年にはヴァスコ・ダ・ガマがアフリカ南端の希望峰をまわって太平洋に出で、インドの西海岸に達した。

それ以来、ヨーロッパとアジアの二つの世界の交流は、海洋を公道としてさかんになり、いままでの内陸横断の主ルートであるシルクロードは、次第に姿を消していくのである。

このように東西交流の主要ルートとして、船隊による海洋航行が、いままでらくだの背中にのった内陸横断にとってかわった。そして、この人類史上の一大転換が、ひいては太平洋上の一島嶼にすぎない台湾島を、世界のフットライトのもとにクローズアップする結果をうみだしたのである。

台湾をねらう四つの眼

さて、時代が十六世紀にはいると、アメリカ大陸をまわって太平洋にでたスペイン人と、アフリカ南端の喜望峰を迂回してアジアに進出したポルトガル人との二大勢力は、台湾近辺のアジアの一角で合流した。これから先は、このヨーロッパの二大海洋勢力があい競合し、東洋社会侵略の最初の尖兵として植民地獲得に狂奔するようになった。

まず、ポルトガル人が一五〇一年にゴアを占領。ついでマラッカ、セイロンと北上し、一五一六年にははやくも南シナの門戸をたたくところまですすんだ。それからさらに北上した彼らは日本をめざし、一五四三年に鉄砲を種子島にのこしていった。一五五七年になると、宿望の澳門を植民地として手に入れ、南シナ沿岸の一角に楔を打ち込むことに成功した。このようにしてポルトガル人は、これから四、五世紀の長きにわたって東洋植民地を経営する鞏固な礎を、この時代にきづきあげたのである。

（ガレオン船の図）

一方スペイン人の方も一五二一年にマゼランが太平洋を横断してフィリッピンに到達し、彼はこの地で土人のために殺害されたが、それとひきかえにフィリッピンの島々は一五六七年までに、すっかりスペイン人の占拠するところとなった。そして、彼らはここを東洋植民地経営の基地として、十九世紀末にアメリカに譲渡するまで、持ち続けた。

こういうように、植民地をあさりまわる西欧人のガレオン船（大帆船）が台湾海峡の波を荒らだてている時、台湾はようやく世界史の舞台に登場してくる。時あたかも明廷を手こずらせた倭寇や南シナの中国人海寇たちが澎湖島や台湾本島の西海岸に巣喰いはじめた時代であった。このように扇のかなめの如く重要な位置を占め、中国政府に文句をつけられることもないうえに、同業の東洋人海賊どもを手なずけて使うのに便利な澎湖・台湾を、紅毛人の海賊植民者は見逃すはずがなかった。

当時、台湾海峡を行き交うガレー船（大划船）とガレオン船（大帆船）、ジャンク船、あるいは、八幡船がふえてくるにつれ、虎視眈々と台湾をねらう四つの眼がひかっていた。

最初の一つは、もちろん、中国人の眼を挙げねばなるまい。この年代には、南シナの漢人は、すでに澎湖島をへて台湾西海岸に達しており、海外移民もまさにさかんになろうとしていた時である。しかし、中国人の場合は、その他のものとは事情がちがっていた。日本人の倭寇やヨーロッパ人植民者たちは、政府の軍隊と艦船の後押しで台湾をねらい、植民地争奪そのものを国家事業として押しすすめたのにたいし、中国人たちは全然、個人の力や海賊稼業を通して台湾との交渉を持つにしか過ぎなかった。それどころか、中国政府は台湾をむしろ厄介視し、海上封鎖して漢人の渡航を禁ずる挙にでていたから、民間人の雄飛でさえ、種々の困難を突破しなければならなかった。したがって、地理的には他の国が到底およぶべくもない程の隣接関係にあり、とうの昔から台湾島のことを知っていて事情に詳しい中国人でありながら、また、南シナの海寇たちや漁民が必死になって台湾原住民にいどみかかったにもかかわらず、結局は、眼の前で、みすみす紅毛人に先き立たれる苦杯をなめなければならなかった。つまり、お隣りの台湾を占拠することは、遠来のオランダ人、スペイン人の海賊植民者たちによってなされ、漢人はそれまで、ただ、指をくわえてまつより外なかったのである。

（ジャンク船の図）

第二の眼として日本人がかぞえられよう。十五世紀ごろ日本の足利時代から九州の海賊たちは、八幡船をあやつって南シナ海の荒波をのりこえ、中国大陸の北は渤海湾から南の福建・広東の沿海にいたるまでの全海岸線を荒しまわり、劫奪殺戮をほしいままにした。この時代、北部台湾の鶏籠・滬尾は彼ら倭寇の根拠地として利用され、澎湖に屯する漢人海寇たちは彼らの仲間でもあり、交易の相手でもあった。そして、これら倭寇たちは中国人海寇とはちがい彼らの海賊行為は、すなわち、国家的海外進出の尖兵としての役をかねそなえていたのである。さらに、豊臣時代には、台湾の事情にも通じてきて、〝たかさぐん〟などと呼び、一五九三年、秀吉が〝高山国〟に使をだしたことになっている。いままで倭寇が根拠地として利用することから、為政者が国交を申し込むことに進んでいったのである。

徳川時代になると、台湾に対する日本の野望はいよいよ強まってきた。一六〇九年は、オランダ人に通商を許した年である。この時に、有馬晴信が兵船を率いて台湾をめざしたが果さず、一六一六年に長崎代官の村山等安も再び試みたが、これも中途で挫折した。一六一九年には山田長政が台湾の滬尾をへてシャムにいたっている。日本人の南方進出の野望が強くなってくるにつれ、その後、台湾への関心も次第に高まっていった。

しかし、中国といい、日本といっても台湾をうかがう点では、とても紅毛人の比ではなかったことは、歴史が雄弁に物語ってきたわけである。

その雄が、第三の眼のポルトガル人である。

ポルトガルは、東洋進出と同時に、マラッカを拠点とし、ついで一五五七年、澳門に植民地をおいてからは、さかんに中国、日本に通商をもとめてやまなかった。彼らは台湾海峡を航行するごとに、そして、中国政府に通商の申込みを拒絶されるごとに、〝小瑠求〟（台湾）に目をつけていたのである。

船が台湾海峡を北上中、船員の一人が、甲板の上から眺めた〝小瑠求〟の余りの美しさに魅せられ、おもわず〝イラ・フォルモサ〟といって歓声をあげたことは既述のとおりである。それは一五五七年、ポルトガル人が澳門を占領した年のことになっていたが、この時代に、世界の果てをいく碧眼の冒険者たちによって〝フォルモサ〟とよばれた島嶼が、地球の上に全部で七つあった。いまでは、〝フォルモサ〟といえば、台湾島だけをさす固有名詞として内外に親しまれ、その名声を世界に博してきた。それはとりもなおさず、かく呼ばれた七つのうちで、台湾が、群をぬいて世の注目をあび世界史の上に残ってきたことを意味するのであろう。

これを境にして、西欧人は台湾のことを〝小琉球〟という旧い名称から、〝フォルモサ〟に呼びかえるようになってきた。

ポルトガル国王は、一六一〇年、自らゴア総督に下命して、台湾占領の計画を立案させた。国王は、この南北交通の要衝を他国が占有することになれば、ポルトガル人が中国貿易を独占できなくなり、また、日本との交通線が途中で遮断される恐れもあって、ひいては澳門の繁栄が奪われてしまうことを、遥かヨーロッパの本国にいながらにして察知していた。当時の台湾が、世界に名声赫々たるポルトガル国王の眼に、早くもとまっていたのである。

フィリッピンを占領したスペインは台湾をねらう第四の眼であった。彼らがマニラを根拠地として、日本への布教と、中国・日本との貿易を展開してゆくうえで、またフィリッピン自体の安全を守るためにも、わずかにバシー海峡を一つ隔てたお隣りの台湾は、どうしても制圧しておきたいところであった。

そこで、マニラ駐在のスペイン総督タスマリナスは、一五九七年までに四回も台湾攻略の建議を本国に送った。同年には、マニラ在住のスペイン人が軍事会議を開き、その結論に、台湾地図を一葉添付して国王のもとに送っている。

かくて、一九五八年に、総督はザマデォを征台司令官に任命し、兵船二隻と二百の軍隊を派して、台湾に向わせた。しかし、この台湾島占領の計画は台風のために挫折のやむなきにいたった。

こうして、十六世紀末までに、各国ともチャンスをみては、それぞれ通商と占領という両様のかまえで台湾をうかがったが、そのいずれも成功するにいたらなかった。台湾の主人公は、次代にオランダ人が南部台湾の一角に第一歩を印するまでは、依然として原住民たちであったのであるが、そのころ、彼らの内部事情に精通するものは、誰れ一人いなかったようである。

最初に台湾を占拠したオランダ人とスペイン人

十七世紀に入ると、台湾をねらう眼はいずれもその険しさを加えてきた。ことに、宋朝のボイコットにあって中国本土との通商が思うようにいかず、日本の方でも伝教は禁止され、通商の断絶を宣言されて、彼ら紅毛の植民者たちは、地理的に重要な台湾に基地をおきながら、長期のかまえに切り換える必要を痛感してきたからである。かててくわえて、そのころから新しい挑戦者があらわれた。それはオランダとイギリスというマーク入りの狼であった。そして、この新入のオランダ狼が、群狼を圧倒して、この肥えた肉魂をさらってゆくことになるのである。

これよりさき、一五七九年、ヨーロッパではスペインの支配から独立して、オランダ共和国が誕生した。そして、新興のオランダ、それにイギリスの両国が、オールドタイマーのスペイン、ポルトガルにいどみかかり、一五八八年、スペイン無敵艦隊がイギリスにほおむられ、ここにイギリスとオランダは新しいリーダーとして、ヨーロッパ社会の主導権をにぎることになった。

この二つの戦勝国は、もちろん、ヨーロッパにおける勝利の勢いをかって、おくればせながら東洋の植民地獲得の競争になだれこんできた。今まで東洋の海上をわがもの顔にのさばってきた先着のポルトガル人とスペイン人は、殴り込みにもひとしい英・蘭の連合軍のために惨々な目にあわされた。スペイン人はようやくマニラの牙城を守り通したが、植民地の分散せるポルトガル人はいたるところで苦杯をなめさせられ、数ある植民地を次々と失っていった。

英・蘭の新勢力と西・葡の旧い植民者はその後も四ツ巴になって、東洋植民地の争奪戦をくりひろげてゆくが、遂にイギリスとオランダに勝利があがった。

元来が重商主義的な海賊商人の出身である英・蘭の新しい覇者は西・葡の両国人を押え込んでしまうと、直ちに中国と日本の極東貿易をねらって行動を開始した。そして、彼らも新しい行動には、かってスペイン人やポルトガル人が欲した如く、台湾のような要衝の地を掌中におさめる必要性を痛感させられた。しかし、台湾の内情にうとい彼ら新来の海賊商人たちは、常夏の緑島を垂涎しながらも、なかなか手出しができなかった。

そこで、彼らは、中国と日本の通商をおこなうために、その補助手段として二つの方法を前後してとることにした。その一つは、まずスペイン、ポルトガルの支配する植民地を奪取することである。そこで、英・蘭の連合艦隊は東洋各地のポルトガルとスペインの植民地を荒らし占領した。台湾占領以前には、数回にわたって澳門とマニラをも襲撃したが、これはとうとう一度も成功しなかった。

その二は、新しく植民地をつくることである。そのため、イギリスは一六〇〇年に、オランダは一六〇二年に、それぞれ東印度会社を創立した。オランダ人は会社の根拠地をバタビヤにおき、東洋の市場開拓、とくに中国、日本との通商に力をいれる前進基地とした。一六〇一年（万暦二十九年）にヴァン・ネックが南洋にやってくると、ただちにフロスポルホンを中国に派して、通商を求め、南シナ沿岸に根拠地を借用する申し出をしているが、これは明朝にすげなく断られてしまった。オランダ人はここで、台湾をとる必要をいよいよ痛感させられた。しかし、台湾島内の事情は依然として皆目分らないため、まだ手を下すまでにいたらなかったのである。

翌年、オランダ海将ウェヴランは、エラスムス号とナサウ号の二艦をふたたび中国沿岸に派遣したが、これでも中国政府から通商の許諾を得ることができなかった。そこで、ウェヴランは、自ら中国政府と直接交渉にのりだすことに決め、翌々年の一六〇四年七月にパタニー（交趾シナ）を出発、広東附近の近海についた時分に暴風雨にあい、八月七日、澎湖島にやってくるようになったのである。ウェヴランは澎湖島にたどりついたのを幸いとし、ここを中国政府との交渉の足場に選んだ。しかし、物事はウェヴランの思惑どおりにはゆかず、たちどころに福建総督・施徳政の峻拒にあい、都司・沈有容によって澎湖島から撤退することを余儀なくされた。

この度のウェヴランによる澎湖島来航が、ヨーロッパ人の台湾にやってきた、そもそものはじまりである。そしてそれが、十数年後にオランダ人が台湾を占領する前ぶれともなったのである。

ちなみに一九一九年（大正八年）、澎湖島の馬公にある媽祖廟の地下から、「沈有容諭退紅毛番韋麻郎等」という古碑が発見された。これは台湾最古の石碑とされ、また、その裏をかえせば、オランダ人の台湾侵略についての、一つの道標ともなっているわけである。

だが、オランダは、一六〇九年になると、日本の平戸で商館を設立することにまず成功した。そこで、その中継地としての台湾がますます必要となってくるわけである。案にたがわず平戸商館長ブロ－ワは、早速、台湾占領を東印度会社の総督ポオトに建議した。また、一六二〇年になると、今度は本国の東印度会社本社から、バタビヤの東印度総督に、中国貿易の中継地として小琉球（台湾）を獲得することを指令してきた。

この時期にはオランダのみならず、イギリスの平戸商館長のコックスも台湾の重要性をみとめ、一六一九年に本国に向い、貿易中継地としての台湾の有利性を報告している。

さて一六一九年、イギリスとオランダは攻守同盟の締結を機会に、東洋では一六二〇年に英・蘭連合艦隊を再編成した。連合艦隊は、アジア貿易を共同で推進するだけでなく、インド、中国、日本を結ぶ南北の海上交通をおさえ、この海域で出合うポルトガル船を片端しから襲ったり、スペインのフィリッピンを海上封鎖して、マニラ行の中国ジャンクを拿捕してあばれまわった。そして、それによって得た戦利品を日本で売りとばしてかせいでいた。

このように英・蘭艦隊は実力にものいわせ本性むきだしの海賊行為で掠奪をほしいままにしたのであるが、これがマニラにいる劣勢のスペイン人をやきもきさせ、その対抗策として、とうとうスペインの台湾占領計劃をふたたび再燃させるにいたらしめた。

ところが、たまたま捕獲したスペイン船から重要書類を入手して、オランダ人は、スペイン人の台湾占領の計画を事前に知ってしまったのである。

バタビヤ以北の極東地域に、対日・中貿易の足場のほしいオランダ人にとって、台湾はかねがね垂涎してやまないところである。そこで、報に接したバタビヤ駐在の東印度会社総督コエンは、急遽スペインの機先を制して牽制の手をうつべく、ライエルセンに英・蘭艦隊十二隻と兵千二十四名を率いしめ、一六二二年（天啓二年）六月、まず、ポルトガルの本拠である澳門をうたしめた。しかし、これは死傷多数を出して失敗に終った。

敗退したライエルセンは、その年の一六二二年七月十一日に、船隊を率いて澎湖島に到着した。彼は澎湖で持久戦に備えることに決し、澎湖島の紅木埕（今の馬公の近く）に築城して千五百人の漢人を酷使して死なせるほどの大工事をほどこした。一方、彼は、自ら二船を伴い、同年七月二十七日に台湾の西南岸に達し、その地の港湾と水深を調査して澎湖に帰った。これが史上でみる、ヨーロッパ人の台湾本島にやってきた最初である。

それから、ライエルセンは、福建の漳州近海の峿嶼附近に二隻の兵船を游弋させて、中国ジャンクのマニラに赴くものを阻止するとともに、自ら厦門に乗り込み福州に転じて、通商の交渉に当った。しかし、これも中国官憲に相手にされなかった。

中国との通商の交渉は進展しなかったが、ライエルセンは澎湖島に築城して台湾海峡をおさえていった。これをみて、福建巡撫・南居益は一六二三年（天啓三年）九月、大陸沿岸の海禁を実施し、翌年の一六二四年正月に守備・王夢熊らをして船隊を率いしめ、澎湖諸島の白沙島から上陸させた。ここで、中国軍隊とオランダ占領軍の間に、戦端がひらかれたのである。

中国とオランダの軍隊は交戦八カ月におよび、中国側は敵将のコペンルットを捕虜にするほどに双方とも必死に戦った。しかし、ライエルセンの指揮するオランダ軍は城塞に拠り、艦砲射撃で王夢熊の中国軍に応戦して、なかなか撃退されそうになかった。

そこで、明朝は、ライエルセンが澎湖島から撤退すれば、

㈠　オランダ人の台湾島占領を妨げない。

㈡　今後、中国貿易を黙認のかたちで許す。

ということを提案した。ライエルセンは明朝からその言質をえて、澎湖島の城塞や砲台を自らの手で破壊し、自発的に撤退して台湾島に向った。

かくして、一六二四年八月二十六日（天啓四年七月十三日）、ライエルセンのオランダ軍は大員(安平)に上陸し、台湾本島の一角がオランダ人の占領するところとなったのである。

一方、マニラのスペイン人はオランダの台湾占領の報に接して、たいへんな恐怖にかられた。そのうえ弱り目にたたり目で、その年に日本の徳川幕府がスペイン人の伝教を禁止しマニラとの往来を断絶した。

スペイン人は、早急に何らかの手をうたない限り、対中・日貿易から閉出しを喰うばかりでなく、南部台湾を占領したオランダ人によって、フィリッピンの安全が脅かされることになりかねなかった。

そこで、マニラ総督シルヴァは、カレニオを総帥としてガレー船（大刓船）二隻とジャンク船十二隻を統卒せしめ、一六二六年(天啓六年)五月五日にマニラを出発。オランダ艦船の遊弋する台湾海峡をさけて、台湾東海岸側の太平洋を一路北上し、五月十一日に台湾東北端に達してサンデェゴ（三貂角）と名付け、翌十二日には鶏籠港（基隆）に入港して社寮島で占領式をあげた。

鶏籠では、早速サン・サルバドル城（救世主の意）と砲台を築き、中国人街をつくって「パラン」とよんだ。一六二八年、滬尾（淡水）をも占領してサン・ドミンゴ城を構築した。

スペイン人が北部台湾の一角に楔をうちこんだことをきいて、今度は南部台湾を占領していたオランダ人のあわてる番となった。安平駐在のオランダ領事ヌイツは、これこそ対中・日貿易の喉ぶえを扼される一大事であるとばかり、バタビヤのオランダ総督に注進におよんだ。オランダ総督は急をきいてその年の八月に艦隊を派し、スペイン人占領の北部台湾に向わせた。が、これは不成功におわった。

ところが、スペイン人は北部台湾を占領したものの、期していた日・中貿易商人の集りもはかばかしくなく、日本における宣教再開のメドが何時までまってもつかないうえに、兵士や宣教師が台湾風土病と原住民の襲撃で倒れるもの相継ぐ、という状態におちいってしまった。しかも、マニラを出発する糧秣・物資の補給船隊は、暴風のためにその過半数が中途でひきかえす有様であった。

一六三八年、スペイン人は、とうとう、サン・ドミンゴ城を壊して滬尾をひきはらい、後にまた鶏籠の防備を縮少するの已むなきにいたった。

このようなスペイン人の浮き足たった好機を、南部台湾のオランダ人が見逃すはずがなかった。ハルゼーは艦船六隻と六百九十名のオランダ兵を率いて、一六四二年八月二十一日に鶏籠の攻撃を開始した。その時、スペイン側は守兵わずか三百名たらずで、交戦五日にして開城し、オランダ人の軍門に降った。

このようにして、十七年にわたるスペイン人の台湾占領は幕を閉じ、それ以後、オランダ人が台湾唯一の支配者となったのである。

さきに、オランダ人がやってくる前から、台湾は中国人と日本人との交易中継地となっていた。それがオランダ人が台湾を支配しだすと、輸出品には十分の一の関税を課すようになった。漢人はオランダ人の課税に応じたが、日本人はそれを拒否した。そこで領事のヌイツは日本人の渡航を禁止し、自らも日本に渡って徳川幕府と談判したが、相手にされず、台湾に帰ってきて、日本商人と悶着をおこした。これが浜田彌兵衛事件である。徳川幕府はその報復として平戸のオランダ商館を閉鎖せしめ、鎖国政策の挙に出た。バタビヤ総督はそれに当惑してヌイツを日本に引渡して陳謝の意をあらわし、ようやく貿易の禁が解かれたが、それ以後、日本は自国船隻の外航を依然、禁止していたから、日本人の台湾にくるものは少なくなった。ヌイツは後に、日光東照宮にオランダが銅の燈籠一基を献上したのでその恩典に浴して、ようやく釈放されて帰国することができた。その銅づくりの燈籠は、今でも東照宮の内庭に設置されたまま、往時のオランダ人の東洋進出を物語っているはずである。

台湾海峡には、鄭芝竜はじめ、その他の中国人貿易商が屯していたが、オランダ人は巧みにこれら海賊商人を利用して、中国、台湾、日本の三角貿易を独占するかたわら、一六二四年から一六六一年までの三十八年間、台湾南部を経営して莫大な植民地利潤をあげることになった。

第六章　オランダ人の台湾経営

オランダ人の大員上陸

オランダの海将ライエルセンが、台湾本土に赴いて港湾や水深を調査したとあったが、それは台湾占領に先きだつこと二年前の話である。そのときの調査記録が、オランダの東洋植民地の経営や通商および東洋社会の事情などを書き残した〃バタビヤ日記〃の一節に出ている。彼が調査したところは、南部西海岸にある、現在の安平沿海で、当時の漢人が大員と呼んでいたところであった。

「伝聞するところ、フォルモサは年々、鹿皮二十万枚を産し、乾燥した鹿肉、魚肉も多量に産出する。大員の港湾中には、支那ジャンク約百隻が碇泊しているのが見受けられるが、これらは漁撈に従事する一方、鹿肉を買いとり、中国に持ちかえることもやっている。船中には鹿皮、鹿肉を米塩と交換する中国商人がまじっていた……」

この文面でみると、毗舎耶と呼ばれていた南部台湾では、漢人と原住民の関係が今までの争奪奇襲の戦争の状態から、十七世紀初葉のオランダ人来寇の時には、すでに物々交換の平和的交流の関係に移っていたことがわかる。

このような状態にある台湾を、オランダ人は当初、中国、日本への貿易中継地としてしか求めなかった。もし、ただそれだけでおわったなら、台湾のその後の歴史は、あるいは別の方向にむかったかも知れない。だが、彼らオランダ人は、さすがに海賊商人であると同時に、国家の力を背景にもつ初期資本主義の植民地経営の担い手であった。彼らは、台湾を調査し、上陸の第一歩を印するや、ただちに肥沃な原野と豊かな特産品—砂糖・鹿皮—をみてとった。

（ゼーランジヤ城）

つまり、オランダ人は貿易上の重要性だけでなく、その経済価値にも目をつけ、早速、台湾を植民地として経営することにのりだしてきたのである。

彼らはまず、築城から着手した。それは、いろいろと迂余曲折の末にえた、この価値多い獲物を、まかりまちがっても手放すものかという、オランダ植民主義の強い決意を示すものであった。それのみならず、これら近代式の鉄砲や大砲で固められた城塞は、彼らが台湾原住民や漢人開拓者を統治していくうえにおいて、欠かせない足場であったのである。

台江とは今の台南市附近のことをいうが、当時の地形では港湾になっており、その外港に、一条の鯤という大魚に似て南北に浮上する出島があり、その島の起伏が七ツあるのを北から順次に一鯤身《イックンシン》、二鯤《ジクン》身《シン》というように七鯤身《チックンシン》まで呼ばれていた。

その北端の一鯤身は、後に安平鎮と改称されて今日にいたるのであるが、オランダ人は、まず、この一鯤身に土砂でかりの築城を行い、ついで、漢人を使って赤煉瓦を焼き、大陸から岩石を運び、八年四カ月を費やして、ついに、一六三二年、後世

（プロビンシヤ城）

までその名を誇るゼーランジヤ城を完成した。それから、一鯤身の北に一つの砂州があり、その砂洲の南端、すなわち一鯤身と相対する端は北線尾《パッスアボエ》と呼ばれ、そこに「海堡」という城砦を造った。

次に、サツカム（赤嵌《チヤカム》＝いまの台南市）にプロビンシャ城（赤嵌楼）を築き、ここに東印度会社の事務所、宿舎、病院、倉庫などを設ける一方、城下に漢人の居住をすすめ、殷賑な市街地をつくりあげることに成功した。この二つの城塞都市は、オランダ人の台湾統治の堅固な基盤となり、その勢力範囲をだんだんと拡大していく拠点としての任務を果していったのである。

当時、オランダの東洋経営の最高司令官は、東印度会社の総督であって、バタビヤに駐在し、台湾には、その任命にかかる領事をおいて、植民地経営や台湾貿易の責任をとらしめた。

さて、オランダの台湾植民地のソロバンは、原住民の土地と漢人の労働力という二つの要素からはじきだされるが、そのために、非情な征服者は、原住民の獲物である鹿皮をだましとったうえに、その鹿をおいまわす土地まで強奪していった。一方、東印度会社の船で南支那の漢人労働者を奴隷として、一船また一船と台湾に運びこんだ。

そして、原住民と漢人を鉄砲と笞で圧服支配しながら、土地を開墾させ、自分たちの貿易に必要な砂糖と鹿皮を強奪していったのである。

征服者の鉄砲、原住民の弓矢

城塞都市をつくって統治の拠点を固めるオランダ人は、他方、赤嵌附近の原住民部落を一つひとつ征服し、文明の利器の鉄砲で彼ら未開人の恭順を迫った。

原住民の側からすれば、これほど理不尽なことに、未だかって出あったことがない。たちどころに反抗の戦いにでたことに、なんの不思議もなかった。獲物はとりあげられ、昨日まで自由に駆けめぐった原野が横取りされて、しかもその相手が異色人種とくれば、彼らの本能的な精悍さと敵愾心がたぎりたつのは当然であったろう。

原住民は獲物と土地の強奪にたいし、昼夜の別なく復讐をくりかえし、紅毛人と漢人開拓者の居住地や農場には毎日のように襲撃をかけ、流血の惨事はあいついでおこった。一夜のうちに、草の根までむしりとられるようにして、全部落の漢人の首が狩られることも稀ではなかった。

このような原住民の襲撃は、元来が外来のオランダ人や漢人によって招来したことなのであるが、それにたいし、オランダ人は近代的武器でさらに討伐につぐ討伐をくりかえし、蕃社は一つひとつと焼きはらわれ、大量虐殺は繰り返しおこなわれた。そして、ズドンという銃声とともに、原住民たちは樹上から射ちおとされ、原野に屍をさらし、蕃社がつぎつぎと圧服されてゆくほかなかった。

このようにして、征服者はゼーランジャ城とプロビンシャ城を根城として、南北にその勢力を拡大していったのである。

原住民から奪いとった土地には、中国本土からつれてきた漢人農業者をおくりこんで、開墾させ、拓かれた田畑に砂糖の原料である甘蔗を栽培させた。だが、後には漢人のうちでオランダ人の駆使を肯んぜず、その勢力範囲からはみだす者もあらわれてきた。こういう漢人たちは原住民地区に入りこんで捕鹿をやるが、そのために原住民との摩擦が激化していったことはいうまでもないことであった。

こうして、植民者、移住者、原住民が三ツ巴になって混戦するうちに、太古から続いた南部台湾の原林荒野は、次第に地平線の彼方に没しさり、防風林の竹ヤブをめぐらせた台湾特有の田園風景が、弱肉強食という社会法則の展開するなかから出現してきた。そして、その新時代のはしりとなって新しい息吹をみせたのが、台南平野の近郊一帯であったのである。

原住民の統治

オランダ人の原住民統治が確立されるまでには、十年以上の歳月がかかった。しかし、それも一六三五年を中心とする麻豆、蕭壠の原住民大殺戮によって、はじめて実現をみたのであった。惨忍きわまるこの大虐殺によって、刀折れ矢つきることがなかったら、原住民もそれほどたやすく圧服されることがなかったろう。

オランダ人の武力制圧で、平埔蕃のうちの一部のものが、山岳地帯に逃げこんだ以外は、大多数のものは台南附近の平地で、征服者に帰順することを余儀なくされ、次の時代ともなれば、漢人に同化されて熟蕃としての運命をたどってゆくのであった。

さて、一六三六年二月、二十八社の頭目たちは、新港（台南附近）に集合を命ぜられ、オランダ人長官ハンス・パトマンスに服従する帰順式が行われた。これを境として、原住民の反抗は下火となった。そして、帰順した蕃社の数は同年末には、五十七社に達したといわれる。

このような帰順式はその後、毎年行われた。そして、一六四一年以後、忠誠をちかうこの儀式は地方会議（LANDDAG）と改称されて、強化された。

一六四四年、カロンガ領事が新任した後、原住民統治の組織、内容ともに充実してきた。その行政地区は台南を中心に北部、南部、東部、それに淡水地区の四地域に拡大されていった。

これら四区域の各社の長老は、毎年一回、集合して、オランダ領事に部落の統治状況を報告し、その都度、東印度会社に忠誠を誓わされた。領事は頭目に部落内の行政と司法の権をさずけ、その証拠として東印度会社のマーク入りの杖を与えたといわれる。

オランダ人に屈服した原住民の部族は、後になって熟蕃とよばれるようになったホアニア、シラア、ルイランなどの諸族であり、その数は当時の戸口調査によれば、ほぼつぎの通りである。

年代	部落	戸数	人口
一六四七年	二四六	三、六一九	六二、八四九
一六五〇年	三一五	一五、二四九	六八、六五七
一六五五年	二二三	一一、〇二九	三九、二二三
一六五六年	一六二	八、二九四	三一、二二一

（中村孝志「台湾蕃社戸口表」）

一六五〇年を境にして、年次的に消長があるのは、資料の不備もさることながら、原住民の反乱、殺戮、移動のはげしさを示すものであろう。これらの帰順原住民数が、後世になって熟蕃といわれる原住民の数をほぼ上下していることは、大いに参考になるところである。

オランダ船で海を渡る漢人

オランダ人の台湾統治の考え方は、重商主義的な利潤追求に、植民地経営を結びつけることであった。その具体策の一つとして、台湾で、日本のもっともほしがる砂糖を出きるかぎり多く生産して、それによって、うまい汁を吸おうというところに主眼点をおいたのである。

甘蔗を栽培するための耕地は原住民よりまきあげたが、粟やひえしかつくったことのない原住民の原始的な農耕技術で、いきなりさとうきびつくりをさせることはできない相談であった。

原住民が甘蔗栽培の任にたえないことを見て取ったオランダ人が、そこで眼をつけたのは、農耕技術を身につけ、しかも勤勉である、南シナの農民を台湾に投入することであった。というのも、オランダ人はすでに蘭領インドネシア経営で、華僑労働力を使い、その成果は実験ずみだったのである。

ちょうど、そのころ福建・広東では長年つづいた封建的な社会制度のタガがゆるみはじめ、明朝から清朝への政権のバトンタッチがなされようとしていた過渡期にぶつかった。兵乱と飢饉の連続で、農村の疲弊はいちじるしく、土地を失なった流亡の民がいたるところにみちあふれていたのである。そして、最後の生きる道を海外にもとめ、交趾支那、シャム、マラヤ、蘭印、フィリッピンへと移住するものが続出していた時代である。ぬけ目ない植民者が、どうしてこれをみのがすはずがあろうか。

一方、明朝の「海禁」の如き鎖国政策も、餓死寸前の農民たちの前では、死文化していた。そこで、オランダ人の甘言と経済的誘いはまことに効果的で、南シナの農民は渡りに船とばかり、台湾移民を志願したものである。オランダ人の方は、口先一つで、なんら労することなく、厦門、泉州から船出する海外移民を満載した奴隷船の舵を、蘭領インドネシア行きから台湾行きにきりかえるだけで、充分にその目的を達することができた。

オランダ船で海を渡る漢人

バタビヤ日記は

「一六三一年四月三日、百七十人の漢人移民が東印度会社の船で台湾におくられてきた。その他、厦門で船便をまって台湾に赴くもの千人余り……」

と往時の情況を記録にとどめている。

当時、台湾の漢人移民について更に重要なことは、一六三六年七月、バタビヤの東印度会社総督から台湾に派遣された人物に、福建生れの蘇鳴崗（BENCON）がいたということである。彼はバタビヤでは第一代のチャイナ・キャプテン（漢人頭目）の地位にあって、長年、オランダ人の蘭領インドネシア経営に移民誘致の買弁的役割を果して重宝がられていた。奴隷売買のさかんな当時のことだったから、あるいは、漢人ドレイを、オランダ人のために集めてきて金儲けしていた、といった方が当っているかも知れない。

およそ、故国をはなれて海外に赴くものは、人情として、同郷人や知友にたよるのが常である。ことに初期の漢人移民は、郷土であぶれたものがほとんどであったから、行き先にたいする不安はいっそう強く、一段と同郷人をたよったことであろう。

移民の大先輩といわれ、大成功者として名の通った蘇鳴崗が、台湾にきたというニュースだけでも、漢人の台湾移民を大々的に促進したことは、容易に想像できることである。おまけに、彼が福建・泉州の出身であることから、とりわけ漳州や泉州地方の南福建人が踵を接して、ぞくぞく台湾へとやってくるようになった。今日の台湾人のなかで、泉州、漳州の系統に属する人が圧倒的に多数をしめることは、その発端をたぐれば、実にこの蘇鳴崗の布いた移民ルートがあずかって力があったといっても過言ではない。

彼は、移民だけにとどまらず、開拓事業、貿易、政治面でもオランダのために画策し、二年の任期を終えて、バタビヤに帰っていった。

かくして迎えた一六四八年代は、オランダの台湾経営の黄金時代であった。すでに大陸では清朝が天下を統一したものの、福建省には社会不安さらず、移民は日毎にふえていった。オランダ人統治の末期にはこうして移住した漢人の数は、戸数にして二万余戸、十万近くにのぼったといわれる。

オランダ人領台以前に、台湾本島にやってきそうだと思われる漢人は、征討者、漂着者、旅行者、海賊、漁民、商人ぐらいの部類のものであったろう。またそれらしい記録が見られることは前に述べてきた。そして、これらの部類の人たちは厳密な意味において移民とするわけにはゆくまい。台湾の場合は、せいぜいのところ海賊、漁民、商人のうちで当初に澎湖島や台湾西部海岸に根拠地をおいたものたちが、移民とみなされるぐらいが関の山であろう。したがって、台湾移民の本流は、何といっても農業移民に求むべきである。そして、それは、オランダ人の来台以前には、たとえ、あったとしても稀れなことで、数えるほどしかなかったことはほぼまちがいない。

農業移民が、本格的かつ大量にやってくるようになったのは、オランダ人来台以後のことである。そして、それは彼ら西欧植民者の大規模な手引と集団輸送によってのみ可能だったのである。この点、近世における漢人のいづこの地域への海外移民にも共通なことであって、そこに歴史的必然性が作用していることに気づくであろう。

漢人移民の血と汗で培われた開拓

今では、台湾の西部平地を南北に縦走する汽車の窓から、一面の緑におおわれた田園風景がながめられ、台湾が米砂糖の産出地であることがうなづける。しかし、遠い昔、漢人開拓者のいまだ移住してこない以前に、これら田園の代りに、原始林と曠野がはてしなく続いていたことを想像する人は、まず稀れなことであろう。

十五世紀ごろからヨーロッパ人の海賊たちが行った奴隷売買の残虐さは、いまさらここで多弁を必要としないが、台湾開拓のためにつれてこられた漢人移民に対する扱いを理解するためにも、次の記録は一瞥する価値がある。ルードリヒ・リースの台湾島史は有名であるが、そのなかに次の一節がある。

「オランダ人は、島から逃れんとする漢人を捕え、二人を一しょに縛りあげ、城壁の工事を強制して働かせた。そして、築城が完了すると、彼らを奴隷としてバタビヤ地方に売りとばした。オランダ人がこれらの漢人を輸送するに当り彼らの生死を顧みなかったことは、ヘーグ記録局にある公報のなかから看取できる。澎湖島から乗船した二百七十人の漢人のうち、バタビヤに行きついたものは僅か百三十七人にすぎず、その他は苦痛のあまり死亡し、あるいは病を得て海中に投げこまれたのである」

とある。これは澎湖島からバタビヤへ奴隷をつれていった情況を述べたのであるが、福建省の厦門から台湾本島に輸送されてきた漢人も、これとは大同小異で、やはり、奴隷として売買され、奴隷船の船底に入れられて台湾海峡を渡ってきたのであった。ただ、厦門と安平は近距離にあって、船中で死亡した漢人は稀であったことだけが、その他の南洋各地に送られてゆく漢人奴隷とちがうところであった。いずれにしても、後世で、移民とか、あるいは開拓者といって呼ばれてきたオランダ時代の漢人は、売られてきた奴隷の境遇にあったのである。このことをまず念頭において、台湾の開拓のはじまりをみていかなければならない。

さて、奴隷の身になりはてて台湾に送られてきた漢人たちは、早速、開拓の群に組み入れられて、一定の土地の開墾をやらされることになるが、当初は未開の原野にわけいっても食する穀物もなく、きびしい気候と猛威をふるうマラリヤなどの疫病におかされ、熱帯の害虫、毒蛇にもさいなまされるうえに、原住民の執拗な襲撃をも受けて、倒れるものが相続いでおこったことだろう。そして、そのような筆舌にはつくせぬ苦しみにたえ、馴れない風土にもようやくなじんで、いざ開墾と勢いこんでも、ガジュマルのような直径何尺という大木の繁茂した原始林を伐採し、なおそのうえに、地中深く張り込んだ大木の根を一つひとつ掘りおこして、ようやく耕地に仕上げてゆくその労苦は、現代人の想像もおよばないところであった。

しかも、このような途方なき困苦によく耐えて、ただ黙々として、血と汗で開拓をやりおおせてきたのも、もともと勤勉なうえに、何はともあれ故郷を捨てて海を渡ってきたという、背水の陣をしく程の心意気があったればこそである。他人のなめない困苦に耐え、それに負けずに遮二無二と押し進める進取の気象は、世のパイオニア達の等しく持つべき性格でもあった。

オランダ時代開拓区域

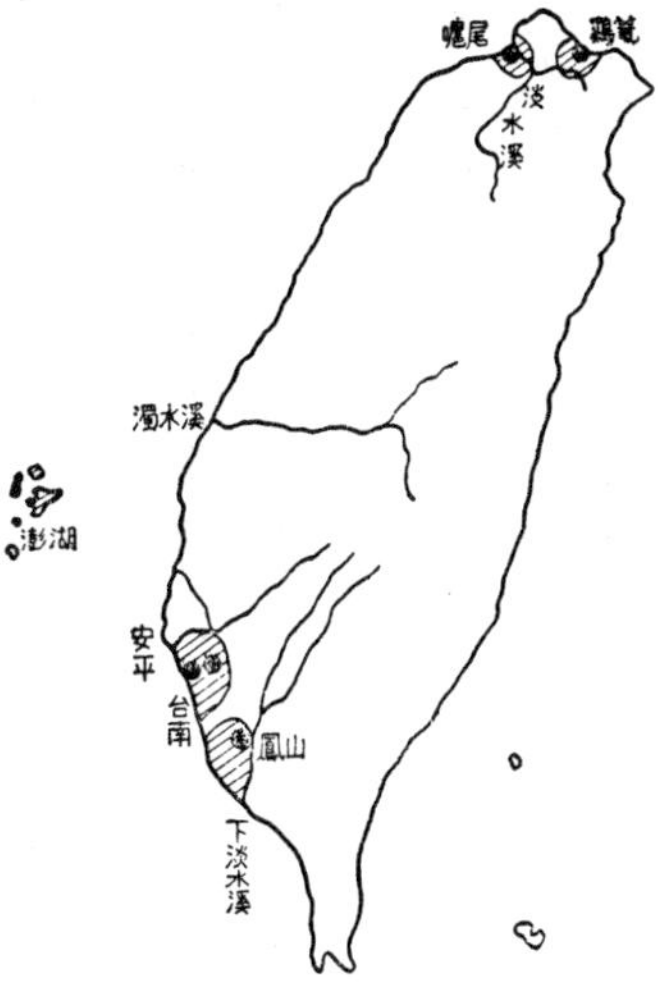

一方、オランダ人も台湾の開拓殖産に力を尽した、漢人開墾群を編成し、それに土地を割り当て、簡単な橋梁や堤防を修築して、治水灌漑の便を計り、種子、苗木や耕牛をインドその他の外地から輸入してきて、開拓者に分与した。一例をいえば、いまは台湾の重要な農産品である落花生は、もともと、オランダ人がはじめて移殖してきたものと言い伝えられている。また、開拓のためにも徴税のためにも、オランダ人は土地測量の基準を定め、中国でいう約十畝の広さを「一甲」とした。そして、これは清朝末期の清丈の時に、当時の造営尺で一丈二尺五寸を一戈とし、二十五戈四方を一甲として、今日にいたっている。

時代がすすむにつれ、台南の近郊がだんだんと田畑によって埋めつくされてきた。甘蔗畑はあちこちに出現し、当初は日本、シャムから輸入した米も、島内で自給してなお、その余分を福建地方に積みだすほどに、収穫高があがった。

このように田畑が台湾の一角に出現し、その果実は年を追って増加してきた。しかし、汗水を流し直接に手をくだして、広野をみのり多い美田にかえた当の漢人開拓者に対するわけまえは、いつまでたっても、彼らが奴隷の最低生活を維持できる以上には決してならなかった。

漢人の血と汗になる田畑は、すべて「皇田」という名称がかぶせられて、その所有主はオランダ皇帝であり、東印度会社の役人がこれを管理するというものであった。そして、生産物は小作料、税金、利子に耕牛の使用料や種子代金などを一緒くたにした形で、その大半を現物で納付させられた。

開拓者たちが、頭数でかぞえられ、「結首」という漢人ボスの下で、東印度会社の役人であるオランダ人の笞におびいまわされる奴隷の境遇にある限り、それ以上のわけまえにありつくことは思いもおよばぬことであった。

かくしてオランダ人の統治時代に開拓された地域は、台南、安平を中心とした附近一帯、南部の鳳山を中心とした下淡水渓河口の流域の一部、それにスペイン人の占領下で開拓された北部の鶏籠、淡水の一部分であった。もちろんオランダ人によって押し進められた草創時代の開拓は、全台湾からみれば、ホンの一部分にしかすぎなかったが、これら拠点が中心となって、後世の全台湾にわたる繁栄がきづかれていく点に、歴史的意義があった。そして、これら開拓地域の拡大は、オランダ人やスペイン人の勢力の伸長とともにのびていったことはいうまでもなかった。

鹿皮、砂糖、米

東印度会社が台湾経営に乗り出すと同時に、通商上の利潤を一生懸命にもとめたことは、その重商主義的な性格からして当然のことである。当初、台湾の特産品ですぐ輸出して金儲けできるものは、鹿皮ぐらいであった。元来、この鹿皮は漢人がいままで塩や装飾品類と交換して原住民から入手していたのであるが、オランダ人はそこに目をつけて、「贌社《パッシア》」という制度を設け、原住民と交易する漢人に対する課税の形で、鹿皮の大半を手中に収めることにした。その後、漢人開拓者の副業として鹿の捕獲を許した。このようにしてえた鹿皮は日本に輸出し、一六三八年のピークの時には十五万枚にも達し、平年で七、八万枚はあったと記録に残っている。日本では丁度、戦乱の時代で、台湾の鹿皮は鎧兜の裏皮や敷物などに使用されていた。

砂糖はオランダ時代から、台湾の重要輸出品であった。オランダ人は開拓の進んだ田畑を余計にさとうきびの栽培にふりむけ、そのために砂糖の生産は急上昇していった。一六三六年ごろから相当量を産出し、一六四九年に九十万斤、一六五〇年に百二十万斤、そして、一六五八年になると百七十三万斤に産量が増加していった。当時の砂糖は日本だけでなく遠くペルシャにまで輸出された。

最初、台湾には米がとれなかった。原住民は粟やひえのような雑穀を原始農法でつくる以外、米をつくることをしらなかったからである。

オランダ人がやってきて、漢人移民をつれてくると、真先にぶつかったのは食糧の問題であった。しかし、そこは貿易を業とする彼らだけあって、すぐ日本とシャムから米穀を輸入して、開拓者たちの需要を満たした。その後、漢人開拓者が自家用米をつくるようになり、そして、台湾で消費してなお余剰ができるまでに生産がのびて、余剰米を福建に出すほどになった。

その他、藍、小麦、茶、麻、落花生もつくられるようになり、一六四六年に十二万ギルダーだった農業収入が、二年後の一六四八年には二十万ギルダーに増えたと、当時の記録にのこされている。

半分海賊で半分貿易商

すでに見てきたように、オランダ人の台湾占領は、当初は台湾を通商の中継地とすることであった。そもそもオランダ人は東洋に侵入してきて、早くも中国と日本の貿易で二つの壁にぶつかっていた。一つは中国政府と徳川幕府の鎖国政策で、もう一つは台湾海峡を荒しまわる中国人の海賊商人たちとの確執であった。後に、中・日両国政府の鎖国政策の方は、オランダ人が澎湖をすてて台湾に赴いてからは、明朝の黙許で緩和され、また、日本では徳川幕府の貿易開禁で、ともかく台湾を中継とする通商貿易ではかなりの利益をあげることができた。

のこる問題は、大小さまざまの海賊商人が台湾海峡に蟠居していて、オランダの貿易船にいどみかかることであった。そのうちでも、鄭芝竜の勢力がもっとも強く、一六二八年のごときは漳州から出航した四十三隻のジャンク船のうち、二十隻以上を掠奪して猖獗をきわめていた。さすがのオランダ人もこれには手を焼いたが、その反面、これを利用することも忘れなかった。海寇たちの仲間割れに便乗しては、その片方をせん滅させたり、中国官憲が海寇の掃蕩をすれば加勢したり、あるいは、海寇とくんで中国政府に通商を強要したり、その出方はまことに臨機応変の限りをつくした。

一六二八年、明朝は鄭芝竜を懐柔して、中国政府のために、台湾海峡の清掃を行なわせた。その結果、李魁奇、劉香老のような有力な海寇たちは鄭芝竜と中国官憲との連合軍に撲滅され、南支那海は文字どおり鄭芝竜の独壇場となってしまった。そこで、台湾のオランダ領事は通商上、鄭芝竜と協定する必要にせまられ、つぎのように三回にわたって協定をむすぶことになったのである。

一六二八年　生糸・胡椒の貿易に関する三カ年協定

一六三〇年　船舶相互保護の協定

一六四〇年　日本貿易に関する互恵協定

こうして、鄭芝竜は大陸の官憲と台湾のオランダ人の間にたって、うまく立ちまわり、自己の海上勢力を伸ばして、日本、中国、南洋貿易などで巨利を博した。オランダ人の方はさらにその一枚うわてにでて、台湾の中継貿易をのばし、極東の通商を一時、独占するまでにのしあがったことはいうまでもない。

しかし、時代がすすみ、一六四八年に清国が強大になるにつれ、中国本土の内戦が次第に南シナにおよんできた。そのため、台湾と南シナ貿易は硫黄、鉛のような軍需物資以外はあまりふるわなくなり、オランダは、いままで欧州へ持ち帰って大いに儲けてきた絹、綢緞などを手にいれることができなくなった。

そして、一六五四年になると厦門、金門を根城とする鄭成功が台湾貿易を全面的に禁止してしまった。その後、一六五七年オランダ人が数度、使いを鄭成功に出して通商を求め、ようやく貿易が再開し、台湾のオランダ人はやっと貿易上の空白から解放されることになった。だが、いくばくもたたずに、オランダ人は鄭成功に台湾からおいだされることになるのである。

日本の銀、中国の絹、南洋の胡椒、台湾の砂糖

では、当時、オランダ人はどのような商品を交易して巨利を博したのだろうか。

当時の台湾は、いまでいうならさしずめ香港のような立場にあった。ことに日本の銀と中国の絹を中継して莫大な利益をあげたのである。

まず、オランダ船は欧州と日本およびバタビヤから銀、胡椒を台湾にもってくる。それを台湾から南シナの厦門に出して、今度は、その代りに厦門から絹と生糸を台湾にもち帰る。そして、それを日本や欧州に再輸出するというふうに、台湾は当時のオランダ人の極東における貿易通商の要になっていたのである。

一方、台湾島内の特産品で、このような国際貿易のルートにのったものは、最初は鹿皮、鹿肉、干魚などで、後になってから砂糖も加わった。鹿皮は日本に、鹿肉と干魚は中国大陸に輸出された。砂糖は日本およびペルジャに向けてさばかれた。また、北部台湾から出る硫黄は、戦乱の南シナやカンボジャに積み出す特産品の一つであった。

当時の貿易状況は、台湾領事のヌイツがバタビヤ東印度会社総督にあてた信書の中にうかがうことができる。

「日本、インド、オランダ本国の求める商品を入手するため、大員とフォルモサからジャンク船を漳州と厦門に派遣し、東印度会社の貨幣を、信頼できる彼地の中国商人の許におくった。この商談は幸いに、すでに福州の官憲の黙許を得ている。

中国本土の商人も数名、大員にやってきて交易を求めている。……毎年、船隊を日本とバタビヤに送る時機がきても、中国物資の入手が遅々として進まない。已むを得ず、ジャンク船を厦門に派遣した。厦門では官憲が大量の物資交易を許可し、大員に輸送してくることに同意した。厦門で購入すると、絹一ピクルに付き八両から十両も安い」（一六二九年一月十日）

また、バタビヤ日記には

「一六四〇年、中国人が淡水から大員に粗製硫黄十万斤を輸送してきた。一六四二年一月、大員倉庫の硫黄在庫は二十万斤から二十五万斤に達した。明朝滅亡の時（一六四八年）、鄭芝竜と大陸に硫黄二十万斤を輸送していった」

たとえば、記録によると、絹糸を日本に運んだ船が一六二七年に五隻、バタビヤに二隻向っているが、総価額は約百十八万ギルダーで、これによって得た利益が百パーセントといっている。一六三七年には、各地から日本へ向かったオランダ商船が十四隻、積荷総額二百四十六万ギルダーで、そのうちの八十パーセントは、台湾から積んだものであったといわれる。

この事実からも、当時の台湾貿易がいかにさかんで、オランダにとっては如何に重要な拠点であったかがわかるであろう。オランダ人が台湾貿易で得た利益は、アジア商館のうちでは、日本についで第二位であった。たとえば、一六四九年に例をとると、アジアにおけるオランダ商館が十九カ所あって、そのうち、黒字だったのは、日本、台湾をはじめとする九カ所だけ。総利益の二八・八パーセントが日本の商館で、台湾は二五・六パーセントをしめて第二位にランクされた。両者あわせて六四・四パーセント。しかも、日本商館がトップをしめることができたのも、中国から運んだ絹糸などを台湾から再輸出したためであった。したがって、オランダが台湾の重要性をいかに高く評価していたかは、この事実によっても明白であろう。

オランダ人の原住民教化

右手に鉄砲、左手にバイブル。これが西欧人の植民地統治に用いる常套手段である。オランダ人もその例に漏れず、台湾原住民を鎮圧したのち、宗教と文明を利用して手なづけることを忘れなかった。

たしかに、台湾原住民の教化事業は、かなりの成果をあげた。何千年という間、未開の霧にとざされて蒙昧で、文字をもたない原住民にとっては、この文明の訪れは、新しい世界への誘いであり、出発点でもあった。

ただ、オランダ人宣教師は、個人的には宗教的信念や人道主義の立場にたって、伝教教育にいそしんだにちがいなかったが、その献身的な布教も、文明開眼もすべて征服者であるオランダの利益に奉仕するためになされた点は、否定しうべくもなかった。したがって、彼らの伝道や教化事業は、文化の面では原住民たちに幸いしたが、政治的には災いするところが多かったのである。

そして、彼らが折角、原始社会の教化に一石を投じても、原住民を文明社会に仲間入りさせるにいたらず、オランダ人の台湾統治の終焉と同時に、教化の方も終幕したことは、当然のこととはいえ、原住民にとっても、台湾全般からしても、惜しむべきことだった。

さて、オランダ人は台湾原住民を統治する一方の手助けとして、カルビン派のガンジウス神父を一六二七年に、ユニコス神父を一六二九年にそれぞれ前後してバタビヤから台湾に派遣してきた。この二人の神父が主となり、その後から来台した宣教師三十余人が一緒になって、台南の新港を中心にして伝道につくして成果をあげた。これはキリスト教の新教派が台湾に伝来したはじまりである。

一六三六年から学校を開設し、新港社の少年たち七十名にABCを教え、キリスト教の大要を説いた。一六三九年には、さらに大目降《タアバッカン》、目加溜湾《バッカリユワン》、蕭壠《シヤウラン》、麻豆《モアタウ》の各地に学校が新設され、かなり多数の生徒を教えた。蕭壠、麻豆には教会もたてられ、宣教師の足跡は北はいまの嘉義・彰化から、南は恒春にまでおよんだ。

一六五九年、教化事業を視察したヤコブ・バレンタインの報告書によると、

「教化の進んでいる所では住民の八十パーセントまでがキリスト教の教育をうけ、そのうちの四十パーセントはかなり進んだ理解をみせている」

と書き、台海使槎録という書物のなかに、

「新港、蕭壠、麻豆、大武郡、南社、湾裏以至東螺、西螺、馬芝遴……門絵紅毛人像」

とある。これは信者がキリスト像あるいは他の使徒像を画いて門にかざったことをさしていうのだろう。

東印度会社の記録によると、受洗者数千人、教会で結婚式をあげた原住民夫婦が五百組、学生六百余名にのぼり、

そのうちから五十名を選抜して教師に任命した、と書いてある。これが事実とすれば、その成果は非常に大きかったことを認めねばなるまい。

さらに価値多い文化活動として、オランダ人宣教師が布教のために、原住民の言葉をローマ字でつづり、語彙を蒐集・分類したことをあげなければならない。そしてかなりの数にのぼるローマ字綴りの蕃語の教義書や語学書のうちで、シラヤ族語彙集、蕃語字典、聖書のローマ字による蕃語本などは、後世にのこる重要な文化財である。

これらローマ字で綴った蕃語や字典がどれほど普及したか、どこまで生活のなかにとけこんだかは、今日ではそれを詳らかに知りえないが、つぎにのべる〃教冊仔《カテチェア》〃と〃新港文書《シンカンブンス》〃のことからみて、これら宣教師たちの教化が、原住民の実生活の面にも一定の役割を果してきたといえよう。

清朝時代の諸羅県志（一七一七）に、「ローマ字を習い、左から右に横書きにして筆をとるものは、役所の文書をかかせて、〃教冊仔〃と呼んだ」とある。つまり、教冊仔とはオランダ時代にローマ字を習い、蕃語を綴ることのできる原住民の書記のことである。そして、清朝時代になっても一部の原住民と漢人との田地契約書などは、この書記の手でローマ字で綴られ、日本の台湾占領までつづいたのである。

また、教冊仔が書いたローマ字の蕃語と漢字との対訳契約文書が、新港から発見され、これを後世の人は「新港文書」と名づけた。

この二つは、オランダ人が台湾原住民にのこした文化的贈物で、空前絶後の遺産となった。

後世になって、漢人は原住民を同化することのみ考え、日本人も日本語は教えても、蕃語は捨ててかえりみなかった。

こういうオランダ人の教化事業は、アフリカにおける西欧人の宗教家がおこなった宣教啓蒙にも匹敵するが、このような価値多い文化事業も植民地支配の血腥い殺戮のために、その成果の芳香をうち消されてしまった感がふかい。

スペイン人の天主教伝道

東洋にやってきたのは、オランダ人よりスペイン人の方が早かった。フイリッピンのマニラに根拠地をおいたスペイン人は、日本にたいする宣教、貿易でもオランダ人にくらべ一日の長があった。しかし、中南米のチリやペルーの如き金銀の宝庫を押えているスペインは、東洋では、絹や砂糖の貿易に従事するよりも、伝教に異常の熱意を示していた。彼らが天主教を黄色人種に布教することにおいては、英・蘭人よりもはげしい熱意を傾け、そのためにかえって、いたるところでかなりの紛争・迫害をひきおこすことになった。

そのスペイン人も、日本に向う足場として、かっては台湾をうかがい派兵もしたが失敗に終り、台湾占領ではオランダの後塵を拝することとなった。

一方、日本は一六二四年、天主教の伝道を禁止したから、日本を撤退したスペイン人は台湾に一時ひきさがり、捲土重来を期そうとして、オランダ人より二年おくれて一六二六年カレニオの率いる艦隊が太平洋を迂回、五月十二日に鶏籠を占領したことは前述したとおりである。

また、一六三二年には台風のため、東北部の蛤仔難《カツフナン》（いまの宜蘭地方）でスペイン船が遭難し、その船員がブヌム族に殺された。スペイン人は復仇を口実に兵を派し、彼ら原住民の部落を焼きすて、十二人の原住民を殺し、その海岸一帯を占拠してサンタ・カテリナと呼び、今の蘇澳附近をサン・ロレンソオと名付けた。

さて、貿易よりも伝教を主とするスペイン人は台湾でも、十七年にわたって、ドミニコ派のカソリック宣教師が布教にあたった。彼らは西洋医学をたずさえて、マラリヤと天然痘の疫病にくるしむ原住民に近づき、病を治して未開人と宜しみを通じ、そのあとでキリストの福音を説いた。

最初に基隆占領にやってきたときから、スペイン船中には、神父がまじっていた。小西六左衛門という日本人神父も一緒であったと記録にのこされている。

彼らの宣教区域は基隆から七堵《チットウ》まで、そして、淡水方面は、金包里《キンパオリ》、八里坌《パリフン》、淡水河をさらにさかのぼって、関波《クワンタウ》北投《パツタオ》、唭哩岸《キリガン》、芝蘭堡《チランポ》（いまの士林）をへて台北盆地にまで足跡をのこし、後には宜蘭、三貂角にまでおよんだ。

彼らはまず、天主教会堂を建て信者を収容した。アスキウイ神父は「淡水語キリスト教理」、「淡水語辞典」を著わし、また、聖母像を建立して原住民に祈禱を教えた。しかし、スペイン人は殉教的な気分にみちた、性急な布教ぶりを展開したから、原住民の習性やタブーにふれて反感、敵視を買ったことも大きかった。教会の焼き打ち、神父の殺害も各所におこり、この点、オランダ人の布教とは対照的であった。一例をあげると、一六三六年、芝蘭堡、北投のヒラ族を訪問したモロ神父は、三百余人の原住民に惨殺され、身に五百の矢傷を受け、十二日後にはじめて屍が発見されたといわれる。

一六三〇年、マニラ総督がスペイン国王におくった報告には、「三年の宣教で基隆だけで洗礼をうけたもの三百人、十七年間の布教で実に四千人の受洗者をえた」と書かれている。

オランダ人の苛税

東洋の通商を独占し、巨利をむさぼったオランダ人は、さらに、漢人開拓者の膏血をしぼって植民地経営の実をあげ、南京虫のように肥っていった。

オランダ人は台湾にくると、首狩りとか襲撃を行わない、働き蜂の漢人開拓者に苛税を課して掠奪搾取した。この貪欲な半封建半資本主義の植民者は、まず開拓した田畑から小作料と租税を二重とりしたことは前にのべたが、その他、あらゆる物資の生産に課税し、漁業税、狩猟税、硫黄採掘税、酒造税などを設けた。そして市場では物品の売買に市場税をかけ、さらに穀物、砂糖、ローソク、タバコなどの日常必需品には市場税のほかに、十分の一の物品税を徴収した。

貿易については十分の一の関税をかけた。

税制が複雑多岐にわたったことは、おどろくばかりであったが、なかでも記録さるべきは、人頭税という非人道的な税目が設けられていたことである。この人頭税は西欧の奴隷経済時代の名残りで、人間を一つの物とみなして搾る徴収方法であって、植民地台湾の運命を端的にシンボライズする性質のものである。この人頭税は、以来、台湾人の身上につきまとい、清朝時代には口丁糧、日本時代になると戸税という名目でもって次々とひきつがれていった。

そして、この悪税は人間解放の二十世紀の今日においても、国民政府が台湾で戸税という名称を受けつぎ、いまだにとりたてている。おそらくこれは人身に課した、今日の世界でたった一つの税目ではあるまいか。

一六二五年から、台湾に上陸した漢人移民には、一人につき四分の一リアールの人頭税を課した。一六四〇年には一万四千人の漢人男子に、一人につき同じく四分の一リアールを課したが、後になって二分の一リアールに引きあげられた。そして、オランダ人の役所、宿舎や道路、堤防などの構築のために、人頭税附加税を臨時に徴収するという誅求ぶりであった。リースの台湾史によれば、人頭税の収入は、当初は三千百リアールであったのが、後に三万三千七百リアールと十一倍に増加した、驚くべき事実が記されている。それのみならず、数かぎりない無償の出役をも加えれば、その暴政のほどがわかろう。

台湾がオランダ人の東洋貿易に果した役割が大きく、貿易収入がアジア全収入の四分の一を占め、日本に次いで第二位を占めることは前述した。ところが、台湾植民地の経営が軌道にのってくると島内の税収が急増し、一六四九年以後にはその税収が、かの莫大な貿易上の収益をはるかに上回るようになったのである。これは台湾占領当初、オランダ人が夢にもおもわなかった破天荒のことであった。

それから、後世にまで名をなしたゼーランジャ城、プロビンシャ城の構築はもちろんのこと、堡塁、倉庫、商館の建設諸費用や維持費、政務費、軍事費、原住民教化の諸経費までふくめると莫大な出費になるが、これらの支出を税収で賄って、なおかつ、一六四〇年以降には余剰がでたというのだから、その苛斂誅求のほどが想像できる。

さらに、数字であらわせば、当時の実情が一層よくわかるであろう。

	税　収	支　出	純益（単位ギルダー）
一六四〇年	二六六、〇〇〇	二五五、〇〇〇	一一、〇〇〇

一六四一年	二三三、〇〇〇	二一六、〇〇〇	一七、〇〇〇
一六四三年	三一八、〇〇〇	二三四、〇〇〇	八四、〇〇〇
一六五三年	六六七、〇〇〇	三二八、〇〇〇	三三九、〇〇〇

（商業収入三八二、〇〇〇、土地収入二八五、〇〇〇）

（中村孝志「台湾史概要」より）

この表でわかるように、一六五〇年ごろには三十余万ギルダーの純益があがるまでになった。台湾はオランダにとっては、〃宝島〃であり、日本にまさるとも決しておとらないドル箱であったのである。

麻豆事件と郭懐一の反抗

オランダ人台湾占領の三十八年間、敵愾心に燃える原住民の反抗襲撃は、各地方各村落で毎日のように執拗にくりかえされた。そのうちで、エポック・メイキングなできごととして麻豆事件があげられる。

麻豆事件についてくわしい文献は見当らず、ただ、その出来事を後世にまで語り伝えられているにすぎない。

一六三五年、麻豆、蕭壠地方の原住民がオランダ人や漢人を襲い、多数の首切りをおこなった。もちろん、オランダ人はただちに報復の兵を出して大虐殺を以って答えたが、これを契機として東インド会社が原住民対策に本腰をいれるようになった。

麻豆事件はオランダ人が勝ち、原住民が圧服されたということよりも、外来征服者に抵抗した原住民の大規模なたたかいとしては最初なものであり、ヨーロッパ人の帝国主義的侵略にたいするアジア民族の初期の反抗としてとらえることに重要な意味がある。

征服者のオランダ人に対する抗争では漢人も原住民にまけていなかった。

オランダ人が一六二二年、澎湖島で城塞を築いたとき、漢人を酷使して千五百人も死にいたらしめた。それいらい、つづいて行なわれた笞と重税による統治は、漢人の怨恨と憎悪をあふりたてるのに十分であった。そして、それが白色人対黄色人という、皮膚の色のちがいからくる本能的な敵愾心と結びついて、折あらばオランダ人に反抗し、駆逐しようというたくらみも次第につのってきた。

郭懐一は赤嵌城外の漢人街にすむ移民の一人であった。オランダ人の暴虐ぶりには平常から憤懣やるかたなく、たまたま、一六六五年の秋冷の一夜、同志とともに痛飲して、悲憤慷慨の極みに、

「われら漢人が紅毛人を殺さねば、漢人は遂に虐げられて死滅するであろう。同じ死ぬなら、座して死を待つより命おとして敵と死闘しよう。さいわい、勝つことができれば、われわれは、始めて陽の目をみることができるのだ」

といって一同を諭した。ここで盟約を新たにした郭懐一の仲間たちは、仲秋の月夜をえらんで、オランダ人の高官巨商を招待し、一席を設けて歓談した。酒宴たけなわの時、郭懐一は酒杯を地上に投擲し、これを合図に列席の漢人一同は一斉に立ちあがり、蘭人を一人のこらず殺害した。同時に檄はとばされ、台南市街に火を放ち、口々に「紅毛人を殺せ」と絶叫しながら、プロビンシャ城に迫った。城中には守兵すくなく落城が近いたが、その寸前、急をききつけて来援するゼーランジャ城のオランダ兵と郭懐一の漢人側は会戦した。しかし、貧しい武器ではしょせんオラン

ダ兵の砲火には抗しえず、漢人たちは台南を徹退するのやむなきにいたった。そこで、オランダ人は平埔蕃をも動員して郭軍を急襲した。郭軍は太湖附近で主力がまずくずれ、さらに二層行渓附近で殲滅的打撃をうけ、郭懐一はここで遂に戦死して、漢人は死傷を多数だして潰滅した。また、一説には、義挙が事前に発覚して、郭懐一ともども仲間たちが殺害された、とも言われている。

事件後、さらに逮捕されたもの数千人におよび、処刑されたもの千人にのぼったといわれる。当時の人口とおもいあわせて、その反抗に参加した者の多かったことがわかる。

郭懐一の義挙は、紅毛人の砲火の前に潰えさった。しかし、台湾の開拓者、つまり、いまの台湾人の祖先がなした外来征服者に対する武装蜂起の第一号として、台湾史上に燦然たる光りをはなつこととなった。そして、この事件で鮮明化した抵抗心が、後に鄭成功の台湾攻略に際し、島内の漢人をしてオランダ打倒の作戦に内応せしめ、勝利への手引きとしての役割を果たさせるのである。

第七章　鄭氏の台湾支配

明末の天下大乱

オランダ人は、台湾占領の当初から積極的に漢人の台湾移民を促進し、開拓に意をつくしてきた。が、末期になると漢人勢力の増大で、オランダ人の台湾支配が次第に危機に瀕してくることを、彼ら自身が憂えてくるようになった。長崎出島日記に次の一節がある。

「台湾に移住してくる漢人が増えてくるにともない、我々はその島を自国領土として支配してゆくことが困難になりつつあり、情勢は以前とかわってきた」（一六四六・十一・十一）

と、ありありと当時のオランダ当局の苦悶が叙述されている。

はたして、一六六一年春、いままで三十八年間も台湾を支配してきたオランダ人は、台湾海峡の制海権をにぎる鄭成功の来襲をうけ、防戦むなしく、鄭氏の軍門に降った。かくして、数知れない財貨を奪い、幾多の罪悪をのこした紅毛人は、この宝島からひきさがり、それ以後、二十三年間、台湾は鄭氏一族の支配をうけることとなった。

これで、台湾はヨーロッパ人の手から、アジア人の懐ろにかえったのであるが、鄭成功が台湾をオランダ人の手から取り返すにいたった経緯をただせば、この時代の大陸本土におきた政治変革とは、きってもきれないつながりがあることがわかる。

明の太祖朱元璋が元朝を倒し、蒙古人を中国本土から追出して、明朝の天下を統一してからすでに三百年。十七世紀に入るや第十四代の神宗皇帝の時分には、さしも隆昌をきわめた明朝の天下もゆらぎだし、群盗、各地に蜂起して社会に乱れがでてくるようになった。

そこへ、一六一七年（万暦四十五年）の大干魃が襲来してきて、社会不安はいよいよ深刻化し、飢える民衆と盗賊の群居する状態がつづいて、遂にあの歴史上、有名な白蓮教徒の乱に発展していったのである。

さらに、崇禎四年（一六三一年）になると李自成が兵乱をおこしてたちまち華北を席巻し、張献忠これまた四川、湖南を騒擾して、かたむきだした明朝をいよいよゆさぶりだした。李自成は一六四三年には揚子江岸にまで勢力をおよぼして武昌をおとしいれ、これで明朝の力のおよぶのは、わずか南シナ沿岸の一帯をのこすだけになった。

やがて崇禎十七年（一六四四年）になると、首都金陵（いまの南京）はとうとう李自成の手中に帰し、十六代目の毅宗皇帝は自縊してしまった。ここで、いままで中国の天下に号令してきた明室は、実質上、終りを告げた。そしてそれ以後の歴史を語るには、話を清朝の礎えをきずいたヌルハチに戻さねばならない。

清朝の中国征服

満州族のヌルハチが挙兵したのは一五八三年であった。そして一五九一年には早くも東満州を統一し、一六一六年に建国して自ら太祖と名乗り、国を〝後金〟と号した。彼は中国本土にうって出ることを畢生の念願とし、一六二一年にまず瀋陽をとって都と定め、盛京と名づけて中國侵入の基地をつくった。

ヌルハチの子、太宗は、一六三六年に後金を〝清〟と改め、朝鮮を降した後、一六四四年には李自成の軍隊を万里長城の山海関に破り、長年の宿望である中国本土侵寇の道をひらいたのである。

当時、兵乱と饑餓のため、蜂の巣をついたようになっていた本土は、山海関を破られれば、もう最後で、清兵の鉄蹄は一瀉千里に北支那の荒野を席巻し、翌一六四五年には早くも揚子江北岸の楊州をとり河一つ隔てて明の都の金陵を臨むにいたった。

明朝では、毅宗が自害してからは、福王が擁立されたが、長江を渡った清兵のためにすぐに捕えられ、その一族の唐王は逃亡先の広東省・汀州で捕われ、魯王は舟山で海に入り、永明王は広西から広東、南寧、雲南と席のあたたまるまもなく逃げ廻り、一六五九年にはビルマに亡命するにいたった。清兵はそれをあくまで急追して、一六六一年、遂に永明王をビルマで虜とし、ここに二十代二百九十四年にわたる明朝の天下は、名実ともに、その終止符がうたれたのである。

〝排満興漢〟の旗印

大陸本土で天下乱れ、明室が終焉に瀕していた一六四〇年代といえば、台湾ではオランダの統治経営が軌道にのり繁栄している最中であった。

この時、オランダと盟約をむすんだ鄭芝竜は、台湾海峡を縄張りにして南支那沿岸のみならず、南は安南、カンボジャ、シャム、ジャワ、フィリッピンから、北は琉球、日本までの海上交通をおさえて絶頂期にあった。

さて、清兵が山海関から入寇してきて、明朝の余命、旦夕にせまったとき、明室は鄭芝竜の海上勢力を重視し、彼を南安伯に封じて忠誠を期待した。しかし、怒濤のごとく南シナにおしよせてきた清兵が、福王を葬り唐王を捕えるのをみて、鄭芝竜も清の軍門に白旗をかかげて降るにいたった。

鄭芝竜が清に降参するとき、〝排満興漢〟のスローガンをかかげ、あくまで抗戦を主張したのが芝竜の子、成功であった。

彼は、父芝竜が清に降参してからは、泉州の外港にある金門、厦門の両島を根城とし、後には、さらに台湾を基地として、その子の鄭経とともに、四十年にわたって清朝との抗争に孤軍奮闘するようになるが、鄭成功と台湾の関係にはいる前に、まず彼れの生い立ちからふれてゆくこととしよう。さきに、老一官と呼ばれてきた鄭芝竜は、長崎平戸の田川氏との間に、森《シン》という男子をもうけた。オランダが台湾を占領した一六二四年のことである。

森は母とともに七才まで平戸で育ったが、その後、父に迎えられて福建省泉州にわたった。このころ芝竜は、明の海将に封ぜられて海上の掃蕩を行い、台湾海峡では飛ぶ鳥をもおとす勢いであった。

森が二十二才になったとき、明の末裔にあたる唐王が福州に逃れてきて即位するが、このとき森は明室の朱という姓を賜わって成功と改名した。国姓爺あるいは鄭成功という、ひろく世に知られる人物の名前がこうして生れたのである。

父芝竜が、必死の諫めもきかず、一六四六年に清に降ると、厦門附近の南澳で義兵をあげた成功は、ただちに厦門島と向いあう鼓浪嶼《コロンス》にうつった。そして、ここで南シナに逃亡中の永明王を奉じて、沿岸一帯で盛に海戦に弱い清軍をいためつけた。明室の遺王はもはや地方に逃れた敗残の存在にすぎなかったが、最後の命の綱とたのむ鄭成功を

〃延平郡王〃という王の位に封じ、招討大将軍という称号をさずけた。

一方、清朝では中国に覇を唱える形勢もすでに定まり、鄭成功の島嶼作戦には手を焼いていた矢先でもあるから、何とかこの最後の抗戦勢力を招撫しようと、数次にわたって父芝竜の名で投降を勧説した。成功はそれを事毎に一蹴し、逆に一六五七年（清・順治十四年）に十数万の大軍を駆って総反攻の大陸作戦を開始した。反攻軍はまず、浙江省に入って台州府をとり、ついで平陽、瑞安をおとしいれ、一六五九年（清・順治十六年）の七月、瓜州・江寧に侵入した。そして、その勢いに乗じ、さらに進出して、一挙に金陵の奪取をはかったのである。だが、この大遠征は金陵をおとしいれる一歩手前、いまの鎮江附近で主力に潰滅的打撃を受け、雄志むなしく、福建の金門、厦門にひきあげるの已むなきにいたった。

清朝はこの機をのがさず、羅託を福建征討に派遣した。大勢すでに去るとみた鄭成功は、一六六一年（順治十八年）海外に根拠地をもとめ、台湾によることとなった。

ついで永明王はビルマで虜の身となり、芝竜は成功の大陸敗退の直後に清朝の手で処刑され、成功の弟成賜も厦門で清将の許竜にとらわれた。

延平郡王の台湾攻略

さて、話はいよいよ鄭成功の台湾攻略にはいって、台湾史の本筋に戻るわけである。

鄭成功が金陵の奪取に失敗し、福建に帰ってきて、優勢な羅託の清軍におそわれ苦境におちいっているとき、かってオランダ人の通事をしていた何廷斌という人が、台湾本島の略図を示し、成功に、いまこそ台湾攻略のチャンスであることを告げてきた。何は、たかまるオランダ人の圧迫に耐えかねて、鄭成功の許に走ったのである。

台湾では、郭懐一のオランダ人追放の義挙が失敗して、大量虐殺がくりかえされ、漢人開拓者のオランダ人にたいする憎しみが、燎原の火のようにひろまっていった時代である。

他方、支配者側のオランダ領事コエットも、漢人開拓者たちの険悪な空気と鄭成功の金陵攻略の失敗という二つの事実をむすびつけて、情勢分析に意をつくしていた。そして、いずれ、中原攻略のホコ先を転じて、成功が、かならず台湾に進攻してくるものと判断して、その旨を数度にわたってバタビヤに報告していた。

台湾領事の要請に、バタビヤ総督は、一六六〇年、台湾防備の兵六百と艦隊をゼーランジャ城におくって、鄭成功に台湾侵犯の意志ありや否やを探らしめた。

成功はオランダ人の警戒心をはぐらかすために、台湾攻略のたくらみを毛頭もたないことを示し逆にオランダ人との修好を望むことをほのめかした。

来援せるオランダ艦隊の司令官は、成功の謀略にまんまとかかり、一六六一年二月、艦隊を率いてゼーランジャ城を出発し、バタビヤに帰ってしまった。

オランダ艦隊が去って台湾海峡は再び成功の勢力下におかれた。そこで彼は同年四月（順治十八年）、兵二万五千と艦船多数を動員して、疾風迅雷、台湾をおそい、鹿耳門からはいり赤嵌に上陸して、まずプロビンシャ城をおとしいれた。それからただちにゼーランジャ城を包囲して、オランダ人の持久戦に対応することになったのである。

成功の台湾進攻を遠くバタビヤできき知ったオランダ総督は、地だんだ踏んで情況判断の誤りを悟り、台湾駐在のコエット領事を罷免して、早速、後任の領事を送ったが、台湾に上陸できずにバタビヤへひきかえした。そして、救援に赴いたカーウー艦隊も、台湾海峡の制海権が成功の掌中に固くにぎられていたために、手も足もでず、これまたひきかえしてしまった。

このようにしてゼーランジャ城に籠城したオランダ人は空しく孤立したまま、一六六一年冬（一六六二年二月という説もある）、鄭成功のもとに城下の盟を乞うて降るにいたったのである。そのとき、オランダ人の戦病死者一千六百余人。東インド会社の資産として成功に引渡した分が、広大な皇田および四十七万フロリンといわれた。

こうして、三十八年にわたり台湾を統治したオランダ人は、一六六二年（康熙元年）のうちにすっかり退去し、台湾・澎湖島は完全に鄭氏の支配するところとなった。

ちなみに、台湾最後のオランダ領事であったコエットは、台湾失陥の責を問われて、バンダ島で幽へいの身となった。そして、十二年もたってからオランダ本国にかえされ、「忘れられた台湾」（一六七五年版）を著わして、貴重な資料を後世にのこした。

オランダの敗退後、彼らがのこしていった二城のうち、ゼーランジャ城は〝赤嵌城〟または〝紅毛城〟と台湾人によばれるようになるが、これは鄭氏軍隊によって壊されて、城址のみをのこすこととなった。プロビンシャ城は、そのまま鄭氏治台の本拠となったために今日まで保存され、〝赤嵌楼〟または〝紅毛楼〟とよばれてきた。

プロビンシャ城＝紅毛楼は、いまなお、台南市にあって、オランダ時代の旧蹟として名残りをとどめている。

ゼーランジャ城＝紅毛城は城址だけのこったが、それでも当時の安平港に雄大な遺跡をとどめていたらしい。杭州人の郁永河は、康熙三十六年（一六九七年）に安平港に上陸したのであるが、彼は〝台海竹枝詞〟のなかでゼーランジャ旧址を詠んで、当時のおもかげを後代にのこしている。

雲浪排空小艇横、紅毛城勢独崢嶸、渡頭更上牛車坐、日暮還過赤嵌城。

三十九才の神格化された英雄

台湾を掌中におさめた（といっても台南を中心とした南部の一角が主である）鄭成功は、台湾を総称して「東都」と改め、ゼーランジャ城のあった大員を〝安平鎮《アンピエンチン》〟と改称した。いまの安平の名称はこうして誕生をみたのである。そして、プロビンシャ城のあった赤嵌《チヤカム》は承天府とよんで治台の中心とした。承天府の北方を天興県、南方を万年県とさだめ、澎湖島には安撫司を置き、一府二県一安撫司として、台湾統治の行政区画をととのえた。成功は治台の第一歩として、原住民にたいし、恭順を誓うものは慰撫し、従わざるものは討つという方針をうちだした。そのため、自ら兵を率いて島内をつぶさに巡視しているが、原住民との戦いも数多く行われた。たとえば、大肚蕃の阿狗譲《アカウニウ》という原住民の酋長と戦って、それを殲滅したことは、歴史に残る事件であった。

つぎに、屯田兵制度を採用し、兵士に農具をあたえ、水利をおこして、駐屯地の開拓をやらせた。また、民間の移民開拓にも力を入れ、台湾開拓史上、オランダ時代に次ぐ一頁を飾る実績をのこしてきた。後に鄭成功が台湾人に「開山王公」（開拓の神様）とあがめられて、神格化されるようになったのも、まさしく、そのパイオニア精神と開

（鄭成功の像）

拓の功績を讃えられたからである。
一方、彼は台湾にきてからも海外雄飛の夢をすてなかった。元来、成功が金門・厦門のような小島嶼に根城をもって十六年の間、数十万の大兵を養い、優勢な清軍を向うにまわして対抗できたのは、一つは南シナ沿岸における糧秣の徴集よろしきをえたからである。だが、それにまさるともおとらない役割を果してきたのは、実に、海外貿易を維持しつづけ、日本、琉球、カンボジャ、シャム、マラッカ、ジャワ、比島などの各地に貿易船を送り通商を通じて、軍資金や物資を調達してきたことであった。もちろん、これら貿易商は、物資調達の任務を果すために、時には海賊船に早代りしたことは、容易に想像できる。

したがって、台湾にきてからも、各地に宜しみを通じ、お隣りのフィリッピンには、ドミニコ派のヴィットリオ・リッキオという僧を特使として送り、修好を望んだ。ところが、これが逆効果をきたして、スペイン人によるマニラ在住の漢人虐殺となった。成功はこれを大いに憤って、復讐のために征討の軍を興そうとしたが、不幸にもこの時に病をえて、台湾上陸後一年余りにして、一六六二年（康熙元年）五月、三十九才の波瀾多い生涯を閉じたのである。
鄭成功は、〃排満興漢〃の大事業に生涯の大半を費し、大志半ばにして、当時では異域とされている台湾に病没した。

成功は死後、台在湾住の漢人開拓者に神としてあがめられ、いまの台湾人の心にまでその尊い栄誉が脈々と伝えられてきた。それは彼が漢人の気骨を貫き、身命を賭して苦難の道を戦いぬいたこと、オランダ人を台湾から駆逐して漢人開拓者を異人種の支配から救ったこと、開拓を奨励し通商をおこして、開拓者の生活をきりひらくことに努めたこと等、崇高な人格と偉大な事業が台湾人をして、不滅の英雄として、たてまつるにいたらしめたのである。

このように、〃民族英雄〃、〃開山王〃としてあがめられてきた鄭成功にまつわる名所旧跡は、全島にあまねく分布している。またその伝説がいまなお古老の口にのぼっているのも、彼れの台湾史上における偉大な地位を物語るものである。

まず、成功の没後、有志が相はかって小祠を建て、英霊を祀り〃開山王廟〃と称した。その後いく変遷をへて、同治十三年(一八七四年)に台湾の海防と政治全般を主持した福建船政大臣・沈葆楨が、この小祠のことを北京朝廷に上奏して修築の勅許をえ、台湾府知府・周懋琦らが修築して、〃明延平郡王祠〃と改称した。正殿には成功の神像と、「予諡忠節明賜姓延平郡王神位」の位牌があり、後殿には生母田川氏を祀っている。これが第一の旧蹟である。日本時代には〃開山神社〃とよばれていた。

当時の北部は台南地方より開拓がずっとおくれ、辺鄙な片田舎として未開のままであったが、その北部台湾にも成功の足跡がおよんでいた。

台北市北郊を流れる基隆河の畔りに円山というところがある。そこに剣潭という淵があるが、鄭成功が竜神を祀り風波をしずめるために宝剣を投入したと言い伝えられている。それで剣潭という名称がうまれたといわれてきた。その淵の辺に剣潭寺という観音の寺があって、北部台湾住民の信仰をあつめてきたが、近年、国民政府がとりこわしたとの話である。

また、台北駅を汽車で南下して、小一時間もたたないところに鶯歌という街がある。その駅に到着する前に、車窓から、山間に一大巨岩がそびえたっているのが見える。これを台湾人は鶯歌石とよんでいる。成功が往時、この山奥で開拓民のために怪鳥を征伐し、その首が討ち落されて化石となったというのが、この鶯歌石であり、討たれた当初は白い血液を何十年となく流してきた、と当地の古老たちは、自分らの孫たちに真実のおももちをしながら語り伝えたものである。民間の他愛ない伝説ではあるが、神格化された鄭成功の武勇をしのぶに格好のお伽噺である。

三代二十三年にわたる治績

成功が病死すると、その子の鄭経は厦門から急拠、台湾に帰ってきて父のあとをついだ。

彼はまず、成功のおこなった行政区分をあらため、勢力のおよぶ台湾のすべての地域に、一府二州三安撫司をおくことにした。それまで台湾の総称として用いられてきた東都を「東寧」とあらため、天興、万年の二県を二州に昇格させ、そのほかに南路、北路、澎湖の三安撫司をおいた。そして、今の台南一帯は元通り承天府とし、ここに四坊二十四里をおいた。四坊とは四つの繁華街のことであり、二十四里とはそのまわりに配した、二十四の衛星街庄のことである。いわば新しい町づくりをやったわけである。

しかし、鄭経は成功とちがって、その死にいたるまでの十九年間、台湾の統治経営はほとんど陳永華という経綸に秀でた文官にまかせ、自分は父志を継いで自ら軍を率い、武将の劉国軒を提督として、もっぱら福建に兵を出して清軍との抗争にあけくれた。清朝は康親王、万正色たちを動員、もと鄭芝竜の部下であった施浪と黄梧という二人の降将を起用して鄭氏の殲滅をはかった。

清朝は大陸統治に年月を重ねるうちに、南シナ沿岸の封鎖も軌道にのってきた。そのため、鄭軍の補給も日を追って困難となり、一六八〇年、金門で清軍の万正色に大敗を喫して、三月には澎湖をへて台湾にひきあげてくるが、翌一六八一年、鄭経は敗惨のうつぼつたる心境のなかに、正月、病のため死去した。

鄭経没後、後継者をめぐって一騒動あったが、経の次子克爽が台湾を支配することになった。

成功自身は開拓民の尊敬を一身に集めたが、鄭氏治台の二十三年間は、巨額の戦費をすべて台湾の開拓民にたいする苛斂誅求から調達して賄ったものであった。そして土地政策でも開拓民はいじめられてきた。つまり、鄭氏はもっぱら、台湾の植民地統治をオランダ人から受け継ぐことによって、大陸における対清朝闘争の基礎にしたのである。したがって、末期には民心は鄭氏から次第にはなれ、過重な租税策のため、官と民の確執反目が各地におこってくる状態にあった。

こうして鄭氏はほろび、清朝は最後の抵抗者に打ち勝って、二百余年間、中国に君臨して安泰の年月を過すことになるが、栄枯盛衰のかげに、敵味方の胸をいためる、ほろびゆくものの哀話がつきまとうものである。鄭経に伴い台湾にわたってきた明朝の末裔に寧靖王がいた。王は明太祖の九世孫にあたり、来台後は鳳山の大湖（今の岡山近在）に五人の妃妾と住んでいたが、鄭克爽敗るの報をきくや、自ら六つの棺を準備し、つぎつぎと殉死してゆく妃妾を先に納棺。自分はその後に近隣の父老と袂別の杯をかわしたのち、冠を整い束帯して、「艱辛避海外、只為数茎髪、而今事畢矣、不復採薇蕨」、という辞世の絶句を残して、自ら縊死して果てたという悲話が残っている。いまもその寧靖王墓があり、また、書をよくした寧靖王の扁額が台南附近の廟宇によくみうけられる。殉死した五人の女性のために〃五妃廟〃も建立された。

清朝の海上封鎖をぐる移民

鄭氏が拠台の後、清廷は黄梧の建議をいれて、広東、福建、浙江などの沿海五省の居住民を海岸から三十ないし五十里の奥地に移し、境界を設けて禁止区域内の居住、農耕を禁じた。例の遷界移民策である。また、漁船や商船の海外に出ることをも禁止した。〃海禁〃の封鎖政策である。このような遷界移民や海禁は、従来も、倭寇や海賊の騒擾のため、明初からしばしばおこなわれてきたが、それは隔離するくらいの程度のものだった。今度はそれとはちがって、大軍を擁する鄭氏の台湾を孤立させる全面的な海上封鎖であったため、もちろん、福建に遠征中の鄭氏軍隊は補給の上で大打撃をうけ、台湾の民衆はそのそばずえをくって、従来、大陸から供給されてきた生活必需品の欠乏で、物価の高騰を見た。

こういう遷界移民や寸板不得入海のような徹底した封鎖が功を奏して、鄭氏を困窮に陥入れたけれども、その地域の広範なこと、二十数年にもおよぶ長年月の封鎖で、大陸沿海の住民も打撃をうけ、治安乱れ、流亡の民が以前にも増して続出した。

そのため、窮乏せる福建省在住の漢人が、却て鄭氏の移民招致策に応じて、禁を破り台湾にわたるものが、前の時代にも劣らなかったことは、当然のことであった。一般に、中国官憲の〃禁〃というものは、施行の当初だけは固く守られ、時日がたつにつれて賄賂と利誘で役人の方からくずれてゆくのが普通である。「有禁無阻」といわれるのは、今も昔も同じである。

その結果として、清朝になってからは以前より厳しい封鎖策がとられたけれども、移民の渡来者の数は明末と大差なかったようである。

ただ、事実上は〃無阻〃でも表面上は〃有禁〃であるから、移民はやはり公然と台湾に渡るというわけにはいかなかったにちがいない。そこで、台湾に渡るものは船頭とか漁夫に化けて、小役人の黙許をえる以外に手がなかったから、自然、家族は一緒につれていけなかったわけである。そのために鄭氏時代の末期には、台湾開拓民社会のなかで、女性払底という社会問題がもちあがった。

しかし、このような難問題もたちどころに解決されていった。福建・広東の婦女子が誘拐され、船底におしこまれて台湾に売られてゆくものが続出したのである。これこそ海を股にかけた誘拐団で、天人ともに許さぬ不埒者といいたいところだが、ひとたび台湾につけば、開拓者たちには、随喜の涙を流して歓迎されたのであった。

屯田の功績、西部に開拓の拠点を残す

鄭成功が台湾に上陸したとき、彼がひきつれてきた文武の将兵は二万五千人を数えたといわれる。当時、台湾はまったく風土のあわない異域といわれていた時代で、嫌がる将兵やその家族を台湾に移すにはなかなかの困難がともなったらしい。

しかし、「軍屯を本とし田屯を輔となし、兵を農に寓す」と文献にあるように、台湾にきた鄭氏は台湾の開拓事業に力をいれ、その尖兵に軍隊を用い、民間の開拓者を従にして、組織的な屯田制をしいて開拓の実績をあげたことは有名な話である。

軍隊の開墾した土地は〝営盤田〟あるいは〝文武官田〟と呼ばれたが、いまでも台湾の地名に営盤坑、左営、新営という地名がのこっている。それはこの時代、屯田兵の拓いた土地の名残りである。

そして、初めにつれてきた二万五千人の将兵が、鄭氏滅亡のときにはわずか二千余名になっていたといわれるが、これは当初の大部分が帰農して地方に定住し、民間人となったからであろう。

この二点をみても、移民と開拓に果した軍隊の渡来と屯田制の役割は大きいと見るべきである。

また、鄭経がその後に金門、厦門からつれてきた僚族が六千余人いた。

オランダ統治の末期は戸数二万五千で、人口十万人といわれてきたが、鄭氏の末期、清朝がやってくるころには、

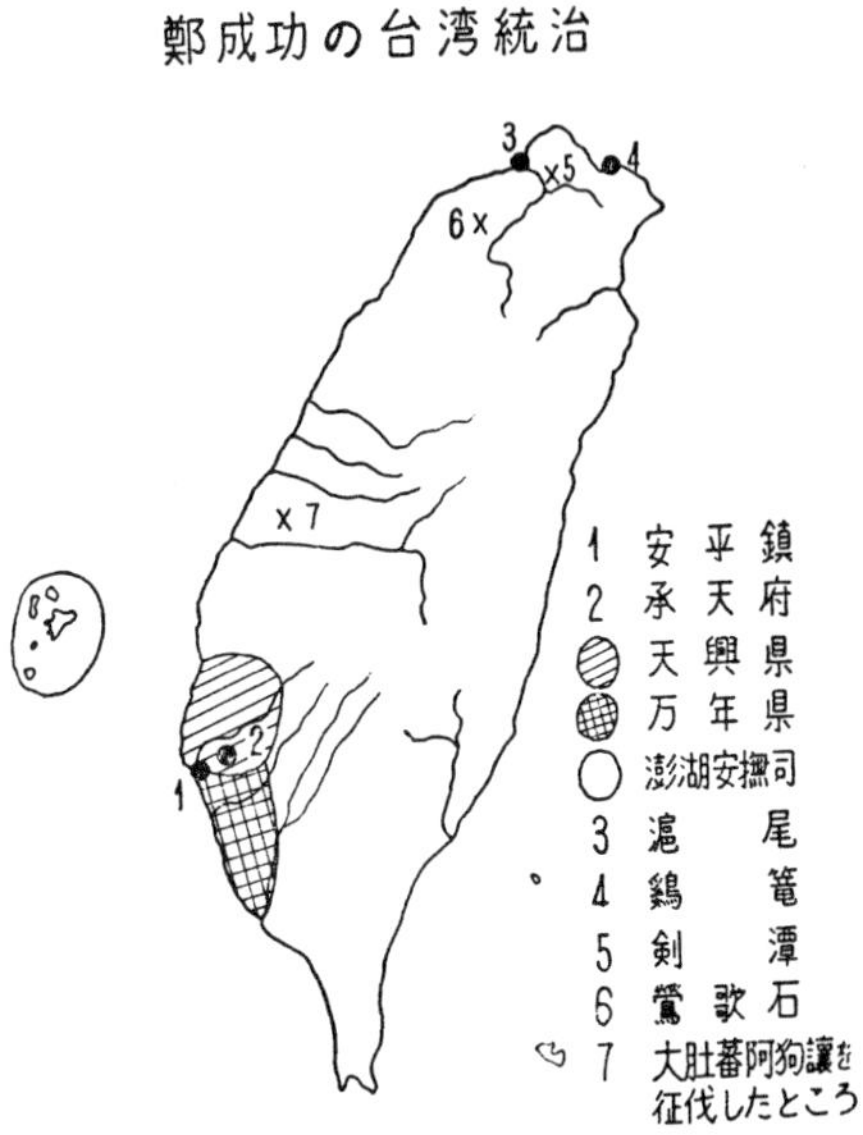

漢人戸数は約三万で人口が十五万人以上とみて大差ないわけである。

さて、それから軍隊の組織力でもって、当時としては大規模の水利灌漑事業を大いに振興した。安平一帯を例にとって見ても、用水池や水利施設として公爺陂、王有潭、甘棠潭などがあった。鳳山になるとさらに広範囲に亘り、大湖陂、三鎮陂、中衝陂、北領旗陂、左協陂、赤山陂、烏樹木陂、三老爺陂、仁武陂などの数十カ所にもおよんだ。

軍旅の開拓は、まず、台南附近の曾文渓や二層行渓の各地域からはじまり、首都の承天府の二十四里も大部分が屯田による開拓でもってはじめられた。

屯田の功績、西部に拠点を残す

さらに、南路の開拓は打狗（高雄）から上陸して、鳳山、左営一帯の下淡水渓の下流流域。もっと南下して、車城湾から上陸して瑯嶠（恒春）までのびた。

北路の開拓では、次のように北へ北へとグループにわかれて開拓していった。すなわち、大坵田（北港）、斗六、新営、諸羅（嘉義）、塩水港が一つのグループ、

鹿港から上陸して大肚に達する、半線（彰化）グループ。

大安から上陸して大甲、苗栗が一つのグループ。

旧港から上陸して竹塹（新竹）グループ。

南嵌から上陸して桃澗（桃園）、鶯歌グループ。

滬尾（淡水）から上陸して唭里岸、芝蘭（淡水、士林）、大直のグループ。

それから、金包里、鶏籠（基隆）の二つのグループというように、西部平地にあまねく分布して入殖した。

こうして、鄭氏末期までに開墾された土地が、田七千五百甲、畑一万一千甲、計一万八千五百甲にのぼったといわれるが、実勢はさらにそれを上回るとみるのが妥当である。

このように軍隊の力で組織的な開拓事業が行われたのは、東南アジアの未開地帯では珍しい例で、台湾自体においてもまれなことであった。

そして、その成果も特筆に値いするだけのものがあった。この時代に築かれた水利事業は、遠く二百余年後の日本時代にいたるまで、台湾農業のために役立った。

北は鶏籠、金包里、淡水河畔から南端の瑯璠（恒春）にいたるまで、西部平野のいたるところに点在した開拓地は次の清朝時代には、さらに進展する開拓の拠点としての役割を果してゆくこととなった。鄭氏時代に準備された〝点〟があったればこそ、清朝時代の二百余年間に、その点が結ばれて〝線〟になり、そして、さらに〝面〟となって全島に拡っていったのである。

ガンとなった土地制度

オランダ人を追いだした鄭氏は、蘭領時代に漢人が開拓してオランダ人の所有に帰し〝皇田〟と命名された土地を、鄭氏の天下になっても、当の開拓者たちには戻さず、そのまま鄭氏一族が蘭人からそっくり受け継ぎ、皇田を〝王田〟（延平郡王の所有地）と改称して接収した。そして、蘭人時代と同じく、田畑を上則、中則、下則の三級にわけて、税金と小作料や利子を一緒にして実物で徴収した。

新たに屯田兵が開拓した営盤田や文武官田は、各地にあったが、それは多分に荘園的性格をおびていた。その所有主は、形式上では役所や軍隊の公有になっているが、実際は軍旅の長官や地方官の私有と同然で、一定の軍糧以外はすべて実物で徴収されていた。

オランダ時代に比べてみると、どちらかといえば、鄭氏時代の土地所有関係は、より濃厚な封建的色彩をおびていた。このような封建色にいろどられた土地制度のもとで、台湾開拓者から吸いあげた膏血により、二十数年間、滅清復明の戦いがささえられてきたといっても過言ではない。

末期に、清朝の封鎖政策がいよいよ効を奏し、軍民がますます困窮してくるなかにあって、鄭氏宗族や文武百官の支配階級が、相変らず逸楽を貪りつづけた。そのため、開拓農民や屯田の兵士たちにますます苛酷な要求をだして、民心はことごとく離反し、清軍の来攻以前には、すでに自ら滅亡の墓穴をほることになっていた。

勝敗が大勢のしからしむるところであるとはいえ、このような、極端に封建的な土地制度からきた内部崩潰の要因も大いにあったことは、否定できないことである。

第八章　清朝治下の台湾

1　清朝の植民地統治

施琅、鄭氏を拋る

　オランダを駆逐した鄭成功の死は、清朝の台湾政策を一変させた。清朝は、鄭経を懐柔、和解工作のうちに鄭氏をほろぼそうと考えるにいたった。

　それに対し、鄭経は和約の条件として、台湾を政治的に独立した清朝の属国にしてくれと主張して、双方ゆずらなかった。時日が経過してゆくうちに、清廷の内部には、当然、主戦派と和解派が対立、その方策がきまらないまま、清朝と鄭氏は台湾海峡をはさんで対峙していった。

　しかし、一六七九年（康熙十八年）になると、かねて征台の軍を出すことに熱中していた主戦派の施琅に、大勢は傾きかけてきた。そこで、同じく主戦派の閩浙総督・姚啓聖と計り、漳州を台湾攻撃の基地に利用し、糧食を貯え、兵船の建造をいそぎ、スパイを鄭氏の陣営に放って、着々と征台の準備にかかっていた。そこへ入ってきたのが、鄭経の死亡というニュースであったのである。一六八一年（康熙二十年）の正月である。欣喜雀躍した清廷は、いよいよ鄭氏討伐のチャンス到来とたちあがった。

その時、当然の人事として、主戦派の施琅が、福建水師提督に特別任命され、台湾攻略の総指揮をとることになった。もともと鄭芝竜の部将としてならした彼だったから、重臣・李光地の推薦するところとなったのである。

姚啓聖は福建全省の兵馬を統轄して、施琅に協力することを命ぜられた。

さて、一六八三年（康熙二十二年）六月、夏季の南西風に便乗した施琅のひきいる大小五百の大船隊は、台湾海峡を一気にわたり、大勢の前に気息えんえんとなっていた劉国軒の鄭氏軍を破って、まず澎湖を掌中におさめた。

清兵来襲の報に接した台湾本島では、人心たちまち動揺して治安みだれ将兵は意気消沈して、戦意はすでに失われていた。鄭経の後をついだばかりの克塽は、遂に、劉国軒らの言をいれて、閏六月に降伏状を澎湖にいる施琅のもとにおくった。この降伏状には私信がそえられ、鄭氏が台湾における清朝の主権代表者として、代々、世襲できるよう取りはからって欲しい、と懇願した。しかし、この願いは拒絶されて、万事休した克塽は、七月二十七日、延平郡王と招討大将軍の二つの金印及び、その他大小の印璽を、施琅にさしだし無条件降伏したのであった。

清朝は鄭氏の投降をみとめ、八月十三日、施琅自ら大軍をひきいて鹿耳門から台湾に入り、八月二十二日、安民の布告をだして、ここに台湾本島は清朝の支配するところとなったのである。

過去六十年の間に台湾は、こうして三人の外来支配者にかわるがわる統治され、三度目に清朝に統治されるわけである。

歴史はくりかえすというが、現に国府が台湾によって、鄭成功の現代版のごとく「大陸反抗」を叫んでおり、中共の方は清朝の故事にならってか、「台湾攻略」をしきりに唱えている。しかし、現在と往時では、三百年という時間の隔りがあり、この島をとりまく情勢はまったくちがったものとなっている。とくに、台湾にはいまや、そのいずれにも加担しようとしない一千万の台湾人がおり、台湾独立を主張する声も高い。さらに国際情勢ももはや往時の比でないことは、云うまでもないであろう。さて、これから先の歴史の歯車はどう回転してゆくのであろうか。

台湾を厄介視する清朝政府

当初から、打倒鄭氏を目標にかかげてきた清朝は、征台の軍事行動が成功裡に終了し、鄭氏がほろびると、台湾本島を厄介ものあつかいして、その処理にほとんど熱意を示さなかった。

そこで、澎湖島だけは東海の守りとして領有し、台湾本島については、在住の漢人をすべて大陸本国に引き取り、この海島を中国の版図外におこうとする放棄説が、廷議で圧倒的多数を占めるようになってきた。

台湾放棄説をとる理由として、第一に「孤懸海外」という言葉で表現されるとおり、台湾が本土からまったくかけ離れた無用の孤島であること、その二は「率為逋逃藪」もしくは「海盗聚嘯之地」といわれて、台湾が海賊、脱走犯人、逃亡兵のあつまる巣窟とみなされていること、の二つが主として挙げられている。

このように国論をあげて台湾放棄に傾いているとき、施琅だけはただひとり、「恭陳台湾棄留疏」という上奏文を康熙帝に上書して、台湾領有積極策を献言した。

その趣旨とするところは、

「台湾は一見、海外のほんの一孤島にすぎないようであるが、その実は南シナ沿岸を守るに欠くべからざる外郭の地位をしめている。一度、これを失えば、脱走兵や海賊、流民たちの巣窟となり、あるいはオランダ人が再度占拠することとなろう。そうなれば大陸沿海の諸省は安全無事を期することができなくなる。澎湖島はたんなる不毛の小島嶼で、とうてい肥沃豊穰なる台湾にはくらべようもない。また、台湾なくして澎湖を維持することはとても考えられないことである。もし、台湾に屯田の兵制を布いて鋭意経営につとめれば、かならずや絶大な成果をあげることができよう」

というのであった。

施琅はかっては台湾攻略の主戦論者として重きをなし、自ら兵を進めて台湾を奪取することに成功してきたから、台湾領有を主張するのも当然のことといえようが、それにもまして、彼の的確な海外情勢の分析と軍事上の卓見は、さすがに、台湾の南シナ海における重要さをみぬいていたようである。

この施琅の建策が康熙帝をうごかして、台湾は、はじめて中国の版図に編入されることになった。

このように、台湾の帰趨が動揺してさだまらぬとき、施琅はあえて歴史の歯車を自分の考える方向にまわし、台湾と台湾住民の命運を決定ずける役割を演じてきたのである。清朝は施琅の功を賞して靖海侯に封じ、その爵位、厚祿は子々孫々にまでおよんだ。

施琅は琢公と号し、台湾では鄭成功に次ぐ歴史上の人物となった。が、彼れに対する台湾住民の評価は、成功を敬い慕うのにくらべれば、相当のへだたりがあるようである。それはもちろん両者がおかれた、台湾との関係のちがいや事業の相異、あるいは直接住民に貢献した度合によるのだろうが、何といっても鄭成功が、節をまげず清に反抗して生涯を閉じたのにたいし、施琅は明の遺臣でありながら、清朝に降った前歴がマイナスになったことは否定できない。

彼にまつわる事蹟が南部台湾に、二、三のこっている。そのうちで、台南市の大媽祖宮の境内にある、「安民諭告碑」（康熙二十四年、施琅建立）と、「靖海将軍侯施公功徳碑」（康熙三十二年建立）は、台湾史上の遺物にかぞえられよう。また、彼が最初に征台の軍を進めた由緒の地、澎湖島の馬公には施将軍廟がある。廟の側面に彼の手に成った「靖台碑記」がいまものこっていて、人をして台湾の変転を偲ばせるよすがとなってきた。

さて、清朝は施琅の献言でようやく台湾を版図に編入はしたものの、当初の台湾軽視の念を捨てさったわけではなかったから、その統治策は事毎に本土と差別をつけ、本国より一段下の、植民地的な統治をもって臨んだ。台湾の俗語に、「胡瓜の種をまけば胡瓜がなり、豆まけば当然豆がなる」という言葉がある。清朝が台湾にほどこした植民地政策は、同じ漢人の出身でありながら二百余年のうちに、中国および中国人とはちがった台湾および台湾人ができあがる、そのタネをまいたことになるのである。

つまり、清朝政府の禁を犯して行われた民間移住者の開拓事業による経済発展を縦糸とし、大陸政府の差別的植民政策を横糸として、この二百余年の間に、独自の台湾・台湾人の民族的社会的キソが形成されてきたのである。

清朝政府が台湾を統治する骨組となした行政機構は、二百余年のうちに四度も大改変をとげるが、その変革を順をおって略述することにしよう。

植民地の統治機構

台湾を中国の版図にいれた清朝は、これを福建巡撫（福建省長）の支配する福建省の一地方行政区域としてあつかい、〃分巡台厦兵備道〃の管轄下においた。

分巡台厦兵備道というのは、福建巡撫の指揮をうけて、台湾府と厦門府との二つの下級行政機関を統轄し、その長官はふつう〃道台〃と呼ばれて、半年ずつ厦門と台湾の台南で政務をとることにした。

兵備道の道台は台湾統治の首長として、中国本土の地方官とは異り、行政権を行使するばかりではなかった。台湾では、特に按察使、学政使、布政司、提督のような職務をもかねて、司法、教育、財政、科挙（官吏登用の国家試験）および軍政の諸権限をもつことはもちろん、軍令権までも掌握するという、台湾統治上のオールマイテイであった。〃道台〃と〃総督〃とは、名称の違いはあっても、植民地経営の絶対権力をにぎっていた点では、まったく同じ存在だったのである。

台厦兵備道の下部機関には台湾府をおき、知府（民政長官）と総兵（守備隊司令官）を任命して、文治と武備を専任補佐させた。

兵備道と台湾府の所在地を台湾（台南）にきめ、そのまた下級の行政機関として、台湾県（台南附近）、鳳山県（台南の南）、諸羅県（台南の北方、嘉義のこと）の三県庁と澎湖巡検衙門をおいた。そのほか、安平の港務や船舶の出入、および各県の検察事務を担当する〝海防同知〟を設置した。これは、いまの税関と検察庁を一緒にしたような機関である。

- 福建省
  - 台厦兵備道
    - 総兵
    - 台湾府
      - 台湾県
      - 鳳山県
      - 諸羅県
      - 澎湖巡検衙門
      - 海防同知衙門
    - 按司獄

ここで特に注目を要することは、これら行政機関の官吏は、台湾現地では任用することを禁止し、かならず本土から派遣・交替させ任期を三年と定めたことである。台湾を本土から一段と下の植民地として、差別した行政措置をとることがここにもよくあらわれている。だから、赴任してくる官吏には優秀な人才もないわけではなかったが、政治上の差別が当初からこのようにはっきりと官吏登用の面にまであらわれるくらいであったから、その他は推して知るべしである。したがって、これといった見るべき治績もえられず、民心の離反のみ増大して領台早々から乱世がつづいたのである。

地方行政は請負制度で、市（いまの街）、荘（いまの村）、社（原住民部落）に分け、それぞれ総理（街長）、地保（村長）、番頭人（蕃社頭目）をおいた。

だが、行政組織はこのように整備されても、占領当初から約四十年の間、清朝の行政がおよんだのは西部平地の南部地方にとどまり、そのうちでも開拓のすすんだ海岸一帯だけに限られていた。

また、植民地統治には武力がつきものであるが、この点、清朝も当然おろそかにするはずがなかった。開拓者の住む西海岸南部地方にはいたるところに軍隊を駐屯させていたが、軍隊も文官と同じく、一兵卒にいたるまで大陸本土で徴募訓練してから、三年交替で台湾に勤務させ、欠員でさえ現地で補充することを禁止した。

このように制度のうえでも、文武官の任用から開拓民を閉めだすことによって権力から遠ざけたが、これが、大陸本土から新渡来する権力階級と、現地の開拓農民、という両陣営に分化してゆくキイ・ポイントであり、見逃すことのできない台湾発展史上の特点である。

清初行政区画

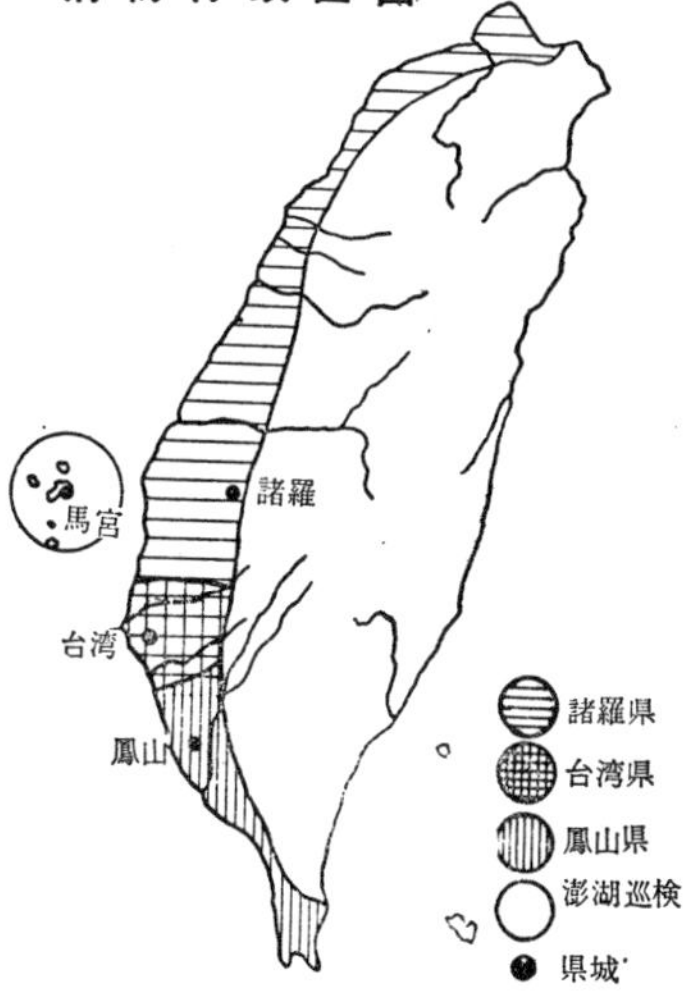

清朝の派遣してくる軍隊は陸路（陸軍）と水師（海軍）の二種に大別された。陸路は府治（首都＝台南）に鎮標営（守備大隊）を駐屯させて総兵が統治した。諸羅には副将の率いる北路協標営（守備隊支隊）、鳳山には参将の指揮する南営をそれぞれおいて、これらの兵力はすべて福建省の駐屯軍から抽出・交替させた。水師は安平、澎湖の両地にそれぞれ協標営が駐屯した。台湾の兵力は平時で十営、約一万人だといわれた。後に開拓農民の一揆が相継いで起って、兵乱のたびに軍隊の数もふやしてゆき、訓練のための教場（練兵場）や演武庁を設け、官兵の交替も三年から六年に延長されるようになった。清朝末期には四万から五万の兵力を台湾に配置した。

第一次行政改革（朱一貴乱の後）

一七二三年の雍正年間より百五十年ばかりは、移民開拓の黄金時代であり、それにともなって清朝の行政機構の拡充も前後三回に亘っておこなわれた。

さて、康熙年間の末葉ごろから開拓が軌道にのりはじめるが、それと同時に開拓民の悪政に対する不満もだんだん昂じてきて、一七二一年（康熙六十年）朱一貴の乱となって爆発したのである。

民変の平定後、清朝は台湾統治の強化を痛感するようになった。一方、開拓の方も西海岸の南部から次第に北部にのびてゆき、〃後山《アウスア》〃と呼ばれた東海岸の南部地方や、蛤仔難という東北部海岸にまで漢人開拓者が入りこんでゆくようになったから、清朝の統治区域もそれに応じて拡大されたわけである。そこで従来の三県一巡検衙門を数次にわたって拡充し、同治年間までには四県四庁に拡充改革した。

雍正年間から同治まで（一七二三―一八七四）の行政区画は次の通りである。

台湾道―台湾府―┬台湾県、鳳山県、嘉義県、彰化県
　　　　　　　　└鹿港庁、淡水庁、澎湖庁、噶瑪蘭庁（宜蘭）

さらに、康熙六十年には分巡台湾監察御史をおいて、これら行政機関を監察させ、その後も、数次にわたって機関

の改廃を行った。

一七六六年（乾隆三十一年）には、北路理蕃同知という原住民をおさめる役所を設けて、嘉義以北の原住民部落を管理させ、また、南路理蕃同知には台湾（台南）以南の蕃社を統治させることとした。

日本出兵後の行政拡充

十九世紀の後半といえば、全台湾の墾殖はほぼ一段落をつげ、国際的には阿片戦争についで一八七四年（同治十三年）に、日本が台湾出兵して牡丹社の原住民討伐をおこなった時代である。

このように内外情勢が急速に変革していった時、清朝はようやく台湾の国防に占める重要性を認識するようになった。そして、清の皇帝は急遽、欽差兼理台湾海防事務総理船政大臣の沈葆楨を親任し、現地に派遣して海防と台湾統治の拡充強化に当らしめた。その結果、一八七五年の光緒元年に、台湾道のもとに、台湾、台北の二府がおかれ、八県五庁がこれに隷属する行政体系ができあがった。

- 台湾道
  - 台湾府
    - 台湾県、鳳山県、彰化県、嘉義県、恒春県
    - 澎湖庁、埔里庁、鹿港庁
  - 台北市
    - 淡水県、新竹県、宜蘭県
    - 卑南（台東）庁、基隆庁

台湾省の誕生（仏軍の基隆占領後）

もともと台湾道は福建省に隷属し、清末ごろには福建巡撫は一年のうち冬と春には自ら台南に赴いて台湾の政務を執り、夏、秋になると福州に帰って福建省全般をみるといういそがしさであった。

さきに欽差大臣に親任されて台湾に赴いた沈葆楨は、牡丹社事件の解決後、台湾の「海防」は「撫蕃」と「開路」とを併行させることによって、はじめて解決できるとし、そのために台湾の政務に専心する巡撫をおくべきであることを主張した。そして、「請移駐巡撫摺」という建白書をだし、専任の台湾巡撫をおくことによって台湾統治上の十二の欠陥が一挙にして解決できることを具申した。

その後、刑部左侍郎・袁葆恒、福建巡撫・丁日昌、駐台福建巡撫・岑毓英たちが、次々と上奏して台湾巡撫の任命、および台湾省の開設を清廷に、献言した。

一八八四年（光緒十年）、清仏戦争の最中、仏軍のクールベー将軍が基隆、澎湖を封鎖占領した際、清朝は周章狼狽し、いよいよ台湾のもつ国防上の重要性を痛感させられた。

時あたかも大学士・左宗棠が海防の立場から、台湾道を台湾省に昇格さすべきだ、という意見を政府に具申してきた。

軍機大臣（総理大臣）醇親王、北洋大臣（外務大臣）李鴻章らの各大臣も会同して討議し、台湾が「南洋枢要」と

台湾省行政区画

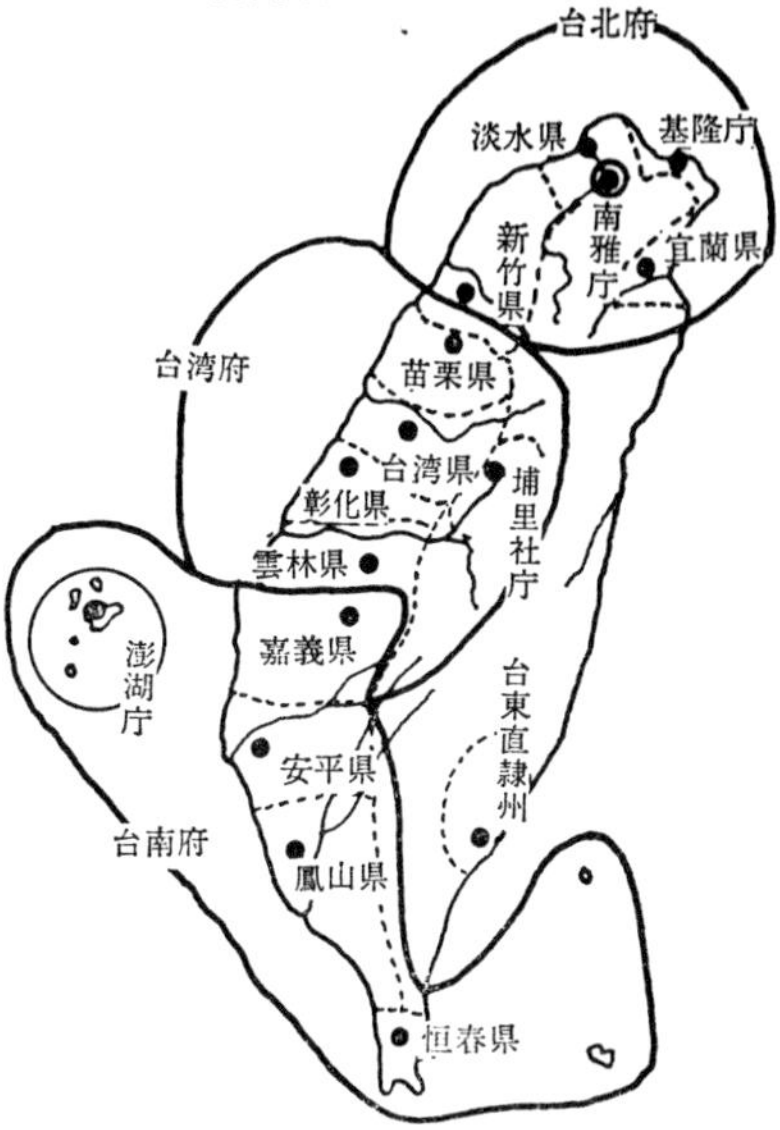

して辺防を一日もゆるがせにできないことを確認したうえ、台湾省開設を欽定するように、慈禧太后（西太后）に上奏したのである。

　その結果、光緒十一年（一八八五年）九月五日、福建省台湾道を台湾省に昇格させることがようやく欽定され、同時に劉銘伝を初代巡撫に親任した。劉銘伝はいろいろと迂余曲折をへたのち、翌年の四月に台湾の新首都、台北に赴任し近代改革に着手するとともになった。

　そして、翌、光緒十三年に左の如く行政機構を拡充改正したのである。

台湾省
- 台北府
  - 淡水県、新竹県、宜蘭県
  - 基隆庁、南雅庁
- 台湾府（台中）
  - 台湾県（台中）、雲林県、苗栗県、彰化県
  - 埔里社庁
- 台南府
  - 安平県、嘉義県、鳳山県、恒春県
  - 澎湖庁
- 台東直隷州

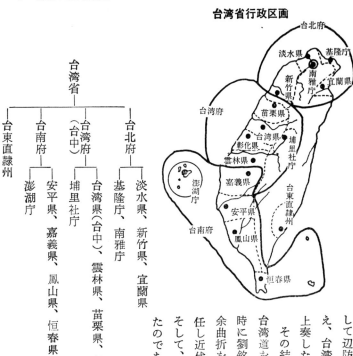

このように清朝が二百余年統治して、ようやく台湾の重要さに目ざめ、おもいきった行政改革を断行することとなるが、台湾省に昇格してわずか九年目には、台湾は中国の手中からすべりおちて、日本の領有するところとなったのである。

2　移民の黄金時代

清朝の移民禁止策

台湾史を述べるに当って、移民と開拓の歴史をぬきにしては、その一半も語りえないであろう。移民と開拓がなかったら、現在の台湾社会も台湾人も生れでなかった、といって過言ではない。

しかるに、明、清の中国歴代の為政者は、台湾への移住者を「奸民」、「盗賊」、「流氓」とよんで移民には禁止政策をとってきた。また、開拓には「私墾」、「盗耕」などの汚名をきせて禁令でもって規制してきた。これが台湾の発展を著しく妨げ、その進歩を阻んだ大きな障害となったことはいうまでもなかった。したがって、台湾史上に重要な地位を占める移民も、また開拓事業も、民間の漢人移住者が為政者の権力をもってする禁止・圧迫をくぐりぬけながら、自力で敢行しかつ築きあげたものであることを、銘記しておく必要がある。

さて、清朝が中国本土を制覇してしまうと、当初から鄭氏に対する封鎖策を厳にし、台湾・澎湖島への往来や移住をかたく禁じた。鄭氏降伏後、台湾を正式に版図にいれてからでさえ、一向に禁令を解く気配もみせず、かえっていままで以上の伽鎖を加え、そのきびしいことは史上に例をみないほどであった。

一般的にいって、清朝が中国の天下をとってからというものは、海上封鎖のきびしく行われたことは、彼の有名な〝大清律令〟のうちにでてくる、「私出外境」と、「違禁下海」の罰則をみれば一目瞭然であるが、台湾に関する限りその大清律令の規定のうえにさらに特別の禁令を制定し、移民の禁止に遺漏ないことを期したのである。

すなわち、一六八三年（康熙二十三年）、清朝政府が台湾をとると同時に公布した「台湾編査流寓則例」（六部処分則例巻二十）がそれである。

それは次のような内容を特に規定した移民の制限・禁止の法令であった。

一、中国本土の商民が台湾に赴き、貿易に従事するには、台厦兵備道から査照の発給をうけねばならない。船隻の出入は厳重に検査し、密航者は厳罰に処せられる。密航を幇助した船隻やこれを見逃した役人も同時に処罰される。

一、渡台するものは家族の同伴を許さず、すでに台湾に居住する者でも、大陸から家族をよびよせることはできない。

一、潮州・恵州などの広東省出身の漢人は、海盗の集まりで、未だその悪習から脱してないから、台湾に赴くことを厳禁する。

これをみると渡台の許可証を発給されるものは貿易商人に限られているから、農業、漁業の移民は事実上、禁止されたのも同然であった。また、家族同伴を許されないということは、法律に忠実である以上、一時的旅行者だけが渡航できることを意味した。それから、潮州、汕頭地方の広東人が渡台を禁止されたのは、彼らがかって施琅と仇敵関係にあったことに起因しており、私怨のために江戸の仇を長崎でうたれたかたちであった。

このような、とてつもない禁令が、もしも、額面通りに厳守されれば、台湾は孤立してやがては自滅していったであろう。

果して、その禁令が掛値なしに実行されたろうか。台湾・台湾人が今日の如き繁栄をしてきているのに徴すれば、あながちそうでもなさそうであった。

一般に、中国歴代の政府が公布する禁令なるものは、厳守されるのはほんの当初だけであり、たいてい竜頭蛇尾に終って、いつの間にか、小役人どもが、良民を好餌にして、賄賂をまきあげる方便に使われるのが、精々のところであった。

そして特に台湾移民禁止の場合は、たとえ清廉の士がその衝に当り、この禁令を忠実に実施したとて、禁止の客観条件が備わっていなかった。歴年の兵乱と社会不安と人口過剰のため、土地と生活からほおりだされた農民流寓者が充満している時代に、一片の禁令でもって、彼らが海外に生きる途を探し求めることを禁止しようとすること自体が、無理な話であった。このような出来ない相談を一方的に権力でもって強制したとて、移民たちのはやる心を殊更にかきたてることはあっても、海外移住を禁絶することは思いもよらないことであった。

だから清朝政府は、そのような仰々しい禁令をだしはしたものの、一向に移民禁絶の目的を果すことができず、その取扱いには、時により緩急の度をかえなければならなかった。それで禁止、緩和、また厳禁、そしてふたたび緩和というように繰返しながら、ともかくも、清朝治台の三分の一以上の長期間を過ぎてゆき、七十八年後の一七六〇年（乾隆二十五年）になって、ようやくその禁令が廃止されるにいたった。

その後、禁令が撤廃されたとはいえ、つまり、いままでのように権力づくで移民禁止をしなくなったというだけのことで、台湾に移住するものは相も変らず社会的には流氓、犯罪人のあつかいをうけながら、自力で苦労を重ねて、台湾海峡を渡らなければならなかったのである。

このように台湾移民を目の仇にしてきた清朝政府ではあったが、ただ一度だけ台湾移住を奨励したことがある。それは十九世紀中葉以向、南シナを西欧帝国主義の侵略から守るために、台湾経営を真剣に考えざるをえなくなった時のことであった。

一八七五年（光緒元年）、台湾兵備道・夏献綸と台湾総兵・張其光の連名で布告した、「招墾章程二十条」がそれである。

そのなかに、

一、官船への塔乗を特に許し、船中の食事は官給とする。

一、開墾地につくまでは、各人に食費として日に一百文を支給する。

一、開墾地に到着後は、各人に日に銀八文、米一升を支給し、半年後は日に米一升を六カ月間支給する。

一、十人を一組に編成して、宿舎、糧食、農具、耕牛および耕地等を支給する。

というような今までとはうってかわった、移住者には耳よりな奨励策である。しかもわざわざ本土の厦門や汕頭などに移民募集の政府機関を設けたというのだから、実に、積極的な移民招致の政策をとったわけである。

だが、この奨励策もどうやら時宜を失したような観があった。一八七〇年といえば、台湾の西部平地も一応開拓しつくされ、当時の農業生産の技術ではこれ以上のことを期するのは無理で、人口の方も二百五十万人を突破していた。何といっても、二十年後には台湾自体が日本の統治に移ってしまう終末期だったのである。

であるから、このような末期的微笑にもたとえられる、清朝政府のただ一度の移民奨励策は、移民史上では、それほどの実効と意義がみとめられず、わずかに後山（東海岸）に多少の移民が流れていったことで、ようやく面目を保ちえたといってよかろう。

法網をくぐる移民の群

清朝は法網を台湾海峡に張り廻らしたが、そんなものは、真剣に生きる道をもとめる移民たちの眼中からは度外視され、彼らにとって、ただあるのは眼の前に横たわる台湾海峡を渡る、という一事だけであった。それで、危険を犯し役人の監視の網をくぐりぬけて移民たちが踵を接して台湾にやってくるのであるが、そのうち、福建の漳・泉地方からの密航者が特に多かった。

当時、厦門は台湾へ密航する移民たちのたまり場として繁盛していた。そこには、〝客頭《ケエタオ》〟という密航を専門に請負う業者がおって、密航者を偽装させて小舟に誘導し、その小舟で外海に運んで、前もって待受けていた外洋船に移乗させ、台湾移住を斡旋しては手数料をかせいでいた。また、その客頭のうちでも力のあるものは、舟を待つ移住者のため、旅宿まで経営していたとのことであった。その旅宿たるや、最下級と目される移民のためのものだったから、木賃宿よりもまた下等のものであったらしく、〝猪仔間《ティアケン》〟（豚小屋）と呼ばれていたそうである。

厦門における移住者の盛んなことは、官方文献でもその一端がうかがえる。

乾隆二十五年、福建巡撫・呉士功の上奏文に、

「乾隆二十三年十二月から二十四年十月まで、密航者の検挙件数が二十五件、犯罪者九百九十九人」（「六部処分則例」巻三十九）

というのは、その一例である。

厦門に限らず、南シナ沿岸の大小漁港から台湾へ密航する者の数を総計すれば、大へんな数字になるであろう。果しなく続く大陸の海岸線のいたるところから、無数の密航船が、官憲の封鎖線をくぐりぬけて台湾海峡の荒波にもまれながら台湾に集まってくる光景は、さぞかし壮観であったとおもわれる。

それから、「康熙二十五、六年（一六八六年）、広東省嘉応州出身の客家人も移住してきた」、と文献に出ているように広東系移民も禁令をものともせずやってくるようになった。

一七六八年（乾隆三十三年）に林爽文の乱という、定着した開拓者による大規模な反乱がおこったため、当時の移住船は中南部の社会不安をさけて、台湾北部に回航して淡水河をのぼり、新荘口《シンツンカオ》と艋舺《バンカ》（丸木舟という意味の蕃語）から移民たちを上陸させることが多くなった。それが後の台湾北部の開拓進展と商業繁栄をもたらすきっかけをつくったのである。

十八世紀末葉（乾隆末葉）になると、福建・広東の両地方からくる移民はますます増加してきて、東部の蛤仔難

（宜蘭地方）や中央山地にもどんどん入殖していった。

十九世紀中葉（咸豊初年）には、太平天国の乱で南シナが大混乱に陥るや、台湾に移住するものがふたたび急増してきて、東部の卑南《ピヲム》（台東）、嵜萊《キーライ》（花蓮港）に入殖するものがあらわれてきた。

各時代を通じて、漢人の移住がもっともさかんであったピークの時期は、乾隆・嘉慶年間の十八世紀末から十九世紀初葉にかけての、四、五十年間であったとみてほぼまちがいない。

このように清朝政府は、前期には台湾移民の積極禁止策をとり、後期は消極放任策をとってきたが、かかる清朝時代に台湾移住が最盛をきわめたことは皮肉なことであった。

十九世紀末には日本が台湾を占領し、一八九七年は、台湾人の国籍を日本帝国に移す期限がきれる年であった。このとき、日本国籍に編入されることを肯んじない六千四百五十六人が大陸に帰還したのを最後に、漢人の台湾移民史はピリオドをうつことになった。

日本統治時代となって、台湾と中国大陸は互いに異邦の関係におかれ、その後に渡来するものは移民としてではなく、国籍の上で台湾人とちがう中国居留民として台湾に渡来してくるようになった。もちろん、数の上でも昔日の面影はまったくみられなくなっていた。

さて、現在の台湾人は、少数の原住民をのぞけば、その他はすべて、いま述べてきた如く自然と人為の障害をのりこえ、南シナから台湾に移住してきた移民開拓者の子孫である。これらの人々には、父老から代々いい伝えられてきた、祖先たちの苦難にみちた伝説がいまも豊富にのこっている。これらの伝説は後世に生きた歴史を提供してくれる貴重な物語となっている。

台北近郊の某旧家には、子々孫々、牛肉を食用に供してはならぬ家訓が、久しい間厳しく守られてきた。これは次の理由からきている。

彼らの祖先はその昔、福建省漳州の郷里で政府役人に追われ、遂に海浜まで逃げてきて進退きわまった。それで万事休すとばかりその祖先は、とっさの間に地上にひざまずき、天に向って最後の祈りをささげた。すると不思議なことに、どこからとなく無数の水牛があらわれ、海上に橋をつくるように一列にならんだ。この幸運な祖先はそれをみて、天の助けと悟り、ただちに水牛の背中をつたわっていったところ、台湾に着くことができて、難をのがれたというのである。それ以来その一族のものは、祖先が恩をうけた牛の肉を食べることを厳禁されたわけである。日本時代になっても、彼らはおいしい神戸牛のすき焼の匂いを嗅ぎながら、会席にでても、自分たちだけがトンカツで我慢しなければならない目に会ってきたのである。

また、ある部落では台湾名産の家鴨をいままで食べずに過してきた。祖先が鴨の群に守られて、海を泳ぎ、台湾にたどりついたからだそうである。

こういう言い伝えは、当事者以外の者がきけば、まことに滑稽至極で、きわめて他愛ない迷信としか受け取れないであろう。だが、このような言い伝えと実生活を結びつけることによって、祖先たちが艱難と危険をかさねて、台湾にやってきたことを知らされる毎に、その子孫たちの胸のうちが、ことのほか、ひきしまってくることもまたうなずけるというものである。

また、悲劇的な話も数々あった。九十九人の一団が、役人たちの監視の目をくぐりぬけ、貪慾な客頭にあり金をすっかり捲き上げられて、ようやく大陸を離れて、海上に出たとたんに舟は転覆し、乗船者はことごとく、海底の藻くずと消え果てた。そこで、この一団の亡霊が、地獄でエンマ大王に向い、「他の人たちが何れも首尾よく台湾に安着できたのに、俺たちだけがこんな目にあうとは、不公平も甚だしい」といって泣きついた。エンマ大王はそれをきいて不憫におもい、助けられるならと、その生死簿（エンマ帳）をひらいてみたところ、「九十九、犯得呂洞賓手」と書いてあった。この九十九人の乗った船は、呂洞賓という神仙の扇にあおがれて転覆するという運命に前からあったというのである。そこでエンマ大王はそのことをいいきかせ、「宿命だからあきらめろ」といってなぐさめたということである。地獄でエンマ様から慰めの言葉を頂戴するとは、なんと不運な人たちであったろう。

この話は元来が呂洞賓という道教の神仙にまつわる噺話なのであるが、当時の移住者が、雄途むなしく挫折した不運な仲間のことを、この噺話と結びつけて語ったのが、伝りつたわって後世にのこった物語であると思われる。いずれにしても悲哀に満ちた話であり、この話を思い出して、台湾海峡の一角にうちよせる潮騒をきくにつけ、不思議と、えもいわれない無情感にうたれるのは、あながち筆者ばかりではなかろう。

では、あらゆる危険を犯し、大へんな苦労をなめつくして移住してきた漢人によってもたらされた、台湾人の人口はどういう推移をへてきたのだろうか。それを種々の文献から拾いあつめてみた。もちろん、そのうちには正確を期しえないものもあって、すべてを正しいと断ずることができないが、移民およびその子孫（台湾人）の発展過程をたどる数字上の参考とするには、ことかかないと思う。

オランダ人撤退時	（一六六一年）	二五、〇〇〇戸	約十万人
鄭氏降伏時	（一六八三年）	三〇、〇〇〇戸	約十五万—二十万人
清・康熙末年	（一七九五年）		約百三十万人

清・嘉慶年間の調査(一八一一年)	二四一、二一七戸	二、〇〇三、八六一人
清・劉銘傳の調査(一八九三年)	五〇七、五〇五戸	二、五四五、七三一人
日本・明治三十八年(一九〇五年)	(台湾人のみ)	二、九七九、〇一六人
日本・大正元年　(一九一二年)	〃	三、二一三、二二一人
日本・昭和元年　(一九二六年)	〃	三、九二三、七五三人
日本・昭和十二年(一九三七年)	〃	五、二六一、四〇四人
日本・昭和十七年(一九四二年)	〃	五、九九〇、〇〇〇人
日本・降伏時　(一九四五年)	(推定)	六〇〇万人
国府占領時代　(一九五〇年)	台湾人のみ(推定)	六百九十万人
国府　〃　(一九五五年)		八百万人
国府　〃　(一九六〇年)		九百六十万人

移民の出身地

元代の〝島夷誌略〟のなかに澎湖島のことを記して、「泉州から順風にのれば二昼夜で行き着く」とか、あるいは「泉州人が茅屋を造って住んでいる」とある。これは当時南シナ沿岸の重要な海港であった泉州が地理的に台湾に近接していることを示すばかりでなく、台湾移民も最初は泉州系漢人によって開始されたことを如実に物語っている。

オランダ時代にバタビヤからやってきて、台湾移民に一役かった蘇鳴崗も泉州人であったし、鄭氏一族は泉州の南安県石井の出身で、その文武の家来たちは兵卒にいたるまで泉州人が圧倒的に多かった。そして、清代の靖海侯・施琅これまた泉州の産である。

こうみてくると、台湾移民と閩南の泉州あるいはその隣りの漳州とは、きってもきれない間柄にあることがうなずける。また、事実上、各時代とも漳・泉地方系の者が台湾人の圧倒的多数を占めてきた。

台湾移民、すなわち現在の台湾人の祖先出身地をたどれば、福建系の泉州、漳州、汀州、竜岩、福州、興化、永春、および広東系の潮州と、嘉応州、恵州の客家人となっている。

福建系も、また広東系も、同じく漢人の血筋を主流とすることにはちがいないが、双方の墓碑に徴してみれば、遠い昔の南遷の時代には、福建系のものは北シナの河南省から、広東客家系のものは主として西北地方の蘭州あたりから、それぞれ南シナに移ってきたものとおもわれる。そして南遷後は、福建系は南閩一帯に定住したのにたいし、広東客家系はその祖先たちが、ある時期に広東、福建、江西の境界三角地帯で流浪した痕跡があった。それで〝客家〟という名称ができたともいわれる。

台湾では福建系を〝福老人〟（ホロランまたはホツロニン）、広東客家系を〝客人〟（ケエランまたはカツニン）とよんできた。言葉も耳馴れないうちは、相通じないのが普通である。

移住してきた年代は福老人が早く、人口も大多数をしめ、そのうちでも漳・泉系が圧倒的に多かった。客人は各時代とも福老人の約六分の一の人数を上下してきたようであった。

それで、開拓地によくある縄張り争いの時には、福老人が優者となり客人は弱者の方にまわった。そして福老人は応々にして横暴な多数者であったし、客人は結束の固い半面、よく支配者と組んで遠交近攻の挙にでて、福老人にあい対したのも、各自の社会環境のしからしむるところであろう。

漢人系台湾人の大陸出身地別

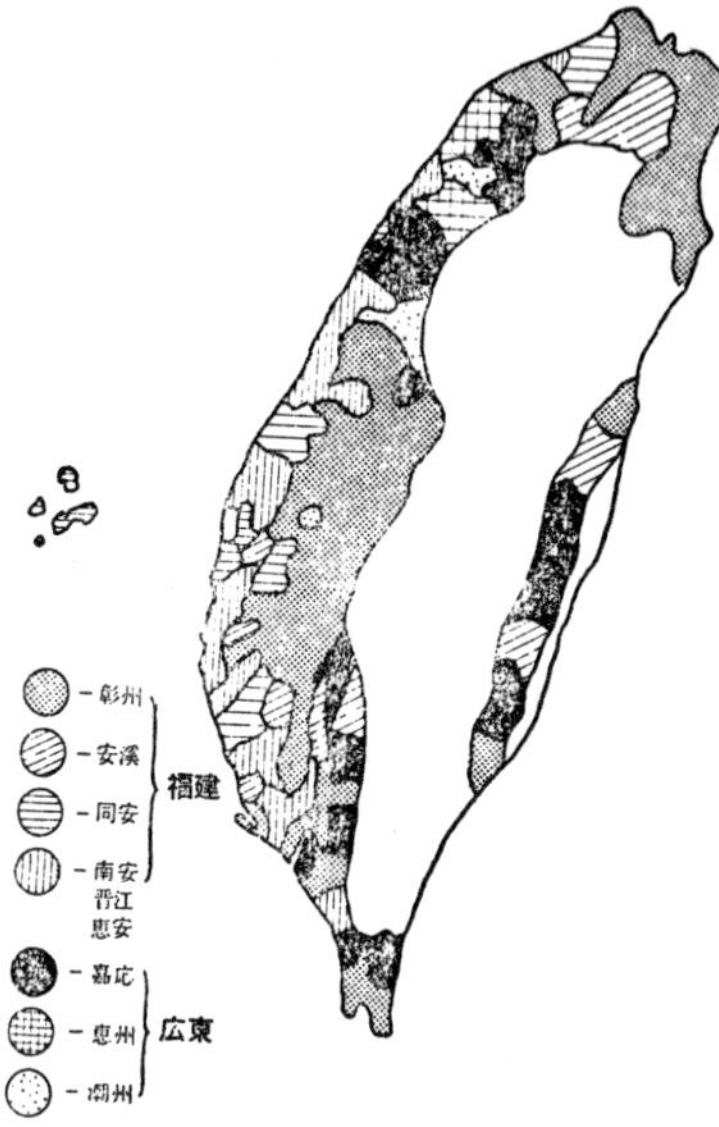

歴史的にみて、清朝以前は広東客家系の渡来には見るべきものはなく、清初においても広東系の渡航は特に厳しく禁止されていた。もちろん、そんな禁令をものともせず、この時代に客家人が移住してくるようになったのであるが、福老人に比べれば、数も少なく、細々とやってきたのであった。康熙末葉の朱一貴乱の時になって、鳳山県の客人が政府側について功あり、藍定珍（南澳総兵で朱一貴の鎮定にきていた）の上奏により、客人の功労が清廷にみとめられ、移民禁令が解かれた。それ以来、客人も福老人に伍して台湾に続続と移住してくるわけであるが、この時から客人と、支配者集団の間に深い因縁ができたのに反し、福老人とは「分類械闘」を繰返していくようになった。そして、このような開拓者同士のいさかいを清朝政府が利用しないはずがなく、これがまた台湾人同士の不和の種としてはねかえってくる、という悪循環を歴史的に繰り返してきたのである。

さて、次の表は日本時代の調査の結果であるが、台湾人すなわち漢人移民の出身地別が的確にわかるであろう。

一九二七年（昭和元年）漢人系台湾人人口総計　三七、五一六（百人）

福建系	三一、一六四（百人）
泉州	一六、八一四
漳州	一三、一九五
汀州	四二五
竜岩	一六〇
福州	二七二
興化	九三
永春	二〇五
広東系	五、八六三（百人）
潮州	一、三四八
嘉応州（客人）	二、九六九
恵州（客人）	一、五四六

移民の職業

范咸の手になった「台湾府志」（乾隆十一年版）にある陳大受序説で、台湾のことを「元明以前、率為逋逃藪」（元明以前は、おおむね逃亡犯人の巣窟）といった。

この言葉はその後、事毎に引用され、台湾社会を指し示すだけでなく、台湾移民は、すべて中国本土の逃亡犯人やならずものである、という意味を含んできた。

なるほど、漢人の台湾移住が、明代に本土からあぶれでた海賊や漁民たちによって、その先鞭がつけられてきたことは、否めないことであった。

しかし、逃亡犯人とか、ならずもの、あるいは流氓という表現は、中国支配者集団の立場からみたことであって、それは物事の一面を指摘しているに過ぎない。

元・明時代にかぎらず何時の時代でも、社会が不安、動揺してやむところをしらない時には、当然のことながら、その底辺に生きる貧窮農民たちが真先に犠牲になり、破産、脱落していったものである。そして、彼ら生活からあぶれたもののうちで、海上にでたものは漁撈と強奪をかねて生きのびていった。

これら海上生活者は、台湾海峡の荒ら波に鍛えられてゆくうちに、命知らずの冒険心を身につけるようになり、それが彼らをして台湾海上で原住民との乱戦、物々交換、そしてすすんで日本人や紅毛人との貿易、というように貿易商人や海外移住の先達たらしめたのである。

このような経過をへて、澎湖島がまず漢人の海上生活や海賊兼業の貿易商人の根拠地となってゆくが、時がたつにつれて人間が増えると、日用品販売の「商販」(行商人)が一枚加わり、また漁民、塩民は自ら鍬をとって自家用の穀物をもつくったことが文献にもでてきた。

一五八一年(明の万暦九年)となり、〃呂氏家乗序〃という書物のなかで澎湖のことにふれて、金門洪姓二十名の農業移民があったことをのせてあった。

オランダ時代になって台湾本島への移民が本格化するが、彼らは台湾にやってくるとすぐ開拓に従事する純然たる農業移民であった。そして、この時代以降から農業移民が主流をなしてゆくが、それにまじって商販(行商人)の来台も当然かんがえられよう。また、ごく少数の部類に属する貿易商人もいたわけである。

鄭氏時代になると、二万五千人の将兵までが屯田して開拓に従事したから、この時代には民間の移民の他に、軍隊の渡来が農業移民として実を結んだのである。鄭氏降伏後、克塽はじめ一部宗族や文武官は大陸へ帰っていく外は、施琅の「移動不如安静疏」という上奏文にあるとおり、彼ら屯田士卒はそのまま台湾に留ることを許された。

清朝時代になって、依然として南シナで食いはずれた失業農民が、台湾に移ってくる。彼らは、名は流氓でも、台湾では、開拓者の担い手となって定住していったから、農業移民としての資格を充分そなえているわけである。

そもそも、台湾移住者が、頭から犯罪人あつかいされてきた原因は、主として政府にあるが、一つは、彼らが移民たちの大陸における前歴にこだわりすぎて、台湾にやってきた後、農耕に従事していても、流氓、盗賊の言辞で指していたこと、もう一つはその移民、開拓の禁止策から、それを犯すものはすべて犯罪人あつかいされた、という二つのことに起因するといっても過言ではない。

そして、移住者を、いつまでも下賤なあぶれものとしてみる当時の支配者たちの考え方が、台湾に赴任してくる官僚や軍族などの支配階級によって島内にもちこまれた。次の一例はそのことをよく物語っているといえる。

康熙五十二年（一七一三年）といえば清朝領台の前半であって、移民の禁令がいまだ解除にならないときであった。その年に、阮蔡文という人が、大陸から竹塹（新竹）に北路参将として赴任してきた。彼は、竹塹は台南から遠くはなれた人跡稀れな片田舎といわれてやってきたのであるが、到着してみると驚いたことには、原住民の居住地域であるはずの竹塹附近には、禁止されているはずの漢人移民が多数入りこんで、開拓が相当に進んでいた。そこで彼は詩作のうちに、次のような表現でこれを歌ったのである。「鹿場半為流氓開」。つまり、鹿場（原住民の狩猟地）が開拓されて田畑になっているが、それはほとんど流氓（漢人開拓者をすべてかく呼んだ）によって開かれたものだった、という意味である。開拓民＝移民を、当時のお上がすべて流氓、盗賊、犯罪人としてみてきたことが、この詩の一節によくうかがわれる。

当時の支配者が何といおうと、台湾移民の職業を問われた場合には、いささかの躊躇もなく、〝大多数が農業移民であった〟と答えるのが正鵠をえていよう。

時代がすすみ、商販や商工業者も増えてくるようになり、清末の阿片戦争後、買辦商人の来台が一枚加わってきたことも附け加えておこう。

一九〇五年（日本、明治三十八年）に総督府がおこなった職業調査の結果を左に掲げておく。その調査の基準や分類方法などは詳かにしないが、台湾占領後わずか十年しかたっていない時代のものであるから、清朝統治の末期における台湾人の職業をみるのに、一つの手がかりにはなるであろう。

	本業	副業
農業	七五・三%	七四・一%
工業	五・八	一四・二
商業交通業	七・九	五・一
公務員及び自由業	一・四	〇・四
その他	八・八	五・五

3　進展する開拓事業

清朝政府の〃禁墾〃政策

清朝は占領当初、台湾放棄説までとびだしたくらいであったから、後に版図に編入しても、開拓、経営には意を用いるはずがなく、ただ禁止と制限の消極策で臨んだことは何ら不思議ではない。

そして、台湾島内には清朝の行政力がなかなか浸透できなかったから、統治も思う通りにゆかなかった。そこで、新しい移民の制限ばかりでなく、すでに台湾に居住してきた漢人開拓農民に対しても、原住民との軋轢を回避するという理由で、その居住地区と開拓地域を行政力のおよぶ範囲内に規制する政策をとってきた。その法令として、「台湾の奸民が、平地における熟蕃の土地を政府の許可なくして、借りうけるものは盗墾の罪に問い、山地の蕃界をひそかに開墾するものは、無断越界の罪に問い、その田地はいずれも蕃人の所有に帰せしむ云々」、ということが戸部則例にみられる。さらに、その禁を犯した者に対する罰則までが厳格に規定され、「ひそかに蕃地に入ったり、蕃界を踰越するものは杖一百、深山に入って抽籐、釣鹿、伐木、採稯するものは杖一百と徒三年に処す」とあって、その〃封山・禁墾政策〃の徹底振りを雄弁に物語っている。

ところが、移民禁止の厳格な清朝初期においてさえ、漢人渡来は後を絶たず、いわんや、十八世紀中葉から新来の移民が急激に増加してきた隆盛時代には、台湾の漢人移住者の人口はみるみるうちに膨れあがっていったのも、当然である。

それで、これら「鴨が群り集まる」とたとえられたほどの漢人移民を、政府の勢力範囲内である台南一帯にのみ居住開墾を制限しておくことは、土台無理な相談であった。新来の移民たちは、未墾の土地をさがしもとめるためにはもはや、そのような禁令を遵守するわけにはゆかず、彼らはすでに開墾しつくされた漢人地域から一歩でて、原住民の未開領域に入りこむしかなかったのである。

こうなってくると、禁令はいくら厳しかろうが、あってもないのと同然で、開拓者たちは「私墾」と自ら呼んで、どんどん原住民居住区へ侵入しては、土地開墾を遮二無二おしすすめていった。

かくして、時代が進むにつれ、政府もさすがに放置できない事態が起りつつあった。それは私墾の進捗に伴い、一揆を起して反抗した開拓者が、官憲に追われると政府権力のとどかない山岳地帯や私墾土地へ逃げ込んで難をのがれるものが増えてきたことである。

さすがの清朝政府もそれには手をやき、遂に朱一貴の大乱（一七二一年）を機会に、閩浙総督・覧覚満保は、「台彊経理事宜十二条」を布告し〝封山・禁墾政策〟を一歩進めて厳にすることとした。

つまり、朱一貴の出身地である鳳山県羅漢門一帯の民屋をまず焼き払い、山地の出入、耕作を禁じた。ついで、台湾（台南のこと）、鳳山、諸羅（嘉義）三県にある政府統治下の山地に、無断で居住していた漢人を駆逐し、通路はすべて「土牛溝」を築いて遮断したうえに、山岳地帯に近接する十里以内の平地までも居住開墾の禁止区域と指定した。つまり、人口増加でただでさえ窮屈な台湾の西部平地には、いたるところに〃立入禁止〃の立札がたって漢人移民の耕すべき土地がいよいよ狭くなっていった、と想像すればまちがいなかろう。

これはまさしく開拓農民たちの死命を制する横暴な措置であった。結局は、開拓農民の瀕々たる一揆をひきおこしたばかりでなく、清朝の治台にとっても一大事になりかねない社会情勢を招くことになった。

であるから、禁令実施一年後には、福建巡撫・揚景泰はその折衷案を公布して、従来の禁令を幾分か緩和しなければならなかった。その折衷案とは、「台湾南端の瑯璚（恒春）山地は、従来通り出入、開墾ともに禁止する。その他の山地は、蕃界の入口に石標をたてて境界の目印となし、出入は自由であるが盗耕することは許されない」というのであった。

とにかく台湾軽視の思想が根底に横わって、清朝政府は統治の二百余年間、なんら積極的な経綸の策を施すことなく、開拓に対しては、積極禁止と消極放任を繰返すのみで、期するところ微塵もなかったのである。

漢人開拓者の自力で開けゆく宝庫

清朝政府の開拓禁止は、何ものも生まずに終ったことは論をまたない。それは当時の識者をして語らしむるだけで充分であろう。

藍鼎元という人が〃平台記略〃という書物をかいているが、それに朱一貴乱の前後の開拓状況を次のように描写している。

「以前は府治(台南)附近の百余里だけが拓かれたが、いまでは南は瑯璃から北は滬尾、鶏籠にいたるまで千五百里の間にわたり、漢人が各地に集るさまはあひるが群をなすようである。前は山岳地のふもとにさえ人がいかなかったのに、いまでは深山に群をなして入り、蕃地は開拓されて、傀儡山、後山の蛤仔難、崇爻(花蓮港)、卑南(大東)の蕃地にまで漢人が侵入していって、人口がとみに増えている。それで、政府がいくら禁令を厳にしても効果があがらない」

とある。この一節だけを読んでみても、いくら厳格に制限した移民開拓の禁令も、事実上は何の役にもたたず、開拓者たちの後にひけない心意気と旺盛な創業精神だけが、台湾全島にみなぎってゆく情景が眼の前に浮んでくるようである。

結局、勇敢で冒険心に富んだ開拓者が、内は政府の圧迫、外は原住民の襲撃という両面からの挾み打ちにあいながらも、ひるむことなく前進し、後代の繁栄をもたらす美田緑野を次々とのこしていった。そして、彼らによってふりおろされる一鍬一鋤が、美麗さできこえた台湾を、さらに豊穣なものに仕上げ、やがて「宝島台湾」の名声を世界に馳せる素地をつくっていったのである。

ところが、奇妙なことには、開拓者たちが犯罪人扱いされながら、自力で一村落一地域を新しく開拓し終えると、いままで法令で禁止し開拓者たちをいじめてきた、当の清朝政府はたちまち豹変して、禁令をその地区から撤回したものである。そして「流氓」が「盗墾」したこの新しい地域にさっそく行政官を派遣して、衙門(役所)を開設し軍隊も駐屯させて、租税の取立てを実施したのであった。

であるから、各時代の郡県増設の状況をたどってゆけば、自然にその時代々々における開拓の進展ぶりが呑みこめるというわけである。そして、さらに、台湾各地の埤圳（灌漑水利の諸施設）の建設年代とその状況を併せて考察すれば、開拓事業の個々の進展振りを一段と的確につかめることになろう。

台湾にかぎらず、どこの国でもそうであろうが、未墾地の開拓には水利灌漑の創設が重要な役割をなすものである。清朝統治時代に、全島にわたって開拓が進んだが、その二百余年のうちに各地に設けられた水利施設が七百余ヵ所にのぼり、清末までに、灌漑面積が十万余甲（耕地面積の約五分の一）に達したといわれる。しかも、これら水利施設の建設、経営は、すべて民間の合資あるいは個人の力によってなされ、その持分は土地、家屋と同じく私有財産として自由売買されてきた。

さて、鄭氏時代までに準備された開拓拠点は、清朝統治時代には大いに役立った。開拓者たちはこれら各地の拠点を利用しては、放射状に四周に押し拡げ、〃点〃を〃面〃として発展させ、かつ、その開拓密度を高めていった。そして、西部平野の開拓が一段落すると、今度は中央山地と東部海岸に開拓の鍬をすすめていった。このように平地という平地、山地でも人間の住めるところはほとんど余すところなく、漢人開拓地として次々と色どられていったのである。

これら開拓の状況を時代と地区にわけて、郡県設置と水利施設をかみあわせながらみてゆくことにしよう

一　康熙・雍正年間（一六八三―一七三五年）の五十余年は、台湾（台南）、鳳山、諸羅の三県、すなわち鄭氏時代に開拓された地域からはじまって、だんだんと南部山地および北部平地へと開拓がのびていった時代である。

まず、南部の方は台湾、鳳山の両県の山地が開拓された。とくに康熙末年ころには客人が下淡水溪の左岸、および

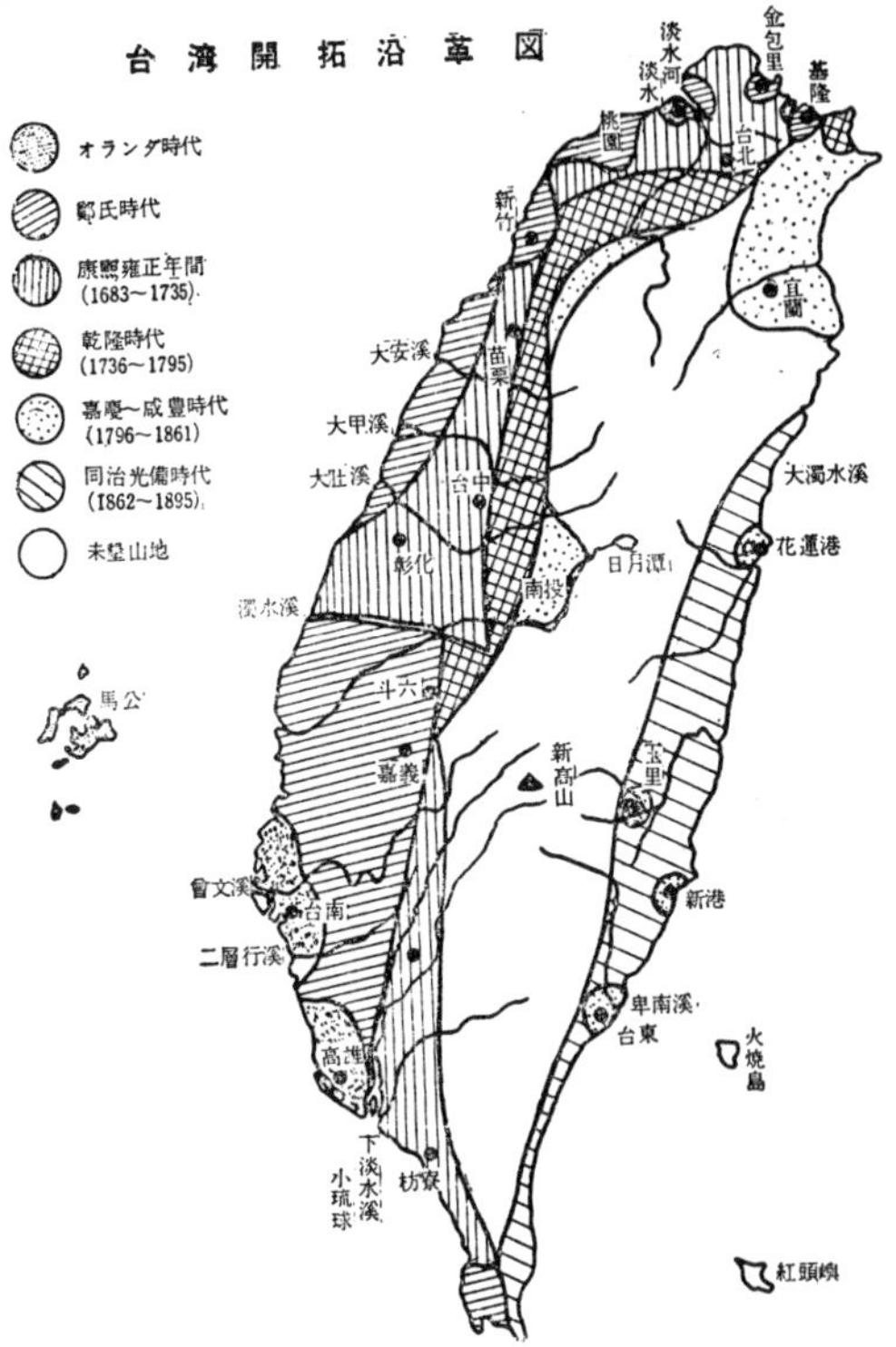

大岡山のふもと一帯に入殖し、北の羅漢門（旗山）から南の枋寮までの細長い地域にわたって開拓定住した。この時代から乾隆年間（十八世紀末）までにかけて北領埈圳、中申圳、内溪圳、旧寮圳が建設されて農耕に役立たった。

一方、北部平地へのびた方は、彰化、竹塹、台北盆地、滬尾の方へと北上していくわけである。まず、彰化を中心にして、施世榜という人が濁水溪の河水を利用し、「林先生」という伝説的人物の助力をえて、康熙二十五年（一六八六年）から三十四年目に大埤圳を完成した。これは彰化附近の八堡（八つの村落）にわたる畑地をうるおし八堡圳とよばれた。これにより、年々えられる水租（水利料）だけで数万石の額にのぼったといわれる。ついで雍正元年（一七二三年）に揚志甲らが猫羅溪の水をひいて二八圳、福馬圳、深圳を設け、彰化地方の一千余甲の田畑に灌水した。彰化附近でこれだけの埤圳ができたことは、それ以前から、この地方の開拓が、相当に進展していることを意味するものであった。そして、開拓の一段落ついた康熙末年に、清朝政府は彰化県を新設したのである。

さらに北上すると、雍正初年に葫蘆墩（豊原）が開拓され、張振萬が一千余甲の水田に灌水する水利施設をつくって、この時代に米どころとしての基礎をかためている。

この地区で特筆すべきことは、康熙五十五年（一七一六年）に、熟蕃の阿穆という頭目が、原住民を指揮して漢人の台中附近における開拓事業に参加したことである。

かくして、康熙・雍正年間のうちに、彰化、台中方面の平地はほとんど開拓されたとみてまちがいない。

康熙の末年に、新竹以北の一帯、すなわち、桃園、台北、滬尾、鶏籠を含めて管轄する淡水庁が設立され、その衙門（庁所在地）は竹塹（新竹）におかれた。つまり、これらの地区が、鄭氏時代の開拓拠点をもとにして、この時分には相当に開けていったのである。

竹塹では、すでに鄭氏時代に王世傑という人が軍隊からはなれて開拓仲間をかりあつめ、数百甲の土地を開墾して住みついていた。それが、どんどん進んで康熙五十年（一七一一年）ごろには海浜地方まで開拓しつくされ、数千甲の広さに達した。更に、雍正年間（十八世紀前半）になると、開拓農民たちが協力して、隆恩圳をつくり、竹塹近郊の二千余甲を水田に化せしめ、米穀の生産を可能ならしめた。

同じく雍正年間には、海豊、陸豊の客人、徐立鵬、郭青山、徐錦宗、羅朝宗たちが、福興、東勢、中侖、大竹囲地方をそれぞれ開拓していた。

この時期までに、新竹地方の平地の開拓は一段落したわけである。

そして、北部台湾では、鄭氏時代に、鶏籠、滬尾、金包里、唭哩岸、芝蘭堡（士林一帯）に開拓拠点があったのを康熙時代になると、漢人の入殖がだんだん増加して開拓が進み、村落がふえていった。

康熙四十八年（一七〇九年）に、泉州人の陳頼章が大佳臘（台北一帯）に入殖して、台北盆地の開拓が進展していくのもこの時期である。

二　乾隆年間(一七三六—一七九五年)は、清朝の最盛期で、台湾ではその中期ころから、移民・開拓が急上昇する時代であった。

この時代の特徴として挙げられることは、いままで拓かれた西部平野がさらに密度を高めて、隅々まで開墾されてゆくということである。そして新開拓の地域としては、中部の濁水渓以北の山ぞい地域が、特に漢人の入殖者を多く吸収していった。

まず乾隆十七年(一七五二年)に、呉洛という泉州系のものが、仲間をかりあつめ、彰化県の山岳地帯にある阿罩霧(霧峰)、斗六、南投一帯を開墾した。そして、その直後、南投の池良生が烏渓(大肚渓)の水をひいて七十余村の田地に灌水して農民百姓に感謝された。

北部台湾が特に開拓の進捗をみたのもこの時分である。乾隆五年(一七四〇年)に郭錫瑠が今の台北近郊を拓き、新店渓の水をひいて、一千余甲を水田にした。これは二十年という長年月を費して、はじめて完成をみた、当時では規模の大きい埤圳で、完成後には、郭錫瑠の遺徳が偲ばれ、「瑠公圳」と称されてきた。

乾隆十五年(一七五〇年)には、漳浦人の林成祖が枋寮を開拓し、銀五万両を投じて大安圳をつくったとあるが、当時の社会経済とにらみあわせて、その大規模のほどがうかがわれる。

乾隆三十一年(一七六六年)になると、張必栄が後村圳をつくり、淡水河の水を導入して新荘一帯の畑地を水田にした。その時分に、呉際盛たちが、海山堡をさらに開拓して、福安圳を建設した。

それから、開拓が東北端の一帯にまでおよんでいったのもこの時である。金瓜石、瑞芳、三貂嶺あたりにも漳州系の漢人が入殖居住した。

乾隆末年ごろまでに台北近郊はじめ、北部台湾はおおむね開拓が進展した。そのうえ、林爽文大乱の影響で、新しい移民が艋舺《バンカ》から上陸するようになり、漢人も急増するようになったので、後に台北府がおかれる素地ができていった。行政の上では淡水県が新竹県と分離して独立し基隆庁が新設された。

三　嘉慶・道光・咸豊年間（一七九六—一八六一年）の六十五年間は、西部平地でいままでおこなわれた既開拓地域の手直しの時期であり、それとともに、東海岸と山岳地にも漢人の鍬がはいりはじめる時代であった。

最初に新竹の山ぞいの一帯、つまり竹東、北埔などが拓かれた。

嘉慶年間に開拓した山岳地として挙げなければならないのは、中部山地の埔里一帯である。もともと清朝政府は封山政策をとってきたから、漢人が原住民居住の山地へ入殖することは困難をきわめていた。それがために山地の開拓はずうっとおくれたのであるが、嘉慶ごろから漢人がふたたび入山しだした。その一つとして、十九年（一八一四年）に、日月潭附近の水沙連にすむ黄林旺と、嘉義の陳大用や彰化の郭百年が漢人をあつめ、千余人で埔里社に攻め入り、原住民を殺戮圧迫して、その地に土壌の堡塁をつくった。そして漢人たちは、この堡塁に拠って原住民と戦いながら、開墾を進めていったが、清朝政府の武力による干渉をうけ、失敗に終った。しかし、失敗したとはいえ、それが一つのきっかけともなって、その後、潜入するものが続出した。一方、原住民も日増しに漢人化するようになった。潜入する漢人のうちで郭勒先という男は、蕃社を廻って交易することを業としていた。彼は交易を通じて巧みに原住民と宜みをかさねながら、彼らの信頼をえて、埔里に交易の市をつくることに成功した。この時に入殖者がまたあらわれ、山地開拓に適した水利施設をみんなで合辦して、埔里社圳十二ヵ所を設け大いに田地灌水に役立った。

これが埔里社開拓の発端であって、後に埔里社庁がおかれるまでに発展したのである（光緒年間）。

道光年間における南部地方の開拓のうち、注目すべきことは、鳳山県の県令（県長）・曹謹が九曲堂に大水源地を築き、水利開発に自費を投じて水田二千余甲にその恩恵をおよぼしことである。後に住民が彼の遺徳を頌して「曹公圳」とよび、日本時代まで附近の灌漑に役立った。

さらに、この時代にもう一つ特記すべきことは、宜蘭、花蓮港、大東の如き東部海岸地方への開拓進出である。宜蘭に噶嗎蘭庁がおかれたのもこの年代であった。これは項をあらためてみることにする。

四　同治・光緒年間(一八六二―一八九五年)は清朝統治の末期で台湾の開拓は一段落し、西部はもちろんのこと、東部にもどんどん入殖者がふえて、山間溪谷の大半にも、漢人が住みつくようになった。

同治十三年（一八七四年）には、清朝政府が封山の禁を解き、撫墾局という開拓奨励の機関を設置して、東部の移民、開墾にのりだすが、それは、民間人の手ですでに開拓が相当に進捗した後のことであった。

光緒元年には沈葆楨の上奏によって瑯璚にも恒春県がおかれ、光緒十三年(一八八七年)に台東直隷州を設置した。これで台湾全部が「中国版図」に入ったわけで、行政区画としては開拓の進展にともない、拡充に次ぐ拡充をみて、最終的に三府のもと十一県四庁がおかれたわけである。

以上のような開拓の進展ぶりを、さらに明確にあらわすのに各時代に開拓された面積をもってするのが、もっとも分りやすいが、時代によっては数字が正確を期し難く、私墾や隠田も多いことはいうまでもなかったろう。それでもなおかつ、つたえられてきたものを数字にあらわすことは有益であろう。

開拓面積の推移（単位　甲歩）

年代		田	畑	計
鄭氏投降時	（一六八三年）	七、五三〇	一〇、九一九	一八、四五三
康熙末葉	（一七一〇年）	九、一六一	二〇、九四九	三〇、一〇九
雍正年間	（一七三五年）	一四、七七四	三八、〇八八	五二、八六二
乾隆年間	（一七四四年）	一四、八七四	三八、三一〇	五三、一八四
劉銘伝土地清丈	（一八八八年）	安平、鳳山、嘉義、雲林、恒春などの南部台湾だけ		約十八万甲
日本領台時	（一八九五年）			約四十五万甲
児玉・後藤時代	（一九〇五年）	土地調査の結果		六十三万三千甲
日本敗退時	（一九四五年）			八十八万余甲
国府治下	（一九六一年）			八十八万余甲

（注、明朝の大陸でいう十畝＝一甲＝約二、九三四坪＝日本の約一町歩＝〇・九六ヘクタール）

漢人、東部海岸地方に入殖

さて、嘉慶時代までに西部平地の開拓が一応ゆきわたると、今度は東部海岸と山岳地である。東部は「後山《アウスア》」とよばれるごとく、中央山脈によって西部平地と隔絶せられた別世界、交通は不便なうえに、地形的に渓谷断崖によって占められていたから、開拓が西部よりも遅れたことは無理からぬことであった。それでも、漢人移民が絶え間なく台湾にやってくる情勢のもとでは、東部海岸もいつまでも放置されたままでいられるわけがなく、十九世紀早々から手がつけられるようになった。そして、蛤仔難（宜蘭地方）から先に拓かれ、南部の花蓮港と台東地方はそれより遅れて漢人の入殖をみた。

蛤仔難地方の開拓は、台湾の他地方にくらべて、特異な様相と経過のもとにおこなわれた。一口にいって、蛤仔難開拓は最初からお終いまで組織的な大集団の行動としておこなわれたのである。そして、それは漳州人が主役を演じ、泉州人と客人がわき役になり、原住民が敵役にまわって、四者あい錯綜して、集団的に戦いつ、かつ開拓しながら進んでゆくという、いわば、アメリカの西部劇にみまがうべきものであった。

まず、その第一着として乾隆三十三年（一七七〇年）に、林漢生なるものが仲間をひきつれ蛤仔難に入殖することを企てたが、原住民に極く簡単に殲滅されてしまった。このような前例があったから、台湾島のうちでも、精悍の種族に数えられるこの地区の原住民を相手に凄惨な戦いに打ち勝つ勝算がない限り、そうたやすく手をつけられるものではなかった。それで、東部のうちでも平地にとんだこの地方に入殖するものが、仲々でてこなかったのである。

さて、呉沙という男は漳州系の出身で、乾隆末葉から基隆に住んでいた。彼は長年、蛤仔難地方の蕃社交易に従事し、この地方の地理と原住民の内情に精通し、その地に交易する仲間も数多くいた。呉沙は通商を業としながらも、常々この地方の開拓について考えをめぐらしていたうちの一人であった。

それでその初歩的試みとして、鶏籠・滬尾の漢人のならずものをあつめて蛤仔難との境界地帯に入りこませ、道路を作ったりしては、開拓の予行演習のようなことをやってみた。この時は原住民たちは予想に反して、呉沙のやることを疑うこともなく、そのなすがままに放置したのである。このような原住民の温和な反応をみて、呉沙はいよいよ開拓の可能なことを確信し、その事機のいたるのを我慢づよくねらうことにした。

たまたま、林爽文の乱後、蛤仔難地方の治安維持を交換条件に、淡水同知・徐夢麟からその開拓権をえた呉沙は、好機到来とばかり、漚尾在住の柯有成たちから資金援助をうけ、開拓隊の組織にとりかかった。

宜蘭開拓沿革

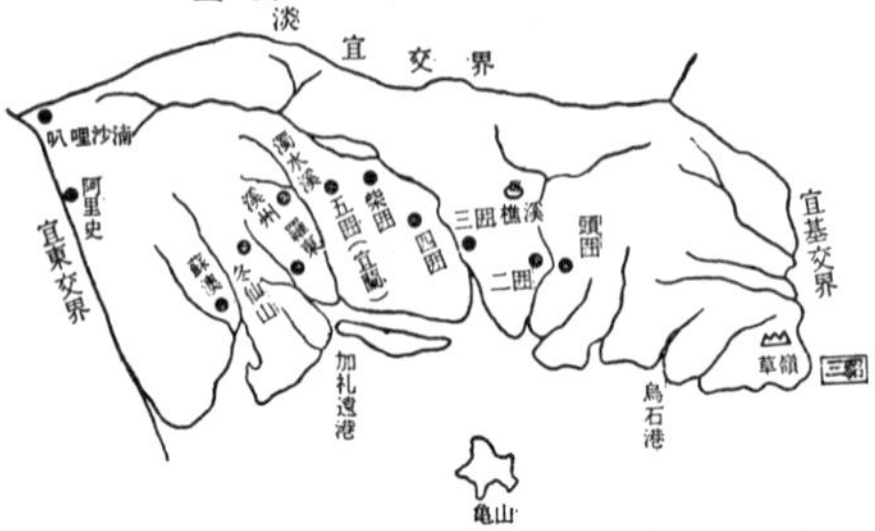

彼は、同じ漳州系のものを主力とし、それに泉州系と客人を加えた開拓隊を軍隊式に組織して、嘉慶元年（一七九六年）に鶏籠を出発、まず東海岸の烏石港に到着した。そしてその南辺に、原住民との戦闘準備のため、堡塁を築いて頭囲《タウウイ》となずけた。この時、原住民は、はじめて、呉沙の土地侵略の意図をみやぶり、傍観から大挙襲撃に転じてきた。呉沙は千余名の隊員を動員してこれに応戦したが、原住民の猛攻をささえきれず、一時、後退してその鋭鋒をさけなければならなかった。

その時、たまたま蕃社に天然痘が流行して原住民はその災害をうけ、漢人にたいする攻撃がくじけた。折よく、呉沙はその薬方を知っていたから、疫病に苦しむ原住民たちにそれを教えて病を治療させ、これがきっかけとなって、再び彼ら未開人の友誼をかちとることができた。原住民との関係が小康をえて、その地にとどまることができた呉沙は、そこで各自の私墾を禁じて原住民との摩擦を極力さけることにし、隊を組んで集団開墾を実行した。

呉沙は入殖して二年後に死亡し、その甥の呉化が後を継いだ。呉化は有能な上によい同輩や部下の協力をえ、頭囲から、二囲、三囲と、平野の中心部に向って開拓をおしすすめていった。その間、原住民の猛烈な攻撃をうけて戦斗にあけくれたり、開拓者同士の不和で漳州人、泉州人、客人が三つ巴になって血腥い〝分類械闘〟（後述）を繰返したりして、鍬をもつかわりに、武器で殺しあう時も多々あった。しかし、勇敢な阿里史社の原住民に手をやいた以外は、大抵の襲撃には打ち勝てたし、漢人同士の紛争では、漳州人が数の上で圧例的に多かったから、どんなに激しい軋轢がおきても、いつも漳州人の一方勝ちに終って、大事にいたらずに済んできた。

入殖してから六、七年たつと、漢人の開拓仲間がますますふえて集団が膨張してきた。入殖者はすべて軍隊式に編成されて〝頭人《タオラン》〟（隊長格）がおり、呉化は〝総頭人《ツオンタオラン》〟（総指揮）の地位にあった。そして、開拓のことから土地分配にいたるまで一定の規律にしたがって処理され、隊を単位に秩序を維持しておこなわれた。いまでもところどころにのこる二結《ジケツ》とか六結《ラッケツ》という地名はその時の土地分配の単位の名残りである。

開拓はその後も逐次、四囲、五囲（今の宜蘭）という具合に宜蘭平野の中心部に向って発展していった。終いには、濁水渓を渡った泉州人が渓州《ケイチュウ》を開拓し、漳州人は、熟蕃の羅東《ロートン》を併呑してしまうほどの勢いであった。呉化は異分子と戦い、従わざるものは圧迫して土地を取り上げるような酷い仕打にもでた。その半面、労苦を共にする仲間たちのためにはよくつくし、長い目で開拓事業を育成してゆく見識もそなえていた。そして、そのために水利開発に意を用い、大山口圳、金結安圳、金新安圳、三囲圳、四囲圳の如く、いたるところに灌漑設備を築いて、後世までこの地の農耕に役立った。

開拓事業は更に前進し、開拓民は五万人以上になった。そのうち四万人を漳州人が占めていたから、彼らが安定勢力ともなり、また、例のごとく横暴な多数者ともなった。

開拓団は戦闘力もあり、原住民との集団的戦いだけでなく、二次にわたる蔡牽と朱濆の如き海賊どもの来寇をことごとく打ち破った。

嘉慶十五年（一八一〇年）、この地方の開拓が一段落したので、閩浙総督・方維甸が台北・艋舺に巡視してきた機会をとらえて、蛤仔難の開拓者代表が赴いて、住民戸口清冊を提出し、該地方を清朝政府の治下におくことを請願した。方維甸はそれを取り上げて、北京に「奏請噶嗎蘭収入版図」（噶嗎蘭地方を中国版図のうちに編入することを奏請する）を上奏した。その結果、嘉慶十七年に噶嗎蘭庁が新設され、南路海防兼理蕃同知の揚廷理が通判（庁長の地位と同じ）となって赴任してきた。その後、光緒元年に噶嗎蘭を宜蘭と改称して今日にいたっている。庁も県に昇格された。

蛤仔難がいまごろになってから〝中国版図に入る〟とは、さぞかし奇異の感にうたれることであろう。とにかく、これが清朝時代の台湾に対する領有方法の一端を示す好個の事例であることに気づけば、また、当時の大陸中国人が台湾に対して抱いていた異域（外国）という観念が省察できれば、いいわけである。

宜蘭平野の次は、台東と花蓮港である。頼科という人が仲間七人とともに山間を越え、鶏籠から崇爻＝蒔萊（花蓮港）に到達し、しばし滞在して帰ったことが伝っている。康熙三十二年（一六九三年）のことであるが、これが東部海岸の中南部地方に漢人が赴いた走りであるとおもわれる。その後、頼科たちは船で、彼の地に往来して、交易に従事したとのことである。

二年後の康熙三十四年には、今度は、陳文と林侃が船で遭難して卑南（台東）に漂着した。彼ら二人は、原住民に助けられ、相当長い年月そこに逗留した後、西部にかえっている。

康熙末年には朱一貴の残党を追跡して、千総の鄭維嵩が卑南まで追駆けていった。次に、鳳山の鄭尙は、咸豊年間（十九世紀半ば）に卑南に赴き、原住民と交易する傍ら、彼らに農耕を教え、これがきっかけとなって漢人の往来入殖が頻繁になってきた。

これと時を同じくして、噶嗎蘭の方から黄阿鳳なる者が開拓団を組織して蒿萊に入殖したが、彼自身が病に斃れ、開拓事業は不成功に終った。

道光に入ると、一八二一年に、呉全が仲間多数をひきつれて、卑南地方に入殖した。それにつづいて蒿萊、秀姑巒溪の上流にある玉里、その南部海岸の新港に、それぞれ漢人が入りこんで住みつくようになった。

そして、これら民間の自力による入殖につづき、十九世紀末に政府が東海岸地方の移民、開拓に乗り出すことになるのである。

おそすぎた移民奨励

十九世紀の末葉（清朝末期）、漢人たちの台湾開拓がそろそろ未期になりかけた時分に、アジアを舞台とする欧米帝国主義の植民地獲得競争が再びたかまり、その波浪が頻りに台湾にもおしよせてくる。

清朝は、ここでようやく、この島の南支・南洋に占める地理的重要さに気ずきだし、牡丹社事件の処理のため、台湾に派遣されていた福建船政大臣の沈葆楨をして、海防と政務を主管させることとした。沈葆楨は台湾をつぶさに視察して、その政治の紊乱と社会の困憊を知るにおよび、さっそく政策転換を北京に上奏した。その結果、旧来の封山・禁墾の政策は廃止され開山・撫蕃と移民・開拓の奨励に踏み切るという、百八十度の転換振りを示した。

沈葆楨は稀れにみる能吏で、海防、撫蕃、開路の三者が密切不可分なることを的確にみぬき、清廷に上奏して「開台奨励条例三条」を公布した。同治十一年のことである。それは、

㈠、山地の禁を解き、自由出入を許可する。㈡、台東、恒春、埔里の移民開墾を奨励する。㈢、三路に分れ、兵を用いて横断道路を開き山前（西部）と山後（東部）を連絡させる。

とあって、病弊にみあう投薬の腕を披露するにおよんだ。

さらに光緒元年（一八七五年）、台湾兵備道・夏献綸と台湾総兵・張其光の合同告示で「招墾章程二十条」を公布したことは、前述のとおりである。

時あたかも、本土の中国商業資本が台湾に流入してきたころであった。このような政府奨励にかかる開拓事業は、これら商業資本や土着資産家と利害が合致して、彼らもそれに一役をかって投資経営に乗り出すようになった。

一例をあげれば新竹の福老人たる周邦正と客人の姜秀鑾が淡水同知・李嗣業の勧誘に応じ、資金を工面して土地開拓の企業団体を設立したことは、その代表的なるものである。この開拓企業体は「金広福」と名乗り、鉄印を鋳造して用うることを公認されたほどの勢力を誇っていた。周・姜の両人は常に数百人の隘丁（開拓事業に従事する傍ら、武装して原住民と戦う軍隊組織の団員）を率いて原住民を圧迫し、彼らを山中にまで追撃してその土地を奪った。この地方における金広福の勢力は、あたるべからざるものがあり、官兵をも優にしのいでいたとのことである。

いずれにせよ、全体的にみれば、この土地開墾奨励策は、その他の積極的な転換策と同じく、おそきに失したようであった。

ただ、ここで一瞥する価値あることとして、沈葆楨が行った台湾横断道路の建設があげられよう。

沈葆楨は福州侯官の出身、太平天国の乱に武功あり、左宗棠の推挙で福建船政大臣(海軍大臣)の要職についていた。一八七四年(同治十三年)の牡丹社事件に際会して、彼は現職のまま欽差大臣(勅使)として台湾に派遣され、台南に鎮座して恒春に屯する日本軍を監視し、北京政府が交渉によって短日月、不拡大のうちに解決することを可能ならしめた。

事件解決後、沈葆楨はひきつづき台湾に逗留して政治改革に専念し、台湾専任の巡撫任命を清廷に建議したり、台北府の新設や恒春県の増設などの行政機構の拡充を実現させたり、台湾の近代改革のために次期の劉銘伝新政を準備する役割を果してきた。また、台湾住民が鄭成功を尊敬する心の厚いのをみてとるや、清廷に献言して「明延平郡王祠」を修築させるだけの見識と勇気をかねそなえた人物でもあった。

さて、このように見識もあり実行力に富んだ沈葆楨なればこそ、常に主張してやまない海防に撫蕃には不可欠である「開路」すなわち、中央山脈をつらぬいて西部と東部を結ぶ横断道路の大事業をやってのけたのである。

彼はまず、一八七四年(同治十三年)十二月五日付で、「台湾後山請開旧禁疏」(東部開拓移民の禁止解除を請う)を清廷に提出した。

「後山は蕃人居住区と未墾地におおわれている。近年、南北各路がようやく開拓されてきたが、いまだ、深谷荒地が大半をなし、人跡未踏のままに放置されている。土地はあっても耕やす人がなく、草木繁茂、瘴気充満して、凶蕃が潜伏・狙撃する状態にある、たとえ道あっても通行に不便で遂に草むらが遮ってしまう。……
いま、山地開拓を欲すれば、まず開拓民の招募をしなければならず、そして開拓民招募のまえに移民禁止を解除すべきである云々」

とあって、東海岸を開拓する急務とそれに附帯する移民奨励の必要を北京に説いた。この議は翌年の年末に許されるが、それにさきだち、一月には横断道路の開鑿に着手、それを三路に分けておしすすめていった。

㈠、南路——鳳山県・双溪口から卑南まで。南路海防兼理蕃同知・袁聞柝がその責に任ず

㈡、中路——嘉義県・林杞埔から八通関をこえ璞石閣に至る。福建福寧総兵・呉光亮が責を負う。

㈢、北路——宜蘭県・蘇澳から大南澳をへて花蓮港にいたる海岸線、福建陸路提督・羅大春が責を負う。

台湾横断道路の開鑿

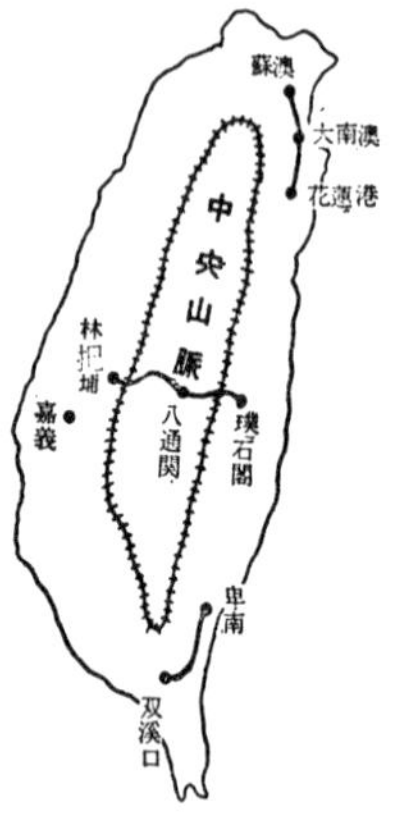

そして、この事業には一万人近い軍隊と三万余元の資金を投入し、一ヵ年の完工期を限定してその進行を督促した。彼の力のいれかたが察知できよう。

かくの如く、海防のためにまず撫蕃をあげ、撫蕃には開路、そして移民、開拓の奨励というふうに理詰めに台湾社会の拡大発展を推進した沈葆楨は、台湾発展史上に、一つの大きい足跡をのこしたといえよう。彼はその後間もなく、台湾につくした功績をみとめられ、昇進して大陸本土に帰っていった。

開拓の守護神

未開の曠野を豊饒な宝島にかえた開拓者の偉業は、以上のように刮目すべきものがあった。が、その偉業は一朝一夕にしてなるものでは決してなかった。

禁令をたてに圧迫掠奪する政府や小役人、大租小租の搾取や土地強奪、夜に昼に首狩りに出奔する原住民、猖獗をきわめる疫病と害虫毒蛇、一夜にして作物が烏有に帰してしまう台風洪水、数えあげればきりのない災難に彼らは囲繞されていた。そしてこれら天災、人災にさいなまされて、彼らが最後にすがるものは、「神明」以外のなにものでもないことは想像に余りある。

台湾の一般庶民が敬神の念あついことは有名で、ややもすれば、外部の人たちには迷信だらけであるととられがちである。またその実、陰陽説、神符、呪詛、巫子、術士などの横行する台湾社会には、迷信の色彩が濃厚であることは否定できない。

それはそれで事実なのだが、しかし、このような迷信的要素を存在させた、台湾開拓の自然的、社会的環境そのものに、多分に問題があるといわねばなるまい。

移民であった彼らには、まず平安な船旅で目的地に安着することがすべてであったろう。さらに、台湾についてからは、開拓の順調な進展と収穫物の豊穰、日常の「消災改厄」や「子孫繁栄」などが祈願された。そして、彼らを囲繞する環境がきびしいだけに、それを克服できる霊験あらたかな神々を求めたことは、むしろ当然であった。

（北港の朝天宮）

さて、その信仰の対象であるが、初めは南シナの儒教、仏教、道教の混淆した宗教生活を、彼らが移住するときに一緒に移入してきたのも至極、当然である。しかし、漢人が台湾に住みついて、独特な風土と生活信条を身につけるようになったのと同じく、これら伝来の神々も、次第に台湾的になっていったことは、もちろんである。

航海の一路平安を護ってくれる「媽祖」は、開拓者たちが代々崇敬してやまない、台湾人全体の守護神であり、今日ではどんな辺鄙な村落にも、媽祖を天上聖母といってたてまつる媽祖廟があって、村人の信仰の中心となっている。媽祖は祖先たちの守護神であるだけでなく、今日では台湾人に特有の守護神となって、願い事があればまず媽祖に祈願し、喜びがあれば真先に媽祖廟にお礼の参りをする慣習ができあがった。そして春の三、四月ともなれば盛大な媽祖祭りがとり行われ、それがまた台湾人の思い出深い歳事の一つになっている。その総本山は嘉義の北港に鎮座する朝天宮であって、各地から集りくる善男善女の参詣が絶えない。

媽祖とともに航海の神さまとして、古来から観音菩薩があまねく敬まわれてきた。〝観音過海〟（観音さまが海を渡る）の絵は、今でも台湾人家庭の神棚によくみうけられる祈禱の対象である。

つぎに開拓と農事の神さまとして、道教でいう天の神と地の神が尊敬をうけている。天神には「玉皇上帝」、「太陽公」、「太陰公」があって農耕のことから降雨のこと、あるいは人生万般の禍福をも司どるとされている。土地の神さまは、「土地公」と「土地婆」という高齢の夫婦の神さまで、開拓の進捗や五穀豊穰をもたらし、旱魃や水災から守護してくれるだけでなく、地方の安寧をも司どる。その神像は、稀にみる好々爺の温顔をしていて、誰にも親しまれる点は、日本でいえば、さしずめお稲荷さんというところであろう。「福徳正神」といって尊ばれ、「田頭田尾土地公」（田畑の角から角まで守護してくれる土地公）といって子供が歌にしてうたうほどである。村落の中心、田畑の一角あるいは道ばたや橋のたもと、というようにいたる所に大小の祠があり、各家庭の神棚にも必ずまつられている。

また特に豊年を祈る「五穀王」といわれる神農氏、および開拓の時に森の神として祀ってきた「樹頭公」がある。それから、地獄の神として霞海城隍を祀り、商売繁盛には「仙公」と呼ばれる呂洞賓仙を祀っている。

神々のうちで、もっとも台湾色ゆたかな神さまは開拓神であり、それは各地と各系（漳州とか泉州とか）によってそれぞれちがっている。

鄭成功は台南一帯では「開山王」として祀られ、中南部の泉州系の多い村落には「郭聖王」、北部は漳州系の「陳聖王」、潮州系は「三山国王」、同安系（泉州の一分派）は「清水祖師」と大体わかれている。これらは大陸でも開拓民たちが信仰しつづけてきたのであるが、いまでは各地方の村の鎮守の神さまとして敬われている。その他、開拓や農事につくした技術者、組織者、頭人、あるいは水利施設の建設者がそれぞれの地方で祀られ、八堡圳の林先生や曹公圳の曹謹は有名である。

それから、忘れられない神さまは、各時代の一揆で犠牲になった無縁仏を祀る「大墓公」のことである。これは後述することにする。

これらの神々は、開拓、農業あるいは航海に関係深いことで、祖先たちから信仰されてきた。そして、その子孫である今日の台湾人の各家庭には、貴賤をとわず、一つの神棚には媽祖、観音菩薩、土地公、太陽公、聖王公が、賑かに安置されている。これも「大家合歓」（皆ともどもに喜びをわけあう）という、開拓者の子孫である台湾人の生活の一こまといえよう。

4　土地所有関係

清朝の官僚、鄭氏の王田を私有

いつの時代でも、土地の所有形態は、その社会を規制する重要な要素であると同時に、社会の性格そのものが、また、土地所有の形態を規制する。清朝時代における台湾の如き封建的色彩の強い新開拓の植民地では、土地問題が、社会そのものにとって、決定的な役割をはたしていることは、多言を要しないことである。

台湾は有史以来、オランダ人、鄭氏、清朝と支配者が代ったが、それら支配者のいずれもが、本国では封建的な支配階級であったこと、さらに、そのいずれもが、植民地的統治方式をもって台湾に臨んだ、という二つの要因によって、土地所有の関係にも封建的と植民地的との二重の性格が重なりあい、独特な形態をとってきた。

すでにみてきたように、オランダ人は漢人移住者の開拓した土地を、オランダ皇帝の所有に帰して皇田といい、鄭氏時代にはこれら皇田を接収して〝王田〟(延平郡王の田地)と呼び代え、鄭氏一族が独占した。そして、屯田制によって新たに開拓した田地で、文武官にその収穫物を吸いあげられる分は〝文武官田〟、軍旅の支配にかかる部分は〝営盤田〟と名付けたことは周知のとおりである。

さて、〃台湾府志〃という官方文献によれば、清朝が台湾を占領すると、鄭氏時代の王田、文武官田、営盤田の三種の官有田を「ことごとく民業に改めさせ、等則に応じて租税のみを徴収した。既墾地一万八千四百五十三甲云々」とある。

これは一体どういうことをいっているのだろうか。その文面からすれば、鄭氏時代に官有地としていままで田賦（税金）と租穀（小作料）の二重の取立てをしてきた既墾地を、すべて、民間人＝開拓農民にわけあたえて各自の私有とし、以後は等則にしたがって田賦だけをとった、ということになる。

鄭氏降伏の時といえば、漢人開拓者が約三万戸、人口約十五万から二十万人とれさている。もし、彼ら農民たちに額面どおりこれら接収した官有田を清朝政府が民間にわけあたえたとすれば、それは、その日から開拓農民を「洗うが如き赤貧」より救い出すことになり、台湾社会は一歩前進したといわねばなるまい。

だが、事実はどうだろうか。いままで、封建的支配者が自分の所有地を無償で農民にわけあたえたとか、あるいは植民地支配者が被支配者に戦利品を分配したことなどは、少なくとも人類の史上では前例のないことであり、およそ考えられないことでもある。

そこで、中国という社会、および清朝という封建時代を念頭にいれ、さらに「昇官発財」（官僚が昇進すればそれだけ金持ちになる）という俗言を思い起せば、この問題はほぼ正解できる。中国の封建官僚は権力の座にあって、法令とか大義名分という手製の名目をでっちあげては私腹を肥やすことが、積年の社会風潮となっていた。そして、蓄財の有効な手段として土地所有が専ら用いられてきたことも、各国の封建時代に共通だったのである。

したがって、前掲の「ことごとく民業に改めさせた云々」という一節は、次の如くに翻訳して、はじめて、その真相がきわめられるのである。

「清朝役人が王田、文武官田、営盤田を政府の立場から接収した後、これら官有地をすべて民有にするという名目のもとに、その実、大半を彼ら役人や個人や縁故者の私有に帰せしめ、残余は鄭氏一族とその文武高官の個人に、台湾接収に協力した代償としてわけあたえた」ということである。

そして、開拓農民や鄭氏の士卒たちは、新旧の支配者の土地授受に関係なく、依然として洗うが如き赤貧の状態におかれたままであったのである。

こう理解してくることによって、これから先、台湾社会に起きてくる諸々の事象（農民に対する誅求、開拓民の一揆など）が、はじめて、納得できるし、その歴史的意味がはっきりと把握されてくる。

封建的植民地の土地制度

このように、耕地の大半を占める鄭氏時代の官有地は、すべて清朝官僚と鄭氏の一部旧官員に独占私有されたが、しかし、このことは、これから台湾農民の身上にふりかかる全般的な圧迫、誅求からみれば、まだ序の口の部類に属するものであった。

とにかく、清朝初期までに開拓がすすんだとはいえ、それは台南一帯が主であり、全台湾からみれば極く小部分のものでしかなかった。

したがって、土地所有について問題になるのは、むしろこれから先の清朝治下二百余年の間に、新たに開拓される拡大な耕地についてであった。この二百余年間に、耕地は三万甲から二十倍の約六十万甲になり、人口も二十万人たらずから二百五十万人に増加してゆくが、このような社会経済の拡大発展の過程において、清朝の植民地政策がきずきあげた台湾特有の土地所有関係こそ、この時代のキイ・ポイントだったのである。

さて、漢人が台湾にやってくる前には、原住民は全島に分布して居住し、各部族とも各々その勢力範囲があって、その範囲内の土地を原始的に共有して、生活の場としていた。

まず、オランダ人がやってき、つぎに鄭氏勢力が渡ってくるようになり、これら原住民の土地を次々と奪って開墾していった。

清朝政府は、蘭人・鄭氏両時代に漢人が開墾した土地以外の、新たなる未開地の開墾には禁墾政策をとって、漢人たちの立入り禁止を宣言したが、群りくる移民は禁令にかまわず「覇耕侵佔」の罪にとわれながら、どしどし原住民の未開地に侵入して開拓をすすめていった。

清朝は、漢人開拓者の開拓を禁ずる一方、生蕃の居住区の山地、熟蕃の居住する一定の平地、および鄭氏時代までに開拓してきた既墾地の三つの部分を一応除外して、その残余の未開拓地、したがって無主の山林原野でもある広大な処女地を、すべて清朝政府の手で保有することにした。そして、これら未開拓の官方保有の処女地をば、法令を設けて一般の開墾を禁止し開拓権なるものを設定して、官許の特定人にだけ一定地区の開拓を許した。

この開拓権を土台にして、台湾社会に特有な土地所有関係の発生をみるにいたるが、これはとりもなおさず、植民地的と封建的の両面の性質をもった、特権階級を作りだす経済上の基本構造でもあったのである。

さて、清朝政府は〃墾照〃なるものを特定の人に発給する制度をつくった。そしてこの墾照の所持者だけに開墾の権利を認めたのである。このような墾照をあたえられるものは、名目上はともかくとして、実際上は、誰でもいいというわけにはいかなかった。それは権力に近い者や、官僚たちの近親者にのみ限られていたことは、いわずと知れたことであった。詳しくいえば墾照の発給をうけるものはまず第一に、大陸から新たに政府権力に附随してきた役人の近親者、代理人、退職官吏、次に鄭氏時代の文武官や新たに豪族となった者、そして最後に官吏と結托したりあるいは緒般の開拓施設（主として水利設備）を行うに足る資力を有するもの、などであったのである。

墾照をもらいうけた者は〃墾戸〃とよばれ、官吏にあたえる分け前以外には、何ら労することなくその一片の紙片を手ににぎったとたんに、特権階級にのしあがったわけである。およそ、禁のあるところには利権が生みだされることは何時の社会でも同じである。だが、禁は禁として存在しても、清朝の政治力のおよばない未墾地に入りこめば、そんな禁令は、一枚の空文にも等しいもので、苦心惨胆のすえ、大陸からやってくる新来の移民たちは、群をなして原住民地区あるいは政府保有の未墾地へなだれこんで、土地を拓いては定住していった。

かくして、政府の禁令の有無にかかわらず、台湾はこれら罪人あつかいされた移民たちの独力で、急速に拓けゆくのであるが、ところが、これら新開地が開墾し終るまでは、政府もなす術もなく傍観せざるをえない実情であった。しかし、一旦、開墾が進み移住者が住みつくと、今度は、政府権力が入り込んでくるので、彼ら役人たちのいうことを従来通り無視できなくなってくるのであった。そこで、政府は無免許開拓地には、開墾後、自首して登記することを許し、賦税を課することとなるが、これら既墾地の追認をえるのにも、大抵、政府に近い有力者が代行しては、その土地権利を取得して〃自首墾〃とよばれ、実際に開墾してきた開拓農民から一定の租穀（小作料）をとりたてていった。いずれにしても、汗水を流して実際に開拓する農民は、その土地の権利を得取できないような仕組みになっていたのである。

大租戸、小租戸、現耕佃人

このような清朝政府の政策から生れでた、台湾にだけある墾戸、あるいは自主墾は、一定の未開地に対する開墾および収益の権利を保持する経済上の有力者であった。

そして、彼らが政治権力を背景とした封建的な特権階級を形成することになるのである。こういう人たちは、自分自身で土地を開墾し耕作に従事するわけでもなく、経営管理にさえ直接タッチすることもなかった。自分の利権に属する未墾地を開拓の経験の豊富な「佃戸」とよばれる開拓者なかまの地方ボスに請負わせ、「佃戸」はさらに、請負った未開墾地を実際に開拓、農耕する「現耕佃人」に小さく区分して転貸した。

つまり、現耕佃人が今日でいう小作人に相当するもので、農耕によってあげた収益から小作料（これを小租とよんだ）を佃戸におさめた。佃戸は小作料の一部分から大租という土地使用料を墾戸に納め、墾戸はさらに政府に田賦をおさめる義務を負っていた。これら、小作料、土地使用料、租税はすべて米穀の現物で受授された。

かくして、一つの土地に墾戸、佃戸、現耕佃人という台湾特有の三つの階級が重なり、墾戸は大租戸（大租を取得するから）とよばれ、佃戸は小租戸（小作料としての小租を現耕佃人から取りたてるから）とよばれるようになった。

したがって、実際には土地を耕やし収穫をあげる農民の現耕佃人は、税金、大租、小租という三重の負担を一緒にして課せられるわけで、収穫物の大部分を吸いあげられる結果になった。台湾の開拓農民の困苦の状態は想像に余りあり、また、それが、頻発する農民一揆の経済要因となったことはいうまでもない。

大租戸は、たしかに土地の最高権利者であったが、直接には土地との結びつきはなかった。彼らはただ大租という土地使用料を収納する権利者にすぎなかった。しかし、小租戸の方は大租戸から借りうけた土地を直接に管理し、農耕や収益に対する実権をにぎって、それを子々孫々にまで相続してゆくようにしくまれていた。

だから、墾照と政府とのつながりを唯一のよりどころとする大租権は、墾照の転売あるいは官吏の転勤交替による権力的背景の喪失で、しまいには転々と人手にわたったり、あるいは小租戸で実力あるものが兼併するようになって時代がすすむにつれ、誰が大租戸で誰が小租戸だか分らぬような土地もたくさんできて、紛争の的になった。

今日の法律でいえば、この大租権は土地によって大租を収納してはいるが、物権でもなく、債権ともちがい、まことに不明確な財産権であった。これにたいし、小租権は現実に土地を管理・処分する行為とともに移転するから、大租納入の義務をもつ所有権のようなものである、と日本人学者はみてきたが、この見解は穏当なる説として採用できる。

このような状態だったから、小租戸が時日をかさねるにつれて逆に経済力をたくわえ、事実上の土地所有者となるに何ら不思議はないわけである。こうなると次代には没落してゆく大租戸は、小租戸から土地の収益の一部を恵んでもらう存在に惰してしまうことになる。そして小租戸は大租戸をしのいで、土地を自由に処分したり、新しい第三の現耕佃人に同じ土地を貸し換えたりすることが当りまえのこととなり、ひどいのになると、私兵をたくわえ原住民の土地をおかすと共に、大租権をあわせもつ強大なものがあらわれてきた。

大租戸は清初には、大きいのになると数千甲歩の土地をもち、数百人あるいは千人以上の開拓農民を傘下におさめ、ちょうど地方の豪族といったものもいたが、なにぶんにも直接、土地とつながりがなかったので没落も早かったわけである。清朝末期まで残留した大租戸は、ほとんど小租権を兼ねそなえて土地と直接の関係をもったものか、あるいは、もともとが小租戸であったのが、大租権を取得したものの何れかによって占められていた。

中国社会では、古来から「土地はすべて王土」という観念がうえつけられて、個人が土地を私有する権利を「業主権」とよんできた。この「業主権」の持主は土地の最高権利者を意味するものであった。ところが台湾では前述したように土地所有関係が複雑なため、大租権が業主権に相当するものか、あるいは小租権が業主権に該当するものかはっきりしないまま、清朝の台湾統治が終焉した。

日本時代になって、はじめて小租権を業主権とみとめ、それを近代法律上の所有権に切り換え、大租権の消滅をみたのである。

また、墾照の所有者は納税の義務を負わされているが、その墾照を所持する大租権が次々と転売されるうちに、遂に、納税義務をのがれる土地もふえてきて、それが台湾の隠田をつくる重要な原因ともなった。

いままでみてきた大租、小租の関係は、全島的なものであるが、北部台湾にいたると、また別の関係が一つ生じてくる。北部の方は清朝政府の行政力が後期になってからおよんだ地方である。したがって、その土地も原住民の縄張になっている範囲が南部よりも広いわけである。そこで、漢人が入殖する場合には、清朝の墾照をもらうよりもむしろ、現地で原住民の頭目と話をつけた方が近道だったのである。そこで、北部に入殖する漢人は、原住民の頭目に

「蕃大租」を支払って、土地開墾の約束をうることが習慣となって清末までつづいた。

　では、大租戸はどのぐらいの税金を政府におさめていたのだろうか。道光二十三年（一八四三年）に物納制を銀納制にかえたが、そのときの基準はつぎのようになっていた。

田	上則一甲につき	〃	八石八斗
	中則	〃	七石四斗
	下則	〃	五石五斗
畑	上則		五石
	中則		四石
	下則		二石四斗

土地に対する課税は、中国大陸でもそうであるが、台湾の如き植民地では、とくに税率が高くその誅求ぶりは苛酷なものである。また、それ以外に貪官汚吏たちがいろいろの手をつかって、私腹を肥やす口実に利用するのも馬鹿にならない。その一例をいえば、政府が文書で定める徴税の数量を「正供」といったのであるが、実際に徴収するときは正供の他に「耗羨」といってその目減りの補塡分として正供よりも余分に納めさせて、農民泣かせのたねとなっていた。台湾では正供も耗羨も大租戸が納めるが、官吏がそうであるから、大租戸、小租戸というように順次、目減りの分をさらに水増して、余分に農民から掠めとっていたわけである。

　中部台湾の葫蘆墩《ホオロートン》（豊原）といえば台湾有数の米どころである。そこの田地はすべて上則田として税金をとられてきたことは各時代とも変りなかった。これら上則田は清朝時代には年収、六、七十石（日本時代は百二十石）だつたと古老たちはいっている。この田地にかける政府の正供が八石八斗ということであるから、その他、耗羨、口丁糧、附加税などの種々雑多の賦税を総計すれば十石以上は優にとられる勘定になる。それでさらに大租戸と小租戸のとる分をあわせれば、実際上、農民の手元に余分の米が残るはずがなく、収穫の大部分は掠めとられ、その日の暮しにもこと欠く状態に追い込まれていったということがうなづける。台湾有数の米どころでさえかくの如きであるから、その他は推して知るべしであろう。

開拓にまつわる神話

未開野蕃の地として忌みきらわれた台湾は、清朝の貪官たちにとって思わざる拾い物となった。広大な沃野が、自分たちの手で発給される一片の墾照で、勝手にその帰属が定められたのだから、官僚自身とその縁故者、および彼らと話のつく立場にある階層の人たちは、たやすく開拓地を入手して莫大な利益をものすることができた。このように労せずして、一朝のうちにえられる広大な土地は、それこそ濡れ手に粟で、しかもその墾照をもらうのに、土地を測量して面積を定めるのでもなく、許可をうけた土地の境界も漠然としていたから、力のあるものの伸縮自在にまかされていたというわけである。

たとえばこのような話が残っている。誰それの祖先がさる高官と深交があったところから、墾照の下附を受けて大租戸となったが、その開墾地の境界を画定する際、早暁から馬を走らせて日没までに廻れるだけの全地域を与えられたとか、目のとどく右の一本杉から左方の山頂におよぶ地域だとか、あるいは何々川の南岸から何々溪の左岸までの地域とか、という具合に、正常の頭では到底がんがえられない、いい加減な方法で所有地が画定されていった。

このような状態であったから、まともに申請すれば、それこそ物笑いのたねにもなりかねなかったことだろう。経済上の権利と政治的な闇取引きの利権が、権力を媒体として結ばれ、すべてが決められていったのである。このことはどこの社会にもよくあることで珍しいことではさらさらないが、台湾の場合は、とくにその度がひどすぎた。であるから、中国本土にもどこにもない複雑な土地所有関係をうみだす一因ともなったのである。

元来が得べくしてえたものではなく、このように権力を背景に強奪にも等しい、土地取得の方法であったため、秩序や道義が守られるはずなく、税金を納めない隠田が増えてゆくのはもちろん、有力者による、他人の土地侵犯や原住民の領地を強奪することが、公然と行われるのも故なきことではなかった。清朝中期ごろから、蕃害にそなえる名目で、私兵を養うことが盛んになってくるが、その実、この私兵は原住民の土地を奪い、あるいは漢人同士の争奪戦にかりだされていたのである。ことに、大租戸は自分たちの没落をふせぐためには弱小の小租戸をおそって小租権をとりあげたり、また、小租戸で力のあるものは大租戸をたおして、その大租権を合併するなど、弱肉強食の乱戦状態が長いこと続いた。

しかし、実事上、こういう掠奪行為を繰り返しながら肥っていったとはいえ、彼ら豪族たちは、このように他人の生命を奪い土地をまきあげて富豪になったと、後世にまで喧伝されるのを極端に嫌がった。これも人情といわれるべきか。このような、虫のいい人情が、ひいては、自らその掠奪行為をカムフラージュするための神話を生みだす所以ともなった。

ある地方の某旧家では、次のような話が伝えられてきて、その子々孫々をして祖先の遺徳を偲ばせたものである。むかし、日暮れてから、身なりの怪しい一人の旅人が宿を求めてきた。何処でもことわられ続けで困りはてている旅人を、祖先は心よくもてなし、一夜の宿を貸しあたえた。翌朝、くだんの旅人の部屋をのぞいてみると、彼の姿はすでになく、そのかわり、部屋の真中につづらが一つおきざりにされていた。あけてみれば、金塊が一杯つまっていた。祖先は直観的にそれを天与の賜物とばかり、有難く頂戴して、それで大租、小租の権利を買入れて大地主となり、代々豪族として繁栄してきた、というのである。

またもう一つ、ある家の祖先が大陸から単身で台湾に渡り、開墾地に到着してまず家をたてることから着手した。その時、鍬を振りまわして敷地をトすべく、その鍬が落ちた地点を「洞天福地」として掘ってみたら、黄金がざくざくとでてきた。そこでこの台湾版花咲爺は、これまた天与の贈り物と悟り、直ちにその場に膝まずいて天に拝謝し、それ以来、代々栄えてきた、とある。このような神話が、台湾のいたるところで言い伝えられてきて、つきるところをしらない。

5　産業の発展

米、福建の飢えを救う

清朝二百余年のうちに、全台湾が豊穣な田園と化し、中部の濁水渓を境として、南は甘蔗が多くつくられ、北部は米の産地として知られるようになった。米は二回とれて、開拓の進展とともに生産も急増し、島内消費を賄ってなお余剰がでた。人口が十倍になっても米の余剰がなおでたということは、開拓の進捗が如何に人口増加を上廻って急速であったかをよく物語っている。これは各時代を通じて共通した現象であるのだが、余剰の米は食糧不足になやむ大陸の南福建地方へさかんに積みだされたのであった。

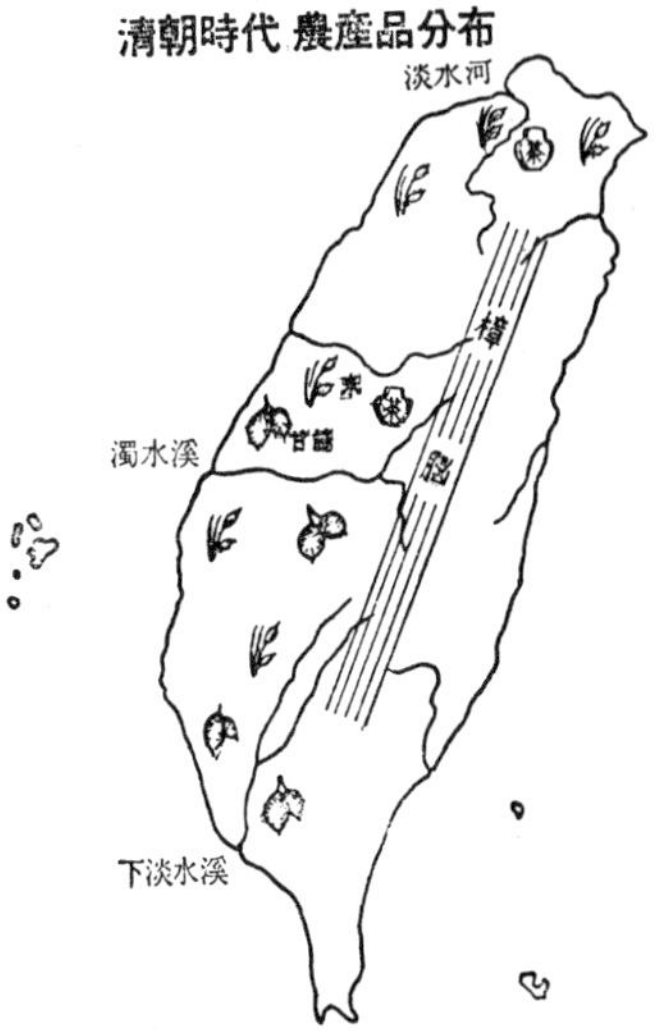

そして、時代によっては大陸積み出しの米が余りにも頻繁で数量が過大になり、台湾自体の消費米糧を確保するために、一船を六十石に制限し、海防同知の衙門をして取締らせなければならなかった。

ところが、大陸の方では台湾から米を積んでくる船を「台運」とよび、宝船を迎えるように歓迎したのだから、そのような禁令が守られるはずがなかった。とにかく米不足の厦門、泉州やその他、山岳地の多い南閩地方は、台湾米のおかげで飢餓からまぬかれることができ、台湾はこれら諸地方の米倉として不可欠の存在となった。であるから、台風やその他の事故で、台湾米の搬入が杜絶えてしまうと、福建地方では食糧事情がたちどころに悪化し、これが長く続くと貧民は米の入手難で苦しまなければならなかった。

台湾の方では米の輸出がひどすぎて、米産地でありながら米価が高騰し、奸商が暴利をむさぼるようなことも屢々あった。

それから、清朝時代の賦税は、十九世紀中葉に銀納制にかえるまでは、ずうっと穀納制をとり、政府はそれでえた米糧を台湾財政の支出にあてる外に、福建に駐留する軍隊の糧秣として大陸に搬出していた。

砂糖、海外輸出のホープ

台湾の甘蔗栽培は中国大陸から伝ってきたといわれるが、オランダ時代には開拓面積の半分以上に甘蔗がつくられ砂糖はこの時代から台湾の海外輸出のホープとして、日本、ペルシャなどに積み出された。

この甘蔗栽培は清朝時代にも飛躍的な発展をとげ、濁水渓以南が主産地となった。

製糖のほうも雍正末年ごろからいよいよ発展してきて、牛と人力を使う製糖工場が南部台湾のいたる所に出現した。これは、いまでこそ話にもならないほど幼稚なものに見えるが、当時では規模の大きい生産工場として新時代の脚光を浴びて登場してきたものである。その製糖工場は「糖廍《トンボウ》」あるいは「蔗廍《チアボウ》」とよばれて日本時代までつづいた。黄叔璥の台湾使槎録の一章、赤嵌筆談に、「台湾人は十月になると廍屋をつくり、蔗車をすえつけ、人夫をやとって、廍を動かし砂糖をしぼる。上則畑で一甲に付き赤糖六、七十ピクル、中則畑と下則畑になると四、五十ピクルしかとれない云々」とでている。

オランダ人が去ってしまうと、南洋やペルシャ向けの砂糖貿易は杜絶え、日本輸出も一時、激減した。その代りに中国商人が、台湾の赤糖を北シナに積み出すようになった。砂糖輸出の中国商人は台南にあつまり、〃糖郊〃、〃北郊〃の如き同業組織をつくり商売のことに限らず、台湾社会での発言力も強かった。輸出先は北シナ、日本、フイリッピンが主で、その後、南洋各地の輸出をも逐次、回復するようになった。十九世紀後半から、砂糖貿易の商権はふたたび紅毛人の手に渡り、英国人が独占してアメリカ人、オーストラリヤ人の糖商がそれに続いた。

烏竜茶と包種茶

福建省山岳地帯は、古くから中国一の茶どころとして知られ、台湾の緑茶も元来は福建から苗木をもってきて、繁殖させたものである。十九世紀初葉までは、中部台湾の山岳地、水沙連山あたりでつくった茶葉は福州に運ばれて精製されていた。

十九世紀中葉の同治年間に、ヨハネという英人が樟脳事業の視察のため台湾にきて、北部の文山堡(今の新店附近)と海山堡(今の板橋・土城附近)の土質が茶樹の栽培に適しているのに目をつけ、さっそく、苗木を泉州の安渓県からとりよせ、農民に栽培と製造をやらせた。そして、その茶葉を買いとって澳門にだしたところ、外商の評判が非常によかった。

これに気をよくしたヨハネは、台北に〝茶館〟を設けて本格的に精製にのりだし、その製品をどしどし輸出するようになった。これがすなわち台湾名産の〝烏竜茶《オーリヨンテー》〟のはしりとなったのだと、淡水庁志にでている。

そして、前々から福州に輸送して精製していた台湾粗茶の方は、後で、第二の台湾銘茶である「包種茶《パオチヨンテー》」(花茶)として知られるようになった。

これら二つの銘茶は、外国に輸出されてその名声を博し、清朝時代の茶葉貿易は、福建についで大手をしめてきたのである。

樟脳、世界一の生産

鄭芝竜が、十七世紀初めに日本貿易を行った際、樟脳が輸出品目に入っていたところをみると(台湾外記)、樟脳はずいぶん古い時代から産出されたものと思われる。

清朝時代になって、十六世紀中ごろの乾隆年間から、樟脳の製造が、盛んになってきたが、なにぶんにも樟脳は、中央山岳地に原生している楠の大木から製造するのであるから、原住民との軋轢が絶えず、脳丁とよばれる漢人の人夫はよく首狩りの犠牲となった。

十九世紀に入って噶瑪蘭地方の開拓が進んで、この地方の〝内山〟(山岳地)が楠の原始林であったから、樟脳製造がとみに発達し、淡水県の林永春は、衙門(役所)から製脳業を請負って、樟脳成金の筆頭に数えられた。

輸出の方も盛におこなわれ、道光年間(十九世紀初)になると、英船が鶏籠(基隆)にきて阿片と樟脳の物々交換をやったり、清朝政府が専売にして英国人と争ったりして国際紛争のたねとなって、欧米人の台湾侵略をまねいた。

樟脳は、第二次大戦まで、台湾の特産品として、世界一の生産をほこり、全世界産額の七〇パーセントを占めるにいたった。

栄えゆく「市」

清朝治台以前から、半海賊半貿易の物々交換が行なわれたことは、周知のとおりである。

清朝になると、乾隆、嘉慶年間に、移民が汐のごとく台湾に流入し、開拓の発展とともに、漢人開拓者たちの日用雑貨の需要が増大して、商業がさかんになったことはいうまでもない。たとえば、炎天下で農事にいそしむ台湾農民は、おかゆに鹹魚をそえて食事することを好んだし、その塩づけ魚の大半は大陸沿岸から供給されていた。綿花のとれない台湾では、米と砂糖を大陸にもっていって、反物を台湾に持ちかえった。

ことに、政府の徴税が物納から銀納にかわったことと、砂糖、茶、樟脳などの国際貿易が盛になるにつれ、物々交換の自然経済から移行して、貨幣を通じて行われる商品経済が、拍車をかけてさかんになったことは、時流の赴くところであったということができよう。

現在でも各村落にある媽祖廟の広場が、例外なく、早暁から近辺の農家が農産品や、彼らの買って帰る日用品の売買で市をなしているが、これは、清朝時代から久しく続いてきた台湾庶民生活の一光景である。

台湾府誌に、「新街有魚市、又孔子廟前埔地有菜市、称菜市街」、と台南市の往時のことを描写している。また、「竹塹の北門、北門外、南門街に露天市場があって公斗（公のはかり）が備えてあった」とか、「宜蘭の中北街、南門街一帯には魚肉、蔬菜、穀物などの日用雑貨の市場があった」ということが書物に散見できる。

特殊なものには、「牛墟」といって、農耕には欠かせない牛専門の市が開かれていた。

それから、「鬼仔市《クイアチー》」という言葉があった。まさか鬼どもが取引する市でもあるまいが、思うに、清朝政府は事毎に名目をつけて苛斂誅求にあくところなかったから、農民たちは、政府の勢力のおよばない場所で、不定期に市をなしては必需品の取引をおこない、課税から免れることにつとめたのであろう。それを〝鬼仔市〟といえばピタリとくるわけである。

商業ギルドの「郊《カウ》」

十八世紀に入って、政府の禁令が緩和されてから、中国と台湾の貿易が発展し、大型のジャンク船が南は安平、北は淡水、艋舺に出入するようになった。そして大陸の厦門を中心に北は山東・天津から南は広東にいたるまでの諸港に往来した。台湾から米、砂糖、植物油などが積みだされ、大陸からは、綿花、綿布、綢緞、紙、塩魚、煙草、食器類などの日用雑貨品が入ってきた。

商業が興隆し、大陸との往来が輻輳してくると、商人が増え、その勢力が強くなってゆくことは当然のことで、これら商人は商売のうえから独特のギルド的な組織をつくるようになった。このような商業団体は、後には島内外の商業貿易を一手に掌握するようになるばかりでなく、地方の政治や社会の公共事業にも強い発言力をもつようになって、夜警や治安の任務をおびる保甲組織まで、その手中におさめることとなった。

この商業団体は「郊《カオ》」とよび、業種別と地域別、あるいは取引地別（厦門とか泉州とか）につくられて、いろいろな郊が各地にできた。

そのうちでも、当時の政治経済の中心地であった台南にできた三郊《サムカオ》は、雍正三年（一七二五年）に、実力ある貿易業者によってつくられたもので、北郊《パッカオ》、南郊《ナムカオ》、港郊《カンカオ》の三つに別れ、勢力強大であった。

「上海、寧波、天津、烟台、牛荘などと貿易する業者は〝北郊〟をつくり、二十余店が会員となり、蘇万利がその長であった。

金厦両島、漳泉二州、香港、汕頭、南澳などと交易する三十余の商社は〝南郊〟に属し、金永順を首長に推した。

台湾島内の各海港を往来して、米穀の収買を業とする五十余の商社は、〝港郊〟を設立し、李勝興がその代表者となった」

と文献に書かれている。

同業者の〝郊〟には、たとえば、「台南布郊」、あるいは各都市の「油郊」、「香舗郊」（線香）の商業団体のようなものが、それであった。

取引地の共通からくる団体には、台北・大稲程にある「香港郊」、「泉郊」（泉州）、「厦郊」（厦門）というのがあった。

このような商業団体、中国社会から台湾にもちこまれたものが、台湾のような特殊な植民地で一段と組織が緊密化され、勢力をえたのである。清朝末期に阿片戦争をへて台湾にも、西欧人の侵入が、ふたたびはじまることとなる。

そして、それと同時に、この封建色のつよい〝郊〟の活動が一時に活潑化してゆく半面、近代化への脱皮をも徐々に強いられてゆくのである。

6　誅求と強奪

虎老爺《ホオローイア》がのさばる植民地

さて、移民が増加して開拓が全島にゆきわたり、そのうえ商工業の発達をみて、台湾の天地は年をへるにしたがい面目を一新していった。が、かっての未開の孤島を〝宝島の台湾〟に造りあげた当の開拓移民たちは、台湾の発展に応じて安居楽業の生活を獲ちえただろうか。

福建通志という官方文献のなかに、清朝治下の台湾の税制を次のように書いている。

「賦は田地から取り、役は人口に応じて課する。鄭氏時代には田地から、その収穫の六、七割を取り上げ、そのうえ、農民に重い労役を課した。そのため、二十余年間にわたって、民は生活の方途を失ない、塗炭の苦しみに陥った。これに反し、清朝の版図に入ってからは、各種の田地を民有に帰せしめ、等則によって徴税した。中国の土地は寸土といえども王土であり、民はみな王人である。政府が課する正供（公然の課税）以外は、すこしも徴収しなかった」と。

要するに、鄭氏時代の台湾は重税のため、開拓者は煉獄のような苦しみをうけたが、清朝になってから税金が軽く天国のような暮らしになった、というのである。果してそうであったろうか。

台湾の賦税が過重で、その取り立ての苛酷なことは前節でみてきたとおりで、そのうえ正供の他に〝耗羨〟という目減りの分まで余計にとっていたことも明かにしてきた。

乾隆五十三年（一七八八年）には、後述する林爽文が乱をおこしたのを口実にして増税を行った。その増税の方法として、正供を納入する時の秤器を〝道斗〟から〝満斗〟にかえた。満斗は道斗よりも一割方大きい器であるから、結果として一割の増徴をしたことになる。

道光二十三年（一八四三年）、いままでの物納制を銀納制に改めた。その際、実物と貨幣の換算方法として、一石の籾を六八番銀の二元に定め、米価を過少に押えて公定するという不当な措置をとって、各地で農民一揆を招いた。

さらに、口丁糧という人頭税は、オランダ、鄭氏時代から受け継いできた人身を対象とする最大の悪税であった。男子一人につき年に四銭八分六厘をとってきた。これは銀納制にしたり、物納制にしたり、また物納制にして銀換算で納入させたり、いろいろと政府はややこしいカラクリをつくして、農民たちから搾り取るのに懸命であった。それで、農民一揆が頻発したため、清朝中朝になって、ようやく四銭八分六厘から中国本土並みに二銭にひきさげられた。しかし、正供の税率引上げや口丁糧のカラクリもまだまだ序の口であった。清朝時代の役人は、それ以外に、事毎に口実を設け税目を勝手に新設しては開拓農民からとれるだけ強奪していった。道路修築をたねにしては工事費の数倍もの附加税をとったり労役を公課したり、治安や警防を口実に〝防税〟を取立てた。理蕃ということがまた下端役人にとってはまことに都合よい徴税の名目ともなり、〝隘税〟がとりたてられた。

さすがに北京から来台した清朝政府の官僚も、台湾に対する苛斂誅求ぶりには一驚を吃し、沈葆楨は北京朝廷に対し、台湾の賦課のきびしいことを指摘して報告した。初代の台湾巡撫・劉銘伝も、賦税の中国本土よりはるかに重いことを認めている。

ところが、台湾にはこれら重い賦税や労役のほかに、それに数倍して開拓民を苦しめ、蛇蝎の如くきらわれた代物があった。それは開拓民たちと直接に接触する下端役人の苛酷な仕打ちであり、〝虎老爺《ホオローイア》〟とよばれていた。

元来、台湾の税金が大陸より重いことには、二つの理由があった。一つは清朝政府が台湾を植民地として本土よりも重税を課したこと、その二は、福建巡撫が台湾巡撫を兼ねていたので貧乏な福建本土の地方財政の不足分を、台湾から余計に徴税することによって補塡していた、という二つの理由からきていたのである。したがってこのように政策そのものが台湾を誅求し、さらに高官は土地開拓や税目の新設などで私腹を肥やすという状態のなかで、下々の小役人どもが、それにまた輪をかけて農民百姓から掠めとることは、何ら不思議なことではなかった。

農民たちは、年々、払いきれないほどの賦課を政府から要求されて苦しみ、虎老爺はこれら苛税の取り立てや催促を厳重におこなって、みだりに逮捕したり金品を掠めとったり、横暴をきわめて開拓民をそれ以上に苦しめた。現に台湾で流行している「搞竹桿《カオテツクン》」（役人が職責を利用して庶民から掠める）という言葉は清朝時代にはすでに地でおこなわれていたのである。

「衙門八字開、無銭不用来」（役所の門は、いつでも八の字に大きく開けはなされているが、銭をもっていかなければ、いっても無駄だ）、といわれる如く、虎老爺は事毎に袖の下を要求した。また、

「一甲徴租近一車、賦浮那得復言加、多田翁比無田苦、怕見当門虎老爺」（一甲の田地から一車（十石）近い穀物がとられ、そのうえ額外にいろいろと掠められて猶余をゆるされない。田畑の多い人は却て土地のないものよりも頭痛のたねが多く、虎老爺がおしかけてくれば、ただおそれおののくばかりだ）。という俚謡の一節をみても、税金がいかに重く、その取り立てのいかに苛酷であったかがうかがわれる。

清末になると、初代巡撫・劉銘伝がこの重税の不当にひどすぎることをようやく指摘した。ところが、その劉銘伝が清丈計画や税制改正などの新政治を行うために費した歳出が膨大すぎて「民その命を全うするに堪えず」、ということとなり、劉銘伝は巡撫を辞任することになった。台湾農民がいろいろな名目で、あらゆる時代にいかに搾りとられ、悲惨な境遇におかれてきたかが察せられる。

横行する五虎利《ゴホウリー》

大租、小租、田賦その他種々雑多のもので作物の大部分をとられたうえに、額外の役人の強要に応ずると、台湾貧窮農民は子女を売るか、あるいは高利の借金をする以外に生きる道がなくなる。

そこで傍若無人な高利貸が横行するチャンスが到来する。しかも、このような極貧の百姓たちに金銭を貸すのは、なんと小役人の虎老爺や営卒の如き、血も涙もない封建君主の手先であったのである。だから、その高利なることは目玉のとびでるほどで、たとえば、当時の金で百銭借りると、毎日五文の利息がとられた。そして、利息を一日でもとどこおらせると、いままで支払ってきた利息がぜんぶ帳消しになってしまう。そのうえ罰金として最初からの通算利息をもう一度まとめて納めることを強要される。このような前代未聞のやり方は「五虎利《ゴホウリー》」とよばれるもので、複利計算よりもはるかに高利についたことはいうまでもない。

この、目に見えて恐ろしい高利を、台湾の百姓たちが借りなければならなかったのだから、その貧窮ぶりは全く底をついたといわれるべきであろう。しかも、これを借りたら最後、返済どころか、このような高利を続けて払えるはずがないから、彼ら虎老爺や営卒に権力ずくでいじめぬかれ、その代償として家財道具をとられ、妻女までさらわれてゆく非人道な仕打にあわなければならなかった。

土地の兼併

封建時代における蓄財の主なる方法は、土地を所有することである。そこで、権力を利用して土地の強奪や兼併が常套手段としておこなわれる。

台湾は、北京政府から厄介視された新開拓の植民地的な存在である。そのうえ、清朝時代の地方行政は、いつも開拓の後についていってしかれ、墾照一枚で土地の帰属が定められる歴史をへてきた。したがって墾照を発給する官僚と、開拓を牛耳る地方の土豪やボスたちとの結びつきは、中国本土でもその例をみないほど密切なものであった。官僚は、縁故者や地方の有力者の名儀をかりて土地を私有し、地方の有力者はまた、政府の権力を背景にして農民たちに君臨し、その勢力の絶大なることは「土皇帝」とよばれたことでも明らかである。彼らは地方の開拓、治安、賦役あるいは犯人逮捕、蕃害の防禦まで一手にひきうけていた。

その土皇帝たるや、力のある大、小租戸でもあり、公吏を買い馴らし私兵を養い、それを悪用しては、弱い農民の土地強奪をおこなって肥っていった。ある者は財力にものいわせて、借金のかわりに土地を兼併していった。後世、旧家とか、大地主とかいわれるもののなかには、その先祖が大なり小なり、権力と結托したり、暴力をつかったりして、開拓農民の田地を強奪し、威圧によって産をなしたものの後裔が多々あるとみてよい。なにしろ、強権と暴力の横行する社会であるだけに、零細な農民が粒々辛苦して開拓した田地が〝盗墾〟とか、もしくは〝侵墾〟とかいう口実で一夜にして強奪されることも稀でなく、しかも、土地をとられたのちも地租を年々納めさせられた、という嘘みたいな例もあったことは、「強者は田あって納税の義務なく、弱者は税金を収めさせられて、耕す土地を持たない」という古くからの言い伝いに、如実に物語られている。

7 開拓民社会の変遷

結首と開拓農民

移民の当初、厦門でオランダの大划船（カレラー船）に乗りこんだ時には、移民の仲間には上下はなく、だれかれも同じく台湾へつれられてゆく農民奴隷であった。

船が安平について、彼らが台湾に第一歩を踏み、開拓という経済活動に入ると、移民のなかから「結首」（班長）と、ふつうの〝開拓農民〟という二つの身分に別れていった。これが台湾開拓民社会における階級分化の発端となったと筆者はとりたい。

もちろん、同じく台湾にわたる漢人のうちで鄭芝竜のごとき海賊たちや、蘇鳴崗のような人物もいるにはいたが、鄭氏たちのような海賊なかまは、台湾移住の道をきりひらきはしたが、台湾移民という枠からはみだした存在であったし、蘇鳴崗のばあいは、むしろ、支配者のオランダ人側の人間であったとみるべきであろう。

したがって、結首と農・漁民の両階層が台湾社会草創時代の構成要素であった。そして結首は、オランダ人と漢人開拓者の間に介在して、経済的に種々の利益をえ、開拓された村落のなかにあって部落長のような職務をもかねて鄭氏時代にいたったのであろう。

鄭氏一族郎党と開拓民

鄭氏時代になると、台湾社会の状況が一変した。まず、支配者の鄭氏一族や官吏・将兵は、台湾開拓農民たちとは同じ漢民族である点で、支配と被支配の関係が中国社会の延長として打ち立てられた。そして、それを通じて中国社会の封建制度がどしどしもちこまれてきた。

鄭氏一族や文武官はもちろん、政治的支配者であり経済的には特権階級であった。被支配者である開拓農民は、中国式社会制度や封建的経済関係にはめられて、搾りとられていった。この場合、オランダ時代の結首たちはすでに開拓者部落の上層部として、社会的にも経済的にも優位を獲得していたから、鄭氏の支配に代っても、依然として統治者と部落民との間に介在してゆくが、オランダ時代ほどに甘い汁は吸えなかったとみてよい。

鄭氏は後からやってきて台湾開拓民のうえにのしかかる封建君主であった。彼らは政治、経済の両面から台湾開拓民を統治、搾取してゆくが、それと同時に文物を整え、被支配の移民や開拓者のうちから、支配体制を鞏固にするために、土着幹部を養成することも忘れなかった。部下の能吏・陳永華の建議をいれて、台南に孔子廟を建て、明倫堂・学堂をおこしたのがそれである。一六六六年のことであった。

このように孔子廟をたて、教学の中心思想を儒学に求め、移民子弟を養成して台湾統治の根本を固めようともくろんだことは、封建君主として賢明であった。そして中国封建制度の精神的支柱である孔子の教えを土台とした、教学の施行は、開拓民社会の階級分化に一つの思想的裏づけをあたえることとなった。

それから、兵士の開拓への参加は、軍隊の位階を強化して、経済的うらずけのある階級分化を促進させた。言葉をかえていえば、屯田制によってえられた経済上の富が、将官の手に集中されることによって、官は封建地主という有産階級、士卒は無産の開拓農民、というふうに二つの社会的陣営に分れて分化していったのである。

清朝時代の台湾社会

清朝時代に入ると、台湾社会は量的にも増大し、質的にも中国式に封建的と植民地的の、二つの性格が明確に備わってくる。

そして、この両面の性格は、政治的には清朝政府の支配体制、経済的には、土地所有関係に具現されていることは既述のとおりである。

鄭氏敗退して、清朝勢力が台湾社会の統治階級として出現し、開拓農民やその後にやってくる新参の移民を支配していった。その時、旧支配勢力の鄭氏陣営には、今までの階級分化が表面化して、鄭氏一族や文武官の有産上層部は清朝の支配勢力のなかに吸収されてゆくが、各地に分散して開拓にいそしんだ屯田の士卒は、被支配者側の開拓農民のほうに合流していったと見てまちがいない。

いよいよ開拓が進み、墾照が発給されて大租戸という、中国本土にも見られない経済的特権階級が生れでた。それはもともと、政治力にうらずけられた墾照という、神通力をもつ一片の公文によって創りだされたのだから、彼らは統治階級の経済上の代理人のごときものであった。墾照の発給をうけるものは、政治的支配勢力の近親者、代弁者、退職官吏、退職軍人、あるいは彼ら政治支配と結びつく大陸から渡ってきた資産者、鄭氏の残党や部落出身の有力な結首、もしくは開拓に手を出す資力ある商人、というような人たちがかんがえられる。

小租戸は、開拓部落の結首出身や地方の状況にくわしい農業技術をもった開拓者、あるいは鄭氏軍旅の屯田部落の幹部級のものなどが、大租戸から開拓を請負うことによって、その発生をみたのである。

そして、時を経るにつれ、弱肉強食の様相を呈して、個々の大租戸、小租戸、あるいは現耕佃人に新興や没落兼併の現象が絶えずおきた。とにかく、清朝の官僚、軍旅、大租戸などが、台湾の政治的、経済的支配階級であり、それに後から有力な商人、貿易業者や郊の幹部級のものが加わった。

一方、被支配の方は広汎な開拓農民、次々と流れこむ新来の移民や漁民、塩民、などの勤労階級の人たちであった。彼らこそ「台湾人」を形成していく母体であり、「台湾社会」の本流をなす構成員として、発展してきたのである。

そして、小租戸は開拓民と同じ村落にすんで個人的には開拓農民の仲間であり、社会的には支配者の経済的買弁者であり、統治上では、清朝政府の総理（街長）、地保（村長）を兼ねていた。とにかく、小租戸が部落や街庄の「頭人」（幹部）として、徴税、小作料取り立て、犯人逮捕、保甲治安の如き統治階級の公用私用を請負うことから、媽祖の祭りや部落民の冠婚葬祭の私事にまで、欠くことのできない買弁的な役者であったことはほぼまちがいない。

もちろん清朝は、台湾に統治支配の根をはらせるため、〝教学〟をもちだしたことは鄭氏と同じ筆法である。清朝は領台後、教育行政として、学政使の職務を道台に兼任させて教学・科挙の任に当らしめ、府には府学をおいて教授を任命し、また、県には県学をおいて教諭を任命して各級の学務を司さどらしめた。

それから、鄭氏の建立にかかる台南の孔子廟を修復しただけでなく、各県にもくまなく孔子廟を新設し、儒学を中心思想にして、その廟宇に学堂を開設した。

康熙時代に台南の孔子廟を修築した兵備道・王之麟は、「海邦鄒魯」（海島である台湾が孔子・孟子の故郷の如く

（宣蘭の孔子廟）

に儒学が盛になるという意味）といって、台湾の教学を鼓舞した。

元来、中国の教学とは、学問の研究、人格の陶治は二の次で、もっぱら、科挙という官吏登用試験のためのものである。政府の側からいえば官吏養成の機関であり、個人からすれば、封建社会の統治階級にはいあがる登竜門である。

したがって、台湾の場合は、官吏就任の資格者（実際になかなか任用されない）、およびその一連の予備軍をつくっておくための教学なのであった。

これら清朝時代の〝儒学〟、〝書院〟、〝義学〟で養成された〝読書人〟、秀才および各級の科挙試験にパスした進士、挙人、貢生などの有資格者は、大抵、大租戸や小租戸の子弟の出身であった。そして、彼らは、郷里では「土豪」「士紳」であり、「頭人」として地方社会で重きをなし、政府側からいえば、台湾統治の末端的役割を果してくれる細胞としての存在であったわけである。

開拓が進み、清朝統治の中期から、これら地方の頭人陣営に都市の商人が土着有産階級として一枚加わってきた。

清朝末期には外国貿易業者の手先として、本土沿岸の中国商業資本家が、台湾の経済を島外から支配していった。そして、それと歩調を一つにして、〝洋務〟が開始され、次には、劉銘伝の台湾近代化の改革にともなう西洋学問、技術の輸入がはじまるのである。

時代が代り、日本が台湾を統治することになって、今まで対立し、混戦を重ねてきた台湾社会の各階層、各集団のものは、中国封建社会の残滓を身につけながらも、大租戸も小租戸も、商人も資産家ももともども、開拓農民を主流とする台湾・台湾人という鼎のなかにすべてのものが煮つめられていって、異民族の外来統治者、日本と対立してゆくこととなった。

8　開拓民の反抗と械闘

三年小叛、五年大乱

清朝が台湾を未開野蕃、海外異邦の地として、植民地統治を行ってきたことは、折にふれ詳述してきた。そして、開拓移民をすべてならず者あつかいにし、大陸から派遣してきた高官から下端役人にいたるまで、如何にも「人種がちがう」といいかねない程の優越感をもって被支配階級に対してきた。

そのうえ、こと政治、軍事のごとき支配統治の権力に関するかぎり、開拓民たちを疎外する政策を徹底してとってきた。だから官吏、将兵をすべて大陸から派遣して来て、台湾での任用補充を許さないばかりではなかった。たとえば、台湾島内で鍋釜や農具を鋳造する職業を厳重に官制して、刀剣武器に造りかえることを禁止し、竹の伐採や搬出でさえ、筏を組んで海上の反抗に供されないように監視する、というように些細なことにいたるまで目をひからせていたことに徴してみても、その他は推して知ることができよう。

このように開拓民たちを厳重に統制し、手足を縛りあげて反抗の力をそいだうえで、封建的で植民地的な、二重圧迫を加え、「苛政、虎より猛々し」といわれるぐらい、農民開拓者を苦しめさいなんだ。

彼らが台湾開拓民を「下流」といい、「人種が違う」と考える支配者意識は、権力をもって圧迫誅求することを当然のこととした。また、「官吏の貪汚、下端役人の勒索（財物の強要）、至らざるところなし」、あるいは「胥役（小役人）はすきをみては事をかまえ、民の膏血を吸わざれば、何ぞその貪婪（貪欲な心）を飽食するをえん」、と開拓者たちを歎かしめたものである。

では、移民開拓者たちは、彼ら支配者の筆舌につくせない苛酷な植民地政策や横暴な役人どもの貪汚と勒索を、ただ諦めの心を抱いて、受け入れていたのであろうか。否、彼らとて単なる小羊の如き懦弱な農民ではなかったことを思い起さなければならない。なるほど、中国本土から渡来してくるときは、破産、流浪の果てに尾羽うちからして台湾にやってきたものが大部分であった。しかし、「過鹹水的《コエキャムツイエ》」（海を渡ってきた者）という言葉があるとおり、これは祖先たちが苦心惨憺して台湾にやってきたのを指すことから、一面では進取的であり、精悍でもあるという意味をもつとともに、その半面、一すじ縄ではいかないことをもあらわしてきた。つまり、ただのねずみとはちがうということをあらわす台湾社会特有の俗諺なのである。はたして、台湾開拓民はただ単なる馴致させられた小羊では決してなく、その心底には強烈な叛骨ぶりがひめられていた。

この精悍と叛骨が、為政者の人間軽視、政治的圧迫、経済搾取にあって爆発するのは当然のことであった。そしてそれに油をそそいだのは、鄭氏が残していった〝排満興漢〟という英雄主義の心理と、信神ぶかい心にまといつく迷信的な宗教的信念であった。

「三年小叛、五年大乱」という言葉があるように、清朝統治二百余年の間に地方的な農民一揆として、あるいは全島にわたる叛乱として毎年毎年、開拓民たちの武力反抗がくりひろげられていった。

そして、清朝治下二百年のうちで、歴史にのこる義挙の大反抗といわれるものだけを数えあげても、三十以上にのぼった。それら大小の叛乱は、もちろん、前述のとおり、支配者にたいする被支配の反抗心という底流が一貫して脈うっているのであるが、また、そのいずれをとりあげてみても、それぞれに具体的な、政治的に経済的に理由のあることであった。そして反抗の結果、力の相違で最後には圧殺されてしまうが、しかし他人に侮蔑をゆるさないこれら硬骨な先達の流した血は、台湾人の意識をそのつど、たかめてゆくところに不滅の意義があった。

したがって、台湾の歴史は、開拓史、移民史であるとともに、虐げられたる植民地人民の連綿たる「反抗の歴史」であったのである。

それらの反抗の史的変遷を一瞥すれば、
㈠、鄭氏を征服して台湾に入った清朝の官僚や軍隊は、征服者の肩をいからせた優越感をもって統治にのぞんだがこれに対し鄭氏のうえつけた「排満興漢」を奉ずる一部の先住開拓者は、清朝を敵としてわれこそは明朝遺民とばかりに対抗、十三年目に呉球、後に劉却の叛乱がおこった。

(二)、台湾を植民地とする清朝の統治は、虐政と苛税を生み、これにたいする反抗として劉却につづいて朱一貴の大叛乱および呉福生、黄教などの一揆があいついでおこり、従来、清朝対明朝遺民という対立に政治的・経済的圧迫の要因が加わって、その対立の様相も全台湾開拓者対大陸統治者という形に変わってきた。十八世紀初め、清朝が台湾を征服してから五十年にして、ようやく植民地抗争の形をとってきたわけだが、この反抗にたいして清朝が、そのつど大陸から軍隊を増強して鎮圧・虐殺をもって答えたことはもちろんである。

(三)、十八世紀後半になると、移民の増加と出産によって、被統治者陣営の開拓者勢力が増大してきた。それと比例して叛乱もいよいよはげしさを加わえてくるのであるが、対立抗争の規模も全台湾にひろがってきた。清朝側はこれに対応して、やたらに弾圧と大量虐殺を加わえてゆくだけであった。

このような叛乱と虐殺の反復は、被治者である台湾開拓者の心中に「本地人《ブンテラン》」(台湾人)としての共感を芽ばえさせ、後に「唐山人《トウスアラン》」(台湾人は中国人をこう呼んできた)に反抗する「本地人意識」に発展していった。つまり、支配者対被支配者という対立はここで、両者の血液の共同をのりこえさせ、被支配者の地縁からくる共同運命に対する共感を生みだした。この被支配陣営の共感は、外来支配者との抗争をいよいよ高めていったが、それを如実にあらわしたのが、三カ年にわたって全島にくりひろげられた、林爽文の叛乱であった。林爽文に率いられた台湾開拓民の大多数が参加した反抗は、本地人が心理的に唐山人と絆をたちきってしまう歴史的事件ともなった。

一七八六年―一七八八年の林爽文の乱の後も、幾多の反乱が相継ぎ、一旦、ともずなをたちきった台湾という小舟が、大陸本土をいよいよはなれて、かぎりなき大洋に漕ぎだしたごとく両者の距りは大きくなっていくばかりであった。そして、次第に本地人と唐山人との間には埋めつくせない深い溝が厳然と存在するようになったのである。

ここで、清朝時代の台湾人の反抗の主だったたものを列挙すれば、つぎのとおりである。

清朝領台　一六八三
呉球の一揆　一六九六（康熙三五）台南府新港
劉卻の一揆　一七〇一（康熙四〇）諸羅（嘉義）
朱一貴の乱　一七二一（康熙六〇）鳳山県羅漢門
呉福生の一揆　一七三一（雍正九）鳳山県
黄教の一揆　一七七〇（乾隆三五）台湾県大穆降
林爽文の乱　一七八六（乾隆五一）彰化県
陳周全・陳光愛の乱　一七九五（乾隆六〇）台湾県・鳳山県
高夔の一揆　一八一一（嘉慶十六）淡水庁
林永春の一揆　一八二二（道光二）噶瑪蘭庁
許尙・楊良斌の一揆　一八二四（道光四）鳳山県広安荘
黄斗奶の一揆　一八二六（道光六）彰化県
張丙の乱　一八三二（道光一二）嘉義県店仔口荘
郭光侯の一揆　一八四三（道光二三）台湾県
林供の一揆　一八五三（咸豊三）鳳山県

李石の一揆　　　一八五三（咸豊三）台湾県
呉瑳の一揆　　　一八五四（咸豊四）噶瑪蘭庁
戴潮春の乱　　　一八六二（同治元年）彰化県四張犁荘
施九緞の乱　　　一八八八（光緒一四）彰化県鹿港

開拓農民の反抗は、時代がすすむにつれ、経済圧迫が直接の導火線として前面に押し出されてきた。たとえば、林爽文乱後、十九世紀に入ると、貪官が奸商の米穀搬出を擁護するのに反抗して、饑餓農民を率いて起ったのが張丙の乱であった。また、郭光侯の乱が、穀納制から銀納制に改正される際、役人が換算の点で不当な措置をしたために反抗したのである。さらに、施九緞になると、「劉銘伝の土地清丈の時に、県知事が強制的に苛税を徴収し、民が苦しみに堪えず」、とあって乱をおこしたのであった。

これら台湾先烈の義挙のうちで、歴史的にエポック・メイキングな意義をもつ朱一貴と林爽文の二つの大乱をみてゆくことにしよう。

朱一貴の乱

朱一貴は漳州系の福老人、鳳山県羅漢門（旗山）―母頂の田舎ともいわれる―の住民で、家鴨を飼育することを職業としていた。いたって義侠心に富んだ男で交友範囲がひろかった。彼はもちまえの気概で、仲間の農民たちが苛政

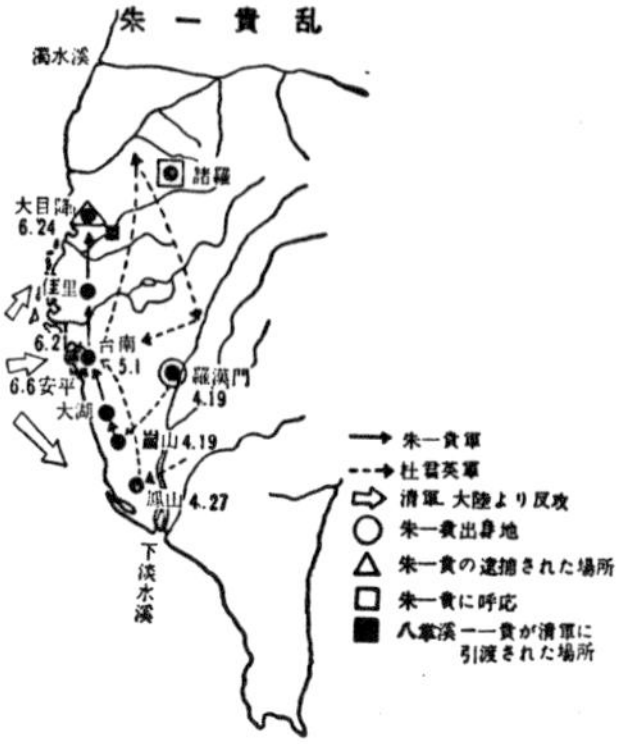

に圧迫され重税に苦しんでいるのをみては、かねがね切歯扼腕して役人どもを憎んでいた。

たまたま、康熙五十九年に台湾で大地震と凶作が相継いでおこり、人心兢々として社会不安に見舞れていた。その翌年の康熙六十年（一七二一年）に、鳳山県の県知事の欠員を補うため、台湾府の知府である王珍が兼任することとなり、その子が鳳山に赴いて実権をにぎった。彼は鳳山に至ると、苛税をさらに重くし、したがわざるものは逮捕と極刑をみだりに課し、農民の怨嗟のまととなった。

このような虐政の猖獗をみて、四月十九日、朱一貴は紅旗をかかげて自ら大元帥と名のり―人にかつがれて盟主として蹶起したともいわれる―叛乱をおこすと、一日のうちに千余人が呼応して集った。彼はまず、台南の南にある崗山を攻めて、把総（分遣隊長）の張文学を破り、多数の武器弾薬を押収し、その勢で大湖をも陥れた。

この時、下淡水溪の流域に住む客家人の杜君英も数百人を率いて、朱一貴と連合し、二十七日に鳳山城を占領した。五月に入ると朱・杜連合軍は府城の台南に進攻し、巡道の梁文宣、台湾知府・王珍、台湾知県・呉観城たちは鹿耳門から澎湖島に逃げ落ちた。五月一日、杜君英の配下が先に入城して、逃げおくれた清朝の文武官員を殺害した。朱・杜連合軍はたちまち数万人の勢力になって、清朝の台湾統治の大本営は消滅されるにいたったのである。

そして、各地の開拓農民は朱一貴に呼応してたちあがり、諸羅（嘉義）では頼池・張岳の率いる開拓民が、北路参将の羅倉を殺害して県城を占領した。これで、南部台湾（当時では台湾統治の全地域を意味する）の台湾・鳳山・諸羅各県がほとんど開拓民の手で占領されることとなった。

朱一貴は、台南の府城で、赤嵌楼から銃砲を多数鹵獲した。そして、鄭成功の天下を中興したという考えから、中興王―義王ともいわれる―に推挙され、各地の首領を、国師、将軍、都督などに封じて論功行賞をおこなった。

杜君英は府城に入城していくばくたたず、軍律の厳しさで朱一貴と摩擦を生じたが、さらに、その子の杜会三を王に封ずるよう一貴に要求したのがいれられず、遂に一貴たちと仲間割れをして、客人の部下数万人を率いて府城を去り、虎尾溪のほとり、猫児干に駐屯して形勢観望の挙にでた。

一方、大陸では、朱一貴の乱をきいて閩浙総督の覚羅満保は、福建水師提督・施世標、南澳総鎮兵・藍廷珍に兵一万二千人と兵船六百を率いしめ、澎湖島を進発、三路に分れ、主力は六月六日に鹿耳門から安平鎮を砲撃した。

清軍の優勢な火力の猛攻にあって、安平の火薬庫がまず炎上し、一貴の民軍は台南の府城に撤退するの已むなきにいたった。

一貴はこれにめげず、その日のうちに数千の兵を派して安平に反攻、翌日、また数万の民兵を添加して安平奪回を企てて、二鯤身で清兵と激戦したが、施世標のために敗退し、民軍たちは府城に逃げ帰った。

そして六月二十一日に、施世標と藍廷珍が会同して府城を攻撃し、朱一貴は自ら民軍を率いて応戦したが、清軍の大砲と軍勢にやぶられ、府城を退いて大目降に入ったときは、鳳山県城も清兵の手におちた。

ここで、機をうかがっていた杜君英は清軍に降り、一転して朱一貴の民軍攻撃に加わった。

その時、下淡水溪の客人である侯観徳、李直三たちが、「大清義民」という旗をかかげ、清軍に加勢して朱一貴の背後をついた。

これで大勢は定まり、朱一貴の民軍は敗退四散の運命をたどることとなったのである。

朱一貴は敗走して水溝尾にたどりついた時、楊石善はかねてから清軍の藍廷珍に暗に通じていたので、一貴をだまして捕縛し、牛車につんで八掌溪の清軍に売りわたした。

このようにして、清朝治下の台湾を震駭せしめた一世の英雄朱一貴は、同志多数とともに北京におくられ、磔けの刑にあって殺された。彼と共に蹶起した烈士たちも、その家族もろともに虐殺されたのである。

一貴を裏切った杜君英も清軍の追及をまぬがれることができず、やがてその子とともに処刑された。

この反乱があってから、清朝は、広東人の移民禁止を解くとともに、福建系の人と広東系の客家の分裂を策して台湾を統治する方向にむかった。いわゆる「分而治之」ということである。

林爽文の乱

中国は古くから、政治腐敗して正義おこなわれず秩序の乱れた時代には、百姓たちが自衛上、自ら結社をつくり、相互扶助から相互保衛、そして社会秩序の維持まですすんでやることがよくある。このような民間の結社は、各時代いたる所に、大小を問わず数限りないほどあるが、それを、時の為政者が利用すれば政治結社となる場合もあり、取締れば秘密結社となって統治者の頭痛のたねとなる。職域や地域的に勢力をえれば繩張りの網をつくり、迷信邪教と

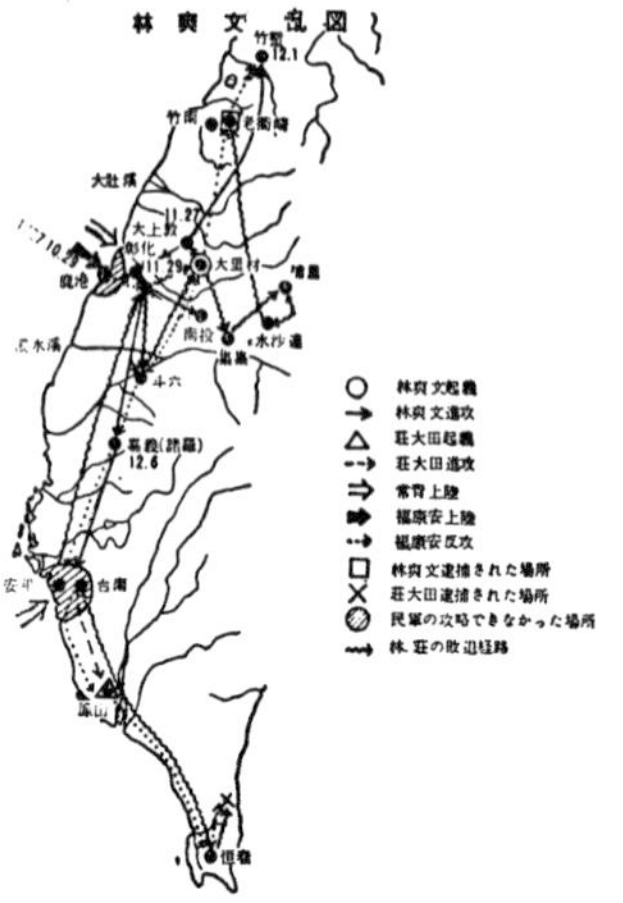

結びつくと邪教宗団として始末におえなく狂奔する。そして、虐政に抗して一揆をおこせば良民たちの大の味方であり、動乱の時、その盟主の指導いかんによって匪徒にも化してしまう、という具合のものである。

台湾社会は、移民開拓者の開いた新天地であり、彼らが自ら裸一貫できずきあげた世界であった。それを外来の支配者が、開拓農民を人間あつかいにせず、植民地として虐政と苛税をかさねてきたから、自然に、開拓者仲間のうちに互助、隣保あるいは攻守同盟の各種の〝会〟が生まれてきた。その会は、大は各村落を地域的に打って一丸とする〝会〟から、小は一村落一集団のうちの神明会、共祭会などのような中国社会に特有のギルド的結社があったわけである。

そのうちで、全台湾の規模をそなえた〝会〟に、「天地会」というのがあった。この天地会は、鄭成功の創設によるという説、氏名不詳の明朝遺老が〝復明〟のためにつくったという説、あるいは福建省の洪門会の分流であるとか、その創生について諸説が紛々と言い伝えられてきたが、いずれも不確実という点では一致している。ただし、元来が開拓者たちの結社であるから、清朝が暴政を布き苛斂誅求をほしいままにしてきた台湾では、開拓民の反乱一揆の際何時も民衆の味方となり主力となって、その組織力がものをいったことは、ほぼまちがいないことであった。

さて、彰化県の山辺の大里杙（阿《ア》罩霧《タウブ》＝霧峰）に住む林爽文は、この天地会の北路幹部として、鳳山県に住む南路幹部の荘大田とともに、開拓農民の間で重きをなしていた。この会友数万人といわれる天地会は、清朝政府にとっては目の上のたん瘤の存在であり、幹部の林爽文や荘大田は不逞の徒としてかねてより警戒されていた。

乾隆五十一年（一七八六年）といえば、度重なる圧迫・逮捕で、開拓民が不安動揺していた時分であった。七月にまた知府・孫景燧と総兵・柴大紀が、わざわざ諸羅（嘉義）に出向いてきて開拓農民を逮捕し、天地会々員の黄文麟一家がその災難にあい、財産まで没収される事件がおきた。

このような虐政に耐えきれなくなってきた天地会の会員たちは、紛々と大里杙に集り、不穏の情勢が次第に高まってきた。そこへ、彰化県知事・兪峻は副遊撃・赫生額と会同して、開拓民の機先を制し、大墩（大里杙の隣村）で開拓民を逮捕するとともに民屋に放火した。

林爽文は、いままでは会員の軽挙妄動をいましめるのに懸命であったが、役人どものとどまるところを知らない暴虐をみてこれまでとばかり、十一月二十七日の夜、衆をあつめて大墩を攻め、二十九日（一説には十二月七日に陥落）には大挙して彰化県城を攻略して、知府・孫景燧とその属僚を皆殺しにした。

彰化の起義に呼応して竹塹の王作は、県城を襲撃し、淡水同知・程峻を殺害した。

爽文は彰化城内で推されて盟主となり、順天と年号を定め、竹塹の王作を征北大元帥、王芬を平海大将軍、その他海防同知、彰化知県などを任命して全台湾に旗挙げした。

ついで南投、斗六の諸地方を次々と攻取し、十二月六日には諸羅県城を陥落せしめて文武官を殲滅した。このようにたちまちのうちに台南以北を勢力下におき、いまだ民軍の手中におさめられないのは台南の府城と鹿港だけにとどまった。

一方、南路幹部の荘大田は、林爽文に呼応して、会友数千を糾合し、自ら南路輔国大元帥と称して、鳳山県城を攻略した。そして県長の湯大紳を殺害。これとともに遠く恒春の本地人までが、清朝の衙門（役所）を占領し、これで全台湾がほとんど本地人の掌中に帰したのである。

次に、林爽文と荘大田は南北から長駆、台湾府城（台南）を包囲攻撃することとなった。府城は台湾道・永福と南路海防兼理蕃同知・楊廷理が死守して、大陸からの援兵を待った。

急をきいて閩浙総督・常青は、福建水師提督・黄仕簡をして兵二千を率いしめて鹿耳門から入らしめ、別に福建陸路提督・任承恩を派し、兵二千を率いて鹿港から上陸させた。鹿港は泉州系のものが拓いた市街で、その郷民がかって大里杙の漳州系の者と不和のため、林爽文の呼びかけに応じなかったのである。

しかし、澎湃として起る全台湾の反乱と、破竹の勢いを誇る民軍を前にして政府救援軍は手も足も出ず、一向に戦果が挙らない。そこで常青が自ら一万の軍隊を率いて渡台し、府城の守兵と合流した。

林爽文と荘大田は、民軍十余万人の大勢で府城を再包囲し、陥落寸前まで攻めたてたが、その一歩手前で荘錫舎が裏切って清軍についたため、急転直下、攻城は失敗に終った。

それで府城の包囲は解かれ、台湾鎮総兵・柴大紀は諸羅県城を奪回、城中に籠った。

常青は一七八七年（乾隆五十二年）五月十五日、各路の政府軍に総反攻を命令したが、戦況は不利で、諸羅県城は民軍に再包囲されて糧食を絶たれ、陥落は時間の問題となった。しかし、柴大紀は城中の住民四万人を督励して協力せしめ、とうとう十一月に大陸から派遣された援軍が到着するまで守りぬいた。後に清朝は守城の軍民を嘉賞し、諸羅を嘉義と改称したのである。

さて、話を前に戻して、戦況が清軍に利あらず、常青が頻りに援兵を求めてくるのに接して、清廷は遂に、協辦大学士陝甘総督・福康安を起用し、常青と交替せしめた。福康安は十月二十九日、湖南、貴州、広西、四川の漢満連合軍九千を統卒して鹿港に上陸した。

民軍は、福康安の大軍と優秀な装備を前にして、大いに戦い、十一月四日、彰化県城附近の八卦山で一敗地にまみれ、第一の本拠地である彰化を失った。清軍は六日に諸羅県城に入って柴大紀以下の守備軍の救援に成功した。

林爽文はそこで、民軍を集結し、斗六門に籠ったが、十一月九日、福康安の猛攻急追にあって撤退するのやむなきにいたり、さしも二年近くの間、全台湾を制圧してきた民軍も瓦解する破目に陥った。

林爽文は大勢すでに去ったことを悟り、大里杙に帰り、一族をまとめて集々にのがれ、さらに埔里社の山中に入った。

福康安は林爽文を追及すること甚だ急で、熟蕃を動員して深山を捜索するという徹底振りを示し、それには、爽文の父母妻子がまず水沙連で虜れの身となった。爽文は自分の敗退をみとめ、竹南附近に飛び、一七八八年（乾隆五十三年）正月四日、親友高振のもとに赴き、己れの身柄を政府軍に引渡させて功をなさしめた。

南路の荘大田は形勢の不利をみて鳳山城を放棄し、琅璚（恒春）に走って抗戦したが、彼もまた捕えられた。彼は府城に送られ北京に護送されるところを、重病のためその地で惨殺され、北路の王作も竹塹で殺害された。

爽文は北京に護送されて、なぶり殺しの刑にあって果てた。彼と行動を共にした本地人は、大方、家族もろとも虐殺された。その数は枚挙にいとまがない。

三年という歳月にわたって、燎原の火のごとく全台湾をなめつくした本地人の蜂起は、かくして多大の犠牲を払って幕を閉じたが、その尊い流血は台湾人にいまも不滅の歴史の一ページとして語り伝えられ、彼ら虐げられたるものの進むべき道を示唆するのであった。

いまでも台南市の大南門の内側に、俗に「亀碑」とよばれている、漢満両様の文字で書かれた石碑が九基のこっている。そのうち、「御製勦滅台湾逆賊生擒林爽文紀事語碑」と、「御製福康安奏報生擒荘大田紀事語碑」の両基は、台湾を鎮圧した支配者の手になる記念碑ではあるが、それにもまして、台湾人の反抗史における巨大な一道標となるにいたっている。黙々と風雨にさらされてきた古色蒼然たる石碑の前にたって、壮烈な先達の義挙に思いをいたすにつけ、「永垂不朽」という言葉が油然と心のうちから湧きいで、人をして去るあたわざる感をいだかせている。

分類械闘

台湾人は、いまではお互に蕃薯仔と呼びあっている。が、運命の共同と同胞の共感を胸にふくらませながら、かく呼びあうまでには、暴虐な外来支配者に対して共に戦ってきただけでなく、長い間、台湾人同士で、内部の軋轢を繰返してきたものである。蕃薯仔の共感は、いわば、このような内外両面の闘争軋轢をへた後にはじめてえられた、共同の広場なのである。

三百余年の間にわたって、大陸から移住してきた開拓者たちも、出身地の相異や渡来の時機の不同から、仲間同士が小集団に結束しては、互に対立反目しあってきたのであった。

先着の福建系と後来の広東系の対立反目、また、同じ福建系でも、泉州と漳州の間におけるが如く、大陸から持ちこんできた睨み合い、という具合にそれぞれの来歴によって各々陣営に分れ、時には血みどろの闘争を繰返してきた。

このような開拓民同士の抗争を台湾では、「分類械闘」といってきた。分類械闘は、台湾社会に特有な言葉である。その意味するところは、類を分けて、つまり仲間同士が結束して、武器すなわち械で以て大仕掛に戦うということである。

もとをただせば、南シナ地方は中国大陸のうちでも同郷、同姓、同門あるいは同村のものがよく団結する代りに、他のものを排撃する傾向の強い地域であった。とくに大きく分けて広東と福建のいがみあいは甚だしく、広東系のうちでも客家はどちらにもつかないため、かえってどちらともよくなかった歴史を歩んできた。また、同じ福建でも、漳州、泉州、福州などは対立の激しい関係にあった。

台湾の場合は、このような南シナの対立反目がそのまま持ち込まれたばかりでなく、台湾の開拓事業と土地所有の経済的要素や、支配者の植民地的統治の分裂政策がかさなりあって、それだけに対立が深刻、かつ、抗争が頻繁であった。

その二、三の特徴を挙げれば、
一、福建系は渡来の時期が早く、人口も多く、開拓地も必然的に一等地を占め、概して富裕であったから、各時代とも優勢を誇ってきた。これに反し、客人は渡来の時期がおくれ、人数も少数で、開拓地も自然と山間僻地にかたより、福老人に比べ総体的に貧しく劣勢の側にたたされた。したがって、福老人は多数横暴の傾向を持つのに対し、客人は、時の権力者に接近して遠交近攻のごとき対抗策をとる傾向があった。
二、新開拓の植民地という台湾社会の特質が内部闘争にも逆作用した。つまり、開拓者たちは、大は暴政と官憲に対する反抗および原住民との戦いから、小は天災地変や害虫毒蛇を防ぐというような些細なことにいたるまで、仲間同士の結束を固めて団結行動にでることを要求された。その半面では封鎖的で排他の気質、あるいは異分子に対する警戒心などの助長をみたのである。これが原因して些細のことから深い仇敵関係がうまれ、福老人と客人、および漳州人と泉州人の対立だけでなく、甲村と乙村、あるいはA姓とB姓の如くに地域的にも異姓の間にも対立反目が生じた。

三、支配者の分裂政策は植民地統治にはつきものの常套手段である。開拓者同士の対立反目は、支配者が漁夫の利を占める好機であり、それを見逃すはずがなかった。

清朝はこの分裂政策を公然、かつ積極的におこなった。ところが、清朝の台湾における政治力が不充分のため、このような分裂政策をとるのはよかったが、時には薬がききすぎて、開拓民同士の抗争が激烈になってくると、政府の力では鎮圧できないほどの大擾乱に発展することがあった。

この場合には政府は、一方を「匪徒」、一方を「義民」として、弾圧と支援を併せ用いて局面を糊塗するしかなかった。匪徒にされるのは福老人が多く、同じ福老人のうちでも漳州系がよくなり、義民の役は客人がよくひきうけてきた。

ところが、このように開拓民同士が骨肉相喰み、政府が匪徒と義民の名目をあたえて分裂を策するとき、義民とされた方が、往々にして権力と結托しては放火殺人や脅迫強奪をほしいままにし、開拓民同士に憎悪されたものであった。「その名は義民でも、匪徒より悪虐なり」、といわれてきたのがそれである。

四、地域的には福老人と客人の対立は南部に多く見られ、漳州系と泉州系の械闘は中部と北部の方が激しかった。

朱一貴の乱に、鳳山の客人が「大清義民」の旗を掲げたのは南部における一例である。林爽文の乱に鹿港の泉州系が政府軍に便宜をあたえたのは、中部台湾の話である。そして、北部では、宜蘭の漳泉械闘、台北・艋舺の同安系（泉州系の一つ）と八芝蘭（士林）の漳州系における械闘が有名であった。

大墓公

台湾開拓の歴史は、原住民と漢人の殺しあいによって、その第一頁が綴られ、それ以来、開拓の進展は何時の時代にも、血腥い闘争殺戮がつきまとった。

ことに、清朝時代の「三年小叛・五年大乱」と、「分類械闘」には、その都度、「遍地死屍」（地上一面が屍によっておおわれる）の如き悲惨な様相を繰返してきた。

今日の台湾で、各地の村落を歩けば、その近郊で必ず「大墓公《トアボンコン》」とか、もしくは「有興公《ユウヘンコン》」という塋域がみられる。これは清朝時代の叛乱と械闘に散っていった、おびただしい数の無縁仏を合葬した墓所である。いわば、台湾社会発展の過程で犠牲となった無名戦士の墓である。この大墓公が各村落に例外なく残っていることは、その昔、叛乱と械闘が全島にわたって如何に頻繁であったかを物語るものである。

台湾人は、古くから毎年かかさず、旧暦七月十四日から三十日までの間に、「普度《ボウトウ》」という盂蘭盆祭りを盛大に挙行して、これら無縁の人柱を慰め、あわせてその加護を祈願してきた。そして、この日は清朝時代を生きてきた古老

（大墓公を祭る風景）

たちが、昔の物語を孫たちに話し聞かせる、年に一度のチャンスでもあるわけだ。大墓公は何時代の人々が合葬されてきたとか、いつ、どこそこの衙門が襲撃されたとか、総理の某々が村はずれのどこで殺害されたとか、その復仇に官兵が何村で放火殺戮したとか、そしてその時に村人の某某が一ばん勇敢に戦ったとか、あるいは漳州人が襲ってきて何十名の村人が殺されたとか、何という役人がもっとも悪虐だったとか、いつの年代に土匪が襲ってきたとか等々神妙にきき入る子供たちを前にしながら、白い髯をなでなで語る老翁の話題は、つきるところをしらない。まさに台湾人社会ならではの風情である。

日本の台湾占領とそれにつづく台湾人鎮圧の時には、これら台湾人の人柱がまたふえて、やはり同胞の手によって大墓公に合葬されてきた。

第二次大戦が終了し、中国国民政府が台湾を接収して三年目に、台湾人の全島的蜂起があった。それは二・二八事件とよばれ、数万人の台湾青年が、中国人の手にかかって虐殺された。大半の屍は行方不明のまま今日にいたり、済度される機会もあたえられていない。台湾同胞のために果てていった、これら無名戦士も何時の日か、大墓公に合葬されることによって、はじめて安らかに昇天できるであろう。

9　劉銘伝の改革

台湾省の新設

さて、十九世紀後半、台湾の西部平野はほとんど開拓しつくされ、東部海岸と中央山岳地の一部にも、漢人移民が入殖して開拓の実績をあげていた。他方、阿片戦争後、欧米資本主義が台湾にも怒濤のごとくおしよせ、五港の開港を強要されて、その勢力は島内にみるみるうちに浸透し、外患しきりにいたる、という形勢にあった。

このような内外の変革する情勢に応じて、清朝政府は、台湾を「南洋門戸、七省之藩籬」（南洋の門戸、大陸七省の辺境の護り）、といいはじめ、ようやくその地理的要衝を重視し、大陸防備の楯として台湾の海防を強化する必要を痛感するにいたった。

そこで、慈禧太后（西太后）は、醇親王、李鴻章、左宗棠、沈葆楨、丁日昌のような重臣たちの度かさなる建議をいれ、台湾を福建省から切り放して、新たに「台湾省」を新設することを欽定し、防備の強化と資本主義的開発を遂行して、列強の侵犯に対抗しようともくろんだ。

そして、台湾省の初代巡撫には、李鴻章の推挙により、清仏戦争に武功のあった文武兼備の劉銘伝を親任することとした。光緒十一年（一八八五年）九月五日のことである。

ところが十月十九日に、劉銘伝は「台湾暫難改省摺」を提出して、台湾を省に昇格することの事期尚早なることを述べ、三、五年後に延期するよう乞い願った。

劉銘伝は清仏戦争のとき、台湾防備の任についたことがあって、

一、台湾改革の実績をあげるには、防備、練兵、清賦、理蕃の四大政策を併せ遂行しなければならない

二、防備の一件だけをとっても、年に銀三百万両の軍費支出を必要とするのに対し、台湾全島の歳入がわずか百万両にしかすぎない

三、台湾が省として独立しても、福建省とは連繋をますます密にせざるをえず、そのため、閩台の往来を扼する澎湖島の海防をかためるのでさえ、銀八十万両を要する

などの如き財政上の出費をはじめ、行政、司法、軍務の諸方面で、台湾省設置に先立って解決しなければならないことが山積みしていることを熟知していたからである。

しかし、台湾省設置はすでに西太后の欽定されたことであり、大勢は急遽その実現を期することに傾いていたので劉銘伝の主張は清廷で却下された。

そこで劉銘伝は已むをえず命にしたがい、翌年の四月二十二日に福州にいたり、閩浙総督・楊昌濬と政務の打ち合せをすませた後、台湾省の新首都、台北に赴任した。

彼は一介の武弁の出身ではあるが、当時、進歩主義官僚の一人に数えられ、かねてより中国社会の近代化による富

国強兵策を唱導していた。であるから、台湾に着任するや、その名声に恥じないだけのおもいきった改革を断行し、台湾近代化に尽力することになるが、もとより、膨大な財政支出を無視した性急な改革策であったため、台湾住民は負担の過重に苦しみ、劉氏も治台半ばにして台湾巡撫を辞任しなければならなかったのである。

近代改革の四大政策

劉銘伝は、台湾の海防と資本主義的開発を不可分のこととし、その基本として防備、練兵、清賦、理蕃の四大政策を掲げて台湾入りした。

彼は基隆に第一歩を踏むと、その足で基隆砲台を一週間にわたって視察したのち、はじめて台北城に入るほど海防を重視した。

そして、着任早々、基隆、淡水、安平、高雄の四砲台を近代的なものに改修し、各国から大砲を購入して防備の強化に当った。つぎに、ビタレンというドイツ人を技監に招聘して砲兵訓練と軍隊の近代化を計り、軍装機器局、火薬総局および水雷局を設けて、洋式兵器の採用につとめた。その他に、全台営務処を台北に新設して軍務を統轄せしめ英人マデソンを顧問に迎えて保甲制度の改定にも手をつくした。

理蕃を重視したことは、福建船政大臣の沈葆楨と意見を一にするところで、劉氏は大嵙崁（桃園の大渓）に撫墾総局を置くとともに原住民地区に各々分局を設け、隘勇制を定め自ら撫墾大臣を兼任するほどの力のいれようであったそして、これら防備・傭兵や理蕃・清賦を土台にして、台湾の資本主義的開発を着々と進めていったのである。彼は、当時としては破天荒の出来事に属する基隆・新竹間の縦貫鉄道を、銀百万両も投じて敷設した。東京・横浜間の鉄道が一八七二年（明治五年）に開通しているから、それにおくれること約十五年の後のことであった。さらに台湾横断道路の開鑿に努め、台北・宜蘭間の道路を開通せしめた。海運では招商局を台湾にも置き、新式の汽船を購入して、島内沿岸ばかりでなく、大陸本土や南洋の航路をも開拓した。

そのほか電信敷設、郵便制度創設、樟脳専売、採鉱と茶業の奨励など、近代式の産業開発を大陸本土に先んじて手を染めたのである。

それだけにとどまらず、新時代の「洋務」に従事する新しい人材の養成にも意を用い、一八八六年に台北・大稲程の六舘街で「西学堂」を開設して、台湾青年に英語、地理、歴史、数学、理科の如き新教育を施した。技術教育のためには台北の建昌街に「電報学堂」を創設した。また、日本の明治維新による近代改革の成功を高く評価して、「日学堂」の開設をも計画したが、これは実現をみなかった。

これら劉銘伝の業績を羅列しただけでも、当時としては進歩的な見識と遠大な計画が手に取るように見えて敬服の外ない。そして、このような近代改革が中途にして挫折したことを、台湾のためにいくら惜しんでも、惜しみすぎるとは思えないのである。

土地清丈

さて、台湾がかかる新時代へスタートするのに、当然、莫大な財政出費を必要とすることは言うまでもないことである。このことは劉氏自身が、最初から百も承知していた。さればこそ、治台の基本策として、はじめから土地清丈と税制改革を掲げ、財源確保に資することとしたのである。

そこで、一八八七年（光緒十三年）、さっそく清賦総局を設けて土地清丈の事業を押し進め、隠田と脱税の摘発に乗り出した。

これよりさき、劉銘伝は着任早々、「奏請丈量台湾田畝、清査賦課摺」（光緒十二年五月）を北京に送って、台湾の土地所有と賦課の実情を説明し、改革の意見を述べている。それを略述すれば、

「台湾の課税は清朝の版図に入ってからも、長いこと鄭氏時代の税制を踏襲しており、丁糧（人頭税）は成年男子一人につき年に銀四銭八分六厘を徴収してきた。十八世紀中ごろの乾隆元年には、台湾の丁糧をはじめて本土なみに減額して銀二銭とし、年総計銀三千七百六十余両の歳入となった。

乾隆十二年になって、すべて田地に照らし成年男子の頭数に応じて課税することとし、道光年間（十九世紀初）には、課税対象となった開墾地は、三万八千余甲にのぼり、年、籾二十万五千六百余石と番銀（外国銀貨）一万八千七

百余元を徴収している。

それから数十年たった（六十年後）今日では、開墾された土地は数倍になっているのに、財政収入はいくらも増加していない。いままでは天下太平で、朝廷は、台湾の如き渺たる小島を重視するに足らずとして、税制も改革しないまま放置してきた。

しかるに当今においては、海上多事、台湾の如き険要の地は、省として独立、国事ようやく繁忙をきわめ、出費も巨額にのぼり、昔日と隔世の感がある。

このような時難にして歳出の膨張する際には、どうしても税制をたてなおして、三、五年後には、自ら経常収支を賄なうように計画しなければならない。

田地の賦課は政府の歳入の経常財源であることは多言を要しないが、台湾の賦税は大陸本土にくらべ、すこぶる過重であることは驚ろくばかりである。その原因を調べてみると、税収がもっぱら、細民の負担にしわよせされていることによるためである。

たとえば、某所に未墾地があれば、すべて墾戸が政府に申請して、その開墾の権利を取得し、それを佃戸に転貸する。佃戸はそれを実際に農耕する貧農にまた貸しあたえる。墾戸はただ一片の書類を提出するだけで、一銭一厘も費すことなく、その権利を確保することができた（その実、役人にたいする経常の賄賂は莫大なもの）。いざ、土地が開墾され収穫ができると、墾戸は大租を徴収、そのほか屯租、あるいは隘税とか枚挙にいとまないほどの名目で、細民から順次にしぼりとった。

にもかかわらず、正供糧課（政府に納める税金）は少しも増加しない。台北・淡水の一地方を例にとってみても、三百余里の広大なる田畑を擁していながら、税収はわずか一万三千余石しかにすぎず、いかに隠田が多いかがわかろう。そこで、三十余人の役人を南北各県に派遣し、各県選抜の士紳数人と共同して、保甲によって一戸毎に納税状況を検査する。しかる後、あらためて田地を逐次、清丈することにした。ここで台湾府の程起鶚と台北府の雷其達に命じ、清賦総局を設立して、遂行督励させることにした。賦税の軽重は、清丈の完了をまって、さらに指示を仰ぐべく云々」

劉氏はなかなか明敏な頭脳の持主で、彼のこの一文は清朝時代の台湾の土地制度、税制のみならず、それらを通じて当時の社会状況がよく物語られている。

北京の朝廷はこの上奏文によって、光緒十二年五月八日の日付をもって、ただちに台湾の土地清丈を許した。そこで、劉銘伝は同年六月には、告示をかかげて歴史的な清丈の事業を実行に移すという疾風迅雷の如き早さを発揮した。

「台湾は乾隆五十三年に土地清丈してから、約百年を経過し、田畑は数倍に達したが、久しい間、税収の増加をみない。

今や海上多端、台湾は海洋の要地であるため、ことごとに外人の窺うところとなった。その対策として朝廷は巡撫をおき、生蕃を招撫して内憂をなくし、海防を厳にして外侮をはらい、田地を清査し歳入を富裕にしようと画策している。……

台湾は昔から沃野千里といわれ、そのうえ最近は開墾が進んでいるにかかわらず、税収はそれに比例して増加しない。これは主として、業戸（大租戸をさす）が移りかわって、徴税の額がまちまちであるうえに、従来、滞納の税額を督促せず放置しておいたためである。また、登記証書の消失、業戸名儀の不明、境界の混乱等によって、土豪が田地を隠匿したり、他人の田地を強奪したりしてきた結果にもよるものである。

奸民（この場合は徴税請負人で私腹を肥したものをさす）はこのような混乱に乗じて、税収をごま化して私腹をこやしたり、あるいは蕃人襲撃にたいする防禦という名目で、隘税をひそかにとりたてたり、あるいは隠田をみつけては勝手に大租を細民からだましとっている。……

そのため、勢力ある者は「有田無賦」といって、田地があっても税金をおさめず、逆に弱い者は、「有賦無田」といって耕やす田地をもたないのに、それに相当する税金をおさめさせられている。ことに河川の辺りにある田畑が洪水で流されて、収穫が不可能になっても、細民が免税を政府に申請する手続をしらないことをいいことにして、「田去糧存」といって、田地は流されたが税賦の糧穀は依然として納めなければならない、という不合理が公然とおこなわれている。

そこで本官は、全台湾の田畑の清丈を布告し、南北二府（台北府と台湾府）に各々清賦総局を設け、即刻、業務を開始する。これらの土地は一度清丈されれば、土地の番号を編成し、その番号の田地の所在、所有者、納税責任者を明らかにして登記簿に記入することにする。

田畑を譲渡する場合は、かならず登記を変更して税賦の収納に遺漏のないようにしなければならない。……

洪水に流された土地は、随時、稟報して免税の手続をとることができる。

将来、清丈が完成の後は、歳入が増加すれば、文武と教学の支出はかならず増額でき、国家財政、民生に稗益するところ大である。

各地の紳民はすべからく、告示を遵守し、各機関とも一律に辦理し、官荘（官有の田畑）、叛産（叛乱者から没収した田地）、営田（軍隊の田畑）を問わず、すべて丈量に従わなければならない。

従前に犯した隠匿の咎は、即往を追求しないことにする。

もし、土豪劣紳が抗逆を企てたり、隠匿を主唱したり、あるいは、流言蜚語を散布する者があれば、厳罰に処する云々」。

また、清丈の実行については、「清丈章程」を定め、具体的なやり方を明示した。その主要な部分をあげれば、
一、清丈を実施するときは、三日前に告示し、土地所有者は権利書と土地の清丈の結果を官府で対照しなければならない。
対照した結果、甲数と境界を明記したら、役人が何かと口実をつくって、金品を強要することを許さない。もし、これに違反する役人があったときは、土地所有者の告訴を認める。
一、清丈後、三聯の調査表を発行し、清丈総局、県庁、所有者に交付あるいは保管させる。そのほか登記簿を二部作製し、清丈総局と県庁で一部づつ保存する。
まず、土地の面積、境界のみを清丈し、納むべき税賦の額は別に定める。
一、清丈した田地は、上中下の三等則にわかち、河川の水で灌漑する田地を上則、埤圳や用水池の水を使う田地を中則、山地で降雨にしかたよれない田地を下則と定める。
畑地は従来から等則の別がなく、調査表には畑地なることを明記する。

所有者が面積、等則を胡魔化すため、役人や士紳に賄賂を使うことを許さない。その不正が発覚したときは直ちに、その田畑を没収し、役人、士紳を厳罰に処する。

所有者が自ら田地を隠匿し、密告あるいは役人による調査で、不正が露見した時は、その田地の半分は没収し、残りの半分は密告者の所有に帰せしむ。担当の官員、士紳もその責任を追求される。

このように、清丈計画は綿密で周到にわたり、違反者の罰則も厳格をきわめ、規模の大きかったことは当時の、進歩主義者といわれる劉銘伝なればこそ、はじめてできることであった。

はたして光緒十二年七月に開始された清賦工作は、四年目の十五年十二月に一段落をみた。そして、その結果はすぐあらわれてきた。台湾全省の地租収入が、いままでの銀十八万余両から六十七万余両になって、一躍、四十九万両の増加をもたらしたのである。これはまさしく驚嘆に値いすることであり、その限りでは劉銘伝の清賦事業は大成功裡に終了したといわねばならない。

このような積極策とその絶大な効果は、彼一流の見識に配するに強大な政治力があったればこそ、可能であったのである。しかし「動あれば反動あり」という譬えのとおり、劉銘伝の改革が公正でかつ急速なればなるほど、必然的に落伍せる土豪劣紳―これも為政者が台湾統治の必要から養成維持してきたものであった―のあるまじき経済特権を極端に侵害することとなった。そして、それがひいては、これら封建地主の死にもの狂いの反撃をひきおこした。

問題はそればかりではなかった。公正な精神と綿密な計画のもとに行われた劉氏の清賦事業であったにもかかわらず、これを実際に担当するものが、いわずと知れた百姓たちの頭上であぐらをかいてきた植民地官吏と、虎の威を借りて横暴に振る舞う土豪劣紳の類であったから、数々の弊害が派生してくるのも如何ともしようがなかった。

その弊害とは、

㈠、田地の等則の調査、賦税の査定が粗雑なうえに、苛酷すぎた

㈡、土地所有者の認定に正確さを欠き、あれほど厳禁されている賄賂が公然と行われた
㈢、土地権利書が公正に発行されず、田畑をだましとられる者が続出した
㈣、測量の尺度が統一されず、地方々々によってかなりの差異があり、これが役人の私腹をこやす原因となったが主なることであった。それで、生死の岐路にたたされた農民百姓の一揆が、各地におこり、施九緞の乱のような事件の勃発をみたのである。

事、ここにいたっては、さすがの劉銘伝も事態の収拾に困難を生じ、在職六年余、改革事業の半ばにして野に下る羽目におちいったのである。

後任の卲友濂は、民力休養ということを念頭に入れて、事態の収拾に出たまでは事宜に適していたが、その方法として、劉銘伝の改革事業をことごとく改廃するにおよんで、台湾の政治、社会、経済が旧態にすっかり逆戻りしてしまった。

劉銘伝の台湾近代化の改革は、こうして中途半端に終ったわけであるが、その創業精神は消えさることのない意義を後世に伝えている。

そして、彼のこのような台湾近代化の衣鉢をつぐことになったのは、他ならぬ、六年後にやってきた、次代の支配者、日本帝国だったのである。

10　原住民を圧迫する漢人

漢人浸透時代

漢人による台湾開拓史は、一面、漢人による原住民の圧迫の歴史でもあった。そして、漢人系台湾人の繁栄につれて台湾が拓けていったのに対し、台湾の発展にともなって、原住民系台湾人が衰亡していったのも、時代推移のしからしむるところともいわるべきであろうか。

さて、台湾に移り住んできた漢人開拓者は、その大多数が農業技術を身につけた、勤勉な農耕経験者であった。彼らは新天地に第一歩を踏み入れると、すぐ開墾地を求めて一陣、また一陣と原住民居住区に浸透していった。先着のものは当然、海岸に近い平坦地を占め、後にやってきたものほど、奥地の山岳地帯へ開拓地を求めていかなければならなかった。

原住民たちは、清朝統治時代には、すでに狩猟採取から脱却して、原始的ではあるが簡単な農耕と養畜を知りはじめていた。

であるから、漢人のほしがる原野は、原住民にとってもまた粟、ひえを植え、鹿を追いまわすかけがえない生活の場であったのである。

かくして、すでに占有者のいる土地を強奪しようとする新参者と、生活の場である大事な原野を失うまいとする先住者との間に、襲撃と復仇の戦いが、当時の台湾島内で頻繁にくりひろげられたことは、想像にかたくない。おもうに、人類の歴史を往古にさかのぼればのぼるほど、生存のための闘争には、力と数がものをいう弱肉強食の自然法則に多分に支配されるものである。

移民が増えて漢人仲間が多くなってゆくにつれ、原住民は次第に打ち負かされてゆき、未開の原野はつぎつぎに漢人開拓者の住家に変貌していった。原住民は、たえず復仇の襲撃と首狩りを漢人に仕掛けてゆくが、数と力量で漢人に太刀打ちできないうえに、文化程度と生産技術がくらべものにならないほど劣っていたから、自然に消滅あるいは同化の運命をたどり、少数のものは山岳地帯へとおいやられていったのである。

それにひきかえ、漢人開拓者は、最初は暴力により、終りには主として詐術を用い、原住民の生活の場を奪い取っては鍬鋤を入れて田畑に換えてゆき、それとともに台湾は次々とひらけていった。そして、原住民の逆襲や首狩りに対しては、官憲の援護をうることができなかった故に、いきおい自ら武装して自衛する策にいでざるをえなかった。こういう開拓の環境が、私兵をたくわえた豪族、あるいは政府の武力を利用できる地方的なボスなどの発生を、ことさらに促進してゆく原因の一つとなった。

しかも、これら豪族や地方ボスが一度、その発生をみると、新参の開拓農民を糾合しては勢力を張り、元来、守勢のものが逆に攻勢にでてゆくようになった。これら地方の狼どもは、蕃社をおそっては、その土地を奪うだけでなく、漢人同士の弱者にも咬みついては、その田畑を奪ったものである。

こういう話がある。新竹のある地方の旧家出身であった黄某は、元大地主で名がきこえていた。彼の所有した膨大な土地山林は、曾祖父の代に原住民から奪い取ったものばかりであるが、その曾祖父の人物たるや、勇猛でかつ惨酷な点で原住民に恐れられていた。彼はもちろん襲撃と殺戮でもって自分の土地を増やしていったのであるが、しまいには、原住民の土地を取りあげるのに戦わずして、ただ鉄砲を山と積んでおけばよかったとのことである。つまり、原住民たちは、その無数の鉄砲をみただけで曾祖父の襲撃を恐れ、事前に自ら土地を捨てて、内山（山奥）へ内山へと逃れていったのだった。こうして黄家の土地山林が次々と拡大していったのだ、と黄某は祖父の口からきかされたということである。これは、漢人の豪族が、暴力と詐術で原住民の土地を蚕食していった好個の内幕話として、いまも語られている。

このような、漢人による原住民の圧迫を前提にして、台湾の開拓事業は十八世紀半ばからブームの段階に入った。そして、一世紀のうちに西部平地はおおかた片がつき、十九世紀中葉になると、東部海岸地帯や山岳地にも漢人が入りこんでいった。

西部平地にのこった原住民は、漸次、漢人と群居雑婚—清朝の移民制限時代は漢人女性が少なかったため漢人男子と原住民女性がよく結ばれたらしい—したり、漢人の水田耕作を学びとったりして、同化していった。彼らはルイラン、ケタガラン、グウアラン、タオカス、バゼベ、パポラ、バブザ、ホアニア、シラヤ、サウの諸族であり、いまではその面影さえとどめていない。その他は、中部山岳地帯と東部海岸の断崖地に後退することを余儀なくされた。

しかし、山地にひっこんだ原住民とて、そこに彼らの平和な世界を見出すことができなかった。清朝末期になると今度は欧米資本主義の手先となった、樟脳と木材を採取する別派の漢人商人によって、彼らの最後のとりでの中に、抗争と詐術がもちこまれてくるのであった。

かくしてオランダ時代には二万五千人しかいなかった漢人開拓者が、二百余年の後に二百五十余万人に膨張した。これに対し、原住民の人口は減少の一途をたどって、日本領台後（一九〇五年）の調査によれば、高山蕃と平埔蕃とをあわせて十五万人にもみたなかったといわれる。

台湾はすっかり漢人系の本地人（台湾人）のものとなり、本来の主人公、原住民は被圧迫の弱小民族の側においやられたのみならず、種族的には、日に日に衰亡の一途をたどるにいたったのである。

原住民は、漢人と接触することによって、個有の多くのものを消失してゆくが、そのえたことといえば、平埔蕃が経済活動において原始農耕から集約的な水田耕作に移行して、米の生産を習得したことであろう。

また、高山蕃のうちでも、自給自足の自然経済状態を少しづつ脱けでて、物々交換や初期の貨幣経済に徐々に入ってゆく例もでてきた。

生活文化面では、いままで知らなかった金属製器具や、刀剣あるいは火縄銃などを取り入れたことがあげられよう。

しかし、これら原住民のうちに惹起された社会的、または生活上の変化は、いままでの停滞せる状態から脱却するにはなお不充分であり、前進発展を開始するには、まだまだ程遠いものであったのである。

義人と尊ばれる呉鳳

二つの異なる民族、あるいは社会的次元を異にする二つの人間集団が接触すれば、そこに血腥き闘争がまず展開されることは、人類の歴史が如実に示してきた。そして、その敵対反目が続いてゆくうちに、そこにはいつしか民族的相異をこえた、より高次な人間的情宜や愛情が芽生えてくる順序をとってくることは、これまた歴史が数えてくれるとおりである。

清朝時代、漢人と原住民の間における血みどろの闘争の蔭にも、案にたがわず、数々の友情、美談、恋愛などの如き、心あたたまるエピソードの花が咲いた。

そのうちで、特に人間味豊かな、格調たかい物語として、阿里山地区原住民と漢人呉鳳にまつわる事跡があげられる。

呉鳳は康熙三十八年（一六九九年）漳州平和県に生れ、字は元輝といった。

幼少のとき、父母に伴われて諸羅（嘉義）に移り住み、家業の蕃界行商を手伝っていたが、二十四才の時に阿里山の理蕃通事という役についた。それは、漢人と原住民の交易、および蕃界の賦税を司るのが役目であるが、たいていの理蕃通事はそんな役目を利用しては、漢人が原住民をだましたり掠めとったりすることに加担して私腹をこやしていた。いわゆる〝肥欠〟といって、実入りの多い役職であったのである。しかし、呉鳳はそういうような卑劣な真似をしなかった。彼は通事に任命された最初の時から、民族を超えて誠心誠意、弱者の側に立ち、漢人の詐術と暴力から原住民を守りぬいてきた。そのために同族の漢人からは歓迎されない存在であったが、異民族の原住民たちからは四十八年の任期を通じて、慈父とあがめられるほどに信頼されてきたのである。

当時、原住民の首狩りは、全島を通じてさかんな時代で、それを漢人は「出草」と呼んで恐れていたのであった。

（呉鳳廟）

とくに阿里山山奥のツオウ族は、新しい穀物がとれると、粟祭を盛大に挙行し、人頭を狩って神にそなえる悪習があった。彼らは、粟祭りの前夜には山一面にたいまつを灯し、それぞれ太鼓を打ち鳴らしながら、群をなして下山し、平地で漢人の首級を狩って帰り、翌日の祭りの時、神に供したものであった。

呉鳳が通事になると、彼らを漢人の圧迫から庇護する一方、このような野蕃な首狩りの不可を説き、手持ちの四十余個の首級を年に一個ずつ祭って、その間は出草してはならないことを提案した。元来、原住民の首狩りは、その宗教的な意味もさることながら、それは、むしろ彼ら未開人のレクリエーションにも譬うべきもので年一度のたのしみにしていることであった。それを廃止するとは普通ならとても応ぜられない相談であった。だが、他でもない、彼らの敬い慕う呉鳳の願いであったとすれば、無下に一蹴することもできず、折衝をかさねてゆくうちに、呉鳳の正論にさすがの未開人もしぶしぶ承諾しなければならなかった。こうして、阿里山のツオウ族では四十余年間、首狩りが中断したのである。

しかし、このような平和な四十余年もまたたく間に過ぎさって、原住民たちが神に祭るべき首級がすっかりなくなる日がやってきた。そこで蕃社の頭目は、呉鳳に四十余年振りに出草の期限がきたことを告げて、首狩りの時日を知らせた。

呉鳳は今度も、折角四十余年も行わずにすんだ首狩りを、ふたたびなすべきでないことを真剣に説いたのであったが、原住民たちは、今度は、頑として聞きいれず、出草の日がいよいよ迫ってきた。

事ここまでくれば、自分の身命をすてて、彼ら未開の人々を化育する以外には方法はないと悟った呉鳳は、自らを犠牲にすることを決心したのであった。

「明日八月十日朝九時に、山頂にのぼってくる赤頭巾をかぶった人の首をとれ」

と告げて、呉鳳は翌日になると、自ら指定しておいた場所に赤頭巾をかぶってあらわれ、待ち設けていた原住民たちの乱れ矢に倒れた。歓声をあげて走りよった原住民の頭目が、いざ、その首級を斬り取ってくだんの赤頭巾をはがしてみると、それは自分たちに赤頭巾を斬れと告げた呉鳳自身ではないか。

各人それに気付いて愕然とおどろき、慟哭した。そして、原住民たちは呉鳳の教えを思い出して後悔し、その場で衆議一決、以後、首狩りをやめることを呉鳳の屍の前に誓った。それ以来、ツオウ族のうちで、阿里山に在住するものには、出草の行事がぴたりと杜絶えてなくなったのである。

原住民の漢人の間に咲いた一輪の花にもたとうべきこの美談は、台湾開拓史のうちでも、香りたかき一挿話として後世にまで語り伝えられてきた。

嘉慶末年には呉鳳廟が建立され、いまも嘉義の中埔庄社口にあって呉鳳の遺徳を偲ぶ参拝者で線香の煙りがたえない。廟内には、日本初代総督樺山資紀の手になる「殺身成仁」の扁額が掲げられている。

一九二三年には台湾を遊歴した英人リッターの旅行記にもとりあげられ、呉鳳の事績がひらく世界に紹介された。

11　列強再び台湾をうかがう

欧米資本主義と台湾

オランダ人が鄭成功に敗退させられてこのかた、台湾は国際舞台から遠ざかり、ヨーロッパ勢力の侵略が絶えて、百余年の歳月が流れた。

その間、十八世紀初頭に北京朝廷の命をうけて、西洋人神父が台湾地図作成のために来台したとか、一七七一年、ロシヤの逃亡犯人だったポーランド人が東部海岸の宜蘭地方に上陸して原住民と交渉をもったとか、このような旅行者や漂着者が台湾にやってきた事例が二、三あるにはあった。

しかし、侵略勢力としての欧米諸国がふたたび台湾にやってきて、この宝島を二度と国際舞台にひっぱりだすようになるのは、ヨーロッパの近代資本主義が、アジアで活発に植民地活動を再開しだした、十八世紀以後のことである。

台湾が清朝の圧政下で、いたずらに封建的な社会形成に時を費している間に、ヨーロッパでは各国ともに近代資本主義の発展をなしとげ、機械文明の異常なる発達をみた。それで、これら先進の列強は、資本と商品を新式の交通機関に満載して、アジアに陸続と再登場して植民地獲得競争に狂奔するが、その雄たるものが英国であったことはいうまでもないことであった。

英国は、産業革命を他国よりも一足先になしとげ、資本主義的な植民地獲得の活動を真先にスタートした。そして最初は東のインド、西の北米大陸というように東西にわたって、海外活動の二大ポイントをおきながら植民地の獲得と経営を展開してきたが、一七七六年にアメリカ合衆国が独立した結果、西の地盤を失ってからというものは、その対外拡張の比重をことごとく東のインドはじめ、中国、日本の、ようなアジア地域に傾注してくるようになった。

まずインドであるが、ムガール帝国の崩壊後、国内が四分五裂に乱れていた隙に乗じて、ヨーロッパ人が植民地をつぎつぎとつくり、後には全インドが英帝国の掌中に握ぎられてしまうのであった。

しかし十八世紀後半といえば、中国はインドとは違い時あたかも乾隆帝が四隣の諸民族を圧服し、それらを自国の版図または属国に組み入れていった時代で、またまた繁栄と強大を世界に誇っていた。もっともそれが十九世紀に入ると、海外遠征の膨大な支出がたたり国力を消耗しつくしていったことが主因となって、国威が次第に衰亡しはじめるが、それでもなおかつ、アジアでは老大国として君臨していた。

であるから、このように、いまだに大国の地位にある中国が、いくら新しいヨーロッパの雄者といえども、英帝国の軍艦や大砲による威圧には簡単に屈するはずがなく、利をもってする通商の誘いにも頑として応じなかったのである。

当時の清国政府が英国の脅迫に屈服するどころか、かえってそれを小児あつかいにした、次の有名な一挿話がある。一八一六年、通商を求めて北京にやってきた英国使節・アーマスト卿を、時の仁宗皇帝が接見するとき、中国側は、英国使節に中国式の叩頭をもってする、挨拶の方式を遵守するように要求した。それを英国使節が拒絶したのでたちどころに北京から退去することを命じたとのことである。

このような清朝の一貫した鎖国政策と通商拒否には、英国は手も足も出しようがなく困りぬいていた。そこで窮余の一策として、大陸から至近距離にあって南支那の死命を制する重要地位を占めながら、清朝から厄介視されている〝台湾〟に飛びつくようになった。

このときもまた、台湾は、その占める地理上の要衝のため、帝国主義侵略者の眼をのがれることができなかったわけである。英国が台湾をねらうことによって、台湾海峡の風波はふたたび高まり、台湾はまたもや世界の耳目をそばだたせることになるのである。

もちろん、英国だけでなく、フランス、ドイツ、アメリカの資本主義の列強が次々と触手をのばしてくるが、終りには隣国の日本がさらに一枚加わって、侵略計画をはりめぐらしてくるようになった。

この時代に、クラブルの「台湾博物誌」やスティーブンスの「台湾島誌」が出版されたのも、偶然ではなかったといえよう。

阿片戦争の砲煙にゆらぐ台湾

印度人が阿片を中国にもちこんだのは、十五世紀の早い時代からであったといわれている。それから三百年後の十八世紀に入り、イギリス人がオランダ人の代りに極東に進出すると、インドの阿片と、中国の正貨であった現銀の交易が、莫大な利益を生むことに気づき、さかんに英国船を広東に送って阿片貿易を隆昌にした。こうした大量の阿片流入は、南シナはもちろんのこと、中国のすみずみにまで阿片吸飲の悪癖が驚くばかりの速さで蔓延してゆく結果をもたらした。そのために需要は増える一方で、しまいには阿片を積んだ英国船が、浙江省の寧波にまで北上してくるという事態にまでたちいたった。

中国政府の膝元である大陸がそうであったから、台湾のごとき植民地では、この阿片禍が猛威を振ったことは当然すぎることであった。時代の流行児である阿片は、最初は中国商人の手で大陸から島内に持ちこまれ、十九世紀早々には、英国船が基隆にやってきて、阿片で樟脳と交換してゆくまでに進展していった。輸入された阿片は、開拓農民から役人、兵卒にいたるまでの各階層のものによって消費され、台湾全体がこの魔物の催眠術にかかって、陶酔にゆらいでゆく観を呈してきた。「厦門多有、台湾特甚」と〃鹿洲初集〃に記されていることをみても、大方の察しがつくであろう。

さて、このような、ただならぬ阿片の害毒に気付きはじめた清朝は、一八〇〇年ごろから阿片輸入とその吸飲、およびケシの栽培を禁止することになったが、如何せん、厳重な禁令にもかかわらず、腐敗しきった貪官汚吏が、イギリス人阿片密輸業者から賄賂をとって肥る以外には、何の効果をも生まなかった。それどころか、禁令のあるなしにはおかまいなく、密輸阿片の流入が却て増大するばかりであった。そこで、清朝政府は非常手段として、遂に中国人と外国人との交際禁止と中国語教授禁止の挙にでるが、そんなことも一向に阿片密輸の禁絶に役立たなかったのである。

英国政府は自国の商人が儲かりさえすればよいのだから、阿片の害毒が如何に中国人を蝕ばもうが、また清朝政府が如何にその禁絶にやっきになろうが、そんなことには寸分も関知しなかった。それのみならず、阿片貿易の利潤がずばぬけて大きいため、東インド会社の独占であったところを、さっそく一般英人貿易業者に解放したからたまらない。広東の阿片密輸は一段と活発化し、流入数量がより以上に増大してくるようになった。

このような英人の流す害毒が、あたかも堤防を決潰した洪水の勢いで全中国を包んでしまい、中国人の骨の髄まで蝕ばんでゆく世相に愕然とした有識者たちは、それを放置するに耐えず、警鐘を乱打しはじめた。黄爵滋という経済情勢にあかるい官吏は、阿片のために中国から流出した現銀が、三千万テールの巨額に昇ることを上書して清朝に警告を発し、江蘇按察使・林則徐は、地方の阿片害毒を例示して上奏した。

そこで清朝政府は、一八三八年、阿片取締りの強硬論者である林則徐を欽差大臣として広東に派遣し、密輸の禁絶に当らせることに踏み切るところまできたのである。任を帯びた林則徐は、一八三九年に英人所有の阿片二万箱を焼き、阿片を積んだ外国船の広東港出入を厳禁した。このように林則徐に完璧なまで阿片貿易の首をおさえつけられた英人は、遂に広東を砲撃、ここに歴史的な阿片戦争の幕はきっておとされた。そして、それを出発点として百余年の長きにわたり、中国人の本格的な反帝国主義の闘争が繰りひろげられることになった。

英国は広東で宣戦すると、間髪を入れず大陸沿岸の各海港を砲撃し、次々と占領していった。それと同時に、台湾の港口を封鎖攻撃することをも忘れていなかった。

一八四一年七月、英艦ネブタは基隆に攻めいって三沙湾を砲撃した。時の台湾府総兵・達洪河は、守将の邱鎮功に命じて迎撃、英艦は砲撃を受けて坐礁し、英軍の白人将校たちは逃げのびたが、乗組員のインド兵二百四名が捕われ殺害された。次に、一八四二年正月、英艦三隻が再度、中部台湾の大安港を砲撃したが、その中のアン号は沈没して五十七名の英印軍がまた捕えられている。

このように台湾では英艦の攻撃を敗走せしめ一歩も上陸を許さなかった。しかし肝腎な主戦場の大陸沿岸では厦門定海、寧波、上海、鎮江と次々に占領され、勢いに乗じた英軍はさらに南京に迫ってきた。それで、はじめは強気の清朝政府もいまとなっては周章狼狽し、一八四二年八月、英政府の条件をのんで南京条約を締結せねばならなかった。

この条約によって、香港割譲と五港の開放を強要され、中国はいままでの鎖国政策を放棄して、自国の門戸を、外国人と外国商品の自由出入のために解放することを余儀なくされた。かくして中国は英帝国主義に屈服し、インドについで大国の地位から転落してゆく運命をたどりはじめたのである。

このとき、台湾関係のこととして、英国の要求により、英艦を撃退した総兵の達洪河は、英俘虜殺害のかどで逮捕され北京に護送されていった。

こんどは、西欧資本主義が大手をふって中国大陸になだれこみ、中国はヨーロッパ製品と阿片の氾濫する市場と化していった。そして、資本主義的帝国主義者は、自国の軍艦と大砲をバックにして、その商品を横行させ、中国本来の取引制度を確立しながらすすみ、市況はだんだんと国際市場によって支配され、総人口の九八パーセントを占める農民大衆は、さらに加速度的に窮乏破産のるつぼにおいこまれていった。そのうえ、これら帝国主義侵略の手先としてのヨーロッパ人宣教師の自由入国は、中国の意識形態と生活慣習を破壊してゆく結果をまねいた。そして、これに反対して頻発する宣教師殺害の、理性なき群集暴動は、さらに賠償金の増額と特権拡大を要求する口実を侵略者にあたえる結果となり、西欧人の中国併呑の勢いをますます高めていった。

このような客観情勢の進展のなかで、台湾だけが、その枠外にいることは、もちろんあろうはずがない。英国を先頭にして、侵略者は、台湾社会の扉をもけたたましく叩きはじめたのである。

一八四八年、まず、英国のゴルトン海軍中将が基隆にきて石炭層の調査をおこなったのを手初めとして、その後、ヨーロッパ人で台湾産業の研究調査するものが続々おしかけてくるようになった。それが如何に頻繁であったかは、清朝政府が一八五一年に、外人来台と商品侵入のため、基隆と淡水に税関を設置せざるをえなくなった、その一事に徴しても明かであろう。

新興資本主義国のアメリカ人が、ヨーロッパ列強に伍して、はじめて台湾にやってきたのもこの時分である。一八五四年には米政府が海軍提督マーリとリ・ヨハネを派遣して基隆の石炭を調査させた。ついで一八五七年からロダンハウが台湾島内に十年滞在し、全島を跋渉して地理と動物を研究してアメリカにかえっている。同じ時代に英人のメイリンは東海岸の大南澳開発を企図して失敗に終っている。

一八五八年になると、中国侵略のための東インド会社にもたとえられる英国のジャーデン・マディソンと、デントの二大会社が台湾に駐在員をおいて、樟脳の買付けをはじめ、アメリカのロビネット社も、この年から打狗（高雄）で砂糖買付けを開始していた。

時あたかも、ブロカの「台湾視察録」（一八五八年）が出版されてガイドブックとして重宝がられ、欧米人の台湾島にたいする意欲をますますそそることとなった。

一八五九年には著名な中国研究家のリヒトホーヘンが、北部台湾、淡水河両岸の地質を踏査しているし、スペイン天主教のサインズ神父がやってきて伝教を再開するなど、新旧キリスト教伝導者が来台して定住するものがふえてきた。

天津条約と台湾の開港

阿片戦以後、中国が門戸開放を強いられてからというものは、欧米人の中国侵犯は日ましに露骨になり、それに相応して中国人の外人殺害事件もまたあいついでおこった。

このような双方の睨みあいや磨擦が昂じて、一八五八年、ふたたび英仏連合軍による広東攻略に発展した。これは宣教師殺害を理由に、侵略者が清朝政府に、さらに一段と確固たる特権を要求するために仕掛けられた侵略戦争であった。それで広東は占領され、広東省巡撫・柏貴は捕虜となったが、英仏軍は強引にもさらに北上して天津、太沽を攻めおとし、一八六〇年にいよいよ首都の北京に迫った。時の文宗皇帝は戦禍から未然に逃れ、熱河に蒙塵せざるをえなかった。時態ここに至っては清国も英仏側のなすがままに従う外なく、天津条約を締結し戦争終結を期したのである。

天津条約では、清朝政府は、外人宣教の自由、領事裁判権、関税率協定権をみとめさせられたうえ、台湾の開港という一条を受諾しなければならなかった。ここで侵略者たちの台湾を窺う野心が前面に押し出されてきたわけである。

その結果、一八六二年に滬尾(淡水)、一八六三年には鶏籠(基隆)、一八六四年には安平、旗後(高雄)と順次に開港して「洋務」をあつかうことになった。欧米資本主義が台湾社会を支配してゆくための、第一の障害が取り払われたのである。

かくして、香港・厦門に鎮坐するイギリス資本を筆頭にして、欧米帝国主義はどっと台湾におしよせ、各地開港場に領事が駐在し、商館、倉庫、住宅が雨後の筍の如くに開設されていった。そして、台湾の金融・産業・貿易はすべてこれら侵略者の掌中にだんだんと納められていくのであった。

一方、植民地支配にたけた欧米人は、台湾経済を牛耳るため、南シナ沿岸の開港場に屯する中国商人の利用を忘れなかった。それによって欧米人は坐して台湾経済を牛耳り、中国の買辦商人は没落過程にある清朝官吏にかわって台湾社会を支配し、莫大な財貨を台湾人からまきあげては欧米人と山分けしていたのである。

これら買辦商人は英米商人の資本を武器として台湾経済を征服し、茶・樟脳・硫黄などの特産物をはじめ、米・砂糖・木材・石炭などを台湾から運びさり、阿片と洋品雑貨をもちこんできた。

英米商人は香港・厦門に本拠地をおいて、英国系の香港上海銀行および安達銀行から融資を仰ぎ、その資金を樟脳・茶・砂糖の買付資金として中国買辦商人に前渡ししていた。

そして、買辦商人は、その資金を携えて台湾に渡り、〝放帳〟といって台湾の農民や生産業者に生産物売上代金を前借りさせ、収穫期には、一方的にきめた買上価格と、前借りの利子を算入した借金に相当する生産物を実物納入させ、大陸にはこんで英米商人に引渡していた。

かくて、台湾経済の支配は何といっても英人が主要地位を占め、輸出特産品の樟脳、茶、砂糖、米の大部分を掌握輸入品の阿片を一手ににぎって、これら輸出入の運搬に必要な船舶までも英海運会社のダグラス社が独占するという徹底振りであった。

英国の経済侵略のみならず、各国ともに頻りに台湾をうかがい、一八六〇年にドイツ軍艦エルベ号の乗組員は南端の海岸に上陸して原住民に撃退され、一八六六年には英艦ドウブ号、一八六七年にはシルビア号が鵞鑾鼻附近を測量して原住民と悶着をおこしている。

台湾の商権を独占する英帝国主義

儲けの多い樟脳を英国の二大会社が独占していたことは前述のとおりである。一八六三年になって、その利潤の大きさに驚いた清朝政府は樟脳の売買を官営にした。

そこで、特権をとりあげられた英商は、再三再四、条約をたてに中国官憲に専売廃止を要求した。しかし、一たん手中に入れた利権商売を、清朝政府は一寸やそっとの圧力では手放すわけがなく、紛争がつづいた。

たまたま一八六八年、英商タイト（徳記）の支配人ハードレイが打狗から台湾（台中）に赴く途中、政府の下端役人に殴打され、それと時を同じくして、英商エルス（愛利士）の樟脳が梧棲（中部海港）で清国官憲に差押えられるという事件がつづいておきた。

そして、英政府の抗議、清朝政府の陳謝、没収した樟脳の返還などの協議中、今度は、エルス公司の支配人ピッカリングが、鹿港で住民に襲撃され、負傷する突発事件がおきてしまった。鳳山・打狗でキリスト教徒迫害がしきりにおこなわれていた時代でもある。

急報に接し、安平の英国領事ギブソンは本国に事態の険悪なることを打電。急派されたアルゼリンとブースターの二艦は一八六九年十月に安平に到着すると、さっそく軍装局の砲撃を開始した。つづいて上陸してきた英水兵二十三名の一隊は、清軍を蹴散らし、台湾住民よりなる義勇隊も二十七人の死傷をだして、安平港の一角は英軍の占拠するところとなった。

清国の水師副将・江国珍は自殺し、頼りにならない政府軍が逃亡した後で、事態の拡大を憂慮した地方紳士・黄景祺は、とりあえず四万テールの私財を英軍指揮官ガードンの前に積み、ようやく戦闘行為を中止させ、艦上に撤退させるところまでこぎつけた。

これが歴史上で知られた樟脳事件の概略だが、清朝政府はこの事件で英領事と、つぎのような屈辱的協定を結ぶこととなったのである。

一、樟脳の官営廃止
二、台湾島内の旅行者の安全保証
三、一切の外商たちの損失を賠償する、その金額一万七千余元
四、失職官員の交てつ（台湾道・梁元桂以下転任）
五、台湾における外国人伝教の自由

樟脳だけでなく、いま一つの台湾特産品、茶の貿易も英商の利潤を大きなものにしていた。一八六九年、ジョン・トッドの英商が台湾の烏竜茶を二十万斤、ニューヨークに輸出したのを皮切りに、厦門の外商は台湾茶の輸出、価格、その金融まで独占するにいたった。茶商売の支配方法は他の特産物の場合と大体おなじように、まず外国銀行がトッド洋行などの貿易商社に資金を供給し、トッド洋行は茶取引専門の媽振館（マーチャントの厦門語の音訳）という中国買辦商人に前渡し、さらにそれが海を渡って台湾の本地人商人の「茶館」をへて農民にわたされるという工合だっ

た。

その他、輸出の大宗である砂糖も同じことで、トッド、エルス、慶記、美打、海興、東興などの英国系商社が、買辦を使って砂糖を独占、これら外国商館の許諾なしには一斤の砂糖も積出せぬほど、がんじがらめにされていた。

このように、台湾人が〝英国蕃仔〟と呼んできた英国商人を中核とする外商たちは、軍隊と大砲をバックにし、巨大な資本力にものいわせて、中国大陸の買辦商人とともに、金融資本、商業資本、産業資本に、巨利をともなう高利貸的な性格をおびた前借制度を結びつけて、台湾の経済を完全に牛耳っていたのである。

思えば十七世紀にその美しさでもって外国人の前にデビューした台湾島は、十九世紀には、豊かな特産品を産出することによって、外国人のねらい打ちの的となったのであった。

ヨーロッパ人の経済支配とともに、台湾研究とキリスト教伝教の活動もますますさかんになってきた。この時期にスインホーの「台湾人種誌と植物誌」が出版され、後にはアメリカの厦門領事・李仙得（リー・ゼンドレイ）が「厦門と台湾」を書いている。

キャンベルやマッカイの宣教師が来台したのも、この時代であった。

捲土重来のキリスト教伝教

清朝が台湾をとってまもなく、康熙五十三年（一七一四年）に、天主教の西洋人教師ロヂス（雷孝思）、マイラア（徳瑪諾）、ヘンデレア（馮秉正）の三人が、北京朝廷の命をうけ台湾・澎湖島にやってきて、「皇輿全覧図」の台湾部分を画いてかえった。

彼ら三人のうちで、雷孝思と徳瑪諾が台南以北、馮秉正が台南城と台南以南の地区をそれぞれ担当したといわれ、四月十八日から五月二十三日まで、台湾に滞在した、ということが諸羅県志巻一と、黄叔璥の台海使槎録のうちの赤嵌筆談に記載されている。これはヨーロッパ人の伝教とは関係ないが、宣教師の行った文化活動の事実として、一筆くわえておくだけの意義はある。

さて、康熙三十六年（一六九七年）に抗州人の郁永河という者が、硫黄商売のことで台湾に視察にきて、台南から台北まで陸路を八ヵ月旅行し、大陸に帰って「裨海紀遊」（＝渡海輿記＝採硫日記）という旅行記を書いた。これは清朝初期の台湾についての重要な文献で、その後、本国から台湾に赴任する清朝官吏は、この本を台湾事情の学習書として、一度読んでから台湾へ出発したといわれている。このなかに〝西洋国〟という一節があって、天主教の東洋社会に流す害毒をこっぴどくやっつけている。これによれば、オランダの台湾敗退以後、中国では天主教を邪教として排斥し、十字架を踏ますことによって天主教徒の捜索にあたったそうである。丁度、日本でも踏絵をつかって天主教徒の迫害がさかんな時代であった。

したがって、天主教の教師が捲師重来、台湾にふたたびやってくるには、十九世紀中葉まで待たねばならなかったことはほぼまちがいない。つまり二百年ばかりのブランクの時代があったわけである。

一八五九年（咸豊九年）になって、フィリッピンのサントミンゴ会がファナンド・サインズ（桑英士＝郭神父）とジョセフ・トテラス（杜篤粒）の両神父を厦門に派遣し、サインズ神父はブフロウル神父とともに厦門から出発して打狗に上陸した。この二人は上陸後に鳳山県の官憲に逮捕され、それと同時に、天主教徒に土地家屋を貸与してはならなぬという禁令がでた。

この禁令は翌年になって廃止され、神父たちもようやく釈放された。彼らはさっそく打狗の前金で布教を開始し、台湾で第一号の教会堂を打狗にたてた。一八六一年には屏東の万巒郷に赴き、赤山地区の平埔蕃に伝教した。一八六九年（同治八年）、この地に建立された天主教会堂は、百余年後の今日ではもっとも古いものとされている。それ以後、着々と南から北へと布教し、台北大稲程の天主教会堂はいまでもその威容を誇り、その裏に女子中学があって今日にいたるまで、台湾婦女子の教育にたずさわってきた。

次は新教牧師の再来であるが、一八六五年（同治四年）、ウィリアム・キャンベル（甘為霖）がイギリス長老会から派遣されて台南で教会をたてたのが、この時期における最初のことに属する。彼は台南で医院と学校をも設立し、治療と教育で台湾人につくしてきた。台南市の長老中学校や女学校はキャンベル師の遺業であり、南部台湾の人たちは少なからず、その恩恵をうけてきた。

一八七二年（同治十一年）、今度はカナダ長老会がマッカイ（馬偕）牧師を台湾に派遣してきた。彼は北部の淡水で伝教して「偕牧師」とよばれて台湾人に親しまれ、医院を設け医師リンゲル（林格）の援助をえて、住民のためにつくした。

偕牧師は純粋な伝道者であったらしく、いたる所で住民の歓迎をうけ、伝教も淡水から五股坑、新港、和倘州、三重埔、新店、後埔仔、基隆、大竜洞というように台北近辺でいたらざるところなく、次々と教会を設立していった。そして、自分の家では夜学を開設し、これが、後の淡水中学と淡水女学校の前身となった。

彼は、北部に住む台湾人の尊敬を一身にあつめて一九〇一年に五十七才で死去したが、一九一二年にカナダ教会がその遺徳を偲んで、台北の双連に馬偕記念医院を設立し、今日にいたるも偕牧師の遺志を継いで台湾人に貢献している。

概して西洋人宣教師の東洋における伝教は、帝国主義的侵略の手先としての一面を備えていた。殊に中国社会においてはその偏向が甚だしく、彼らの宣教は、侵略者の特権要求や領土侵犯の口実となったものである。その半面、人道主義的な立場から、教育、医療、科学あるいは民衆啓蒙や社会啓発に尽力してきたことも、否めない事実だったのである。

米船ローバー号事件

軍艦と大砲を後だてにする欧米側の経済侵略は、台湾社会の急激な変動、とくに農民百姓に対する経済圧迫としてあらわれ、それに比例して台湾人の排外思想はいやましにせりあがっていった。それから、これら侵略者と原住民の接触は、種々の国際紛争をひきおこしてきた。

さて、米国は資本主義諸国のうちでは、もっともおそく台湾に進出してきたのであるが、太平洋を一つへだてた東洋の離れ島の台湾をきわめて重視していたことは、昔も今もかわりはなかった。一八五四年、ペリー艦隊が東洋に来航した際は、マケドニアンとサアプライの二艦を鶏籠に派してその石炭の埋蔵量を調らべさせると同時に、台湾占領を本国に建議している。また、その後、初代の日本領事ハリスもひそかに台湾を調査し、その買収を本国政府にすすめてきた。

ところが、これら米国人の台湾獲得に対する画策とは別に、そのかかりあいは思わざるところからでてきた。たまたま一八六七年三月、牛荘に向って北上中の米船ローバー号が台風のため、台湾南端の七星岩で坐礁沈没した。その時、島の沿岸に辿りついたハント船長夫妻以下、乗組員が原住民に殺害されるという事件がおこった。

この報に接した打狗駐在の英領事は、北京の英国公使をへて米国公使のバーリンゲンに通報すると同時に、安平に碇泊中の英艦コーモラントを救助のため、現地へ派遣した。しかし、これは原住民たちの攻撃にあって目的を果すことができなかった。

厦門駐在のアメリカ領事リー・ゼンドレイ（李仙得）も急遽、米艦に塔乗して現地に赴いたが、これまた原住民の精悍な攻撃には歯がたたず、空しくひきさがらざるをえなかった。そこで、アメリカ領事は閩浙総督・厳桂に警告を発したが、「生蕃の地は中国の版図に属せず、兵を用いて追求しがたい」とすげなく扱われる始末であった。業を煮やした米国政府は、ベル海軍提督に軍艦ハンタードとワイオミングの二隻を率いさせ、原住民討伐に向わせた。ベルは現地に到着して艦砲射撃の後、兵百八十一名を鬼仔舟から上陸させたが、山間幽谷に神出鬼没する原住民のために、上陸軍指揮官のマッケンジーが陣没して、これまた大敗してひきさがった。

後日、領事リー・ゼンドレイは台湾道・張啓煊と交渉したうえ、台湾総兵・劉清簡と南路海防兼理蕃同知・王柳荘と同行し、琅璚（恒春）から上陸して、クラル社の頭目に会い、わずかに船長夫妻の首級をかえしてもらい、今後、西洋人艦船の航行に危害を加えない、という約束をとりつけただけで、この事件はうやむやのうちに立ち消えとなった。

これがローバー号事件といわれて、米国と台湾の間に惹起された歴史的紛争事件であった。

牡丹社事件で日本も出兵

欧米諸国におとらず、早くから虎視たんたんと台湾をねらっていたのが、東洋の新興国、日本である。元来、日本はその地理的関係のうえで、とうの昔から台湾を重視してきたのであるが、明治維新までは国力が充実せず、手の下しようがなかった。

ところが、日本が台湾に軍事行動をおこすきっかけが、以外にも早く到来してきたのである。一八七一年（明治四年、同治十年）、琉球の宮古島の島民が台風で遭難、台湾南部の八瑤湾（恒春半島）に漂着して溺死者三人のほか、六十六人が上陸。そのうち、牡丹社の原住民に五十四人が殺害され、十二名だけがようやく難をのがれて琉球に帰りつく、という事件がおきた。

日本は翌年の一八七二年、福州に領事をおいて南シナと台湾をうかがい、陸軍少佐樺山資紀と児玉源太郎（二人とも後の台湾総督）および中国留学中の水野遵たちを派遣して、ひそかに福州から台湾に赴かしめ、全島にわたって防備、沿海の水深、民情などを探らしめた。

そして、台湾の軍事・地理・民情を調べ終えてから、一八七三年になって、正規の外交ルートを通じ、北京政府に琉球人殺害事件を抗議におよんだ。それに対して時の大臣・毛昶は、「台湾の蕃民は皆、化外に属して貴国の蝦夷と同じく、王化に服さない。万国の野蕃人みなかくのごとし」といって交渉に応じなかった。そこで、日本政府は「貴国の生蕃が人を殺しても治めようとしない。かくなるうえは、敝国の手で生蕃に対し罪を問うても可とする。貴国とは盟邦の関係にあるから先ずもって予告するものである」、と台湾出兵の旨を通告してきた。ところが大局に暗愚な毛昶は依然として、「生蕃はすでに我国の属化の外にあるから、罪を問う問わないは貴国の裁断によるべし」、と答えてたかをくくっていた。

この返答の一札をとった日本政府は、清国おそるるに足らずとして、一八七四年、陸軍中将西郷従道を司令官に任命。日本兵三千を率いて西郷は社寮から上陸し、石門をぬいて牡丹社を占領し、蕃社に放火した。

日本の台湾出兵に周章狼狽した清朝政府は、閩浙総督・李鶴年をして、書を西郷に送り、即時撤退を要求したが、事ここにいたっては、西郷もそれをききいれるはずがなかった。

現地では牡丹社の原住民討たれ、新式武器に殺戮圧服されて、近郊の五十七社は日本軍に恭順を示すにいたった。しかし、西郷は牡丹社では地理的に補給困難で、かつ、原住民ゲリラの襲撃も激しいため、主力を亀山まで撤退し、屯田開墾をかねて持久策にでる気配をみせた。

北京の清廷は、その報に接して漸く事の重大を悟り、福建船政大臣・沈葆楨を欽差大臣に任命して、一八七四年六月三十一日、福州水師（海軍）をしたがえさせ台湾に赴かしめた。その他、福建巡撫・王凱泰に兵二万五千を率いしめて渡台せしめた。

一方、日本軍の台湾出兵は一応、順調にすすみ、牡丹社は討ったが、天険隘路を利する現住民のゲリラはあなどりがたく、酷暑と疫病に日本兵は次々と倒れ、事態は刻々と進退両難に陥りつつあった。

そこで八月にいたり、日本政府は、大久保利通を北京に派遣し、英公使トーマス・ウェード（威妥瑪）の居中調停のもとに交渉に入り、軍専費賠償三百万元を清朝政府に要求した。

その時、沈葆楨は「大久保が来たのは、日本が火急に休戦せざるをえない事情にあることを意味する。賠償は拒否すべきであり、自分は台湾で軍事を主催して堅持する決心がある」、と電請した。

しかし、北京の廷議は戦争の即刻終結に傾いていたので、五十万元の賠償額を大久保に提示し、九月、日本政府はそれを承認して、台湾から撤兵した。

このように、牡丹社事件を口実とした日本の台湾侵犯は終りを告げた。しかし、今回の台湾出兵は、日本帝国にとっては、台湾で重要な経験を積んだことになり、南進の企図はいよいよ強化されて、後の台湾領有につながる重要なステップとなった。

注目に価いすることは、台湾を窺う列強と闘争し、直接に武力をもって防禦にあたり、敵軍を撤退させたのは漢人ではなくして、未開の原住民たちであった、ということである。

仏将クールベー鶏籠を占領

交趾支那の安南地方は、南シナと陸続きで歴代、中国の属国として朝貢していたが、フランスが中国の宗主権を蹂躪し、一八八四年、両国の交渉決裂で清仏戦争がおこった。

そこで、開戦と同時に、フランス東洋艦隊司令長官アナートル・クールベーは、優勢な海軍をもって台湾海峡の制海権を握り、同年七月二十二日、リスベスに命じてヴラール号分隊を率いしめ、鶏籠と滬尾を攻撃させた。この時、台湾防備の任に当っていたのが、後日、初代巡撫に任ぜられた劉銘伝であった。七月四日、リスベスは鶏籠港に攻め入り大沙湾から上陸したが、提督・孫開華に撃退され、沿岸封鎖に転じた。

その後、八月、九月と再三、鶏籠を攻撃し、旧暦の九月十五日にはクールベー自ら軍を率い、鶏籠港を占領して、獅球嶺まで敗走する清軍を急追した。かくて、十月八日には滬尾も占領された。

このように鶏籠、滬尾の北部二要港を占領され、獅球嶺をぬかれては、台北盆地への進撃は一瀉千里である。もしもその時、風土と疫病が仏軍を遮ぎらなかったら、台北は奪われ北部台湾の大半は占領されて、あるいは台湾全体の命運を左右する由々しい事態にまで発展したかもしれない。

クールベーは翌年二月十三日に、旗艦バイアド号に塔乗して、四艦を率い、南下して澎湖島の馬宮とその砲台を占領した。

このようなフランス艦隊による台湾・澎湖島の占領・封鎖は、一八八五年五月、和議が成立するまでつづいた。戦争終了後、クールベーは澎湖島で病死してその地に葬られた。彼が上陸を敢行した基隆の古戦場は、後にクールベー浜と呼ばれて海水浴場としてにぎわってきた。

台湾遂に日本帝国の手に落つ

十八世紀にはじまるヨーロッパ先進資本主義勢力の侵略は、アジア各国を次々と植民地の命運に陥していったが、その半面、東洋社会を根底から掘り返して、旧社会の崩潰と新時代の芽ばえをもたらす役割をも果してきた。そしてこのような大変革の奔流を前にして、その受けとめ方の違いにより、アジア諸民族は各自、違った歩みをたどってゆくこととなった。

そのうちで中国社会は、歴史が古いだけに、老化しつづけてきた残滓を何時までも清算できずに時流におし流されていった。であるから、阿片戦争で鎖国という防波堤がぬかれると、新しい活力が成長しないうちに旧勢力は総崩れとなり、さしもの老大国もたちまち帝国主義列強の前に、巨大な封建の残骸をさらけだすことになったのである。

これとは対照的に、中国ほどの鞏固な伝統と屋台骨を持ち合せなかった日本は、同じく変革期に際会しても、新生命の産みの悩みは比較的に軽くて済んだ。そして、対外的には進歩的な開国論が鎖国攘夷論者をしりぞけて、黒船の侵入を軽く受けとめ、明治維新の国内改革に成功して、その後の百年間、独立強大への一路をたどることとなった。

このように東洋社会が鼎の沸くごとく不安動揺している時代に、台湾は、ヨーロッパ諸国の帝国主義的植民地獲得の渦中にあったのであるが、かかる列強侵略競争の眼は、南方の台湾に限らず、北方でも、ロシヤ、中国、日本の角逐して譲らない朝鮮があった。

さて、朝鮮の場合は、このような錯綜する国際間の利害が国内に反映して、政情は混沌を極めていた。そして、遂に一八九四年（光緒二十年、明治二十七年）、東学党の争いとなって表面化し、各派ともその後押しを行っている諸外国に救援を求めていったわけである。

そこで、朝鮮とかかりあいの深い日清両国は、この時とばかり野心をたくましくしたわけであるが、まず清国が葉志超に精兵を率いしめ、朝鮮に馳せ参じた。六月になって、清軍は牙山に進出したのにたいし、日本軍は仁川に上陸両国は、遂に、朝鮮を舞台に正面衝突して戦端を開くにいたった。日清戦争がそれである。

ところが、戦況は戦うごとに清軍に不利で、牙山・平壌で一敗地にまみれるだけでなく、中国国内にまで日本軍に追撃され、九連城、鳳凰城、大連湾と次々に奪取されていった。そのうえ、精鋭を誇った中国の北洋艦隊までが、黄海の一戦で潰滅的打撃を受けて敗退してしまったのである。

さきに戦争勃発と同時に、清朝政府は台湾の防備を厳にし、福建水師提督・楊岐珍と広東南澳総兵・劉永福をしてその任に当らしめた。しかし、翌年の一八九五年二月二十九日には、早くも澎湖島が田庄吉の率いる日本海軍陸戦隊によって占領されるところとなった。

かくて、清国政府は遂に敗戦を認めざるを得なくなり、一八九五年（光緒二十一年、明治二十八年）の二月、北洋大臣・李鴻章を講和使節に任命しその長子の経芳および羅豊禄、馬建徳、伍廷芳等とアメリカ人顧問・福世徳を随員として、日本に赴かせた。

三月二日、日本側の総理大臣・伊藤博文、外務大臣・陸奥宗光等と清国側の李鴻章たちは、下関の春帆楼で会同して和議の交渉に入った。

両国代表の談判中、兇漢小山豊太郎の李鴻章狙撃や、英仏露三国公使の調停などの一幕をもおりまぜて、四月十七日、講和が成立した。

その時に李鴻章が伊藤博文と調印した十一個条のうちの第二条で、「清国政府が台湾・澎湖島およびその附属の各島嶼を永遠に日本に割譲する」ことを規定したのである。

第九章　台湾民主国の抗日と日本軍の台湾占領

台湾住民の割譲反対

和義なり、日本の伊藤美久治と清国の伍廷芳が五月八日に、煙台で批准書の交換を終えて、講和条約の効力が発生すると、台湾割譲は既成事実となった。

この消息をまず最初に聞き知った台湾人は、当時、北京に参集して科挙試験に応じていた読書人たちであった。いわば、その時の第一級の台湾インテリ青年であったわけである。

彼らは、自分たちの郷土が異民族の手に売り渡されることをきいて、まさに青天霹靂の思いで、さっそく清廷の都察院に上書し、康有為たちも多数の中国知識人と連名して台湾青年に呼応、李鴻章の行った台湾割譲の非を喧々囂々と鳴らした。当今でいえば、さしずめ進歩的学生や文化人が政府にデモをかけたというところであろう。

一方、身売りのニュースが当の台湾島内に伝わるや、台湾住民は上下を挙げて騒然となり、政府の無能と、李鴻章が台湾を犠牲にして和を求めたことに激昂した。

この時に台湾の士紳や商人が清廷に通電を発して、台湾割譲の解消を要求している。

「台湾の地を割りて和を議することは、全台湾を震駭し、臣民は自ら軍資武器を供出して代々うけてきた君恩に報いようと願っている。二百余年間、人心を養い士気を正してきたのは、固より今日の如き危急の用に役だたせるものであり、何で一朝にしてこれを棄て去ることが忍べよう。台湾島は澎湖の比ではなく、一戦も交えずにこれを放棄することはできない。台湾は臣等の桑梓の地（故郷）であり、存亡を共にするのが当然である。臣等はこれを死守する決心である。もし、戦って利なければ、臣らが斃れてから割譲の議を進めるよう乞い願う。これではじめて皇上もまた上は代々の皇祖に、下は万民にまみゆることができよう」（台湾通史）、と。

しかし、このような台湾士紳の悲痛な叫びに対して、梨のつぶての如く、清廷からは何の音沙汰もなかった。

ここで士紳たちはもう一度、巡撫の唐景崧を通じて、台湾人の抗戦決意を打電した。これには総理大臣名儀で、「一時の過度な憤懣で軽挙妄動して、後患を招くなかれ」といってきただけであった。

時日が立って、日本軍の台湾占領軍が刻々と迫ってくるにつれ、台湾は悲嘆のるつぼに投げこまれていった。「宰相有権能割地、孤臣無力可回天、扁舟去作鴟夷子、回首河山意黯然」（宰相たるものは権力をふるえば勝手に領土をさいてしまうが、無力な住民たちはこれでは浮ぶ瀬がない。孤影消然として異邦人の奴隷になりはて、首をめぐらし故郷の山河を顧りみれば、暗然として心が曇る思いで一杯である）。これは、抗戦積極論者であった丘逢甲が詠んだ詩であるが、その悲痛な愛国の心情は、今も昔も、台湾人の心をつぶさに吐露してあますところがない。

短命な台湾民主国

丘逢甲は、一八六四年（同治三年）の生れで、日清戦争当時は、分別盛りの三十一才の壮年紳士であった。彼は幼き頃から神童といわれるほどの秀才で、そのために福建巡撫・丁日昌の目にとまり、「東寧才子」というおほめの印章を送られて、その知遇をえた。後に北京の殿試（皇帝の面前で試問を受ける国家試験の最高段階）で二甲という上位をえてパスし、北京で兵部主事の職を授けられたが、就任せずに台湾に帰った。郷里の台湾では巡撫・唐景崧と交宜をむすび、台中の衡文書院や嘉義の崇文書院で教学にたずさわっていた。

逢甲は、清朝が台湾割譲を易々諾々とやってのけて、しかも、台湾人の抗戦要求に一顧も与えないのをみて、「台湾者、吾台人之所自有、何得任令之私相授受、清廷雖棄我、我豈可復自棄邪」（台湾は我々台湾人のものである。他人が勝手に授受することに任かすわけにはいかない。清朝が我々を棄てても、我々は何で自ら自分を棄てることができようか。）

と叫んで全島の同胞に呼びかけ、一八九五年五月十六日(旧暦四月二十一日)、林朝棟と副将・陳季同らとともに画策して、台湾人による自守的な方法による抗日戦を発動することに踏みきった。そこで、独立自主の「台湾民主国」創立ということになるが、これには陳季同がかってパリ清国公使館に在職したことがあった関係上、近代国家の理念と制度に詳しく、したがって、民主国の唱導、設立に力あったといわれる。

さて、準備万端を整え、五月二十五日（二十六日ともいわれる）丘逢甲等は台北士紳百余名をしたがえ、巡撫の衙門に参上して、唐景崧を大総統に推挙し、「台湾民主国之章」を授けた。そして、「藍地黄虎」の旗を国旗とし、年号を「永清」と定めて、礼砲鳴り響くうちに台湾民主国の正式成立を宣言した。

一方、台南の守備に任じていた名将劉永福に打電して、民主国に参加することを要請したところ、「与台湾共存亡」（台湾と存亡をともにせん）という返電をえ、これで全台湾を打って一丸とする体制が整った。

唐景崧はさっそく劉永福を民主大将軍、丘逢甲を義勇統領、陳季同を外部大臣、元刑部主事の俞明震を内務大臣、元礼部主事の李秉瑞を軍務大臣にそれぞれ任命、元道員・姚文棟を遊説使として北京に赴かしめた。そして、台北に議会を設立して全台湾の士紳を議員に推し、富豪の林維源を議長に任命したが、林は高齢を理由にして受けなかった。北京の一部人士は台湾民主国に声援を送り、南洋大臣・張之洞は銀百万両を送金すべきことを奏請している。民主国政府自身も経費の捻出につとめ、さしあたり銀二十万両を地主、商人から借用することにした。

民主国は清朝に、「台湾士民、義不服倭、願為島国、永載聖清」と打電し、諸国政府には次のような宗旨の文告を発した。

「我が台湾は大清の版図に入って二百有余年、近年また中国の一省として東南に雄峙してきた。………日清戦争の結果、日本が台湾を要求して割譲の一条を挿入するにいたった。事の意外なのに台湾紳民は憤激し、巡撫の手を経て二次にわたり、清廷に台湾割譲の解消を懇願したが、勢いの赴くところ遂に大勢の挽回をみるに至らなかった。台湾紳民はまた英国に援助を要求したが、外交慣例にもとることとしてとりあげられなかった。さらに巡撫にたのんで清廷の各部大臣に電請してもらい、清朝政府が露、仏、独の三大国に向い台湾割譲を阻止する挙にでるよう要求することを願ったが、これも失敗に終った。ここで万事休したのである。

台湾は前後山（西部・東部）併せて二千余里、生霊千万……敢えて戦うの士は百万、そのうえ守備の軍隊はいまだに四万人を数えている。何で易々として敵人に頭をさげることがあらう。

こと、ここにいたりては呼びかけるべき天もなく援助の手をさしのべる人もない。ただ、台湾人自ら自主独立し、賢者をして政務を摂政せしめ、しかるのち太平をまって、再び中国に要請して前後処理をとる以外に方途がない。

日本がもし良心を具有するものであるなら、相強いることは忍びなかろう。台湾人もまた大局を顧み、利益をともにするものである。

台湾の土地と政令は他人のよく干預することを許さない。かりそめにも武力をもって事をかまえるならば、台湾人もまた万衆を糾合してこれに敵対するだけである。その場合には、同胞の一人々々戦死してから台湾を失うことを願っても、決して台湾の占領されるのを拱手傍観することをしないであろう。……

もし、各国が義により台湾をして中国に返還することを得せしめば、台湾人は全台湾の利益をもってこれに報ずるものである。

台湾人はすべて閩粤の出身である。閩粤人の外国居住者で、郷宜を垂念して富める者も貧しき者も、台湾に来て存亡をわけあうことを願うならば、双手をあげて歓迎されるであろう。

台湾人の主張するところは、無理難題をならべることに非ず、そもそも一戦を交えずして全省を割譲するとは、東西ともに前代未聞のことに属することである。

台湾人は、ことごとく台湾の故土を捨てて帰投しようと願っても、大陸に依るべき家もなく、隠忍して台湾に生きながらえようとしても、まことに天下にまみゆる顔がない。

ここで槌胸泣血、万衆心を一にし、死守することをともに誓うものである。

もし中国の義人あるいは海外の各国が、これを不憫とおもい、慨然と相助くることあらば、それこそ全台湾百万の生霊が痛哭して命を待つものである。

ここに特に布告し中外に宣するものなり」（台湾通史）

まことに悲愴このうえない台湾先達の亡国の恨みである。

こと志とたがい、かくして成立した台湾民主国は、いくばくもたたずに挫折したとはいえ、先達の故土を愛惜する気概は、後世の師表として不滅の光をはなつものとなった。

日本軍の澳底上陸と台北入城

民主国の成立後、まず第一に処理しなければならない急務は、日本軍の来襲にそなえる防備の作戦配置であった。そこで、基隆一帯は提督・張兆連と基隆通判・孫道義が共同して防衛、獅球嶺は胡永勝、淡水一帯は候補総兵・廖得勝と海壇協副将・余致廷、台北一帯は義勇統領・丘逢甲が自ら担任し、桃園一帯は提督・徐得勝、新竹一帯は義勇軍の呉湯興、台中一帯は候補道・楊汝翼と林朝棟、台南一帯は劉永福みずから守備の任にあたることにした。それから東港一帯は呉光忠、台東一帯は胡伝、というように旧清軍を主力にしてそれぞれ配置した。

民主国、守備配置図

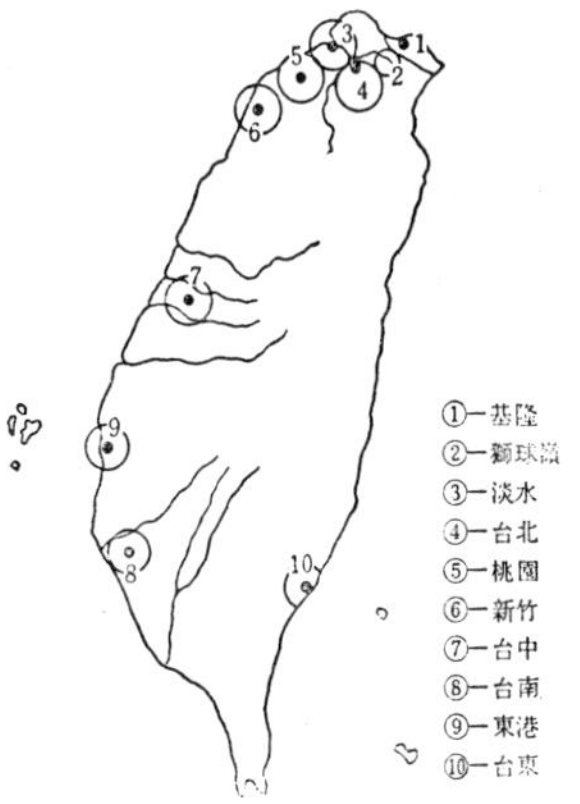

さて台湾島内で悲憤慷慨し、士紳たちが清朝官吏と協同して台湾民主国の成立に奔走している時、日本政府は早くも五月二十二日を期して、陸軍中将北白川宮能久親王をして第二軍所属の近衛師団を率い、旅順、大連から台湾に向って直航せしめた。その前に、初代の台湾総督に任命された樺山資紀は、琉球の中城湾で待機して、北白川宮と合流し台湾占

領の体制はすっかりできあがった。

いよいよ五月二十八日（一説には六月二日）、樺山は横浜丸に坐乗して基隆港外に到着、ドイツ船の公義号（海安号ともいわれる）で来航した清国政府の全権委員李経芳（李鴻章の子）等と会同して、横浜丸の船中で（公義号の船中に日本代表が赴いたともいわれる）台湾割譲の授受儀式を完了した。

そして、一八九五年五月三十一日（二十九日とも三十日ともいわれる）民主国成立してから旬日をいでずして、北白川宮殿下の川村景明少将は、近衛師団を率いて東北海岸の澳底から台湾上陸の第一歩を踏んだ。清軍の旧部属である曾喜照に指揮された三営の守備軍と徐邦徳の一営は、いずれも戦わずして澳底と三貂嶺を撤収四散した。そして統領・胡友勝の守る瑞芳および獅球嶺も難なくぬかれて、基隆と台北は無防備の状態に陥った。

日本軍占領図

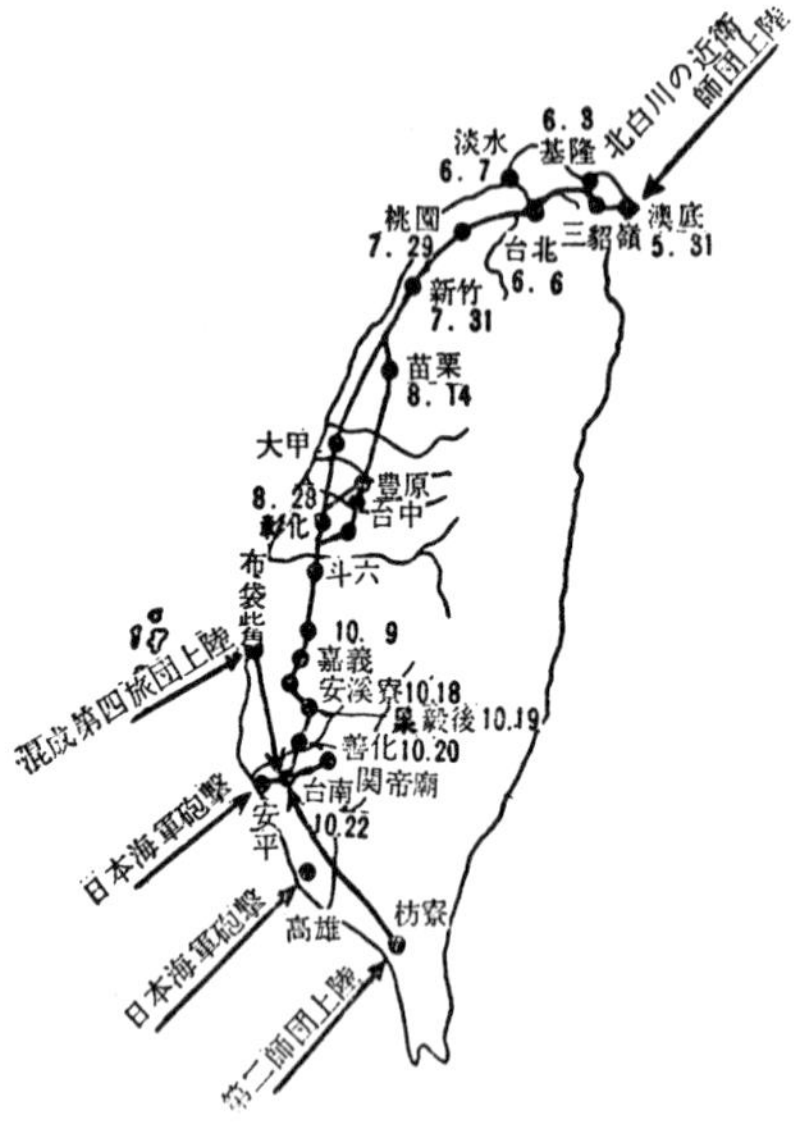

六月三日、日本の上陸軍は港外の兵艦二十余隻と相呼応して基隆を猛攻、砲台を撃破して指揮の張兆連や守将の李文奎を敗走せしめ基隆港を完全占領した。

台北城に基隆陥落の報が伝わると、人心、極度に動揺して秩序は混乱した。その隙に敗将李文奎の乱もあり、民主国大総統に就任早々の唐景崧は、六月六日夕刻、敵軍と一戦も交えずして、淡水から英船タチリス号（ドイツ船アサ号ともいわれる）で逃亡した。無主の台北城は、敗残兵の掠奪殺傷で阿修羅の巷と化し、人心惶々として、淡水に碇泊中の英・独の軍艦が艋舺に水兵を派して居留民の保護にあたらなければならないほどであった。

基隆では、日本軍は台北城内の情況にうとく、みだりに進攻することを差控えていた。一方、台北城内の混乱がますます増大して住民たちでは手のつけようがなく、台化士紳の李秉鈞、呉聯元、陳舜臣、陳春生たちは事態収拾のため、日本軍の台北入城を促進することに衆議一決したが、いざという時に使者として基隆の日本軍のもとに赴く者がでてこない。その時、鹿港人の辜顕栄という者が自ら志願し、基隆に赴いて日本軍の台北入城を招致した。

こうして川村少将に統率された日本軍の先発隊は、辜顕栄の響導によって台北に入城したのが六月六日（七日ともいわれる）の暮れ時であった。翌六月七日に中西大佐の率いる一隊は八芝蘭を通って淡水を占領した。

六月十一日、司令官北白川宮に統率された本隊は、台北の北門から進駐してきたのである。

初代総督の樺山資紀は六月十七日、台北城内の旧巡撫衙門で総督府始政の儀式をおこない、六月十七日はその後の五十余年間、日本帝国の台湾始政記念日となった。

そして、日本側からみれば功のあった辜顕栄は勲六等に叙せられ、日本統治の全期間を通じて台湾第一級の紳士として優遇されたうえ、後に日本貴族院の勅選議員に推薦された。それにともなう名利は彼自身のみならず、日本統治の五十余年は勿論、日本敗退後までも子々孫々におよんだ。彼らは、名実ともに日本帝国主義の走狗となり、台湾人を搾取圧迫してきた。したがって、台湾人の抗日分子に絶えずねらわれる身となり、すこしでも気骨あるものからは心底から忌み嫌われたことは言うまでもない。

日本軍の南下を阻む台湾人義民軍

さて、台北は日本軍の手に落ちたが、新竹以南はいまだ台湾人の子弟よりなる義民軍の勢力下にあった。

唐景崧の逃亡後、台南に鎮坐する劉永福は、台南士紳によって大統領に推挙されたが、それを固執して受けず抗戦の継続にのみ専念し、義民の訓練、軍用道路の修築、紙幣の発行、官営会社の設立などの広汎な全面作戦を着々と準備していた。

民主国の抗日の呼びかけもようやく台湾の一般庶民に浸透しつつあり、そのうえ日本軍の放火殺戮が嫌応なしに台湾人の敵愾心をかきたて、各地で義民の自衛組織をもつようになった。伝統の台湾民衆による外来支配反対の闘争がはじまるわけである。その中でも、新竹の胡嘉猷、姜紹祖、苗栗の呉彭年、呉湯興、彰北の李子炳、鹿港の許肇清、雲林の簡清華、台南曽文渓の徐驤、林養義、林崑崗などは有名で、その部隊も百人から千人までと、まちまちであったが、地理上の熟悉を利用して、勇敢に侵略者に立ち向っていった。したがって、台北から南下を開始した日本軍は、台北以北の進撃とは違って、各地で義民軍による郷土保衛の抵抗に悩まされなければならなかった。

六月二十三日、渋谷大佐の率いる南下先遣隊は再び行動を開始した。七月二十八日に台北城を進発した北白川宮の南下部隊は、二十九日に桃園で簡朗山、林芳等の出迎えをうけ、七月二十一日に姜紹祖の義民軍を殲滅して新竹をとり、八月十四日に苗栗、大甲、葫蘆墩（豊原）、台中と次々に占領し、八卦山で激烈な台湾人義民軍の反攻にあって、八月二十八日にようやく彰化に入った。

その間、台湾人の義民軍が集団的襲撃やゲリラ戦を、各地で熾烈に展開し、日本軍は大殺戮を行って前進したが、自らも多大の死傷を出すにいたった。殊に、彰化附近の八卦山では義民軍の反攻にあって苦戦し、その首領の呉湯興が壮烈な戦死を遂げて、日本軍ははじめて彰化に入城することができたのであった。八卦山はかって林爽文が福康安の清朝政府軍と対戦した由緒の古戦場である。

北白川宮の近衛師団は彰化で一ヵ月休養した後、乃木稀典将軍の率いる第二師団と伏見宮貞愛親王の混成第四旅団の来援をえて、南進軍を再編し、副総督・高島鞆之助中将が司令に就任して再び南下を開始した。

十月九日、嘉義占領の際には義民軍六百余の抵抗にあい、山根少将と多数の将兵が陣没した。

そして、いよいよ劉永福自ら指揮を取る台南に迫って、戦いは最高潮を迎えた。これには日本軍も大軍を集中して当り、近衛師団は多大な死傷を覚悟して十月中旬に曾文溪を渡り、混成第四旅団は布袋嘴より、第二師団はさらに南の枋寮から、それぞれ上陸を敢行し、三方面から台南城をめざした。それに加えるに有地中将の率いる艦隊が、陸軍の進撃に呼応して吉野、浪速、比叡などの軍艦で打狗（高雄）を砲撃し、砲台を破壊して守将・劉成良（劉永福の義子）は潰走した。

このように、陸軍三方面の包囲進撃と海軍の猛砲撃をうけて、劉永福麾下の「黒旗軍」（清仏戦争で雄名を馳せた）も孤立無援の重囲に陥った。そこで、一時は、台南東方の関帝荘に集結して山岳戦に日本軍を引き込む作戦をたてたが、それも果さなかった。やがて弾薬、糧秣ともにつきた十月十九日、劉永福は夜陰に乗じて部下数人を帯同し、安平砲台を視察するのにことよせてやうやく危地から脱し、悄然と英船アイリン号に乗船して台湾を離れたのである。

日本軍は十月二十二日（二十一日ともいう）に台南に入城し、ついで二十九日に安平を占領した。

これで、軍事的には台湾の要所はすべて日本軍の手中におちたのであるが、台湾占領の総指揮をとってきた日本皇族の北白川宮は、十月二十八日、台南で陣没した。日本政府の発表によれば、台湾風土病のため死亡したとある。しかし、台湾人の言い伝えはこれとは異り、台南市北辺の曾文渓を渡河してまもなく、草むらに潜伏していた台湾人ゲリラに襲撃され、竹竿の先に鎌を縛りつけた俄か作りの武器で首を傷けられて落馬し、重傷を負ったのが病因となって、台南入城後、斃れたといわれている。

一八九五年（明治二十八年）の年末には、台湾全島の要所は日本帝国の完全占領するところとなった。五月に澳底に上陸以来、半年余の軍事行動で、義民軍の流血犠牲はもちろんのこと、無辜の農民百姓か殺害放火にあたった例は枚挙にいとまなく、このような猛威を振った掃蕩戦は、台湾人の敵愾心をいやがうえにかりたて、その後も日本側から「土匪」と呼ばれてきた有名無名の抗日戦士が数限りなく輩出した。

かくて、台湾民主国は、誕生と同時に短命で夭折して果てた。しかりとはいえ、その高邁な民族精神と歴史上の意義は、後世にまで高く評価されるべきである。そして、同時に、台湾士紳と清朝政府の旧軍隊を主体としたかかる抗日行動では、台湾人同胞を一丸として抗日戦の総蹶起作戦に動員しえなかったことも忘らるべきでないと思う。

日本軍の軍事占領が完成すると同時に、民主国の幹部は紛々として中国本土に逃げ、丘逢甲は広東の嘉応州に林朝棟は漳州に、それぞれ去っていった。

第十章　日本帝国主義下の台湾

1　総督の専制政治

日本帝国主義の支配方式

十九世紀の台湾が欧州帝国主義列強の植民地獲得合戦の好餌となって、めまぐるしい争奪の渦中におかれていたことは、すでに述べた。このような台湾をめぐるあわただしい国際環境のなかにあって、老大国清朝を日清戦争で破り〝宝島台湾〟を掌中におさめたのが、東洋の新興国日本であったことはいうまでもない。

明治維新の大改革を十九世紀半ばになしとげた日本は、急速に近代化への道をたどり、政治、経済、文化の各分野において、欧米の資本主義国家においつこうと必死の努力をかさね、劃期的な成果をおさめつつあった。

しかし、台湾を領有した明治二十年代といえば、近代国家として幕をあけてから二十数年、憲法発布、帝国議会を開設してからわずか数年たらずで、社会経済の資本主義化もようやく緒口を見出したばかりであった。

その経済情勢を一瞥しても、全国銀行の払込資本がわずか一億円たらず、預金総額も一億数千万円にすぎなかったから、当時の資本蓄積がいかに貧弱なものであったかがわかろう。明治三十年になってはじめて金本位制を採用したが、それも清国から得た賠償金二億テール（三億五千万円）をもとになしとげられた、という次第である。

したがって、当時の日本は、資本主義の地固めをして国内の充実をはかるに忙がしく、海外発展によって国勢を伸展させる余裕もまったくなく、また、国外拡張をはからねばならぬという、経済的必然性がかねそなわっているのでもなかった。

こういう日本が、高度に発展した先進の欧米資本主義国をしり目に、日清戦争を戦って植民地台湾を獲得したのであるが、それを行わせた日本の帝国主義的活動は、何を裏付けとし、いかなる思想背景と、社会情勢によってささえられたのであろうか。その底流をさぐってゆくと、日本民族主義の特徴の一つとなっている対外的優越感と排外自尊がうきぼりにされ、当時の軍人、政治家がクローズ・アップされてくるであろう。彼らこそ、日本帝国主義を形づくるバックボーンであり、その実践者となったのであった。

彼らは、明治維新をなしとげた余勢をかって、盲目的に国際的な侵略競争に突入した。そして、戦争をしかけた相手が、没落過程にある老大国の清国であったから、軍事的な勝利を得ることができ、台湾を植民地として獲得することになったのである。

このことは、日本の台湾植民地経営を考察するうえにおいて、見落すことのできない重要な点である。なぜなればこのように日清戦争を戦い、台湾を併呑するにいたった日本的軍国主義イデオロギーが、その後の台湾統治の方式と様相をも、一貫して規制してゆくからである。

その点は、当時の日本人によって書かれた次の一文に、如実にうかがうことができる。

「いまや、台湾わが手に落つ。恰もよし大日本膨脹の機に会せるを……　南を望まばフィリピン……南洋諸島は飛石のごとくに相連り、香港、安南、新嘉坡も亦遠きに非ず、皆邦人の雄飛を試むべき地なり云々」（台湾事情）

十九世紀におけるヨーロッパ列強の植民地獲得競争は、独占度の高まった高度資本主義をさらに成長させるため、生産品のハケロと原料供給源を国外に求めることによってなされた戦いで、その目標になったのがアジア、アフリカあるいは中南米の如き後進地域だったのである。いわば資本主義発展に内在する対外拡張の必然性に導かれた、帝国主義活動だった。したがって、近世ヨーロッパ列強が植民地獲得に進出するときは、まず資本家が後進地域に触手をのばして侵略路線をひき、綿密な計画を積極的に推進した。そして、そのお膳立てができたのち、政府をゆりうごかして、軍事行動をとらせるのが順序だった。

であるから、植民地経営には、資本家が第一線の主役者となり、実際にこれを支配するのは、本国にある独占資本家であって、植民地にある総督、役人、軍人などはワキ役として存在したにすぎない。

ところが、日本の場合は冒頭にもふれたように、ヨーロッパの植民地経営とはその様相を異にし、植民地支配者の主客が転倒していた。台湾を版図に編入するまでのお膳立てとその実行は政治家、軍人の発意立案でなされた。そのうえ領台後の支配経営も相かわらず、総督を中心とする軍人官僚の武断的采配にゆだねられ、帝国主義的地盤がかたまって後、本国資本家がはじめて動員されたのである。

このような特異な帝国主義活動のもとに、台湾総督は、当初から絶対的な台湾支配者として、三百万ちかい異民族のうえに君臨し、全島を支配していったのである。総督はまず、旧英米、支那資本を駆逐し、日本資本の進出に便利なように、地ならし的諸政策を強行した後、はじめて、本国資本を迎えいれた。そして、日本資本家による企業設立、生産活動を保護奨励し、ついに日本資本主義による台湾の社会経済の完全なる支配独占を実現させたのである。

植民地というものはいつの時代においても、もっぱら、本国の利益のためにのみ在存し、そのために骨身をけずるような犠牲を強いられるのが常である。その犠牲はまず、政治権力による掠奪と、経済活動を通じておこなわれる搾取との両面から遂行されるのが通例である。

しかるに、台湾の場合には、まず、総督官僚の絶対権力による制覇方式から出発した。そして、政治権力による掠奪が独走したのち、資本による搾取がジワジワ侵透する形をとっていった。このような掠奪独走、搾取追従という支配方式を築くために、当然とられるべき手段は、前近代的な東洋的マキァベリズムと、近代的な官僚統治組織をむすびつけることであった。この二つの結びつきによってつくりだされたのが、ほかならぬ台湾総督の絶対専制方式であった。

さらに類例をみない、このような台湾総督の絶対専制をしくためには、特別の武器を必要とした。そして、その武器となったのが、総督の三種の神器ともいうべき、律令、警察網、特別会計制度だったといってさしつかえないであろう。

台湾の〝土皇帝〟

台湾のある地方では、台湾総督を「土皇帝」とよんできた。中国古来の考え方によれば、皇帝とは一国にタッタ一人しか存在しない、封建的な絶対権力をもつ君主のことである。ところが、皇帝にもまさる絶対権力をほしいままにする、地方の暴君が往々にして生れることがある。この暴君にしいたげられ、いじめられた者は、侮べつと非難のいきどおりをまじえて、暴君を土皇帝とよんだものである。この皮肉たっぷりの言葉を、台湾人のうえに君臨する総督になげつけたとは、機智にとんだ群衆の言葉として、一服の清涼剤を飲みほすほどのうまみがあった。

一八九五年（明治二十八年）樺山資紀は台湾に第一歩を印するや、ただちに第一代土皇帝に就任、軍政を布いた。翌明治二十九年には、「台湾総督条令」が制定された。その後、幾たびかの改正によって、土皇帝としての権力は、ますます強固なものとなり、君主然として台湾最高の地位をしめることになった。総督は、包括的に政務を統理し、命令、監督の諸権力を併せて行使するばかりでなく、陸海軍の総帥権と軍政権（後に出兵請求権となる）を掌握した。そして、本国の帝国議会でさえ実質的には干渉できない、律令制定権と特別会計制度をもかねそなえた。それは清朝統治時代の台厦兵備道あるいは台湾巡撫の絶大な権力に、勝るとも劣らない、台湾総督の新旧両様をかねそなえた絶対権力であった。

日本へ帰れば、たんなる一地方長官にすぎない総督も、一旦、植民地台湾に臨むと数百万の異民族を脚下に睥睨しその権力の絶大無比なること本国でもおよぶ者のないほどで、立法、司法、行政、軍事から経済、文化、社会、学術、宗教にいたるまで完全に、その手中に掌握したのである。

ここで総督政治の行政機構を一瞥しておこう。

一八九七年（明治三十年）に台湾総督府条例を廃止して「台湾総督府官制」を制定し、陸、海軍両幕僚と内務、財務の二局をおいて、その行政組織の基礎をつくった。その後三十数次の改正をへて、終戦の真際には、次のような機構になっていた。

まず、総督府を最高機関とし、その補助機関として総務長官と総督官房、および総務、文教、財務、国土、殖産、食糧、警務の七局、ならびに外事、法務の二部をおいた。

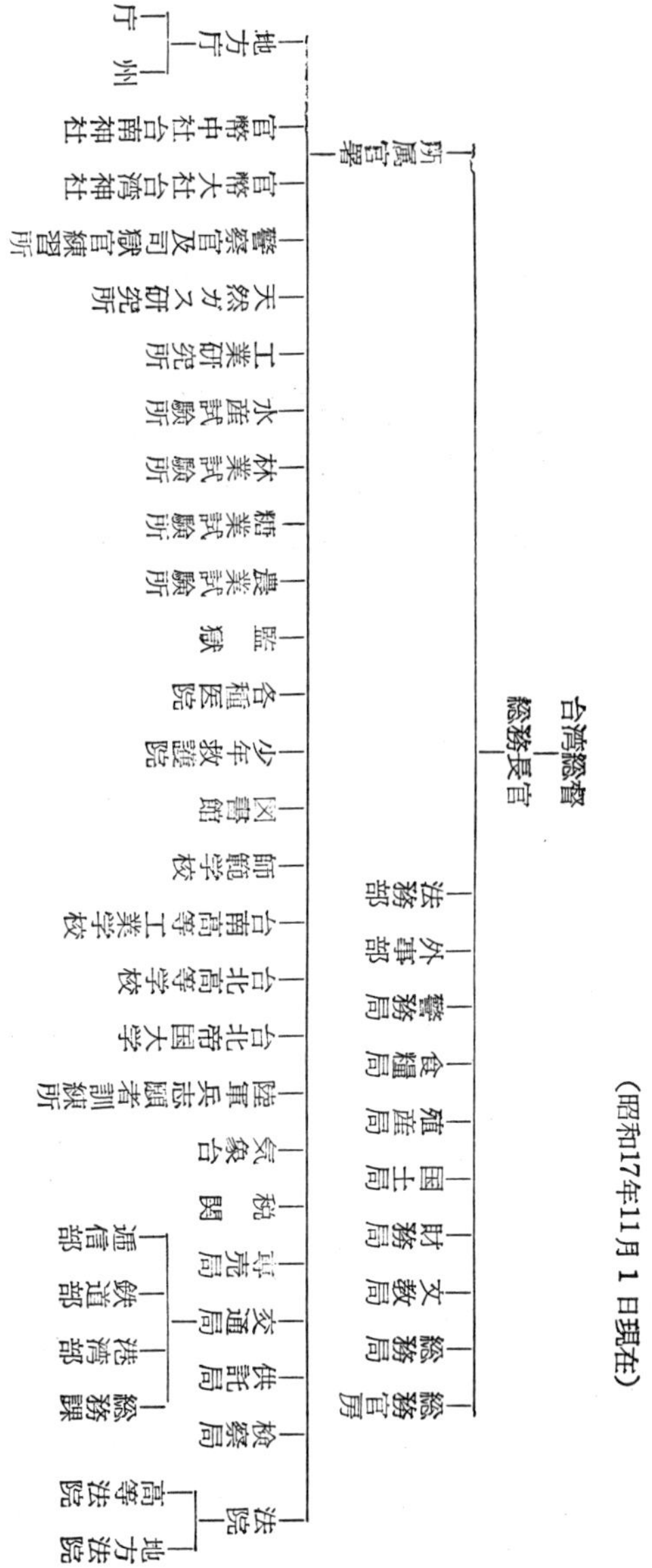

　かの赤レンガ造りの総督府は、日本の植民地政策のシンボルとして、台北市の中心部にいかめしく鎮坐し、ここで植民地官僚が、日夜、いかにして台湾という肉魂を料理するかと、その脳漿をしぼった伏魔殿であった。時代うつり星かわって、いまでは、この赤レンガの巨大な建物は、蒋政権の総統府となって、一段と陰惨な台湾人虐殺の大本営

（台灣総督府庁舎）

となりはてたとは、余程、因果な建物であるといわなければならない。

そのほかに特別行政官庁としては、交通局、専売局、税関、気象台、学校、学術研究所、神社などがあり、法院、検察局などの司法機関をも加えて膨大な統治機構をつくりあげた。

地方行政では、いく度かの改廃をへて、終戦時までには、台北、新竹、台中、台南、高雄の五州と、台東、花蓮港、澎湖の三庁、および、その下部に十一市五十郡を設け、郡市の下に五十六街、二百九の庄をおいていた。

しかし、台湾総督のもつ強権を生みだした秘密をさぐるには、前述の三種の神器を理解することからはじめなければならない。

総督の命令即法律となる律令権

日本領台当初の台湾に住む人は、主として、漢人開拓者の子孫と原住民で、すでに台湾人を形成していた。台湾人社会の文字や文化は、中国大陸文化をバックボーンとし、経済的には欧米資本と前資本主義的な大陸商業資本に支配されていた。日本は台湾を政治的に自国領土に編入した以上、まず、台湾をこれら非日本的文化および経済から脱却させ、日本文化圏、日本資本主義圏に編入する必要があった。台湾を日本圏に組みいれることは、あくまで征服者日本が植民地台湾を統治し、日本資本主義が台湾経済を支配し、工業日本が農業台湾を牛耳り、文化的にも、日本人が台湾人に優越する、という関係のもとに「台湾」を「日本」の圏内に包含することであった。

ところが、台湾人にしてみれば、このような奴隷的環境に諾々として甘んずるわけがないから、統治者は、当初から、台湾をがんじがらめにしばりあげ、あくまで力ずくでこのような支配体制を樹立する必要があった。これは、台湾だけでなく、世界すべての植民地がうけてきた運命でもある。

こういうように台湾を絶対支配のもとにおくために、総督の口から出た命令がそのまま法律になるが如き強権を必要とした。そして、そのために律令制定権というものがもちだされたのである。つまり、律令制定権なるものは、総督の強権を生みだす産婆役として本国から附与されたものである。

一八九六年（明治二十九年）、台湾占領の翌年に日本帝国議会は法律六十三号（六三法とよばれる）を可決し、つぎの諸項が実施されることになった。

一、台湾総督はその管轄地域内において、法律と同等の効力を発する命令を出すことができ、これを律令と称する。

一、日本帝国の法律の全部または一部を台湾に施行する必要のある場合は、勅令をもってこれを定める。

つまり、台湾に関するかぎり、日本帝国議会の立法権を台湾人にはあたえず、支配者の総督一人だけに移譲し、総督が統治上必要とする法律を意のままにつくることができるようにしたのである。

台湾の「土皇帝」は、この律令権をもつことによって、台湾人の集会結社の禁止、言論出版の抑制、理由なき逮捕の如き基本人権を踏みにじることから、台湾人の土地の没収、併呑、台湾人だけの株式会社設立の禁止抑制のような経済生活の抑圧、はては公債引受けの強制から、郵便貯金の強要、教育・就職の差別などにいたるまでなしてならざるはなしという権力をもつにいたった。

この悪政の源泉ともいうべき律令権は、最初は三年を期限とされていたが、再三延期され、明治三十九年には法律第三十一号（三一法）によって、六三法が再確認され、律令はもはや帝国議会の協賛をへた法律では改廃できず、勅令によってのみ改変できることになった。言葉をかえていうと、台湾に関するかぎり、たとえ、本国議会の定めた法律であっても効力がなく、すべては、台湾総督の胸三寸にゆだねられたのである。

大正十年になって、台湾にも本国の法律が施行されることを原則とすることになったが、これはただ手続上の問題だけで、実質的には、総督の律令権はゆるがなかった。そして、昭和十二年に、ようやく、この悪名高い律令は改められたが、そのときには、総督の強権政治というコンクリートは、すでに四十数年のうちにすっかり磐石のごとく凝り固り、たとえ、律令というかりワクをとりはずしても、土皇帝の専制は、もはや、ゆらぐことがなかった。

律令は、被支配者である台湾人には、頭上にのしかかる巨岩のようなもので、このため台湾人は何十年という長い間おさえつけられ、首をもたげることさえできなかった。その半面、この世にも類例なき六三法が、台湾人の民族的覚醒を促がし、反植民地運動の導火線となったことはその性質上、当然のことであった。

全島にはりめぐらされた警察網

総督が二頭建ての馬車をかって、台湾民衆を統治したとたとえれば、強権総督をひっぱった一頭の馬は、律令権という暴れ馬であり、他の一頭は警察政治というジャジャ馬であった。

このジャジャ馬は、台湾占領直後、市・街・庄といった地方行政組織が確立される以前に、逸早く台湾全島をかけめぐり、総督統治機構をうちたてるために、強権の尖兵として警察網がくまなくはりめぐらされたのである。総督府の警察局、州庁の警察部、郡市警察課、街庄の警察分室、派出所または駐在所、というふうに、厳密な組織と統制のある警察網は、州庁、市役所や街庄役場の設置にさきだって各村落にくまなくゆきわたった。

金すじの帽子にいかめしい肩章をひからせ、サーベルをチャラつかせた警察官は、半世紀にわたって台湾民衆の間に入りこみ「大人」（台湾語でお上という意味）と奉まつられながら山間僻地にいたるまで横行濶歩した。強力な職権を与えられた警察は、本来の任務である保安、犯罪人の捜査検挙にあたるばかりでなく、戸籍までにぎって、言論・政治の規制、文教・留学生の監視、納税の督促、出役の割当、日本人への土地売渡し強制、株式応募や郵便貯金、公債の勧誘、末期には改姓名や信仰の改宗まで強制した。台湾ではこれを、「悪事無所不至」といって、数百万台湾人の社会生活から、私生活のささいな点までたちいる警察の監視、支配を、蛇蝎のように忌み嫌った。

このような、典型的な警察政治が台湾にしかれることによって、警察官は市街庄の土皇帝として、実際に台湾民衆の生殺与奪の大権をにぎる暴君となったのである。

街庄の中心部に台湾人商店や住宅を睨みつけるように建てられた、いかめしい警察署と官舎。その前を通る民衆はハレ物にでもさわるおもいで足早やに、通りすぎることを常とした。

日本本国でも、警察は横暴で民衆弾圧の道具として使われた時代があったが、台湾の警察は、それに輪をかけたように、植民地における征服者の優越感をもっと濃厚に身につけていた。しかも、植民地にくる日本人警官には、程度の低いものが多かったから、気狂いにナタをもたせたより始末がわるかったのである。

彼らは、人を捕えてから、六法全書と首っぴきで罪名をでっちあげるなどは、日常茶飯事に属することで、夜半ともなれば、煉瓦の塀にかこまれた警察署や武徳殿から、拷問に苦しむ台湾人の唸り声が、地獄の底からもれ出るように、あたりの静けさを破るのが常であった。

ことに、日本統治反対、植民地政策反対などをうちだしたり、あるいはその疑いをかけられた者は、治安警察法に問われて半死半生にうちのめされたあげく、二十九日間づつ、全島の警察署をたらい回しされ、何ヵ月も拘禁されたものである。

日本でも坂上田村麿は、泣く子もだまらしたほどの怖わさをもっていたというが、台湾では、「警察官がきた」という一言がさらにその効果をもっていた。祝祭日には、儀式のヒナ段に居並らぶ文官よりも、末席に連なる警官がおそれられおべっかをもってもてはやされた。物資欠乏の戦時中には、日本人といえども文官の婦女子は食料品の買い出しに寧日なかったが、経済統制をつかさどる御本家の警察官だけは、裏口からふんだんに魚肉がかつぎこまれていた。おそらく内地の警察にもみられぬことが、台湾では平然と行われていたのである。

満州事変の後には、さらにどう猛な憲兵が入りこんで、台湾民衆はいよいよ水深火熱のなかにおいこまれ、戦々兢鏡として日々をおくることになるが、その暴虐のほどは筆紙のよくするところではなかった。

さらに、この警察、憲兵の補助手段として使われたものに保甲制度がある。日本政府が中国特有のこの制度をぬけめなく利用したのは、心にくいまでの巧みさであったといえよう。これを日本人に進言したのは他ならぬ御用紳士の辜顯栄であったといわれる。保甲制度はもともと中国の始めた制度だが、清朝政府が台湾に移入してきて、開拓者の統治にその効能を遺憾なく発揮してきたものである。

一口にいうと、保甲制度とは、台湾人をして、自からの経費と役務の負担で、さらに連坐制という責任まで負わさしめ、相互の監視、密告、摘発の義務を果させた地域的な民衆組織である。後には道路工事、風水害対策まで行うことになった。

冷酷狡猾な支配者たちは、民衆の一挙手一投足をも細大洩らさずキャッチするため、台湾人をして自らの縄で自らを縛りつける、この保甲利度を十分に活用したのである。

ちなみに、警察制度は一八九七年（明治三十年）には確立され、保甲制度はその翌年の明治三十一年に制定実施された。そのほか、台湾人の壮丁団も早くから成立をみて警察の手足としての役を果してゆくのであった。

苛斂誅求の特別会計

二頭建ての強権総督政治をさらに馬力をかけて推進せしめたのは、特別会計制度である。律令が暴れ馬、警察がジャジャ馬とすれば、特別会計制度は近代的なエンジンにたとえられようか。

一般的にいって、後進地域に設けられる植民地では、最初から、独立採算による財政政策を行うことはむずかしい。そこで、通常、本国の財政援助をうけつつ、資本主義的な投資、開発がおこなわれ、その後に、生産の拡大発展をみて、民衆の生活は相対的にひきあげられてゆく。この過程をへて、植民地財政が確立されてゆくのが常道とされている。つまり鶏をふとらしてからその卵をとる、という近代植民地経営の筆法である。もちろん、ここまでもっていくことができず、何十年も本国の援助負担のみで、植民地財政が賄われる例も多々あることであった。

ところが、日本の台湾植民地統治の初期においては、本国の資本家を誘致することが先決で、そのために大巾の赤字が出ても、資本導入のための清掃事業、すなわち土地の測量と所有権確立、林野調査、港湾鉄道施設、治安維持などを早急に実施する必要があった。

どれ一つとってみても、膨大な経費を必要とするが、それらの出費を、本国の国庫補助に仰ぐべきか、台湾人の負担にするかが問題であった。それはもちろん、被支配者の肩に重い負担がのしかかり、本国政府からの援助は最少限度にとどめられることになるが、とにかく台湾植民地に対する吸血をとどこおりなく実現せしむるためには、その収支を、総督の壇断支配にゆだねることが不可欠であった。

そこで、「台湾総督府特別会計法」がつくられ、一八九七年（明治三十年）から収支ともに、総督の専断にまかされることになった。日本政府はさしあたり、三千七百四十万円の財政補塡を十三年間におこない台湾統治の収支をカバーすることにした。だが、その後の台湾経営は、順調にすすんで、十三年という財政援助の期限をわずか八年、三千四十八万円の補塡でうちきり、明治三十八年から台湾総督府財政は、本国政府の援助なしに、独立することになった。まさに超人的な躍進によって赤字財政の壁をつき破ったのである。

同じ植民地でも朝鮮の場合は、台湾に倍する補塡金をつかったし、フランスの印度支那植民地は、早くから本国資本家や華僑資本の投資開発が一枚加わったにもかかわらず、なおかつ七・五億フラン（約六億円）の本国援助を必要とした。今日になっても、ヨーロッパ諸国のアフリカ大陸における植民地は、その大多数が本国から赤字財政の補塡を仰がなければならない状態にある。これと比較すれば、台湾の財政独立が、いかに驚異的なものであったかがうかがわれよう。

こういう短時日のうちに、財政独立ができたのは、日本人支配者は、彼らの能吏によってなされた新国土経営の宜しきをえたことと、誇示するであろう。しかし、実際は、台湾のもつ天然資源の豊富さと、勤勉でおとなしい数百万の台湾人が、よく統治の苛斂誅求に耐えしのんだことに起因するものであった。このことは、世にも稀なる財政独立をやってのけた主役の後藤新平（当時の総務長官）に語らせた方がよい。満鉄総裁に親任された彼は、明治三十六年に台湾を去るにあたって、つぎのようにいい残している。

「台湾財政の独立は、実に当初、帝国植民地統治に関する危殆に迫られたる応急の処弁にして、其の結果に伴うべき必然の弊害に至りては啻だに外国をして聞かしむべからざるのみならず、又台治新附の民をして聞かしむべからざるものありて存す……　財政の偏安を貪り新附の民力を誅求して母国の負担を緩むるがごとき形跡は今後切に忌むべし」。

また、この誅求ぶりは、つぎの表からも明らかによみとられるのである。

住民一人当りの財政負担（台湾統治誌）

台湾（明治三七年）	四・五五四円
日本（明治三七年）	三・三四三〃
朝鮮（大正三年）	一・〇四八〃
仏印（明治三七年）	二・一八〇〃

そもそも、財政負担の軽重は、負担額とその社会の貧富とくらべて、はじめてその真相をつかみうるが、日本国と台湾の貧富の差を考えるとき、右表に出た名目的金額以上に、台湾住民はその実質的負担が大きかったことが分るであろう。

台湾財政は独立してから、急激に膨張してきて、明治四十年になると早くもその黄金時代を迎え、明治三十年を基準とすれば昭和十七年までの四十六年間には無慮、三十六倍の収入増加をあげるようになった。もちろん、この四十数年のうちに物価は騰貴し、台湾の人口は二・三倍となり、産業、住民の生活も質量ともに拡大向上するにはしたが、台湾人の社会経済の成長はとてもそれには及ばず、庶民の生活が三十六倍に向上したとはお義理にもいえない。いかに総督の課税が年をおうて苛酷なものとなっていたか、おおよその見当はつくであろう。

いま、台湾の中央および地方財政の推移をたどれば、つぎのとおりである。

台湾総督府歳出・地方歳出と租税負担額推移（台湾総督府統計）（単位千円）

年度	総督府歳出	地方歳出	（国税）税額	（国税）一人当り(円)	（地方税）税額	（地方税）一人当り(円)	一人当り計(円)
大正九年	九五、三三四	一八、〇一八	二四、三〇一	六・五八九	五、二八八	一・四三四	八・〇二三
十一年	九六、三四六	二五、九七七	一九、〇一七	四・九六九	一七、〇一四	四・四四六	九・四一五

昭和二年	一〇一、五三三	二七、九〇三	一八、五五九	四・四〇六	一七、九二八	四・二五六	八・六六二
〃 七年	九七、二四〇	三四、六七六	一八、三六四	三・七八八	一九、一二七	三・九四五	七・七三三
〃十二年	一五六、四四四	六五、八五二	三五、三八四	六・六四一	三三、三〇二	六・〇七四	一二・七一五
〃十六年	二八九、七〇八	一〇〇、六一二	九五、二六一	一五・九九五	五八、七二六	九・五九八	二五・五九三
〃十七年	三七二、七二三	一二三、八八一	九九、八四四	一三・四五八	七〇、〇七三	一一・一三一	二四・五八九
〃十八年	四四五、八八二	一四一、七七六	一二八、〇五三	二〇・三四二	七一、一四八	一一・三〇二	三一・六四四

台湾の財政をこのように膨張させ、内地の為政者をして、「台湾総督府特別会計は日本財政のうちで、もっとも富裕なものであった」と満足させる成果をもたらした。

それは、全人口の九五パーセント以上を占める台湾人から、搾れるだけ搾りとる財政政策があづかって力があったためであることはいうまでもない。

台湾全産業の九〇％以上をしめる本国資本に課せられる所得税、財産税などの直接税の負担を極度に軽減した代りに、総督府財政収入の大きい部分を被支配者である台湾人の身上にしわよせして、台湾民衆の負担にかかる間接税と、台湾独特の専売収入をはじめ、官業及び官有財産収入に重点をおいたことが、日本の為政者を満足させる富裕財政をつくりあげる結果を招いた。つまり、間接税が台湾財政の主要財源となり、専売事業は財政独立のキイ・ポイントだったのである。

たとえば、全人口の九五％を占める台湾住民に一様にかかる砂糖、酒、煙草、塩、マッチなどの大衆税＝間接税は一八九六年（明治二十九年）には、台湾住民の納める租税の約三〇％をしめていたが、一九〇四年（明治三十七年）

には三七％、一九二七年（昭和二年）には四〇％とはねあがった。さらに上昇しつづけて一九四一年（昭和十六年）になると、戦費調達のためにかかる間接税を大巾につりあげた（推定六〇％以上）

台湾住民の毎戸租税負担と所得の割合

	毎戸推定平均所得（円）	毎戸課税負担（円）	所得と負担の割合（％）
昭和元年	四三五	五〇・二一四	一一・五
〃　二年	四四三	四七・一九四	一〇・六
〃　七年	四〇八	四四・一二七	一〇・八
〃十一年	四八二	五八・二四八	一二・〇
〃十三年	五一五	七一・九九九	一三・九

（日本政府大蔵省統計）

政府財源を捻出するために、国民の必需品あるいは特産品を専売し、重要な基幹産業を官営とする例は、いずれの国家にもよくみられることである。たとえば、中国は古くから塩、鉄を政府の専売とし、清朝になっても台湾の樟脳を何度か官営にし、阿片専売は軍費調達のために利用されてきた。だが日本が台湾に施行してきたのは、これらに較べ、まさに前代未聞といわれるべきほどのもので、専売と官業の諸収入が財政上に占める比重は、大へんなものであった。

台湾総督府特別会計歳入のうちで、官業および官有財産（郵便、電信電話、鉄道、バス、専売、森林、官有財産、その他）の収入、つまり、総督府がこれらの事業を経営して儲けた利益のしめるパーセントを次に掲げれば、すべてが明かになるであろう。

明治三十年（一八九七年）	二三・三五％
大正元年（一九一二年）	四一・二一
昭和元年（一九二六年）	五四・〇一
昭和七年（一九三二年）	六〇・九〇（日本統治時代を通じて最高）
昭和十年（一九三五年）	六〇・七八
昭和十六年（一九四一年）	四四・四八（本年度から租税の大巾引上げと公債収入の増加で、官業収入の比率が相対的に低下）

（日本大蔵省編・昭和財政史より）

その諸々の官業のうちでも、明治三十年から開拓された専売事業は、総督府のドル箱であり、総督府財政の富裕は実にこの一事にかかっていたのである。その資本主義的な独占利潤の吸上げ方といい、また、その重税のほどといい、まさに空前絶後であった。日本が台湾を占領してまもなく、明治三十年に阿片、三十二年の塩と樟脳、三十八年の煙草、四十年の酒類と次々に専売品目をふやして、昭和十九年までには酒、煙草、塩、マッチ、阿片、樟脳、石油、アルコール、にがり、度量衡器の十種類におよんだ。その官営による製造販売の収入は、逐次増加して、終いには総督府歳入の五〇％近くをしめる巨額なものに達した。そればかりでなく、これら専売品に課した消費税は、酒精の一品目だけでも最高の時で租税収入の二四・二％（昭和七年）にもおよんだ。同年の所得税の租税収入にしめる率が一三・七％にすぎなかったのに比べれば、専売事業の政府財政に占める比重が一目瞭然となるであろう。

念のために、次の二つの表を掲げておくことにする。

専売収入の財政にしめる割合（千円）

	台湾歳入経常の部	専売収入経常の部	比率
明治三十年	一一、二八三	一、六四〇	一四・五%
大正元年	六〇、二九五	一六、三六〇	二七・一
昭和元年	一三一、七七八	四二、六八八	三二・三
昭和七年	一二〇、三〇二	四〇、六四八	三三・七
昭和十六年	四一四、二二五	一〇一、三四八	二四・四
昭和十七年（一九四二年）	三〇五、八六三	一一七、五七五	三八・四
昭和十八年	三九〇、六六五	一五七、九〇一	四〇・四
昭和十九年	四七八、六三〇	二三一、一五四	四八・三
昭和二十年	五四八、七五三	二七〇、六二八	四九・三

（昭和財政史）

台湾専売事業の差益（千円）

	専売収入	支出	差益	差益率
昭和十七年（一九四二年）	一一七、五七五	六九、四六六	四八、一〇九	六九%
〃　十八年	一五七、九〇一	七三、二八二	八四、六一九	一一五
〃　十九年（予定）	二三一、一五四	九一、二六九	一三九、八八五	一五三

二十年（予定）	二七〇、六二八	九〇、二八〇	一八〇、三四八	一九〇

（昭和財政史）

この表が示す如く差益率が、つまり専売品の利潤が最低の時ですら五割をあげ、好況の時は二倍近くもあることは総督の強権を背景とする独占事業ならでは、ありえないことである。であるから、専売事業が、日本統治の全期間を通じて台湾人に「与民争利」（官が民と利を争う）といわれ、怨嗟の的となったのも当然であった。

以上のように、台湾総督府特別会計法による総督の苛税と搾取ぶりが台湾民衆を犠牲にして、財政の強化、富裕の礎をきづいた。そして、この敗政上の安泰と事業官営による資本主義経営への参加があればこそ、総督は、後顧の憂がなく、台湾人の頭上に君臨できたのである。

一方、課税負担の過重によって、台湾人全体が生産された富を極度に奪われたのみならず、台湾人の土着資産家までが、いちじるしくその事業に必要な資力をそがれ、ひいては、庶民階級はますます無産化し経済的に日本資本家の前に屈服してゆくという、日本資本の台湾支配体制を確立する一助となったのである。

一連の猿芝居

このような総督政治の独裁専制も、五十一年にわたる統治期間中には、十七人の総督土皇帝が交替し、さらに島内情勢の変化もあって、総督各人各様の政策のうちに、統治に手心を加え、あるいはサジ加減が行われた。

しかし、統治に緩急の差はあっても、植民地統治の本質にはいささかもの変化がなかったことは多言を要しない。台湾は一貫して、日本本国の利益のために服役することを余儀なくされ、台湾人に対する差別政策は緩むことなくつづけられたのである。

さて、時流に応じた各総督の手心といっても、その多くは実質の伴なわぬ、見せかけの一連の猿芝居にすぎなかったことは、統治者の側に立ってみれば当然のことであったかもしれない。

そのゴマ化し的な猿芝居は、まず、「台湾総督府評議会」という御用機関に端を発するものである。もともと総督府評議会は占領当初において、総督の諮問機関として成立を見、日本人文武官で構成されたものであった。いわば台湾統治の参謀本部のようなものであった。したがって、被支配者である台湾人の代表機関であろうはずがなく、後になって「律令審議会」と改称されるようになったのに徴しても、民意とはおよそ無関係な政府機関であったことがわかる。

このような、まるで逆の性質のものをわざわざひっぱりだして、台湾人の民意を反映させようというのであるから、総督の魂胆のほどがわかるわけである。「台湾総督府評議会」が台湾人の面前にあらわれたのは、第一次大戦後のことであった。当時、デモクラシーと民族自決の叫び声が潮騒のごとく高まり、その洗礼をうけた東京の台湾人留学生は、日本の台湾統治の非をあばき、台湾人にも一個の人間として、自由平等の待遇をうける権利のあることを盛んに主張した。そして、六三法撤廃や台湾議会の設立を叫んだ時代であった。

総督府当局はこの運動に挺身する台湾人を獅子身中の虫として弾圧投獄して応酬したが、これら台湾人インテリの政治的覚醒を促がしたそもそもの動機が、当時澎湃としておこった植民地解放の世界思潮であったから、弾圧一点ばりではとうていその撲滅を期することができなかった。そこで総督府はかかる古ぼけた無用の長物、台湾総督府評議会をひきずり出して、議会設置運動を去勢し、だんだんと台湾民衆の間に滲みこんでゆく自由・平等の「危険思想」にたいする防波堤とすることを思いたったわけである。

そこで、以前のように総督府評議会の評議員として、総督府の高官を任命するほかに、何でもハイハイときく御用紳士を物色して、台湾人の総意を代表するがごとく偽装をさせ、これを評議員として、見せかけの民主体制をつくりあげたのである。一九二四年（大正十三年）のことであった。

この評議会がいかに台湾人を愚弄したゴマカしのものであったかは、次の三点を列挙すれば十分であろう。

一、評議員の過半数は日本人で占めた

二、諮問事項は律令および予算に関係のない一般施策にかぎられた

三、総督自らその会長に就任し、諮問答申案に対する採否は総督の自由裁量とした。

また、評議員となっても台湾人である以上は、警察の監視の眼をのがれることができなかった、という一事だけでも、総督府評議会の実態がうかがわれる。さらに、「台湾総督府評議会は世界植民地の行政評議会のうちでもっとも効果のうすいもので、総督の専制政治にたいし制度上、あるいは実質上、格別の影響がない」という良識ある日本人の言葉によって、この猿芝居の有名無実なることが裏書きされている。

それから、近代国家では、国民の権利を政府や官吏の横暴から守るために行政裁判所を設けるのが通例である。だが、植民地台湾ではそれが設けられず、総督府や官吏の専制横暴に島民はただ泣き寝入りするだけだった。大正十一年になってようやく訴願法が設けられて、異議ある者は訴願することができることになったが、もちろん、これで台

湾人の望みが達成されるものではなかった。つまり、告訴ではなくて訴願であるから、暴君に対して哀願するようなものであった。それのみにとどまらず、訴願などすればかえって、恭順ならざる不平分子という烙印をおされ、罪人あつかいにされるオトシ穴となったのである。

さて、時移り星かわって、日本本国における資本主義も高度に発達し、北は満州、北支、南は華南、南洋へと急激な帝国主義活動がくりひろげられるようになった。台湾もこの国策にそって、一役をになわされることになるが、それまでに行われた大弾圧の後始末をもかねて、一九三五年(昭和十年)に台湾自治制度が施行されることになった。

お役所筋にいわせると、これは州庁市街庄の地方自治だと特筆大書しているが、これとてその実質は、総督府評議会の地方版にすぎなかったのである。地方自治制度によって新しく設けられた、州市会、庁街庄協議会も、いずれもおしきせの芝居であったことは、つぎの事実によっても明らかである。

一、議員は半数官選、半数民選

二、選挙権は納税額によって制限され、大多数の台湾人はその資格をもたない

三、警察のサーベルと捕縄の監視下において、議決と諮問が行われる

これが、日本人統治者によって、台湾人に与えられた民主々義のすべてであった。警察政治のもとでは台湾人にはデモクラシーも、手の届かない高根の花だったのである。

戦争が熾烈になり、日本の前途に暗雲がただよいはじめた時、辜顕栄、林献堂、簡朗山らの台湾人が日本貴族院の勅選議員に指名された。もちろん、これもまた狗肉を売るために羊頭の役割を課されたのみで、台湾人の政治的自由とは些かの関係もなかったのである。

差別のひどい教育不均等

中国、インドのようなアジア大国において、文盲がほぼ九〇％と高い率をしめていた時期に、台湾における初等教育普及度は割合に高く、ことに、初等教育は、戦争末期には次表の統計によってもわかるように日本と大差ない九二・五％をしめていた。これなら不均等な教育どころか、日本人によって教育が大いに促進されたと考えられるであろう。また、第二次大戦終了後、日本の植民地統治から解放された現在、日本時代にうけた教育に誇りをもつ台湾人が数多くあることも事実である。

台湾人学令児童就学率（％）（総督府統計）

	男	女	平均
大正十二年	四三・六	一一・八	二八・六
昭和　五年	四八・五	一六・〇	三二・六
昭和十三年	六四・五	三四・一	四九・八
昭和十八年	九五・〇	九〇・〇	九二・五

しかし、五十余年間にわたって、日本人の台湾に施してきた教育の差別とその意味するところを考えれば、前述の統計とは逆の実態がうきぼりされてくる。

日本人が政治、経済のみならず、文化、生活の面でも優越することを維持しながら台湾人を同化していくのが、五十余年変ることなき日本の統治方針であった。そして、日本人はかかる征服者の優越を維持するための安全弁として教育上の差別を行い、適当に愚民政策の薬味をきかすことを忘れなかったのである。

つまり、総督府は教育をうける機会および教育制度や内容のうえで、台湾人を系列的に別扱いにし、支配者の意のままに統治できるような台湾人をつくることに教学の目標をおいた。そして、台湾人が必要以上に向上するのを極端に嫌い、一貫して、その抑制に神経をとがらせてきた。

このような台湾人教育は、五十余年間において三つの段階をたどって行なわれた。そして、時代が進むにつれ、初等教育の普及にはだんだんと力をいれてゆくが、中等以上の教育になると日本人子弟との間に截然と一線を画し、各期間を通じて、支配者と被支配者の格差をくずさなかった。もっと分りやすくいえば、台湾人には労働者や小使などの使役、あるいは、せいぜい下級職員になるための教育は行うが、日本人の競争相手となってその支配的地位をおびやかすような台湾人は、たとえ、それが非政治的な文化、技術の面においてさえ、好ましくないこととして、極端にこれを抑える教育方針をとってきたのである。

① 第一期　台湾総督は占領と同時に、台湾を大陸文化の影響から早く脱却させ、中国的色彩を拭いさることを企図した。その積極策は政治、経済の諸政策で遂行していったが、教育上の初歩的措置としては、一八九五年に士林の芝山巖に「芝山巖学堂」を設置して台湾人子弟に日本語を教えたのを手初めとする。一八九六年(明治二十九年)には、台北に「国語学校」を設け、全島のめぼしい地域に「国語伝習所」をおいた。ここで台湾人子弟に日本語を修得させることを通じて、台湾人社会を日本文化圏に包含する端緒をつくった。また、日本語を習得したものを、官公

署の下級職員、通訳、警察の補助員である〃巡査補〃に採用して、統治上の実用に供するとともに、日本語習得の刺激奨励の役割をも果させた。

この国語伝習所は、一八九八年（明治三十一年）に、日本人児童の入学する小学校とは別系統の、台湾人だけ収容する「公学校」と改称され、国語学校は一九一九年（大正八年）公学校教員を養成する台湾人専門の「台北第二師範学校」にかわっていった。

教育普及状況からみれば、一九二一年（大正十年）ころにおける台湾児童の公学校就学率は、わずか三〇%なのに、日本人の方は一〇〇%近かった。中学校の方も日本人はほぼ一〇〇%だったのに、台湾人の中学や師範学校への進学者は、公学校卒業者のわずか五%にもみたないような仕組みになっていた。

② 第二期　第一次大戦がおこり、世界を風靡した民族自決運動が、次第にこの南海の孤島にもうちよせてきた。一方では、台湾における資本主義の発展は、資本と生産の集中を高度に高めつつあった。こういう内外情勢の変化が、近代的工場や会社に働らく台湾人の一般教育の普及、技術教育の向上を必要としたのである。

そこで大正八年になって、「台湾教育令」を公布し、台北、台南に師範学校を増設、台湾人中等学校（日本人中学校は十四年前からあった）を開き、中等程度の職業学校および医学、農林、商業の各専門学校をも開設した。ついで、大正十一年に「新教育令」を公布、日台人の教育系統の差別を廃止することを鳴り物入りで宣伝するようになったが、実際には、日本人子弟による中等教育および高等教育の独占に終っている。

大正十年ころ、台湾人約三百五十万人にたいし、日本人十七万人という人口割合のもとで、新設の商業学校入学者の定員が一〇〇名内外で、そのうち台湾人入学者はせいぜい二、三名であった。年々四、五十名を入学させる専門学校においても台湾人はわずか、二、三名という申訳的なものであった。不平等な差別教育がひどかったことは、以上の一例でも明らかであろう。

③　第三期　満州事変、日支事変とつづく昭和十二年以降となって、台湾の教育も第三期に入る。

日本国内の全体主義化にともなう帝国主義的軍事行動は、台湾を対外拡張の前進基地として、政治、経済、文化、その他一切の生活を戦時体制へきりかえていった。そして、六百万の人間を戦争協力へかりたてる必要上、台湾人の戦時教育の徹底、近代技術の習得に拍車をかけるようになった。こういうふうに台湾人を戦争へ動員するためにはもはやカケ声だけではその実行は期待できず、眼にみえる好餌をもってしなければならなくなった。

そこで、台湾人の差別撤廃を擬装した地方自治制の施行とならんで、教育方面では台湾人の皇民化、差別教育の緩和がとりあげられ、内台人を平等に扱うための粉飾として、公学校を日本人のそれと同じように「国民学校」と改称するようになった。さらに、強化された台湾人児童教育を通じて、青年団、防護団あるいは青年学校を設立し、台湾青年の志願兵、後には徴兵制のための予備教育をおこなった。これは、「日本精神作興」とか「皇民化運動」とか、頭から台湾人を同化して、いわゆる〝大国民性〟を付与するための強制教育だったのである。

皇民化運動などはたいへんなシロモノで、林という姓の台湾人を林田と改姓させたり、文鴻が三郎になったり、国民服や和服を着用しないで町を歩るこうものなら、痴漢もどきの警官に台湾服をズタズタに切られるということもあった。このような非常識がもっと昂じてくると、公共の集会では台湾語が厳禁され、各家庭に祭ってある在来の仏像や神像を警察署にあつめて焼きすて、新たに天照大神の神符を神棚に祀らせるという狂態ぶりがくりひろげられた。では、それで台湾人の差別教育がなくなったかというと、決してそうではない。全体主義の波浪が高まればたかまるほど、民族的差別が大きく、かつ公然となってくるのであった。

この時期に、日本人を〝大国民〟とする教育が功を奏して、思想的に日本軍国主義に追随し、帝国主義活動に捲きこまれていった台湾青少年がいたことは、時流のしからしむることとでもいえようか。

植民地支配下にある青少年といえども、彼らは人並みに青雲の志に燃え、父母の愛の鞭においたてながら、上級学校進学の狭き門を突破すべく必死の努力を重ねたものである。しかし、いくら必死になっても台湾人の場合は、能力や努力だけではどうにもならぬ政策的差別という大きな壁がさえぎっていた。だから、日本人とは同等に競争できないことはもちろんのことで、それのみならず台湾人同士で上級進学のために、死にもの狂いの競争をしなければならなかった。このような機会不均等の実態を語らずに、日本の台湾人教育を論ずることは、あたかも紙上で兵を談ずることと大差ないわけである。

その一例を中学進学にとってみよう。台北一中といえば、学校の内容も教師陣もともに充実した台湾第一級の日本人学校である。台北のみならず、南部からはるばる北上して、この学校に入る日本人少年も少なくない。それでも、せいぜい三、四人の競争率で、日本人子弟は楽々と入学できたのである。そして、日本人児童である限り、たとえ台北一中におちても、高等小学校で一年辛抱すれば、翌年、三中あるいは四中に入学してしまうし、あるいは無試験同様で台湾人学生の多い台北二中に入るという手もあった。

ところが、台湾人子弟は、二中、二師に入るには十人前後の競争率があった。特に、台湾人が日本人系の中学校に入ることができれば、上の高等学校や専門学校に入るのに有利なため、台北一中などの日本人学校を志す者がかなりあるわけである。総督府は新教育令で差別撤廃を公言した手前、これを全然拒否するわけにはいかず、一学級にせいぜい一、二人の台湾人学生の入学を恩恵的にみとめたものである。しかし、競争が激しく、自ら秀才と自認する子供だけがおしかけるわけであるが、その競争率が何と三、四十名に一人という難関を突破しなければならなかった。だから、一場の激戦をへて入学できたものは、それこそ天にも昇る気持であったことはいうまでもなかった。

このような日本人による中学、高等教育の独占が、台湾の政治、経済、社会、文化のあらゆる分野における独占、という植民地政策のめざす成果につながってゆくところに、台湾教育の本質があった。そして、台湾全般の独占が、台湾人子弟の中・高等教育をうけ得る経済的、社会的基盤を奪い去ってしまうように、逆にまた作用してくるのであった。

言論出版の抑圧

日本統治期間における台湾の政治活動は、まったくその自由を奪われ、その萌芽さえつみとられてきたことは、台湾を知る人の一致した意見である。同じ植民地でも朝鮮には、あるていどの自由が与えられたのに、なぜ、台湾にそれがなかったか。一般的には従順にして懦弱といわれる台湾人の特性があったにせよ、台湾総督の専制独裁がいかに組織的でかつ系統的であったかが、このような徹底した言論出版の弾圧によって裏書きされるのである。

日本は台湾を占領するや、律令第一号で「匪徒刑罰令」を公布し、ついで「犯罪即決令」を出して、少しでも統治に逆らう言動ありと認められた者は、匪徒として即時処刑してきた。ついで一九〇〇年（明治三十三年）には「台湾出版規則」と「台湾新聞条例」を公布し、日本本国の刊行物でも台湾では発禁できたし、本国では届出制で認可されていた新聞発行も、台湾では、州知事を経由して総督の許可が必要であった。それで、新聞申請があっても全部、不許可になるというありうべからざる状態が長年つづいたのである。

その結果、統治が四十年たっても、日本人系新聞が大小二十数種もあったのにたいし、台湾人の経営するものは、「台湾新民報」ただ一つというおどろくべき状態であった。しかも、暗夜に光を放つ灯台のごとき、この台湾人新聞ももとをただせば、大正時代に台湾の留学生が東京で創刊し、これを育成して地盤をきづき、その実力によって台湾本島にもちこんでようやく存在することができたものであった。だが、これも戦争に入った一九三七年（昭和十二年）以後は、漢字欄は強制的に廃止させられ、迫害にあって合併され、その影だけがなんとか終戦までもちこたえたという、唯一無二の台湾人の言論機関だった。

人間は社会に生きる動物である。そして自由と正義を社会生活の糧として求めていく。もし、このかけがえのない糧をうばわれ、手足の自由まで束縛されたとあれば、最後にのこるのは口舌でもってする言論だけである。この言論でもって自らの正当を主張し、社会の木鐸をつとめかつ抗議する。そして、この最高にしてただ一つの手段までがさらに抑圧されれば、諷刺が生れ文学がこれに代わる場合が往々ある。だが、台湾では、手足は縛られ言論が抑圧されて、なおかつ抗議の諷刺もユーモアも文学も、その萌芽のうちにつみとられていった。

このような徹底した言論抑圧は警察の重要な任務であったし、また彼らの暴虐と理不尽さがあればこそできたのである。一寸した放言や不用意な言動がたたって警察に拉致され、それいらい行方不明になり、妻子が必死になってその所在を探すという話が後を絶たなかった。つまらない言動でさえ、反日とか総督府に対する政策批判に結びつけられて、行方不明になるのは、千人の中からただ一人の異分子を探し出すために、罪なき九百九十九人を道づれにして顧みない、惨酷な植民地統治の一面を物語るよい例である。台湾人の言論自由はかくも完全に抑圧されてきたのである。

職業の差別と待遇の不平等

台湾における日本人子弟の高等教育の独占は、政治、経済、社会における独占を必然的に生みだすといったが、このような独占は、具体的には、職業の不平等と待遇の差別という一面をもってあらわれる。

まず、資本家と地主の例からみてゆくことにする。一九二六年（昭和元年）といえば、まがりなりにも台湾の資本主義化が一応軌道にのり発展していく時点にあるが、当時、台湾に本社をもつ資本金三十万円以上の会社は、次表のようになっていた。

	日本人	台湾人	計
会社数	六〇％	四〇％	二〇〇社
公称資本	八〇％	二〇％	五億六千万円
払込資本	九〇％	一〇％	三億二千万円

大正末期までは台湾人のみによる株式会社の設立は禁止されていたから、前掲表にでてくる四〇％をしめる台湾人の会社というのも名目上のことであって、実際の上では日本人に経営権を握られているものが大部分であった。

しかも、ここにかかげた数字は、台湾に本社をおく会社だけに限られている点を忘れてはならない。もし、これに日本に本社をもつ大資本の企業を加えれば、台湾人で資本家の列に入るものの比率はますます小さくなるであろう。たとえば、日本勧業銀行、明治生命、大日本製糖、浅野セメント、日本石油、三井物産、三菱商事、大阪商船などの日本でも一流の会社で、台湾に支店、出張所をもつものの数は当時で五十余にのぼったが、これが台湾資本家階級の頂点をしめ、台湾経済を牛耳っていたことはいうまでもない。こういう日本の独占資本を加えて数えあげれば、台湾人の企業は、海底の小石にも等しい存在であったことがわかるであろう。

さらに、持株状況から日本人の独占ぶりをみれば、いよいよ問題の核心にふれてゆくことができる。たとえば、帝国製糖株式会社の場合は、本国居住日本人持株九〇%、台湾居住日本人持株三%、それにたいし台湾人持株はわずか七%にすぎなかった。これだけでも台湾資本家の力量がいかに微弱であったかが、一目瞭然となるのである。台湾製糖株式会社の場合は、台湾人のみならず、台湾在住の日本人さえも、閉め出しを喰って、全株数のうち、在台湾の日本人および台湾人の持株は、わずか〇・五%にもならないくらいであった。

もっとも、清朝時代の台湾社会には、いわゆる土着の近代的企業資本なるものはほとんどみられなかった。もちろん清朝末期に、近代化の波が台湾にもおしよせてきているが、それは、帝国主義の欧米資本と前近代的な中国商業資本の合作による台湾支配を招きはしたが、台湾社会自体の資本主義化までにはいたらなかった。したがって、封建地主の兼営する家内規模の旧式中小商工業が、いわば土着産業のトップレベルをしめていたのである。

台湾社会の近代的資本主義化は、むろん、日本帝国の統治とともに開始されたとみる方が当をえている。それで、台湾総督府は、統治の当初には台湾資本主義化の一翼として、台湾人地主階級の資産を動員して、総督府と日本資本家の支配の下におくこと、および政治上の御用紳士を経済的に育成すること、の二点に意を用いてきた。たとえば、大租戸を消滅させた代りにその公債でもって、台湾銀行の統制支配のもとに嘉義銀行（明治三十七年）と彰化銀行（明治三十八年）を設立させたのがその一例。辜顕栄に官塩の一手販売権をあたえたのも一つの例。また、警察に協力した基隆の顔雲年、顔国年兄弟に北部台湾の鉱山採掘権を許可したり、あるいは台湾一の富豪である林本源家をして、南洋華僑とのつながりを利用せしめ、華南銀行設立の片棒をかつがせたりした等は、その顕著な例であった。

しかし、ここで指摘しなければならないことは、総督府が台湾人の資力を引き出すことは積極的にやったが、その半面、台湾人が独自の立場から近代企業へ参画することは極端におさえてきた、ということである。換言すれば、台湾在来の旧式資産を、投資や預金の形で日本近代資本の支配下に吸収することは促進したが、彼らが発言権を持ち、かつ企業経営に参加するようなことは、断乎として拒んできたのである。したがって、台湾の旧式資産家は日本人経営者の一方的利益配分に甘んずる利貸資本家という性格から一歩も踏み出ることができなかった。このことは、例の台湾人系株式会社設立禁止に関する法的措置にもっとも端的にあらわれている。

ところが、いかに総督が権力をふりかざして圧迫し、いくら日本資本家が独占支配の威力をほしいままにしても、台湾の経済開発と資本主義化の進展にともない勃興してくる台湾人資本家を完全に抑えることは、とうてい不可能なことである。かといって、これら台湾人の新興資本家の微弱な力量でもって、日本人の独占企業に太刀うつことも、これまた到底おもいもおよばぬことであった。それでも、日本独占資本からすれば、これら微生物にも等しい、ささいな台湾人資本といえども、さらに一段と台湾を支配してゆくうえにおいては、一種の障害物となることは間違いないことであって、早かれ遅かれおしつぶさなければならない目のうえのたんこぶであった。

かくて、大正末期ごろ、早くもこれら台湾人資本家の圧迫や企業の乗つ取りの手がのびてきた。台湾人系諸銀行の経営権の乗っ取り、大東信托株式会社の弾圧、米穀商瑞泰の圧殺、それから全体主義的「国策」や戦争動員に名目をかりた企業統合、新興製糖の合併、太陽鉱業の経営権奪取、果ては山間に残存する旧式糖廍の併呑、パイン栽培と製缶事業の統合などの如く、零細企業にまで日本独占資本の魔手がのびてゆくのであった。その場合、強権が産婆役であったことはもちろん多言を必要としないことである。

その結果、日本統治の末期までに台湾産業は全て日本人の手中に帰し、台湾特産の米、砂糖、バナナに例をとってみても、その栽培、水利施設、肥料から加工、販売、出荷、移出というように経済活動という一本のベルトの端から端まで完全に支配されていった。だから終いには、厳密なる意味の近代企業資本家というものを、台湾人の中でみいだすことは困難であったのである。

次に台湾人地主階級に一言ふれておく必要がある。日本統治下の地主は、元来が清朝時代の小租戸の変身であった。彼らは封建的残滓の部類に入り、そのまま放置しておいても時代の進歩とともに没落の一路をたどる運命にあった。ところが彼らは、日本統治下では国庫債券、郵便貯金、銀行預金あるいは生命・火災保険などの形で、零細ではあるが日本資本に資金を提供する中小資産階級であり、政治的には地方の御用的存在で、いわば日本統治下の安定勢力として少からず総督府の庇護をうけてきた。総督府は少くともその没落を早めるような措置はとらなかった。だから、これら中小地主（台湾には取り立てていう程の大地主は幾人もない）は比較的に安定した状態にあったということができよう。さりとて、土地は有限であり地主なるものはやたらにふえるものではなく、彼らも日本統治下の被支配者であることにはかわりなく、たえず租税の取立てと土地収用併呑の餌食にされてきたのであった。

さて、資本家や地主になる道がかくのごとく閉ざされているとすれば、台湾人にのこされた次善の職業は、官公署、民間会社の下級職員および学校の教員に限定されてしまうのである。それで、日本の教育によって台湾の新知識となったインテリ層は、大部分、このなかに吸収されていくが、これも属吏、万年雇員、社員見習、教員心得という工合で、教職員のシンガリに名前をつらねる傭役のわずか上位にあるのが、精一杯のところであった。しかもそれだけではなかった。小使、傭役夫の階段においてさえ長という肩書のつくものには、台湾人は滅多になれないという徹底した独占ぶりを示した。

数えあげれば、日本統治五十一年間に、台湾人で高等官に任用された官吏がわずか十人足らず、総督府の課長クラスは二人、郡守三名、判事二、三人、中等学校教諭十名たらず、公学校校長、教頭とて幾人もなかった。警察では巡査がとまりで、巡査部長以上には該当者が一人もなかったという信ぜられない話が、事実として日本統治下の台湾に存在していたのである。朝鮮総督府においては、局長はじめ知事、課長クラスが相当輩出したのと較べ、雲泥の差があった。

民間企業においてもこの傾向は同じことで、日本内地に本社をもつ一流商社はもちろんのこと、台湾に本社をもつ会社においてさえ、台湾人の支店長、課長クラスをさがすのに苦労するくらいで、大多数は平社員あるいは通訳程度のものにしかすぎなかった。半官半民の台湾銀行となると、台湾人の就職はまったくむずかしく、かりに入社できても正社員となるには長年の見習社員時代をへねばならなかったし、台湾人正社員は、五十年間を通じて十人をでないと筆者は記憶している。

このように、台湾の有為の青年が幾多の難関を突破して中等教育以上の課程を修めても、はげしい競争でありついた職業も、平社員で終るとあっては、その前途はまことに索漠たるもので、小市民の安住の地を見出すにはほど遠かった。したがって、親の身となれば自らの体験から、子弟にたいし、いくら日本人に鞠躬如として仕えても出世できない、経済や商科などの文科系を学ばせるよりも、生活が安定して独立できる自由業の医師あるいは弁護士を志望することを望むのは当然であった。

そこで、台湾青年は、生きる方途を求めて、医学校に殺到し、秀才はすべて医学生になり、医者ブームを現出するのであった。だから子供たちに、大きくなったら何になるかと聞けば、医者になると答え、嫁さんにいくなら、お医者様へ、という世相が日本統治下の台湾人社会を風靡したのも、おいつめられた植民地台湾の一断面だったということができよう。

しかし、こういうインテリ層は、台湾のごく限られた上流階級の人たちであり、この下層にはさらに、社会的にも経済的にも、うちひしがれた勤労階級がいた。そして、いわばピラミッドの底辺をなす、これら下層階級の方が、むしろ、台湾総督や日本独占資本にとっては、インテリ層の到底およぶべくもない価値あるものとしてねらわれてきた。なかんずく、台湾農民は、何ものにもかえがたい搾取の好餌となっていたのである。

日本占領当初、台湾の農業人口は、総人口の約八〇%をしめていたといわれるが、社会の資本主義化にともない、大正末期には六〇%、昭和十八年には五五%というふうに低下していった。農業人口の比率が低下しただけでなく、日本独占資本の支配下にある農業そのものが次第に企業化されていったから、農民の相当部分は資本家の欲する甘蔗、茶、麻、パイナップル等の加工農産物の栽培に従事する農村の日雇い賃金労働者になるという質的変化がみられるようになった。

ことに、製糖業の急速な発展によって、甘蔗栽培に従事する農業労働者や農家の数が全農家戸数の五分の一をしめるようになった。彼らは製糖会社の小作制度、耕作資金前貸制、原料採取区域の指定制度がつくりだした甘蔗栽培の強制制度にしばられ、農産物価格の一方的な取り決めによって、あたかも俎上の鯉のように、日本資本家によって自由に料理される存在になっていたのである。

これは、甘蔗栽培の農業労働者のみに限らなかった。米作に従事する農民も米価を牛耳られ、台湾人の米穀商や「土壟間《トウランゲン》」という台湾在来の仲買人が没落すると、米の集荷、脱穀、肥料、水利などをすべて総督府の食糧局や農会、あるいは三井物産や三菱商事などの日本独占資本に支配統制されるにいたった。

日本資本家に奉仕したのは農民だけではない。第二次大戦の終了するころには、工業労働者約三十万、漁民五万、鉱夫その他の日雇労働者が十万もいた。それから、小商工業者、手工業者、自作農、日常品小商人などは職業としては日本人と競合しない職域に属するが、その代り彼らは、封建色の濃厚な手工業者として、絶えず大資本と税金の攻勢を前にして、気息奄々と生きながらえるだけの境遇にあったことはいうまでもない。

さて、次に問題となるのは俸給および賃金である。教育、職業などの不平等はとりもなおさず賃金にも反映してくる。俸給と賃金の差別は、実例をもって示すのが一ばんわかりよいであろう。昭和十年は日本統治時代でも最終の安定期といわれる時代であるが、米一升の市場価格が十銭、豚肉一斤二十五銭という時代である。

この時代、台湾在住の日本人子弟の中等学校卒業者は、大部分が総督府はじめ附属官公署、州庁市役所、銀行会社の吏員や社員として就職するが、初任給が四十円。日本人だけに支給される加俸六割を加算すると、合計六十四円の実収入となったうえ、六畳二間、四畳一間に台所、風呂場付きの官舎をあたえられたものである。一方、台湾人の方は、中学を終えても官公署や一流会社にはなかなか就職できず、街庄の役場に入ると、五年制の中卒者は三十円、三年制ものは二十五円、そして、日本人に与えられる加俸は台湾人の場合は望めず、したがって、同じ中学卒業者でも台湾人の方は日本人の半分以下の待遇に甘じなければならなかった。

しかも、初任給の差は年月をへるに従い、だんだんと格差がひろがっていった。日本人は勤務年数がたてば、係長、課長と役職に昇進して本俸が多くなるうえに、多額の役職手当や兼職手当がつくが、万年平職員の台湾人には、年限による昇給以外は何も望めなかった。

そして定年となれば、日本人は恩給をもらって退職したうえ民間会社に天降って、役員や高級社員におさまるか、もしくは総督府の外廓団体に転出し、高級社員として禄を食むことができた。どうころんでも最少限、街庄長や助役の椅子が待っていた。専売局になると、さすがに台湾統治のドル箱だけあって、その余禄は下々にまでおよび、日本人職員は退職後、酒、煙草、塩などの官許売捌人となって、一定の高収入を保証され安居することができた。しかるに、台湾人の方は万年下級職員として長年の務めを終え故郷に身をよせても、警察派出所長、駅長、校長、郵便局長等、俸給を貰える村の各各の〝長〟はすべて日本人によって占められているから、故郷に錦をかざったとて、名望の台湾人はわずかに、農会長、青年団長のような名誉職につき、小額の恩給と退職金で細々と老いの身を養なって一生を終るのであった。もっとも、たとえ小額でも恩給と退職金制度は、他のアジア植民地のうちではその例をみないと、統治者側が自慢することも一言つけくわえておこう。

さて、筋肉労働者の賃金はどうか。大工、左官などは日本人なら東京なみの一日四円だが、台湾人はその半分であった。日本人で工場や農園に働らく日雇労働者は皆無で、台湾人勤労者の監督役が彼らの最低の職位であった。

これに反し、工員その他、筋肉労働者はすべて台湾人によってしめられていた。彼らは、熟練工で日給一円から一円五十銭、台南地方の甘蔗園に働らく農業労働者は日雇七十銭程度で、女子はその半分。基隆炭坑夫は日給一円五十銭、原住民の出役は強制的で日給五十銭、苦力《クーリー》とよばれる日雇労働者や荷役人は四十銭から六十銭が相場となっていた。

この昭和十年ころの賃金も、六年後の太平洋戦争時にはヤミ物価の急騰にともなって約二倍に上昇したようである。総督府の統計によれば、昭和十五年の全台湾平均労賃は日本人二円六十銭、台湾人一円六十八銭であった。筆者はその算定の基準を詳かにしえないが、そのまま信用したとしても、労働報酬の差別は官庁数字の上でもはっきりでているわけである。

以上みてきた職業不平等と収入における格差は、社会的には、台湾の階級問題とつながってくるのである。すなわち、日本領となった台湾は、本国資本による資本主義化がまず官営事業と製糖業を通じてすすめられ、第一次大戦の好況をへて大正末期には全台湾の近代的企業の九〇%以上が、日本独占資本の掌中に帰した。このように台湾の急速な資本主義化は、台湾自体の社会発展という内部から促進されたものでなく、もっぱら、日本帝国主義資本の侵入という外来の要因によってなされた。

したがって、台湾資本主義化にともなう台湾人の無産階級化は、植民地の支配と被支配の民族的対立を背景になされたことを見逃してはならない。つまり総督という強権による台湾人の無産大衆化を土台にして、日本人の資本家、官公吏員、企業経営者、中・高級会社員の独占を実現し、日本人即ち支配者即ち資本家にたいし、台湾人即被支配者即ち勤労無産階級というような、民族対立と階級対立が相交錯する植民地的社会関係のもとに、分化過程をたどっていったわけである。

日本統治の五十一年

五十一年間、台湾を統治した総督専制政治の究極の目的は、日本本国のために、植民地を開発しその成果をもぎとることであった。それは、ただ単に掠奪しまくる清朝時代とはちがって、計画性のある組織的な、近代的な植民地政策によっておこなわれた。

日本がこのような政治統治にはじまって経済支配を達成していく状態を動態的に把握するのに、次のごとく五つの時代に区分することができる。

① 第一期　占領当初から大正七年にいたる二十四年間、六代の軍人総督時代である。六三法が明治二十九年（一八九六年）に制定され、警察政治の確立と近代産業開発によって、日本帝国主義支配の基礎がためを行った時代である。

さて、台湾を日本圏に編入するため、まず手掛けなければならないことは、政治、経済文化の各分野で、台湾を中国大陸から引き離すことであった。それで、さっそく、英米資本や大陸商業資本ににぎられてきた台湾島内外の商権を、総督府の強権で奪い、その勢力を一掃するとともに、いままで香港、厦門に向いていた台湾貿易を、関税法（明治三十二年）によって、日本に転向させることからはじめられた。それから、明治三十年（一八九七年）五月八日を最終期限として、台湾人の日本国籍決定をおこない、それ以後は中国への往来を極端に制限することにし、台湾における、中国領事館設置を拒み、中国からの影響を断ちきることを期した。これら対外措置と並行して島内では、台湾社会における生産手段の資本主義化を促進して、農民、労働者を逐次、封建関係から資本主義的関係に脱皮せしめ、彼らを台湾開発に動員する一方、大租戸の消滅促進および台湾人のみの新しい株式会社設立を禁止、旧資産階級の没落をはかった。そして、このような台湾の統治支配の基礎がためは逐次実行に移され、その成功を見たのである。このような強権による施策の実行の他に「臨時台湾旧慣調査会」（明治三十六年）を設置し、台湾・台湾人（原住民系と漢人系）の特性を調査研究することにつとめ、旧来の慣習を政治の許す範囲内で許容することに留意した。この施策は総務長官後藤新平の慧眼のしからしむるところであって注目に値する。彼は、元来が医学畑の出身で、「生物学の基礎の上に政治の方針を定め、行政の計画をたてる」と公言し、台湾・台湾人を料理する前に、まず、それを診察台にのせてゆくが、その手初めとして旧慣調査をやったわけである。然る後、配下に新渡戸稲造（殖産局長）、中村是公（臨時土地調査局長）等の逸才を揃えて台湾にメスを入れ、効果を挙げていった。しかし、この巾広い政治家も所詮、土皇帝の代理人であることにちがいはなく、明治三十三年（一九〇〇）に「台湾出版規則」と「台湾新聞条例」を公布して台湾人の言論の自由を奪っている。

中国色の一掃と台湾社会の調査研究とともに、日本資本主義導入の準備工作として、警察網の整備、匪徒刑罰令、台湾刑事令、犯罪即決令、保安規則などの治安立法制定、および近代行政組織の確立による治安の維持、土地（明治三十一年）、戸口（明治三十六年）の調査、度量衡および貨幣の統一制定のような、投資の安定を保証する基礎工作をおこなった。また、それについで、土地調査にあわせ、縦貫鉄道敷設、基隆・高雄の築港、総督府新庁舎建設の四大政策を遂行するとともに、電気・水道、住宅・倉庫、専売事業、林野調査等の基礎建設をおこなった。明治三十年にはじまる台湾総督府特別会計制度を皮きりに、台湾銀行の開設（明治三十二年）、台湾度量衡条例公布（明治三十三年）、専売事業（明治三十一年律令第二号の阿片専売に始まる）、大阪商船による日台間の命令航路開設（明治三十二年）などの財政経済に必要な措置を次々ととった。

こういう基礎事業の強行によって、久しく停滞していた台湾の旧社会が活動しだし近代的なものへと脱皮しはじめた。そのいちばんの現われは、茶、砂糖、米の生産拡大であった。この時分には日本の資本家もようやく台湾の経済的価値に目をつけ明治三十三年（一九〇〇年）台湾製糖会社が設立され、製糖、製茶業の近代的大工場が出現した。明治三十四年の「土地収用規則」の公布は、日本の投資家をますます有利にし、電気事業官営（明治四十三年）、縦貫鉄道開通（明治四十二年）、基隆高雄の両港完成（明治四十一年）、林野調査開始（明治四十三年）と諸計画が次々と実現していった。そして、明治四十四年に貨幣法が施行され、本国と貨幣統一ができて、日本資本の本格的台湾進出の大道がいよいよ開けたわけである。

第一期において特筆すべきことは、台湾財政の独立（明治三十八年）が予定より数年も早く達成されたことである。これは、日本の台湾統治を強固なものにしただけでなく、総督官僚資本の蓄積と本国資本誘致の経済的裏づけとなる有利な結果をもたらした。ことに、明治三十八年以降、総督府財政の黄金時代に、豊富な財政援助が台湾における資本家企業の勃興に果した役割は、看過できない。たとえば製糖事業への補助金五百万円もこの豊かな財政で賄われたし、前述の諸事業の完成も台湾財政の独立がなかったら、このようには進捗しなかったであろう。

そして、破天荒の財政の独立をつくりだしたのは、地租増税（明治三十七年）、地方税実施、専売事業および土地調査と事業公債の諸政策であった。清朝の劉銘伝時代に中途半端におわった土地調査が、総督の強権と近代的測量方法でもって完成された結果、課税対象となる耕地が一躍四十五万甲から六十余万甲に増加し、また大租権が消滅した代りに、台湾人から土地収益税の増徴をおこない、明治四十年の租税収入は、五年前に較べ倍増した。明治四十四年までの十七年間に発行した事業公債は約三千七百万円の膨大な額に昇り、それらは主として、鉄道、築港、庁舎新築、水利事業、専売制度などの官業のためのもので、総督官僚が資本主義的大企業を牛耳る出発点となった。

第一期末には日本資本の流入がはげしくなり、幾多の企業をつくるようになった。これは台湾の経済価値の認識と日露戦争後による資本蓄積の結果であるが、大正期にはいると投資ブームがつづいた。ことに、新式製糖はほとんど日本資本の独占によって行われ、甘蔗栽培、集荷、製造、販売などを一手におさえ、台湾糖業連合会（明治四十三年）が設立され、早くも原料供給、生産割当、価格協定まで行うほどの独占段階に入った。

次に、占領当初から第一期末までの二十数年間における台湾の変貌を、総督府発表の数字からみることにしよう。

(1)　人口は占領当時約二百五十五万人が大正六年（一九一七年）には三百六十四万人と約百万人の増加、増加率は二五％

(2)　耕地は明治三十八年の土地調査結果が六十四万甲、大正六年は七十四万甲で十万甲の増加

(3)　鉄道は領台時は基隆・新竹間の約百キロメートル、その後、縦貫本線、淡水線、宜蘭線、花蓮港・台東間、潮州線などの増設で約六百キロメートルとなり、六倍に増加

(4)　総督府財政、歳入では大正六年六千五百万円で明治三十年の六倍に躍進、歳出は四千六百万円で約四・五倍

(5)　総督府の官業収入、大正六年は三千七百五十万円で、明治三十年の約十五倍、そのうち、専売収入は二千二百

万円で十四倍強

(6) 米の産額は明治四十二年四百六十万石で、八年後の大正六年には、四百九十万石

(7) 甘蔗栽培は明治三十六年が一万六千五百甲、十六年後の大正七年には十五万甲の約十倍に増加、甘蔗収穫高も七十億斤の十倍に増加、そして、砂糖生産も約十倍となる

(8) 工業生産は大正六年で約二千二百万円

以上の数字から台湾産業界における生産拡大の片鱗をうかがうことができる。

台湾文教の発祥は台北市北部の士林、芝山厳となっている。明治二十八年、時の総督府学務部長・伊沢修二が芝山厳学堂を開設し、六人の学務官をおいて、台湾青少年に日本語と近代教育を教えた。第一期生のうちで、柯秋潔は、士林出身で後に東京にも留学しており、新知識として当時の台湾青年のなかで重きをなしていた。明治二十九年には台北に「国語学校」、各地に「国語伝習所」を開設し台湾青年に日本の商務、教学を施し、通訳の人才を養成した。明治三十一年に日本人の小学校開設で、国語伝習所は「公学校」と改めた。日本人のためには、明治三十二年に医学校、中学校（明治四十年）、女学校（四十一年）と次々に開設したが、台湾青年の中等教育は久しく行わず、大正四年に林献堂たちの奔走で、ようやく「公立台中中学校」が台湾人の手で創立され、台湾子弟中等教育の発端となった。その後、第一次大戦後の世界風潮の影響で、総督府はようやく教育令を公布して、中等学校の増設に乗り出すがそれも日本人による教育機会の独占に終り、政経面にくらべて教学の方は非常におくれた。

また、第一期のうちに総督府は、清朝時代の旧式学堂や私塾、書房、外国人のキリスト系学校などの衰亡を極力はかって、非日本的なものを排除してきた点にも留意する必要がある。

大正に入ると、台湾青年の知識欲はおさえがたく、やがては東京留学生としてその出路をもとめていったが、彼らは東京で新時代の空気にふれて、第二期の台湾人解放の骨幹となって活躍することになる。

領台後、総督府は台湾人の抗日ゲリラや政治的不満のみならず経済的苦痛で反抗するものは、片端から「土匪」あつかいにして武力的殲滅を期してきた。林大北の宜蘭包囲、胡阿錦たちの台北包囲、金包里の簡大獅、雲林の簡義などは逐次その殲滅にあった。児玉・後藤時代には警察網の確立と並行して地方御用紳士を培養し、抗日分子消滅の一助として功を奏した。明治四十五年に林杞埔事件、大正四年に西来庵事件、と抗日反抗ある毎に力の懸隔で台湾人側は殲滅されていった。

② 第二期　台湾人の政治覚醒と日本資本による台湾独占の完成する時代で、大正八年以降、昭和初頭までの九年間である。

第一次世界大戦の勃発と時を同じくして起り、その後、澎湃として全世界に拡っていった自由、民主、民族自決の風潮は、東京留学中の数百人の台湾青年を揺り動かした。それで、これら台湾インテリは植民地台湾の解放の尖兵として立ちあがるが、大正七年に「六三法撤廃期成同盟」がまずその火ぶたを切り、大正九年に「台湾青年」が創刊されて解放と啓蒙の先頭に立ち、連雅堂の「台湾通史」がでて台湾人の郷土愛を鼓舞した。大正十年になると、東京では「台湾議会設置請願運動」、台湾島内では「台湾文化協会」の設立をみて、台湾人の解放戦線が大いにわきたった。この時は北京の影響をうけて、白話文運動もさかんになり、新劇運動の先駆として「鼎新社」が創立されて台湾人啓蒙につくした。大正末期には、解放運動は農民運動と無産運動の形をとって高潮に達し、昭和時代に入ると総督の弾圧がいよいよ激烈となる一方、台湾青年も目にみえて左傾してゆくが、昭和二年の大弾圧で一挙にして、完膚なきまでにおし潰ぶされ、台湾青年の変身である「台湾民報」だけが、ようやく生きながらえていくこととなった。

このような世界思潮と台湾人解放要求の熱情には、さすがの統治者側も手を焼き、今度は役者をかえて統治のサジ加減をしなおすこととなった。それで、武人に代り、文官総督の登場をみて、いままでの抑圧支配の一点ばりを幾分か修正し、同化並用に変容して、形のうえでは文治政治を表面に押し出すことになった。この時期の資本主義発展が世界大戦の好況をうけて躍進したため、今までより以上に台湾人の労働力が必要となってきたことも、支配者をして支配方式をかえしめた、一つの経済要因であった。

「抑も台湾は帝国を構成する領土の一部にして当然、帝国憲法の統治に従属する版図なり……本島人をして断然たる帝国臣民として我が朝廷に忠誠ならしめ云々」と田総督施政方針にあり、また伊沢総督の「共存共栄」、上山総督の「台湾統治の要諦は民人の融和渾和を経とし、文運の暢達産業の興隆を緯とする云々」などがいわば、文治施政の基調として標傍された。つまり、日本本国延長主義の民族融和、経済発展、教育尊重を強調したわけである。台湾人は解放とか自治とかをひっこませて、すすんで日本人に同化し、共に南支、南洋に打ってでようではないか、というのである。施策としては風俗改良会、地方制度改正、新教育令（大正十一年）台湾総督府評議会の設置（大正十三年）、日本の民法と商法の適用（大正十二年）などがおこなわれた。

新教育令によって中学校、実業学校、師範学校の増設、台北高等学校（大正十一年）、高等専門学校の新設を推進し、日台人の教育系統の差別を廃止したとあるが、その実、日本人による中高等教育の独占に終ったことは、既に述べた。

このように、総督の施政演説の調子はかわり、以前に較べて柔軟性をおびてきたことは事実である。しかし、警察政治がその暴威を逞しくすることに変りなく、差別待遇は依然としてつづけられたのみならず、結果的には、かえってこの文治をさかんにとなえた時代に、台湾人の進歩的な要素を根こそぎに抑圧・撲殺したことは、支配者側の真の魂胆を暴露したものであった。議会設置の要請にはじまる民族解放運動も、次第に左傾していった。このような台湾人解放の要求が左旋回することによって、いよいよ総督政治の逆鱗にふれることとなり、民族融和を説くその口の未だかわかないうちから、弾圧逮捕は強化され、ついに大正十四年には、治安維持法を台湾にもちこんで、民族解放運動の撲滅に全力をあげるまで発展した。かくて、支配と被支配の抗争がこの時期に高潮に達することになる。

経済的には台湾の近代的開発はおおかた軌道にのり、第一次大戦の好況も手伝って、日本資本は怒濤のように台湾各産業に侵透、資本主義的企業の独占がこの時代に達成されていった。大正八年に総督府官僚資本と日本人民間資本の合作で「台湾電力株式会社」が発足、日月潭、濁水溪を利用して十万キロワットの大規模な電源開発にのりだした。近代工場の増設、嘉南大圳（大正九年）と桃園大圳（大正十三年）の灌漑水利の着工、水利組合が発足して灌漑面積は全耕地面積の三分の一以上に達した。この時期に日本本国の要求に応じた米、砂糖の単一農業の増産計画がほぼ完成した。第一次大戦中の好況時代に台湾の工業が実質的に発展し、第二期には機械器具、化学、食料品の新工業がいままでの農産加工業と伍して伸びていった。

一方、地理的重要性はますます比重を加わえ、日本が南支、南洋に進出する兵站基地として近代産業が利用されるようになっていった。昭和元年の時点で、人口四百二十万人、耕地八十二万甲で領台当初の倍近く増加、総督府歳入は明治三十年の約十二倍の一億三千万円、そのうち官業収入は二十八倍に増大した。農業生産は首位をしめて二億九千万円、工業生産は昭和二年に二億円を突破して明治三十年の七十倍、貿易総額は十四倍になった。

③　第三期　昭和三年から昭和十二年の日支事変勃発までとするが、全体主義体制への前進、生産拡大に続く経済不況、植民地解放に対する弾圧強化の時代である。日本で五・一五事件　満州上海事変、二・二六事件が継起し、全体主義化にともなって、対外拡張がいそがれ、日華事変に突入することになる。これら日本の内外の情勢に影響されて、台湾島内では、文官総督の軟弱、ことに台湾人の覚醒によって日本の支配的地位が危機に瀕するといって〝民間総督〟(台湾在住の日本民間人のボス)から非難の声がでた。つまり、アルジェリア在住の白人からなるコロンがフランス政府のとる植民地統治の修正主義に反対し、政府に圧力をかけたと同じような現象が、三十数年前すでに台湾にみられたのである。

大正末期から昭和初年にかけてインテリの啓発により、台湾人勤労者の民族的、階級的覚醒がめばえ、台湾農民運動、工場ストライキのような社会運動があらわれた。総督府はすかさず大弾圧の斧を下し、全島にわたって大量の検挙があいついだ。台湾解放運動はいよいよ左傾、そして、圧迫がひどくなればなるほど、反抗の潮もますます高まり、台湾黒色連盟の検挙(昭和二年)、共産党弾圧(昭和四年)が相継いだ。ここでインテリ中心の文化協会が分裂(昭和二年)して台湾人側の足並に乱れをきたし、それにおいうちをかけるごとく同協会は昭和六年に総督府の弾圧攻勢をうけ、解散するのやむなきにいたった。原住民一揆の霧社事件(昭和五年)も日本軍の飛行機や毒ガスで鎮圧されるという、弾圧に相継ぐ弾圧で、四、五年のうちに台湾人の解放戦線は潰滅的打撃をうけた。

産業経済面では、日本資本が独占を強固なものとし、日月潭発電所の完成と人口増加に伴なう消費力の増大に促され、台湾の中・小工場による工業化がさらに飛躍し、ことに満州事変には大工場の設立が積極的にすすめられていった。一方、台湾人米穀商の拠点である瑞泰が破産、長年月にわたった米穀取引所の日台争奪戦は、三井物産の覇権確立で終焉をみ、台湾人の唯一無二の企業といわれた大東信託株式会社は弾圧され、台湾は名実ともに、日本産業資本一色に塗りつぶされることになった。

しかし、日本本国における昭和二年の金融恐慌のあおりをうけ、台湾銀行の杜撰な経営はその業務を破局にひんせしめ、これにつらなる島内経済も大きな傷手を蒙った。そこに世界不況の波がおいうちをかけてきたから、企業の倒産、工場閉鎖が相継ぎ、昭和六年から八年にかけての台湾経済は萎縮し、台湾人の生活はドン底におちいった。

この時以来、台湾の経済界から閉めだされ、世界不況のあおりをうけた台湾事業家の中には、最後の活路を南支、南洋に求めることになるが、それは日本資本主義のかりだしにあったような形で、日本帝国主義活動のお先棒をかつぐという泥沼にだんだんと落ちこんでいった。

文教面で、昭和三年に台北帝国大学が設立され、南方の最高学府としてその威容を誇ったが、戦争の足音はすでに高くなってきており、軍事教練の強化、防空演習の実施、日本精神作興の台湾人への強要が相継いでおこり、台湾人を更に一段と恭順な従僕に仕立てるため、日本延長主義という衣でつつむようになった。浴衣が台湾服の代りに着用され、カフェーや日本料亭が台湾式の酒楼にとってかわり、寿し、かば焼、牛肉のすき焼などが台湾人の上流家庭に入ってきはじめたのは、昭和初年のこの時期であった。

台湾島が日本帝国主義の南進基地として、戦時色にぬられていくなかで、大弾圧によって解放運動は表面から姿を消したが、サーベルと鉄砲に属しない台湾人インテリ層のウツ勃たる不満が姿をかえて、文芸面にみられるようになる。「南音」の創刊（昭和七年）、「民烽演劇研究会」（昭和七年）が誕生した。台北では日本人作家による「台湾文芸作家協会」が結成（昭和七年）されるや、台中では台湾人文芸家によって「台湾文芸連盟」（昭和十年）が設立された。

昭和十二年といえば七月七日に蘆溝橋の一発の銃声で日支事変へ発展していく年である。台湾でこの年が平和期の最終の年となる。それ以後はすべてが戦時体制にだんだんはまりこんでいく。この時点で人口五百六十万人、耕地八十八万三千甲、総督府財政は歳入二億余円、歳出一億五千六百万円、農業総生産四億を突破、工業生産三億六千万とそれに肉迫、貿易は躍進に躍進をみて輸出四億四千万円、輸入が三億二千万円であった。

④　第四期　　昭和十二年から太平洋戦勃発の昭和十六年までである。期間は短いが、台湾人の社会と生活に大変革をひきおこした重要な時代である。北支那の蘆溝橋におこった銃声は、日本を戦時体制にきりかえると同時に、台湾を本国政府の管制下におき、物心両面から台湾・台湾人を戦争に動員するため、二十年ぶりに軍人総督が登場することになった。かくて、軍人総督は終戦までつづき、五十一年の統治期間中、三十二年間は武力統治の下におかれる結果となった。

台湾を戦時体制にきりかえるためにまず行ったのが、例の悪名たかい皇民化運動である。一切の非日本的なものを排除し、帝国臣民という恩恵で台湾人を皇恩に浴せしめるというのだが、これとて台湾人を頭のテッペンから爪先まで日本に同化させ、戦争に協力させる手段以外の何ものでもなかった。

大和民族の優秀性と選民意識を高らかにうたい、台湾人をその亜流として、心身ともに同化しようという大それた考えは改姓名、天照大神の信仰強要、国民服着用等、強制さえすれば被征服民族が日本に恭順を誓うものと心得たのだから、その自己陶酔ぶりがいかに狂態じみたものであったかが分ろう。しかも、台湾人のみならず、全アジア人にこれをおよぼすというにいたっては、それが、警察政治によって強行したものであってみれば、自らの墓穴を掘る作用をなすにいたったことは、その後の歴史的事実が示すとおりである。

ちゃらつくサーベルの伴奏で行われた皇民化は、形の上では一応成功したようだが、老人たちが公会の席上で、あやしげな日本語をあやつることを余儀なくされ、あるいは街から台湾服が姿を消しても、纏足した台湾人老婆たちが、屋根裏に観音菩薩像をかくしておがみ、台湾青年間に蔓延する反戦思想、徴用台湾人にみられる戦争忌避は消しようもなく、反抗心がむしろ、より一層強くうずまいてくる様相を示したのは、二十世紀各国の植民政策のうちでも下策の下といわるべきであろう。

昭和十二年十一月、日独伊防共協定が調印され、十三年には戦局は南シナに波及、日本海軍の厦門占領となって、台湾は大砲の硝煙の匂を身近に感ずるようになった。昭和十四年にはバイアス湾上陸、広東占領、つづいておこなわれた海南島上陸で、兵站基地台湾の重要性はますますクローズアップされてきた。

しかし、昭和十五年から十六年にかけて、日本各地の戦況が膠着状態に入り、大陸では汪精衛政権の成立、日本本国では大東亜共栄圏の提唱、大政翼賛会の発足、そして経済統制は強化され、国民生活が窮乏していった。したがって、本国から台湾に供給される中小工業品もますます欠乏を来してくる時代となった。

台湾総督は文化動員の立場から、日台一体のゼスチュアとして小学校、公学校ともに国民学校と改称(昭和十六年)し、「台湾文芸協会」の発足となったが、これを潔しとしない台湾青年は「台湾文学」という季刊を発刊している。

⑤　第五期　　昭和十六年の太平洋戦争勃発から昭和二十年の終戦——日本統治最後の五年間である。

一九四一年（昭和十六年）十二月八日の真珠湾攻撃にはじまる太平洋戦争は緒戦のうちは、迅速にアジア全域を通じて、日本軍の席巻するところとなった。しかし、それも束の間、昭和十七年六月、ミッドウェー海戦の大敗は日本の戦況を早くも下り坂においこんだ。これを転期に日本は日に日に敗走の一路をたどっていくにつれ、大陸における戦争にはそれほど身近に感ぜられなかった戦局の危機が、南洋、太平洋上における敗北とともに、台湾にもひしひしと悪魔の手がのびてくるように感ぜられるのであった。

戦況が不利になって、日台融和とまでいかなくても、日台協力が期せずして実現する方向へ進んだのは、はなはだ皮肉なことではあるが、これも愚民政策の効果と郷土台湾を守るという本能のあらわれであろうか。

その昔、ギリシヤ海戦では、奴隷に艪をこがせるカレー船で戦いが行われた。戦底にとじこめられてカイをこがされる奴隷は、支配者と運命を共にして懸命に働かねば敵に打ち負かされたら最後、船もろともに海底の藻屑と消えさっていく破目に陥ってしまう。それで奴隷たちは、船底に繋がれている限り、戦争となれば、支配者の追いたてる鞭にも甘んじて渾身の力で艪を漕ぎ、当面の敵に勝ちぬかなければならなかった。

太平洋戦争における台湾人は、カレー船にとじこめられた奴隷と同じ運命になっていたようなものであった。したがって、台湾人は必死に戦った。日本人の命令を無条件で守り協力を惜しまなかった。昭和十八年になると台湾の空襲も本格化してきた。戦況を知らせるラジオから、〝台湾沖〟あるいは〝台湾近海〟という言葉がひんぱんに流れてきて、戦争が身近かに迫っていることを知らせた。

昭和十九年になると、いままでの志願兵制度が、日本人なみに台湾人徴兵制にきりかえられて、台湾青年は一陣また一陣と南方戦線に投入され、耕作に使われる水牛までが赤ダスキをかけられ、軍用カンヅメにされるという事態が現出した。戦況はいよいよ日本軍に不利で、やがてサイパン落ち、フィリッピンに米軍が上陸、台湾沖空中戦、台湾沖海戦と戦争は台湾にせまり、大多数の台湾青年は警備召集をうけて郷土の海岸線を守り、米軍の台湾上陸を悲壮な気持で待ちうけた。このように、日・台人が混然と一体となって敵を迎える体制のうちに八月十五日の敗戦を迎えることになったのである。

苦しい戦争中でも、台湾島内の経済生活は他所にくらべると、割合に混乱が少なかったということができる。

戦局が不利となり、制海権、制空権が一歩一歩せばめられ、終戦時にはまったく台湾と外部との交通が遮断されるにいたった。そして物資交流は日を追って停滞していった。こういう状況を予測して、総督、軍、資本家は、昭和十三、四年から台湾経済の自給自足体制をとるべく、各種の生産事業を育成してきた。このため、台湾には空前の建設ブームが到来、鉄鋼、酸、アルカリの基礎工業の他にアルミニウム、マグネシウム、アンモニア、硝酸、硫酸、セメント、ソーダなどの近代工業が盛んとなり、新式工場が続々建設された。昭和十七年には工業生産額が七億円を突破して農業に代って台湾産業の第一位を占めた。

不沈空母台湾はこうして南方戦線の軍需廠として、あるいは南方鉱工業資源の第一次粗製工場として、日本の戦争遂行に全力あげて協力したわけである。

海上封鎖によって台湾の物資は窮屈になったものの、食糧は大して不足せず、物価上昇も昭和十八年末期にはインフレ症状をみせたが、それでも一日のうちに物価が倍になってゆく上海や大陸各地に較べればインフレのうちには入らず、終戦時の一般物価は昭和十六年の二、三倍をこえることがなかった。

これは、天与の資源の豊富なことと、日本五十一年にわたる植民地経営の鞏固さがものをいって、台湾独特の強力な警察力が経済統制に功を奏した点は否定できない。

台湾の経済統制は個人的には種々と嫌やな思いをさせられ、憤懣にたえないことも多々あったが、戦時中の国民経済の観点からすれば、うまくいったといえよう。次の台湾銀行資料だけをもってしても終戦時における日本軍占領下のアジア各地の物価騰貴の一端を間接的にうかがうことができる。

昭和二十年台灣銀行各行勘定の膨張指数

	三月	九月
台湾店	一〇〇	二〇〇
本国店	一〇〇	四六〇
外地店	一〇〇	八六〇
平均	一〇〇	六二〇

外地店とは中南支、南洋の日本軍占領地区のことで、南方は割合に物価上昇はすくなかったが、中南支の物価騰貴は戦終時期には日に数倍という状態であったから、台湾の安定度は自慢に値いするものがあった。

かくして、日本帝国は第二次世界大戦に敗退し、五十一年間の台湾統治は終焉をみた。戦争終結とともに日本軍は残余の武器弾薬を英米の軍隊に接収される代りに、南洋各地の現住民にわけあたえ、植民地解放に役立って、ビルマ、インドネシヤ、マライ、シンガポール、セイロン、安南の独立がつぎつぎと実現していった。

では、過去五十一年間、幾多の血と汗を犠牲にして台湾総督に功をなさしめ日本資本家を肥らせ、そして日本の庶民階級に安くてうまい蓬莱米、砂糖、バナナを提供してきた、当の台湾・台湾人は戦争終了によって、何を獲得し、その後、いかなる道程をたどっていったのだろうか。

それもやはり、戦後の歴史的事実をして語らしめることに勝る弁説はないわけである。

朝鮮と比べて

日本の植民地は時代によって消長をみるが、その代表的なものはなんといっても朝鮮と台湾であった。植民地としての朝鮮と台湾では、これを日本領土にしたときの客観情勢もちがうし、それぞれ民族も違うので、これを一概に比較することは当を得ない面もあろう。

しかし、同じ日本人に統治され、日本帝国主義下にあったという点で、両者の比較対照は格好の存在である。総じていえば、台湾は朝鮮にくらべて経済と文化生活の面では日本に同化されやすく、その度合も深かった。その半面、台湾人は朝鮮人よりもいわば従順な奴隷であったといえよう。

したがって社会的にみても、台湾には日本の資本主義的企業が朝鮮よりも発達し、生活の民度も高く、教育もいっそう普及した。しかるに、こと政治に関するかぎり、台湾は朝鮮よりも数等おとるといっても過言ではないのである。それは、朝鮮人の反抗闘争が台湾人よりも熾烈をきわめたこともさることながら、それよりも、日本人が被支配者としての台湾人を生活文化の面において同化した方が日本人の利益になり、政治的には不同化主義をとって差別をつけ専制政治を維持した方が日本に好都合になると思ったからである。だから、経済や教育の面では朝鮮よりもはるかに高いものにしたが、政治的には例の警察制度や保甲制度などで徹底的におさえられる結果となった。

たとえば、地方自治の選挙制度などは、朝鮮では早くから行われたが、台湾ではずっとおくれ、しかも、単なる芝居に終った。朝鮮人は総督府の局長級、知事、あるいは判検事などに任命された人が少なからずあったが、台湾ではせいぜい課長級の高等官、司法関係ではわずか二、三人の判事がいたくらいで、地方官では郡守といえば一、二の出世頭であった。

とくに、言論機関の新聞雑誌についていては、その懸隔が甚だしいといえる。新聞一つをとりあげてみても、朝鮮には何種もあったが、台湾にはたった一つしかなく、それも戦時中にさんざんな目にあって、ようやく終戦まで残存できようなものであった。つまり、朝鮮では政治的には被支配者にある程度の権利、自由があたえられたが、台湾にはその萌芽さえみられなかったのである。

支配者側からみれば、朝鮮総督には軍隊の指揮権もなかったが、台湾総督にはそれがあったという一事だけをとりあげれば、両者の差異を十分理解できるであろう。もちろん、このことは、日本の植民地政策にもよるものだが、多分に朝鮮人と台湾人の民族性の相違をも反映したものであったといえる。台湾の言葉で、「軟土深掘」（軟い土壌はよけいに深く掘りさげられる）といわれる如く、台湾人の軟弱な面が征服者をして、得々と圧迫の手を無限に加えさせたのである。

朝鮮人はよく反抗するといわれ、それが支配者側からは忌みきらわれたのであるが、彼らは歴史的にみて日本と中国、あるいは大陸の強大民族の間にはさまって、弱少民族として苦難の歴史をかさねてきた。したがって、そこにはつよい民族としての気骨が生れていた。これにたいし、台湾人は民族的にみても、漢人と福建地方に棲息していた南方民族の混血で、もっともおとなしい福建省出身の子孫が大多数をしめていた。

その昔、中国各省には自分の郷土をまもる子弟兵（民兵）という制度が設けられたが、福建人は性温順ということで、遂に子弟兵の発生を見ず、民国の時まで自分たちの保境安民の護りは、多くの場合、広東出身の軍隊に維持されてきたという歴史を持っている。そういう人たちの流れをくんだのが、台湾人であった。

だから、植民地台湾を日本の意のままに成功させ、台湾人が人間としての自由、生きるための経済までもすっかり統治者の日本にひとり占めされる結果になってしまったのである。

2　日本資本主義、遂に台湾を征服

資本進出のための地ならし

植民地統治の目的は、本国の利益のために搾取することにある。日本の台湾統治をみる場合にも、総督府の経済政策と日本資本の台湾征服の過程を理解する必要があろう。

日本占領直後の台湾は、二百余年清朝の植民地統治に反抗してきた歴史をもち、台湾民主国の旗印をかかげて日本占領に反対した動きもあったし、総督府が「土匪」とよんだ台湾人義民の反抗もあって、支配者側からすれば治安はまことに不安定なものであった。

経済的には、土地関係が複雑で所有権が明確を欠き、不統一で繁雑をきわめた度量衡や貨幣制度があり、産業資本は欧米の近代資本と封建的な大陸商業資本に混然と支配されているという、前近代的な社会状態におかれていた。これでは日本資本を導入する環境にはないわけである。

しかも占領当初、台湾の軍政維持には、当時の金にして、年に千万円を必要とし、そのうちの七百万円を本国政府の出費で賄なわねばならいとあっては、本国議会においてもソロバンにのらぬ植民地経営を不利とし、〃台湾出売論〃まで飛び出したのも一理あることであった。それでいろいろと議論をかもしだしたが、結局補助金を年四百万円に減額することによって、ようやく事なきを得たのである。

たとえば、中央銀行ともいうべき台湾銀行は、明治三十年に開設のための株式募集をおこなったが、これが意の如く集まらず、挙句の果てに「台湾銀行補助法」をつくって、資本金五百万円のうち政府が百万円を出資し、さらに二百万円相当の金貨を五カ年間無償で貸与するなどの臨時措置によって規定の株式が何とか消化され、一八九九年（明治三十二年）開業にこぎつけたのである。

また、台湾製糖会社のごとき民間企業は、その設立に一層困難がつきまとった。その授権資本百万円、払込資本五十万円を三井家がバックになって募っても、応募するものにこと欠き、ついに、皇室資産をひっぱり出し宮内省の出資をえて、一九〇〇年（明治三十三年）ようやく設立をみたのである。これをみても、当初、いかに朝野が台湾経営を厄介者扱いし、台湾への資本導入がむずかしかったかが分るであろう。

これはすでにのべたごとく、明治時代の日本資本が海外発展を必要とするほど強大になっていず、不安定な台湾にあえて危険投資をする冒険を試みる余裕もなかったがためである。

こういう状態を打破すべく、台湾総督は、不安定な要因の清掃にのりだすとともに、本国より投資された資本には、諸種の徹底した保護奨励策をうちだすことが必要であった。そのために治安確立、および財政確立のための総督府特別会計制度を設けたことは前節でくわしく述べたとおりである。

そこで、総督がこのような清掃事業のためにとってきた政治的、立法的あるいは経済的諸々の措置にふれながら、日本資本による台湾の資本主義化を歴史的にみてゆくことにしよう。

清朝中期	欧米・大陸資本支配	日本占領	明治三十七年以降（一九〇四年）
自家用生産 →	手工業的商品生産	→	資本家商品生産に入る
＝封鎖的自給経済 →	前近代的商業資本経済	→	企業的資本主義経済に移行してゆく

土地調査および地権の近代化

台湾の如き複雑きわまりない旧時代の土地関係にメスを入れて、本国資本進出のために第一の障害をとりのぞくことは、総督府として当然の措置であったろう。そこでまず土地所有権の単一明確化、権利移転の近代的保証、租税義務の確立を目的とするような、資本主義のための地ならしを総督府は土地調査からはじめた。明治三十一年「土地臨時調査局」を設け、主として西部台湾の田畑の地籍調査、地形測量、三角測量を行ない、一九〇三年（明治三十六年）には大租権と小租権の確認をおこなって、大租権の新規設定を禁止するまでにこぎつけた。

そして翌三十七年には、約三百八十万円の公債で大租権をすべて政府が買い上げることにし、これを消滅させた。

台湾特有の封建的な大租収納の権利はこうして消滅したが、大租戸たちは政府支給の公債を資本として、嘉義銀行と彰化銀行が創設された。封建的な財産権はかくて、近代的な金融資本に転化したわけであるが、この銀行は最初から資本的に台湾銀行の支配下にあり、まもなく経営まで日本人に掌握されることになった。

大租権の消滅で小租権だけが業主権としてみとめられ、土地所有の権利関係は単一明確化した。業主権とは、土地に関する最高の権利で、近代私法上の土地所有権に相当するものである。

ついで一九〇五年（明治三十八年）になると、「土地登記規則」を制定、登記をもって権利移転の効力発効の条件とした。これで資本主義体制のための土地調査の目的が達成され、日本の資本家が台湾の土地を入手する際の制度上の封建的な障害は一切とりのぞかれることになった。

この土地調査の副産物としては、治安が改良され、隠田が整理され、税収が大巾に増加したことも見逃せない。

「内は田制を安全ならしめ、外は資本家をして心を安じて田園に放資せしむるに至るべければ、其効果は永へに限りなかるべし」（台湾統治志）となった。

明治三十八年、土地調査の結果、有租地の田畑面積は六十三万三千甲歩（一甲歩は日本の約一町歩、〇・九七ヘクタール）、地租にして約三百万円の税収となり、税収総額の三五％をしめることになった。

貨幣と度量衡の近代化

資本主義化の大前提は生産物の商品化である。商品の生産と交換過程において、貨幣と度量衡は不可欠の要素である。この物量と価値量を規定する交換手段を統一し、全体に普及させることは生産物商品化への第一歩といえよう。

ただ、台湾は植民地であるために、台湾本島だけの統一では不十分で、どうしても日本本国と同率の貨幣、同一の度量衡にせねばならない。これが完成して日本ははじめて台湾をその経済領土とし、日本資本進出のためのレールを敷いたことになるのである。

清朝治下における台湾の貨幣は、その種類が百数十種におよんで、植民地的性格をいかんなく発揮していた。各国の貨幣がいりまじっているだけでなく、貨幣によってはこれを秤にかけたのち授受がおこなわれるという代物もあった。日本治台になると、いままでの百数十種のものに日本銀行兌換券一円銀貨とその補助貨がさらに加わえられた。

しかし、明治三十二年、台湾銀行が設立され、一円銀貨を法貨とする兌換券が発行された。これは、金計算による円銀法貨という、ややこしいものであったから、この過渡的な兌換券は一九〇四年（明治三十七年）の台湾幣制改革断行によって金貨兌換の台湾銀行券にきりかえられている。

そして、明治四十年までに今までの非日本的な貨幣は一掃され、全台湾に台銀券による統一普及が確立されることになった。それにひきつづき一九一一年（明治四十四年）には貨幣法を施行して、日本とまったく同じ貨幣制度がとられるにいたった。

日本側からいえば、貨幣制度の同化によって、さらに一段と台湾を日本資本主義圏にくみいれたわけだが、台湾人にすれば銀本位から金本位にかわる際の経済変動によって、欲せざる富の損失を蒙ったものであり、目にみえたこの種の損失が多ければ多いほど、新支配者に対する怨みも深かったのである。

一方、度量衡の方は台湾占領と同時に、日本式の度量衡器を日本から移入して販売し、明治三十三年には「台湾度量衡条例」を公布して、翌年、改正統一をはかり、明治三十六年末日に中国式度量衡の使用を禁止し、一九〇六年（明治三十九年）以降はハカリやマスの製作を官営にして、貨幣と同じ目的を達したのである。

日本資本台湾宝庫の扉を叩く

日本占領前の台湾資本は、欧米系のものと大陸系のものとを問わず、商業資本の域にとどまって、台湾の生産関係に侵透して産業資本となるまでにはいたらなかった。もちろん、日本占領当初も総督が日本資本導入の地ならしを行ったといっても、ボツボツ流入してくる日本資本は、依然として商業資本の形をとっていたことはいうまでもない。まず、一八九五年（明治二十八年）、大阪中立銀行（後の三十四銀行）が基隆出張所を開設して日本の近代的な資本家企業が台湾に流入する嚆失となった。三井物産が台湾に支店を設けたのは一八九八年（明治三十一年）、大阪商船が総督府補助金を得て、基隆神戸間に命令航路を開いたのは明治三十二年のことである。

だが、これらはいずれも日本資本主義のはしりであって、本格的に日本資本が台湾に進出してくるのは、明治三十七、八年以降のことである。

そして、最初に日本資本が投入される時は商業資本の形をとっていたものが、総督府の財政的、政策的支援のもとに短期間のうちにすっかり産業資本に転化し、近代工場をつくって生産事業に侵透していった。このような生産関係を資本主義化することを通じて、台湾社会そのものが資本主義化、近代化されていったのである。その最も顕著な例は製糖業であった。たとえば、三井物産が台湾製糖の最大の株主となったり、阿部商店と鈴木商店が塩水港製糖や東洋製糖を創立した事例を一、二考えれば、その時代の状況が十分に理解されよう。もちろん、総督府が真先に力をいれて育成した産業が糖業であることにもよるが、かかる短日月における転化は、強権をバックにした掠奪性をもった独占的な帝国主義活動が、異常に資本家を肥らすことになった証左でもある。

だが、いくら強権がバックになっていたとて、日本資本が当初から無人の境をいくがごとく、台湾に侵入できたかというと、決してそうではない。彼らが最初にぶつかったのは天津条約いらい、台湾貿易と金融をしっかりと一手に握っていた欧米資本と中国商業資本（台湾土着資本に非ず）であった。これら外国資本との繩張り争い、台湾の商権争奪に、双方とも必死の攻防をくりかえしたが、商業資本をただちに産業資本に転化できたのが日本の強味で、台湾銀行の国策的バックアップ、総督府の差別政策、ことに補助金、および専売事業と関税制度が物をいって、外国資本は一敗地にまみれ、つぎつぎと敗退してゆくのである。

このようにして、今まで大陸沿岸と香港に向う外国貿易は、日本本国に向う国内貿易に方向転換し、戎克の出入で賑わった淡水、安平の両港は、大阪商船や日本郵船の船舶が碇舶する基隆、高雄に繁栄を奪われることになった。

米の取引は一九〇五年（明治三十八年）に三井物産が、外商を駆逐して王座に坐り、台湾人米商もその余波を喰って打撃をうけたが、ようやく残存できた。日露戦争の時には軍用米として三十万石の台湾米が三井物産の手で積みだされ、その後、蓬萊米がでて、台湾は日本本国のために米の単一農作をつづけてゆくことになった。海運の方も同年大阪商船がダグラス会社を敗退させ、砂糖積出しの外商勢力が一掃された。茶の貿易は明治四十年に、三井物産と野沢組の手に帰し、樟脳と阿片を英商の手からとりあげた総督府は、これを専売とし、三井物産にその輸出入の業務を委託することになった。

こういう産業の担い手の交替にあって、いちばん競争のはげしかったのが砂糖の取引である。三井物産と横浜の増田屋商店が外商に対抗して、赤糖の貿易に手をつけ、駅渡と産地渡の砂糖を扱って、港渡の外商と競争。大阪商船の援護射撃もあって、一九〇九年（明治四十二年）は糖商クラブのカルテル組織で日本商社の結束をかため、ようやく外国資本の牙城を攻略した。こうして一九一二年（明治四十五年）までには残りの怡記、徳記などの台湾砂糖貿易の商権も日本資本の「台湾製糖」によって買収され、糖業の外国資本は完全に駆逐された。この時に、そのあおりをくって台湾人糖商も没落したことを付記しておく必要があろう。

台湾の対外国および対日本々国の貿易消長　（千円）　（昭和財政史）

	輸出			輸入			合計
	対外国	対日本	計	対外国	対日本	計	
明治30(1897)	12,725	2,105	14,857	12,659	3,724	16,383	31,240
〃 40(1907)	9,741	17,635	27,376	11,221	19,750	30,971	58,374
大正6(1917)	40,216	105,497	145,713	21,099	67,745	88,844	234,557
昭和2	44,598	202,079	246,677	65,840	121,108	186,948	433,625
昭和12	29,916	410,259	440,175	44,229	277,895	322,124	762,299
昭和16	114,109	379,795	493,904	52,665	371,842	424,507	918,411

総督府の後押しで日本企業が発展

一九〇四年（明治三十七年）以後、日本の資本家による企業の発展は順風に満帆をあげてすべりだしたが、その中でも近代企業の先鞭をつけたのが製糖業である。旧式の糖廍（台湾式の精糖工場）を山間僻地においやり、明治三十五年に台湾製糖が高雄に近接する橋仔頭に新式工場を建設したのを皮切りに、南部では阿猴（屏東）、虎尾、北港などに近代的機械設備を誇る大工場が雨後の筍のように出現し、一九一六年（昭和五年）には、全台湾の砂糖生産高七十九万屯の九八％までを、日本の新式工場で占めるようになった。

また、製茶も企業化されて、一九一八年（大正七年）新竹には一千甲歩におよぶ大茶園ができ、その茶葉は新式工場で精製された。樟脳は専売局の近代工場で精製された。米、パイナップル、バナナ等々、日本の要求する台湾特産品はいずれも軒並み近代企業化され、栽培、製造、集荷、積出し、とすべて一貫した日本資本主義支配下のもとで運営され発展していったのである。

大正期に入ると、鉄道、電力、機械器具、化学肥料、セメント、石炭などもつぎつぎに企業化していったが、これらはすべて、日本本国に必要な台湾特産品の資本家企業と、政府の土木事業を促進するための基礎産業として登場した。そして資本主義企業に不可欠な資金は、台湾銀行の国策資金はじめ日本勧業銀行、三井、三菱系の強力な金融資本に独占されて賄われていった。

2　日本資本主義遂に台湾を征服

最初、せせらぎのごとく台湾に入ってきた日本資本は、やがて、奔流のように流入するにいたり、豊富な資金による企業発展は、テンポといい、範囲といい、他国の植民地にはみられない驚異的成果をあげるにいたった。

年	会社数	授権資本	払入資本
一八九九年（明治三十二年）	三	一〇、一七〇万円	八八六万円
一九二六（昭和元年）	八二〇	五八、七六三	三四、六三一

（矢内原氏、帝国主義下の台湾）

その発展段階と年代とを図示すれば、容易に理解できるであろう。

明治二七年→二八年	日本軍と共に日本商業資本渡台	
〃　二九年→三六年	←	総督府による旧台湾の清掃
〃　三一年→四〇年	外国資本を駆逐	← 総督府の後押し
明治三七年（一九〇四年）	日本資本本格的に乗り出し産業資本に転化	← 豊富なる天然資源・低廉な労働力・総督府の差別的保護
大正中期（一九一八年ころ）	台湾産業全く日本資本家の掌中におつ	←
〃　末期まで（一九二六年）	日本資本の台湾における蓄積	

昭和初年より	← 南支・南洋への対外進出
昭和十二年→二十年（一九四五年）	← 日本軍の南支・南洋占領を支援

ここで注意すべきは、テンポの早い資本家の企業進出は、総督府が意識的に本国資本勢力を培養扶植する政策によって推進され、資本家にたいする系統的かつ組織的な保護奨励によって達成されたということである。その保護奨励策を列挙すると、つぎのような系譜ができる。

一　台湾に資本導入のため、治安、土地調査、幣制改革などの清掃を行ったこと。

二　鉄道、港湾、林業、専売制度、水利施設などの官営事業を積極的に行い、本国資本の企業活動を援助した。明治三十年以降、総督府歳出の年平均六八％が官営事業のために支出され、官営事業のための公債および借入金は明治三十二年から昭和十五年までの四十二年間に二億余円、昭和十五年度を中心としてみた昭和時代の総督府が産業界に投入した継続費が二億八千余万円に達し、それに地方財政における事業費まで含めれば莫大な額にのぼった。昭和初年における民間資本の投資総額が十五億円程度だったが、それにくらべ官営事業の比重はきわめて大きい。

三　資本家企業にたいする行政的、財政的援助が大きかった。明治四十年から四十五年までは台湾財政の黄金時代といわれるが、この豊かなる財源を近代企業の保護・支援にふりむけた。

糖業奨励はその最たるもので、製糖会社への土地払下げ（実際は台湾人の土地を会社のために収奪）、原料採取区域の制定、蔗苗の改良配布、工場生産の補助金やこれらの保護策に費した行政費は、二十六年間に二千四百七十万円を支出している。米、一升五、六銭の時代のことである。

また、嘉南大圳といえば、南部台湾の甘蔗増産を主目的とした糖業へのサービス施設であった。当時、世界的にも有名なこの灌漑水利施設は、一九一八年（大正七年）の着工に際し、台湾人の土地を収奪するほか、総督府は、強権で水利組合費まで強制徴収し、総工費四千八百万円のうち五〇%は補助金として交付し、その上、千四百四十六万円の低利貸付を行った。

台湾電力会社は、全台湾の電気事業を独占し、これの設立とともに台湾工業化が促進されたのであるが、大正八年の設立当時、資本金三千万円のうち、政府出資が一千八百万円をしめた。

四　日本人企業への台湾人投資の〝勧説〟。この勧説という言葉は、台湾人には非常にうとましいもので、もっとも植民地的色彩をおびていた。総督は、一方では台湾人のみによる株式会社の設立を禁止しながら、他方、警察や役人の力によって、日本人が経営権を握る会社へ、台湾人に資本や土地を投資することを半ば強制した。これを勧説というのだが、郵便貯金加入の勧説、生命保険への勧説、戦事中には公債国債引受の勧説、国民貯蓄の勧説がおこなわれた。勧説はいわば台湾人の資産をひきだすための、経済名目をもってする政治手段だったのである。

林野調査と森林計画事業

土地調査の結果、漢人移民によって開拓された西部平野は、日本資本家の進出に供されてきたが、台湾の三分の二をしめる森林は幾千年の姿そのままに開かれざる宝を秘めて残されていた。この未開の処女地の富を総督府官僚や資本家が見逃すわけがない。

日本資本家の台湾投資も一応軌道にのり、総督府財政も黄金時代に入った一九一〇年（明治四十三年）から、いよいよこの未開の宝庫をひらく斧の音が、台湾の森林原野に大きくこだますることになった。すなわち、総督府は「林野調査五カ年計画」に着手し、人跡未踏といわれる森林の調査・整理をおこない資本家の企業進出を促進することになったのである。

清朝時代、高山僻地にある山林原野は、ほとんどが未開地として原住民の勢力範囲におかれていたし、平野にある森林も、田畑や宅地の従属物として漢人農民の耕作、造屋に必要な竹木の採取場としての価値しかなかった。もちろん、面積の測量などは行われず、課税対象として扱われなかった。ただ、竹木採取の権利はその付近の住民が握り、口頭によって売買が行われていたから、近代私法における入会権のごときものが自然発生していた、といった方が当をえているわけである。

近代的な権利関係からいえばまことに不明確なものだが、山間僻地に居住する貧窮農民の生活をささえていたこの森林原野を、総督府は「官有林野取締規則」で「所有権を証明すべき地券、又はその他の確証なき山林原野はすべて官有とす」と定めた。この一片の法令で原住民の居住区や台湾人の森林はほとんど無主地として没収され、官有化されたのである。

その結果、一九二五年（大正十四年）における統計にあらわれた、台湾の林野総面積と官有没収地は次のようになっている。

総面積		二六五万甲
官有地	蕃界に属する面積	一七二
	官有林	四〇
	保管林	一
	大学演習林	一三
	日本人・半官半民会社への貸与	一〇
私有地	私有確定地	六
	払下げ地（主として日本人）	二六

（総督府統計）

この林野整理によって、従来、公共の便に供されていた山林にも、私有財産制が確立し、日本資本の進出のために開放されたことになる。このことは同時に、西部から東海岸へと資本が滲透するキッカケともなった。

ついで、大正十四年には十五カ年計画の森林計画事業が実行に移され、総督府の鋭鋒は、遂に、中央山岳地の原住民本拠地へ直接にきりこむことになるが、「資本はいまや原始共産的部落制度を有する蕃界の戸を叩く」と、植民地研究の権威矢内原忠雄は記述している。けだし名言である。蕃界の戸を叩いた林野計画事業は、林野総面積の五分の四をしめる百七十二万甲歩の蕃界を、官僚資本と民間資本の前に開放する行政措置である。これは有史以前から続いてきた蕃社を根底から覆えすことになった。頭目の収入源である「貢租」は廃止され、地租制度が確立された。「国家が頭目に代った」のである。それから職業補導という名目で、長年住みなれた山地から原住民を平地に強制移住させることにもなった。そして、阿里山や太平山の檜の原始林はじめ、広大な森林原野を官有として没収したのち、

「民業に払下ぐ」という形をとって、日本資本の浸透をはかったことはいうまでもない。

強権による土地収奪

植民地に入りこんだ資本家企業が、生産による経済的搾取を行うに先だち、強権をバックにした掠奪行為を、常套手段としておこなうが、台湾ではそれが住民の土地を無償で兼併するという形をとってあらわれた。すなわち他人の所有する耕地や林野を、ビタ一文出さずに自己の所有権、あるいは使用権のあるものとし、資本の一部にくみいれたのである。これをむずかしい言葉で、「土地による資本の本源的蓄積」とよんだが、台湾植民地における資本家の経済活動が、本国のそれよりも急激に肥った最大の原因の一つは、実にこの土地に対する掠奪行為にあったといってよかろう。

土地調査、林野調査で大部分の土地山林を無主地として没収した総督府は、その土地山林を資本家にたいする保護奨励策の一助として、ほとんど無償で製糖会社や三井、三菱の企業会社に払い下げた。しかし、それだけではあき足らぬ日本企業家は、つぎに、台湾人の所有として認定された私有地にまで併吞の触手をのばした。このような売却強要あるいは使役権譲渡強制のために警察の強権が使われている。

次のようなことは、植民地台湾ならでは通用しない理不尽きわまりなき措置であった。

警察から農民や地主に、「某月某日、何時までに印鑑携行の上、警察派出所前広場に参集すべし。もし欠席したるものは×円の課料に処す」という召集令状が保甲を通じて配布される。いつもの保甲会議の開催であろうと行ってみれば、広場には机が準備され、警察官の指示によって書類に捺印させられる。文盲の農民たちは、出席のための捺印であろうといつもの通りに求めに応じたが、後刻、それが自己の農地の製糖会社への売却承諾書であったり甘蔗植付契約書だったことを知らされ、地タンダふんで後悔するも、強権の前にはどうすることもできない。このような泣くに泣けぬ、ごまかしの手がいたるところで使われたのである。

植民地でなくてはできぬ、このような強要と詐術による土地の収買事件は、製糖会社や日本人農場の多い、中南部地方ではとくにひどがった。かかる手段で、台湾の土地山林は短日月のうちに台湾人から日本人の手中へと移っていったのであるが、次表の統計はこのいきさつを雄弁に物語っている。

日本人勢力下の耕地面積（単位万甲歩）

	昭和元年	昭和一六年
田畑総面積	八〇	八八
日本人所有あるいは使用権所有	一五	四〇
製糖会社指定の原料採取区	七〇	八〇
甘蔗作付地	一〇	一七

日本資本による主なる林野所有面積（昭和元年）

台東開拓	二〇、〇〇〇甲歩
三井合名茶園	一七、〇〇〇〃

台湾拓殖製茶園	一〇、〇〇〇〃
三菱製紙	一五、〇〇〇〃
台北帝国大学	一三〇、〇〇〇〃
営林署官営地	八〇、〇〇〇〃

独占の成立

日本資本の侵入で資本主義化の一路を辿った台湾も、総督府の権力と本国独占資本によって、逐次、独占の過程をたどる。昭和元年には台湾事業界は、ことごとく日本人資本家の手中に帰していた。当時の資本金三十万以上の民間会社は、九〇％以上が日本人の会社で、残る一〇％の台湾人会社も終いには実質的経営権を日本人ににぎられていったから、台湾人の手中には何もなかったといって過言ではない。

昭和の年代が進み、日本の臨戦体制への準備は、経済統制と非日本的なものの排除に拍車をかけ、それによって地方の台湾人零細会社や半封建的な手工業は、「国策」による整理統合の名目のもとに、文句なしに日本人の近代企業に合併されていった。昭和十二年には台湾全島で日本資本の傘下に入らないもの、あるいは日本人に経営権を握られていない企業会社は、大東信托をのぞけば、皆無となったほどである。

次表は昭和初年における台湾人系の主要企業の持株内容であるが、日本人の支配力をうかがうには十分であろう。

	台湾人持株	経営実権
新興製糖	過半数	台銀系日本人重役
台湾製塩	三一・七％	民間日本人重役
彰化銀行	四九・四％	台銀系日本人重役
台湾商工銀行	五二・五％	台銀系日本人重役
華南銀行	七一・八％	台銀系日本人重役

台湾人の近代企業で、日本人をいれず資本、経営権ともに純粋の台湾人で固持し、日本の独占に最後までレジスタンスを示したのは後にも先にも「大東信託株式会社」ただ一つである。この孤高なる台湾人唯一の近代企業は陳炘（日本と米国に留学、二・二八事件で国民政府に惨殺された）という民族主義者によって主催され、張煥奎はじめ台中の有識資産家が支援してきた。彼らはもちろん、単なる一介の商売人ではなく、民族的自覚と郷土愛を人一倍多くもった新知識であったればこそ、総督府の強権に敢えてたちむかう経済活動に入ったのであった。この会社は一九二六年（大正十五年）春、台中に本拠をおいて資本金二百五十万円、四分の一払込みで株式を募集した。これは予想された通り台湾銀行や総督府の圧迫干渉にあって苦心惨胆のすえ、その年の十二月三十日にようやく設立をみ、昭和二年二月二十一日開業の運びとなった。しかし、株式引受者や預金する台湾人は、ことごとく警察の干渉や迫害にあったり、行政命令で預金吸収を中止させられたりした。このように苦悶すること十余年、近代教育をうけたこれら少壮実業家は大多数の、台湾人の無言の声援をえて孤塁を守ってきたのであるが、昭和十二年以降は戦時統制によって、ほとんど業務停止の格好となる悲運におかれたのである。

さて、ここで総督府と日本資本による独占を分類すれば、つぎの五つに大別される。

(1)　官営による企業独占

専売事業を筆頭に、鉄道、道路、交通、林業等、広汎な分野におよび総督こそ独占資本の最たるものといえよう。

(2)　特別法による企業独占

台湾銀行は台湾銀行券を発行する特権をもち、国庫事務、中央銀行業務を行う植民地銀行である。台湾人出資の台湾商工、彰化、華南の各銀行を資金的にも業務的にも支配し、日本帝国主義の台湾における法皇庁として台湾の金融を一手に掌握する。

台湾銀行は日本政府から特別の保護をうけ、その経営上の過失あるごとに、政府が尻ぬぐいや後仕末をしてきた。例の有名な「西原借款」は、台銀の対支不良投資を政府が肩替りするためにおこなわれ、大正十二年には五千万円を国庫預金部が低利資金として融通し、東京震災の時には、四千六百万円の手形救済をしたうえに、総額一億八千五百万円を特別融資した。政府はこの巨額の融資を昭和四年損失金に充当して整理してしまったのである。つまり、日本政府から借りうけた金はすべて台銀がつかいはたして、政府には一銭もかえってこなかったわけである。

昭和二十年の終戦直前、台湾銀行の貸出残高は台湾全銀行の総貸出残高の七〇％をしめていたことをみても、台湾企業を支配した巨大な統制力がうかがわれる。

台湾電力株式会社は、昭和十九年において、三十四万キロワットの電力を全島に供給し、十億キロワット時の発電力量をもって、台湾工業の命脈を制していた。これも特別法による独占企業の一つである。

昭和十一年六月に設立された台湾拓殖会社は、総督府の息のかかった半官半氏の企業で、総督府より約十万甲歩の官有地を現物出資の形でもらいうけ、開拓、栽培、造林、鉱業の諸企業を独占したばかりでなく、南シナ、南洋にまで進出した国策会社である。

(3)　総督府の保護監督下にある特殊企業による独占

これは総督府の出店といった方がよく、大小様々、台湾全島の中央、地方に君臨した特殊企業である。その一、二の例をあげるにとどめよう。

台湾青果株式会社（大正十四年設立）は、バナナの移出、委託販売、運送を独占するために、総督府の声がかりで設立された。各州にバナナ栽培者の組合をつくり、全台湾には同業組合連合会があって、各州庁の内務部長が組合長、台北州知事が連合会会長をかねていた。組合のバナナ集荷、移出、販売はすべて青菓会社が委託されて独占していた。

大正十四年、これに委託をしないで自家出荷した台湾人の非組合員農民は、日本の大阪商船会社の積荷の拒絶にあい、二千籠のバナナが基隆の埠頭でくさってしまった。これなどは青果会社の権力的な独占横暴を示す好例である。

嘉南大圳は糖業振興のため、蔗作増進の目的をもって、総督府の徹底的な出資と援助でつくられ、台湾全耕地の約二〇％、全農家の一割を支配し、人事、経営すべて総督府の古手の退職官吏によってしめられた。

総督府から継続的に補助金をえて台湾の内外航路を独占する命令航路もまた特殊企業で、台湾人資本をすこしもいれない独占ぶりであった。

(4)　三井、三菱、藤山の三家を中心とする日本独占資本

三井系はもっとも早く台湾にやって来、企業独占の歴史はもっとも古く、事業範囲も大きかった。その主たるものをあげれば、まず台湾製糖の大株主であり、茶の栽培・製造・輸出を独占し、米穀も輸出は三井物産の独壇場であった。総督府の専売事業である阿片、外国煙草、樟脳の輸出入は三井物産によって一手に握られ、台湾の鉱業も三井が牛耳った。昭和以後、戦時中には台湾工業の金融、経営の面にも参画し、日本独占資本の本領を遺憾なく発揮した。

三菱系は三井系に数段おくれて台湾にやってきたが、製糖、製紙、パイナップル栽培、製缶にも早くから手をつけ戦争中は工業面で活躍して、台湾の産業独占に三井系を追いつき追いこせ政策で頭角をあらわした。

藤山系は大日本製糖で、台湾の糖業界を牛耳ったが、あらためて論ずることにしよう。

糖業、茶業等の農産品加工以外の工業が、本格的に発展するのは第一次大戦後である。そして、昭和に入って満州事変、日華事変以後になると台湾の工業化が積極的に推進され、金属工業、化学工業の発達がいちじるしかった。太平洋戦争が勃発すると、台湾経済の自給自足をはかるため、新式工場の新設拡張があいつぎ、鉄鋼、酸、アルカリの基礎工業が勃興した。そして、工業生産額は長年首位の座をしめていた農業生産にとってかわり、第一位にのしあがった。これも日本の独占によって達成されたわけである。昭和十七年における台湾の工業生産は七億円を突破したが、その六〇%は砂糖、茶のごとき食糧品工業によってしめられている。

戦争末期、日本の独占資本による近代一流企業を次に列挙しておこう。(食品加工を除く)

金属工業	一一（日本本国に比し遜色ない）
機械工業	三五〇（日本の町工場程度のもの）
化学工業	一二（日本本国にややおちる）

(5)　糖業の独占

台湾における日本資本の独占は砂糖にはじまり、砂糖に終るといっても過言ではない。つまり、製糖業を制するものは、台湾事業界を制する覇者たり得たわけである。製糖業の台湾産業にしめる地位と日本資本の独占ぶりを結びあわせると、この表現は容易に理解できるのである。そして台湾産業界の日本資本による独占を理解するには、製糖業を分析しつくすことによって、その目的は十分達成できる。

(1)台湾の株式会社の総資本にしめる製糖会社の資本金(約三億円)は、昭和元年において約五〇％、昭和十七年には約三五％である。

(2)甘蔗の作付面積は次表のとおりである。

	明治三八年	昭和元年	昭和十四年（単位万甲歩）
台湾耕地面積	六三	八一	八五
甘蔗作付面積	一・六	一三	一六・七

(3)蔗作農家戸数は、全台湾戸数の約一五％で、全農家戸数の約三〇％である。

(4)新式製糖産額

	昭和元年	昭和十四年
工場数	四四	四九
製糖高	約五〇万屯	約一四〇万屯

(5)工業生産にしめる製糖業の位置（億円）

	昭和三年	昭和三十七年
工業総生産	二・七	四・〇
砂糖生産	一・七	一・九

(6)砂糖輸移出（億円）

	昭和元年	昭和十四年
総輸移出	二・五	六・〇
砂　糖	一・〇	二・六

右表を一瞥すれば、糖業の台湾における地位が明白であるが、この糖業の九八%までが、いわゆる新式製糖会社とよばれる日本の一流資本で独占され、そのまた七五%を三井、三菱、藤山の三大財閥が独占していた。

三井系　台湾製糖の大株主
三菱系　明治製糖、塩水港製糖の大株主
藤山系　大日本製糖、新高製糖の大株主

三井、三菱、藤山の御三家は昭和初年に、台湾事業界の独占が成立したころ、すでに台湾糖業を制覇し、その雄として、全台湾の会社資本の五〇%、全耕地の九〇%（甘蔗の耕作は三年輪作である）人口の大部分を支配し、工業生産の五分の二を生産する王者の地位にあった。この糖業ビッグスリーは日本本国の経済界を牛耳るタイクーン(大君)でもあり、また、台湾社会では、民間総督にもたとえられるべき存在であった。

以上のように高度な企業独占の成立で、台湾は経済的にも完全に日本に支配され、台湾社会の資本主義化はアジアでも先進のうちに数えられる一方、日本人即ち資本家、台湾人イコール無産者という植民地社会の矛盾対立をますます深めていった。また対外的には、日本と混然一体となった台湾は、それから日本資本主義圏の最先端に位置して南支、南洋にかりだされ、帝国主義活動の尖兵となっていくことになった。

植民地台湾の経済的価値

以上は、植民地台湾の側からみた資本主義的独占化の道程であるが、では、支配者側の日本帝国は、五十一年の統治において、どれだけの経済利潤をあげたであろうか。帝国主義日本が、植民地台湾から搾りあげた利益は膨大な数字にのぼり、その大きさははかりしれないほどであったことは、世人の一致して認めてきたことである。これら台湾から吸い上げた財貨を適確に算出するには、公表資料をはじめ、未発表のもの、極秘裏に隠滅されたものまで総合してはじめて、その全貌が明かにされうる。しかし、それを細大もらさず算定することは至難なことであるが、二、三の問題を摘出するだけでも、おおよその輪郭がクローズアップされるのである。

一　資本の投資対象としての台湾。この点は、資本主義化の歴史が雄弁に物語っている。気候風土の良好な台湾は土地の生産力が大きく、農業が古来からさかんであった。そのうえ、水力や石炭のような動力資源が豊富であるから、農産物加工の近代工場の建設には、立地の便をあたえうる環境を備えていた。

勤勉な住民は生活程度がいまだに低いのに反し、近代技術を接授するだけの文化水準を保っていた。したがって、低廉な労賃で仕事の覚えも早い。そのうえ、強大な警察政治の圧政下におかれているから、労働運動の基礎となる力の結集が至難である。これらのことは資本家側からすれば、大巾の余剰利潤を維持するのに有利な条件となるわけである。

総督府の保護政策は徹底しており、株式の引受（台湾電力）、政府持株の無配当（台湾銀行）、政府資金の貸与（銀行など）、土地、工場敷地の強制斡旋（林本源製糖の渓州土地買収、各製糖会社工場敷地、三菱製紙の頂林山林払下げ、嘉南大圳の土地収用）、事業育成補助金（製糖会社、大阪商船）、不況時の特別融資（昭和二年の如き）など、かゆいところに手のとどくほどの世話を焼き便宜を計った。

したがって、台湾は資本家にとってはまさに投資天国であったのである。このような好条件ずくめのもとで、明治三十七年以降、本格的に進出してきた日本本国の大資本は、投下資本増加率が本国よりも更に大きかったのもあながち不思議ではなかった。また、台湾に資本投下の後、事業進展に伴う異常なまでの利潤増大と資本蓄積は、世人の目をみはらせてきたのである。昭和元年における民間投資はほぼ十五億円と推定されるが、終戦の昭和二十年には優に四十億の線を上まわったといわれる。
二　台湾人の資金を支配。日本本国でも零細資金は資本家に、小資本は大資本の好餌に供されるのを常とするが、台湾には総督府の強権という産婆役が介在したから、株式募集、債券、預金、保険金などで台湾人の資産を吸いあげる度合は、日本本国でも諸外国にも類例のない徹底ぶりであった。台湾人のふところの有金は、細大漏らさず警察の勧説でもって吐きだされ、これを日本資本の用に供し、その支配下でサービスさせられたのである。

預金だけを例にとっても、昭和十九年には総計十六億五千万円となっている。これは、総督府の官方数字の部類に属し、一寸すくなすぎる嫌いはあるが、大部分は台湾人の懐からかきあつめたものであった。

銀行七行の総預金	約十億
郵便貯金と簡易保険	二億
信用組合三十九組合	一・五億
農業会二百二十六会	三億

これら台湾人から吸収した資金は、在台湾の日本人企業に奉仕するだけでなく、日本内地の企業にも奉仕し、かつ日本の南方進出の一助ともなった。昭和元年の台湾銀行の預金と貸付勘定に、その一端があらわれている。

	台湾	日本々国	外国	計
預金	三九・一％	三〇・四％	三〇・五％	一〇〇％
貸付	二二・七	六七・三	一〇・〇	一〇〇

（矢内原氏「帝国主義下の台湾」）

そのうえ、特に指摘しておかなければならないのは、昭和十四年から十九年までの強制割当の国民貯蓄というのがあって、その金額は二十億円を上回り、戦時経済の資金にまわされたことである。

三　台湾の財政上の価値。近代ヨーロッパ諸国のアジア、アフリカにおける植民地財政は、その大半が本国の負担にかかり、これら植民地経営者は一日でも早く本国依存をなくすることに全力を傾注した。それでいて、百年になんなんとする植民地支配の歴史がつづいた現在になっても、アフリカ植民地の大半はその財政上の赤字を、本国の補塡に頼っている現状である。たとえば、アルジェリアなどは、植民地政府財政の三分の二をいまだにフランス本国政府がまかなっているのである。

日本が占領後、十一年にして植民地財政を確立した台湾は、世界にも類例のないことであるが、五十一年間を通じて、台湾総督府対本国政府の収支勘定は、日本政府大蔵省の発表によれば、次のように日本政府の巨額な受取超過となっている。日本から台湾への財政援助および大正三年までの砂糖消費税収入は八千六百四十一万円、台湾から本国への財政納入（主として戦費分担金）が五億九千六百八十四円円、差引き五億一千四十三万円が本国政府の揚超となっている。台湾島内で米一升の小売値が二銭から十五銭までの期間のことである。蓬萊米にすれば、どれだけの米が日本本国に積出されたこととなり、また、当今の金額に勘算すればいくらになるか、それは識者の算定にまかせることにする。

四　貿易上の価値。台湾島内自体の経済上の価値は、すでに日本資本による独占過程の考察でみてきたから、ここでは対外貿易の面を観察することにしよう。

領台前、中国にむかっていた台湾貿易は、総督府の強引な差別政策と関税障壁によって、短日月のうちに、日本本国に切りかえられた。対外貿易のうち日本向け輸出入総額の推移は、次の通りである。

明治三十年（一八九七）	明治四十年（一九〇七）	大正六年（一九一七）	昭和十二年	昭和十六年(百万円)
五・八	三七・三	一七三・二	六八八・一	七五一・六

貿易の場合は、台湾は極力日本の利益のために奉仕する存在であるから、輸出入の品目も、その数量も、価格も日本本国の要求するところにしたがって変革消長してきた。

それは、砂糖と米を例にとれば足りるであろう。台湾占領当初の十九世紀末といえば、日本本国の砂糖消費は、その四分の三を輸入に仰ぎ、それに費される外貨は当時の日本円で二千数百万円の巨額に昇っていた。本国政府の唱導する富国強兵策にかんがみ、明治三十一年に台湾に赴任してきた児玉源太郎総督は、台湾の風土が甘蔗栽培に適することに目をつけて、製糖業の奨励策に先鞭をつけ積極的に保護育成にのりだした結果、台湾の新式製糖業の勃興発展をみたのである。それで、三十年後の一九二五年（大正十四年）には、日本本国の砂糖消費のうち六七%を台湾が供給し、さらに十五年たって昭和十四年になると、日本本国のみならず、国策の線にそって遠く朝鮮・満州および北支の需要にも応ずるところまでいった。

つぎに、明治四十年の台湾の米産額は約四百六十万石、日本本国の食糧供給を担って蓬萊米の登場となり、三十数年後の昭和十三年には、米産額が一千万石になんなんとするところまでいった。そして、年々、産額の約半数は日本本国に積み出していたのである。しかし、台湾の日本にたいする蓬萊米のサービスぶりは、米の増産と輸出高だけではその真相をきわめることができない。それは、台湾で産出するおいしい蓬萊米をかきあつめるだけあつめて日本に積出し、そして、それによっておこる台湾島内の米不足にたいしては、ビルマ、シャムのような割安でおいしくない南洋米を逆輸入して台湾人の常食に供した。このことを見落してはならないのである。この点、植民地の境遇におかれる限り、清朝時代でも日本統治時代でも、いくら米が多く産出されても台湾人の需要が二の次にされていたことに変りはなかったといえる。したがって、蓬萊米はじめ台湾米の日本輸出は一九〇二年（明治三十年）を基準にして、三十年後の昭和元年には五、六倍、昭和七年には十一倍になった。それにともない、台湾の外米輸入は昭和七年に十倍、昭和七年に十二倍となっていったのである。

米穀の場合は、増産とサービスだけで問題は片付かなかった。昭和八年に台湾は米の大豊作の当り年であったが、折り悪しく日本本国でも米穀増産と不況のため蓬萊米は以前ほど必要でなくなり、そのため、台湾総督府は輸出制限を実施して、台湾農民は米価の暴落で泣かされた。戦時になって米不足になると、今度は米穀管理を実施し、農民たちの自家消費を減量させてまで米の供出を強制した。

このようなことは、植民地台湾が、日本本国のために単一農業という伽鎖をはめられた時から背負ってきた運命でもあった。日本統治五十一年の間に台湾の人口は二・四倍に増え、生活も実質的に向上していったが、それでも台湾人の流す汗はほとんどすべてが日本人および本国のためであったことは、つぎの表が証明するであろう。

	明治三五年（一九〇二）	大正元年（一九一二）	大正十四年（一九二五）	昭和十三年（一九三八）
生産総額	一〇〇%	二〇八%	八三五%	一、一六〇%
輸出総額	一〇〇	二六〇	九一二	一、八九〇
対日本輸出	一〇〇	五〇六	二、二七九	四、四四〇
対外国輸出	一〇〇	一〇二	三二七	二五〇

つまり、生産増加よりも輸出総額の増加が大であり、かつ、輸出のうちでも日本本国にたいする輸出が極端に増加

している点に、植民地台湾の特徴が示されている。

日本が植民地台湾に単一農業をおしつけ、その農産物と農産加工品を日本本国の需要に応じて提供せしめるとともに、台湾を本国工業製品の有力な市場として織物、機械、化学肥料、日用雑貨、薬品などを輸出したことは、何れの帝国主義国家とも軌を同じくしている。昭和に入って、平時には、日本本国の総輸出のうち、台湾輸出額は五%から一〇%のところを上下しているが、その品目、数量からいって日本にとって大切な市場であることには間違いなかった。

そして、日台貿易の勘定は、徹頭徹尾、日本の受取超過でなければならぬことはいうまでもない。日本資本家は植民地の独占利潤を追求して台湾に投資した、いわば不在資本家あるいは不在地主、それとも本国に陣取る独占企業家であるから、資本配当、利子、運賃、保険料、事務費等の科目でもって年々、台湾から送金されるが、これら台湾からの送金勘定は、日本の支払勘定となる貿易差額と相殺して処分されるのであった。

	大正元年（一九一二）	大正十二（一九二三）	昭和元年（一九二六）	昭和十二年（一九三七）	昭和十三年（一九三八）（単位千円）
日台貿易総額	九一、一五六	二四〇、四六〇	三二三、五一四	六八八、一五三	七四八、〇五三
輸出	四七、八三一	一六九、四四二	二〇二、一〇九	四一〇、二五八	四二〇、一〇三
輸入	四三、三二五	七一、〇一八	一二一、四〇四	二七七、八九四	三二七、九五〇
台湾の出超	四、五〇六	九八、四二四	六〇、七〇四	一三二、三六三	九二、一五三

台湾と、日本以外の諸外国との貿易は、例年、僅少な入超になっているのに較べ、日台間の貿易は右表にみられる

ように、台湾の巨額な出超に終始している。その両者を相殺しても、台湾が毎年いかに大量の生産品を日本に貢いできたかが分る。

しかし、いずれにしても台湾そのものが日本独占資本の支配下にあるから、貿易上における台湾の支払勘定も、また受取り分もすべて、生産手段を独占する日本人のふところに入ってゆくわけである。したがって台湾人はそのような財貨の分配とは関係なく、ただ、たんに植民地の人間として汗水を流してより多くの富を生産し、そして、自らの最低生活を維持する以外は、その生産品をすべて支配者に吐きださなければならなかったのである。

昭和の年代に入ると、植民地台湾にはさらに一つの任務が加えられた。それは、いままでのごとく日本本国との間に工場生産品と農業生産品の交換をおこなう一方、台湾自体がつぎつぎと工業化されることによって、南支、南洋のような後進地域へ日本製品を売りさばく中継地、あるいは生産地としての任務を果すことであった。

そして、戦争が南方に波及するとともに、台湾は軍事的には不沈航空母艦として、経済面では南方資源の第一次粗製工場として、新たなる帝国主義活動の一端を担わされることになったのである。

3　台湾人の反抗

血であがなう抗日宣言

オランダ人、鄭氏、清朝に統治された二百余年のうちに、開拓者たちは幾多の流血の代価を支払い、「台湾人」という共感が芽生えかつ成長するにいたったが、そこへ日本帝国が次期の支配者として乗り込んできた。

このような外来支配者の入れ替いに際会して、清朝政府が敗退することになったとき、台湾人の一般庶民は、むしろ溜飲のさがる思いをしてこれに接したが、そのすぐ後にまたもや新支配者がやってきて二百五十万人同胞の運命をその手中に握ってしまう情勢になっては、ただ、だまって我慢できるはずがなかった。しかも、新たにやってくる征服者は、かってその悪虐なることで恐れられた倭寇の子孫であり、かつ牡丹社事件の張本人であってみれば、台湾人は前門の虎が去ったあとに後門の狼を迎え撃つおもいで、今まで清朝に向けてきた矛先を新来支配者にむけていったことは、けだし当然のことであろう。

3 台湾人の反抗

軍国主義にこりかたまった日本軍は日清戦争の戦勝の余勢をかって台湾北部に上陸するや、手当り次第に放火殺戮をほしいままにした。それで、台湾民衆の中に潜在する民族的敵愾心に、直接に点火の役をなしたのは、外ならぬこの日本軍の惨虐行為だったのである。

かくして民族闘争のダイナマイトは爆発し、台湾人は、己れの犠牲を覚悟のうえで、新来の敵にむかって多大の損害をあたえていった。そこで日本上陸軍は台湾民衆の反撃にあって、多数の陣没者をだすにいたるが、その報復として、さらに各地で五百、千という惨酷なる大量屠殺が繰返されたことは、歴史が物語ってきたところである。

一方、日本政府の発表によれば、おびただしい数にのぼる台湾占領軍の戦没者は、すべて風土病で斃れたことになっている。もちろん疫病にかかる者が数知れずあったことも、事実であった。しかし台湾人に言い伝えられてきたことによれば、各地における台湾民衆の熾烈な反撃によって、地理に不案内の日本兵が目にみえて、ばたばたと斃れていったそうである。いまでいえば、さしずめ台湾人ゲリラのために、近代武装の日本軍がなやまされ、つぎつぎと犠牲をだしたということであろう。

北白川宮能久親王といえば、仁孝天皇の猶子、明治天皇にとっては親族にあたる日本皇族である。この皇族は台湾占領軍の主力であった近衛師団を率いて台湾に第一歩を印し、全島鎮定の先鋒をうけたまわって南下するうちに台南で陣没した。北白川宮は疫病が原因で斃れたとあるが、彼もまた一無名戦士に刺されて死にいたったと台湾人の間でいわれてきた。これも台湾民衆の熾烈な抗日行動を省察するに、格好な一つのエピソードであるといえよう。

俗に血は血を呼び、旧悪は新仇を生みだすといわれている。台湾人と日本政府が支配と被支配の対立をもとにしてかく最初から武力闘争をもって対面したということは、日本の台湾統治をみてゆくうえで、無視できない重要な出発点である。

土匪として処刑される抗日戦士

さきに、台湾割譲きまり日本軍襲来の報つたわるや、官民あげて騒然とするなかを、台湾民主国の抗日挙兵が宣せられたが、大勢の赴くところ、いくばくならずしてこの抗日軍はあえなく潰えさった。

かくのごとく台湾民主国は短命で、同胞たちの運命をよい方へ転換させるほどの作用を果しえなかったとはいえ、有史以来はじめて「台湾独立」の立場をうち出したという点で、不滅の存在となった。

ただ、これらの抗日行動が敗残の清国将兵と台湾紳士にのみかぎられ、広汎な台湾民衆の心底に喰いこんだ抗日組織を繰り拡げるまでにいたらなかった——それが線香花火のごとく瓦解した原因でもある——怨みがあった。

したがって、日本支配下において後世までも父老の間で、ひそかに回顧される往時の抗日英雄は、台湾民主国の領袖であるよりも、むしろ、日本軍の大量殺戮に苦しむ民衆の中からでてきて、駐屯所や警察署を執拗に襲撃しつづけた侠気に富む地方戦士であった。

これら民衆のなかからでてきた抗日戦士は、台湾の風土に培われた権力を憎む反抗心と、異分子に刃向う敵愾心を人一倍強く持ち合せていたといってよい。であるから、無頼漢の殴込みにも等しい日本軍の放火殺戮を眼の前にして、切歯扼腕、いやがうえにも持前の敵愾心をかきたてられ、単身でもって狼群に飛び込むごとく、竹槍や火縄銃を持ち出しては、近代装備の日本兵にいどみかかったのであろう。彼らの抗日行動はどちらかといえば、激情にかられ偶発的であった。しかし、その自然発生の已むに已まれぬ心情が、かえって同胞たちの胸を強くうち、書かれざる抗日戦士の英雄的事績として、後世まで口から口へと讃えられてきたのである。

そして、戦えば必ず殲滅される悲運にあいながらも、つぎつぎと相継いで立ち上る、これら無名戦士の反日行動が日本軍国主義者をして、殺戮だけでは異民族を圧服しえないことを徐々に悟らしめたことは、日本人の書いた台湾統治史をひもとけば察知できることであろう。

総督府はこれら抗日戦士のことを「土匪」と呼んできた。その発表をみると、匪害として明治二十八年から九年の

初期抗日勢力図

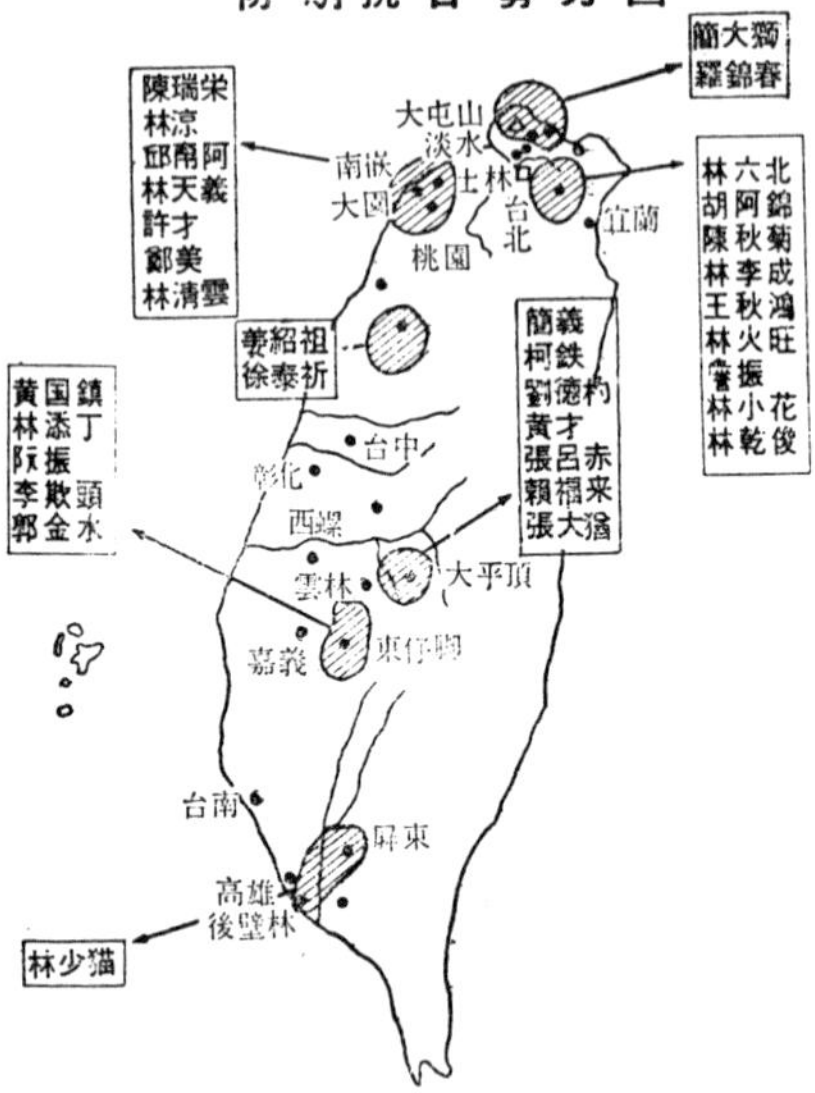

間に

「総督府所在地の台北が襲撃をうけること二回。
全島各地の支庁、駐屯所の襲撃、五十数回。
警察派出所の被襲撃は枚挙に遑なし」

とあって、領台当初のさかんな反日行動の一端をよく物語っている。さらに、明治三十一年からの五年間に、殺害した土匪一万九百五十人、そのうち、匪徒刑罰令に照して死刑に処せられた者が二千九百九十八人、と総督府資料に残っている。実際に抗日のかどで日本軍の銃剱にかかった犠牲者は、その数字をはるかにうわまわることは想像に難くないことである。

台湾各地の父老に言い伝えられてきた当初の抗日事件を数えあげれば枚挙にいとまないが、つぎのいくつかが挙げられる。

一　林大北、一八九五年（明治二十八年）十二月の徐夜に民衆を率いて宜蘭城を包囲攻撃した。

二　揚梅の胡阿錦、台北の陳秋菊、詹振たちが各々民衆千余名を糾合し、金包里の許紹文、頂双溪の林李成、三角湧の蘇阿力、大科嵌の簡玉和と三叉坑の王秋鴻が約同して、明治二十九年元旦を期し、台北北方の大屯山に狼火をあげて、それを合図に台北城に攻め入る計画をなした。これは蹶起寸前に計画が露見して同志多数が殺害された。

三　姜紹祖、明治二十八年十月、新竹、北埔を中心とする義民千余名を糾合し、九尖山で南下の日本軍と戦ったが死傷を多数だして敗退し、姜は自殺して果てた。彼は年僅かに十九歳の前途ある青年であった。

四　林火旺、詹振、林李成等は宜蘭方面で抗日軍を組織し民衆の蹶起をうながした。明治二十九年日、二月十九日日本軍は三角湧で大虐殺をおこない、頭寮で抗日戦士十三人が殺害された。現に「十三公墓」があって往時の激戦を物語っている。

五　頼唱、明治二十九年正月元旦、義民数百を率いて、台北北郊の八芝蘭（士林）で芝山巖学堂を襲撃し、日本人教学官六人を殺害、

六　簡大獅、明治二十九年六月、義民千余人を率い、観音山に巨火をあげて淡水攻撃にでたが、金包里で日本軍と交戦して大屯山麓に敗退し、ゲリラ戦をおこなった。三十年十月七日、金包里で松本少尉を殺害し、羅錦春、林大平など五百余人が竹仔湖に集結して滬尾（淡水）攻略を試みたが果さず。三十一年に後藤新平の招撫に応じて、部下数百とともに金包里と士林を結ぶ金包里公路の建設に協力した。その後、日本軍が前言を翻すのを憤り、再度抗日にたちあがり、蕃界に入った。

七　詹振、陳秋菊は、明治三十年五月八日の台湾人国籍決定の最終日に抗日闘争を展開すべく、義民千余人を糾合して三張犁から台北の大稲程を襲ったが失敗し、詹振は戦死した。陳秋菊は八月十日に包囲されて投降し、その他多数の義民も降伏の已むなきにいたった。

八　陳端栄たちが、桃園・南嵌に、林天義、林清雲たちは桃園・大坵園にそれぞれ農民を糾合し、一揆をおこして

一時、あなどるべからざる勢力に発展したが、装備の優秀な日本軍に鎮圧され仲間多数が殺害された。

九　林火旺は頭寮で敗退後、宜蘭方面の抗日勢力として重きをなし、蔣老福、林小花等に推され抗日軍首領として部下百余人を擁し、日本軍にゲリラ戦をいどんだ。明治三十一年十月には、大勢すでに去るとして一時、後藤新平のもとに帰順したが、警察と衝突して再び抗日に立ち上った。

一〇　鉄国山の抗日。これは雲林地方でおきた規模の大きい抗日戦であった。その首領は柯鉄と簡義の二人で、雲林山地の大平頂を鉄国山と号して、さかんにゲリラ戦を展開して日本軍を悩した。明治二十九年六月に南投を包囲して電線を切断し、守軍の日本兵を孤立させて月余におよんだ。また、同時に二千余人で雲林街を攻撃し、佐藤少佐の指揮した守備隊の日本軍は大埔林に撤退し、雲林は抗日軍の占領するところとなった。これは初期抗日戦中の唯一つの破天荒なことであった。後に雲林は日本軍の反攻にあって敗退し、簡義は辜顕栄と陳紹年の誘惑にかかって下山し投降した。柯鉄は同志二千余名とともに抗日戦を継続。最後に鉄国山も日本軍の大挙進攻にあったが、柯鉄は深山に退き、ゲリラ戦を展開して日本軍を山中にひき入れ、奔命に疲れさせた。柯鉄は御用紳士の林武琛に勧説されて一旦帰順したが、後に再度抗戦し、石槌仔尾で病死したといわれる。

一一　黄国鎮は嘉義・東堡の人で部下二百余名を擁し、湅仔脚の林添丁も同志三、四百人を糾合して嘉義における抗日の二大勢力をなしていた。彼らは十八重溪の抗日首領・阮振等と連繫をとって、明治二十九年七月に八百余人を王爺廟に集結し、嘉義城の攻撃を行ったが、抗日軍は日本軍の包囲にかかり混戦の末に四散した。

一二　林少猫は阿緱（屏東）地方に根拠地をおく抗日首領で、南部では鉄国山の柯鉄と並び称せられた。彼は明治三十一年十二月下旬に同志を糾合し、潮州を囲んで屏東を攻め、辦務署長以下、多数の日本人官員を殺害して日本警察にもっともおそれられていた。総督府は事の重大にかんがみ、鳳山と万丹の日本守備軍を急派し、林少猫は衆寡敵せずして蕃界に入ってゲリラ戦をおこなった。総督府はそれには手を焼いて施す術を知らなかった。結局、陳中和、許廷光、陳少山のような富豪、甲長たちが動員されて林少猫の勧説に赴いた。少猫は妥協のために十ヵ条を提出して一時、下山して児玉総督の招撫に応じたが、日本軍の食言で再び衝突をおこし、明治三十五年五月三十日、少猫は後壁林の自宅からほど遠からぬ所で戦死した。

以上が日本軍占領後、十年間の主だった抗日事件であるが、総督府は軍事一点張りの鎮圧政策では、ますます台湾人の反抗をかきたてるのをみて、児玉・後藤時代になって地形調査、鉄路建設、道路敷設、あるいは警察と保甲の強化などの手をうって治安の維持に努める一方、地方の御用紳士を動員して抗日分子の招撫に当らしめた。

しかし、招撫とは名のみで、その実は抗日勢力の切りくずしや各個撃破を目的としたことはいうまでもなかった。明治三十四、五の両年のうちに、騙し打ちに遭って果てた抗日首領に、林大頭、林福来、黄透、陳登開等三十数人があった。その一例として明治三十五年五月二十五日、柯鉄の旧部下であった張大猷以下三百余人を、御用紳士や街長の誘導のもとに帰順式場に出席させ、場外に伏兵を待機させて命令一下、一齊射撃のもとにこれら抗日戦士を葬りさるようなだまし打ちの手段を弄した。このような卑劣な奸計にかかって斃れたものは数限りなく、林杞埔、崁頭厝、西螺、他黒霧で挙行した帰順式上の殺戮がとくにひどかった。

これら台湾同胞のために斃れた初期の抗日首領のうちでも、陳秋菊、簡大獅、姜紹祖、柯鉄、林添丁（廖添丁ともいわれる）、林少猫、黄国鎮等にまつわる英雄的事跡が一ばん多くいいつたえられ、時代をへるにしたがって台湾版の梁山伯の古事のように民衆のなかでもてはやされてきた。

台湾に〃竹篙接菜刀、軍牌鳥銃〃という俗言の一節がある。この言葉になぞらえて父老たちは、往時の民衆が敵襲来の報に接するや、包丁を竹竿の先に縛りつけた俄かづくりの武器や、狩猟用の火縄銃を持ち出し、敵に刃向うのに役立つものは何でもひっぱりだして防戦にこれつとめた、と語ったものである。この言葉は、武器らしい武器も持たずに近代装備の日本軍にむかっていった台湾民衆の姿を彷彿せしめ、その勇ましさには胸をはずませるものがある半面、孤立無援のまま征服されていった弱者の一沫のあわれを感じさせずにはおかない。

台湾の地形は高山峻岳に富んで、短日月のゲリラ戦には有利であるが、戦闘が長期に亘ると、地域狭小のため、大人数を養うほどの補給がつかなかった。それで抗日首領たちは一場の血戦ののちには、涙をのんで御用紳士の甘言にたよって下山し、殉難したものが無数にあったと伝えられている。これら千古に怨を残した義士たちの屍を台湾民衆は、ただ黙々と大墓公のうちに収容して手厚く合葬してきたのである。

警察政治に対する不満と土地強奪に反抗する台湾農民

一九〇二年（明治三十五年）ごろまで、赤い炎の如く台湾全島をなめつくした血腥い殺戮の後に、警察政治が台湾民衆をがんじがらめに縛りあげ、日本資本による経済上の圧迫が加ってくるが、それはまず、土地の調査につづく兼併没収の形をとってあらわれてきた。

前近代の植民地社会はいずれもそうであるが、その社会経済の基盤は農業生産におかれ、人口のほとんど全部をしめる農民、および少数の地主や農産品加工業者は、もっぱら土地に依存して生活し発展を期するものであった。したがって、その命の綱の土地を奪われるか、あるいは、耕作に種々の制約でも加えられるとたちどころに生活に響き、甚だしきにいたっては、窮乏・破産に瀕することは火を見るより明かであった。

そして、台湾の如き開拓の歴史のいまだ生々しいところでは、土地問題が生死の問題に直結するのみならず、さらにそれ以上の意味が含まれていた。それは、全島の田畑という田畑、山野という山野がすみずみまで父祖の鋤鍬にかかり、汗水の結晶として残されてきた、つまり何者にも犯されがたい先祖代々の墳墓の地になっていたから、台湾人の郷土にたいする愛着心は大へんなものだったのである。

中期抗日図

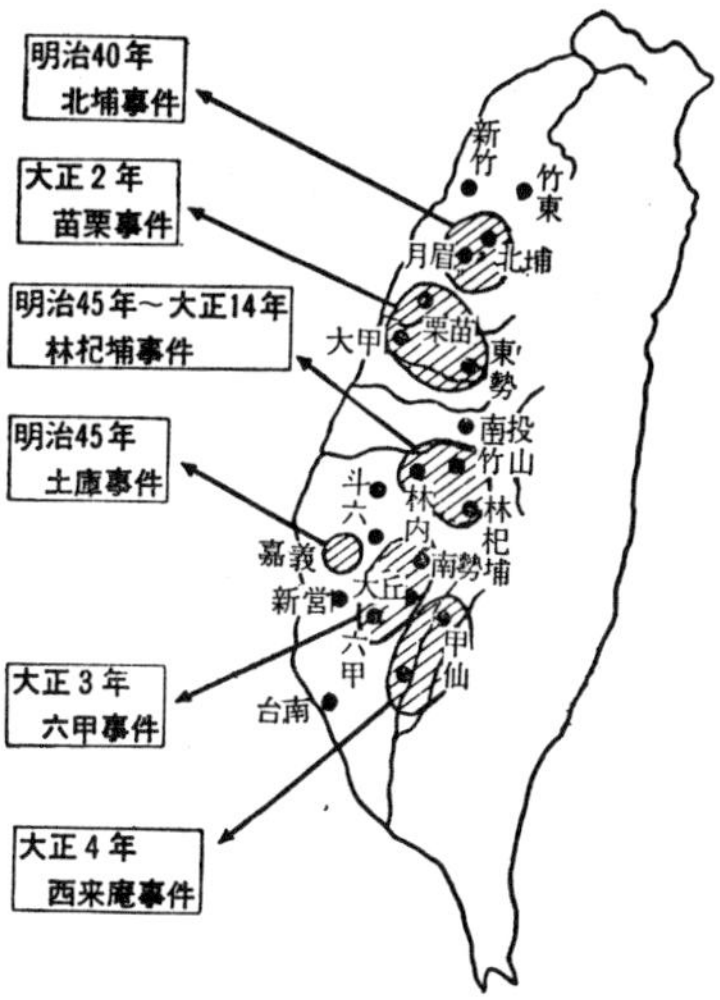

したがって、警察力でもっておしまくる土地兼併、農耕の規制、あるいは農産品の強制買上げなどは、台湾人の植民地統治にたいする不満を一度にかきたて、数年間、下火になっていた武装蜂起を再燃させることになった。かくして初期の抗日行動は、異民族による征服支配にたいする反抗であったのが、明治四十年以後には、植民地統治上からくる現実的苦痛を通じての武力反抗として、中期に入るわけである。

一　北埔事件。台湾の中央山岳地帯は原住民の住家であり、未だに開発されない原始林におおわれていた。総督府の後押しで賀田組は、早くから官営に附された樟脳を請負った。その採取のために、深山の原住民の襲撃にたいしては「隘勇」という自警団の旧制をそのまま踏襲し、それ以外に「脳丁」という漢人系の樟脳採取人夫を使い、酷使の様は言語に絶するので、紛争がたえなかった。

蔡清琳は新竹庁・北埔の月眉荘の人で、明治四十年十一月十四日に、これら隘勇や脳丁二百余名を糾合して、自ら中興総裁と称し、十五日早朝に北埔を襲撃して、日本支庁長以下六十数名を殺害した。これら脳丁たちはその日のうちに、新竹庁から急派された警察隊のために打ち敗られ、死傷者多く、蔡自身は蕃界に入り、原住民のために惨殺された。

北埔事件はその直接動機が不鮮明で、附近の台湾住民の協力をえられず、その日のうちに殲滅されたが、これが抗日再燃の火つけ役となって、台湾人の蜂起がその後、あいついでおこった。

二　林杞埔事件。この事件の顚末は、警察が日本資本家のため、いかに残酷な手段で零細農民から土地をとりあげ、総督府がいかに法理を曲げて本国大資本の肩を持ち、また、被支配の台湾農民が困苦の果てに、いかにして生活権を主張しつづけてきたか、の三つの問題を如実に知る好例である。いわば日本帝国主義による台湾統治の一縮図と思えば間違いない。

一九〇八年（明治四十一年）、三菱製紙株式会社が原料採取のために喉から手の出るほどほしい嘉義、竹山、斗六にまたがる一万五千甲歩の膨大な林有権を、総督府は所有確証ないものとして、まず五百五十余戸の貧農や小地主の手から没収し、それを林内に設立された三菱製紙所に経営委託の名目で引渡した。このために、その地方の現地人は先祖代々つづいた竹木採取の土地と山林を失い、二千余名の生計が圧迫を受けて争議が続出した。これを台湾人側は竹林事件と呼び日本側は林杞埔事件と称して、二十余年も続き、流血闘争の先声をなしてきた。

竹林事件いらい、三菱製紙は、総督府の許可をたてに、警察力を利用して竹林組合なるものをつくった。そして、三菱製紙の牛耳っていた組合に加入できないものは、いままでの竹林の主といえども、竹木伐採を厳禁して苛酷に取締り、違反者は警察派出所に連行し殴打折檻の限りをつくしたうえ、窃盗罪に問うという傍若無人ぶりであった。

これでは土地を強奪された挙句の果てに、強盗から逆に泥棒よばわりされるのと同然で、怨恨と反抗心が短日月のうちに各村落にみなぎっていったのも、むしろ当然すぎるというべきであった。

かくして明治四十五年三月二十三日、起きるべくして流血の惨がおきた。南投庁の羌仔寮にすむ劉乾は売卜を業とする者で、それだけでも困窮に苦しむ農民たちの相談相手としての資格を十分そなえていた。彼もまた竹林事件の被害者の一人であり、同じ惨害にあった富農の林啓禎とかねがね気脈を通じていたが、遂に荘民数百名を糾合し、まず林杞埔の頂林派出所を襲撃して警察三名を殺害した。そして、これら勢いに乗じた農民たちが林杞埔におしかけてゆく途中、林玉明という土地の長老にぱったりであい、竹竿をもって鉄砲にむかっても勝算のないことを説かれて、群衆の戦意はくじかれ、一場の議論のすえ、各人四散して事が失敗に終った。この事件で劉乾、林啓禎はじめ八人のものが主謀者として死刑に処され、徒刑四名を出した。

ところが衆目の怨嗟の的である三菱製紙所は、間もなく経営に失敗し業務を停止するにいたった。現地人たちは今度こそ山林を返却してもらえるものと考え、辞を低くして林有権の回復を総督府に嘆願におよんだ。総督府はこの時も農民たちを犠牲にする方針は寸分もかえることなく、ただちにこの地域の山林をさらに一歩すすんで予約売渡許可地と指定し、その所有権を三菱製紙にひきわたして庶二無二、本国資本家の利益を擁護する挙にでた。総督府のこの決定によって勝負はきまり、台湾農民の完全な敗北が目にみえてきたのであるが、祖先たちから引き継がれた既得権を失なって貧窮化していった人たちには、そう簡単にあきらめのつくものではなく、警察と三菱製紙にたいする反目、紛糾はその後十数年も蜿蜿と続いていった。

このような血で血を洗うことが繰返されていくうちに、たまたま一九二五年（大正十四年）に日本天皇の皇弟にあたる秩父宮が台湾を視察旅行するのに際会した。そこで、宮殿下が林内駅を通過する際を選び、現地人は窮余の一策として駅頭に群をなしてひざまずき、大衆直訴の手段にで、この日本皇族が正義をよみとって、長年の寃をそそいでくれることを請い願った。

しかし、まさかと思った総督府が、意外にもそれに答えるが如く、即時、三菱製紙株式会社の予約開墾成功を宣言して、この山林の払下売渡を強引に決定し最終的に法的けりをつけてしまった。

この報に接して現地の農民たちは騒然としたが、それも後の祭りでどうしようもなく、結局、次善の策として千三十一名の嘆願書を総督あてにだすだけにとどまった。もちろん、それは梨のつぶてで、何の音沙汰もなく、弱い立場に追い込まれていった台湾農民の最終の望みもあえなく雲消霧散したのである。

三　土庫事件。嘉義庁、大埤頭にすむ黄朝と黄老鉗は無学の荷役人夫であったが、かねがね日本人監督と渡り合い酷使される仲間たちの溜飲をさげてきた。彼ら二人は遂に神仏の啓示に感応したと称し、日本人の横暴に反感もつ仲間を糾合している最中に、保甲の密告によって、警察に包囲逮捕され、黄朝は死刑、黄老鉗は無期徒刑、その他、処刑されるもの十数名におよんだ。一介の日雇労働者が身に寸鉄をおびずに反日を口にする位であったから、当時、台湾人の上にのしかかる日本警察の暴虐ぶりがうかがわれよう。林杞埔事件と同じく明治四十五年のことであった。

四　苗栗事件。羅福生は苗栗公学校を終えて南支、南洋にわたり、アジア各地の植民地の悲惨な境遇とそれから脱けでようとする各民族の努力を見て大正元年帰台した。時あたかも林杞埔事件や土庫事件のあとで、台湾人の血潮がたぎっていた。彼はこの風潮に乗じ海外情勢や中国の辛亥革命のことを友人たちに語って志気を鼓舞し、黄光枢、江亮能、傅清風、謝徳香、黄員敬等を糾合し、関帝廟の朱阿斉、東勢角の頼来、新竹・太湖の張火爐、南投の陳阿栄たちの共鳴をえて、大正二年十二月一日、東勢角支庁を攻撃して一敗地にまみれ、頼来は殺害された。翌大正三年までに逮捕された関係者五百余人、羅福生は淡水で逮捕され、死刑二十人、徒刑二百八十五人の犠牲をだした。

この事件は中国革命の風潮が、警察網をくぐりぬけて入り込み、その影響をうけておこった抗日事件として注目に値いする。

五　六甲事件。大正三年といえば苗栗事件発生の翌年である。その年に、嘉義の南勢に在住する羅嗅頭という拳術家が警察の暴虐にたまりかね羅獅、羅陳、陳条栄の義兄弟たちを動員し、南勢、大坵をへて六甲支庁を襲撃する途中、警察の探知するところとなり、逆襲をうけて、羅嗅頭は自殺し、死刑者八、徒刑十四を出した。

六　西来庵事件。大正年間に入ると、日本の台湾統治もすでに二十年になんなんとし、大資本も浸透から独占の段階に移行しつつあって、圧迫・搾取が一段と加重されかつ直接的になっていた。それだけに台湾人の反抗も年を追って頻発し、規模を大にしてきた。その最大なるものが西来庵事件と呼ばれる反日暴動であった。

一九一五年（大正四年）といえば、第一次世界大戦はすでにはじまり、中国大陸では辛亥革命につづいて植民地開放の狼火があげられた時代である。このように動きつつある国際環境のなかにあって、台湾島内では、帝国主義反対の抗争も頻発して、流血の惨をかさねては、台湾人はそのつど打ちひしがれてきたが、反抗心もそのつどきたえられて高まる一方であった。折から来台して自由思潮を鼓吹した板垣退助が、大いに台湾青年を勇気ずけ、正義感をあおりたてた後でもあった。

このような内外の政治環境のなかで、余清芳、羅俊、江定が中心となり、西来庵に秘密のアジトをおいて、ひそかに反日暴動を劃策していた。不幸にもその年の五月、同志の蘇東海が基隆港で挙動不審のかどで警察に検束された。その結果、西来庵のアジトは警察に探知され、羅俊は嘉義の竹頭崎で逮捕されたが、余、江の両人は噍吧哖の山中に逃げこんだ。

警察は総動員して山狩りを開始し、これら抗日勢力の撲滅を期した。これを察知した抗日勢力は、逆にその虚を衝いて、甲仙埔、小張犁、阿里関、大坵園の各派出所を襲撃占領し、警官の留守家族を殺害した。それからというものは抗日勢力は増大して千余人となり、ゲリラ戦を展開して派出所や支庁をつぎつぎと急襲し、それを数日間占拠することもしばしばあった。

総督は事の重大を悟り、台南駐屯軍から一大隊を急派して、警察隊と共同作戦をとらしめた。このように兵力と装備の懸隔で抗日勢力は敗戦を喫し、余清芳と江定はわずかに身をもって脱出するをえた。

抗日勢力敗退の後、警察は、山中に避難した台湾人住民に帰来するよう呼びかけた。情勢が平静になって甲仙埔と噍吧哖にぞくぞく帰ってきた住民を、警察は甘言をもって広場に整列させ、壕を掘らせた後、これら無罪の老弱男女を、無惨にも一齊射撃をあびせて大量殺害したうえ、その屍をことどとく壕の中に蹴り落して葬り去った。この時の受難者は千余にのぼるといわれた。それ以来、台湾人の間では「噍吧哖」といえば大虐殺の代名詞として用いられ、傷心して語ったものである。

余清芳は八月二十二日、曾文溪の畔りで同志十数人とともに逮捕された。一方、江定は味方とともに深山にわけいり、日本警察が百方手をつくしたが殲滅することをえず、たまたま御用紳士の奸策に誘引されて下山してきたところを逮捕され、三十七人ことごとく極刑に処された。

この事件は台湾だけでなく、日本全国を震駭し、東京の新聞に「台湾一大陰謀事件」として報道され、十月の判決で死刑に処された台湾人九百三名（八百六十六名ともいわれる）徒刑者四百五十三名と発表された。

罪なき台湾住民の生命を大量虐殺で奪い、すでに武器を放棄したものを刑死すること千人になんなんとするとは、世界のいずれの植民地にも余り類例をみないことであった。これは、台湾人だけでなく、日本人も、また、全世界の人々も憤激さす性質のものであったといってよい。しかし、災難多い台湾の人々は西来庵事件だけでなく、これから先もまたこのような大虐殺の不幸な目にあわなければならなかったのである。

近代民族運動の台頭

いままで述べてきたのは、台湾人抗日運動の前期と中期といわれるべきものである。それは、旧来のギルド的社会環境と生活雰囲気のもとで、警察政治と経済圧迫が点火した、台湾民衆の自然発生的武力抗争であった。もちろんそれぞれの抗日行動が、一定の時代的役割をはたし、いずれも台湾解放の一道標を築いてきたことは多言を要しないことである。その半面、それが地方的規模に限られ、かつ、前近代の衝動的暴動の傾向をもっていて、総督府の各個撃破や瓦解政策にかかって潰え去ったことも否めない事実であった。

要は、これら台湾人のために昂然の気を吐いた先烈の遺志を継ぎ、それを民族的めざめにもとずく近代的植民地解放の闘いにまで高め、かつ、その闘いをして全台湾を打って一丸とするまでに発展拡大させることによって、はじめて台湾人の悲願が一歩一歩と実現にちかづくと銘記すべきであろう。時あたかも内外の諸情勢がそれに都合よく進展しつつあった時代である。

さて、大正年代に入って早々、列強の帝国主義的侵略競争は、すでに尖鋭化して、世界大戦勃発の前夜にあり、アジアでは日本帝国が資本主義化の街道をひたばしって、独占拡大の段階にちかずき、中国大陸では民国革命がおきて植民地解放の火ぶたがすでにきられていた。

このように騒然と前進を開始した国際環境の中にあって、台湾だけは、警察と大資本の横暴が日を追って激しさを加え、それに反抗する武力闘争はその都度、おびただしい同胞の生命を奪い、台湾人一人一人の心を傷めつくしていた。

しかし、台湾・台湾人も当然変りつつあった。台湾社会そのものが資本主義化の方向に向って驀進しており、それにともなって台湾人のものの考え方や生活の様相が急速に近代化しつつあった。そのうえ、総督府も内外情勢の進展に即応するため、台湾人教育の枠を拡げることを余儀なくされ、青年はその視線を世界の動向に向けだして、海外や東京に留学するものが踵を接して台湾からでていった。

そして、このように資本主義化の急進展、近代教育の普及向上、台湾青年の覚醒、という諸条件のそなわったところへ板垣退助が台湾を訪れ、自由思想の種子を播いていったのである。

明治維新の元勲であり、自由主義者として、日本本国の野にあって重きをなした板垣退助は、一九一四年（大正三年）十一月、植民地視察のため来台した。彼は台湾に上陸すると同時に、台北駅前の鉄道ホテルに陣取って、持前えの自由思想を展開し、かつ、「民族の枠を越えて台湾人は日本人に進んで同化し日本人は台湾人に同等の待遇を与えるべきだ」ということを喋りまくって大いに台湾人と交遊をかさねた。そして、同年十二月二十日、台北で、日台青年三千余人の会員を擁して「台湾同化会」を組織し、民衆の政治的覚醒を鼓舞する啓蒙運動をおこなったのである。

如何なる人も一人前に扱われる権利があるという彼の言葉は、虐げられた台湾人にとって、砂漠の中で得た一滴の甘露の如き価値があった。この老政治家は同じ日本人でも総督府官僚とは違って、台湾人に、民族偏見をこえた近親感をもって迎えられたことは、たやすく想像することができよう。ただ、思想家であるよりも多分に政治家であった彼は、台湾人を一人前として遇する方策として現実的な同化主義をもちだしたのであるが、このような徹底せる功利論に立脚した同化主義は、多くの台湾人には却て民族の否定として受けとられたようであった。一方、総督府の役人には、日本人と同じく平等に台湾人を待遇するという彼の論法は、日本帝国の台湾支配を根底から覆えすものとして真正面から対立するものであった。かくして総督の逆鱗にふれた板垣退助は、国賊よばわりされ、滞在わずか三ヵ月余で追放同様に台湾から退去させられた。もちろん、台湾同化会も翌年一月二十六日に公安を害するものとして、総督に解散を命ぜられたのである。

しかし、同じ日本人から白眼視され異民族の台湾人から親しく迎えられたところに、人間板垣が台湾史に刻みこまれる価値があった。彼の説いた自由平等は、台湾人の人間的目醒めをうながすに役立ち、その残していった影響が計り知れないほど深かったことは、以後の台湾解放運動をみることによってうなずけよう。そして、総督府の干渉妨害を意に介せず、勇気凛々と人間の権利を主張し、話が、自由、平等のことにおよぶとき、演台の下を埋めつくした台湾青年は、こみあげてくる血潮のために紅潮し、おもわず握り拳に力が入った、と当時の聴集の一人が回想したものである。少なくとも、高慢ちきな総督府官僚や横暴な警察だけが日本人ではない、ということを板垣によって知らされたことは、台湾人をして百万の味方を得るほどの力づけになったのである。

板垣退助の去ったあと、彼の播いた種から第一の芽がすぐに吹きでてきた。それは台湾青年の中心人物であった林献堂が、台湾解放運動のために立ち上ったことである。

林献堂は台中・霧峯の出身で、先祖代々が大小租をかねた大地主であり、彼自身は早くから漢学の素養を身につけ日本の近代教育にも接して青年時代を過した。板垣来台の折には、その近代的自由思想の開眼を受け、「同化会」に参加して台湾解放の運動に先鞭をつけてきた。板垣去り同化会が解散させられても、彼の台湾解放に挺身する熱意は少しも色あせることなく、郷里の霧峯や台中市を中心に、台湾青年の糾合に努めていた。そして、その政治実践の第一歩として、台湾人子弟にも中等教育の機会があたえられるべきだということを主張し、これが「私立台中中学校」の設立申請となってあらわれた。

一九一五年（大正四年）、林献堂たち台中一派の進歩的人士の努力が実って、台中中学校の設立が実現した。それで台中近辺の台湾人子弟は喜び勇んで、これら青年指導者の息のかかった学校に集まってきた。その後、台湾人の手になった唯一つのこの中学校も総督府に接収され、公立台中第一中学校に変身してゆくが、日本人中学校に伍して、全台湾で最も進歩的な中学校として、幾多の有為な人材を輩出してきたのである。

林献堂は中学校の設立だけでなく、優秀な人材の養成に力をつくし、私財を投じて台湾青年の東京留学を援助してきた。これら林に支援された台湾留学生が、やがて台湾解放の先頭にたって奮闘し、新しい時代の担い手となっていったことはいうまでもなかった。彼自身も自ら渡日して東京に寓居し、青年学生の解放運動を指導するかたわら、近代思想の接受につとめた。その時、来日中の梁啓超と廻り合い、その「変法自強」の救国策をきいて、漸進の改良主義が東洋社会の改革に必要な所以に傾聴し、彼自身の台湾解放の方法論に柔軟性、あるいは保守性が加えられた。このことは、その後の彼の政治行動に徴しても明かなことである。

林献堂は台湾解放運動の領袖となって、そのスタートをきって以来、大正、昭和を通じて台湾人解放の先頭にたち運動の消長とともに苦難の道を歩んできた。彼個人は、日本が台湾を統治している間「中国の一部分としての台湾、中国人のうちの台湾人」の考え方を多分にもち、日支事変の直前、南京で〝我が祖国〟を讃美して台湾に帰来するや、日本人の一在郷軍人に公衆の面前で面罵殴打されても昂然としていた。

総督府は、弾圧の銃剣をつきつけるかたわら、反日運動の自然消滅を期待して、林献堂を懐柔すべく、外遊をすすめ、終戦まぎわには日本貴族院の勅選議員に任命した。戦争中の非常の際に彼はそれを受けることを余儀なくされたのであるが、形のみうけて心は売らなかったと側近のものが漏らしていた。彼の人柄からしてそれはほぼ偽りのないことといえる。ただ、これをきっかけに、彼の思想的な保守性あるいは右派的傾向を批判する声もでてきたことを、ここに附記する必要があろう。

しかし、民族主義者として、日本統治時代には栄光の苦難をへてきた林献堂は、国民政府の台湾接収後、かえって絶望的な苦悩に陥ったといってよい。さればこそ、往年の同志や後輩たちが台湾の祖国復帰をことほぎ、功なり名とげたとばかり猟官運動に寧日なかった時、遂に、彼は独り、台湾から東京に飛んで寓居し、一九五七年、時世の推移を前にして異郷に客死したのである。

東京留学生、台湾解放の担い手となる

西来庵事件でうけた無惨な大犠牲は、台湾人を絶望の奈落につきおとし、世間は灯の消えたごとく暗黒のうちに森閑としていた。しかし、板垣退助によって自由平等の新思潮はすでに導入され、台中を中心とする林献堂等の政治活動は日に日に活発さを加えて、暗黒の中のかぼそい灯として台湾人の心中を照らしだした。そして、このようにして目醒めつつある台湾青年が、光明を求めて圧迫、差別、虐殺におおわれた暗い現実からぬけだそうとしたことは、至極当然だったといえよう。

当時、台湾人が中国に渡るのにパスポートを必要としたのに較べ、日本本国に渡る場合は国内旅行に準じて特別の制限をうけなかった。それから、日本は明治維新いらい西欧文明を急速に吸収してきた先進国であるのにたいし、中国は民国革命後は動乱の巷と化し、近代科学や文化の接受には遥かに後進であった。この二つの理由で台湾青年は資力の許すかぎり、東京留学を志すものが続出したわけである。たとえば、大正元年に日本に渡航するものが約七百名であったのが、大正七年には千百五十一名、大正八年には二千三百十九名に増えてゆき、東京在住者は千名に昇り、その大部分は中学生および明治大学や早稲田大学のような私学の留学生たちによってしめられていた。

彼ら熱情あふれる青年学徒が、籠から放たれた小鳥の如く東京へきて、自由平等、民主政治、民族自決という新鮮な世界思潮を呼吸するにおよんで、植民地解放の旗手としてたくましく登場してくるのであった。そして、その新しいスタートとなったのが、一九一八年（大正七年）に行われた「六三法撤廃期成同盟」の結成であった。

もともと総督の律令権なるものは明治二十九年に、法律第六十三号として日本帝国議会を通過し、台湾統治の礎となった性質のものであった。日本政府が台湾を放棄するならいざしらず、そうでないかぎり、六三法の撤廃を帝国議会に要求したとて、その実現を期するのは百年河清を待つよりも難しいことであった。

だからといって六三法撤廃期成同盟が無用の長物というのではなかった。それどころか、この期成同盟こそ台湾解放の運動史上において、さん然と光り輝く存在意義があったのである。それは、いままでの前近代的な衝動的抗日暴動とは純然と区別される、醒覚した近代的な解放運動のスタートとして、思想的にも組織的にも、その後の政治運動や啓蒙運動の根源となったからである。

期成同盟の発足は、在京の台湾青年をわかした。彼らインテリ青年は、台湾人としての自覚を十二分に抱きながら台湾・台湾人の解放を指向して、自らの前途をそれに托した。彼らは解放された自由な台湾を夢み、そのよき時代の指導者としての自負をもって希望にもえていた。そして、期成同盟を共通の広場として政治的にも文化的にも互に啓発しあい、すでに留学生間で成立されていた「留日学生啓発会」とか、あるいは「新民会」、「台湾青年会」の如きグループ活動が一層さかんになってきた。このような台湾学生たちの会合には、小石川の「高砂寮」―現在の清華寮はその後身―が利用され、あるいは一家をかまえた学生の住いにもよく集会した。

期成同盟を中心とする留学生の活動は、一九二一年（大正十年）ごろが最も活発で、後述する「台湾青年」もすでに創刊され、明治、早稲田、慶応の各私立大学生が中核をなしていた。

林献堂、林呈祿、蔡式穀、蔡培火、楊肇嘉、謝春木、陳炘、蔡恵如、徐慶祥、石煥長、蔡伯汾、林済川、黄呈聰、林仲樹、李瑞雲、羅万俥、王敏川、蔡玉麟、彭華英、蔡敦曜、呂磐石、郭馬西、郭国基、黄朝琴、顔春芳、劉明朝、林伯艾、劉青雲、呉三連、蔡先於、呂霊石、張明道、林猶竜、陳以文、蔡珍曜、涂火、林中輝、林舜聰、陳光明、陳朝槐、楊維命、李乗鰲たちが積極分子として活躍し、いく百人の台湾青年が頻繁に往来して、同胞の現状を憂い、その前途を論じあう情景は、けだし壮観であったと想像できよう。

この「六三法撤廃期成同盟」といった同一目標と、統一せる組織下における青年学生の解放運動が、台湾青年の思想的、政治的共同歩調を実現させ、それがまた、「台湾青年」、「台湾議会設置請願運動」、「台湾文化協会」という三つの部分に発展拡大していったのである。

「台湾青年」の発刊

一九二〇年（大正九年）七月十六日に、月刊「台湾青年」が東京留学生の手で創刊された。これは六三法撤廃期成同盟の機関紙で、純然たる台湾人の手による近代刊行物として最初のものであった。その発端は新民会同人の提唱によるといわれるが、実際に準備や編集の任に当たったのは青年会の林呈祿、蔡恵如、蔡式穀、王敏川、林済川、羅万俥、蔡培火、彭華英等であった。

出版に必要な経費は関係者たちによって募金され、林献堂はじめ、富裕な在京学生が出し合って賄うことにした。そのうちに辜顕栄、顔雲年、林熊徴のような総督府に接近していた台湾人御用紳士からも大口の寄付金がとどいて学生たちをあっといわせたことは、興味ぶかい一挿話であった。

台湾青年発刊の趣旨は、台湾人意識を高揚して民族解放を推進することであったが、当時は民族自主とかあるいは台湾独立ではなくして、台湾人自治の線にとどまっていたのも、内外情勢や主客の力関係に照して已むえないことであったろう。ことに文化の向上を啓蒙することによって、自己改造を提唱するその純粋さと発刺たる心意気は、次の一文にもありありと読みとられた。

「諸君、諸君は自ら過去における生活を顧みる毎に必ず其の価値を疑わざるを得ないであらう。吾々は今少し真剣に、厳格に、慎重に自己における過去の生活を批判し、未来の進路を探索し、真に意義のある生活を求むべき必要があらう。よく考えれば、吾人の過去における生活には、幾多の不安に迫られ、幾多の疑惑に包まれて未だ真の平和の光りを認められなかった。然し今度の世界改造の好機に際し、吾々は茲に身心の平和を求めんが為め、務めて此の不安と疑惑とを一掃すべきと同時に、真に台湾の文化的生活を求めねばならぬと思う云々」（青年同胞に与える檄）。

その創刊号は同人たちが青年の自覚、蹶起を促す論文、日本のみならず台湾からの寄稿があって、日本文と漢文が両方掲載されただけでなく、内外人士からも題字や祝辞がよせられ、主なるものに次のようなものがあった。

田健次郎台湾総督男爵題字　　「金声玉振」

蔡元培先生題字　　「温故知新」

吉野作造博士　　祝辞

木下友三郎明大総長　　　台湾人並びに内地人に対する希望
永田秀次郎貴族院議員、台湾学生監督　所感
植村正久牧師　　　台湾の青年に望む

田健次郎は最初の台湾文官総督で、同化主義と民族融和を施政の基調としていた。彼はひましに声価のあがりつつある在京留学生の解放運動を、日本総督の立場から善導する意味で、その文化運動に理解あることを表明した。永田秀次郎は、植民地留学生の監督者としてその所感をのべた。蔡元培は名望の北京大学学長で中国文学革命の領袖でもあり、吉野作造博士は東京帝国大学の憲法の泰斗にして錚々たる進歩主義者、木下明大学長には台湾留学生が一方ならぬ世話になっており、植村正久牧師は日本有数の宗教家で平和主義者であった。

かくのごとく「台湾青年」は内外の有名人に祝福され、統治者からも激励の言葉をうけて、華々しい首途をしたのである。往時、東京の街道を濶歩する台湾青年の得意満面の丰姿が、眼前に映ってくるようである。

「台湾青年」が世にでることによって、在日台湾人の同胞意識が鮮明かつ強烈になっていったばかりでなく、台湾島内にも一つの希望を与えた。青年たちは競って買い求め、三人、五人と集まればそのことで話がもちきった。

しかし、発刊当初の華々しさと台湾人同胞にあたえた影響の甚大なことに較べれば、日本政府の監視、検閲は厳格をきわめ、しかもその関門は一つや二つでは済まされなかった。すくなくとも日本本国の内務省が監視の眼をひからせており、それを通過すると、今度は台湾総督府の保安関係の役人がてぐすねをひいていた。そして、台湾出版規則をふりかざして散々いじくりまわしたあげく、ようやく無事通過したかとおもえば、さらに地方の警察が公安を理由

にもう一度検閲するという具合であった。

このように、幾つかの難関を突破してようやく島内住民のもとに届けられる「台湾青年」は、数ヵ月も遅れてくるのであるが、台湾の青年たちにはその一字一句が干天の慈雨のごとく貪り読まれ、若い心をわかしたのであった。

一九二二年（大正十一年）になると、「台湾青年」は発展的に「台湾」と改められ、第二期に入った。この時には六三法撤廃期成同盟は以前よりも活発に活動しており、「台湾文化協会」や「台湾議会設置請願運動」もすでに誕生をみたから、月刊「台湾」もそれに呼応していままでよりも声高々と台湾解放を叫び、文化啓蒙に力をいれたことはもちろんであった。そのうえ、この時期において特に出色であったのは、中国の北京から吹きつけてくる革命的文化改造の影響をうけて、中国白話文運動の紹介や台湾白話文運動の提唱が精彩を放ったことである。

中国に旅行した黄呈聡が「論普及白話文的新使命」のなかで、中国白話文運動の実情とその効用を紹介することからはじめて、台湾白話文運動の必要に説きおよんだ。すなわち、「我等台湾の文化をかえりみれば、いまにいたるも遅々として進歩しない。その原因はどこにあるかといえば、それは、我等の台湾社会に、民衆をしてたやすく書籍を読んだり、新聞を読んだり、信書を書いたり著作したり、あるいはそれをさせるだけの普遍的な文字を持ち合せていないからである。したがって、我等同胞が共同して白話文の普及に努力しなければならないと痛感するものである」と。

また、黄朝琴は「漢文改革論」のなかで、難解の漢文を捨てることを提唱し、白話文普及の具体的方法を示した。「夜間の余暇を利用して白話文講習会を開き、文盲の人たちに練習させて最少の時間で最大の知識を習得させる。教授の方法としては、言文一致体をもちい、話し言葉によって聴講者が覚え易くまた書き易いようにし、形式にとらわれず古典をも引用しないで、筆をとればただちに話す通りに書けるようにすれば結構である」。

いずれも時宜に適した卓越せる文化論で、台湾文化の宿弊をついて余すところなく、四十余年たった今日の台湾でもなお通用するといわねばならない。

当時の台湾文化界には、大別して二つの底流があった。一つは総督府が日本語を「国語」として普及させることを通じて西洋文明を輸入し、それとともに台湾自体の民族的個性を消極化させる方向をとっていた。もう一つは旧来のもので、清朝政府の役人が「海邦鄒魯」といって台湾の旧読書人をおだててきたのが、日本統治下では漢文の素養も実社会では無用の長物になったため、これら前途を失なった読書人たちがそれを用いて苦吟するという旧詩壇の流れであった。そして、その両者に共通することは、いずれも民衆とは関係の薄い少数の新旧知識分子に属しているということだったのである。

したがって、これら「台湾」に拠る青年インテリに提唱された台湾白話文運動、すなわち、いままで土豪劣伸の専用物であった陳腐な漢文を捨て、台湾人が日常に話す台湾語をそのまま文章に書くことを提唱することによって、新文芸や新思想を台湾一般民衆に普及せしめるとともに、台湾同胞を愚民政策と同化主義から守ろうとする試みは、北京学生によってなされた五四運動の文学革命と、並び称せられるべきものといっても過言ではなかった。

翌一九二二年（大正十一年）になると、台湾青年の手になるこの出版物は、いよいよ盛大さを加え、月刊であった「台湾」は週刊の「台湾民報」に飛躍発展した。この時期においては台湾解放運動は最高潮に近づき、議会設置請願運動は相継いで繰返され、台湾文化協会の展開する文化啓蒙運動は燎原の火の如くに燃え拡がりつつあった。したがって、東京で刷られる「台湾民報」は、総督府の手段をつくした種々の妨害にもかかわらず、滔々と台湾島内に流入していった。それから月刊「台湾」にひきつづき、台湾白話文運動がなされたうえに、中国の文学革命の闘将であった胡適の「文学改良芻議」あるいは陳独秀の「文学改革論」がつぎつぎと紹介された。つまり文学の革命理論が台湾文化界に導入されたのである。このような文学上の革命理論が伝来したのを契機に、台湾文化界に新旧両派の文学論争が展開され、許秀湖、張我軍、蔡孝乾、張梗、楊雲萍、頼懶雲たちが「台湾民報」を根城にして、連雅堂たちの「台湾詩会」に屯する旧時代の漢文派に対して、いどみかかったものである。この時代は、台湾の政治、経済の方では植民地的支配がますます加重されたにもかかわらず、文化界のみは、新旧論争の開花の盛期を迎えた。そして、表向きは反封建主義であってもその実は反帝国主義でもある「台湾民報」派の革命思想に加担して、周天啓、呉滄州の「鼎新社」（彰化）や「新光社」（新竹）、「炎峰劇団」（霧峰）、「星光演劇研究会」（台北）などの新劇運動が一枚加って、側面から援護射撃をおこなった。かくして大正末期ごろに「台湾民報」の新歩派の勝利が決定的となるのであるが、この轟々烈々と全台湾を震駭した新旧の戦いに、当初から旧派の肩をもってきた総督府は、昭和に入って新派の勝利があきらかになると、それの抑圧から滅亡へと導き、折角、新しい芽を吹きだした台湾の文化運動はまたもや帝国主義の鉄蹄に無惨にも踏みにじられてしまうのであった。

しかし、「台湾民報」は反封建と反帝国主義の戦いを経て、すでに台湾島内外では払うべからざる牢固としたものになっていた。それで、総督府もその存在を無視しおおせず、一九二七年（昭和二年）七月、遂に「台湾民報」は東京から台北に移され、林呈祿、羅万俥たちは喜び勇んで故郷に帰り、長年の念願である「台湾人が、台湾人のために、台湾で主張する」ことが実現されたのである。

このように台湾人唯一つの言論機関を台湾島内に持ちこんだ意義は大きかった。しかし、大多数の台湾人が喜びにひたっている背後には一つのうとましい伏兵がひそんでいた。それは総督府の弾圧迫害という血腥い手であった。「台湾民報」は間もなく日刊の「台湾新民報」、それから戦時には「興南新聞」というふうにあわただしく変容していった。そして、言論統制の爪跡もふかく、記事、編集、発行そして終いには人事までも干渉圧迫をうけて、溌剌たる生気もペンの鋭さも、東京時代の面影はさらになく、かっての格調高き革命的な論鋒も、遂に体裁のうえでは日常茶飯の商業新聞に堕することを余儀なくされていたのである。後には、総督府機関紙の「台湾日日新報」に合併された。

一九三七年（昭和十二年）、漢文欄の廃止によって「台湾青年」から連綿とつづいた革命的な「台湾新民報」も、これで一応、その使命を終えたといって差支えない。ここで「台湾青年」の発刊からこの刊行物とともにあり、そして最後までそれと行動をともにした主筆の林呈祿の献身は忘れられぬものがある。

林呈祿は、桃園、大坵園の油車の出身で、彼の父は初期抗日の人士として日本軍の刃にかかって斃れている。父の殉難に感応したのだろうか、彼も生涯を台湾解放のために鋭意つくしてきた数少い一人である。謹厳寡默、地味で着実、彼のどこからも闘士としての片鱗を見出せないが、外柔内硬のたゆまざる革命精神をもっていたことは、その全生涯を通じて努力してきた解放事業に示されている。台湾人唯一つの言論機関を最後まで守りぬいてきただけでなく、彼は明治大学留学中から台湾解放運動の渦中にあって、蔡恵如と共に領袖として衆望をあつめ、滞日中の中国革命志士とも交渉をもち、かって湖南省に赴き、湖南法政学堂教授として尽力した経歴をも持っていた。台湾解放の出発点として「台湾議会設置」を主唱し、六三法撤廃期成同盟から台湾議会設置運動という寧日なき活躍の中にも、自ら憲法学および植民地政策を研鑽して、来るべき事態にそなえるだけの堅実さをもっていた。たまたま東京から台湾に帰省した際、基隆港外で、よく総督府警察の待ち伏せにあっては検束されたものであるが、いつも平然として刑事に連行されてゆき、そして何らおじるところなく、初志を翻さないというエピソードの持主でもある。終戦後、国民政府統治下にあって、いささかも栄達を顧みない謹厳さは林献堂にまさるとも劣るところがなかった。現に郷里の台北で健在と思われるが、さぞかし時世の推移を流水の如くに眺めているであろうその風丰が偲ばれる。

台湾議会設置請願運動

「台湾議会設置請願運動」は林献堂、林呈祿、蔡恵如の発想で、六三法に反対の狼火をあげた在京留学生が主幹となり、林献堂以下百七十八名の台湾人が署名して一九二一年（大正十年）一月三十日、日本帝国議会に請願書を提出したことからはじまる。いわば六三法撤廃運動の一進展であった。それは、

「台湾に在住せる日本人たると台湾人たると、将た行政区域内に在る熟蕃人たるとを問はず均しく公選したる代表者を以て組織し、台湾特殊の事情に基く法規及び台湾における予算の議決権を有する所の特別代議機関云々」、

とあるように、これは台湾総督の専制に反対することからさらに一歩でて、日本という枠内で、台湾政治に対する台湾人の参政権を要求したものである。そして、台湾議会の立法行為は帝国議会の立法権を侵害せず、日本・台湾に共通する性質の立法や一般会計に属する予算は、帝国議会の権限に属するとし、台湾議会の協賛をへた法規も日本天皇の裁可を仰ぐべきだとした。

したがって、それは植民地解放という概念からは程遠いが、当時の客観的な制約、すなわち、総督の絶対専制力に

較べ、台湾人がそれに対抗するだけの政治的経済的力量を皆目もたなかったことと思いあわせれば、このような議会設置運動も、台湾解放を達成するためには、避けられない一つの戦術的プロセスであったといえよう。急進的な極左的立場からは改良主義、はなはだしきにいたっては、敗北主義というレッテルを貼られたとしても、議会設置運動が、台湾解放という究極目的を達成するための発端であるかぎり、その批判はあたらないわけである。

かくのごとき台湾人の合法的な最低線の要求ではあったが、総督府はもちろん、それさえも弾圧、妨害の手を尽してきた。一九二三年（大正十二年）末には警察の暴力を動員して議会設置請願運動を弾圧し蔣渭水、石煥長、蔡培火等数名の闘士はつぎつぎと逮捕、投獄された。それから、辜顕栄や許廷光、李延禧、林熊徴のような御用紳士に「台湾公益会」なるものをつくらせ、台湾議会設置請願運動に対抗させて、台湾人側の分裂を策した。

しかし、帝国主義者側のこのような圧迫や御用紳士たちの裏切りにもめげず、台湾議会設置運動は、林献堂、林呈禄たちの手によって間断なく続けられ、一九二七年（昭和二年）の第八回請願のときには、署名台湾人二千四百七十名に達した。当時の人口四百余万のうちの二千余名といえば、一見、一握りにも等しいきわめて微小な存在ととられがちであるが、ところがさにあらず、検束・脅迫のさなかにあって、極秘裡に関係者の間で署名簿を持ち廻って行なわれたことを考えれば、その成果はむしろ大きかったと賞讃すべきであろう。また、たとえその数が二千余名だけにとどまっても、その標榜するものが四百余万台湾人の意志を代表していたことは言うまでもないことであった。

それから「公益会」に対しては、林献堂が先頭に立って戦い、台中市の林氏祠堂で「全島無力者大会」を開催し、御用紳士の走狗たちに痛烈な一矢をもってむくいたものである。

この台湾議会設置請願運動は、一九三四年（昭和九年）まで前後十五回も継続的におこなわれ、総督府の圧迫と内外情勢の進展で一応終息したが、その宗旨は「台湾民衆党」および「台湾地方自治連盟」によって継承されていった。台湾議会設置請願運動にたずさわった積極分子として、林献堂、林呈祿、蔡恵如、蔡培火、蔣渭水、石煥長、林幼春、陳逢源、王敏川、鄭松筠、蔡年亨、蔡式穀、蔡先於、呉海水、林篤勲、林迫廷、呉清波、韓石泉等がおった。日本人の理解者としては阪谷芳郎、江原素六、高田早苗、島田三郎、尾崎行雄、永井柳太郎、田川大吉郎、清瀬一郎、関直彦、吉野作造、安部磯雄等が挙げられる。

「台湾文化協会」の足跡

第一回の「台湾議会設置請願運動」がなされた同じ一九二一年（大正十年）の十月十七日に林献堂、蔣渭水、呉海水、林麗明、林子瑾、周桃源、洪元煌等が中心となって、台北、双連の静修女学校講堂で「台湾文化協会」の創立総会を挙行した。これは東京で呱々の声をあげた台湾解放運動が、はじめて台湾に浸透したということで、一新局面をきりひらいた。東京留学生の政治活動を総督府が、あらゆる手段を弄して台湾島外に閉めだしてきたのを、台湾青年の不撓不屈の熱情によって、突破して結実したのが、この台湾文化協会である。

創立当時の会員には、地主、小資本家、サラリーマン、学校教員、学生のような中産階級の知識分子が主となって二千余人をこえていたが、年齢的には、二、三十代の青壮年が圧倒的に多く、全台湾の各市街庄に会員と同調者を網羅していた。いままでの前近代的反日武装蜂起は、地方の農民や小地主によってなされてきたのが、これ以後の近代的台湾解放運動の担い手として、中産階層の青年インテリがそれに替ったのである。

さて、文化協会の目的とするところは、表面上、社会啓蒙と文化向上を促進することにあるとされたが、真正の目的は、台湾人の民族的自覚を呼び醒まし、最終的には植民地台湾の解放という政治目的を達成することにあることはいうまでもなかった。そして、その手段として講演会が盛んに行われ、出版物や演劇がそれにつづいた。

当時は今日とはちがって、ラジオもテレビもない時代で、会員たちは班を組んで講演者や演劇団員となり、各村落へでかけていっては宣伝活動に従事した。ことに、東京留学生の積極分子が休暇で帰省すると、各地の演壇に立つことに忙殺され、同胞の聴衆にむかって民主思想や世界情勢および現におかれている台湾の地位を解明し廻り、同胞たちの自覚と向上を諄々と説いたものである。当時の統計によれば、一九二三年（大正十二年）から向う四年間の最盛期に、全島で開催した講演回数は八百回、聴講者三十万人、という盛大さであった。

講演会場は、たいてい市街庄の中心にある媽祖廟や市場の如き、民衆に親しみやすい場所を選び、言葉はもちろん平易な日常語を用いて、無学の兄弟たちにも解りいいように話した。開場時間も仕事に忙殺されている日中をさけて、夜間の余暇を利用して開催された。日暮れて講演会開始の時間が迫ると、民衆は老若を問わず三々五々と群をなし自ら台湾独特の円椅子持参で会場につめかけた。纒足の老婆までがさも村芝居を見にゆくような様子で、小椅子を携えてよちよちと会場に入ってゆく、ほほえましい光景もみられた。

開会と同時に講演者は滔々と説きだし、次第に熱弁となって音声が高まるにつれ、聴衆はわき、拍手と声援のうちに会場は台湾人の民族的熱情のるつぼと化して、虐げられたるものの共感がみなぎるのであった。

しかし、いくら会場がわいても、そこにはいきりたった怒声や興奮が余りみられず、いかにもありとあらゆる力をはぎとられた被圧迫者の集りらしい雰囲気に包まれるのであった。

むしろ、怒声は支配者側から発せられることを常とした。いかなるときでも演壇のそばには必ず日本警察が、いかめしくはあるが〝あまり仏〟のごとくに臨席していた。そして講演者が台湾の現状、台湾人の境遇、あるいは専制政治に一言半句でも説き及ぶと、彼ら警察大人は総督政治を誹謗したとか公安を害するという理由のもとに、直ちに「中止」と怒号し、講演者はこの一声で早々に、降壇を余儀なくされるのであった。時には、講演中止だけでは済まされず、主催者側と講演者が、会場から警察署まで連行されることがしばしばおこった。その時には、満場の聴衆までが黙々とその後をついてゆき、夜半にいたるも同胞の安否をきずかいながら、警察署の門前を遠まきにして、退散しなかったものである。この時、群衆は「台湾人は皆一つだ」という無言の教訓にあって、各人ともいまさらながら同胞の共感を強めてゆくのであった。このような講演会において、警官から治安警察法に抵触したものとして検束されるもの、あるいは圧迫されるものが相継ぎ、学生などはその圧力で表面上、脱会を装うもの四百余名にも達したといわれた。

文化講演会の他に、各地で通俗の講習会をも盛に開設した。それは、さらに一段と科学的に民衆啓蒙をねらい、連雅堂の台湾通史、蔡式穀の法律知識、蔣渭水、石煥長、林糊の衛生知識、陳炘、林茂生の西洋文明史、林幼春の中国文学概論、林履信の社会学、謝春木の新聞学、蔡培火の人生観、陳紹馨の星座、陳逢源の資本主義の功罪、鄭松筠の法の精神、陳満盈の結婚問題、の如き多彩な内容のものであった。

これら文化講演会と通俗講習会は、各地で大好評を博し、その盛況は一九二五年（大正十四年）を最高潮として迎えた。そして、台湾各地で民衆が影響を受けて覚醒すること刮目するものがあり、その結果、〃台北青年会〃〃通霄青年会〃〃炎峰青年会〃〃基隆美麗也会〃〃大甲日新会〃、あるいは〃彰化婦女共励会〃〃諸羅婦女協進会〃の如き青年男女の啓蒙団体が、相継いで成立した。

それから、新劇々団の宣伝活動、あるいは艶歌師のような民衆芸人までが、歌や弁舌の合間にも、陋習打破や専制政治反対の薬味をちょっぴりきかすのであったから、台湾文化協会の啓蒙運動がいかに全台湾に燃えひろがり、いかに台湾民衆の中に浸透していったかが想像できよう。

台湾文化協会は、全台湾人の唯一つの近代的民族運動団体として台湾民衆のために活動し、台湾社会のために実り多い一時期を画したのである。

無産運動の台頭

人類は、有史以来幾千年とつづいて発展の一路を辿ってきたが、その長い発展過程において、社会進歩の二大要素として階級と民族を挙げることができる。そして、この各民族の間あるいは各階級間に、一時的にしろ、調和と矛盾が認められ、これらの調和と矛盾の有機的総合のうちに社会の進歩発展が展開されてきたのである。

二十世紀に入ると西欧諸列強の帝国主義競争の激化に伴って、各階級間の矛盾対立も激しさを加えてきたが、それと同時に、各国地域の民族的対立もいよいよ深化していった。

第一次世界大戦は、資本主義諸国の近代武器による帝国主義戦争として勃発したのであるが、戦争が後半に入って、各国とも大規模な国力消耗のために、支配的地位にある資本家階級の疲弊衰退の徴候が見えだしたのにたいし、被支配の無産階級の力が相対的に増大してきた。その結果、

一九一七年（大正六年）

ロシヤの社会革命勃発、ケレンスキー内閣崩潰に伴うレーニンのソビエット政府樹立

日本では河上肇の「貧乏物語」が出版され、階級運動さかんとなる

中国では反帝、反封建の文学革命がおこった

一九一八（大正七年）

大戦休戦

ソビエトのボルセビキ党は「共産党」と改称して、世界プロレタリア運動の先頭に立つ

日本で米騒動おきて社会不安いよいよ増大、終戦と同時に経済不況早くもしのびよる

一九一九年（大正八年）

モスクワで「第三インタナショナル」（コミンテルン）結成され、世界革命の組織大綱なる

朝鮮独立運動（万歳事件）起る

中国で五四運動おきて植民地解放の狼火あがる

一九二一年（大正十年）

中国共産党結成され、同時に第三インタ極東支部がおかれた

一九二二年（大正十一年）
　日本共産党結成し、第三インタナショナルに加入
一九二四年（大正十三年）
　レーニン死亡し、スターリン、ソビエト共産党の書記長となる

　という具合に大戦終了の前後を通じて、世界的プロレタリア運動の進展、およびその勢力増大にともない、各国の階級対立が一段と尖鋭化してきた。

　さて、このように急激に高まりゆく階級闘争の世界的な激浪が、大戦後、植民地台湾に早くもおしよせてくるのは当然すぎるほど当然なことであった。

　大戦終結の大正八年といえば、台湾の産業界はほとんど日本独占資本の手中に帰し、台湾社会自体の資本主義化もまた進捗していった時代であった。

　つまりその裏をかえせば、資本主義的階級分化が台湾社会のなかですでに進んでいて、無産者革命の客観条件が未熟ながらも形成されつつあったということができる。

　人口の点からみても、総人口三百七十五万人のうち、支配階級であり資本家である日本人の十六万人余りを除いて残る三百五十七万人の台湾人は、農民、下級サラリーマン、小商工業者、工場労働者、日雇人夫、給仕小使、の順に多数をしめ、それに極く小数の地主、小資本家、自由職業者がこれにつづくという状態であった。いわば〝台湾総労働〟といっても決して誇張ではなかった。

大正八年台湾総人口	三七五万人	一〇〇・〇%
日本人	一六万人	四・三
外国人	二	〇・五
台湾人	三五七	
農民	二二九	六一・〇
専業	一六二	
兼業	六六	
漁民	一〇	二・七
職工徒弟	四	一・一
日傭日夫	二	〇・五
鉱夫	一	〇・三
その他（下級サラリーマン・小商工業者・給仕・小使・地主・小資本家・自由業・其他）	一一一	二九・六

したがって、中産階級出身の青年インテリに指導された、一連の近代的民族解放運動は、自然に階級闘争を内包していたし、いや、植民地の階級闘争が、民族解放の形をとって現われていたのである。

それで、台湾文化協会の啓蒙運動が進展するとともに、大正十三年に「台湾工友会」が労働争議に関連して各地で出現し農民解放運動も各地でおこり、「台湾農民組合」が結成され、多分に日本の無政府主義者の影響をうけた「台湾黒色青年聯盟」まであらわれた。

台湾文化協会、左派に乗っ取られる

前述の、プロレタリア革命の世界的波浪が南島の岸辺を洗うにいたって、日本帝国主義反対の戦いも急激に進展していったが、それ以上に台湾人同士の解放運動戦線に一石が投ぜられたのである。それは、あくまで民族運動の戦いを台湾解放の主軸とする右派とよばれるものと、もっぱら無産階級闘争を通じて台湾解放を達成しようとする、いわゆる左派との両陣営に分裂していったことである。そして、日本帝国主義の攻勢を眼前に控えて、台湾人の左右両派は、台湾民衆をなかにはさんで、思想的にも組織的にも対立分裂するまでに発展した。

さて、ことのおこりは左派による台湾文化協会の乗っ取りから表面化した。さきに一九二六年（大正十五年）末、「台湾無産青年会」を創立したマルクス主義的傾向の二十余名の台湾青年は、連温卿が指導して、台湾文化協会の中枢にもぐりこんだ。そして、翌年の昭和二年一月二日、台中市の東華名果株式会社で臨時理事会を開催した時、理事八十四名中、三十六名しか出席しなかった状態で、旧幹部の虚に乗じ十九票対十一票の多数で連温卿の改組案を通過させた。ついで、一月三日、台中市公会堂の文化協会臨時総会で、出席者百三十三名のうち多数を制する無産青年が、臨時理事会で通過した連温卿の改革案をほぼ原案通りで決議し、役員も連雲卿を擁護する無産青年の新役員が多数を占めてしまった。新会則は委員会制度で部内の統制を階級闘争式に厳にし、大衆文化実現を綱領の主軸におき、台湾文化協会の組織と方向を無産運動の方に左旋回させたのである。

ここで、誕生以来五年余りの歳月を費し、社会啓蒙と議会設置に重点をおいて解放運動を押し進めてきた台湾文化協会は、その主導権が、瞬時にして民族主義者である旧幹部派の手からすべり落ちてしまう始末になった。

文化協会の左旋回は、左派の戦術上の勝利には違いなかった。しかし、それよりもさらに根本的なことは、間断なくおしよせてくる巨大な無産運動の世界的潮流、および台湾民衆に台湾解放の具体的方向を明示すべき時点にすでに到達していた、という内外情勢が左派をして功をなさしめたといっても過言ではなかった。

かくして、文化協会は、無産青年からなる新幹部の連温卿、王敏川、洪石桂、林冬桂、林碧梧、鄭明祿、張信義、黃氏細娥等が牛耳ることとなった。

そこで、林献堂、蔣渭水等の旧幹部派は、自ら奮斗し育成してきた台湾文化協会を去り、ただちに「台湾民党」という政治結社を創立することとなった。ここで歴史上、台湾人のために一時代を画した台湾文化協会は、呱々の声をあげて七年目、遂に左右の両陣営に分裂してしまったのである。

「台湾民党」は成立早々、総督府の弾圧にあって禁止解散させられ、その直後に「台湾民衆党」の創立をみた。分裂の後、「台湾文化協会」は左派の手中にあって無産運動の方向に進み、「台湾民衆党」は旧幹部派によっていままでの民族運動を継承していった。

左傾文化協会は、一九二七年（昭和二年）十月十七日に、台中市の酔月樓酒家で、第一回全島代表大会を開催。出席者百十七名。一月三日の分裂を記念して〃文化日〃と定め、中央委員を決定した。そして、右派の機関紙である台湾民報の不買同盟を議決し、日本帝国主義を敵とするのみならず、台湾人のあらゆる有産階級や地主をも、階級の敵として闘争することを宣言した。

昭和二年の一年間で、全島で講演会を開催すること二百七十一回（そのうち講演中止を宣せられたもの六百人）という猛烈な戦闘力を発揮した。同年六月には、大衆時報社を創設し、総督府の出版許可を得られないと見るや、王敏川等三人は、ただちに東京に渡り、翌年五月に創刊号を発行して、逆に島内に密送して会員に配布し、それが昭和三年七月までつづいた。

左傾文化協会は、その思想的立場から当然、労働運動に力をつくし、社会思想宣伝のために新光劇団、星光劇団、安平劇団、北港民声社等を組織して各地農村を巡演した。

政治活動も、旧文化協会に較べ活発を極め、それと比例して警察の弾圧検束もとみに苛酷になっていった。新竹西門媽祖宮内で、政談演説会を開催の時、警察に百余名も検束されて、騒擾罪に問われ、台南の公墓撤廃事件でも多数の検挙者を出した。

昭和三年三十一日に、台中、酔月楼で第二次代表大会を開催し、李伝興が議長となって、左翼工会結成、市民会の組織、地方青年幹部の養成、労農との提携等を決議し、警察の中止命令を受けた。

昭和四年二月十二日、台湾農民組合が日本警察の一齊検挙を受けると同時に、左傾文化協会も捜査検束を喰って一大打撃を受けた。

そして、このような客観情勢の変革で、同年十一月三日、彰化で開催した第三次全島大会を機に、内部の思想的対立が表面化し、民族自決、民族自治、社会民主、共産革命、無政府主義が各々自説を持して互に譲らず、黒色青年一派が検挙されたのちは、共産主義が指導理念として協会を掌握し、遂に日本の山川均派の連温卿、李規貞一派が除名処分されるにいたつた。

昭和二年といえば、総督府側の台湾解放運動弾圧の布陣すでになり、台湾黒色青年聯盟が真先にそのヤリ玉にあげられ、広東でも台湾青年の反日団体が一網打尽に挙げられて、ぞくぞく島内に送還されて入獄した年であった。であるから、このような台湾人解放陣営内の左右分裂、また、左派内部の再分裂を総督府は見逃すはずがなく、翌年には左傾文化協会と農民組合が早速、大量検挙にあって壊滅的打撃をうけた。右派の台湾民衆党や議会運動関係も次々と弾圧されて、数年のうちに台湾人の進歩的要素は、ことごとく抹殺されてしまう運命にあった。

「台湾民衆党」の結党とその政治綱領

一九二七年（昭和二年）、台湾文化協会を無産青年に奪取された林献堂はじめ、東京時代から積極的に活躍してきた旧幹部派は、左傾文化協会派の阻害を排除して、五月二十九日、台中市聚英楼で、「台湾民党」なる政治結社をつくった。ところが、総督府は、「台湾人全体の政治的経済的社会的解放」なる政治綱領を、日本の台湾支配に弓引くものとし、成立して二日目の六月三日に、この台湾人最初の政党は解散を命ぜられた。

その間に日本の植民地政策の権威学者、矢内原忠雄が来台した際、蔣渭水たちの招請で全島各地に講演したが、左傾文化協会の反対、会場攪乱にあって、左右の対立の深刻なほどを示した。

そこで、已むをえず、新たに「台湾民衆党」を再組織することにした。今度は総督府の忌諱する文句は避けて「民本政治の確立、合理的経済組織の建設、社会制度の欠陥改除」という表現にかえて、はじめて検閲の難関を突破し成立をみたのである。同年七月十日のことであった。そして同年末までに全島に十五支部、党員四百五十六名を数えた。

これ以後、左派文化協会の新幹部派は、台湾農民組合を大衆組織として、階級闘争に立脚するのにたいし、「台湾民衆党」は台湾工友総聯盟と連繫して民族運動の立場を堅持していった。日本では革新党の田川大吉郎、清瀬一郎および民政党の神田政雄の精神的支援を獲得し、中国国民党には蔣渭水たちを通じてその影響を受けてきた。

台湾民衆党は形式の上では、台湾人の最初にして唯一の政党として、その成立後は全島に活躍し、総督府評議会の反対、行政裁判所と陪審制度の実施、砂糖消費税を財源にして義務教育を布くこと、官有地の解放、総督府財政の公開およびその冗費節約等を掲げて総督府に迫っていった。

次に「台湾民衆党」の政治綱領を略述することにしよう。

㈠　民本政治の確立、台湾人の参政権を要求して総督専政に反対し、完全なる三権分立を主張

㈡　合理的経済組織の建設、農工階級の経済的向上を計り、貧富の差をなくする

㈢　社会制度の欠陥改善、社会の陋習を改革し、男女平等、社会生活の自由を確立する

以上の三項目のうち、第一項の民本政治の確立が、台湾解放の出発点として重きをなしていたことはいうまでもなかった。そして、その実現のための方法として、「台湾各階級の民衆を集合して、党の指揮の下に全民の解放運動を実行する」という、「全民運動」を提唱している。この全民運動は、中産知識分子が指導的地位にたって、農・工・商・学のあらゆる台湾人の共同戦線を形成するという考え方で、階級闘争を民族運動達成の一手段とする点は、各地における初期の植民地解放運動とその軌を一にしていた。

それから、「台湾民衆党」は政治、経済、社会の諸般にわたって具体的な諸政策を掲げているが、その裏をかえせば、植民地台湾の病弊をある程度ついているといえる。

一、政治　地方自治機関の民選、議決権付与、普通選挙制、集会結社言論出版の自由、義務教育、内台語並用、内台人の教育機会均等、保甲制度撤廃、警察制度改善、司法制度改善と陪審制実施、行政裁判法実施、渡華旅券撤廃

二、経済　税制改革、冗費節約、金融制度改革と農工金融実施、生産者の利権擁護、搾取機関制度廃除、農会・水

利の改革、専売制度改革、労働立法制定、小作立法制定
三、社会、農民運動、労働運動、社会的団体の発展援助、男女平等、女権運動援助、人身売買反対
これら政策面でみる台湾民衆党の行動目標は、日本帝国主義下の台湾人参政権獲得、日本独占資本の支配下における経済改善や労働運動の承認、というように台湾解放闘争そのものであるよりも、むしろ、それに通ずる初歩的綱領に属する改良主義であった。

さて、このような台湾民衆党の掲げた台湾人の最低要求でさえ、総督府は間断なく弾圧して、党幹部を血眼になって監視検束した。一方では、左派がこれを敗北主義として破壊、攻撃の砲火を猛烈にあびせたことはもちろんであった。

かくして、一九三〇年（昭和五年）、腹背に敵をうけた「台湾民衆党」は、また党内の再分裂をきたし、翌昭和六年には左傾を理由に、一挙にして総督府につぶされる破目に陥ったのである。

「台湾民衆党」の分裂の昭和五年八月、林献堂、楊肇嘉、蔡培火、蔡式穀、李良弼、劉明哲、李瑞雲、洪元煌、陳逢源等は、新たに「台湾地方自治聯盟」を組織し解放陣営の最右翼の位置にあり、一九三五年（昭和十年）に解散されるまで、他の台湾進歩勢力が検挙・圧殺されるなかを、その最右翼、保守の故に最後まで残存して合法活動を続けていった。これで、台湾・台湾人を植民地の伽鎖から解放することを目標として奮闘してきた台湾人民族運動は、二十年の闘争歴史をのこして、ことごとく一掃され、またもや救いなき暗黒の谷間に沈淪していったのである。

農民運動と労働運動

さて総人口のほぼ六〇％をしめる台湾農民が、いつの時代でも台湾社会の開発、生産において主役を演じてきたばかりでなく、民族運動あるいは階級闘争の面でも主力となってきたことは、けだし当然のことといえよう。日本領台早々からの前近代的抗日武装蜂起が、台湾農民によっておこなわれてきたことは故なしとしないが、大正以後の近代的台湾解放運動もまた、後期になって農民大衆や工場労働者が参加することによって、はじめてその現実的戦闘力を発揮するようになった。

これら農工階級の無産運動を知るには、まず大正・昭和の台湾無産運動を年代順に一瞥することがもっともわかりやすい。

一九二四年（大正十三年）

各地に農民組合の組織が出現。

二林蔗農の収買価格反対事件（四月）

各種工友会の組織が出現。

一九二五年（大正十四年）

二林蔗農組合争議

鳳山農民組合争議、大甲農民組合争議
機械、鉄工、石工等各地の工友会結成。
謝雪紅の女性解放運動弾圧さる。
「上海台湾学生聯合会」成立
一九二六年（大正十五年）
大甲大肚庄の農民組合員八十余名、官有地払下げに反対して台中州庁におしかく（六月）
「台湾農民組合」六月に結成、
鳳山、大寮庄で農民と日本警察衝突（九月）
「台湾黒色青年会」十二月に結成、
一九二七年（昭和二年）
台湾文化協会左旋回す（一月）
台湾農民組合が代表を日本に派遣して、竹林問題や土地払下げ問題を衆議院に請願し、日本労働農民党に顧問を
　委嘱、組合がマルクス主義に転換して左傾化する（二月）
台中・大屯の農民八百余名が台中州庁を包囲（四月）
浅野セメント株式会社台湾人職工ストライキ（四月）
高雄鉄工所の台湾人職工二百余名がストライキをおこなって組合団結権を要求（四月）
文化協会分裂、台湾民党結成、ただちに禁止さる（五月）

台湾民報ようやく台北発行を許可される（七月）
「台湾民衆党」結成（七月）
「台湾工友総聯盟」成立（七月）
北港農民四千名が北港郡役所を包囲（七月）
砂利工会ストライキ、土木工会ストライキ、台北印刷職人ストライキ（七月）
広東で台湾革命青年逮捕さる（八月）
台中州庁を農民二百名が包囲し、大豊の土地払下げについて抗議。
新竹州三叉、銅羅両庄、三井物産と茶栽培地のことで争議（十月）
新竹、中壢農民が国策会社の台湾拓殖を包囲（三月、十月）
嘉義、番路庄生活保守同盟会、パイン栽培地の争議（十一月）
台湾農民組合と左傾文化協会の共同主催で全島五十三カ所において総督府の土地産業政策反対の大講演会を開催
二林庄農民組合支部小作問題で辜顕栄と争議（十一月）
台湾農民組合の第一回大会を台中市で開催（十二月）、完全に左旋回を完了。
台湾黒色青年聯盟の検挙。
「工友会」各地で成立。
高雄州東港で、官有地の小作争議（十一月）
浅野セメン会社の台湾人職工、団結権を要求してストライキをおこなう。

一九二八年（昭和三年）
「日本共産党台湾支部」（台湾共産党）を蔡孝乾、王敏川、謝雪紅の手で設立、ただちに弾圧解散さる。（二月）
左傾文化協会と台湾農民組合の大弾圧開始、幹部大量検挙さる（二月）
謝雪紅等の手で台北大稲程に「国際書店」を経営し、台湾共産党再建を計る。
一九二九年（昭和四年）
台湾民衆党分裂（八月）
「台湾地方自治聯盟」結成
霧社事件（十月）
総督府の弾圧つづき、左派の逮捕されるもの後を絶たず。
一九三〇年（昭和五年）
台湾民衆党左傾し、解散さる。
左傾文化協会解散し「大衆党」を組織すると同時に各幹部検挙さる（九月）
一九三一年（昭和六年）
大湖農民組合解散、農民組合すべて潰滅。
一九三五年（昭和十年）
台湾地方自治聯盟解散させられ、台湾解放の進歩陣営全滅す。

このように、農民と労働者の参加した台湾解放運動は、五年足らずで帝国主義者に蹂躙されて、短い歴史を終ったのであるが、そのうちで、農民組合運動は民族主義者に指導された前半と、マルクス主義を信奉する左派によってリードされた後半との二期にわけることができる。

台湾解放運動の重要なる一翼をなす近代的農民運動の発端は、左傾前の台湾文化協会が大正十四年に、農村講座を開設した時に求めることができる。このような啓蒙運動が、農民の台湾人意識および階級的観念をよびさました以後は台湾各地に農民組合が短日月のうちに成立した。

その前年には台中、二林の蔗農が渓州製糖工場（二林管内）の、時価よりも低い値段でさとうきびを強制買上することに反対し、二林庄長・林爐が代表に推されて、林本源製糖会社と団体争議をおこした。これは翌年までつづき、二林蔗農組合（李応章代表）の成立をみて、会社側と対立抗争した。このような甘蔗栽培者と製糖会社の争議は、その後あいついで頻発し、大正十四年のうちに十二件を数えた。

製糖会社は、日本資本による台湾産業界独占の象徴的存在で、総督府の権力を後楯にしながら、土地浸漸や強制収用からはじまって、甘蔗植付の強制、収買価格や方法、条件の一方的取定め、あるいは灌漑水利の独占運営など、なして可ならざるはなかった。それは資本主義的な経済搾取より以前の政治的暴力をもってする植民地的掠奪であり、台湾農民は久しくこのような日本帝国主義の圧迫掠奪のもとにあったのである。

かかる反帝国主義的性質をおびた二林蔗農組合の労働争議は、もちろん、たちどころに警察の弾圧にあい、李応章以下九十三名の検挙でもって圧殺されたが、反面それが火つけ役となって、それ以後三年の間に農民組合の争議が全島各地におこり、ことに南部台湾の甘蔗栽培地帯に燃え拡がったのである。

二林蔗農の争議につづいて、その年のうちに、鳳山農民組合（代表者簡吉）が、台湾銀行傘下にある新興製糖（陳中和社長）の土地七百余甲買収問題に対して争議をおこし、大肚庄の大甲農民組合は総督府退職官吏に対する無断開墾地払下げ―台湾農民の開墾した官有地を日本人退職官吏に払下げる―に対抗して争議をおこした。しかし、このように台湾各地で大小の農民組合が団結、請願、争議、官庁包囲を繰返してゆくが、そのいずれも警察に検束、鎮圧されて流れ星のごとく消えていった。この時代の農民組合争議の特徴は、左傾以前の文化協会系のインテリ青年が指導し、小地主、農民、農業労働者がことごとく参加したということであった。つまり、台湾農民に加えられる日本資本や総督府の経済的圧迫に反抗する階級闘争を通じて、日本帝国主義反対の民族運動を展開していったのである。

一九二六年（大正十五年）六月にいたり、簡吉と趙港の奔走により、二林事件のために来台した日本労働農民幹部麻生久、布施辰治の指導をえて、高雄州の鳳山農民組合と台中州の大甲農民組合がまず合併して、「台湾農民組合」の成立をみた。組合規約七章三十条は起草委員趙港、黄石順、張行の手に成り、中央委員長簡吉、組織部長簡吉、教育部長陳徳興、争議部長謝財神、調査部長黄石順、財務部長黄信国、統制部長趙港、庶務部長侯朝宗、顧問兼書記陳培初という陣容で発足し、本部は鳳山から麻豆、そして台中市へと移っていった。

台湾農民組合の結成で、農民運動は一つの新局面を迎えた。そして、翌年の昭和二年末まで、すなわち台湾農民組合が左傾化するまでに、州支部聯合会は台北、新竹、台中、高雄の四カ所におかれ、支部は全島で二十三カ所、出張所四カ所、組合員二万四千百余名に達した。この組合員数は当時の全台湾農家人口の約六％に当たり、人口にして約十四万人に達する一大勢力となった。

ところが、昭和二年末に台湾農民組合は無産青年の影響をうけて、民族運動としての諸要素をぬぐいすてて左傾化し、階級闘争主義の一点張りに転換していった。すなわち、台湾農民組合は、左傾文化協会と提携して日本労働農民党の指導をうけることになり、「日本大資本家、総督府のみならず台湾大小地主、台湾資本家をも無産大衆の階級の敵として、闘争を開始する」、という階級闘争至上の路線に方向転換したのである。

かかるマルクス主義的革命方法論の採用は、台湾農民組合の階級的戦闘力を一挙に増強することになった。そして昭和二年十一月、組合は左傾文化協会と共同主催で、全島五十三カ所で疾風迅雷のごとく大講演会を一斉に開催して総督府の土地産業政策を攻撃反対した。このことは、全台湾の農村においては空前絶後の出来事であった。

さらに同年十二月四、五日の両日を費し、台中市の繁華街にある「楽舞台」を会場として「第一回台湾農民組合大会」を開催した。これには全台湾から代議員百五十五名が参集し、日本労働農民党の古屋貞雄と日本農民組合中央委員長山上武雄もそれぞれ、本国から派遣され、来賓五十余名の参加をみた。そして大衆組織にふさわしく、傍聴者六百余名に達して盛会を極めた。第一日はさっそく日本警察の中止命令を受け、その夜は大講演会に切換えて、聴衆千余人を集めた。第二日目には、古屋貞雄の居中調停で、大会を再会し、宣言と綱領を発表せずに、中央委員長・黄信国、中央常務委員・簡吉、趙港、謝財神、陳徳興、楊貴および中央委員十八名を選出するだけにとどまった。

「第一回全島大会を契機として我々は方向転換すべき時機に入った。我々は我々の理論を戦い取り輝しき道に確固たる方針に向って進まんためには、我々はマルクス主義的変革理論の探照灯で我々の前を照らし出さねばならぬ」

という大会決議文の一節が、その大会の任務と性格をあますところなく説明した。

そして、決議のうちには、「日本労働農民党支持」と、「特別活動隊組織」を真先に掲げて今後の路線と方法をも明かにした。

しかし、いくら〝革命〟という字句をふせ、決議文にある通りマルクス〝革命理論〟というところを〝変革理論〟という表現にかえても、総督府は、その階級闘争至上の革命性を見逃さなかった。なぜならば、台湾農民組合がマルクス主義に方向転換を表明すると同時に、日本警察の大弾圧が息つくひまもなく襲来し、昭和四年の大検挙で全台湾の組合組織はずたずたに寸断されて、瀕死の状態に追込まれてしまったのである。つまり、台湾民族解放運動の一環として着々とのびてきた農民組合運動は、その無産運動たる本来の立場に転向したとたんに、日本帝国主義の弾圧にあって、潰滅的打撃をうけた。そして、それ以後は潮が引く如くに組合活動は終息し、昭和七年の大湖農民組合の解散を最後に、近代的農民運動は全台湾からその姿を消していったのである。

台湾農民組合の第一回大会後、第一次中壢事件（黄石順指導）第二次中壢事件（簡吉、趙港、張道福指導）、嘉義番路庄の生活保守同盟会事件、二林支部と地主辜顕栄の小作争議（蔡阿煌支部長）、高雄州、東港の小作人争議、新竹州の三叉、銅羅両庄の農民と三井物産の争議、霧峯、新竹、大湖などの争議で、澎湃として農民運動がおこった。

これらの争議内容は、蔗農問題、竹林問題、芭蕉問題、官有地払下問題、山林問題、贌耕問題（小作問題）のごとく、一つとして植民地台湾の社会を象徴しないものはなかった。一九二八年になると、上海から謝阿女が帰ってきて、青年、婦女、救済の三部を新設して新段階に入った。その年の十二月に台中で第二回全島大会が開かれ、簡吉書記長、黄白成技、譚廷芳、柯生金、黄水生、陳啓瑞、張炳煌、謝進来、林芳雲が書記に任じ、第二日目に警察と紛糾をおこして簡吉以下八名が検挙され第二次大会は審議未了のまま解散させられた。

農民運動が、後期になって、左旋回したのにくらべ、台湾の都市労働者からなる無産運動はずうっと旧文化協会幹部派もしくは台湾民衆党の指導下にあった。

一九二四年（大正十三年）、台湾文化協会による啓蒙運動が全台湾を風靡していった時、近代工場や手工業的町工場、鉱山に働く労働者、および日傭人夫を含めると約十万人いたが、彼らのうちで民族的あるいは階級的に覚醒しつつあった少数のものは、各々「工友会」を結成していった。

台湾解放戦線が左右両派に分裂した後、一九二六年（昭和二年）七月に、台湾民衆党の勢力下で「台湾工友会総聯盟」の結成をみた。これは蔣渭水の指導によるもので、南京の中国総工会に範をとって、会則と組織大綱を作成したといわれ、階級闘争よりも民族運動の色彩が濃厚におしだされた。李友三が聯盟書記長兼総務と組織両主任、余加勇（土水工会）が財政主任、黄白成技（自由勤労）が争議主任、鄭慶順（土水工会）が救済主任、李潤屋（印刷従業員）が教育主任、楊永全が宣伝主任、陳永権が調停主任に任命された。

総聯盟には全台湾から二十九の工友会がその傘下に入り、結成当初の組合員は六千三百六十七名を数えた。このような工友会あるいは工友会総聯盟が指導した労働争議は十九件、そのうちで有名なるものに、昭和二年の高雄鉄工所の台湾人職工による罷業と、昭和三年の浅野セメント会社の台湾人職工ストライキがあった。それはいずれも主として、台湾人労働者の団結権を要求するものであった。昭和三年末には加盟団体六十五、会員七千八百六十一名。昭和四年二月十一日に、台南市松金楼で、百十九名の代表が参集して第二次大会を開催した。

しかし、反抗意識が熾烈で大衆動員の華々しかった農民運動が、昭和四年から大弾圧をこおむったのと時を同じくして、日本帝国主義の攻勢が台湾人の労働運動に殺到、それによって、台湾工友会総聯盟も誕生をみてまもなく、昭和五年二月二日、台北市太平町で第三次大会を開催した後、自然消滅の一路を辿っていった。そして、台湾の民族運動も無産運動も、日本帝国主義に圧迫されて下火になった後、すなわち一九二八年（昭和四年）に、日本共産党の指導下に、その台湾支部として謝雪紅、蔡孝乾たちが「台湾共産党」を結成したが、たちどころに弾圧にあい、少数の党員は地下にもぐった。

植民地台湾の近代解放運動を顧りみて

既述のとおり植民地台湾の近代的解放運動は、大正七年に民族運動の形をとって火蓋がきっておとされた。それには中産階級知識分子が指導的地位にたって、民族的敵愾心に点火する役割を演じながら、有産・無産の両陣営を含む全台湾人を徐々に聯合し、解放陣営の拡大を計っていった。これは、アジア植民地社会の各地の初期民族運動がとってきた共通の方式であった。

そして、「台湾人を植民地的支配から解放する」、という最高目標を内包した民族運動は、日本帝国主義の政治的経済的支配下にある台湾社会の内部から発生したものであったから、その社会的必然性も備わっており、したがって動員力もあった。

ただ、いつの時代でも、台湾民族運動を云々する場合には、まず最初に明かにしておかなければならないのは、実在せる台湾・台湾人と、その観念的民族概念との関係である。

血縁関係と文化特質からいえば、台湾人が中国大陸の漢民族のうちに含まれることはいうまでもないことである。さればこそ台湾人と中国人は民族的につながりをもつのであるが、しかしながら、中国とは隔絶された地理的条件のもとで一定の歴史的歩みをつづけるうちに誕生をみた台湾・台湾人が、日本統治下の時点においては、すでに中国大陸との血縁や文化の諸関係をのりこえて、次元を異にする単一の社会的存在に成長していたことも争えない事実であった。であるから、かりに血縁や文化関係を媒体にして「中国・中国人としての台湾・台湾人」という考え方があるとしても、それはあくまで一つの「考え方」であって、実在としての「台湾・台湾人そのもの」ではなかったのである。このことは、同じくアングロサクソン民族からでた、イギリスとアメリカの関係を思い起せば、それを理解する有効な手助けとなるであろう。

したがって、台湾人の民族運動においていうところの「民族」とは、大陸と共通の血縁・文化をもって律する観念的な「民族概念」ではなく、現に実在する台湾社会と台湾人を指していなければならない。言い換えれば、台湾民族運動の解放すべき対象は、「台湾・台湾人そのもの」であるべきだということである。

しかるに、大正から昭和にかけての民族運動は、この肝心な問題を充分に把握しない状態に放置してきた。その指導者や中堅幹部たちでさえ、台湾・台湾人の実在と、空虚な民族観念を混同したまま、政治実践に忙殺されてきた。ここに当時の民族運動における一つの重大な盲点が存在していたのである。したがって、このような盲点や脆弱性を内包していたために、帝国主義側の弾圧が加重してくると、ひとたまりもなく潰えさり、あげくの果て、藁をもつかむおもいで血縁のみを紐帯とする民族観念に逃避してゆくにいたった。であるから、「台湾人自決」という必然にして直截な方向を遂に見出せず、観念的産物である「中国祖国」をおぼろげに夢みながら、「日本帝国主義下の台湾自治」を要求する、という不鮮明で中途半端な階段に足踏みして、そこから脱皮することを得なかったのである。

指導される立場にある台湾人大衆にしてみれば、「植民地的境遇からの解放」という呼びかけには、もちろん、なんの抵抗をも感ぜずに台湾人としての自覚を促がされたが、では、自分たちの進むべき方向は何かというと、それが明確に浮刻りされていないかぎり、一沫の不安を拭い去ることができないのはむしろ当然というべきであった。彼ら一般民衆は、知識分子に追従して空しい「中国祖国」の抽象論に頼ることは不得手であったし、また「台湾人自治」の如き中途半端な目標は、それが帝国主義支配の枠内にとどまるかぎり、政治的自由の獲得どころか弾圧攻勢から己れを守る術すら見出せる自信がなかったのである。

それから、植民地社会の台湾における民族運動は、必然的に階級闘争の要素を内包するものであり、政治的には日本帝国主義の支配に全台湾人が反発するとともに、経済的にも台湾人の農民労働者や下級サラリーマン、中小地主、中小資本家は、総督府と日本独占資本家と矛盾対立していて、共同戦線をとりうる社会的基盤をもっていた。そして、民族運動を指導する中産地主出身の知識分子は、有産、無産を打って一丸とする共同戦線においても、同じく指導的地位につきうる力量をそなえていた。

しかるに、これら知識分子が中堅をなす旧文化協会は、民族運動からスタートしたのはいいとしても、文化啓蒙と自治運動—街頭宣伝の域をいでずーの段階にとどまって前進することを知らず、植民地解放の理想と一般大衆の現実的利害を結びつけた政治的経済的戦いを展開するにいたらなかった。そして農民労働者を強力に動員し組織することができなかったのである。したがって、台湾民族運動における階級闘争の一面をおろそかにするというあやまちを犯し、階級闘争至上の左派の抬頭と同時に、その盲点をくまなくつかれ、解放運動の主動権は奪われ、政治的には衰退の一路を辿るにいたった。

では、左派の標榜する階級闘争至上主義が植民地台湾の解放運動におよぼした功罪はどうであったか。

近代無産運動の世界的風潮が台湾に波及し、台湾解放運動を瞬時にして一歩前進させたことは、歴史上、大きな足跡をのこし台湾人大衆を鼓舞するのにあずかって力があった。しかし、その反面、右派の民族運動が階級闘争の一面を軽視した以上に、左派の階級闘争至上主義が、民族運動を抹殺することによって引起した混乱と潰滅的打撃は、歴史上に一大汚点をとどめることになった。

日本独占資本の勢力圏内にある台湾社会の資本主義化や近代工業化が、急速に進捗しつつあったとはいえ、近代工場労働者の比重がいまだに微弱で、農民が依然として社会生産の主要なる担い手であった。つまり、近代化したとはいえ、台湾では未だに階級闘争至上主義一本槍で進む社会的条件に欠けていたということである。であるから、当時の階級闘争は、植民地的支配と被支配の対立が基本となり農民が主力となって、全台湾人が共同して日本帝国に当る客観情勢にあった。

たとえば当時の農民組合が、純粋なる無産階級の組織とは言い難い点はその最もよい証左であった。なぜなれば、組合は農民のみならず、自作農および中小地主の参加で結成され、しかも地主に指導されて反帝国主義の戦いを遂行していたからである。彼らは、いずれも甘蔗栽培者として日本独占資本の製糖会社に対して経済闘争をおこなうと同時に、総督府をも対象として政治闘争を併行して進めてゆく共通の立場にあったからである。つまり、台湾に限らず、いずれの植民地社会における階級闘争も、必然的に民族闘争の要素をもつべきものであった。言い換えれば、植民地解放運動においては、民族闘争と階級闘争が競合すべき社会的必然性が内在しているということである。

しかるに、当時の左派勢力は、外来思想を機械的に適用してできた観念的産物であった。彼らは、台湾社会の歴史過程や社会的現実を無視したやりかたで、解放運動のマルクス主義的転換にのみ熱中し、日本独占資本や総督府のみならず、台湾人の中小地主や中小資本家をも単純に階級の敵として、一緒くたに指弾していった。すなわち、左派勢力は、台湾社会の現実を軽視した階級闘争至上主義の適用の方法をとることによって、互に統一競合すべき民族運動と階級運動の分裂をきたしたのである。

それは、右派の代表する民族運動を衰退に導き、かつ、それにもまして、日本帝国主義の疾風迅雷の如き大弾圧に口実をあたえることとなった。

かくして、あっという間に、台湾解放運動が瓦解から潰滅の奈落に投げこまれてゆき、帝国主義側をして漁夫の利をえさせたことは、台湾・台湾人にとりかえしのつかない一大損失をあたえたことになった。

それから大正、昭和の年代のみにかぎらず、台湾有史以来、植民地解放に原住民同胞の積極的参加をえられなかったことは、漢人系台湾人が推進した解放運動の思想上、あるいは方法上のまた一つの欠陥を如実に示しているということができる。

満洲事変以後のレジスタンス

昭和三年に、近代解放運動に加えられた大弾圧は、台湾史上における一大陥没にも譬うべきもので、一朝にして社会情勢を何十年も後退せしめた。それは、日本警察のあくなき検挙拷問、総督専制の恐怖政治をあますところなく発揮し、台湾人進歩陣営を瀕死の状態に追込んだ。総督府の追求が特に激しい左派勢力は、検挙に相継ぐ検挙でその中堅幹部を一網打尽にされ、各種の組織は根こそぎに殲滅されていった。右派の民族主義者は、左派ほどに検挙弾圧が厳しくなかったとはいえ、その政治組織も二、三年のうちに解散禁止され、幹部たちは公私ともにその政治的寿命に終止符をうたれていった。

これら台湾解放運動の中堅青年が運動の潰滅後に歩んでいった道は、それぞれの思想や生活に応じて多種多様であった。

台湾青年で左派に属するものは、思想犯として終戦間際まで獄中生活を強いられ、獄死して闇から闇に葬り去られたのもいた。台湾共産党関係で出獄したものは、謝雪紅たちのごとく台中で大華酒家を経営して島内にふみとどまり蔡孝乾だけは瑞金時代の中国共産党に合流し、後の二万五千里長征に参加した。

民族主義者のうちでは、林呈録たちが、あくまで興南新聞の牙城を守りぬき、陳炘は大東信託株式会社に頑張って旧文化協会系の少数企業家の温存に努めた。その他、日本本国に大部分のものが逃れ、中国大陸、満州に渡ったものもいた。かって、東京新宿の一角に「味仙」という台湾料理店があって、戦争中の台湾留学生に故郷の風味を提供していた。この一小店が往年の闘士、蔡培火の経営するものであったことは、一部の人々によく知られたことであった。また、楊肇嘉、石煥長等は上海に寓居し、黄朝琴と謝春木(謝南光と改名)は中国国民党とともに重慶にあった。

それから、台湾解放という夢を破られ、完膚なきまでうちひしがれた上に名利の追及に不得手の一部台湾人士は、時流にながされて日本人友人の提唱する日華親善の理想にたいし、アジア解放の見地から、協力してゆくものも少なからずあった。しかし、この方向の人達はそのドンキホーテ的な情熱のため一部日本人の抱く空虚な理想と、現実に侵略を遂行する日本帝国主義の板ばさみとなり、終戦後、歴史の審判をうけて日本の敗戦とともに葬りされてゆく運命をたどったのである。

このように、大弾圧に続く進歩陣営の死滅、中堅人士の四散の後に、戦争の足音が南島にも響いてきて、政治、経済の戦時体制化、日本精神作興、皇民化運動などが全台湾人の上におおいかぶさってきた。

しかし、戦争の拡大、激化は、総督府が皇民化運動の推進に全力をつくすにもかかわらず、次代の青年の台湾人意識をいやがうえにかきたてていった。たとえば、「天皇陛下万才」、あるいは「愛国」の叫びは、自然に台湾青年をして自分たちの「国」のことについて思索するように導く契機となった。そして、この場合、観念的な民族概念がまたもやこれら年若き青年たちの単純な心をとらえ、広漠たる大陸の光景とか、あるいは「中国祖国」という感傷的な観念が容易にえらばれていった。

戦争はいよいよ激しくなって台湾の周囲に迫り、台湾青年は志願兵並びに徴兵の形式でもって戦場へ動員されるにいたった。このような情勢の極力の悪化は、彼ら無力な植民地青年にとって逃避だけが唯一のレヂスタンスの道として残され、方法を構じては三々五々と日本内地へ、大陸へ、あるいは南洋へと逃げのびてゆくようになった。そして、書籍上のマルクス理論に接することにより、純粋な熱情のほとばしるところ、万難を排して大陸に渡って日本国籍をかなぐりすて、北へ北へと北上して、一歩づつ中共地区へと苦難の道を選んでいった数少い事例もあった。

島内では、戦時中には日本憲兵が警察に代って、羽振りをきかせていた。

これら憲兵や警察の権力に立ち向う反日事件としては、一九三二年（昭和七年）の台北一中台湾人学生の共産党事件、一九三四年（昭和九年）の台中清水における蔡淑悔事件、一九四三年（昭和十八年）、郭秀琮の指導する台北高等学校生徒の民族運動事件が挙げられる。これら日本統治終末期における台湾青年の義挙の記述については、いずれ、資料の整備をまって、他の機会に譲ることにする。

4　日本統治時代の原住民

種族絶滅から人口漸増に逆転

近々四百年の間、漢人系台湾人の手によって平地地帯が拓きゆくにしたがい、かって全島の海浜にまで住んでいた原住民たちが、次第に山間に追いやられ、中央山脈地帯や東部溪谷を別天地として生存してきた。

彼らはよその原始民族と同じく、滅びゆく運命を徐々にたどってきたのであるが、その形跡は台湾有史以前にもあったし、また、近世に入っても、種族の絶滅あるいは人口減少の形跡がありありとみとめられてきた。貧弱な自然経済に依存していて、出産が低いうえに医術の欠如していたことが種族的衰退をきたした主なる原因であったが、宗教、習俗、迷信、呪術、首狩り、種族間の反目対立、外来民族の圧迫殺戮等、一つとして彼らの衰亡を促進せざるはなかった。

このようにして、日本が領台するころには、原住民の大多数はすでに山間にあり、高山蕃の推定人口はわずかに十一、二万人をいでなかった。しかも人口減少の傾向が、その後もしばらく続いた。

さて、この原住民の人口衰亡の現象は、日本統治五十余年のうちに喰いとめられたのみならず、緩慢ではあるが、かえって増加の方へ形勢が逆転するにいたったのである。

原住民人口の推移

明治四十二年	昭和六年	昭和八年	昭和十三年
一二二、一〇六人	一三八、六二七人	一四六、九二四人	一五五、九二六人

（総督府統計による）

日本が占領した当初では、あるいは深山に居住する原住民人口の実体と、その推定数字が符合しないことも考えられうるが、前掲の歴年人口は、原住民の人口増加の傾向を説明できるものと考えてほぼ間違いない。

懐柔から鎮圧へ

日本帝国が台湾にやってきた時、原住民と漢人台湾人の確執は相変らずつづけられ、未開の彼らは下山しては首狩りに狂奔していた。当初、台湾総督が漢人系抗日者の武力鎮圧におおわらわの時代であり、かかる蕃害に干与するいとまもなく、ただ、旧来の漢人防禦線であった「隘勇線」を利用して警備するだけで、日本は原住民にたいしてはもっぱら放任主義をとってきた。

そして、台湾領有して十年、その後、西部平野の治安行政の整備が一段落し、土地、人口の調査をおえて産業の開発の端緒がつくと、今度は政策を換え、日本人の目は平地から転じて未開の中央山地を注視しはじめた。そこで総督府は、従来、殖産局の主管する蕃務を民政部警察本署の「蕃務掛」に移管し、蕃界の調査、警備線の強化などに乗り出した。時あたかも一九〇三年（明治三十六年）で、日本人資本家や総督府官吏が樟脳採取と材木伐採のため、原始共産制の原住民部落の扉を叩きはじめ、それにともなう利害の衝突から、警察駐在所や事業所が原住民の襲撃を受けつつあった。

このような情勢の進展で、総督府は明治四十三年、政治的には蕃人討伐五ヵ年計画、経済的には林野調査五ヵ年計画を並行しておこない、原住民の住家である山岳地に侵入する資本家企業のために、途を切り開くことにした。つまり、いままでの不干渉主義の政策を転換して、積極的な蕃人・蕃地の管制をはかり、政治的経済的に、真正面から原住民部落に斬りこむこととなったのである。そのうちでも、討伐五ヵ年計画は佐久間総督の得意とする武力鎮圧策であり、討伐のために費された国帑が、当時の金で二百余万円の巨額にのぼったといわれるから、その意図と規模のほどがうかがわれよう。

さて、原住民討伐のそもそもの動機が、日本人の樟脳採取と関連しているため、楠木の原始林におおわれた台中州から北部の山岳が、まず、そのヤリ玉にあげられ、この地方を居住地とする原住民―主としてアタイアル族―を総督府は北蕃とよんで、軍隊を動員し山中に進撃していった。五年間の主なる討伐行は、台北州のガオガン蕃、キナジー蕃、新竹州下のガオガン蕃、マリコワン、キナジー、台中州下の霧社、北勢、バイバラ、ロープゴー、キナジー、白狗マレッパ社、高雄州下のトア社、李崠山附近、花蓮港の太魯閣蕃などであった。そして大正三年にいたり、北蕃の鎮圧が一応ゆきわたると、今度は南蕃と称する南部居住の原住民が所持せる銃器押集を開始し、パイワン族の頑強な抵抗をうけながら、高雄州下の施武郡蕃、ブタイ社、潮州郡のリキリキ社、台東庁の浸水営、姑子侖等に「捜索隊」

をくりだして進撃、占領せしめた。この時代からはじまって、昭和二年までに押収した原住民の銃器が三万一千五百余挺に達した。

近代武器と文明の優越の前には幾多の同胞を殺害されて原住民は力つき、佐久間総督は一九一五年（大正四年）四月をもって、討伐の完了を宣布した。この五年間に多数の同族が帝国主義の刃に倒れたのみならず、武器を取りあげられた原始の人々は、その運命をすっかり外来民族の手中に握られ、長年にわたって住み馴れてきた深山の住家も、他人の侵入に開放せざるをえなかったのである。帝国主義者は、彼ら未開民族を圧服するのにはもちろん手段を選ばなかった。たとえば一旦帰順した蕃社でも、その武器を押収しただけではたりず、原住民の戦闘力を根こそぎに撲滅するためには、蕃社の頭目を酒で酔わせた後に殺害したり、あるいは帰順した褒美に台北参観につれてゆくと騙しては青年たちを他所に移し大量殺害する、という卑劣な手段がしきりに用いられた。

かくして、日本帝国主義は、台湾島の四周から中央山岳地に向って張り廻らされた包囲線を、だんだんと引締め、蕃社を一社また一社と圧服してゆき、大正末期には全ての原住民と全居住区、すなわち台湾全地域と全部の台湾人が外来征服者に制圧しつくされるという、台湾史上で、前代未聞の状態になったのである。

原住民の反抗―霧社事件

おいつめられてゆく弱小民族の反抗およびそれに伴う首狩りは、台湾原住民と外来勢力との接触の時から始まり、台湾が日本に占領された後もその例外ではなかった。そして彼らの対外抗争は、いつも受身の状態で発動され、異民族の台湾侵占によって惹起されるものであった。日本時代も、総督府が「討伐」とかあるいは経済的にその居住区を侵犯することにたいし、彼らが反撃逆襲の挙にでたのである。したがって、外部からの挑戦が激しければ、彼らの反撃もさかんとなっていった。たとえば、明治三十一年から三十四年の如き樟脳採取や討伐が進められた時には、原住民の襲撃殺害に死傷するものが従来に倍加して年に六百余人になり、討伐五ヵ年計画が最高潮の年はその被害者―軍人は除外―は一千三百人に達していた。ことに、精悍できこえた南部のパイワン族の反撃にあい、各地で駐在所が襲撃をうけた。大正三年十月、ブタイ社に入山した阿里山支庁長外八名が殺害され、それと前後して、潮州郡のリキリキ社で駐在所が襲われ、警部補以下巡査とその家族十七名が首を狩りとられたことは、そのうちでも有名な例である。

このような台湾原住民の襲撃や首狩りは、一九三五年（昭和十年）ころまで続くが、そのうちで一九三〇年（昭和五年）に勃発した霧社事件は、いまだに現代人の記憶に新しい大事件であった。

台中州の山岳地、埔里の山奥に住む霧社の原住民は、昔からその反抗心の熾烈なことで漢人開拓者を悩ませ、日本時代になっても軍隊による討伐が数次おこなわれたために、日本人にたいする敵愾心が強烈であった。その霧社に、総督府は警察駐在所と蕃童教育所をおいていたが、たまたま昭和五年十月二十七日、教育所運動場で秋季運動会の開催中に、原住民数百が蜂起し、日本人官舎を虱つぶしに襲撃して警部以下百三十四名の日本人首級を狩りとり、山中に引揚げた。この時、生きのこった日本人はたったの一人で、しかもその人は、日本住宅の糞尿だめに沈潜して、かろうじてその難から免れえた、と喧伝されるほど、怨恨にこりかたまった原住民の首狩りが徹底していたのである。

台北の総督府は、生存者からもたらされた報に接して、急遽、台北、新竹、台中、台南の各地から軍隊や警察を動員し、日本軍の山砲隊までくりだして、討伐に大軍を投入したがこのような近代的武器による猛攻も猛り狂う原住民たちの反抗心に油を注ぐ一方で、花岡一郎という青年頭目の指揮する原住民たちの山岳戦には歯がたたず、死傷のみ多く出した。総督府は、事件が延びて、反抗が他所の原住民に波及することを恐れ、飛行機を出動させ、毒ガスの使用という非人道的な手段に訴えて、原住民数百を毒殺し、月余にしてようやく事件の終息をみたが、事件後、石塚総督が引責辞職するほど、当時の日本政界を震駭したのである。

霧社事件は、例のごとく原住民の大量殺害をもって終りを告げたが、それは、外来支配者にたいする台湾人の反抗史上に、不滅の精彩をそえるほどの歴史的意義があった。

指導者の花岡一郎は、台中師範学校を卒業していて、原住民仲間では稀れにみるインテリ青年であった。日本人の近代教育をうけ、かつ日本人に反抗した花岡一郎の指導する霧社事件は、その計画性と組織性を有する点で、単なる原始的精悍さと首狩りの習性にいでたる原住民一揆とは区別される性質のものであった。時あたかも平地では、漢人系台湾人の解放運動が熾烈に展開し大弾圧を蒙った後であった。

千余人にのぼる原住民の反抗が総督府に鎮圧されて仲間の大多数が毒殺されるや、彼、花岡一郎は自刃し果てて、日本人にいささかも遜色のない壮烈な最後をとげた。

霧社事件の後、昭和六年のピスタン事件、昭和七年の大関山事件、昭和八年ブヌン族がおこした台東庁下の逢坂駐在所の襲撃事件などは、いずれも追いつめられた未開民族の反抗行動として、総督府の頭痛のたねであったのである。

未開社会に文明の空気流れ入る

もともと、長い期間にわたって未開の生活にとじこめられてきた台湾原住民は、オランダ人や漢人開拓者と接触することによって、文明社会の隙間風が入り込み、もっぱら自然に依存する自給自足の状態から、物々交換の経済生活に移行し、鉄製品使用や稲作農耕にたずさわる方へ徐々に移行していった。

そして、日本領台後、平地はもちろんのこと、深山のすみずみまでも、日本人が送り込む文明の空気に触れることによって、停滞しつづけてきた原住民社会にも開化の曙光が見えだし、原始から一躍して現代に接近してきたのである。五十余年の間、総督府が一貫して採用した幾多の強制手段は、必ずしも原住民の利益擁護からでたものではないにしろ、また、長年すみなれた山岳地から強制的に追いだされたとはいえ、結果からみれば、彼らがより良好な環境に移り住んで、近代的稲作りや、豚を飼ったりして、生活がいままでよりはるかに前進し、かつ豊かになったことは否定できない事実であった。

一九三三年までに、深山から集団移住させられて平地に下った原住民が、三十一カ所あって、総人口約十四万人のうち戸数一千四百五十九戸、人口八千二百八十人をしめ、耕作水田が三百五十甲歩に達していた。昭和五年、原住民の水田面積は全島で約千五百甲歩、収穫玄米一万七千余石、飼育せる牛一万一千余頭、山羊三千頭、豚三万五千頭、という状態をみても、その進歩の一端がうかがえる。

一九三三年代には、台湾では米一升が八銭ないし十銭していた時代であるが、そのころの原住民一戸の生産収入は、年平均三十円八十銭をあげていた。その内訳をみると、農業収入が六三％、林業収入一七％、雇用収入八％、猟漁収入五％ということになっている。

生活の主要手段である農耕の収穫高をみると、粟二〇％、陸稲一一・六％、水稲一三・八％、サツマ芋二〇％、サトイモ二〇％で、副業の家畜数は豚が六二・九％、牛一五・六％、鶏二〇・五％という数字がでている。

原住民は最初のうち、水田を耕やし、肥料を使うと神の祟りにふれると考えて、総督府の下山政策には極力抵抗してきた。そこで総督府は、山地に農業指導所を前後して計十一ヵ所つくり、原始的な粗笨農業を集約農業へきりかえる「授産指導」を彼らにほどこした。しかるのち、彼ら原住民を高山から平地に移住させて、耕地をあたえ、灌漑設備をつくってやり、住家を建て、稲作の方法を教えた。それでようやく耕作がはじめられ、やがては収穫をかさねてゆくのであるが、実際に米を食べてみるとひえや粟よりは美味しいし、労働が山地におけるよりも楽なことがわかり、彼らは次第に自ら進んで田畑をたがやし田植をやるようになったのである。そして、自ら生産する農産物は、ほとんど自家用の主食に供したが、ヤミ族は自家消費の九八・一％を生産し、自家用生産のもっともすくないアタイアル族で八六・九％を自分で賄っていた。

それから、原住民たちの日用必需品の一部を、外来民族との交易によって賄うことは、台湾有史以来はじめられたことに属するが、日本統治時代になり、交易にたいする依存の度合がうなぎのぼりに上昇していった。たとえば一九二四年（大正十三年）に交易高が約五十五万円であったのが、六年後の昭和五年には九十万円にはねあがったのをみても、その急激な増加振りがうなずけよう。彼らは繭、藺草、苧麻、竹、木材、藤、穀類、愛玉子、木炭などと交換して農具、衣類、マッチ、ローソク、酒、煙草、装飾品、家具を入手する。そして、特筆大書すべきは、彼ら未開の原始民族も、交換過程において、貨幣と度量衡を用いるようになったことである。

近年になって、彼らは生産品売上代金や労賃を台銀紙幣で受け取るだけでなく、銀行貯金—あるいは郵便貯金—をもするという経済観念の変り様であり、昭和五年、貯金社数五百三十八社、貯金人口一万三千四百二十五人、貯金額三十一万一千六百九十円に達していた。さらに、それだけのみにとどまらない。平地に居住する原住民の大多数が生産性の高い漢人系台湾人に伍して租税公課を負担したというから、それが、たとえ総督府の強制徴収によるとはいえ、彼らの経済生活の上における大きな変革は見逃せないものがあった。もちろん、かくのごとき生活の向上をへてきても、まだまだ現代人の水準には達しておらず、到底、漢人系台湾人にもおよぶべくもないが、いままで数千年も停滞してきた原始状態から徐々に脱却しはじめ、生産の仕方、経済観念、生活の様相などが次第に文明人に向って接近するようになったことは万人の認めるところである。

原住民の文明への接近は物質生活のみに限らなかった。総督府は外来の文化や生活様式をも彼らに強制した。日本人が彼らの原始的要素を拭い去るのに急なることは、到底、漢人系台湾人にたいする比ではなかった。

領台後しばらく原住民のなすがままに放置した時期には、警備だけをその任とした理蕃警察は、明治末期から積極干渉主義に政策が一変するや、原住民にたいする教育、衛生、生活改善、授産を、一手に引受けていったのである。

総督府は、原住民に日本語を修得させることによって、外来の文化や生活を注入することにつとめ、そのうちでも青少年の日本語教育を重視した。一九〇二年（明治三十五年）、蕃薯寮庁（高雄州旗山郡下）の蚊仔口警察派出所で原住民児童を集めて日本語を教えたのを手初めに、各地で「教育所」が設けられ、昭和三年一月には教育標準の改定や、教科書の選定をおこなって、可能な限り近代教育の普及をはかった。かって明治三十五年には、生徒がわずか二十名にしかすぎなかったのが、三十年後の昭和五年には、原住民人口十四万人、学令児童一万四千人のうち就学者が八千三百七十五人で、就学率六〇％に達した。そして、その後どんどん進捗して漢人系台湾人よりも早く就学率が九〇％を突破し、終戦時には日本人並みに九五％になった。

それから成人教育をもおこない、頭目勢力者会、家長会、青年会、壮丁団、婦女会、処女会、同窓会、矯風会、夜学会、社衆会議等、原住民の全人口をあらゆる組織のなかに組み入れ、日本語を教え、生活を改善し、農業牧畜を伝授した。その他、現代医学を導入して衛生観念の向上につとめ、診療所二十三、療養所百九十三を設け、昭和五年の施療患者数はのべ二十万人に達し、出産に助産婦を招く者もでてきた。

また、総督府の積極的な干渉政策は一面、同化主義であることを避けがたく、原住民にたいする徹底した日本人の生活および文化の強制同化を遂行した。したがって、昭和末期になると、原住民の老若男女が日本浴衣の着こなし、あるいは草履や下駄の常用は漢人系台湾人に優に勝り、姓名も花岡一郎とか、玉川太郎に改めて、日本人ともみまがうことに、しばしば、ぶつかったものである。

彼らの生業は、依然として農業と労働雇用が大多数をしめるが、学校の先生四人、巡査六十五人、警手千二百三十三人が特殊な存在として、日本統治下の原住民社会の近代化を象徴していた。

五十余年の日本人による干渉、教化をへた今日では、日本人並びに漢人の影響をうけない原住民は、一人もいない状態になっている。そして、近年では、

一、首狩りはほとんど杜絶えた。

一、貨幣経済生活がすっかり身についた。
一、「台湾は祖先の時代から自分たちのもので、これをわれわれに相談することなしに、中国人や日本人が自分のものにした」、という民族的目醒めが青年たちに芽生えてきている。
一、減少の一途をたどってきた人口も、日本時代に増加の方向へ転換した。
一、日本語が各種族間に通用する共通語となった。

の諸点が日本支配下の原住民の特徴としてあげることができる。

第二次大戦中には、台湾原住民部隊がかりだされて、フィリッピンのバターン半島や東南アジア各地に転戦し、終戦後、二・二八事件の際、彼らは大量下山して漢人系台湾人とともに、中国人と戦い、犠牲をも払った。

彼らのうちで数少ない中学生や高校生は、漢人系台湾人の青年と伍して遜色なく、ことに野球やマラソンのような運動競技にはずばぬけて強く、アミ族出身の楊伝広はローマ・オリンピックでは、十種競技で文明人と堂々と互角の勝負を競いスポーツの面では、すでに対等に文明世界の仲間いりをするにいたった。

その反面、従来、彼らにはなかった賭博、盗み等、文明世界の悪習悪徳にも染まりだした。文明は果して、台湾原住民を幸福へ導くことができるのだろうか。

第十一章　台湾社会と台湾人

種族的には漢族の一分流

有史四百年。悠久たる人類の歴史からみれば、星のまたたきにも等しい短い一齣にしかすぎないが、しかし、台湾にとっては、この四百年間は、人煙稀れなる未開の原野から人口稠密な人間世界に生れ代り、かつ、近代的進歩発展の道程をたどってきて、その盛名を世界に馳せるにいたった、かけがえのない歴史の歩みであった。

この開拓発展の台湾史上において、一貫して主役を演じてきたのは、漢人開拓者とその子孫であった。そして、その主人公たる開拓者を統治支配してきたのは、外来征服者のオランダ、鄭氏一族、清朝、日本であった。しかも、日本帝国が、今次大戦に敗退するとともに、台湾の支配的地位から手をひいても、台湾人は、遂に、この父祖伝来の郷土を己れのものとして回復することができなかった。

この度もまた、あいもかわらず台湾人の意志とは無関係に、新しい支配者が入れ替り登場し、中国国民政府が新たにやってきたのである。台湾人ははしなくも、再び血縁関係にある中国人によって支配されることとなった。

ここで、中国国民政府の占領下にある台湾をみてゆくに先だち、あらかじめ、台湾社会と台湾人とはどんなものかを理解しておく必要がある。ことに、被支配の台湾・台湾人と、新来の支配者である中国および中国人が、どこが共通しており、どの点で異なっているか。また、その相違はいかなる程度で、どんな性質のものであるか。いかなる歴史の歩みをへて、このような相異が形づくられてきたか。これらの諸点は、いままで辿ってきた歴史記述のうちに、ほぼ回答をえていることとおもわれるが、ふたたび総括的認識を得ておくことは、終戦後の台湾をみてゆく上に欠かせない重要なことである。

さて、一九四五年八月、終戦時における総人口六百万人の中、九七・五％までが漢人系台湾人であり、大陸本土の中国人と同じ漢民族の流れをくむ人たちであった。換言すれば、現に台湾人あるいは台湾住民とよばれる人の大多数は、その昔、南シナに定住した北方系アジア人種の漢民族が（南方系の原始諸民族と混血している）、台湾に渡来して繁栄をみた人たちを祖先としてもっているのである。

しかしながら、現代の台湾人と中国人が、種族的源流が同じで、血液、言語、習慣あるいは文化特質が同一系統に属するとはいえ、台湾の社会と中国人社会とは、台湾の有史以来、台湾海峡という自然の境界によって隔離されてきたばかりでなく、人為的な封鎖策（明の隔離政策、清朝の封鎖政策、日本の分離政策）によって、二つの社会の隔絶が連綿と続いてきた。そしてこの空間の隔絶が五年、十年という短いものとはちがい、四百年という、一つの時代を劃しておこなわれてきた、その歴史的意義は拭うことができない。

ことに、中国との社会的紐帯を完全に断った近々五十年は、中国大陸においては、社会停滞と政治不安がたえず繰りかえされてきたのに反し、台湾社会は日本帝国主義の治下にあって、近代化の一大変貌を成し遂げ、現在の台湾はすでに昔日の比ではなくなってきた。それは、日本資本主義に支配されながら、その発展にともない、台湾社会も資本主義化、近代化の街道をはしりつづけ、たとえば、社会生産の面では、工業が異常の発達を遂げて、農業に追いつくほどになっている点に徴しても明かである。

したがって、第二次大戦終了の時点においては、台湾社会は、半封建の状態に停滞しつづけてきた中国社会とは、日を同じうして語ることのできないほど、近代化途上のはるか前方を前進しつづけていたのである。

これが、福建省とか、あるいは広東省のように、中国社会の部分的存在とは異った、〝単一の台湾社会〟が生成、発展してきた歴史過程であり、また、独自の〝台湾史〟が実在するゆえんでもある。

しかも、両者間の関係はそれだけにとどまらなかった。たとえば、清朝時代のように、二百余年にわたって、新来の中国人支配者が、古くから台湾にやってきた土着の漢人開拓者たち（今の台湾人の源流）を征服する、という支配と被支配の関係にあったばかりでなく、その支配方式が封建的であり、かつ植民地的であった。そのため、両者の間には、「同一種族」という共感よりもむしろ、敵対観念がたえずわだかまりつづけてきた。このような同一種族である中国人の支配にたいする敵対憎悪を通じて、台湾人意識の原型たる、「本地人」という共感の発生をみたのである。

ついで、日本帝国の統治時代となり、台湾人は当然、日本人に敵対してきたのであるが、その台湾人意識というものは漢民族としての潜在意識が土台となっていたことは否めないことであった。しかし、もともと中国人にたいする対立憎悪のなかから、「台湾人」としての共同意識が生まれてきただけに、この漢民族という意識のなかに潜在する、中国人との種族的共感は、それほど強固なものではなかった。つまり、台湾人は日本人にたいするときには、漢民族としての意識がよみがえってくるが、それが、いざ中国人に向うとなると、台湾人としての対抗心が頭をもたげてきて、中国人にたいする対抗意識が、日本人にたいする場合よりも強くなることは、台湾人自身が体験したことであり、そのまま歴史に示されてきた。

とにかく、大陸の漢民族からでて、言葉も福建、広東と同じく、文化、風習なども同一系統でありながら、四百余年の間、中国・中国人とは地理的に隔絶し、運命を異にしてきた台湾人は、独自の発展をつづけてきた結果、おのずからその社会の次元を異にするようになり、台湾人としての共同意識が漢民族のそれよりも強靱かつ現実的なものになったのである。そもそも血液や言語のような自然的要素を共通することによって生ずる民族的結びつきは、人類史上ではもはや過去のものとなりつつある。民族の交流が複雑になり、利害が錯綜してきた近世以後は、共同運命ないしそれによって生ずる共同心理が紐帯となる集団的結びつきが、血縁のそれに較べて勝るとも劣らない強靱さをもつにいたったことは、台湾の例だけにかぎらないであろう。

かくて、第二次大戦の終了の時点において、台湾人と中国人との血縁と文化の共通は、もはや、種族的意義しかもたないものとなっていた。このようなすでにミイラと化した要素にとらわれ、「地縁と運命」のもとに発生した台湾・台湾人の意識をみのがしては、その後にやってくる、国民政府の接収や暴政および台湾人の反抗する二・二八事件等、あいついでおこる事象の本質を解明することができないであろう。

台湾社会というもの

われわれが台湾社会と呼ぶ場合、正確には文明以前の原住民系台湾人社会と、文明圏内に入った漢人系台湾人社会の二つを包含すべきである。しかし、原住民社会については、すでに述べたことに尽きるし、台湾発展の主要な歴史的流れとは関連性が薄いので、これからいう台湾社会とは、漢人系台湾人社会を指すことにする。

さて、漢人系台湾社会の形成は、明朝末期、南シナ沿岸の海賊、漁民が澎湖をかすめ、台湾本島の西南部および西北角沿岸を遊弋し、原住民と戦いをまじえ、あるいは交易したりすることまで逆のぼる。そして、港湾に碇船した漢人のあるものは、上陸して小部落をつくり、自家用のための農耕をはじめることによって、農業移民のてがかりをきずいた。

まもなくすると、オランダの占領によって、大陸から農民が本格的な開拓移民として運ばれ、土地開墾に従事しながら村づくりをはじめた。これが台湾社会が孤々の声をあげた、そもそものはじまりであった。

鄭氏、清朝の台湾領有の二百三十六年は、移民と開拓の禁止制限があったにもかかわらず、統治者の政策とは反対に、中国で食いつめた者が自主的移民となって台湾に渡り、すでに定着した開拓民とともに未開の原野をきりひらき、清末には、人口二百五十万人に達する隆盛を誇った。そして、台湾の隅々にまで開拓者によって漢人部落がつくられ、つぎつぎと彼らの墳墓の地と化していったのである。

だが、血と汗を流して新天地台湾をきずいたこれら漢人開拓者は、遂に自ら自分の運命を支配することができなかった。いつの時代でも、後からやってきた鄭氏一族、および清朝勢力のような中国の封建君主が征服者として君臨してきたのである。ことに、清朝政府は大陸に本拠をおいて、台湾を本土から差別統治し、植民地政策をもって支配した。したがって、この時代の台湾社会は、一種の封建的植民地社会であったのである。

ついで、台湾植民地社会が中国封建社会の支配から離脱して、飛躍的に発展する日本統治時代がやってくる。日本支配の五十一年間には、台湾社会は、五大強国にのしあがった日本資本主義の圏内に編入されることにより、一大変革をとげることになる。

すでにみたように、日本帝国は、台湾社会より中国商業資本、欧米資本を一掃し、交通貿易のルートは南シナから日本にきりかえられた。そして、台湾はこんどは完全に日本圏に包含されるにいたった。

つまり、台湾という〝にわとり〟は、日本帝国という鶏舎にとじこめられ、他人が指一本ふれることができないようにされた、と譬えることができよう。日本帝国は鶏舎にとじこめた〝にわとり〟の首をひねって、ただ一回かぎりの饗宴に供する愚をしなかった。深慮遠謀の帝国主義者は、この素質のよい〝にわとり〟を、近代化と資本主義化の、即成飼育法によって、ドシドシ卵を生むように体質改善していったのである。

日本帝国の飼育によって台湾社会は、たとえそれが人間解放や民主革命を伴なわぬ、ビッコの資本主義発展であったとはいえ、日本治下一年の社会発展が停滞する清朝治下の幾十年に匹敵するほどの革命的な前進をとげた、といって過言ではない。

このように、分離政策にはじまった台湾社会の資本主義化の発展は、台湾を、前近代的な半封建の社会生産に停滞する――あるいはその前進が緩漫である――中国社会から、はっきりと離脱させた。そして、台湾が前進すればするほど、両社会のへだたりが急速にひろがってゆく状態は、あたかも台湾海峡の広さが無限にひろくなってゆくようであった。

かかる資本主義的独占の段階に近づきつつある日本帝国主義下において、台湾は、〝封建的植民地社会〟から、〝近代的植民地社会〟に変貌をとげていったのである。

では、こういう近代社会に足をふみいれた台湾と、半封建にとどまる中国は、具体的にはどんなちがいをきたしたか。その一端を一九四二年を基準にした統計からのぞいてみることにしよう。

1、台湾の農業人口は、全人口の六〇％と低下し、近代工業に働らく工員や都市労働者が五％をこえるようになった。一方、中国の農業人口はほとんど九八％に達する線を維持して動かず、都市労働者は一％にもみたない状態であった。

2、台湾の近代工業は食料品工業を中心にして、化学工業、機械工業が発達し、工業総生産額は農業のそれをしのぎ第一位であった。中国においてはもちろんのこと、アジアではこのような現象は、日本をのぞいて稀なことである。

3、一九四二年の台湾の工業生産と農業生産の合計だけをみても、台湾人口一人当りにして二百十五円（台銀券）で、ほぼ米ドルの四十ドルに該当するという、アジア社会においては日本につぐ高率を示した。

4、台湾人の無産化と貧富の差の拡大は、帝国主義的搾取と資本主義的発展がもたらした結果で、中国のごとく、前近代的な停滞による困窮とは異質なものであった。

5、近代的工場、鉄道、道路、港湾などの産業設備は、人口および国土の大きさからみて、実によく整備され、需給のバランスがとれたばかりでなく、近代的な流通機構や金融機構が発達して物価変動を徹底しておさえていた。

6、輸出入貿易は、大巾な出超に終始していた。これはアジアでも稀なことに属する。

7、台湾社会の資本家生産の発達は、四十年前に総督府財政をして独立採算を可能ならしめ、五十年間に歳入を三十六倍に膨張せしめた。アジア・アフリカの植民民はほとんどが、本国政府に依存していたのと比べ対照的である。

8、住民の生活程度は、中国大陸のみならず、アジア社会でも日本人につぐ高水準を維持してきた。

9、文化水準においてもアジアでは上位にあって、初等教育は普及し、適令児童の就学率は九五％に達していた。

10、医療、衛生思想が普及し、中国やアジア各地に猛威をふるうコレラ、ペスト、天然痘などの流行は台湾では根絶され、一般の死亡率が低下した。

日本末期には以上のように、台湾社会の資本主義化は人をして刮目すべきものがあり、どしどし近代社会へと近づいていったのである。しかし、おしむらくは、この近代社会への接近も、植民地支配のもとになされてきたために、ビッコの歩みをつづけてきたのである。

世界には、台湾が中国の版図から離れたように、本国の植民地的支配からぬけだして、近代社会への道をたどるうちに、完全に自主独立の社会を形成してゆく例がすくなくない。アメリカ、カナダ、オーストラリアなどが英本国からはなれて、各自の条件に適した独立の社会として発展していったことは、その例の最たるものであろう。台湾とアメリカ合衆国を比較するには、その自然的、社会的のもろもろの条件があまりにも違いすぎて正鵠を期しがたいとみられるかもしれない。しかし、同一種族である本国の絆から脱して、全然カテゴリーを別にする社会に生成発展し、その住民たちだけに通用する共同意識をうみだした点においては、台湾もアメリカ合衆国も変わりがなかった。

アメリカ人は、英本国に支配されてきた植民地社会という地位を、自からの力によって解放し、新天地の開拓と社会発展をとげた歴史をもってきた。つまり、自分の社会を生成発展させる推進力を自己のなかに内包していた。いわゆる〝原子力型〟といわれるゆえんがここにあった。一六〇二年にイギリスからメイ・フラワー号で船出してから、わずか二百年を出でずして、早くも独立のアメリカ合衆国をつくり、さらに独立後二百年たって、今日の強大と繁栄を誇るにいたっている。

台湾・台湾人もほぼ同じ年代にスタートして、自分たちにだけ共通する台湾社会を生成発展させてきたのであるが、それはアメリカとはちがって、外来者の圧迫と支配を推進力としてきた。これを、いわゆる〝ロケット型〟と称してもよいであろう。

原子力型は、核の内包するエネルギーによって自からを分裂融合してゆくが、ロケット型は体の外に推進力があって、他力によって社会が生成発展をみた、ということができる。

たとえば、初期の漢人開拓者たちは、メイ・フラワー号の乗組員たちが、一つの理想をいだいて海外雄飛を志したのとは異り、大部分が買われた労働力として台湾海峡をわたったのであった。ここに両者のちがいが象徴的にあらわれている。

このちがいが四百年たったいま、アメリカを独立国に育てあげ、台湾をいまだに外来勢力に支配される植民地に呻吟させているのである。

台湾人意識

一つの民族の唱導者が、その集団内部の民族意識を高めるために、対外的緊迫情勢を造成し—戦争や交通断絶などによって—相手にたいする敵愾心をあおりたてるという手段に訴えることは、いまでもよくとられる手段である。社会集団内の共同意識が、他集団に対峙することによってもえあがり、対抗憎悪を強烈にしてゆく点を利用するわけである。一般的にいって、共同の敵にたいする敵対行動と憎悪心がさきにあって、それにともない仲間意識が発生あるいは強化されるのを常とするが、台湾人の場合は、とくにこのような外部からきた要因が、彼ら仲間同士の共感を呼び起したのであった。

「大家弄総是台湾人」（我等ともども台湾人だ）、あるいは「並々是蕃薯仔」（同じく台湾生れのもの）、という台湾の言葉は、前々から言いふるされてきた。ことに、何か共通の苦境に処するときには、互に肩をたたきあって慰めあう如く、これらの言葉がいいかわされるのであった。

このような共通語の背後にある台湾人同士の共感が、清朝時代に発生をみて、日本時代に成長強化されたことは歴史が教えるところである。

台湾人同士の共同意識が、異民族の日本人に対抗するといえば、大抵の人は理解できるが、その共同意識が、中国人に対した場合にも鮮明、かつ、強烈に対抗するということになると外部の人には仲々わかりにくい。それは、はたのものが、台湾・台湾人の辿ってきた歴史と、現在の真の姿にうといために、単純に、画一的に台湾人と中国人を、「同じ漢民族」という枠のなかにはめこんで、すべての問題を考えようとするからである。

日本時代には、一般的にいって、台湾人が日本人に向うときは、「中国人」としてではなく、ほとんど例外なく「台湾人」ということが念頭にあって日本人に対してきたのである。たとえば、父老たちが回顧談として清国時代のことをよく語った。また、後になって、一部の青年インテリが外来思想の影響をうけて「広大なる祖国中国」を口にするが、肝心な語り手は観念的だし、聞く方も「家鴨が雷の鳴る声を聴く」ごとく、一向実感がともなわない。いざ、現実的に一中国人と対面しても、「台湾人」の姿勢で、異邦人に対する如くに、彼らを「唐山人」、もしくは「唐山客」とよんだものである。

もちろん、「台湾人が漢民族である」という事実は誰も否定しはしなかったけれども、異民族に征服されていた日本時代においてさえ、漢民族としての自覚が抽象的で、「台湾人意識」のみが具体的かつ第一義的に念頭にあったということは、この「台湾人意識」が、すでに不抜なものとしての社会的意義を有していたということができる。

もともと、社会実在と社会意識とは車の両輪にもたとえられるものである。すでに台湾に、個有の単一社会が生成発展をみた以上、その社会を構成する台湾人としての独自の共感や自覚が存在することは当然なことであるし、また、この共感や自覚が台湾社会の個有な性格をますます発展させることにもなってくるのである。

歴史的にみて、中国社会からの離脱が台湾社会のスタートであったし、中国人の統治に反抗することによって台湾人同士の共感が高められたからこそ、中国人から区別される台湾人意識が、発生強化をみたのであった。

人によっては、台湾人意識とは日本政府の分離政策による副産物で、「忘本」の心理―血液の忘却―であると主張するものもいる。このような説法は、多分に政治的な嗅いの強い発言で一種の謬論に過ぎないが、問題自体は一応、台湾人意識なるものを検討する材料とはなりうる。

血縁に対する觀念は、人間である以上、誰でも持合せている天与の感情であって、到底、他人の中傷や破壊によって消滅するようなものではない。たとえば、「君の兄貴は悪い奴だから縁を切れ」、と第三者から命令された場合、ただ単にそう命令されただけで、兄弟の情が消えさるものではない。むしろ、場合によってはそうされることによって、いっそう肉親へのいとほしさが増すものである。あるいは、疎遠であることがかならずしも血液の共感を失わせるものでもない。幼い頃に、はなればなれになった兄弟が、物心ついてからその存在を相い知り、まぼろしの兄弟の姿を胸にえがいて再会を願うことはよくあることである。

台湾人とても他人の中傷あるいは、ただ単に疎遠なることが原因して、中国人との同族関係を忘れるはずがない。

たとえば、日本時代に生れた台湾青年は、一度は誰れでも父老の言葉によって、未知の中国を心に画きもとめたことは、外部の第三者には知られてないことであろう。台湾人が、中国人に対して抱く対立意識は、その根本原因をさぐれば、第三者には関係なき双方同士間に発生した歴史的産物であることは既にみてきたとおりである。つまり、台湾社会そのものが、すでに中国から分家して、独自の道をたどっていったばかりでなく、それに先だって清朝時代には、台湾人の心の世界が、相反目対立を通じて、すでに中国人と訣別しはじめていたのである。ここに、台湾人と中国人との間における全ての問題のキイ・ポイントがあるといっても過言ではない。台湾人意識とは、台湾人自身のもつ過去における、ぬぐえきれない体験の累積によって、きずきあげられたものである。

ただ、その意識は、「同じ蕃薯仔である」と台湾人同士が日常、感じ互いに語りあうだけのもので、いままでに、その意義を歴史的に把握し理解するまでにいたらなかった。したがって、それだけ脆弱な一面をもっていたのである。この意識上の脆弱な点が、つぎの時代になってから、台湾人自身を大きな災難にみちびく要因となった。換言すれば、台湾人が自からの台湾人としての共感を意識し、かつ、その発生経過をしっかりと把握しないままにきたから、はてしない棘の道をたどらねばならなかったのである。

それなら、いかなる歴史過程をへて、中国人に対立する台湾人意識が芽ばえ、成長してきたか、その変遷をみておこう。

まず、開拓の当初、オランダ人統治を中心とする前後五、六十年は中国から移住してきた漢人たちは、あくまで開拓移民の一世たちであり、身は南海の孤島においても、心の中では中国大陸を祖先墳墓の地、わが生誕の故郷として、異民族のオランダやスペインの「紅毛人」―または「紅毛蕃仔」―に漢人として接してきた。当初は、そういう漢人意識のもとで、台湾における村づくりがはじめられたのである。

鄭氏時代になると、鄭氏治台の二十三年間、支配者は本土沿岸で対清朝戦にあけくれたが、台湾の開拓者たちは本土の百姓たちが長年そうであったように、政治権力の闘争にはほとんど無関心で、生きるための開拓と村づくりに専念していた。ただ、わずかに鄭氏による〝滅清復明〟のよびかけによって、「自分たちは明朝遺民である」という観念が多少なりと植えつけられたこともうなづける。

だが、オランダ人来台前後から鄭氏滅亡にいたるまでには、一世紀になんなんとする歳月が流れ、本土をまったく知らない台湾生れの二世、三世、あるいは四世までも出現していたことと思われる。人口も十五万人をこえ、七、八十年もの間、中国本土から隔絶された台湾は、ようやく開拓民の手で台湾の自然環境にマッチした小社会が生れつつあったといえるであろう。

やがて、鄭氏にとってかわって清朝が登場してくるが、この時代にこそ、中国から袂別する台湾人意識の生成する歴史的歩みをたどるにいたった。

一、軍事的に鄭氏を征服した清朝の軍隊や官僚は、明朝遺民という考えをもつ、一部土着民には敵人としてうつり、新来の支配者と土着民の対立は、はやくも清朝勢力対明朝遺民の形で幕がきっておとされた。

二、清朝政府は、台湾を、生蕃、匪徒流氓のはびこる海外の未開の地として、中国本土との交通や移民を制限、長い間、封鎖政策をつづけた。

三、清朝政府は台湾島をおさめるのに、はじめから植民地統治策でのぞみ、権力階級の官僚・軍隊は現地で採用せず、悉く本土から派遣交替させた。土地開拓の権利は、主として政治権力と近い関係にある本土の豪族や退職官吏に与えられ、開拓民は苛斂誅求を強いられた。
四、清朝の官僚軍人といっても同じ漢人であるが、誅求圧迫がひどいので、清朝勢力と明朝遺民という対立はますます大きくなり、月日がたつにつれ、たえず入れかわる新来の支配勢力と、早くから台湾にきて土着民となった開拓民とその子孫、という両陣営の対立と化していった。新しく開拓民として台湾にやってくるものも、すべて密航移民だったから、清朝支配勢力にはつかず、土着民側に仲間入りした。
五、土着民の反抗は、朱一貴の乱を契機として一段と熾烈になり、清朝支配者は封建的な虐殺をくりかえして鎮圧していった。十八世紀中葉ころにはすでに土着民の陣営が増大し、清朝に対する反抗も「三年一小叛、五年一大乱」と伝承されるように、各地で瀕発し、規模も大きくなっていった。支配者側は大陸から増兵して、虐殺せん滅をもってこれに対した。このような一揆と虐殺の反復は、両陣営の仇敵心をますますかきたてていった。
六、十八世紀末の林爽文の乱は三年もつづき、このころには清朝勢力に対する抗争と憎悪がまし、台湾という地縁と被圧迫者という運命の共同が紐帯となって、「本地人」という共感が土着民の心の中にはっきりとあらわれ、たえず移動交替する清朝勢力の兵員を〝唐山人〟(それ以来は台湾人は中国本土人をこう呼んでいる)と呼んで対抗し、頭の中ではっきり区別してゆくようになった。
このように、封建的かつ植民地的な圧迫誅求にたいする被圧迫者の農民一揆が、地縁と運命の共同を紐帯にした本地人の唐山人に対する抗争として変容していった。この反唐山(反大陸本土)の本地人(台湾人)の共同意識は時代の経過するにつれ燎原の火のように全台湾をおおいつくした。

この本地人としての共感と覚醒こそが、台湾人意識の原型となったのである。

一八九五年、清朝は台湾を日本に割譲した。日本軍が台湾を占領するとき、在台湾の清朝勢力（唐山人）は彼らに近い地方士紳（本地人）を糾合して抗日軍を組織し、〃台湾民主国〃を成立させて、日本帝国主義の台湾統治に反対するのろしをあげた。しかし、日本軍が上陸すると唐山人はまっさきに大陸本土に逃亡して、抗日運動は束の間に瓦解し、地方士紳のうちで唐山人に従うものも少くなかった。

残された台湾民衆は日本籍民となり、分離政策と資本主義化の進展で、台湾と中国の連帯性は急速に後退していった。

日本時代に入り、いままで唐山人にむけられていた台湾人意識は、当然のこととして新支配者の〃狗仔〃（日本人）にその矛先をかえていった。そして、圧迫屠殺と反抗闘争の連続は、ますます台湾人意識を強化してゆく結果をまねいた。

しかし、何といっても台湾社会そのものが急テンポに資本主義化、近代化していったことは、台湾人の意識世界に決定的意義をあたえたのである。そして、社会の資本主義化に伴なう台湾人の近代教育の進歩と、民族自決の世界風潮の影響で、インテリ青年によって、近代的な全台湾の民族解放運動が展開された。これは日本帝国主義による政治的に経済的の圧迫支配下にある台湾社会のなかから生れでた、借りものでない解放運動であったから台湾民衆の心に強く訴え、台湾人意識は空前の高潮を迎えた。そして、これはあくまで台湾人としての民族解放の方向で、台湾人の自治要求と、台湾議会の設置運動の形として一般にうけとられた。

そのうちで、中国を祖国とする台湾解放運動を考える者が、少数の指導者のうちに個々にあったが、それが台湾・台湾人の現実と遊離した観念的な借りものであったので、政治行動の指針にはならず、したがって一般台湾人のなかで作用する社会的背景をもたなかった。

日本統治の末期になると、世界史的な大変革に際会し、一部の青年インテリは「自分たちも世界の青年なみに何かのために尽そう」という純粋な使命観が生れてきた。一方、戦争と思想統制に追つめられて、血を唯一つの絆にして未知の中国・中国人におぼろげに未来の夢を托するようになるが、期待したとおりの中国および中国人ではなかったことで苦悩しつづけた。つまり、台湾人の抱いた祖国および同胞と現実の中国・中国人の相異、および、いくら種族の同一をもってしても、埋めつくすことのできない、台湾・台湾人と中国・中国人の間における社会的心理的ギャップが大きいことに気がつき、その調整と解明に人しれぬ苦悩をなめながら終戦を迎えることになった。

最後につけ加わえるべきは、台湾人の共同意識の蔭につきまとう、台湾の国土の狭小と人口のすくなさに起因する劣等感が、一部の台湾人をして、中国人との血液の共同のうちに未来を托し、かすかな可能性を求めようとする、複雑で虫のいい潜在意識をもたせたことである。それが日本人時代に、〝台湾人の台湾〟というスローガンを明確に掲げることを阻んだ一因でもあった。ここにもう一つの台湾人意識の脆弱性があったのである。そして、この他力本願の一かけらのために、台湾人の苦難の道はまたまた、果てしなくつづくことになった。

台湾・台湾人のことを「台湾民族」という字句で表現することは、わかりにくい面もあろう。しかし、もっとも今日的な意味における「民族」を解明した後に、台湾・台湾人の現実に対するとき、それが小数民族としての単一固有の形式と内容のそなわっている点をば、何人といえども否定しおうせるものでないことに気づくはずである。

第十二章　第二次大戦と台湾の変革

第二次大戦までの世界情勢

さて、十九世紀に入って人類社会は、ことごとく、ヨーロッパ社会の支配するところとなった。そして、このような世界支配は、地球全体を逐次、資本主義体制の支配下にくりこむことによってなされてきた。なかんずく、資本主義的発展を一足先きに成し遂げた先進諸国は、大量生産の物資と蓄積された資本を、新式の交通機関に積みこみ、大西洋を横断し、地中海、スエズ運河を通って、アジア、アフリカ、中南米の未開地域に植民地を奪っていった。

しかし、このようなヨーロッパ先進諸国による世界征覇は、だんだんと資本主義的秩序のもとに世界全体を一つに結びつけてゆく一方、当然のこととして、最初から、これら全体的結びつきを破壊する要素をも同時に包蔵していたのである。

この種の分裂抗争は、まず、先進のヨーロッパ社会内部から発生した。それは、各国間における近代社会へ発足した時間的ずれと発展速度の不均衡に起因していた。

そのうちでも、英国が最も早くスタートをきり、十八世紀末からおこった産業革命は、農業国から工業国へと脱皮させ、ヨーロッパにおいても資本主義の最先端をゆく、近代的産業発展をなしとげさせたのである。英国につぐドイツなどはそれに格段の差をつけられてしまい、大英帝国のみが陽の没することのない領土を全世界に占拠し、いたるところに植民地をつくりあげることに成功した。

十九世紀は、英帝国の全世界に君臨する時代であったが、二十世紀に入ると、その王座をおびやかす手強いライバルがあらわれてきた。急速に国内発展をとげたドイツ帝国がそれである。そして、両者の鎬をけずるような激しい角逐は、やがてバルカンをめぐる対立抗争で火を吹き、ついに第一次大戦が勃発したのである。

第一次世界大戦の主戦場となったヨーロッパは、つぎつぎに登場する近代兵器で満身創痍の戦禍をこおむり、せっかく順調にスタートしていた先進諸国の資本主義発展は、そのため、十年も二十年も後退することになった。そのうちでも、大英帝国は戦争に勝ったとはいうものの、勝利の代償として、永年にわたっておこなってきた海外投資のほとんどを犠牲にし、世界支配の王者の地位から転落することを余儀なくされたのである。

それにひきかえ、戦禍を蒙らず、もっぱら軍需品生産で漁夫の利をむさぼったアメリカは、戦時中に飛躍的な生産拡大を達成し、ついにイギリスにとってかわって、世界支配の優位を獲得することになった。

ロシヤでは大戦の後半に革命が勃発して、共産党の一党専政によるソ連邦ができ、独裁政治による社会主義建設を強行するようになった。そして、アジアでは新興国日本が、五大強国の一つにかぞえられて、アジア民族の覚醒に大きな刺激を与えたのである。

しかし、第一次大戦後二十年の間に、各先進国の資本主義化がいよいよ高度に発展して、社会生産が一まわりも二まわりも拡大された。それにともなって帝国主義諸国間の競争が熾烈化するだけでなく、先進国と新興国の間の敵対抗争もはげしさを加えてきた。

そして、結局は国土、資源、人口に恵まれた大きな経済基盤の近代国家だけが、この激しい国際競争に勝ちのこる資格を備えていた。それは、資本主義国家のアメリカと、社会主義体制のソ連だけであり、イギリスは、昔日の大英帝国の結束をあらたに計ることによって、わずかにその世界的地位を維持しようとしていた。

このように、日毎にはげしくなっていく国際競争は、大国をして、後進地域諸国を自国勢力圏に、一段と緊密に包含する傾向を強くさせ、地球上のありとあらゆる後進国または後進地域は、その好餌としてねらわれることになった。すなわち、世界のブロック化がこれである。

こういう情勢下にあって中国は、元来、いずれの圏内にも属しない半植民地的存在であったから、各国争奪の対象として大きくクローズ・アップされてきた。

英国は阿片戦争いらい一貫して、中国大陸支配の主導権をにぎり、香港に根拠地をおいて、揚子江以南の南シナだけでも、当時の金にして二十億ドルに相当する権益を確保していた。一方、ソ連は帝政ロシヤの政策をうけついで、内陸から大陸本部をうかがい、外蒙古と新疆地方を勢力範囲におさめていた。

アメリカの中国進出は列国に比し、一歩も二歩もおくれをとったが、膨大な国土、資源および世界の五分の一をしめる人口の潜在購買力に垂涎おく能わざるものがあった。そこで、第一次大戦前後から「門戸開放、機会均等、主権尊重」という新来者に都合のいい三原則をかかげて、進出の機をうかがっていた。

東洋におけるただ一つの新興工業国日本は、〝アジアにおける持たざる強国〟として満州・蒙古を勢力圏におくことから、伝統的な北進政策をさらにおしすすめて、シナ本部に触手をのばし、地理的、人種的近親感を口実に中華民国にたいして、英米依存からの脱却と防共協定をしきりに強要していた。

このように、〝持てる国〟のさらに多く持とうとする野望と〝持たざる国〟の領土と資源への要求がぶつかり、さらに東西の〃持たざる国〃同士である日独伊の提携、それに世界戦争を遂行することによって資本主義崩壊をねらうソ連など、いくつかの複雑な要因がかさなりあって、遂に第二次大戦がおこったのであった。

まず、東では一九三一年の満州・上海事変、西ではイタリアのエチオピア侵入とアルバニア占領、スペインの内乱などが第二次大戦の前哨戦として行われた。しかし、そもそもの発端は、一九三七年七月七日、北京郊外の蘆溝橋における日華両軍隊の衝突で、これが日華事変となり、遂に世界戦争に発展していったのである。

既得権益擁護の立場にたつ英米側は、戦火の拡大をおそれたものの、ソ連は、世界革命を押し進めるチャンスとして暗に列強間の戦争を期待し、八月に入ると中ソ不可侵条約の締結、十月には日独伊防共協定の成立となって、戦争の長期拡大の世界的背景ができあがったのである。

一九三八年一月早々、日本側から「蔣政権を相手にせず」という近衛声明が出され、日本政府の戦争遂行の意志が不動なものとなった。それにともなって戦火は北支から疾風迅雷の早さで中支、南支と拡大したことはいうまでもない。四月には厦門占領、十月に入って広東占領につづく武漢三鎮の陥落と、シナ本部主要都市は日本軍の席巻するところとなった。

一方、ヨーロッパでは、英仏の譲歩によってミュンヘン協定が成立し、緊張は一時緩和したかにみえたが、それも枢軸国の防共協定が一歩すすんで日独伊同盟となり、戦争挑発者側の鼻息は一段と荒くなっていった。

ところが、一九三九年に入ると情勢は急転した。ソ連のモロトフ外相は突如ベルリンを訪問、世人の意表をついて犬猿のなかのドイツと独ソ不可侵条約が調印されたのである。そして、ソ連との握手によって両面作戦の心配を解消したドイツ軍は、同年九月、ポーランドに侵入し、ソ連も兵を進め、瞬時にしてポーランドは分割されてしまった。

これをみた英国は即座に対独宣戦を行い、フランスも直ちにこれにつづいた。アメリカは一応、中立宣言をだしたものの、実質的にはここで第二次大戦が始まったことは、その後の成行からして明らかである。

このころ、日本は海南島に上陸、仏領印度シナに兵をすすめて、東南アジアのヨーロッパ植民地に直接斬りこむ準備を万端ととのえていたのである。

一九四〇年に入って、独軍はポーランド侵入の矛先をかえして、独仏国境のマジノ線を突破し、戦火はいよいよヨーロッパ心臓部に迫った。独軍の電撃的侵攻で戦況不利におちいった英軍は、ダンケルクから本国に引き揚げ、フランス全土は独軍の占領するところとなった。

この年、日本は「大東亜共栄圏」なる旗印をかかげ、東南アジア侵攻の錦の御旗としたが、北方では、ソ連軍がソ満国境を局部的におかし、軍事衝突をおこしては日本政府をいらだたせることを忘れなかった。

ところが、一九四一年になって、対立反目をくりかえしていた日本とソ連が、日ソ不可侵条約をむすび、南方に軍事行動を起そうとする日本軍の後顧の憂いが、またもやソ連によって解かれた。そして、五月には、米大統領の国家非常事態宣言が発表され、六月には突如、独ソ両国が戦火を交じえ、つづいて英ソ軍事協定、英国の対日条約の破棄というような事態が次々とおこって、全面戦争の気配はますます濃厚になっていった。

果してこの年の十二月八日、日本海軍は真珠湾の奇襲攻撃と、マライ沖海戦を行い、日本の対米英宣戦布告となった。枢軸国の独伊も日本にならって米国に宣戦、中華民国は米英と軍事協定をむすび、日独伊三国間に単独不講和協定ができあがった。このようにして、世界は真二つにわれて、第二次大戦の深みにはまっていったのである。

しかし、この戦争は枢軸国の〝持たざる国〟が、〝持てる国〟の物量の前に抗し難く、一九四三年にはイタリアが脱落し、一九四五年六月にはドイツも無条件降伏し、残るは日本だけとなった。そして、アメリカの空軍によって広島、長崎の原爆投下の直後にソ連が対日宣戦。一九四五年八月十五日、日本政府のポツダム宣言受諾となって、日本帝国は無条件降伏し、ここで、第二次大戦はその幕を閉じたのである。

カイロ宣言からポツダム宣言

では、このような人類史上の一大変革に際会して、台湾はいったい、どんな帰趨をたどったのであろうか。それを一瞥しておく必要がある。

さきに、太平洋戦争勃発の三カ月後、一九四二年二月、アメリカ政府は早くも国務、陸軍、海軍諸省調整委員会の下に極東小委員会（SAF）を設け、日本降伏後の対日処理方針を検討してきたが、このとき、すでに台湾はその帰属について研究俎上にのぼっていた。

そして、枢軸国側の軍事敗退が明かになってくると、米英ソの連合国軍の立役者は、一九四三年の初めから、カサブランカ、ケベック、モスクワとあいついで会談し、戦後の世界処理方針を検討していたのである。

さらに一九四三年末には、ルーズベルト、チャーチル、蔣介石の三首相はエジプトのカイロで会談し、十一月二十七日に「カイロ宣言」なるものを発表した。カイロ宣言は日本降伏後のアジア地域の処理方針の基本的考え方を、三首脳の申しあわせの形で公表したものである。

このなかで重要なことは、戦後日本の領土処理についての覚え書きであった。すなわち、一八九五年いらい、日本が侵略によって取得したものはすべて、とりさられると書かれているが、ことに台湾については具体的に、つぎのようにつけ加えている。

〃同盟国の目的は……台湾および澎湖島のような日本国が清国人から盗取したすべての地域を中華民国に返還することにある〃

このカイロ宣言によって、台湾の帰属、すなわち、台湾・台湾人の運命の帰趨は五十年ぶりに、国際政治の俎上にのせられたのであった。

台湾・台湾人は日清戦争の結果、下関条約で賠償として清国の手から日本にうつり、今度は戦利品として、日本敗退の暁には中華民国にわけ与えるというのである。

ついで、一九四五年七月二十三日には、ポツダム宣言が発表された。これは、すでに降伏したドイツの処理について、米英ソ三首脳が会談するためにポツダムに集まった際、トルーマン米大統領とチャーチル英首相が裁決し、それを重慶の蔣介石に連絡したうえ、発表したものである。

その内容は、日本の無条件降伏を勧告するような性質のものであるが、そのなかで日本領土条項は、〃カイロ宣言の条項は履行せられるべく、また、日本の主権は本州、北海道、九州、四国、ならびにわれらの決定する諸小島に局限せられるべし〃、とカイロ構想を再確認していた。

こえて一九四五年九月二日、東京湾のミズリー艦上で、日本は降伏文書に署名したが、その文書には、〃日本はポツダム宣言の条項を受諾する〃とあり、台湾に残留する日本軍隊は蔣介石の手で武装解除され、台湾は中華民国政府の占領するところとなった。

そして最後に、連合国と日本が講和条約を結ぶ際に、日本政府が台湾・澎湖島を中国政府に割譲する条文が付加されれば、台湾は法的に中国領土に編入されることの最終決定をみるわけである。

しかし、その後の国際情勢の変化によって、中華民国は台湾を領有するチャンスを法的に逸してしまった。中国にしてみれば、まさに、九仞の功を一簣に欠いたのであった。それは一九五一年九月八日、対日講和条約のため米英両国は四十八カ国をサンフンシスコに招請し、〃日本国との平和条約の締結および署名会議〃をひらいたが、その時、肝心の中国が招請されなかったのである。

すなわち、戦後の中国においては内戦が悪化し、すでに蔣政権は中国大陸から敗退を余議なくされ、米ソの対立も険悪になっている折でもあり、そのうえ、米英間において中国政策の意見のくいちがいがあったため、対日平和会議招請国から中国がはずされてしまったのである。

しかも、対日平和条約第三章第二条項には、〃日本国は台湾および澎湖諸島に対するすべての権利権限および請求権を放棄する〃と規定されただけで、台湾の帰属は中華民国とかあるいは特定国の領有とする、という明確な具体的決定はなされなかった。かくして、台湾は蔣介石の国民政府に占領されはしたが、カイロ宣言やポツダム宣言の立案当事者たちが、その当時の片面的約束を導守するしないにかかわらず、現在にいたるまでその法的地位は未確定のまま放置されてきた。

将来といえども、日本をのぞく対日平和条約の署名国が、再び裁定を行わぬかぎり、台湾の帰属問題は、国際法上では、最終処理ができない状態におかれている。この点、台湾および台湾人にとっては、かえって将来に一縷の望みがのこされているということができる。

　では、その後、一九五三年八月五日、日本政府と台湾に亡命した蔣介石政府の間で批准交換された日華平和条約は台湾の帰属について如何にあつかっているのだろうか。日華平和条約第三条には、〃台湾、澎湖に関する領土権、人民統治権等は、日本国が中華民国に対して放棄する〃という規定をしているのである。

　しかし、サンフランシスコの平和条約で、日本は台湾、澎湖島について一切の権利を放棄しているのであるから、それを日華平和条約で再び放棄することは、法的にも道義的にも矛盾していることはいうまでもない。

　このように、終戦前後を通じて、俎上にのぼった台湾問題も、時をへるにしたがって、その帰属が問題になってきたが、結論をあえて出すなら、目下のところ、一応、日本がすべての権利を放棄することを表明した最初の相手である連合国に帰属する、と解釈するのが妥当なようである。

第十三章　国民政府の台湾占領

台湾の接収

戦後台湾は予定どおり中華民国政府に接収され、蔣政権の統治下で十六年余をすごしてきた。その間には、外部情勢によって余議なくされた変化、あるいは、内在的に起った事象が雑然といりくんでおり、その事実や真相がいまだに釈然とされずにのこされているものも多々ある。したがって、一つ一つの出来事の前因後果を微細にわたって究明し、その真実を知るにはもっと時間を借さねばならぬであろう。

しかし、断片的にせよ、この十数年におきた顕著な事象や主だった事件について、可能なかぎりの史料をもとに歴年的に並記してゆくだけで、大方の流れとその意義は握把できる。今後、詳しい資料と真相が明かとなり、一般に公開されるときになって、台湾史における国民政府占領の一章がさらに明確に記されるであろう。

さて、カイロ会談の結果、米英両国首脳より、終戦になったら中国軍隊が台湾・澎湖島の占領に当るという応諾をとりつけた蔣介石は、日本の敗色濃くなった一九四四年四月、重慶に〝台湾調査委員会〟を設けた。その主任委員には、元福建省主席で台湾事情に明るい陳儀を任命、その下に七名の委員をおき、台湾についての政治、経済、軍事の基礎調査および接収計画の起草を命じた。

ついで、重慶と福建省の福州、漳州に、〝台湾行政幹部訓練班〟、〝警察幹部訓練班〟、〝銀行幹部訓練班〟などをつぎつぎと設けて、各種人材の訓練養成をおこない、接収の準備を着々とすすめていった。

いよいよ日本が降伏して、アジア全地域にわたる戦闘行為が一切停止すると、各地で日本軍の降伏、武装解除、接収占領がつぎつぎと遅滞なく行われた。台湾については、九月一日に重慶の国民政府が、台湾省行政公署組織大綱(日本の台湾総督府官制に相当するもの)を公布し、陳儀を台湾行政長官兼台湾警備総司令に任命した。そして五日になって、重慶に〝台湾省行政長官公署辦事処〟と、〝台湾警備総司令部前進指揮所〟を設置して、接収の具体的計画と人員の選定任命にとりかかった。

そして、九月九日、南京で中国戦域全体の降伏式典がとり行われ、重慶から飛来した中国陸軍総司令・何応欽上将が、日本の支那派遣軍総司令官・岡村寧次大将の降伏をうけた。これよりさき、連合国極東総司令官・マッカーサー元帥の委託命令にもとづき、台湾・澎湖島は中国政府が占領管理することになっていたので、その降伏式典には台北から日本側の軍民代表(第十方面軍参謀長・諫山春樹中将が主席代表)が、南京に飛んで参列した。これで、台湾が中国に接収される手続が完了したわけで、その準備のために、陸軍台湾接収準備委員・張延孟上校が、さっそく台北に飛来してきた。

十月五日になって陳儀長官の先発として、長官公署秘書長の葛敬恩が、台湾警備総司令部の副参謀長・范仲堯を帯同して、米軍機で台北松山飛行場に降り、早速、台北市に前進指揮所を創設した。そこで、日本側と接収の打ち合わせにとりかかったわけである。

この第一便で台湾に飛来した接収員の主なる人たちには、葛、范のほかに、黄朝琴、李万居、王民寧、蘇紹文、張武、湯元吉、徐人寿等がいて、彼らは後に台湾の政治、経済、新聞各界の枢要な地位につくこととなった。

十月六日には前進指揮所の備忘録が日本側の安藤総督に手渡され、陳儀が台湾に到着するまで一切の行政、司法の事務は従来どおり、日本の台湾総督府が行うことを通告した。その後、日本の台湾銀行券は引きつづき流通させる、日本人の公私有財産の移動を禁止する、国籍の如何を問わず、いずれも納税すべきである、ということを次々と布告した。

ついで、十月十七日になって、国府軍の一〇七師と一七〇師をはこんだ輸送船が米艦二隻に護衛されて、基隆に入港してきた。意外にも国軍の歴戦の勇士たちは、軍帽をあみだにかぶって、ぶくぶくの綿入れ軍服をまとい、木綿の中国靴をはいていた。そのなかで、背中にはなべ釜をせおい、蝙蝠傘までもつものもあった。しかも、船酔いのため顔面蒼白にして元気なく、一人一人はいでるように上陸してきたのには、ワンサと埠頭につめかけた歓迎の台湾民衆も一瞬とまどった形であった。

しかし、抗戦八年の耐乏生活に終始した陸戦の勇士なので船には弱いと説明され、一応の納得をした歓迎陣は、青天白日の旗をふり、ドラ太鼓をたたいて、賑やかにむかえたのである。

この船には警備総司令部参謀長の柯遠芬が、二百余名の中国人官吏を引率してのりこんでいた。彼はただちに台北入りをし、国府軍は翌日、基隆から台北市に進駐してきた。沿路の台湾人はいく重にも人垣をつくり、青天白日旗をふりかざし、爆竹をうちならして、最大限の歓迎の意を表したのみならず、街路に面した窓という窓や、屋根の上にまで熱狂する市民が鈴なりになって群がった。

かくて、準備万端とのったところへ、十月二十四日、待ちに待った陳儀長官が米軍機で各界代表歓迎のうちに台湾入りをし、その翌二十五日に午前十時を期して、台北市中山堂（もとの公会堂）で、〝中国戦区台湾省受降典礼〟がとりおこなわれたのである。

陳儀長官兼総司令は、礼砲がとどろき爆竹の鳴りひびく中を、属僚をひきいて式にのぞみ、自ら身分と、命令をうけて台湾受降の主官となったことを告げ、第一号命令を、日本の第十方面軍司令官兼台湾総督・安勝利吉大将に手交した。安藤大将はその命令書をうけとり、受領証に署名捺印して式典は終った。この瞬間から台湾・台湾人は、五十一年間続いた日本の統治からはなれ、新たに中国の占領統治するところとなったのである。

その第一号命令は、〃本官と本官が指定した部隊および行政人員は、台湾・澎湖列島地区の日本陸海軍とその補助部隊の降伏を接受する。並びに台湾・澎湖列島の領土、人民、統治権、軍政施設および資産を接収する〃とあった。

この歴史的式典には、中日の軍官民はじめ総勢二百余人が参列し、連合軍代表としてコートリ米海軍大尉も列席し、台湾人代表には林献堂以下三十余人が参加した。

式典後、接収はさっそく実行にうつされ、総督府直轄の三十三単位は、民政処長の周一鶚が主任委員となった〃接管委員会〃が当り、日本陸海軍は台湾警備総司令部が担当して接収をおこなった。

地方下級機関は長官公署の民政処がその接収を主管し、長官の任命した主任委員、専員、委員たちが現地に直接おもむいて接収の任に当った。こうして接収はつづけられ、一九四六年の五月ころまでに一応、その完了をみたのである。その間には、大部分の日本人官吏は〃諮詢員〃とか、あるいは〃嘱托〃という名目をつけられて留用され、官庁、銀行、会社とも、従来通り仕事を続けた。

軍の方は、〃台湾地区日本官兵善後連絡部〃（部長安藤大将）なるものが設けられ、中国警備総司令部の指揮下にあって、接収工作に協力することになった。

ところが、以上のべてきたことは、いわば中国政府の台湾接収の外見的な一面ばかりであって、接収の実際のやり方、あるいは真相、内幕はこのように整然と行われたものでは決してなかった。

それはむしろ、ここに羅列してきたような状況とはまったくちがったものであった。そして、これらしかつめらしい式典や形式張った接収計画は、豈計らんや、彼らによって、これから台湾・台湾人に加えられる虐政のかくれみのにすぎなかったのである。

国民政府によって台湾・台湾人にふりかけられる災難を理解するには、終戦直前の台湾の実情をもう一度ふりかえってみる必要がある。

終戦直前の台湾

日本の敗戦が濃厚になった一九四五年の五月、サイパン、グァム、テニアン、ルソン島と、つぎつぎに拠った米軍は、沖縄を攻略し、台湾は前後からはさみうちになったような格好で外部との連絡をたたれ、まったく孤島と化してしまった。

孤立した台湾は、日本本国はじめ外部との補給パイプをたちきられ、生産、民生の経済面に大打撃をうけることになった。たとえば、外部の供給にたよっていた硫安の輸入が杜絶え、生産意欲の低下も手伝って、一九四五年度の米産額は島内消費のバルクラインである六百万石を割るし、日本から細々と入ってきていた軍需民需の中小工業品は、ますます欠亡してきた。

戦時中に雨後の筍のように設立された、各種工場も原料不足のため生産低下し、操業中止のやむなきにいたったものも多い。原料を自給できる砂糖生産にしてからが、戦前のピーク百四十万トンを誇ったものが、一九四五年にはわずか二十万トンにおちてしまったのである。しかも、これら日本内地のために生産された砂糖は、海上輸送の杜絶で、台湾島内に氾濫し、倉庫からはみでて、砂糖の山が野ざらしにされていた。

戦闘が島の四周で繰りひろげられている以上、島内にたいする爆撃も頻々と蒙ったことはもちろんであった。南部地方の飛行場、軍事施設、発電所、高雄の港湾施設や市街、台南、嘉義の飛行場や市街は、とくにその損害がひどかった。

しかし、そうだとはいえ、その他の都市はあれだけの大戦争のさなかにあるにしては、むしろ、工場、電力、通信商店街がそのままのこり、首都の台北市でさえ、総督府、兵舎に若干の直撃弾をうけた程度で、わずかな死傷者を出したにすぎなかった。南北を走る縦貫鉄道は爆撃による一時停止はあっても、長期にわたって運転を中止することがなかった。つまり、産業経済の末端においては、原料不足や化学肥料欠乏のため栄養不良や神経麻痺のような現象があっても、日本内地のごとく、全台湾の骨幹や命脈が致命的打撃を蒙るということはなかったわけである。

要するに、台湾は碁でいえば、米軍の「目」ができていたわけで、沖縄にアメリカ軍が上陸することによって、かえって台湾は阿修羅の戦場と化することからまぬがれたのである。これは台湾にとって、最大の幸福であったといわねばならない。

さて、ここで、戦後の復興に最も関係ある終戦直前の台湾財政経済に一言しておく必要がある。次表は台湾総督府の官制統計であるが、八月十五日までの台湾銀行券および日本銀行券の市中における流通額を二十五億円とふんでも、あれほどの激烈な戦争にまきこまれた植民地にしては、上海あるいは重慶などとくらべていかに通貨膨張が緩慢であったかが分ろう。

台湾銀行券発行高　（千円）

年　月	金　額
1936・6月末	75,489
1937・〃	112,033
1941・〃	252,845
1943・〃	455,554
1944・〃	796,080
1945・3月末	1,021,008
1945・8・15	1,433,190
8・31	1,651,000
9・11	1,930,000

台湾における手形交換高　（千円）

年	一カ月平均
1936	32,750
1937	34,398
1941	83,619
1943	103,504
1944	118,523

昭和二十年度における台湾総督府歳出入予算は、約八億二千万円であった。物価の方は一九四三年ごろからインフレの気配をみせはじめたものの、終戦時には官庁統計によっても約二倍。物によっては、全般的には欠乏しなくとも、偏在していた関係上、実質倍数は約五倍であったとみて大差ない。

上海などの物価は終戦一、二年も前から一カ月に倍になり、終戦直前二、三カ月前には月に何倍、物によっては何十倍となったのだから、その点では台湾は戦争中といえどもかなり平隠であったといえる。日本内地のそれと比較しても、インフレの進行度は緩慢であった。

何といっても、第二次大戦においては、台湾は南支、南洋と日本本国を結ぶ兵たん基地であり、ここには大本営に直属する野戦貨物廠と野戦兵器廠、海軍燃料廠などがあり、南方各部隊に供給する膨大な軍需物資や、日本内地に供給される米、砂糖が山の如く集積されていた。

一方、社会風潮をみても、台湾人はきびしい経済統制や防空管制によく耐えしのび、米軍の上陸を防衛のためするに、日本と協力して青年は沿岸警備について、社会秩序は平時とほとんど変りなく保れていた。終戦となり、第十方面軍は、陸海空を併せて、二十個師の四十万大軍と持久戦に耐えらる食料と武器弾薬をかかえて、戦わずして降伏し、台湾人兵の約十万人は即日除隊し、日本人兵隊のうち、一部空軍部隊が抗戦継続を主張した以外は全台湾を通じて、概して平穏で、中国軍の接収を迎えたといえる。

「祖国」「同胞」という名の征服者

戦時中、台湾人は米軍の上陸によって、家郷が戦禍に見舞われることを憂慮し、日本政府に協力して米英を敵として戦った。この時の台湾人には、日本降伏の第一報に接した瞬間、統治者の日本帝国が敗退して、おぼろげに自分たちの機会がやってきたという歓喜と、重苦しい戦争から解放されたという安堵感もさることながら、〃せっぱつまって渾身の力をふりしぼり、極度の緊張をしたあげく一戦も交えないで、敵対した米英に敗けた〃、という虚脱状態が、同時におとずれてきた。そういう複雑な心理状態におかれていた台湾人の耳朶をまずうったのは、〃光復〃という聞きなれぬ中国語であった。そして、〃植民地からの解放、祖国復帰〃という、一般の台湾人には寝耳に水のようなニュースが次々と中国から伝わり、突嗟のことでその理解と去就に戸迷うなかを、早くも第一回の〃接収員〃が〃祖国〃から飛来してきた。

不安と期待の異様な感にうたれながら、歓迎する台湾民衆を前にして、彼ら〝祖国〟の人たちは、間髪をいれず、〝わが親愛なる同胞よ〟と呼びかけ、　君たちは五十余年の悪夢から解放されて、いまや「祖国」のふところに暖かく抱きかかえられるようになった、とつけ加わえたのである。

この〝同胞〟という呼びかけと、〝悪夢から解放される〟という言葉は、あたかも神のみつげのように、心にくいまで台湾人の肺腑をついた。この一言を聞いた瞬間、台湾人たちは神霊にうたれたように、いままでの不安と虚脱が氷解し、全台湾はだんだん希望と夢でふくらみ、遂にその喜びに酔いしいれるのであった。街頭は活気をとりもどし家々の窓には、灯火管制からパッと電灯がともされたように歓声があがり、爆竹の音が空の果まで鳴りひびいた。

前代未聞の喜びにひたる台湾民衆は、この時分には、かって〝唐山人〟と呼んできた中国本土の人たちのいう〝自由〟、〝解放〟という言葉が、果してどんな内容をもつものか、それを考えるような冷静さをすでに失っていた。また、かんがえても、解ろうはずがなかった。とにもかくにも大多数のものは、長い者にはまかれろ式の潜在意識も手伝って自由と解放をもたらすと言う〝祖国〟におぼろげな夢を托しながら、熱狂して歓迎の旗をふるだけだった。

ところが、実際にはどうであったか。このような〝同胞〟〝解放〟という殺し文句こそ、長い間、植民地として虐いたげられてきた、藁をもつかむような台湾民衆にしかけられた罠であったのである。

もともと、台湾人が中国人にたいして〝同胞〟というのは、せいぜい同じ輩という程度の抽象観念にしかぎなかったのであるが、それと同じように、中国人もただ便宜上、台湾人を〝同胞〟とよびかけたのであった。

実のところ、中国人が台湾をみる眼は、異域としての新彊省やチベットをみるそれと同じく、あくまで〝辺彊地区〟としか考えていなかったし、当時の新聞も、公然と、そうかきたてていたのである。彼らは征服者として、この辺疆地区を掌中に収めるためにやってきただけのことであった。換言すれば、台湾・台湾人を植民地、奴隷としか考えず、清朝や日本帝国がかってなした如く、それを支配するためにやってきたのである。

したがって、彼ら中国人が台湾にやってきて、まず目をつけたのは、〝同胞〟ではなくして、植民地という伽鎖にしばりつけられた、勤勉で近代的訓練をうけた六百万人の奴隷であり、近代的設備をほこる産業であり、豊かな資源と物資であった。そして、彼らが必要とするのは、この豊かな台湾を支配する近代的植民地統治機構であり、鎮圧手段の警察制度であり、完備された戸口制度であった。

解放者中国人は、巧妙にもよんどころなき台湾人をまず有頂天にさせ、全台湾に歓迎歓迎とわきたつムードをつくり、その歓声のさめぬうちに、〝総督〟を〝行政長官〟、〝総督府官制〟を〝長官公署組織大綱〟にすりかえ、軍事、司法、行政、経済の大権を長官の一手に掌握、六三法を飜案して、総督専制の衣鉢をそのまま継承する魂胆だったのである。

そして、彼らはこの計画を何らの障害もなく成功裡に達成することができた。しかも、このような台湾の植民地機構と強権を握ることによって、全台湾のありとあらゆる財貨と施設を強奪することができたのである。彼らが台湾でえたものは、名目上、日本人の手から接収したことになっているが、そのすべてのものは、一つとして台湾人の血と汗の結晶でないものはなく、それをいままで、日本帝国に壟断されていただけの話であった。それを次に列挙しておこう。

一、総督府の三十三単位の機関、五州二庁、三市四十七郡、二百七十一街庄の機関と施設

二、各村落に設けられた近代設備の国民学校、各都市の中学校、専門学校、大学

三、完備した公私立病院、衛生設備、研究所
四、基隆、高雄その他の内外港湾施設、倉庫、鉄道、電気、通信、発電所、飛行場
五、百を数える近代設備の新式工場
六、台銀券五十億円（約十億ドル）相当の日本人の民間企業と私有財産
七、全耕地の二〇％をしめる日本人の所有地
八、約十万戸の近代的な日本人住宅、官舎、邸宅、店舗、私立病院
九、五つの銀行とその支店、近代的金融網、膨大な通貨、約三十億円の台銀券と日銀券
十、各村落の農業倉庫、集荷機構、水利施設
十一、映画館、旅館、ホテル、印刷所、新聞社、その他の文化施設
十二、米、砂糖その他、台湾各地の倉庫に満ち溢れる物資
十三、日本第十方面軍、陸海空軍、計二十個師団四十万人の軍隊装備、約百万石の軍用米、莫大な砂糖と硫安等。

主なるものをあげても、以上のように膨大な量と種類にわたるが、これらのものはほとんどが大陸ではみられないものばかりであった。たとえば、最初に接収にきた中国人が、国民学校の立派なのをみて、台湾には各村毎に大学があると感違いしておどろいたほどであった。

このような膨大な量にのぼる資産その他を彼らが強奪はしたものの、たちまちにして一つの悲劇がおこらざるを得なかった。それは、中国人には日本人が台湾統治にあたってもちあわせたほどの力量と熱意を有していないことからはじまった。

日本帝国主義はまぎれもなく専制独裁の植民地支配者であり、されぱこそ、それにたいして台湾人は反抗をつづけ、その羈絆を脱することを念願したのだが、この植民地支配者には半面、台湾を開発・経営してゆくだけの能力があった。彼らは五十一年間、台湾人を酷使した。が、その生活水準をひきあげ、一定の文化を維持し、またあたえるべき文明と生産技術をもっていた。彼ら日本人は、植民地支配を妨げない程度に社会道義を高め、法治による秩序維持につとめることをも忘れなかった。

だが、新しく支配者になった中国人は、前近代的な落伍者であり、せいぜいのところ、台湾人を封建奴隷として搾取・虐待することぐらいが関の山で、日本人のように与えるべき何ものも持ち合せていなかった。

中国人が後になって〝亡国奴〟と呼ばわり奴隷だと思っていた当の台湾人と、いざ相対してみると、奴隷であるはずの台湾人の方が、生活程度、文化水準、生産技術、社会秩序に対する観念、遵法精神のあらゆる物心の両面において、はるかにまさっていたのである。およそ〝近代〟と名のつくあらゆる面において奴隷の方に一日の長があり、支配者である暴君の方は、むしろ奴隷の教えを乞うような主客転倒ぶりであった。

ちょうど、百メートル競走で、二、三十メートルでへこたれたものが五、六十メートル先を全力で疾走している者に、後から縄をかけて指図するような状態で、生存競争というコースでは、まさに笑えない一幕の悲喜劇とでもいうべきだったろう。

しかし、悲劇は落伍者の中国が前進する台湾を支配するということにのみ止まらなかった。さらに大きな悲劇は、近代社会にまだまだ距りがあるとはいえ、折角、前向きに前進してきた台湾社会が、無能な封建的掠奪者に統治されることによって、後向きに逆転し社会は毒され文化は低下し、生産が衰えて、あげくのはては、支配者と同じく停滞、落伍の泥沼にひき戻され、遂に崩潰滅亡の道づれにされはしないか、ということであった。

かくして、台湾人の持ち物である有形無形のすべてのものを、日本帝国主義の手からとりあげ、それで植民地統治の衣鉢を受けついだものと中国人は錯覚した。しかし、案の条、近代的な精密機械ともいうべき植民地統治機構は中国人の封建軍閥や官僚集団の手にかかると、たちまちにして破壊しつくされてしまったのである。そして、それによってひきおこされた災難と困苦はことごとく、被支配者である台湾人の身上にふりかかってきた。

いささか逆説的ないい方ではあるが、同じ植民地奴隷でも、中国・中国人の治下では、生きていくことさえ困難だといっても過言ではあるまい。以下、その事実をいくつかひろいあげてみることにしよう。

中世的な特務政治

専制独裁の恐怖政治が、特務組織という暗黒の脅迫集団によってささえられていることは、衆知のとおりである。ナチ・ドイツのゲシュタポ、ソ連のゲ・ペ・ウはその代表的な例とされてきた。

中国には前世紀的な殺し屋のギルド組織―青帮、紅帮―を基幹として発展してきた載笠（すでに死亡）の藍衣社、および陳果夫（死亡）、陳立夫（米国に亡命）のCC団が蔣介石の独裁政治のカナメになっていることは有名である。

戦争前から、藍衣社は国民政府の軍事委員会調査統計局の看板をかかげて、〝軍統〟といって恐れられ、CC団は国民党中央党部調査統計局を名のって、〃中統〃とよばれ、探索、監視、人さらい、暗殺などを業とする悪虐なテロリストとして中国社会に君臨していた。戦後、軍統は〃国防部保密局〃、〃中統〃は〃党部調査局〃、あるいは〃内政部調査局〃、〃社会部〃にそれぞれ衣がえし、縄張りを再分割するようになった。

この特務人員は、暗い職務に従事すると同時に、もともとが無頼漢のゴロツキ出身で、個人的にも虫ケラのような悪徳者がその大多数をしめ、闇の力によって脅迫、詐欺、強奪、強姦を平気でやる暗黒世界の暴君でもあった。その実態は、矛盾という中国人作家が、〃腐蝕〃という作品に、もっとも赤裸々に描写している。

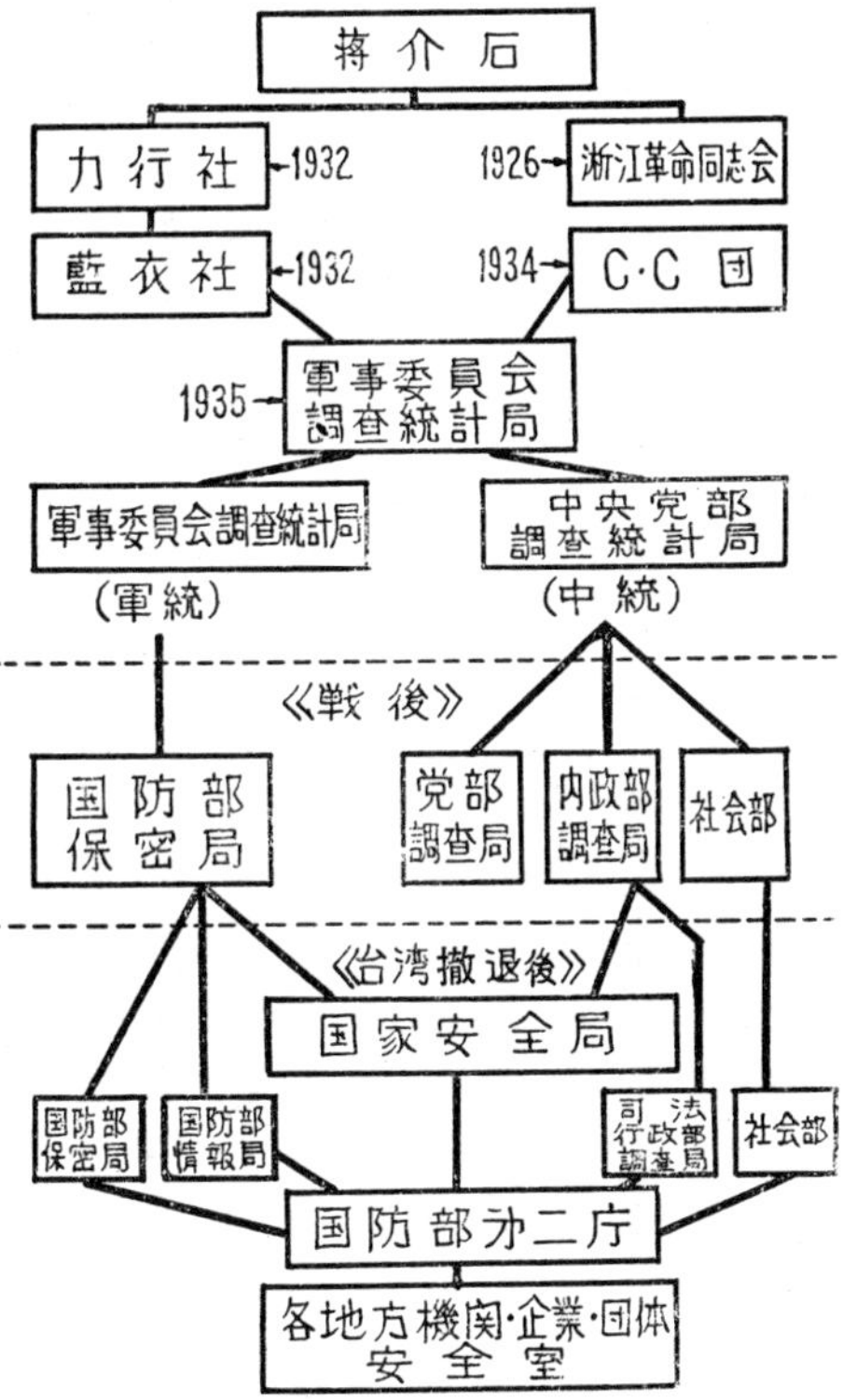

さて、日本が降伏したが、まだ中国大陸との海路、空路もひらかれなかった当初のころ、台湾接収の露払いとして、覆面の軍統系特務員がぞくぞくとジャンク船、機帆船で、厦門、福州、温州の大陸沿岸から台湾の西海岸に上陸してきた。職務上からいって、戦時中、彼らはいずれも日本と重慶政府の間に介在する二重

スパイだったから、終戦時に日本の船舶を入手することも容易で、いちはやく台湾にやってくることができた。

上陸するや、彼らは全島に散ってスパイ網をはって、監視調査をつづけ、特務頭の参謀長柯遠芬や福州人の葛（名前不詳）たちが来台するのを待ち、はじめて仮面をぬぎすてたうえで、日本の憲兵、警察、私服刑事の組織機構を接収した。そして、日本の警察政治にかわって、それよりも数等悪辣な特務組織網を、不潔陰険なくもの巣のようにはりめぐらし、台湾人の身辺にまとわりつくこととなったのである。

そして、行政長官公署の警務処、各地警察局、警察分局、警察隊、警備総司令部の調査処、憲兵隊などの責任者や幹部級はすべて、この軍統の特務員によってしめられた。

だが、いくら特務工作のベテランといっても、まったく別世界の台湾では、民衆のなかに楔をうちこまねば秘密の網目をつくることもできず、台湾人を監視することもできない。そこで、中国特務員たちは、もともとが上海デルタ地帯や浙江、福建沿海のゴロツキ出身であったから、台湾にやってくると、類は類をよぶで、各地の台湾人の遊び人やゴロツキを仲間にひきいれた。もっとも、そうするためには、葛某が中心となって、厦門帰りの林頂立（二重スパイのために日本占領時代には厦門にいた。）らを利用したことはいうまでもない。

日本時代に、前科何犯だった兇悪犯までが警察官に任命され、あるいは私服警察となって、彼らの手先に利用された。つまり、台湾人のクズのような人間が台湾民衆を圧迫、鎮圧する道具として使われたのである。また、医師、教員、判検事、新聞記者のようなインテリでも、あるいは名利、権勢を得るためには手段を選ばぬ者もあって、その野心のため背徳漢となり、直接、間接に、台湾同胞を売る憲兵警察の〝狗腿〟（走狗）や三民主義青年団の団員と化したことも事実であった。

こうしてはりめぐらした特務網は、得意の監視、脅迫、拉致、拷問、テロなどの手段で、善良な台湾人を恐怖、困窮の谷底につきおとしたことはいうまでもない。したがって接収当初において、一旦、〝敵偽〟とか〝漢奸〟というレッテルをはられ、特務ににらまれたら最後、逮捕、拉致はまぬがれず、たとえ万に一死はのがれ得ても、骨の髄までしゃぶられるのが常である。

テロと掠奪のつぎに、彼らがとった得意の戦術は、思想統制と自由の圧殺である。彼らの標榜する主義主張で―事実、彼らはそういう高尚なものは持ち合せていない―共産主義や中共系の組織、あるいは出版物を禁止するのはまだいいとしても、開明、中立、民主的なもの、あるいは彼らに批判を加える自由思想までを異端視し、〝扣紅帽子〟(赤い帽子をかぶせる)といって、共産思想の烙印をおしては、あらゆる手段でもって圧殺してしまうのであった。人間の尊厳を主張し、人権を要求する台湾人のやり方はすべて、日本人教育の害毒におかされたものとして抹殺され、台湾人は〝亡国奴〟とののしられ、鎮圧・なぶり殺しにあったのである。そのもっとも残酷な例は、二・二八事件における大虐殺であり、それは次章に詳述することにしたい。

思想統制の最大の被害者は新聞である。刊行を許される新聞は国民党系の新生報、中央日報、中華日報だけで、中共系の新華日報や文滙報はもちろん、大陸本国の中立系言論機関や台湾人自身の新聞、出版は皆無といった状態であった。

民衆団体としては、元日本共産党員の謝雪紅が、終戦のとき組織した〝人民協会〟、〝農民協会〟などがあったが、一九四五年十一月に〝人民団体組織弁法〟がつくられると同時に、禁止解散させられている。

それから、接収早々、政治犯や思想犯として逮捕、罪に問われた人の数もおびただしいものがあった。その例を一つあげると、一九四七年七月二十九日に軍事裁判で、〃共同陰謀竊拠国土〃の罪にとわれ、辜振甫、許丙、林態祥の三人が禁固、簡朗山、徐坤泉が無罪になった事件がある。この裁判は起訴状によれば、〃隠謀内乱〃と〃妄想台湾独立〃ということになっているが、彼らは終戦時に、武器を台湾人に引渡すように安藤総督に働らきかけたとも台湾人側に流布されている。

辜振甫は、実父辜顯栄が日本軍台湾占領の際、台北入域を嚮導したため発財した辜家の出で、彼自身も総督府や軍部に近い青年実業家であった。許丙、林態祥はいずれも日本時代のボス、簡朗山は勅選議員、徐坤泉は日本軍のバイアス湾上陸や広東攻略に功があって、日本時代にはそれぞれ羽ぶりのよかった御用紳士である。

こういう人たちが真に台湾独立を企図したのか、中国のなかでの台湾自治を主張したのか、あるいは日本軍のなかの〃勝ち組〃に利用されたのか、それとも「鶏を殺して猿を馴服させる」といわれるごとく、台湾人を威圧するために行った特務たちのみせしめの隠謀であったのか、その真相はいまだに明らかにされてない。とにかく、彼らは終戦直後、最初の政治的反抗事件と公表されて特務に検挙された台湾人ということになっている。しかるに、辜振甫、許丙、林態祥は後に台湾に健在で、それ以後は一八〇度の転換をして中国側の走狗になり、台湾人の圧迫剣削の手先になりおおせたことも書きそえておく必要があろう。

さて、一九四九年は、台湾にとってまたもや運命の年となった。大陸で総崩れの敗退を喫した蔣政権が、最後の頼みとする唯ひとつの島として、台湾に亡命してきたからである。蔣介石が台湾に飛来し、国民政府が台北に引越してきたこの年から、国際場裏に登場する「台湾」という名称は、うとましくも蔣政権の代名詞として使われるようになった。

そして、蔣介石の台湾亡命で、特務政治の本領はいよいよ本格的に発揮されてくるが、載立（死亡）、毛人鳳（死亡）、鄭介民（死亡？）の後をうけて、蔣介石の長子蔣経国が最高責任者となるにおよび、特務組織の拡充統合をおこない、〝国家安全局〟なるものを新設した。この国家安全局の下部組織は半公開とされ、官庁、軍隊、企業、公司工場、学校、民衆団体、商社というありとあらゆる機関に〝安全室〟のごとき特務細胞の〝站〟（拠点）がおかれるようになった。

この安全室には、公然と便衣の特務員を常駐させ、〝安全カード〟というブラックリストをつくって、台湾人職員の一人ひとりの行動を監視する点は、中共治下の大陸とは変るところがなかった。

中国大陸に蔣政権があったときは、特務人員は、四百余州の隅々にまでくまなく張りめぐらされ、その数、三十万人を下らないといわれているが、中共にもしとらえられれば、八つ裂きにされかねないぐらい憎まれていたから、彼らの大部分は台湾に逃亡してきたとみて間違いないであろう。たとえ、その半分が台湾に来たと低くめにふんでも十数万人を下らない特務工作人員が台湾にうようよして、監視の眼を光らせているわけである。台湾人七、八十人につき、一人の覆面の特務人員がいる勘定になるが、さらに、それに制服の警官や保安人員、彼らの手先となる走狗まで計算にいれるならば、監視の鎖にしばられている台湾全島の息苦しさが、ほぼ察しがつくであろう。

彼らは国防部と警備総司令部を内外官制の大本営とし、日本時代に建てた台北の旧西本願寺に伏魔殿の〝看視所〟をおき、台北近郊の新店、内湖、大直、士林に政治犯を控拘する集中営や特務訓練所をおいて、遠く火焼島、小琉球のような離れ小島にまで拘禁所を設けて、政治犯の烙印をおされてここに一度送りこまれれば最後、なかなか出所する希望のもてない生地獄となっている。

そして、人をして痛恨おく能わざる特務工作の一つは、有為の台湾青年を海外留学の許可、地位、権勢、兵役短縮などの利益と特権のエサで誘惑して、特務の仲間に強制的にひきいれていることである。たとえ、ごく小数のものであるにせよ、台湾の若い世代がこのようなうとましい誘いによって良心を麻痺させられ、思想が紊乱してゆくということは、まことに憂慮すべきである。

再び行われる一連の猿芝居

〃祖国へ復帰〃、〃植民地の解放〃という言葉は、中国の〃同胞〃が台湾人に向かって発した言葉であったが、実際にやることとなすことは、このような美辞麗句とはおよそ逆の方向へ向かっていたとしても、形の上では、その言葉が本物であるかのような芝居をうって、表面を糊塗することの実にうまい彼らである。

特務の組織網がしかれ、台湾人の横腹にピストルをつきつけて引金をひけばいつでも発射できる体制ができると、日本時代に各代総督が行ったと同じ猿芝居を、今度は陳議長官の手で行なう番となった。

まず一九四六年四月、台湾省参議会（総督府評議会の中国版）の第一次参議員三十名が全島七県九市から選挙されたことになっている。この台湾省参議会は一九五三年に臨時省議会と改称されて、今日にいたっているが、いずれも飾りものの仕組まれた猿芝居にすぎず、諮問機関としての役割さえ果していない。

一九四六年八月には、林献堂以下十二人の台湾人民代表を仕立てて、〃光復致敬団〃というものをつくり、南京に赴かせて蔣介石はじめ中央政府の要人に、台湾を解放してくれたお礼参りをさせ、征服者の優越感と威厳を満足させるような他愛なき猿芝居をも打ったものである。

一九四五年九月には、林忠、林宗賢、羅万俥、林献堂、林茂生、呉鴻森、杜聰明、陳逸松が、国民政府の第四次国民参政員に任命された。ところが、この国民参政会は国民大会（議会）設立までの暫定機関として遠く一九三八年に重慶で設けられたものであるが、一九四〇年にはすでに各党各派にボイコットされてきた、国民党にのみ通用する御用機関になり果てた代物であった。

そのうえ、戦後には国共両党はじめ民主同盟などが、その妥協案として、〝政治協商会議〟を提案して実現の運びとなり、国民参政会はすでに有名無実の存在となっていたのである。このような死物化した参政会メンバーに、得々として台湾人を任命するあたり、いかに猿芝居とはいえ、はなはだ人を小バカにした話である。任命される方もおどらされた道化役者にしかすぎなかった。

しかし、猿芝居はこれのみにとどまらない。つぎに演じたのが国民大会台湾代表の選挙というロボット芝居である。一九四六年十月に、各県市各界の代表十七名を選出したこととなっている。このときは、ご丁寧にも台湾原住民のなかから高山族を一人ひっぱり出して、弱小民族にたいする偽装のサービスぶりを内外に誇示した。ところが、それには中共、民主同盟ともに断乎としてそれに参加することを拒絶。そのうえ、満州では国共戦がすでに開始されて、これまた有名無実の御用機関だったのである。任期六年と定められた国民大会は、その後は〝国家有事の時〟ということで、いまにいたるまで、十六年の間一度も改選されていない。その他、立法委員とか、監察委員とか台湾人にも二、三、そのポストが与えられたようであるが、一いち記憶するも馬鹿馬鹿しいくらいの猿芝居ぶりである。

これら〝代表〟、〝委員〟〝議員〟などは、もちろん台湾人全体の意志や利益を代表するわけではなく、任命された人たちの〝大頭病〟（虚名や肩書を欲しがる妄者）を満足させるのがせいぜいのところで、そのため、国民政府が〝羊頭を掲げて狗肉を売る〟式の、台湾人を圧迫するために、羊頭として利用された点を注目すべきであろう。

「公」「私」いりみだれて掠奪

日本帝国は台湾を植民地として統治し権力づくの封建的掠奪も、もちろん行ってきたが、それ以上に台湾には資本主義的建設をほどこし、然る後、近代的生産と流通の経済過程において搾取してきた。彼らは、被支配の台湾人にたいしては仮借なき暴君であった。しかし、日本人の役人も資本家もサラリーマンも、〝大日本帝国〟の前には忠良なる臣民であることを要求され、職責をつくすに概して私心を交じえず、なにごとも〝国家利益〟に準拠して台湾を経営しかつ搾取していった。

しかるに、その後にやってきた中国の封建官僚群や貪慾なる中国商人は、眼中には国家利益も民族の得失もなく、時代の落伍者であり崩壊寸前の軍閥の手先であった。彼らは、台湾に上陸するや、いままで見たことのない近代施設や倉庫に充満する物資の山を眼の前にして、ただ狼が獲物に群り集るごとく食い荒し、掠奪する外になす術をしらなかった。近代企業や産業設備を経営管理していく能力と熱意をもった日本人の役人や資本家に比べれば、彼らは単なる中世の海賊にもたとえられるべきものであった。

なるほど、彼らも口を開ければ、例外なく〝国家のために奪闘する〟、〝人民のために服務する〟などといっては高らかにうたいまくった。しかし、その実、中国国家の名のもとに台湾人を掠奪して私腹を肥やす点は、清朝時代の貪官汚吏と何ら変るところがなかった。中国では公務をとり仕事をすることを〝辦公〟というが、台湾における辦公とは、公は公でも、封建軍閥や浙江財閥のために掠奪することであった。さらに、彼らの意味するもう一つの〝公〟は、〝仮公擠私〟の公であって、公権をかさにして個々の役人が私腹を肥らすことであった。そして、このように世にも稀なる公私ぐるみの海賊行為を遂行するために、強権と特務組織を必要としたのである。

しかも、かかる海賊行為は、単なる彼ら一個人の個々による掠奪だけでは済まされなかった。それは、徒党や派閥のような中国社会に特有のギルド的親分・子分の関係によって結ばれた、いわばピラミット型海賊集団の総ぐるみ掠奪行為であった。

陳儀は、さすがに知日派と目され、台湾に隣接した福建省の省長を長期にわたって担任してきただけのことはあった。彼は、中国でこそ通用するこのような前近代の海賊行為も、台湾ではたちどころに〝そんな馬鹿なことがあるか〟と一般民衆の反駁、抵抗にあうことを百も承知していた。

さればこそ、この老獪な軍閥の頭目は、台湾に足を踏み入れる前から、〝我が同胞よ〟という第一級の外交辞令を放った。然る後、政治的駈引の経験に乏しい台湾人が、その一言で虚をつかれて、随喜の涙を流しながら、感激するうちに、特務を全島にばらまき、軍隊を上陸させ、日本総督府の統治機構を逸早く接収して、たとえ台湾人のうちに不平不満が生じても、身動き一つできないようにした。

このように、獲物の手足を周到に縛り上げた後、はじめて料理しにかかり、政府は公然と掠奪、私人は公の立場を借りて掠奪、大者は大掠奪、小者は小掠奪というように、全台湾を彼らの総掠奪のもとにおいたのである。

そして、浙江財閥によって壟断された本国の官僚資本と、台湾の政治経済を掌握する陳儀の福州派の間に、台湾産業を真二つに分割するにいたった縄張り劃定をすることも忘れなかった。もと総督府の官営にかかる専売、営林、鉄道、港湾、公共バス、電気通信、およびその監督下にある台湾銀行や半官半民の諸事業および日本軍が保有する米、砂糖、硫安などは、当然、陳儀の手中に収められた。

問題なのは、日本資本家が残していった膨大な民間企業と生産設備、土地建物、および物資のそっくり入った倉庫などをどういうふうに山分けするかであったが、その主なるものは、ことごとく中央の官僚資本に分捕られていったとおもえば間違ない。当時の行政院長（首相に相当）は宋子文であった。彼は浙江財閥の巨頭で、蔣介石夫人の宋美麗を妹に持ち、国民党のなかで自他共に許す、毛なみのよさを誇る超弩級の政治家であった。彼が台湾接収について最も目をつけたのは、製糖事業を主とする膨大な近代的産業施設であった。それで三井、三菱、藤山の三大財閥はじめ、台湾のありとあらゆる新式製糖会社を一括して、〃台湾製糖公司〃に統合し、中央政府の経済部（翁文灝部長）と資源委員会が分掌するかたちで、浙江財閥の支配下においた。そのほかセメント、農林、化学工業、鉱山、製紙のような代表的な生産事業は、〃台湾水泥公司〃、〃台湾農林公司〃、〃台湾工鉱公司〃、〃台湾紙業公司〃の四大公司にまとめられて、これもことごとく本国大陸の官僚資本の傘下に帰した。結局、日本人が台湾に遺留していった主なる生産事業は、ほとんど〃中央〃にとられていったのである。

このような中国人同士の縄張り劃定は、もとより台湾人の関知するところではなかったが、台湾の産業が中国人の不在資本家の所有に帰することは日本時代と同じく、産業施設や生産品をすべて掠奪されっぱなしになる結果を招き台湾島内には見返りの物資としても、外貨としても還流して来ないことを意味した。かくして国民政府が日本帝国主義となんら異らず植民地的に台湾を支配しようとする魂胆が、接収の当初から公然とまかりとおった。

陳儀は、台湾土皇帝として、浙江財閥の番犬の役を引受けなければならなかった。そして、その代償として彼等一派の手で、台湾省貿易公司の設立を皮切りに、石炭調整委員会、台湾塩業公司、台湾省茶葉公司、台湾銀行、台湾機械造船公司、台湾電気工業公司、台湾省物産人寿保険公司、その他林産、畜産、バナナ、油脂、鉄工、紡織、硝子、窯業などのごとき二流どころの企業をことごとく手中におさめたのである。

予算あって決算なき財政の乱脈と紙幣の乱発

従来、中国本土の政府機関では、中央地方を問わずその財政制度は、おおよそ近代国家のそれとは程遠いもので、会計方法も大福帳式の杜撰なものが巾をきかせていた。そして、政府予算はあってもその決算はされず、たとえあってもでっちあげのデタラメなものばかりであった。したがって財政収支は乱脈を極め、歳出入の辻褄が合わない場合には、その赤字補塡の分だけを、通貨の乱発あるいは住民からの直接的な誅求によって賄うことを常とした。

つまり、紙幣を要るだけ刷るという式であった。そもそも中国では朝廷の鋳造する悪貨が良貨を駆逐しては社会に横行するのが歴来の通弊であった。かつ、民国以後は各地方の軍閥が各々紙幣を発行して、市場に氾濫させては、農民から物資を捲きあげてきたものである。

さて、日本の台湾総督府は終戦の年の春、一九四五年度には八億二千万円の予算を組み、八月終戦で、その年の十二月十四日に総督府会計を締めきって中国側に引渡した。その時、総督府の当年度歳入の累計は、四億九千三百万円で、そのうちから既に支出された分が四億六百万円であった。すなわち、未支出の総督府国帑として約八千七百万円の台銀券が現金としてひきつがれたわけである。

陳儀は総督府の財政を接収して、行政公署の会計年度に切り替え、十二月十四日から翌年三月末日までの、一九四五年度の残余の三ヵ月半の予算を、二億一千七百万台銀券円と発表した。一九四五年十二月といえば、接収による財政経済の混乱と物資不足に起因する物価高騰はすでに亢進し、そのうえ、本国から陸続とやってくる軍警や政府人員の征服者然たる大乱費では、二億余元の予算で賄える方が不思議なぐらいであった。案の条、このような低く目の公表予算とは別途に、未だ日本人の手元で清算中の台湾銀行に命じて台銀券を余分に刷らせ、合計七億七千六百万円の現金を長官公署借上げのかたちで、ひそかに受けとったのである。そして、これら、合計八億五千余万円の政府資金が、接収工作のどさくさまぎれのうちに、うやむや消えてなくなった。

翌年の四月三十日、長官公署は総督府の直属機関三十三単位の接収完了を宣言した。そのときの発表によれば、現金、銀行預金、有価証券、土地、建物、機械、物資材料など十五項目の接収対象物件は、台幣に換算して、合計一千八百八十九万五千五百七十六元六十六銭ということであった。

総督府会計は戦争に入る前から秘密主義を採用し、すべてを公開しないまま、一般人のうかがい知ることのできない状態になっていたが、総督府部内では資料も統計も保存してあったことはもちろんである。しかし、接収後、蓋をあけてみれば総督府の現金預金、財産の総額が当時の金で二千万円足らずとは、あまりにも人をバカにした数字であった。それを陳儀のごとき中国民衆を騙し通してきた軍閥なればこそ、このような目にみえた偽の数字を得々と発表したのであるが、台湾人はその発表総額をきき、あまりにも事実とかけはなれすぎているのにただ唖然とするばかりであった。このような小さい金額では台湾人をゴマ化すわけにはいかなかった。隠匿に隠匿をかさね、現金や動産は掠奪しつくされたうえに、不動産などは、いわゆる帳簿価格で整理したのであろうが、それにしても総督府側からひきついだ、上記の八千七百万円の現金数字と比較すると、あまりにもケタちがいで、その曖昧模糊のデタラメさに台湾人はただ恐れ入るばかりであった。そもそも、ひきつぎ後の三カ月の予算を二億円（そんなに小さい金額であるはずはない）と発表した点に、すでに問題がのこされていた。こういう疑問になるいくつかの点と、台湾銀行からうけとった七億余円の行方を考えれば、米一斤二十円のときに、十億円近い台銀券がこのときすでに闇から闇へと消えさっていったことになる。

さらに、接収台帳にのせず、私物化した資材、あるいは土地建物を何十年前に遡って過少評価してつくった、ふくみ資産を、その後の会計操作によって掠奪していったことがうなづける。

日本政府から接収した資産を処分しつくしてしまうと、次に、台湾の物資を掠めとる手段として、経済法則を無視した紙幣乱発を大々的におこなった。

中国国民政府は、日本から植民地統治機構を接収するとともに、台湾の植民地経済体制をそのまま継承維持するための金融措置として、発券銀行の旧株式会社台湾銀行を接収し、台湾銀行券を従来通り流通させた。

さきに、十月十日付の前進指揮所通告第一号が発せられ、旧台銀券は、国民政府が新たに処理辦法を公布するまでは、従前通り継続流通を許すことにした。つづいて陳儀来台して接収開始後、十月三十一日に財政部は「台湾省現地銀行券及金融機関処理辦法」を公布し、行政長官公署が旧台湾銀行を管理下において、接収に着手した。一方では、台湾警備総司令部が、中国本土からの法幣持込みと、中国系銀行の台湾における支店開設を禁止した。それから、旧日本時代の貯蓄銀行と三和銀行は、台湾銀行に吸収合併され、勧業銀行は後に土地銀行となり、産業金庫は改組して合作金庫となっていった。商工、華南、彰化の各銀行は、従来通り官民合辦とした。

これで、接収された台湾銀行が、引きつづき台湾省の発券銀行として残存し、台銀券も従来通り台湾唯一の通貨として流通することになったのである。

終戦後、国民政府は、大陸本土の日本軍占領地域で、法幣と汪精衛政権の発行した儲備券のレートを一対二百に定めた。このような経済法則を無視した戦勝レートが原因となって、終戦後まもなく悪性インフレが中国本土に暴威をふるいだした。したがって、台湾を経済的に本土から隔離することは、結果からいって、悪性インフレの流入防止には、一定の役割を果したこととなっている。

だが、このような経済的〝特殊化〟のそもそもの動機は、台湾をして従来の植民地として引きつづき存続させるための、植民地政策の一措置に過ぎなかったのである。そして、大陸から押しよせてくるインフレの波は、一時的には防止しえても、それはほんの束の間であって、〝鈔票（紙幣）を要るだけ刷る〟式の乱脈ぶりは、かえって台湾を内部から一大経済破綻のるつぼに投げこんでいった。

一九四六年五月二十日、接収工作が完了して、台湾銀行は完全に中国側の手に渡った。それと時を同じくして、旧台銀券の外に新紙幣を発行して、ともに流通せしめ、〝台幣〟と呼んだ。それから、同年九月一日から同等の額面価格

時　　期	発行高　（千円）	指　数	本標発行高(千円)
昭和20年3月末（1945）	1,021,008(他日銀券約億10元)		
8月15日	1,433,190(他日銀券約10億元)		
8月31日	1,651,000（　〃　）		
9月11日	1,930,000（　〃　）		
12月8日	日銀券7億5千万元を回収		
民国35年5月18日（1946）	2,943,949（政　府　発　表）	100	
12月31日	5,330,592（〃）	181	
民国36年12月31日（1947）	17,133,236（〃）	582	
民国37年12月31日（1948）	142,040,798（〃）	4,825	78,696,965
民国38年6月14日	527,033,734（〃）	17,902	1,213,580,535

※民国35年5月18日＝接収完了前日

民国38年6月14日＝幣制改革（デノミネーション）前日

で旧台銀券を回収し、二ヵ月後には三十四億三千三百七十余万円の回収額をえて、それ以後は、旧台銀券の流通を禁止し、〃台幣〃がようやく旧台銀券にとってかわり、唯一つの通貨として登場してくるにいたった。

それからというものは、陳儀の手で水ぶくれ式に通貨の膨張が造成されたことはいうまでもないことである。かくて、通貨乱発とウラ腹のインフレ昂進は、一九四八年（民国三十七年）になると、紙幣をいくら刷ってもその用に応ずるのに間に合わない経済情勢に台湾を追いこんだ。そのうえ、内戦の悪化で、ぞくぞく台湾に逃避してくる政府機関の支出に供するため、いよいよ本土で使いふるした奥の手を台湾人の面前に披露におよんだ。すなわち、台湾人が未だかって見たことも聞いたこともない「本票」という代物を、台湾銀行が五月三日から発行し、台幣と同じく市中に流通せしめたのである。

それは一枚の額面金額が五千元、一万元、十万元、百万元という常識をこえた高額のもので、物資調達の威力たるや、まさに空前絶後というべきであった。しかも、一九四八年の台幣発行高が一千四百二十億元に対し、本票の発行総額が七百八十億元にもなり、一九四九年になると、一兆二千百億元に達したから、その乱脈ぶりがもたらした経済の破綻と、民生の困窮の程が推察できるであろう。

このような掠奪的金融措置は、中国政府でなくてはできないことで、そのため台湾・台湾人は、見るみるうちに財貨を掠めとられ、失業と貧困のどん底にたたきこまれていったのである。

前掲の数字を一瞥しただけで台湾経済に害毒を流した台幣と本票の乱発ぶりが一目瞭然となるであろう。

貿易の独占

旧日本時代には、台湾は米、砂糖などの農産品および農産加工品を主なる輸出品とし、その見返りとして六百万島民の必要な肥料、大豆、鉄材、綿布類のような生産財や日用雑貨を輸入し、年年、出超の好況にあった。

さて、陳儀が台湾にやってきて、一ヵ月たらずのうちに〝台湾省貿易公司〟をつくりあげたが、それは彼自身の会心の作として挙げることができよう。なぜなれば、それは全台湾の対外貿易を一手に納める唯一つの独占会社であったからである。このような台湾全体の経済的命脈を制するキイポイントを掌握して、彼ら支配者たちは傍若無人にふるまい、〝陳儀王国〟といわれる如く怨嗟の的となっていった。それで、台湾人の非難攻撃にあって、翌年には名称だけでも政府機関らしく〝貿易局〟と改称せざるをえなくなり、さらに二転三転して、〝物資調整委員会〟、〝物資局となっていったが、名儀上は何とかカモフラージュしても、中身は以前と変らざる公私の掠奪を貿易上で満足していたことはいうまでもなかった。

この貿易公司なるものは、旧日本時代の一流商社や貿易統制会社を統合・合併してできたものである。すなわち

(1) 台湾重要物資営団——戦時中の貿易統制機関

(2) 三井物産株式会社の台北と高雄の支店

(3) 三菱商事株式会社の台北と高雄の支店

(4) 菊元商行——台北最大の呉服店で、全島一のデパートを経営

(5) 台湾貿易振興会社

(6) 台湾交易会

以上の商社機関を列挙しただけでも、それを接収した貿易公司が台湾の貿易商事のほとんどを押えてしまったことがわかろう。

そして、〝要るだけ刷る〟紙幣でもって、台湾人の労働の果実を片端から掻き集め、それを上海・香港や諸外国にどんどん搬出していったのだから、独占利潤は大へんなもので、〝一本万利〟（利益が万倍あるとたとえられるぐらいに大きい）といわれて商人たちにうらやましがられていた。

しかし、彼らが台湾に踏み入るや、念仏のように〝経済安定〟を公言しながら、行動のうえでは、権力をかさにきて内外の貿易・商事を独占し、台湾人の仕事を横取りして〝民と利を争い〟、一片の公文で物資を強奪したり物価を吊りあげて私腹を肥すことが、台湾経済を破滅に陥しいれる重大な要因となった。

このような前代未聞の専横独裁と火事ドロ式の掠奪行為は、台湾人を失業と困窮においこんだばかりでなく、彼らのいいだした自由で安定な植民地解放の夢を無慙に踏みにじり、民衆の限りなき反感を造成するにいたった。だが、公然とおこなう産業の独占は、まだいい方にかぞえられた。このような氷山の一角にかくれていた彼ら封建官僚群が、私のためにする掠奪行為の方に、はるかにひどいものがあったのである。

一例を砂糖の輸出にとって見よう。

一九四四年から四五年にかけての砂糖生産は、戦争のために産額が低下し、年産二十万トンにまで減っていった。それでも、島内消費の約十万トンを賄ってなお多少の輸出余力があり、その他、戦時中、島外に持ち出さないで集積してきた分が倉庫に満ち溢れていた。

貿易公司が成立すると、さっそく、総督府と製糖会社の手持分と、軍倉庫の砂糖を接収し、さらに民間の糖商から掻きあつめられるだけあつめて、一九四五年の暮までに合計二万トンばかり—帳簿上はそうなっているが実際はそれ以上の数量—を上海と華北にどしどし積みだした。

いよいよ一九四六年春の砂糖出廻り期がやってくると、四月に行政院長・宋子文から、台湾の砂糖を所定期限内に、上海に集荷せよと命令してきた。衆知のとおり、砂糖生産の総元締めである台湾糖業公司は中央の資源委員会にとられていたから、宋子文の命令は、いわば、経営主から生産品引渡しの催促を工場側にしてきたようなものである。それで、今期に生産された砂糖は陸続として上海に積み出され、その数量が約二十万トンに達したのである。

貿易公司の受取勘定になる二万トンの分は、その見返りとして、ホンの申訳ほどの少量の肥料と小麦紛が上海から還流してきただけで、残余の代金は、貿易公司上海辦事所の勘定として留保され、台湾島内には物資としても外貨としても帰ってこないまま、貪官たちの餌食にされてしまった。

しかるに、二十万トンの分は、上海に積みだしたきりで、杳として代価も見返り物資も全然なく、そのまま掠めとられてしまった。このようにして、当時、米一斤二十円の時代に、台銀券二十余億円相当の砂糖がただでとられていったのである。

このため、島内の砂糖消費者価格が一斤五十銭から、一九四六年春には一斤に付き十円にまで暴騰し、台湾人が自分で砂糖を生産しながら、それを舐めることさえできない前代未聞の状態がつづいた。

では、政府はこの二十万トンという巨額にのぼる砂糖を、いかなる手段をつくして掻き集めたのだろうか。その手のこんだやり口を知らないでは、どんな道理をもまげる彼らの横暴ぶりを理解しえない。

台湾の製糖業は、毎年、晩秋になると生産期に入るのであるが、生産に入る前に、製造業者が砂糖商人とあらかじめ生産品の売渡し契約を結び、その契約金を受取って生産費の一部に充当し、製糖を開始するのが通例であった。そして、翌年の春になって砂糖の出廻り期に契約分の砂糖を商人に引渡すのを常とした。

一九四五年の終戦時には、ちょうど、砂糖生産に入る前の契約取定めの時期にぶつかっていた。

そこで、葛敬恩がきて前進指揮所が設立されるや、製糖会社の本社（大部分東京にある）から孤立した各地の製糖工場はまだ日本人工場長の手にあったが、さっそく生産の可否についてこの「接収員」に伺いをたてたところ、〝工商不停頓〟という陳儀の接収方針に基いて、従来通り操業せよという指示を受け取った。その返答をえた工場側の日本人は、従来通り島内の砂糖卸商人（台湾人）と契約を結んで前金を受取り、生産に入ったのである。一方、卸商人は、中・小業者（台湾人）から来春の先売り申込みを受け、これで、終戦直後の混乱期にも拘らず、島内需要の砂糖生産も売捌きも順調に滑り出して、蔗農、職工、商人ともども胸をなでおろした。

しかるに、生産期間中に中国人の工場接収が開始され、工場側の日本人が台湾人砂糖商との契約を履行しないうちに、つまり所定の砂糖を商人たちに引き渡す以前に、製糖工場は日本人から中国人の接収員の手に渡ってしまった。

こえて一九四六年二月台湾人砂糖商は、製糖工場を接収した中国人側から、〝以前に日本人側と結んだ砂糖売買契約を破棄する〟という〝解約通知書〟なるものを渡された。さらに、事もあろうに今度は長官公署が六月四日になってから、〝日本人との砂糖契約は非合法であるから、契約は履行する必要がない〟といいだした。そして元来が台湾人の砂糖商人に引き渡すべき砂糖を、長官公署の名儀でことごとく取り上げ、それを上海に持っていった。それが例の二十万トンの砂糖であったのである。

契約金を先取りされたうえに商機を逸した台湾人の砂糖商人は、未だかつて出くわしたことのない災難を前にして騒然とした。そこで同業者たちは已むを得ず〝食糖契約受渡励行協会〟を作り、長官公署と台湾糖業公司に契約通り砂糖を引渡すことを迫った。しかし、所詮は手足を縛り上げられた哀れな奴隷の一群であり、支配者のピストルの前ではどうすることもできず、卸商は倒産、食料品加工や菓子商は商売停頓し、庶民は甘いものから遠ざけられて、いずれも泣寝入りする以外に手はなかった。

台湾人は、中国政府と中国人の悪辣で理不尽なことに憤り、それを〝阿山式〟といって罵った。そして、蟻が砂糖を運び去ったといい、陳儀を蟻になぞらえ、〝陳儀《タンギ》は、実は陳蟻《タンギ》であって、彼がほしいのは同胞《トンパオ》ではなくして、糖包《トンパオ》の方だ〟、と衆人が長嘆息して不平を鳴らしたものである。

米の積み出し

砂糖の積み出しは、政府が権力をもってする公然の大掠奪であるのに対し、米の積出しは、貪官たちが職権を利用しておこなう、コソ泥のようなものであった。

しかし、たとえ、コソ泥の掠め方が小規模で非公然であるとはいえ、いうなれば〝官皆これ盗なり〟で、全島を挙げて百鬼夜行の態である以上、台湾経済をゆさぶる点では、公然の大掠奪に勝るともおとるところがなかった。

日本人は、本国の食糧需要を満たす一助として、二毛作の台湾に力を入れ、研究・改良の結果、蓬莱米を育てあげ、米どころとして世界にその名を成さしめた。戦前は最高生産額一千万石―実際はそれ以上―を記録し、年々、日本に四、五百万石の蓬莱米を輸出していた。

戦時中は肥料と労力の不足で生産は低下した。

総督府は、台湾食糧管理令に基き、食糧局をして米穀の集荷配給を統制せしめ、農会と台湾食糧営団が直接にそれを運用して、戦時中といえども、食料事情の逼迫した前例がなかった。

終戦の前年、一九四四年度は生産が相当に落ちたが、それでも次年度(一九四五年)の島内消費には差支ない程度であり、それに軍糧として台湾軍の保有米は膨大な数量にのぼり、倉庫は充満していた。さらに一九四五年度の産出予定額は六百万石の線を相当に割ったが、一九四六年の島内消費には不足するとはいえ、当面、米恐慌をひきおこす程の欠乏状態にはならないはずであった。

陳儀は、旧日本時代の米産、供出、消費、輸出の諸々の機構をそのまま受継ぎ、食糧局を〝糧食局〟と改称して、李連春（靠山）を局長にすえ、米穀およびその他の食料品の収納、配給、輸出を掌握する大本営とした。それのみならず、租税や水利税などの税金、および配給化学肥料の代金をすべて〝穀納制〟に改め、米の年産額の三〇％以上を糧食局でおさえることにした。

米の場合も砂糖のときと同じく、彼ら腐敗官僚は二重人格者であった。彼らは一面、公務員として植民地掠奪の担当者であり、また一面は私腹をふとらす貪官汚吏であった。

彼らは〝公〟の立場にたっては、植民地支配者として、島内の食糧の過不足にはおかまいなく、中国本土の軍用や民間の米不足に応ずるために、台湾から米をせっせと搬出していった。

それから、彼らは〝私〟の金儲けのために、軍用米あるいは政府米と詐称し、それも、そのなかに水増して大陸へ持ち出しては民間に横流していた。このようなコソ泥式の竊盗行為は、官僚や軍警だけに限らなかった。船便を利用できるありとあらゆる者がこのような米の搬出で暴利を貪った。軍用船や海軍艦艇は公然と米を積み込んで廈門、上海へ向った。米国政府が中国に貸与した一万トン級のリバーテー型の輸送船は、台湾に寄港する毎に、船客用と称しては法外の大量な米をつみ込み、本土に向って出帆していった。小商売人はジャンク船や汽帆船を利用して〝私運〟で必死にかせいでいた。

かくして終戦まもなく、一九四五年の年末ごろから、早くも深刻な米不足に見舞われた。ことに台北はじめ、北部の消費都市には米恐慌が襲来してきたのである。

天下有事の際は、〝官〟と名のつく輩にとっては金儲けのチャンスであった。〝表面禁止、背面貪汚〟は、彼らが中国本土で使い馴れてきた手段でもあったからである。

日本時代の食用米配給制度は、終戦と同時に廃止された。ところが、〝台湾省糧食徴購調整委員会〟とか、〝糧食勧征隊〟でもって農民から米をかきあつめ、片端から持ち去っていくうちに、十一月の第二期米産出期に、かえって米不足で民衆は苦しみ、北部の消費地や花蓮港、台東のみならず新竹、台中の米産地にも米不足の状態が普遍的に襲来してきた。

米価も騰貴したが政府は素知らぬふりして動かず、うなぎ昇りにあがって二十円、三十円というふうに充分に高騰して後、はじめて手持米を放出し、エゲツない金儲けを平気でやってのけた。一部の貪官たちは政府に右へならえで、公金で米穀を買占め—公金流用や現金持出しは彼らにとっては朝飯まえのこと—囤積し、高値で手放しては肥っていった。商人は官僚と結托し、台湾人の奸商も中国人の手先となって買いあさり、同胞を困窮に陥しいれた。

十二月に入ると、台北市の米恐慌がいよいよ悪化し、一たん廃止した食用米配給を再開せざるをえない程に事態が急迫してきた。台北のみならず全島的に米不足に見舞われ、各県政府が頻々として酒造や米粉製造の禁令を出すにおよんだが、それはもちろん的外れの一時的糊塗策に過ぎず、恐慌状態は一向に緩和されなかった。

長官公署は、米穀の搬出を禁止し、糧食勧征隊を中南部に派遣して米の確保にやっきとなった。

だが、表面では〝公〟の立場で禁止しても、同じ中国人が裏で、〝私〟でもって搬出するから効果があろう筈がない。禁止はするが、それにお構いなく搬出がつづいたので、米の絶対量が急速に減っていった。そのうえ、三、四月の端境期を目前に控えて、米価が猛烈に騰貴していったにもかかわらず、政府は何を考えてか、台北市などは一月十一日から配給をはずし自由販売に戻してしまった。

配給をはずしたとたんに効果覿面、米の出廻りがいよいよ停り、米価がまたうなぎ昇りにあがっていった。十四日に花蓮港で食用米配給復活を民衆が要求し、台中では二十八日に県民が農会の保有米放出を要求、台南市は〝米よこせ〟の市民大会が開かれ、全島にわたって物情騒然としてきた。二月に入って台中市政府は市民に迫られ、遂に長官公署に向って食用米五千石の借用を電請し、ようやっと五百石を得ることができた。

長官公署は、今度は、〝台湾省査禁私運食糧辦法〟と、〝取締糧食囤積居奇又阻撓運輸弁法〟、という法令をつぎつぎとだした。つまり、こんなに米恐慌を来したのは、お前たち省民が囤積したり投機の対象としたり、勝手に運び去ったり、あるいは政府の米穀徴収や運搬を邪魔したりするからであって、それを取締るというのである。

大衆の食糧である米穀を買いだめ、投機の対象とすることは罪悪であり、政府がそれを禁止して民需を守ることは、普通ならば当然のことである。しかし、その能吏にしてまたその強盗たりで、〝禁〟のあるところ、〝官〟の袖の下が膨らみ、そのふところがいくつあっても足らないほどであった。

人民どもが囤積したり、勝手に持運んだりしてはならぬから、〝官〟だけが徴収・運搬し、かつ〝私〟が〝官〟というかくれみのの裏で、保存、移動（この場合には囤積、搬出といわない）した。そのうえ〝許可〟—その実は横流し—のためには袖の下というおまけがつくという具合に、台湾人はその真相に触れるに至って、中国式の〝昇官発財〟という言葉の実感をつくづく味わされたのである。

一九四六年春の端境期が過ぎ去り、一期米が出廻っても不思議と米不足は一向に解消しなかった。そのうえ海外から台湾人が復員して帰台し中国人も陸続としてやってきて、人口が増加していった。それよりも、化学肥料の輸入杜絶のため、稲作が極度に低下したことが、いよいよ米不足に拍車をかけることになった。

秋もすぎて二期米が収穫されるころになっても、米は依然として不足し、またもや配給を復活して一時をしのばざるをえない状態であった。

一九四七年になると、米援物資の硫安などのおかげで、米産がやや回復したにもかかわらず、都市の米恐慌には却て〃大〃の字がつくようになり、〃大米慌、大米慌〃、と台北市の新聞は連日の如く書きたて、政府は再び「非常時期違反食糧管理治罪暫行条例」という、米価のうなぎ昇りを予言するような、ながたらしい禁令を出した。

案の条、禁令が乱発されればされる程、市場における米不足がいよいよ深刻となり、米価が果てしなく上昇した。一方では、〃民〃が困窮すればする程、〃官〃のふところが膨らみ、〃不怕禁令、有禁才有銭賺〃(禁令を恐れない、禁あればこそ金儲けができる)、と官にある中国人が民の台湾人に向って涼しい顔でうそぶく、という笑えない一幕が飛び出す始末であった。

このように、全台湾が食うや食わずにいる時にも、南京から頻りに米穀供出の命令が届き、一九四六年十一月に〃徴糧督導団〃を台湾に常駐させて、政府米の供出督促を一段と強化することになった。いくら内戦の用に供するとはいえ、飢えて痩せ衰えた者たちから、さらに吸血しようとは、これをきいては、当の台湾人のあいた口がふさがらなかった。

今世代の台湾民衆は、未だかつて嘗めたことのない〃米慌〃にでくわして、自ら手のほどこしようを知らなかった。時あたかも、絶えてなかったペストが大陸から持ち込まれ、台北に患者が発生していた。〃米は誰がたべてしまった？　ねずみが大陸から大挙してきて喰いつぶしたのだ〃、といった諷刺が言い交されたのもこの時期である。

祖国からの贈物──悪性インフレ、飢餓、失業、社会不安、伝染病

陳儀が台湾省行政長官に就任早々、〝工商不停頓、行政不中断、学校不停課〟と演説し、台湾をして〝安定のうちに繁栄を求めしめる〟、と大見栄をきったものである。台湾人はこれをきいて、〝さすがに我が祖国は文章の国だ、言うことが直截明解できもちがいい〟と感心し、歓迎の拍手を送りながら今まで経験したことのない〝安定で自由な生活〟を夢みた。

しかし、後になってよくよく考えてみれば、台湾人の頭も心も、何とかくも〝祖国〟から遠く離れていたのだろうか。もしも中国人民衆であったなら、かかる羊頭を掲げて狗肉を売る式の為政者のだましにたいしては、まず、その成行を見極めてから事の是非を弁じたであろう。

戦争が終りさえすれば、また、米、砂糖を従来通り輸出し、化学肥料や日用必需品や生産財をもとどおり輸入さえすれば、それで台湾という近代工場は徐々に廻転しだし、住民の生活が一歩一歩安定へ近づいていくだけの経済基盤はあったのである。もちろん、終戦時の混乱で、台湾のみならず中国本土も日本も南方各地も不安動揺の真中にあって、内外の交流が打てばすぐ響くような容易な状態にはなかったのは事実であった。しかし、四周との関係が回復するのに如何に困難があっても、台湾島内の財政経済政策が当を得ていたら、最少限度、戦時中よりは決して悪くなっ

ていく筈がなかった。

しかるに、台湾人が来るべき支配者を歓迎し、彼らの接収工作に協力し、かつ、いいきかされた通りの未来の夢を頭に描いている矢先から、万々ありうべからざる災難が頭上に降りかかってきたのである。

いままで日本人によって壟断されてきた台湾産業の一つ一つが、〝敵産〟のレッテルを貼られてつぎつぎと中国人の手に渡ると、それと並行して、全島の商工業が見ている間に凋落の一途をたどっていった。

中国政府と中国人は、台湾植民地の維持に汲々として、政治的、経済的に台湾を〝特殊化〟し、清朝時代に逆戻りさせる感を深からしめたが、それは混乱せる中国本土から台湾を守るためだと説明された。ことに旧台銀券と台幣による台湾の金融特殊化は、大陸の悪性インフレの防波堤としての役割を果すといわれてきた。しかるに、蓋をあけてみれば、その防波堤の役を果す筈のものが、却て島内の経済攪乱と民生逼迫の禍根となり、台湾人から大量の米、砂糖やあらゆる物資を吸い上げる手段として使われ、それ以外の何ものでもなかった。そして民衆の当面の生活に必要欠くべからざる物資は、磁石がありとあらゆる鋼鉄の一つ一つを吸いあげるごとく、中国人側の手元に集中されて〝中央〟を発財せしめ、〝陳儀王国〟を肥らせていった。これにひきかえ、台湾人はただ紙幣の束だけを手にして、極端に欠乏してきた島内の必需品を奪い合いながら右往左往する以外には、なすべき術を知らなかった。そして、台湾人の手中から財貨を掠めとるために乱発された〝台幣〟や本票は、一片の紙屑に等しく、外国はおろか中国本土でさえ、物資購入の役にたたなかった。

一九四五年の十一月には、早くも商工業が戦時中よりも凋落し、物価が暴騰して終戦直後の数十倍に達し、〝百業停頓、物価猛漲〟と新聞はかきたてた。ことに食料品の値上りが甚だしく、穀倉として知られた台湾に米飢饉が発生して、台北市のような市街地の貧民がまず真先にその犠牲に供された。

(1) **台北市米価**（一斤に付き）

	値段	指数
一九四五年八月	二〇銭	一
一九四五年十月	三・六円	一八倍
一九四五年十一月	一二・〇元	六〇倍
一九四六年二月	一六・八元	八四倍
一九四六年四月	二〇・〇元	一〇〇倍
一九四七年一月	三〇・〇元	一五〇倍
一九四九年四月	四、〇〇〇元突破	二〇、〇〇〇倍突破
一九五〇年一月	新台幣〇・六元（旧二万四千元）	一二〇、〇〇〇倍
一九六一年四月	四元（旧十六万元）	八〇〇、〇〇〇倍

こんなに暴騰をつづけても、米価の上り方が一般物価の五〇％にしかなっていない点に注意

(2) **金一両に付き**

一九四六年十一月	二・八万元
一九四七年一月上旬	四・二万元
一九四七年一月下旬	五・〇万元
一九四九年四月	五五〇・〇万元
一九四九年五月	一、四四〇・〇万元（政府公定）

(3) **米ドル一ドルに付き**

一九四五年末　四〇円

一九四九年五月　六二六、〇〇〇元

上記の数字は断片的ではあるが、中国人の台湾接収後、物価の暴騰ぶりをみるには十分であろう。

本土の中国社会は、悪性インフレと内戦でもって、一九四七年になると破産状態に陥った。台湾大陸間の往来や物資交流は、民間では米ドルと金によって媒介され、あるいは物々交換によって行われた。政府は台湾から物資を持ち去る代りに、防止する筈のインフレの高波を大陸から導入してきた。法幣と台幣は双方で流通禁止になっていたが、送金レートを公定して、軍政機関の支出や大陸送金の用に供していた。双方の物価を対照すれば、台幣の方が非常に損な立場におかれたことは言うまでもないことである。

台幣１元に付き
法幣のレート

民国34年（１９４５）	10月25日	30元
民国35年	８月20日	40
(1946)	９月23日	35
民国36年（１９４７）	４月24日	40
	12月24日	90
民国37年（１９４８）	１月31日	102
	２月28日	142
	３月25日	205
	４月27日	248
	５月20日	346
	６月28日	685
	７月31日	1,345
	８月18日	1,635

一九四八年になると、戦況は国民政府に日に日に不利となり、法幣は通貨の用をなさず、同年八月には幣制改革を行って法幣を、〝金元券〟におきかえざるをえなかった。しかし、その金元券をもってしても、瀕死の大陸経済を救済する能わず、見る見る間に暴落の一路をたどっていった。そして金元券の暴落は法幣とはちがい、たちどころに台湾のインフレを加速度的に促進してきたのである。それに加うるに、戦況不利で民間資本の流入と政府機関の避難が一度におしよせてきて、台湾の経済がますます破綻の度合を深めていった。物価は天井なしにあがり、台湾銀行は、大陸各地から引越してきた政府機関の用に供するため、台幣の印刷に

忙殺され、一九四八年末（民国三十七年）には、台幣発行高が一躍千四百二十億元、本票を算入すると二千百八十七億元という天文学的数字になった。

台幣対金元券の公定兌換率

民国37年10月（1948）	1000＝1
民国37年11月	600＝1
民国38年4月（1949）	2.2＝1
民国38年4月末	7＝100
民国49年5月（1950）	1＝400

このように、台湾特殊化にはじまる植民地政策が、紙幣乱発、財貨強奪、経済破綻、大陸からのなだれこみをまねいて、台湾人はその餌食に供されていった。

終戦後まもなく、台湾人の総人口約六百万のうちで、農林漁業者が約三百三十万人、工場閉鎖で農村に帰郷する労働者・徴用工員が約三十万人、軍隊と海外からの復員者が約十万人、併せて三百七十万人が農村で生活することとなった。これは当時の総人口の六二％に該当する。昭和十三年の農漁村人口五五％に較べれば、戦後の農村が如何に人口膨張したかがわかるであろう。しかも、農村経済は衰退してゆく一方で、彼ら復員帰郷した若者たちは、全然仕事がないか、あるいは、家事手伝い程度の半失業状態におかれていた。

日本時代には、生産技術の改良と耕地の拡張によって、台湾農業は進歩発展してアジアのどこにもその例をみなかった。終戦後は、農村経済が凋落していくのに反して、農村人口は増加し、税金は実物でとられ、米価が高騰しても一般物価がそれ以上に上昇して、いくら自家用米を手放しても満足に日用品や化学肥料が入手できなかった。農民百姓は、炎天下で汗みどろになっていくら働いても、生活の方途をえられないで疲弊困憊し、挙句の果てに、久しく絶えてなくなった人身売買の悪習をふたたび復活させ、女子供が売られてゆく例があらわれてきた。

それなら、都市はどうであったか。

台湾は平時から都市人口は総人口の約四五%を占め、下級サラリーマン、中小商工業者、都市貧民が多数を制していた。もともと、台湾の経済構造が農業生産を土台としている限り、農村が窮乏して都市が繁栄する筈がない。新聞は連日の如く経済破綻を報じ、市況は凋落する一方である。労働者は働くに仕事がなく、米は恐慌をきたし、日用必需品は極端に欠乏している。いまだかって見たことのない舶来の贅沢品が、大陸から流れてくるが、肝腎の石鹼、マッチ、衣類、燃料、食糧品のような大衆必需品は市場で欠乏し、あっても値段が目玉の飛びでるほど高い。これでは、都市生活者の困り様は、農村よりも深刻となり、一家心中するものがでてくるのも無理からぬことであった。

一九四六年になると、生計逼迫は、いよいよ台湾人の耐乏限度に差し迫ってきた。各都市の同業団体や公会は紛々として立ちあがり、政府に待遇改善や官方物資の放出を要求した。台北市の教職員が、一月上旬に待遇改善を要求する会合を開き、高雄セメント工場の台湾人工員も続いて立ちあがった。各地の労働者、サラリーマンが紛々として政府に向って、昇給あるいは日用品配給を談判におよんだ。秋に入るとインフレがますます昂進して物価が底なしの上昇ぶりをみせ、庶民は一段と困窮していった。九月には台湾窯業の工員が全員ストライキに入った。

しかし、強権を手中に操り台湾人の生殺与奪を握る長官公署は、台湾民衆がどんなに困窮しようが、騒ごうと喚めこうと、それは蚊の泣くほどにもひびかず、奴隷どもの生活改善など全く気にもしなかったのである。

かくて、物価が数十倍になっても、賃金やサラリーは何倍にもあがらず、庶民はおかゆをすすり貧民はどん底にあえぎ、女性は身を売り、社会秩序は乱れた。

ペスト、コレラ、天然痘のような悪疫は、清朝時代には、天啓の災厄として台風や水害と同じく恐れられ、そのうちでもペストはねずみ病と呼ばれて、一旦発生すれば全村落を焼き捨てなければその猛威はやまないとされてきた。

しかし、このような熱帯地方の伝染病も、日本時代の半世紀にわたる近代医学の退治策で、すっかり根絶され遠うの昔に台湾人からその病名をさえ忘れられて死語と化していた。

しかるに、我が祖国は、インフレ、失業、飢餓を台湾人にもたらしてきたうえに、ご丁寧にも、これらの悪疫を大陸から一つ一つ送りこんで、衛生思想の普及している台湾人をびっくり仰天させた。一九四六年六月、台北市でペスト患者が発見されて大さわぎになり、台南ではコレラ患者が百二十名も大量に検出され、七、八、十一月と波状的に発生して、遠く火焼島にまで蔓延して住民を恐怖のどん底に陥れた。幸いにも、一般台湾人の衛生観念が普及していたのと、日本時代に台湾青年の多くが医学を志したのがこのような緊急の際に功を奏して、それ以上の蔓延を防止できて、ようやく事なきをえたのである。

祖国が台湾にもたらした贈物、これだけをとりあげてみても、およそ聴く者をして暗然たらしめるであろう。

二十世紀の怪現象

清朝末期に、政治が腐敗堕落の極に達して、道義秩序が紊れ、庶民階級が窮乏のどろ沼であえでいた時代に、暴虐とだまかしの世相の現実を、二十年前のことと仮装して描写した〃二十年前怪現状〃という中国民衆の愛読書がある。それを読むと、幾千年の歴史をかさね、幾多の偉大な事業を成してきた中国社会の中において、およそ人間悪というものは、かくも徹底し、悪事もかく手のこんだものかと一驚させられる。

終戦後、中国人によってなされた虐政と強奪は、現世代の台湾人を、未だ経験したことのない恐怖と困窮のるつぼに投げこんだが、それと同時に、〝世の中にこんな馬鹿げたことがあるものか〟とあきれかえさせた。台湾人は、長年の植民地的支配から初めて解放されて、〝祖国〟のふところに〝光復〟するとされたが、豈はからんや、それによって台湾・台湾人は、中国なみの停滞・落伍の状態に引戻されることを方向ずけられた。彼ら〝同胞〟が台湾へやってきてなしたことは、少しでも〝現代〟に足を踏み入れたことのあるものなら、かならずその徹底せる暴虐さと手のこんだ悪徳ぶりにいきどおり、そして、その底なしの無知と余りのエゲツなさに、滑稽をさえ感ずるであろう。彼らのやることなすことすべてが、台湾人にとっては、この二十世紀の文明世界ではありうべからざる〝怪現状〟の現代版であったのである。

第三者が外部からみれば、これら台湾にやってきた連中は、中国人のうちでも旧軍閥や封建官僚の一党であって、将に滅びさらんとする落伍者の部類に属するというかもしれない。しかし、台湾人は〝解放〟されたおかげで、直接その渦中に捲き込まれ、彼らから言葉ではいいつくせないほどの苦杯をなめさせられることによって、問題をより本質的に認識するにいたった。

台湾人は、双方の外見上の相違や気分のちがいのみならず、骨髄にまで深く喰い込んだ両者の違いを肌で感じとり、中国・中国人と台湾・台湾人の歴史的、社会的相違に今さらながら直面させられた。〝不是同種人〟（人種が違う）とは、台湾の一般大衆が中国人を指していう素朴にして理窟ぬきの民衆の言葉であるが、それが、千万言をつくした知識人の説法よりも、的確に双方の本質的相異を一言にして言いえている。

このような心底からの相異があったればこそ、その感じ方、考え方、問題処理の仕方が全然かけ離れてくるのであるが、ここでは、台湾人側からみて、不思議なこと、滑稽なこととして写る二、三の例をあげておくことにしよう。

台湾を日本帝国の手から接収したことは、中国人にとって思わざる拾物であった。それで、〃親愛なる同胞よ〃を先声として、軍閥政治家、軍人、官僚、商人が群をなし支配者然として台湾入りをしたのであるが、台湾にきて特務政治が布かれ接収が進捗すると、言葉を換えていえば、全台湾を掌中に納めてしまうと、〃同胞〃という呼びかけは、〃亡国奴〃という罵言によって代えられていった。そして、日時の経過とともに、戦勝者であり征服者であると自任する彼らは、いよいよその獰猛な本性をまるだしにして、被支配者の〃劣根性〃(劣等性)を叱り、日本教育から受けた〃毒素〃を退治するといいだした。ことに、彼らの〃抗戦八年〃を一たびもちだされると、如何なる無理難題もききいれて、けんけん服膺しなければならなかった。

最初に葛敬恩が飛来し、日本人の公私有財産の移動、隠滅、破壊を禁止し、〃台湾同胞〃にその監視摘発を呼びかけた。台湾人は同胞とよばれ一人前に信用されたことに気をよくして、喜び勇んで協力し、日本人も神妙に残務整理して、接収員の到来を待ちもうけていた。

ところが、当の中国人接収人員が到着すると同時に、まず夜を徹して手をつけたのが、帳簿の修改、備品台帳の作り換え、書類焼却のようなことであるのをみて、台湾人のあいた口がふさがらなかった。そして、その次になしたのが備品、物資の搬出である。みるみるうちに倉庫が空っぽになっていった。工場では、はずせるだけの部品や、運べるだけの資材、製品、原料が片端から消え去っただけでなく、モーターとかエンジンのような機械類や、多種多様の機具が市中に氾濫し、上海、香港にまで持ちさられていった。それがあまりにも徹底しており、かつ、公然と行われたので、まさに〃世紀の大掠奪〃という驚くべき観を呈するにいたった。

こういうエピソードがある。旧日本時代には、台湾に第八飛行兵団が駐屯して、飛行場は全島で二十を数え、終戦時には無傷の航空機八百機が中国軍に接収された。日本人に召集されて飛行場に働く台湾青年の整備兵は、接収後も中国人に留用されることとなった。その後、不思議なことに彼らのやらされた仕事といえば、毎日かかさずに、種々の薬品をまぜた食塩水を航空機の翼にぶっかけることであった。最初は、〝わが祖国〟は何の積りでかくするのか納得がいかず、整備兵たちは、あるいは日本人の知らない特殊技術を中国人がアメリカ人から教わったのかも知れないと思い、首をかしげながらその任務を忠実に遂行した。しかし、間もなくして問題は自ら解けていった。その銀ピカの翼に薬品の液をかけて錆びつかせたうえ、廃品としてどしどし取壊し、屑鉄商に売却して将校たちの遊興に供されたのである。時あたかも物資欠乏のなかを、銀の翼ならぬ銀色のナベ釜が一時に市中に氾濫し、主婦連は、それを指さして飛行機の翼でつくられたのだと囁きあいながら、久しく求めても得られなかった、これらの逸品を先を争って買い求めたのである。

接収が進捗するにつれ、従来にない怪火が、あちこちの官庁、倉庫、工場から頻々としておきた。その代表的な例として、台北市の東北角に聳える旧台北州庁が大火に見舞われたことであった。なるほど、建物ごと灰燼に帰せしめてしまえば、書類も帳簿も、そして汚職もなにもかもあとかたなくなっていく、という謎がまた一つとけた。

今度は、接収にまつわる汚職を摘発するため、南京政府から〝閩台監察使〟楊亮公が台湾に派遣されてきた。彼は、工場に怪火が燃えつづき、上海、香港に米、砂糖、樟脳などの特産品がどんどん搬出され、市中に横流しの接収物資があふれている時に〝接収は順調であり、接収員は清廉潔白である〟、という談話を発表して、道化役者のごとく台湾から去っていった。次に〝閩台区敵偽物資接収清査団〟団長の劉文島がやってきた。彼もまた〝事の是非を弁別して職責を果す決心〃を披歴するかたわら、陳儀たちの招宴に明け暮れて有耶無耶のうちに引揚げていった。台湾人は接収の実情をみ、かつ、これら政府の要路に立つ高官連の不可解な言動をきいて、ただ両手をこまねいて長嘆息するばかりであった。

日本時代では、台湾在留の日本人は被支配の台湾人に対しては傲慢な植民地官僚であり、職務遂行においては寸分の容赦も許されなかった。しかし、社会人としては秩序を守り、個人のことで公的立場をふりかざすことは一般的にはなかった。中には市井のことで傍若無人なふるまいをやるものが、あるにはあったが、非常に稀れであったといってよい。戦時中といえども、軍人将校が市民とともに行列のなかにあって乗車を待つ光景があったし、台北駅を通行止めにしてフリパスで乗車したのは、総督はじめ一、二の高官にしかすぎなかった。

しかるに、中国人の一人一人が、かって日本総督でもやりおおせなかったことを平然とやってのけた。征服者としての優越感とポーズを、四六時中背負っている彼ら横暴なる中国人は、台湾人が延々と長蛇の如く整列するなかを如何にも当然の権利のごとく、横から割り込んで乗車したものである。そして、切符を買わないのが征服者の面子であり、もし、それを咎める出札員や車掌がいようものなら、その場で袋だたきにあわねばならなかった。停留場の立札がなくとも、彼ら軍人どもの停止の合図には応じなければならず、そうしないものは、車の背後から弾丸の雨をあびせられること必至であった。劇場や車内の座席は彼らに譲るのが彼らの常識であり、譲らないものは老幼を問わず車からひきおろされ、いささかでも難色を示すものは殴打、足蹴にされた。

日本人は十万戸にのぼる日本住宅を台湾にのこしていったが、これらおびただしい数の家屋を、中国人はすべて〃敵産〃として接収占拠した。たまたま、この敵産に入居している台湾人、あるいは敵産とみなされた台湾人所有の家屋が中国官憲に目をつけられたら最後、ただちに開け渡しを命ぜられた。それで、早急に応じないものは、主人の留守中といえども軍隊、警察が踏みこんで、家財道具から女子供にいたるまで路上にほおり出し、これが至るところでおきて、みる人をして切歯扼腕させた。

敵産のみならず、台湾人所有の財産財貨を強奪したり、あるいは結婚を偽装して婦女子を大陸へつれていっては売りとばしたり、それが軍人官吏のやることだから、台湾人はこれらありうべからざることを理解するのに苦しんだ。

病気すれば医者に治療してもらうのが当然のことで、中国人が病気すると、台湾人の医者が治療にあたった。それが治癒すれば、あたりまえのことのように治療代を踏み倒されることもしばしばであった。もし病気が治らず、あるいは死亡でもすればそれこそ大変、医者が殺したということで、脅迫と暴力で賠償として多額の金品を強要され、甚だしい時には、看板ははずされ、病院は壊されたりして災難がつきず、外科医は、メスを使って殺したのだと因縁をつけられて、ひどい目にあわされた。

終戦後台湾青年のうちで、日本時代には望めなかった官庁や大工場に就職する志望者がかなりあった。しかるに、陳儀は台湾人の〝奴化教育〟（奴隷化教育）を指摘し、日本時代の学歴や職歴を無用の長物として踏みにじり、台湾人の職位と俸給を差別して、学識経験の浅い中国人を上役にすえつけ、征服者の勢力と体面を維持することに汲々としてきた。

文化水準や科学技術における差異は、ことに格段であった。しかも、そのような実力が目にみえて物いう科学の世界でも、程度の遥かに低いものが上役として台湾人技術者の上に君臨したのであるから、種々様々の滑稽な道化芝居が繰りひろげられた。たとえば、そのよき例として鉄道局接収のことが挙げられる。まず、中国人の上役が、日本教育を受けた台湾人熟練工や技術者を一人一人呼びつけて、彼らの受けた〃奴化教育〃を一々、書面に記録して提出することを要求した。然る後、今度は「祖国」が正常なる科学を伝授するといって台湾人技術者を一堂に集め、得々と講習会を開催した。その時、手渡されたテキストをパラパラめくって、各人とも驚きの眼をみはらずにはいられなかった。その内容たるや、過日、奴化教育といって惨々軽蔑されたあげくに、提出させられた書面の集大成に外ならなかったからである。

次にお笑いを二つ三つ。

綿入れの軍服を着用した兵士が、脚絆をまいてぶくぶく太った格好は御愛嬌で、世界的名物になっているにちがいないが、スマートでないことは確かである。日本の軍隊生活をした経験ある台湾青年は、その丸太のごとく太った足に何が入っているかを、からかい半分できいてみた。それにたいし、〃中国人は科学的だから、脚絆の下に新発明の機械をまきつけてあり、何時でも飛べるようにしている〃、と田舎者のあばた面が傲然と答えたものである。これには台湾人の若者たちもあきれかえって、日本語で〃そうだ、道理で支那兵は昔から逃げ足が早いのだ〃、といって爆笑した。接収当初から、互にあまりにもかけはなれすぎて、〃同胞〃という心情になかったことを知る一つの好例であるといえよう。

電球の灯をみてタバコを近ずけて点火しようとしたり、水道の蛇口をもってきては壁につっこんで水がでてこないと騒いだり、これら信じられないほどの文化程度の低さが台湾人をして、中国人を軽視する群集心理を芽生えさせたことは、否めない事実であった。

しかし、よくよく考えてみれば、これら一連の滑稽なること、不思議なことは、たやすく笑いとばしてしまうほど簡単なものではなかった。それらの諸々の不可解な現象は、実は底に流れる両者の救いがたい違いの射像だったのである。

日本帝国の羈絆から脱したことは、台湾人にとって喜ぶべきことであった。しかし、台湾が中国政府と中国人に占領されたことは、台湾人が後進の中国人の奴隷になることを意味した。それが、台湾・台湾人にとって救いのない一大悲劇であることが、明かになってくるには、さして長い時間を必要としなかった。

接収後いくばくならずして、新来の支配者の暴虐に傷心した台湾人の間に、〝台湾零天地〟という諷刺がいいはやされるようになった。

台湾光復、歓天喜地。
貪官汚吏、花天酒地。
警察横蛮、無天無地。
人民痛苦、烏天暗地。

台湾光復して天地が覆らんばかりに熱狂した。貪官汚吏は掠奪を欲しいままにして歓楽の限りをつくした。警察は横暴で天倫情理を無茶苦茶に踏みにじった。人民は困苦して暗黒の世界に陥しいれられていった。

二十世紀の怪現象

「阿山《アスア》」「半山《プアスア》」「靠山《コオスア》」

清朝時代に〝唐山人〟と〝本地人〟の対立からはじまって、台湾社会と台湾人が誕生し、成長の一路をたどってきた。

終戦後、「血液が同一である」ということの歴史的社会的な意味を正しく把握しないで、台湾人は〝祖国〟〝同胞〟〝光復〟の如き言葉の魔術にかかってしまった。そして、全台湾を挙げて有頂天になっている間に、〝前門の虎、後門の狼〟の如く、日本帝国の去った後、中国人が君臨して虐政と掠奪をほしいままにした。

台湾人は、はじめは熱狂的な歓呼をもって〝祖国〟を迎えたが、いくばくならずして、百八十度の転換がおこなわれ、敵人を憎悪する極点に立って中国人に対するように変っていった。ピストルに囲繞された公開の席上でこそ、中国人を〝外省人〟とよび、自分のことを〝本省人〟といった。だが、一旦、台湾人同士の社会に帰れば、これら嫌悪すべき暴君は、〝唐山人〟よりももっと怨み深い、もっと軽蔑の念をこめた響きで、〝阿山〟といって罵倒され、自分らは〝蕃薯仔〟と呼びあった。一九四七年の二・二八事件以後は、〝阿山〟と同時に〝猪仔〟（豚ども）ともよび残飯喰いにまで下げすんで憎んだ。

そして、残虐、汚職、落伍、独裁、理不尽、公私ぐるみの掠奪、だまかし、法律や秩序をふみにじること、不道徳漢、陰険、暗に復仇すること、野蕃、無知、あられもない優越感、権力をかさにきること等々、中国人の身に帯びたありとあらゆる不徳行為を〝阿山式〟（阿山のやり口）と呼んで、蛇蝎のごとく忌みきらった。

つぎに、阿山ではないが、阿山の側にたち、その手先になって、台湾人の圧迫掠奪を幇助する輩がいる。それを〝半山〟という。半山は元来が台湾人でありながら、戦争前に大陸に渡り、終戦後は政治的に、また経済的にも阿山の御先棒をかついで台湾に錦を飾って（？）帰ってきた者のことである。

かって、台湾が日本に領有されることを潔ぎよしとせず、あるいは台湾文化協会の没落後、敢然と中国大陸に渡り、戦争中も重慶まで国民政府と行を共にした丘念台（丘逢甲の実子）や黄朝琴、李万居たちは、その限りにおいて進歩的であり、得難い存在であった。しかし、戦争終了して、台湾が中国に占領されると同時に、彼らのかって抱いた、底の浅い観念的民族主義はたちどころに馬脚をあらわし、台湾解放の夢はその場限りで空中分解してしまった。かくなるうえは、中国人の台湾統治が台湾人にとって幸いするか否かを弁別する熱意も見識も消え失せ、ただただ、あたえられた顕職高禄にかじりついて、主人のために奔走しおべっかの尾ポをやたらにふりまわす幇間政客になりさがったのである。

中国人支配者からすれば、台湾を統治してゆくうえにおいて、一群の提灯持ちの買辦的台湾人が必要であった。また、彼ら半山も、郷土を愛する昔日の熱情どころか、人間としての誇りまでも芥の如く捨て去った以上、阿山の尻にくっついて走りまわり、それにつぐ特権階級として、台湾社会に権勢を張っていくことは、大いに彼らの野望や昇官発財を満足させることにもなった。

彼ら背徳の走狗が、飼主に〝効忠〟(忠義をつくす)する方法は多種多様であった。台湾人の情報蒐集、掠奪や鎮圧の方法の建議、情勢分析、主人に代って圧迫と買収を操り台湾人をその範につかしむること、支配者のための宣伝、政府を弁護すること、いきりたつ台湾人のなだめ役、等々あげればきりないことである。要するに彼らの飼主のためになることなら、いくら同胞の台湾人を犠牲にしても意には解せずに、何でも自ら買ってでるダラ漢であったのである。

したがって、中国人の血腥い台湾人屠殺には、半山は少くともその一半の責任は免れえないといっても過言ではない。

台湾人がいう〃半山〃は、阿山に対するよりも、もっと憎悪と軽蔑の念のこもった、裏切り者という意味を含んでいる。黄朝琴、劉啓光、連震東、丘念台、林頂立、林忠、蘇紹文、王民寧、李万居、黄国書、李友邦、游彌堅などがその代表的人物である。

しかし、封建落伍の中国人の走狗になるのも一つの難事である。彼らの主人は従順な走狗に対しても、傍若無人の暴君であることには変りはない。この十数年のうちに、半山の大部分のものは、失脚したもの、あるいは失脚しつつあるもの、銃殺・逮捕にあったものもいる。未だ現役として残留しているものも、その心中をさぐれば、〃無可奈何〃(いたしかたない)の心事を抱いて応待に苦慮するのがせいぜいのところであるかも知れない。それでも、彼らは台湾人とは徹頭徹尾相反し政治的には特権階級であり、経済的に金融、特権事業をあてがわれて勢利ともにあることには変りはないのである。

しかるに、阿山が台湾人を圧迫掠奪するには、半山を手先とするだけでは不充分の場合が応々ある。なぜなれば、半山は長年台湾を離れ、政治的にも社会的にも台湾・台湾人との関係が稀薄になって、半面の役にしかたたないからである。

そこで〃靠山〃が第二の走狗として登場してくる。靠山という言葉の意味は、阿山に便り、阿山をかさにきて政治的に経済的に横暴をきわめることをいう。靠山のなり手は、まず、主として旧台湾文化協会のもの、あるいは、かって日本占領下の大陸に住み中国語の話せるものたちである。

彼らは台湾人社会のボス、あるいは台湾社会につながる特技を有する点で阿山の役に立つわけである。そして、彼らが阿山に〃効忠〃する分野として、特務的行為と経済的任務がある。蔡培火(内政部長)、蔣渭川(内政部次長)李連春(食糧局長)、陳逢源(台湾省議員)羅万俥(立法委員)、張承伝(茶業会会長)などはその代表的なるものであろう。彼ら靠山は半山に劣らず、阿山に情報を提供し、台湾人圧迫に加担する。

それから 半山も靠山も、阿山とは別に、主人の食べ残りの骨切れをしゃぶるのに一生懸命である。彼らは彼らなりに台湾経済を壟断している実情である。大多数の台湾人が食うや食わずの困窮のどろ沼におちこんでいるのに、彼らのみが阿山についで発財している。黄朝琴の第一商業銀行、劉啓光、陳逢源の華南銀行、羅万俥の彰化銀行、連震東の合作金庫、陳逢源の儲蓄合会という具合に、いわゆる官民合営の名のつく金融機関によって、各々台湾人経済界の命脈をおさえて、火事ドロ式に肥ってきた。

第十四章　二・二八事件

爆発寸前のダイナマイト

中国に、〝官逼民変〟という言葉がある。虐政と誅求のために、人民がその苦しさに耐えきれず遂にたちあがって一揆を起すことをいう。

〝植民地からの解放〟、〝祖国へ復帰〟という掛声を大にしながら、その蔭で日本の植民地統治体制をそっくり接収したうえ、兇暴な特務組織でがんじがらめにされた台湾人の政治的不満と、騙されたという怨み。

日本人の企業、土地、家屋に〝敵産〟というレッテルを貼って〝公家〟(国家)のものとし、台湾人には一指も触れさせないでおきながら、自分たちが、大は工場から小は民間住宅や家財道具にいたるまで、一物も残さず掠奪しつくしてしまう中国人に対する憤懣。

米、砂糖の掠奪と、紙幣乱発によってひきおこされた悪性インフレ、食糧飢饉、産業衰亡、倒産、失業などの経済的苦痛。

台湾人を奴隷として足げにする、征服者然たるあられもない優越感に向けられた敵愾心。

現代文明とはほど遠い中国人の封建的な兇暴さと残忍さに対する侮蔑。

このような政治的な憤懣、経済上の苦痛、人間的な怨恨、敵愾心、民族的侮蔑感が積み重なって、台湾人一人々々の心のうちでミックスされ、高まりゆき、かつ、全台湾に漲って、一年足らずのうちに両者の間にはいくら〝同胞〟

とか、〃血縁〃とかをひっぱりだしても、到底うめつくせない深淵がポッカリと口をあけて横たわっていた。台湾人のうちでも、失業と饑餓のどん底に追い込まれた青年たちは、ピストルや機関銃をタテにとって理不尽にふるまう中国兵に、〃亡国奴〃とか〃奴化教育〃をあびせかけられたり、殴打されたりするにつけ、赤い血液が血管のなかを逆流せんばかりに、心は憤怒で煮えくりかえるのであった。

こういう気持がつのって、たとえば、東海岸の断崖絶壁をはうごとくに走る花蓮港臨海道路で、中国兵の搭乗を拒否したばかりに、トラックの後から機関銃掃射を浴せかけられた一運転手の台湾青年は、これら〃猪仔兵〃をトラックに乗せ、自分も猪仔兵もトラックもろとも、断崖から千仭の海中に突込んで果てた、壮烈な事件をおこしたのであった。

清朝時代、日本時代、戦後とつづいて三代を生きぬいてきた古老たちは、〃猪仔去狗仔来、狗去猪又来〃と感懐をふかめて嘆き、青年たちは、あちこちで中国人と小競りあいしては、殴打したり、袋叩きにあうといういさかいを繰り返していった。

たまたま、一九四六年末から物価の暴騰が加速度的に猛烈さを加え、米価が一年余のうちに終戦直前の配給価格を三百倍も突破した。年あけて、一九四七年の正月を過ぎると都市の米飢饉がいよいよ深刻さを加え、三、四月の端境期をひかえて世の中に殺気がみなぎり、一場の暴風雨なくんば、そのままでは済まされないような空模様であった。

そして、このような爆発寸前のダイナマイトに、不用意にも直接点火の役をしたのは、他ならぬ支配者側の〃狗腿〃（手下）であったのである。

中国警官の台湾婦人殴打に端を発す

国民政府の貪慾な接収員たちは、日本人の残していった工場や物資を、汚職の餌食にして、強奪破壊の限りをつくした。しかし、さすが台湾財政のドル箱である専売事業だけは、素りに手を付けることができず、陳儀直系の任維鈞が専売局長に任じて接収に当り、後に、これまた陳儀の身辺にいる陳鶴声が交替した。

だが、彼らはこの種の近代企業を経営する能力と熱意に欠け、樟脳などのような製品を香港に運び去っては私腹をこやすことのみに汲々として、製品の品質は低下する一方であった。おまけに長官公署赤字補塡の一手段として、値上げにつぐ値上げが行なわれたから、台湾の一般大衆は、ますます高くてまずいタバコや悪質の酒といった専売品をおしつけられていたのである。

いくら専売制度で独占しているとはいえ、このような経済法則に反した不合理が、そう何時まで続くはずがなかった。まず、営利にさとい中国商人たちは、台湾海峡の輸送ルートを扼する軍人、船員、税関官吏と結托して厦門、福州、上海、汕頭あたりの大陸沿岸から、安くてうまい外国製のタバコを台湾島内に入れ、たちまちのうちに専売品を圧倒してしまった。

タバコは嗜好品ではあるが、一般大衆の日常生活につながる必需品でもある。その売捌きには利は薄いが、販路が広いうえに、零細の資本でてっとりばやくやれる商売でもあるので、このような外国製タバコを都市貧民の婦女子がよく、街角に屋台をだして売り捌き、一家の糊口をしのぐ足しにしていた。

こういうように外国タバコが手広く売れてくると、専売タバコの販路が喰い荒され、政府は外国タバコを目の仇にするわけである。そこで、商売仇の外国製タバコを〃違禁品〃として、政府権力で取締ることになるのであるが厄介なことには、当の〃違禁品〃を島内に持ち込む〃奸商〃の背後には、軍人、税関吏がついていたり、あるいは彼ら政府人員自身が〃奸商〃である場合が多いので、専売局も、うっかり取締りの手を下すわけにはいかない。とすれば、結局のところ、政府は〃専売局査緝員〃という、非専売品を取締る武装警官を市中に放って、女子供の零細なタバコ売りをいじめることで表面を糊塗する以外に手がない。それで勢力ある外国タバコ密輸入の元兇を摘発しないで、ピストル携帯の査緝員を市中にのさばらせて、弱い者いじめしていたわけである。

二、二八事件台北略図

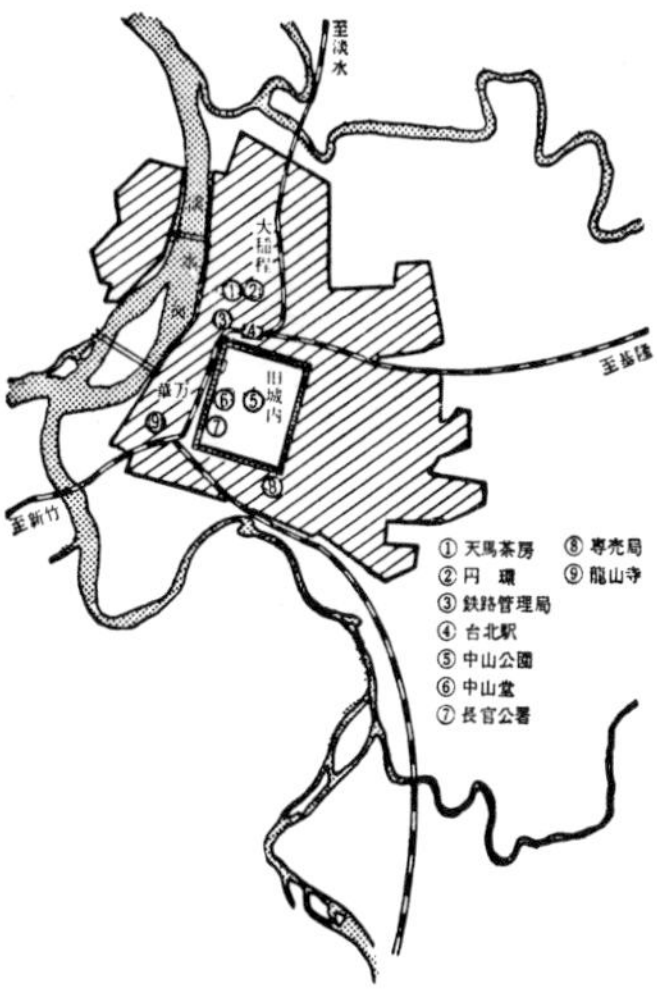

政府が、このように無責任な態度だから、その手先の査緝員も心得たもので、真面目に取締るよりも、職権を利用して小商売人から金品を捲きあげ、台湾人貧民の膏血をしぼる方にまわった。彼らはピストルを腰にぶらさげ街の中を四六時中うろつきまわって、タバコ売りの露店商や屋台を見付け次第、ことさらに兇暴にふるまっては威嚇の限りをつくし、挙句の果てにタバコと売上金を〃押収〃して持ち去るのであった。このように〃押収〃された金品の落着く先は、いわずと知れたことであったから、彼ら査緝員は都市貧民の怨嗟の的となっていた。

さて、一九四七年（民国三十六年、昭和二十二年）二月二十七日、冬の日も暮れかかろうとするころ、専売局台北市分局に所属する査緝員の傅学通（福州人）ら六人が、台北市警察大隊の警官数人と会同し、ジープを駆って例の外国タバコ売りの摘発に出動した。

台北市といえば、北郊の大稲程は南郊の万華とともに昔から台湾人居住区の二大商業地であり、大小様々の商店から屋台露店にいたるまで色々の商売が雑然と集って、台湾独特のにぎやかな雰囲気を醸しだしていた。

これら査緝員が、たまたま大稲程の延平北路（元の太平町）から、円環（円公園）に向ってジープを走らせている時、途中の天馬茶房の店頭に、逃げ遅れた獲物を発見した。早速、ジープのなかから数人が飛び降りてきて、くだんの通り手荒らに屋台をぶちこわし、足げにして威嚇したうえ、散乱したタバコと売上金をとりまとめて、〝押収〟しかけた。

その時、餌食となった林江邁という不運なタバコ売りの女露天商は、地べたに額をすりつけ、彼女がこの商売によって一家の子女を扶養している貧窮な境遇を訴えて、今回だけは見逃してくれるように、〝救命、救命〟と一生懸命に哀願した。

しかし、これら〝大老爺〟は、すでに手中に納めた獲物を放棄してまで〝違法〟なことを聞き入れるはずがない。哀号するタバコ売りには一切かまわずに、〝押収〟した金品を籠ごとさっさとジープに積みこもうとした。タバコはおろか金まで奪われるのをみた林江邁が、あわてて必死に査緝員の一人にとりすがったところを、有無をいわさず査緝員の銃床が彼女の額を一撃した。額をわられて鮮血淋漓、彼女はその場にバタリと倒れてしまった。

いく重となく取りまいて、事の成りゆきをみつめていた台湾人たちは、林江邁の昏倒によってたちまち怒号と興奮のルツボにまきこまれた。群集は口々に、〃阿山的〃、〃猪仔警察〃とののしり、〃泥棒するな？〃〃タバコをかえせ〃と叫んで、騒々しくジープにつめよった。

いままで傍若無人に横暴をきわめていた査緝員と警官たちは、数十という群衆の思わざる反撃にあわてふためき、咄嗟に発砲して群衆を威嚇しながら、ジープを捨てて逃げだした。このとき、陳文渓という台湾人は警官の発砲した銃弾で、バタリと倒れて即死するにいたった。

この陳文渓という台湾男子の射殺は、爆発寸前においこまれた台湾人全体の怒りに、点火する導火線となった。

警官がおきざりにしたジープは没収したタバコ、金銭もろともに、すぐその場で焼き打ちにされたばかりでなく、理不尽きわまる台湾人射殺の知らせは、たちまち台北全市に伝えられ、憤怒で燃えあがった台湾民衆が、ぞくぞく現場へとつめかけてきた。その夜の台北全市は、蜂の巣をつついたような大騒ぎとなり、警察局におしかけて犯人逮捕を要求するもの、大挙して憲兵隊にせまり、犯人の即時銃殺を主張するものなど、めぼしい政府機関は蝟集する台湾民衆によって包囲しつくされた。

新聞社も同じ運命におかれた。〃新生報〃（長官公署機関紙）におしかけた群衆は、社長李万居（半山）に面会を求め、事件の経過発表に応じなければ、看板をはずすと迫った。

しかし、当夜は憲兵も警察も事態の重大なることを察知しえず、〃武器はこっちのものだ、素手の台湾人の奴らが、いくら騒ごうとわめこうと、ほっておけばよい〃、と言わんばかりに、涼しい顔をして、一向に相手にしなかった。

台湾青年蹶起、政府は一面弾圧一面談合

明くれば運命の二月二十八日、夜来の騒ぎも、政府当局から納得できる回答をえられないで、台湾人側はますます激昂し、早朝から大稲程の円環や、万華の竜山寺広場に青年男女が集ってきた。かくて、一たび興奮のるつぼに投げ込まれた群集は、炎のごとく燃えあがって、とどまるところを知らなかった。

元気な若者たちは、ドラや太鼓を持ち出し、町中を囃したてて、〝没出来、不是蕃署仔〟（出てこないものは台湾人ではない）、〝若是台湾人、趕緊出来報寃仇〟（台湾人である以上、早く出てきて仇をうて）、とアジりながら、台湾人の動員に飛び廻った。

この呼びかけに応じて、商店は店を閉め工場は操業休止し、学生はストライキをおこして各地から若者たちはぞくぞく参集してきた。中南部や近郊との交通は杜絶し、台北市は四周から孤立するようになった。

大稲程に集った一隊は、ドラ太鼓を先頭にたてて行進した。途中で警察派出所を焼いたり、城内の専売局台北市分局に押し入り、居合わせた中国人職員を殴打したうえ、器物、備品等を道路に抛り出して放火した。

台湾人のデモ隊は、その後、人数が増える一方で、市中を行進し、台北南門にある専売局総局におしかけた。ドラ太鼓は喧騒に鳴り響き、幟や旗を押し立てて、口々に犯人銃殺、死者の賠償、タバコ摘発の中止、局長の謝罪を叫んで、専売局長に面会を求めた。専売局に到着してみると、武装警察や憲兵がすでに、門前に二重、三重と警戒陣を布

いていた。ぞくぞくと集ってきた台湾人群集と、中国官憲側が悪口雑言の限りをつくした末、警官側の威嚇発砲がかえって群集の燃えあがる怒りに、油をそそぐ結果となった。喚声をあげて、構内に乱入した群集は局長も職員も逃げ去った専売局事務所に闖入して、器物を片端から破壊した。今度は、誰彼いうとなく長官公署に転進した。

赤煉瓦の長官公署には武装部隊が配置されて、朝からつめかけた台湾人民衆と対峙していた。昼近くなると、専売総局、台北分局、市政府、警察局へ向った群集が隊をなして、ぞくぞく長官公署の広場に馳せ参じてきた。その日の午後、万を数えるほどの大集団となった群集は、〃阿山を殺せ〃、〃専売局長を出せ〃、〃陳儀でてこい〃〃犯人を銃殺せよ〃と叫びながら、じわじわと警戒線に近づいていった。

民衆がだんだんと長官公署に接近し、事態がいよいよ緊迫する中を、突如、長官公署の屋上からダッ、ダッ、ダッと機関銃が鳴り響き、弾丸の雨が民衆の頭上に降りかかって、台湾青年が数人バタバタと倒れていった。民衆はとっさの攻撃をうけて、驚きふためき、蟻が散るごとく四散していった。

しかし、このような、文明時代にありうべからざる機銃掃射でもってする弾圧は、事を終息せしめるどころか、かえって暴動の火を燃えさかる方へおしやった。

同胞殺害のニュースは市内の全台湾人に伝えられ、街々は青年たちであふれ、隊を組み、負傷者を先頭にたてて行進するものが、あっちからもこっちからもあらわれてきた。路上や十字路には、炎のごとく荒れ狂う血気の青年たちが、ふたたびドラ太鼓を打ち鳴らして〃豚どもを殺せ〃、〃阿山を逃がすな〃、〃阿山を台湾から追い出せ〃と叫びつつ、顔を紅潮させながら〃天に代りて不義を打つ〃を高唱するものもでてきた。

民衆の激昂は果しなくつのってゆき、中国人を見付けると、誰彼の差別なく殴打し、相手がひざまずいて哀号してはじめて放免した。各十字路では、若い人たちが通行人を待ち受け、〝日本語話せるか〟を連発して、返答できないものを〝阿山〟と確かめて殴打し、街かどという街角は鮮血の巷と化した。

台北駅も群衆でごったがえした。列車が到着するたびに、下車した乗客の身なりをみ、〝日本語できるか〟と怒鳴っては、中国人を撰別して殴打を加えた。政府の自動車は焼かれ、警察派出所はつぎつぎと襲撃された。

憲兵、警察は、幾万と全市に群る民衆に圧倒されて、尻尾をまいて逃げだし、治安はあってなきが如しであった。

めぼしい中国人商店は投石され、虎標万金油で有名な永安堂は放火され、官営の新台公司（元菊元デパート）は、商品を路上に山と運び出されて、白昼のなかで焼き打ちにあった。

いつの間にか〝打倒陳儀商店専売局〟〝打倒陳儀商店貿易局〟、〝打倒阿山〟、〝台湾人よ阿山を追い出せ〟などと書いたビラが、煉瓦塀や電信柱に貼られ、路上に散乱した。

夕方になって、警備総司令部は全台北市に戒厳令を発令し、軍隊が動員され、街中は疾走するパトロールの軍用車で、緊迫せる空気に、さらに本格的な戦時色が加わった。軍隊は群集と衝突して発砲し、身に寸鉄を帯びない台湾人が各地で射殺された。街のいたるところで、怒り狂う素手の青年たちの突撃と、軍隊や武装警官の機銃掃射で、あたかも市街戦のごとき状態を呈し、阿修羅の巷と化した。

中山公園（新公園）では、民衆が大会を開き、気勢をあげた。この時、公園内の片隅にある台北放送局は台湾人によって占領され、民衆代表は全島に向って事件を放送し、貪官汚吏を駆逐して、台湾人の生活を守るために、各地同胞の蹶起を呼び掛けた。

市内各所で台湾人同胞が流血の惨に見舞われている時、台北市参議会では、王添灯、簡聖育、周延寿、黄朝生、李仁貴、陳屋、徐春卿、駱水源、潘渠源、黄火定、李万居等の市参議会員や省参議員が緊急会議を開き、陳儀と近い省参議会議長の黄朝琴が同道して、代表たちを長官公署に赴かせ、事態収拾を建議せしめることにした。陳儀は出てくることを拒み、警備総司令部の参謀長柯遠芬が代りに代表たちと会見した。その席上で代表たちは犯人の銃殺、死傷者の慰問賠償、専売局長を民衆の面前で謝罪せしめる、およびその更迭、という数項目の要求を提出して引揚げた。

一方では、行政長官の陳儀は、一応、頬をこわばらせて強硬策にいで戒厳令を布いて武力鎮圧を開始したものの、本土では内戦がすでに全面闘争の方向に向って進み、いままで台湾島内に駐屯していた中央軍の第七十師と第一〇七師の二個師団は、前年の暮ごろすでに、華北に移動していって、島内の防備は手薄であったので、表面は強気を示しても、内心は困惑の態で、台湾人をどこまでも武力で押しまくる自信がなかった。

そこで、彼ら老獪な軍閥どもは、十八番の一面弾圧一面談合の常套手段を用い、ラジオを通じて台湾民衆に呼びかけた。

夕刻になるとラジオが鳴って、参謀長・柯遠芬の声がきこえてきた。彼は台湾光復後の善政と治安安定、並びに経済復興を一くさり謳歌したのち、今般の事件は闇タバコ摘発について一寸した誤解があったことから、一部の暴徒が外省人を殴打したことに端を発したと、臆面なくきめつけた。その後は、滔々と〃官様文章〃がつづき、例のごとく、半分嚇かし半分懐柔の言辞で終始して、台湾人側の内部瓦解をねらったものであった。

それから、いままで中国人側と台湾人の間を巧みに泳ぎまわってきた、黄朝琴（台湾省参議会議長―半山第一号）と、周延寿（台北市参議会議長）がつぎつぎと立って、洞ヵ峠よろしく、「自分たちが民衆を代表して政府と交渉するから、〃大家冷静等候吧〃（皆さん、冷静にして待ちなさい）」と態のいいところをみせて、彼らの飼主のために怒れる民衆のなだめ役にまわった。

最後に、謝娥が演壇に立った。国民党におべっかをつかって〃国民大会代表〃に任命されるまでは、名もなき一女医であった彼女は、マイクに向うや、事実に反して、自分は医者としてみた限り、林江邁の傷口はホンのカスリ傷程度であること、長官公署の屋上から発砲したという風説はデマであると、ウソ八百をならべたてた。それは、現場に居合せなかった全台湾人をたぶらかすことによって、全島的規模の団結、蹶起に水をさそうとする裏切の意図からでたものであった。

このような人殺しの元兇や走狗たちの、恥知らずな放言をきいて台北市民は、それこそ〃人命反命人〃（人殺しが却て人に殺されたと騒ぎ出した）と口々に叫び、朝からおさまらない心が、憤激の極に達した。

自分の眼で同胞が射殺されるのを見、自らの手をさしのべて負傷せる同胞を介抱してきた台湾民衆は、〃この恥知らずの裏切り者め〃と切歯扼腕して、怒り心頭に昂じてきた。そして、ラジオを聞き終るや否や、市民たちは、謝娥宅へ押しかけていったのである。当の謝娥自身は、噂をきいて逸早く逃亡したが、固く閉まって開かない戸口の路上で、民衆は気勢をあげ、〃不敢出来是猪仔生的〃（出てくる勇気がないなら豚の子野郎

二、二八台湾人起義略図

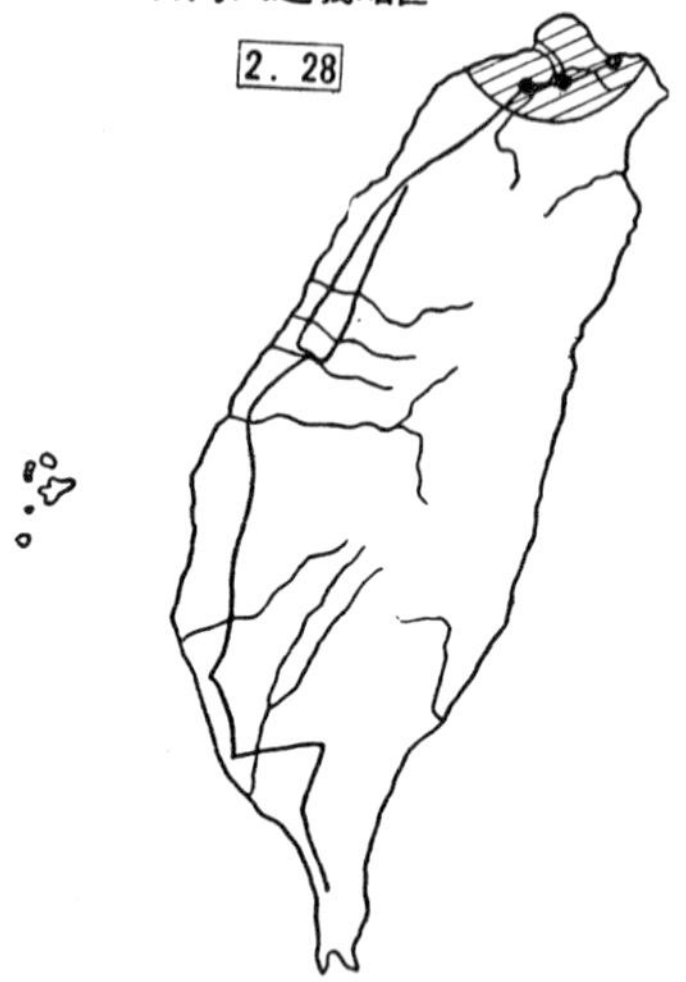

だ）、〝台湾人不放爾的奸休〟（台湾人は貴様をただではおかないぞ）、と連呼する若者たちの罵声が夜空に轟きわたって、歴史的な二月二十八日が更けていった。

この日には、

(1) 台北近郊の板橋（台北県所在地）が、最初に台北市民の反抗運動に呼応して立ち上り、南部から北上してくる汽車を、停車場で一々待ち設けて、中国人とみたらひきずりおろし殴打した。

(2) 基隆市では、夜になって市民が警察派出所を襲い、街頭で若者たちが日本語を用いて通行人を訊問し、阿山を見付け次第、殴打した。

(3) 中南部の方は、北部との交通停頓、電信不通で、何かの異変を感じとったが、詳報の入手に百方手をつくしていたところ、午後にいたり、「中南部の同胞よ、我々と共に蹶起して阿山の貪官汚吏をやっつけろ」、というラジオ放送に接して、台中市、彰化市を中心として台湾人が動きだした。

暴動の火、全島にひろがる　政府は一面弾圧一面懐柔、一面援兵を求め、台湾人上層階級は議論にあけくれて陳儀の術策に陥る

明けて三月一日、台北市内の若者たちは、早朝から再び謝娥宅を包囲した。昨夜来のラジオ放送をいまだに腹にすえかねた民衆は、遂に彼女の病院と住宅に乱入し、医料機械、家具、衣類、タンス等を路上に担ぎ出して放火し、歓

声をあげて溜飲をさげた。

戒厳令下におかれた台北市は、軍隊、警察、憲兵のパトロールのジープで喧騒をきわめ、あちこちにきこえる機関銃や自動小銃の音は、市民を恐怖と不安の谷間に追い込んだ。台湾人のうちから、被殺害者、負傷者、逮捕者が続出し、罪なき民間の中国人も片端から袋叩きにされ相当の死傷者をだした。

午後になって、北門の脇にある鉄道管理局（前の鉄道本部）を包囲した民衆が、屋上の機関銃隊からねらい打ちの一齊掃射を浴びせかけられ、前日よりもはるかに多数の死傷者をだして、民衆はますますいきりたった。

二日間にわたる戦いをへて、台湾人側は、ようやく、若者や一部学生を中心にして、組織的な、虐政反対の政治的闘争に化しつつあった。台北市の各所に貼られたビラに政治色が鮮明にでてきた。たとえば、〝打倒阿山独裁〟、〝打倒陳儀王国〟、〝阿山の言うことを信用するな〟、〝長官公署を廃止せよ〟、〝パンと自由をよこせ〟、〝同胞の逮捕銃殺を坐視するな〟、とあるように、前日よりも内容と調子が一段と高まってきた。

台北市参議会では、朝から台湾人出身の国大代表や国民参政員、市参議員の面々が、えんえんと討論した結果、〝タバコ事件調査委員会〟を組織することに決定した。それから、黄朝琴、王添灯、周延寿、林忠たちを代表に選んで、①戒厳令即時解除、②逮捕者の即時釈放、③軍警の発砲禁止、④官民共同の処理委員会を組織、⑤長官のラジオ放送、の五項目を陳儀に提出することにした。

陳儀はひそかに南京に向って援兵を打電した矢先であったので、それまでの時間かせぎとばかり、台湾人側代表の要求してきた五項目を一々きき入れる素振りをみせ、戒厳令を解く代りにデモ行進と工場・学校のストライキを禁止するという条件を出した。

この夜、陳儀は、事件勃発以来、はじめて台湾人民衆に対し放送した。彼は今夜十二時を期して、戒厳令を解くことを民衆に口約し、同時に周一鶚、包可永、胡福相、趙連芳、任顕群を政府代表に指名して、事件の合同処理委員会に参加させることにした。

ついで警備総司令部の布告がでて、今夜十二時を期して台北市の戒厳を解くことを発表した。それをきいて、何も知らない一般市民は、これ以上の流血の惨が避けられたとして、安堵の胸をなでおろしたものである。

当日の台湾人民衆の暴動は、板橋、基隆、挑園の北部諸都市から、新竹、台中、彰化、高雄と、燎原の火の如く中南部へ燃え拡がっていった。各地で警察局や県政府が襲撃占領され、台中では市民大会を開催し、謝雪紅、呉振武がそれぞれ青年学生を組織し、警察の武装解除、台中県長の劉存忠を逮捕して警察局に拘禁するなど、全台中市をあげて立ちあがった。

しかるに、陳儀があれほど口堅く約束した十二時の戒厳令解除は実行に移されず、翌三月二日の未明から、かえって武装部隊が増強され、台北市内各所の町角や官庁附近の要所々々は物々しく警戒体制を布いて、逮捕は相つづき、銃声も依然と各地に鳴りひびいた。

事の重大さを察知して、青年学生は参議員はじめボスたちの優柔不断にやきもきし、朝から中山堂に集合して学生青年大会を開催した。集ってきた台湾大学、法商学院、師範学院、延平学院の大学生は、会場を埋めつくした千人以上の市内の中学生や元軍人の台湾青年とともに、〝政治民主化〟、〝教育の自由〟を叫び、〝台北市民の義挙万才〟を高唱して、陳儀虐政の絶滅を宣言した。さしあたり、学生だけで〝服務隊〟を組織して治安維持、交通整理の任に当ることに決し、ビラ貼りや宣伝工作を強化することにした。しかし、台北地方の学生たちは肝心な武器がうまく入手できず、焦燥はつのる一方であった。

午後にいたり、政府側と参議会側で取り決めた官民合同の〝事件処理委員会〟が、中山堂で開会された。会場は傍聴につめかけた市民で一杯になったが、代表たちは組織問題とか、機構問題を牛のよだれの如くに延々と討議し、最後になってようやく、〝二・二八処理委員会〟と改称して組織を拡大することに落着き、逮捕者の釈放、死傷者の撫恤をあらためて陳儀に建議することにした。

犠牲者多数をだしたうえに、政府軍隊の挑発で事態が現に刻々と悪化してゆく中を、委員会がかくも形式ばって慢慢的に進行し、挙句の果てに、政府に哀願するような腰ぬけ決議をおこなったことに、傍聴者は大いに不満を抱き会議の途中に、足早やに退散する人が続出した。

だが、これら台湾人委員の敗北主義的懦弱なのにくらべ、千軍万馬の巷をへてきた陳儀の方が、役者が数段もうえであった。彼は、当日午後には、早くも中央から派兵決定の反電をえて、独りホクソえんでいたのにもかかわらず、処理委員会の要求には一々承認の返答をあたえ、夜には第二回のラジオ放送で、その旨を民衆の面前で確認した。

台湾人側にとって救い難いことには、委員会の面々が紛糾の拡大のみを極端におそれるうえに、中国軍閥のやり口には全然無知であるため、老獪な陳儀の口約束にすっかり有頂天となって、事の成行きを楽観してしまったことであった。全然、問題の本質を省察しないで、台湾人同胞の払った多大なる犠牲を無にしてまでも、事の終息を遮二無二期待するばかりに、みすみす陳儀の援兵の計に引っかかる破目に陥ってしまったのである。

頼りない処理委員会の雲行きで、台湾人民衆の反抗が昨日に較べ停頓ぎみであるのに反し、政府の武装警官や軍隊の市内パトロールが、目にみえて活発化し、市民たちは恐怖と不安にだんだんと沈潜してゆく状態となった。

しかし、台北市の沈滞状態にくらべ、中南部の台湾民衆は、二日にいたって続々とたちあがって、〃反阿山〃の暴動が各地に展開された。この時分には、南北の交通、通信はすべて杜絶し、全台湾の都市、街庄はほとんど台湾人の手にあった。

(1) 新竹では、〃二・二八事件処理委員会新竹分会〃が成立し、警察派出所は各地で襲撃を受けた。民衆は市長に対して保有米穀の引渡しと失業救済を迫り、南部から北上中の軍隊輸送列車は立往生させられて、駅頭で台湾人の学生や民衆と、車中の政府軍が交戦した。

(2) 台中市では、謝雪紅、呉振武の断乎たる指揮下にあって、青年学生は警察局から鹵獲した兵器で武装し、戦闘力ある部隊を編成した。また、①無抵抗の中国人を殺傷しないこと、②物資家屋を破壊しないこと、③武器入手に全力をつくすこと、④総蹶起して自衛隊を組織すること、を全市民に向って呼びかけていた。

(3) 員林では警察局と県政府が台湾人の手に帰し、台湾人の逮捕者はすべて釈放された。

(4) 嘉義では、市民が結集して市長官舎を襲い、市政府は占領されて、逃げ遅れた政府職員は殴打された。

(5) 斗六では、青年学生が、区署と警察署を占領した。

(6) 台南でも警察局や各地派出所が民衆の襲撃、焼き打ちにあった。

(7) 屏東では市民大会が開かれ、葉秋木が群集蜂起を指導した。

暴動の中心、中南部に移る

三月三日の朝、中山堂では今日も処理委員会がだらだらと討議にあけくれていた。そのうちで、王添灯ら二、三の正義派だけは、事態が台湾人のために不利に転換しつつあることを憂慮していた。

陳儀はすでに、中央から派兵の密電を受取り、五名の政府側委員は、早くも会をボイコットして一名も出席せず、委員会は、〝台湾省民衆代表大会〟の名儀で、南京にいる蔣介石に打電して、台湾の民主改革を実行することを要求した。

午後になって、〝二・二八処理委員会〟の代表として、国大代表・劉明朝、国民参政員・林忠、省参議員・王添灯、陳炘、蔣渭川等が市民、労働者、学生、婦女の各界代表者と同道して長官公署に赴き、①軍隊を市内から撤退させる、②治安維持は憲兵、警察、青年学生が共同してこれに当る、③交通の復旧、④軍糧の放出、⑤軍隊が事を構えたときは柯参謀長がその責任を負い、市民側の行動は二十余名の代表が責任を持つ、⑥政府は南部から軍隊を北上させない、の六項目を陳儀に提議した。

陳儀は、一面では台湾人側の要求を入れるようなゼスチュアをして、一面、特務を暗躍せしめ、委員会の内部、傍聴者のなかや群集のうちにそれぞれスパイを放ち、離間、攪乱、デマ宣伝を開始した。同じ台湾人でありながら、同胞たちが流血の犠牲を支払って、敵人と死闘している真最中に、半山の林頂立、劉啓光、蘇紹文、王民寧や、靠山の蔣渭川等が、政府側のスパイとして暗躍し、台湾人の結束を内部から崩壊に導くことに力をつくした。これは台湾人社会の植民地的落伍性の一面を遺憾なく暴露したものであった。

処理委員会は不覚にも特務分子に謀られ、軍隊を市内から撤退させる代りに、〝忠義服務隊〟なるものを組織することに同意し、その隊長にこともあろうに警備司令部の派遣してきた軍統系の許得輝を任命するような大失策を演じた。それからというものは、便衣隊や特務分子が大挙して忠義服務隊に潜入し、治安維持に名を借りて公然と市民を検問し民家を捜索して、市民を一段と恐怖のどん底につきおとした。

このような忠義服務隊の公開活動に並行して、覆面の〝別働隊〟は、特務の一方の旗頭である林頂立が指揮をとり監視、尾行、脅迫、放火、人心攪乱をさかんにやりだした。

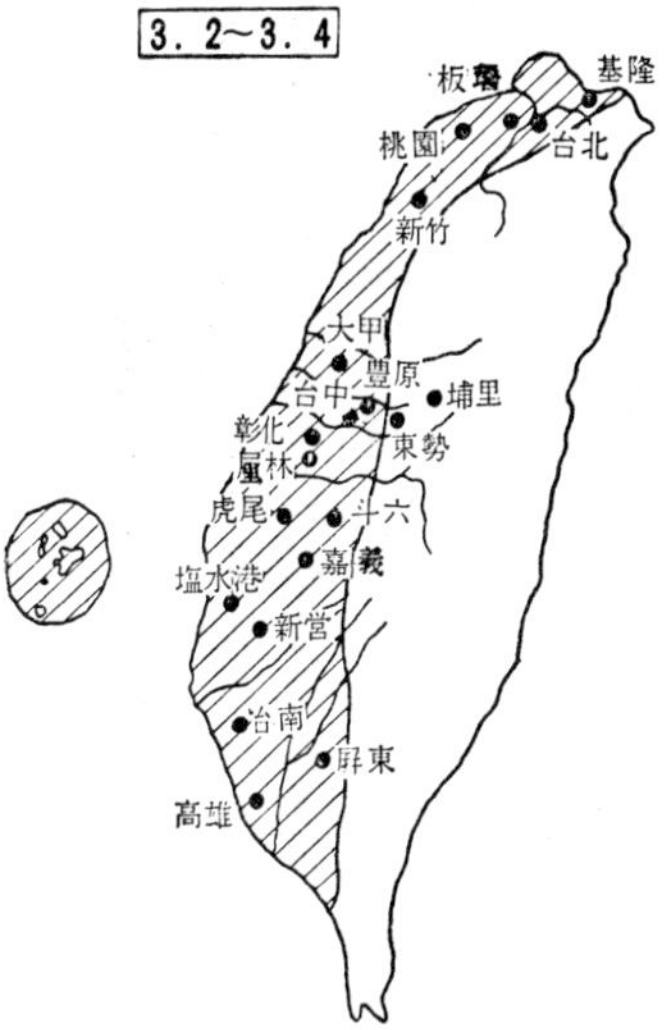

青年学生は、事の成行きをみて、極秘裡に学生軍を編成し、市内の主要道路に立哨して、交通秩序の維持に努め、〝愛郷青年団〟の組織もできて、日本時代の旧特攻隊員の結集、民衆の一致団結、武器の奪取を劃策していた。しかし、残念なことには、これら熱血の青年学生によき指導者が得られず、これという見るべき武器も入手できないで、戦闘力を発揮しないうちに、特務分子が着々とその魔手をのばしてきていた。そのうちに、ある者は、台北の反抗運動に見切りをつけて、三々五々と群をなし、台中方面の武装闘争に参加するため、南下するもの

がでてきた。

夜になり、王添灯は、事件処理委員会の宣伝班長の資格でラジオ放送をおこない、一般市民に向って、委員会設立の経過と政府との交渉情況を説明した。

C・C系特務と関係ある蔣渭川は、建設協会代表として放送し、青年学生を煽動したり、かと思うと暗に台湾人の団結に水をさしたり、特務の本領を遺憾なく発揮した。

(1)　基隆では、この日に港湾労働者が埠頭の倉庫を襲って失敗し、武装警察に殺害された屍が累々と横たわる中を中国憲兵がその屍の一つ一つを海中に蹴落すのを、民衆が遠くからくやしそうに見ていた。

(2)　台中の武装闘争は、謝雪紅、呉振武の指揮下にあって勝利の前進を続け、〃台中地区治安委員会作戦本部〃を成立し、学生軍は反攻してくる中国軍と市街戦を展開して撃退した。つぎに、第三機廠倉庫にたてこもる中国兵を攻撃し、彰化、大甲、豊原、埔里、東勢、員林各地から武装部隊の来援をえて、中国軍を降伏させ、将官五名を含む五百余名の士兵・官吏を捕虜とした。さらに戦勝の勢いに乗じて憲兵隊を武装解除し、勝利のうちに全台中市およびその近郊を掌握した。

(3)　嘉義では、三民主義青年団嘉義分団主任であった陳復志が、〃二・二八処理委員会〃主任と、〃防衛司令部〃司令を兼ねて、青年学生を率い十九軍機廠を攻撃占領した。その後、多数の台湾人警官が、武器を携えて民軍に馳せ参じてきたので、民衆の陣営はますます強大になり、嘉義全市もまた台湾人の制圧下に帰した。

(4)　斗六では、安南帰りの医師でゲリラ戦の経験をもつ陳篡地が、民衆大会を指導し、旧軍人、学生、青年たちを糾合して、〃治安維持会〃が組織された。一方では、さっそく虎尾の飛行場を攻撃し、トーチカに籠城する二百余名の政府軍と対峙した。
(5) 台南では市民大会が開かれ、工学院学生が学生大会を召催して、台北市の蜂起に呼応することに決し、警察派出所を襲撃したり、運河で中国人の船隻に放火して気勢をあげた。
(6) 高雄市では、警察局が市民に占領され、中国人が殴打された。

台北市で中国特務横行し、台中では台湾学生軍が軍事的大勝利を続ける

三月四日、五日に入ると、援軍派遣の風説が特務の口を通じて故意に巷間に流布され、台北市の民心とみに動揺して、敗北主義者は早くも戦線から離脱していった。

台北の処理委員会は、特務と政府の第五列にかきまわされ、終日、討論と機構整備に明け暮れた。王添灯を中心とする正義派は、敵の術策にこれ以上翻弄されることを恐れ、強硬論を堅持して戦ったが、委員会メンバーの色彩は、すでに複雑化し、公然と政府に屈服することを主張する者もでてきた。

五日になって、台北の処理委員会で正義派の主張がようやく通り、委員会の組織綱領が決定され、〝本省政治改革方案〟が議決された。これは、タバコ摘発事件から、台湾人の政治改革の要求にまで発展したことを意味するものであった。その改革の要求は、ただちに代表たちによって長官公署に提出された。

一、犯人を民衆面前で銃殺する
二、死者遺族の撫恤、逮捕者の即時釈放、指導者を追及しない
三、軍隊の武装解除、中央からの派兵を中止、治安は処理委員会が担当する
四、専売局、貿易局の撤廃、専売局長の陳謝
五、公営事業を本省人が経営
六、公署秘書長、民政、財政、工鉱、農林、教育、警務の各署長、および法制委員会の過半数を本省人が占める
七、法院長と主席検察官は本省人を任命
八、県市長の民選を即時実施

王添灯はラジオで、この八項目を全台湾に向って報告説明し、台湾人の一致団結を呼びかけた。

ついで、台北市の処理委員会の手で〃全省処理委員会〃の設立準備に取りかかり、全島の県市に二・二八処理委員会県市分会をそれぞれつくって、代表を台北に急派することを提案した。

これで、ようやく台湾人の政治的反抗闘争が鮮明に打ち出され、全島的組織に進展してゆく端緒が見出されるところまで漕ぎつけた。

だが、台北市はこの一、両日のうちに秩序がやや回復し、四周との交通もぼつぼつ再開されたものの、市内の食糧事情が緊迫して、市民たちは刻々と飢餓状態に近づいていた。町の若者たちや一般の青年学生は、力の裏づけのない処理委員会の〃政治解決〃に不安を抱き出し、陳儀に対して機先を制し得ないのみか、却てその術策に翻弄されている現状をみて失望の色があらわれだした。一部学生は青年を武装することを焦ったが、肝心の武器が入手できず、間

のびしたかたちに陥った。

台北市におけるこのような台湾人側の退潮を、林頂立や許徳輝の特務頭は見逃す筈がなかった。彼らはこれを民心瓦潰のチャンスとばかり、援軍到着後の報復を公然と語り、脅迫、拉致、掠奪—主として食糧—、攪乱はいままでよりも一層その烈しさを加えてきた。

これより先、情勢の台湾人側に刻々と不利に進展してゆくなかを、中共系に指導された青年学生は、五日早朝になってようやく、中山堂で〃台湾自治青年同盟〃の成立大会を開催した。会場は早くから血気盛んな青年学生が詰めかけて満員になり、蔣時欽（蔣渭水の次男）が司会して、新中国の建設、民主政治の推進、新文化の向上、生産拡大、民生安定、民心刷新の内容を盛りこんだ綱領を採択した。時あたかも、一般情勢が沈滞ぎみで、折角ふりあげた拳骨のやりばに困っていた際であったから、参会した青年学生は、会場をかり、その意気は天を衝くばかりに昂揚し、中南部の軍事的勝利を謳歌して、武力闘争を皆で競って主張したものである。

台北市内には、すでに青年たちの組織が各所にあって、〃学生自治同盟〃、〃学生同盟〃、〃海南島帰台者同盟〃〃若桜決死隊〃、〃興台同志会〃などがあったが、いずれも極秘裡の個別的活動をしているため、横の連繫に欠け、強力なる統一組織に発展するに至らなかった。

市中では、混乱、不安、動揺のうちに、〃国民党専制打倒〃、〃打倒官僚資本〃、〃樹立台湾民主自治政府〃、〃創設台湾民主連合軍〃と、ここではじめて中共色とおぼしきビラが目立ってきた。

五日午後から、台北市内と近郊の淡水、士林、新店などとの交通が、少しずつ回復してきた。

(1)　新竹では蘇紹文（半山）が民衆を弾圧しだした。

(2)　台中では勝利の栄光が続き、郊外の第三飛行場の中国兵は、戦わずして投降してきた。学生軍の秩序は整然として意気軒昂、市民は学生軍と共に軍事的勝利を喜びあい、婦女会は炊き出しをして青年学生の敢闘をねぎらった。しかし、轟くばかりの歓声のかげから、不吉な不協和音がきこえてきた。左翼たちの謝雪紅の徹底的な軍事勝利をみて台中地区の資産家グループが、共産革命に発展するのを恐れ、林献堂、張煥奎、黄朝清を中心に劃策していた。そして、〃台中地区時局処理委員会〃が新設され、その下に保安委員会をつくり、旧日本海軍大尉・呉振武がその主任に任命されて、武装部隊を掌握することになった。それを境として、いままで一本に統一されてきた台湾人武装部隊は、謝雪紅の〃作戦本部〃と呉振武の保安委員会〃にわかれていった。作戦本部の方は、謝雪紅の下に青年学生が結集され、台中地区のみならず、虎尾にまで特別志願隊を派遣して飛行場攻撃に参加せしめ、相変らず大活躍していた。呉振武は日本海軍に訓練された指揮能力のある男であったが、政治的経験を欠き、そのうえ保安委員会は機構が繁雑で議論に終始して実行がなかなか伴わなかった。

(3)　嘉義では、東門兵舎が民衆の占領するところとなって、嘉義市全体が台湾人の手に落ちた。五日になって、嘉義の武装部隊は台中、斗六、新営、塩水港などの友軍の来援を受けて、嘉義飛行場の攻撃を開始した。これは、敵の奸計にかかって、犠牲者多数を出し、手痛い失敗を蒙った。

(4)　斗六の陳纂地は、〃斗六警備総隊〃を編成し、虎尾飛行場を攻撃し、中国兵を林内の平頂まで追いつめて武装解除した。

(5)　高雄では徐光明の指揮で、要塞司令部をのぞくすべての地区を制圧下においた。

(6)　屛東は、憲兵隊の四周に放火して火攻めにし、葉秋木が臨時市長に推され、台湾原住民の若者たちが山地からできて協力した。

(7) 宜蘭では、学生と市民がデモ行進し、空軍倉庫を襲撃し、中国人を一ヵ所に集結して拘禁した。省立病院の郭章垣は、救護所をつくり、市政府を作戦本部にした。

(8) 花蓮港では処理委員会が成立して、国大代表・馬有岳が主任となり、三民主義青年団総幹事の許錫謙が民衆を指導した。

(9) 台東にも暴動が起り、福州人を逃すなといって、福州人を殴打殺害した。

陳儀豹変、処理委員会四散、民衆動揺

三月六日になって、情勢が更に一段と悪化した。

二・二八処理委員会から、〃全国同胞に告ぐ〃が発表され、不見識にも、今次事件は政治改革を求めるためのものであって、外省人排斥を目的とするものではないことを声明した。これは主として大陸の一般中国人に向けて発せられたのであったが、結果においては、中国人には台湾人側の軟化としてみくびられ、台湾同胞に対しては、折角、鮮明になりつつあった植民地虐政反対の意気込みに水をさすこととなった。これを起点として、反抗運動の最高司令部とみなされてきた処理委員会にたいする不信の念が表面化し、離反していく者がでてきて、台湾人側の中に足なみの乱れが目立ってきた。

処理委員会自体が、これまた複雑をきわめ、陳儀の第五列である黄朝琴、李万居、C・C系の蔣渭川、それに特務、野心家も混沌として入り交っていた。そのなかを王添灯たちだけが、純然たる台湾人正義派として、孤軍奮闘していた。王添灯は同胞が流血虐殺にあっている時、一台湾人の分を尽して必死の努力を続け、戦線の統一拡大のため、〝二・二八処理委員会台北市分会〟を設立し、自ら議長となって、大勢挽回に最後の努力を傾けることにした。

しかし、すでに上海から援軍の二十一師が出発し福州から憲兵第四団（団長・張慕陶）が派遣された。この報に接して、陳儀はひそかに安堵の胸をなでおろしながら、最後の時間かせぎに、ここを先途とばかり、さらに一つのウソツキをやってのけた。彼は夜になって、第三回目のラジオ放送を行い、台湾人の要求通り、長官公署の改組と県市長の民選を公衆の面前で約束したのである。

援軍出発の噂さは例の如く、特務たちによって市中に流布され、人心極度に恐慌をきたし、商店は堅く閉門し、全市が凄惨なる嵐の前の静けさにおしつつまれていった。

(1)　基隆では、敵襲来の先声をきいて、青年学生が街角に立哨し、〝同胞よ、猪仔兵の一兵一卒をも上陸させるな〟、とけなげにも台湾の門戸を守るにふさわしいビラを道行く人々にくばっていた。

(2)　台中では保安委員会の方は相変らず議論に明け暮れ、特務が暗躍して、資産家グループは浮き足だった。謝雪紅の指導する青年学生は、それを〝有銭人怕死〟（金持ちは死ぬことを恐れる）と笑った。自分たちは元日本軍第八部隊の旧兵舎にたてこもって部隊を整備し、迫撃砲や機関銃の手入れをしながら敵襲来を待ち設ける、という余裕綽々のところをみせた。

(3)　高雄では、台湾人側が敵の謀略にかかり、要塞司令の彭孟緝が市中に不意打をおこなって、台湾人大屠殺を開始した。

三月七日になると、陳儀は昨日と打ってかわって、完全に別人として振舞った。

まず、〝今まで提出した意見は、各人の主張がまちまちで受理しがたく、処理委員会のもとで総合整理し、代表者の署名捺印のうえ提出のこと〟、と威猛々しく処理委員会宛てに通告してきた。

中山堂の処理委員会は、もうすでに傍聴人に化けた特務たちに占領されて立錐の余地なく、彌次・怒号のうちに議事の進行を妨害されていた。最後に、王添灯の説明する三十二カ条（昨日の八項目要求を更に具体化したもの）の政治改革方案も、特務の罵声によって打ち消されて混乱が続いた。

会議が有耶無耶のうちに終了して、代表が長官公署に赴き、〝政治改革方案〟を提出するや、その場で陳儀と柯遠芬の峻拒にあった。ここで、台湾人側の委員たちは、はじめて騙されたと目醒め、周章狼狽、混乱のさなかを各自四散していった。

事態が最悪にたちいたっても、毅然と踏みとどまった王添灯は、大勢すでに我方にないことを認め、最終回のラジオ放送を通じて、台湾人の今回の蹶起の前因と経過を説明。この日の委員会の不幸な状況を報告した後、台湾人の要求を再び鮮明に掲げ、〝台湾同胞よ、今後とも堅く力をあわして、民主台湾のため、不屈の健闘を続けることを祈る〟、と結んで、あくまで獅

処理委員会四散

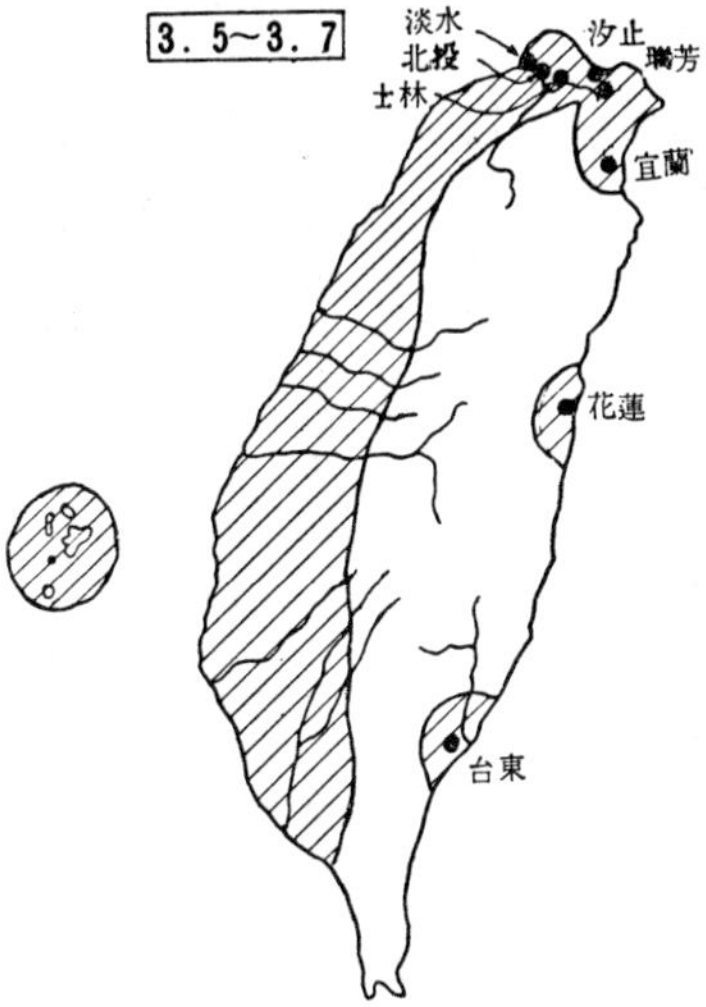

子奮迅してきた最後の言葉を終った。と同時に、この硬骨、熱血の台湾人領袖は、永久に同胞の眼前から消え去っていったのである。

中南部では、台中の学生部隊が戦闘準備に忙しく、嘉義、斗六では戦闘がつづけられていた。全島各地は、敵襲来を前にして、依然、台湾人側の手中にあり、虎尾飛行場は、この日に台湾青年の占領するところとなった。

台北市内は死の街に化していったが、近郊では小競り合いが頻発し、潮止で軍用列車が民衆の襲撃を受け、士林、北投、新店でも、派出所と供応局の倉庫が放火され、淡水、瑞芳の中国人は民衆の殴打を受けた。

援軍到着、台湾人の虐殺を開始

二月二十八日に、台湾人の歴史的蹶起をみ、九日間にわたって、全台湾を掌握してきたこの事件も、三月八日の援軍到着で形勢が完全に逆転した。

八日の午後、閩台監察使・楊亮功は憲兵第四団を率い、海平輪に搭乗して福州から基隆に入港。上陸前から市内に向って機銃をぶっぱなし、山上の要塞司令部と連絡をとって、基隆市を挾み打ちに攻撃した。必死になって抵抗する青年学生は、武器の懸隔のうえに衆寡敵せず、みるみるうちに殲滅される悲運にあった。上陸した憲兵は、台湾人犠牲者を、トラックに積んで、ゴミを捨てるごとくに屍を海中に投げ込んでいった。

さらに、太康輸に乗って上海から攻めてきた二十一師の兵士たちは、よほど台湾人に対する敵愾心をあおりたてられたと見え、基隆に上陸するや、口々に「台湾人不是中国人、殺吧殺吧」（台湾人は中国人ではない、殺せ、殺せ）と叫びつつ、発砲しながら市内に突撃した。彼らは警官を先頭にたてて、捜索逮捕に移り、つかまえられた若者の耳鼻を切りとったり、手足をぶったぎったり、屋上から突きおとしてなぶり殺しにしたり、ありとあらゆる虐殺の限りをつくした。あるものは、数人一緒に掌や足首に針金を刺し通して数珠つなぎにされたうえ、束にして基隆港に投げこまれていった。また、ある港湾労働者たちは、一人一人、南京袋にスッポリとおしこまれ、袋の口を縛って海中に放りこまれた。このような屠殺虐殺は、八堵、五堵というように台北に向う沿路で続けて行われた。

いままで尾羽うちからした闘鶏のごとく、シュンとしていた陳儀は、援軍が上陸すると、俄かに元の傲慢不遜な陳長官に帰り、台湾人に向って約束した前言を尽くひるがえし、完全武装の軍隊、警察、特務を指揮して、捜索、拉致虐殺を開始した。中国人の文職官吏にまでピストルを携帯させ、軍隊とともに台湾人の家宅に踏み込んで、中国語で旨く返答できない青年、男子を片端から検束した。青年たちは連れて行かれたら最後、相当多数のものがふたたび帰って来なかったのである。

これから後の十数日間は、いたる所で大虐殺が繰り返され、米式武器で一挙に十人、二十人という若い生命が奪われる情景は、みるものをして目を覆わさせるばかりであった。

二・二八処理委員会は、朝から蜂の巣をつついたような騒ぎであった。昨日まで、台湾人代表のうちにその名を連らねていた黄朝琴、連震東、黄国書、李万居の半山は、仮面をぬぎすてて公然と活動を開始した。彼らはまず四散した処理委員会委員をかりだしにかかった。そして、これら意気消沈した委員たちの連名で、〃本省政治改革方案の八項目要求や、三十二ヵ条は、全省民の意志を代表したるものにあらず、当局の了承を願うとともに省民はすみやかに本来の状態に復帰して、法を守り家業に励めるようにしてもらいたい〃と、番犬が主人に迎合して尻尾を無闇やたらにふるような声明を出した。

市民は、失望と恐怖のどん底にあって来るべき災難におののいていた。商店と住宅とを問わず、街中ともに堅く戸を閉めきって、道ゆく人は一人もなかった。

そのような死の街のさなかにあって、幾ばくかの青年学生のみは、いささかも動揺の色をみせず黙々と立哨、巡羅を続けていた。険しい災難を目前に控えてもそれを意に介せず、一途に郷土を守りぬこうとする彼らの至純な姿は、壮絶をこえて神々しくさえあった。しかるに、夜がふけゆき、夜明けともなれば彼ら純真な青年たちは、屍となり果てて円山運動場に横たわる運命にあったのである。

午後には、大稲程の日新国民学校で、旧陸海空軍人大会が開かれ、決死隊を編成して桃園、台中に檄をとばし、友軍の来援や武器入手に奔走することにした。しかし、時すでにおそく、数時間後には、これら歴戦の若者も、軍用トラックに投げこまれ、一台また一台と運び去られていった。

陳儀は、台北の民情に詳しい王民寧（半山）を警務処長に新任し、〃叛徒〃のレッテルを貼られた台湾人の捜索逮捕に当らせた。林頂立の別働隊員や許徳輝の特務人員は、虐殺を開始した。

周囲が黒い幕にとざされて、恐怖の夜がやってきた。夜が深くなるにつれ、銃声がきこえてきて、大砲の音までが轟々と響いた。それは中国軍の到着を大々的に示威するものであった。黒夜の森閑とした空気を震わせる砲声をきいて市民たちは、将に降りかからんとする災難を思うにつけ心を暗くした。

一夜あければ、街の光景は一変していた。昨夜まで街頭に立哨していた、凛々しき青年たちの姿はすべて消えてなくなり、それに代って猛々しい中国兵が米式軍装に身をかため、警戒にあたっていた。軍用トラックが逮捕された台湾人を乗せて頻繁に往来し、警察が兵隊と同道して、各戸毎に家宅捜索をしていた。大学の学寮に起居する寮生は一網打尽にあって、その夜のうちに永久に若い姿を地上から消していった。

(1) 援軍到着のニュースが早速、台中市にもたらされ、処理委員会の幹部で逃亡、辞任するもの続出し、保安委員会は呉振武の奮闘にもかかわらず、あってなきがごとき状態となった。謝雪紅の指揮する学生軍のみは決戦の準備に忙殺され、一隊は嘉義飛行場の攻撃に参加していた。台中戯院では、午後から〝台湾自治青年同盟台中支部〟の発会式を催した。

(2) 嘉義では、飛行場で激戦中で、戦況、台湾人側に不利に傾いていた。

(3) 台南市は市民大会を開催し、暫定民選市長を選挙して、黄百祿が最高点を獲得した。

(4) 屏東市では飛行場攻撃に失敗、臨時市長の葉秋木は中国兵に逮捕されて耳鼻を切りとられ凌辱されて果てた。

二十一師台北市に進駐し、〝奸匪暴徒〟の粛清虐殺始まる

九日から二十一師が続々と台北市内に進駐してきた。台北全市は戒厳令が布かれて軍隊の支配下にあるのみならず外省人の文職官吏も相変らず武器を携帯し、特務、憲兵、警察が同道して台湾人の〝奸匪暴徒〟の逮捕にあたった。

台湾人家宅はくまなく捜索され、ベッドの下にかくれている青年、あるいは逃げおくれた若者は、見つかり次第に拉致されていった。

台北近郊では一日中、銃声がなりひびいて虐殺されるもの枚挙にいとまなく、淡水河には、若者の生身をおしこんだ南京袋が、つぎつぎと投げこまれた。北門の鉄道管理局では、職を守って働いてきた数十名の台湾人職員までが三階の屋上から路上にけおとされて惨死し、瀕死の重傷を負って未だ路上に横わっている者は、無慙にも、機銃掃射でもって追撃ちをかけられ、その息の根をとめられた。陽明山（草山）へ行く途中の坂道では、台北から拉致されてきた幾百という青年学生が、崖の縁に整列させられ、号令一下、山上から機銃の一斉掃射で、谷底に打ち落されて果てていった。

街頭には人影も稀れで、通行人も滅多になかったが、それでも、まばらな道ゆく人がパトロールの中国兵にでくわしたが最後、〝誰啊〟とどなられて、即座に中国語で反答できないものは、その場で撃ち倒された。

十日になって、陳儀はラジオ放送で、二・二八処理委員会を非合法なるものとして、その解散を命じた。警備総司令部は、暴力は断乎として鎮圧すると宣言した。

このようにして台北市は、十日の間に逮捕・虐殺が続き、その毒手にかかって果てた市民や青年学生の数は一万人以上にのぼるといわれた。人口五十万人足らずの台北市では、五十人に一人、もしくは十戸に一人の割で犠牲者がでた勘定になるというから、陳儀の台湾人虐殺がいかに大規模であったかがうかがわれよう。そのうえ、さらに市民を苦しめたのは、便衣や特務が、〝趁火打劫〟といわれるごとく、火事泥式に、この時とばかり無理難題をふきかけ、脅迫、掠奪をほしいままにしたことである。以前に中国人と私怨のあるもので、混乱に乗じて葬り去られた例が数知れずあって、施江南（四方医院々長）、王育霖（元新竹地方検察官）はその代表的なものであった。

十一日早朝、〃劊子手〃（屠殺者）の魔手が事件のめぼしい指導者やその関係者の身辺にのびてきた。王添灯（省参議員）、林茂生（台大教授）、陳炘（元大東信托社長）、宋斐如（人民導報社長）、黄媽典（省商会連合会常務理事）、林連宗（国大代表）、李瑞漢（弁護士）、黄朝生（台北市参議員）、呉鴻棋（台北高等法院判事）、陳能通（淡水中学校長）、阮朝日（新生報総経理）、呉金錬（新生報日文総編集）らは、つぎつぎと捜索拉致され、惨殺されたうえに、その屍は暗に遺棄されて、永遠に遺族のもとに帰って来なかった。これら関係者の拉致殺害には憲兵団長の張慕陶や特務の許智輝がその任にあたった。

十三日に、南京では蔣介石が、〃台湾暴動は元日本軍人と共産党員の合作である〃、という嘘八百の談話を発表した。この報に接した、台湾人は、このような逮捕虐殺の暗い日々がまたまた続くことを思い知らされた。

(1) 台中地区では、さしもの戦勝に満ち満ちた台湾人陣営も、資産家グループの指導する処理委員会の方から崩れていった。

しかし、このように敵襲来のうわさは頻々と伝わり、友軍が動揺しだしたさ中にあって、謝雪紅と学生軍は抗戦の決意を堅く持ちつづけた。

学生部隊は、台中防衛戦で無用の犠牲を払うことを断念し、集議一決、十二日までに数百名の隊員は埔里に移動し国民学校に集結を完了した。埔里は、霧社事件で有名な原住民居住区のなかにある市街である。学生部隊の到着をきいて声名たかい霧社蕃とその奥地にすむマレッパ蕃（いずれもアタイアル族）は、三々五々と馳せ参じ、中国人打倒の戦いに参加することを申入れてきて、学生青年の志気を大いに鼓舞するところがあった。

二十一師の一隊は、十三日午後、台中市に進駐してきた。政府軍は台中市に到着と同時に、翌十四日を期して草屯から埔里を攻撃しだした。また、別の一隊は、水裡坑を迂回して埔里の背後を衝こうとした。

台湾人側の学生軍は、全員よく一致団結して、山岳の地形を利用して善戦し、まず、草屯方面の正面の敵軍を撃退し水裡坑の迂回部隊には夜襲をかけて敗走せしめた。かくて、全島台湾人の心から賞讃支援してやまない、これら年若き学生軍は、三日三晩にわたって、近代装備の政府軍を向うにまわし、奮戦して埔里に一歩も踏み込ませなかったのである。

しかし、台湾と同胞を守るという強烈な意識があるにも拘らず、山岳地の地形に支えられた学生軍の勝利にも限界がみえてきた。政府軍は数倍の大部隊を動員し、米式装備を駆使して猛攻を続けた。何といっても、平地との連絡をたたれ、背後は峻嶮な高山に囲まれた地理的条件は、部隊の機動力をそぎ、弾薬補給の道を完全にふさいでいた。若き青年たちはこのときほど郷土台湾の国土狭小を、宿命的に痛感させられたことはなかったであろう。

十六日の夜半、一同は国民学校の校庭に集合し、今後の方針を討論した。素直な青年たちは、以後の組織的軍事行動の困難をありのままに認め、ここで一応、部隊を解散して、各個人の自由なる判断にまかせることに一決した。

かくして、徹頭徹尾、勝利の旗を掲げてきたこれら台湾青年は、大勢の前に無念の涙をふるい、各人が自ら信ずる行動に移ることとなった。森閑とした黒夜のなかを、青年たちは互いに相抱きあい、過去十数日の善戦を謝し合うとともに今後の健闘を語りあい、携帯できない武器や迫撃砲などを山中に埋め、他日の再会を念じながら、三々五々と小グループに別れて、あるものは下山し、あるものは嘉義・小梅の陳篡地ゲリラ隊に合流するために出発した。

かくして、台湾全島のうちで最も組織的に戦い、最も栄光に満ちた台中の武力闘争は、台湾解放史上に偉大な足跡をのこして、ここに終りを告げたのである。

この時、台湾人の領袖・謝雪紅は青年学生に惜しまれながら、親近の同志と山中に入り、その後は香港に脱出して台湾解放のため奮闘しつづけ、廖文毅たちと合流して、台湾再解放同盟を創設した。一九四七年十一月、上海に転じ江文也、蔡孝乾たちと〃台湾民主自治同盟〃をつくった。そして、一九四八年に中共治下の大陸に入った。

ここで、その生涯を通じ、台湾民衆の側に立って解放運動につくした謝雪紅について、一筆あってしかるべきであろう。彼女は彰化の貧家の生れで、幼少から家計のために働いて就学せず、製糖会社や織物工場の女工をしていたこともあった。後に日本内地に渡って神戸に住み、一九二一年に台湾にかえった時には、台湾解放運動の女性幹部として文化協会に加入していた。その後、台湾で最初の近代的女性解放運動に従事したが、総督府に弾圧されて上海に逃れた。上海では五三運動（反帝国主義の学生暴動）に参加し、共産主義の洗礼を受けた。一九二五年にモスクワの東方勤労者大学に留学。一九二七年には上海経由で台湾に帰来し、一九二八年の日本共産党台湾支部（台湾共産党）の設立に参加した。その間、日本警察に逮捕されること二回、台北では国際書店を開き、台中でも大華酒家を経営して、秘密活動をしていた。

終戦と同時に、〃人民協会〃と〃農民協会〃を組織して、民主台湾の建設に邁進したところ、陳儀に解散を命ぜられた。それにもめげず、人民公報を台中で創刊して宣伝工作に従事し、〃建国工芸職業学校〃の校長に任じて青年の教育に努め、中共から帰ってきた蔡孝乾の中国共産党台湾工作委員会の組織拡大を助けた。

中国本土に入ってから、毛沢東主席と会見、中国婦女聯合会執行委員、民主青年聯合会副主席、台湾民主自治同盟の代表、華東軍政治委員会委員、中蘇友好協会理事というように、台湾人として最高の地位と任務をあたえられた。

しかし、多彩で波瀾に富んだ半生をへてきたこの熱血の女性革命家は、政治的、思想的にはまず日本共産党に、後には中国共産党の陣営にあるとはいえ、栄誉や地位よりも、第一に被圧迫の郷土台湾および台湾人同胞を愛し、かつ、その解放を終生の念願としてきた。外電の伝えたところによれば、一九五七年、台湾・台湾人と中国・中国人の社会的相異を説明し、独自の台湾解放を主張した彼女は、中共の逆鱗にふれ、右傾・分派の罪科をなすりつけられ、地方民族主義の科で江文也たちとともに、粛清される悲運にあったといわれている。謝雪江はもちろんそれには屈せず、台湾・台湾人の自主性を叫んでやまなかったであろうが、それ以後、杳として彼女の消息をきいたことがない。彼女は、本年数え六十三才の円熟せる心境にあるはずである。今後、生きて台湾にかえる可能性はまずないと思うが、もし、あるとすれば、それは謝雪紅が中共に屈服することを意味し、中共が主張する、〃台湾の独自性の否定〃を接受することを前提としてはじめて可能であろう。台湾解放のために惜しんで余りある人物である。

さて、翌三月十七日、学生軍が四散して引揚げた埔里街には、国府軍が進駐し、〃奸匪暴徒〃の筆頭に謝雪紅が挙げられ、林西陸、楊克煌、張文環、林連城、陳万福、林糊らが多数逮捕され、学生軍の有能な指揮官であった顧尙太郎はじめ、多数の青年学生が虐殺にあった。

処理委員会の土豪劣紳たちは、林献堂、黄朝清が中心となって、政府軍の歓迎慰問に廻り、保安委員会の呉振武も逮捕虐殺の外に逍遙するを得た。

(2)　台南市は、十一日から逮捕がはじまり、指導者の湯徳章は、〃遊街示衆〃（みせしめのために街中をひっぱりまわす）にされたのち、元の大正公園で殺害された。蔡培火は昔日の熱血すでになく、保身に窮々として、台湾人同胞を顧りみなかった。

(3) 東部海岸の各地にもそれぞれ軍隊が進駐して虐殺がはじまり、宜蘭、花蓮港が特に甚だしく、宜蘭の郭章垣、蘇輝邦、鄭進福、花蓮港の張七郎、張宗仁、張東仁の父子三名が一挙に中国人の毒手にかかった。

(4) 斗六だけは、最後まで頑張り、陳篡地の指揮下で小梅方面の山中に根拠地をおいて、ゲリラ戦をつづけた。後には、孤立無援のため、陳篡地以下、全員のものが自首投降したといわれる。

台湾警備総司令部は、十四日に声明を発し、〃三月十三日をもって全省平定し、これより先は綏請工作をつづける〃と宣言した。〃綏請〃とは中国本土の軍閥時代以来の特有な弾圧政策で、清郷工作に名を借りて、〃奸匪暴徒〃の捜索、逮捕、民衆や民家の抜打検査、乗客の臨検、および長期にわたって監視、逮捕をしてゆくことを意味した。そして、十五日に、民報、人民導報、中外日報、重建日報、和平日報は発刊停止、閉鎖を命ぜられた。

このように、轟々烈々と一時を震駭した、全島的民族反抗の正義の戦いも、米式武器による惨酷な弾圧によって、あえなき最後を遂げたのである。

白崇禧の到着、虐殺から〃法〃による制裁へ転換

二・二八事件の勃発当時、上海・南京に在留する台湾人たちは、故郷の動乱を憂慮し、楊肇嘉(元文化協会指導者)や張邦傑が中心となって、中央政府の各院に日参し、陳儀治台の野蛮な実況を訴え、政治改革を実施して真の民主政治を行うよう請願した。つづいて、〃京滬台胞代表団〃が台湾に飛んで実情を調べ、帰来した団長陳碧笙は、上海で

記者会見を行い、恐怖政治の惨状と台湾人犠牲者が台北市だけでも一万人以上に達することを訴えて、内外の援助を求めた。

しかし、南京政府の武力鎮圧の方針は、すみやかに実行に移され、憲兵第四団と二十一師の殺戮を先頭にたてて、三月十七日、国防部長・白崇禧が、蔣経国を滞同して台北に飛来した。

白崇禧は、台北で、中央政府が二・二八事件を処理する〝基本原則〟なるものを発表した。

(1)　行政公署を省政府に改組する

(2)　県市長の公選を実施する

(3)　台湾人を平等に待遇する

(4)　官営事業を縮小する

(5)　暴動中に組織された台湾人団体の解散

(6)　暴動参加者に対する重大措置

前述のうち、一項から四項までの改革は、いわゆる〝官様文章〟で、実行されないか、それとも形式だけ改革して中身のともなわないことばかりであった。五、六項の逮捕、処罰だけは執拗につづけられた。三月末には、早くも嘉義で、百数十名の台湾人が、〝法〟に照らして銃殺され、このような台湾青年を逮捕、徒刑、死刑が、一九四九年までつづいた。

台湾では、日本時代から完備された戸籍と連坐制の保甲制度があったので、暴徒と指名されたものや、私怨によって密告されたものは、彼らの特務網から逃れられず、暗黙のうちに葬り去られるものが数知れずいた。

彼らは、〃戸口検査〃を随時に行い、真夜中に警察、憲兵、特務が街全体を包囲したうえ、交通まで遮断して戸毎に人家を捜索し、居住証を携帯しない来客や、家族で不在者があれば、その来歴と行方を徹底的に追及した。

白崇禧のもう一つの任務は、功労者の嘉奨であった。つまり、台湾人を多く屠殺し、民衆の鎮圧に力のあった軍人・官吏に対する論功行賞であった。

〃暴徒に屈せず政府の体面を保った〃中国人の軍人・官吏は、一律に讃めたたえられ、その第一等に値いする功を建てたものとして、高雄要塞司令兼南部防衛司令の彭孟緝が挙げられた。彼こそは、全台湾のうちで、真先に台湾人を大虐殺した張本人であり、それが蔣経国に見込まれて、〃記大功一次〃（功績簿に第一等の功を記録）されたのみならず、陸軍上将に昇進し、台湾警備総司令、国民政府陸軍総司令、陸軍総参謀長というように、その後は特進に特進を重さね、一貫して台湾人の圧迫鎮圧に名をなしてきたのである。

長官公署の発表によると、今次事件で、外省人の死傷者約二千五百人と発表された。そして、これら被害者のうちで、公務員には、死者一人に付き二十万元、負傷者は最高四万元を政府が賠償した。つまり、中国人の死傷者に対しては、台湾人の負担する税金でもって、撫卹・賠償が与えられた。これに反し、台湾人の死傷者は闇から闇へ葬り去られていったのである。

それから、中国人でもないのに、国民政府の嘉奨を賜った人種がいた。それは言わずと知れた、半山と靠山であった。彼らは、台湾人がこぞって反抗に立上った時は、表面上は一台湾人としてその義挙に参加する素振りをみせ、後になって、反抗運動が沈滞ぎみのときには、台湾人側の分裂を策してきた。あるいは、陳儀にひそかに通じたり、情報を提供した腐敗分子であった。台中の資産グループや台南の蔡培火や侯全成は政府嘉奨の恩典に浴したのである。

しかし、台湾人のうちで虐殺者の中国政府から最も厚く表彰された者として、台北の蔣渭川を挙げねばなるまい。

蔣渭川（蔣渭水の実弟）は、中国人が台湾にやってくると、C・C系特務分子と関係をもったが、台湾は〝軍統〟の天下で、数ある〝靠山〟のうちでも、彼は、陳儀時代には冷飯組の一人であった。

二・二八事件が勃発するや、彼は時機投来とばかり、C・C系の重建日報（三月一日発刊）と協力して、〝台湾政治建設協会〟に台北市内のゴロツキを糾合して大活躍した。自分は、〝暴徒〟の同志になりすまし、二・二八処理委員会の代表の一人となったり、青年学生をアジったりする一方、ひそかに陳儀に台湾人側の情報を提供していた。そして、政府の時間かせぎに暗に協力して、処理委員会や台湾人団体を堂々廻りの討議にひきずりこんだり、ゴロツキたちを傍聴人のなかにもぐりこませ、院外団まがいの攪乱作用を起させたりして、台湾人同士の分裂策をさかんに講じてきた。

彼は青年学生の反抗運動をせんどうしておきながら、自分はいざという時には逃亡して、混乱の最中に政府軍の殺害からまぬがれた。しかし、逃げおくれた彼の娘は、家宅捜索に押入った中国兵士数人のために凌辱された挙句に惨殺された。

中国政府は、己れの同胞を売った彼および蔡培火の功をたたえ、台湾省政府民政庁長から亡命政権の内政部次長というふうに異例の昇進をさせ、国民政府統治下の台湾で、〝紅人〟（得意の人）となったのである。

〝蔣渭川は、自ら走狗になるのは勝手だが、青年たちまでも屠殺者に売ってしまうとは、台湾人の風上におけない奴だ〟、と台湾人社会ではつまはじきにされるようになった。

だが、蔣渭川は一人しかいないが、蔣渭川的人物が台湾社会に大小様々と入り交っていることは、否定しようもないことである。これも植民地台湾の落伍性といえば、いえないこともなかろう。
彼ら大小様々の背徳漢は、同胞が虐殺にあっている時に、破廉恥にも敵人の手足となって台湾人の情報を集めたり民衆の中にもぐりこんで攪乱工作をしたり、密告、脅迫のあらん限りをつくしてきた。彼らは暴虐な支配者に対しては大功を建てたことになるが、しかし、目的のためには如何なる悪虐をも敢えて辞さない彼らの主人公は、証拠湮滅のために、任務完了と同時に、これら台湾人ゴロツキどもの息の根をとめることを忘れなかったのである。同胞を裏切ったものの自業自得であるにはちがいないが、特務政治の生々しい暗黒面の好例ではある。
陳儀は援軍到着後、すっかり本来の専制的な軍閥の首領に立ち帰り、三月十八日、白崇禧が催した招待宴の席上で、
〃今次の台湾人暴動は、過去に受けた日本教育の影響で、中国人軽視が土台になっており、少数台湾人の発動によるものである〃
と演説して、同席の半山と靠山をしゅんとさせた。
しかるに、四月一日の新生報の社説で、
〃今次事件は政治改革の要求でも、民変でもなく、台湾人が日本精神の毒素を受けているために起ったものである〃
ときめつけ、さらに在台湾の中国人に対して
〃台湾のような辺疆区に働くものは、台湾人を日本精神の枷鎖から解放することを天職として努力しなければならない〃
と誇らしげに論じ、陳儀の優越感は、すなわち、全中国人の台湾人に対する優越感であることを立証した。

白崇禧は、四月二日に任を終えて南京に飛び去った。三月二十二日の行政院例会の決議により、行政長官公署は台湾省政府に改組され、陳儀に代って、魏道明が省主席に任命された。

かくて、山とつもる罪悪をつくり、台湾人を飢餓と流血の惨に陥しいれた陳儀は、四月十一日に少数の随員を従えて台湾から飛びさり、浙江省主席に栄転した。

新主席の魏道明は四月十五日に飛来してきて、四月十六日に省政府が成立し、戒厳令の解除、清郷工作の結束、交通制限の解除、台幣と法幣を一対四四に改正、という四項宣言を発表した。

しかるに、このような四項宣言が発表された翌日から、台北市郊外では、前代未聞の実弾による軍事演習が行なわれていた。

第十五章　二・二八以後の台湾人

台湾人意識の盲点、弱さ、劣等感

同じ血液をもち、等しく漢民族の流れをくむということが、反唐山人として台湾人が中国人に立ち向う場合に、台湾人同士の共感をぼやけさせ、台湾人独自の歴史的発展によって生まれでた台湾人意識を曖昧模糊にしてしまうことは、繰りかえし述べてきた。つまり、中国人と同一種族の流れをくむことが、歴史的には、台湾人として積極的に生きる場合に、その意識の盲点となったのである。

現在の世界に例をとっていうならば、台湾人意識は、どちらかといえば、白人ベルギー人にたいするアフリカのコンゴ人、あるいはフランス人にたいするアルゼリア人のそれであるよりも、むしろ、ジョンブルにたいするアメリカ人のヤンキー意識に類似している、ということができよう。

第二に、台湾人意識には弱さがあることである。これは、人間解放の未だに進展をみないアジア・アフリカの弱小民族の間にも、大なり小なり見受けられる共通点である。

オランダ人、日本人、そして同族の中国人にも長きにわたって植民地的に征服され、自己支配の歴史を未だに持たない台湾人は、支配者の圧迫には反抗対立する半面、うちひしがれてきた者にありがちな藁をも掴む弱さが、台湾人の心理の片すみに巣食ってきた。

第三に〝孤島台湾〟〝弱小な台湾人〟という地理上の孤立無援、狭小な国土、および弱小な人口が、台湾人の心にいつしか自己卑下の劣等観念、コンプレックスの発生をみた。このコンプレックスが、〃広大な大陸〃あるいは〃何億の中国人〃という巨大にのしかかってくる相手にたいした場合、いっそうみじめにかきたてられるのであった。そして、行動の上では、ややもすれば〃長いものにまかれろ〃式の虫のいい自己打算が付随するのも、故なしとしないことであった。

このような台湾人意識の根底に潜在的に横たわっている盲点、弱さ、コンプレックスが、一般庶民よりも、かえって〃読書人の分別〃〃インテリの知慧〃のなかによけい巣食っていたことも否定できない。インテリ台湾人をさいなんできたこの盲点、弱さ、コンプレックスは、ただ単に台湾人意識の求心的な発展のブレーキとなったばかりでなく台湾人意識が中国人にたいして発揮される場合には、その積極意志を去勢する働きさえしてきたのであった。

歴史的にみて、外来支配者にたいして行った、台湾人の直接的反抗闘争の十中八、九が、分別や打算を度外視した衝動的な一般庶民の手になる、自然発生的な突発的蜂起であったことに徴すれば、この間のいきさつが容易に想像されるであろう。

このような意識上の脆弱なる一面を了解したうえで、第二次大戦直後の客観情勢を回顧するならば、台湾人が演じた〃中国人歓迎〃の真相もおのずから納得できるはずである。

今次大戦の終焉によって、台湾が日本帝国の支配から解放されるようになったことは、一般的にいって台湾人にとっては突発的出来事であった。それは、自ら戦いとった解放ではなくして、日本敗戦という外部要因によってひきおこされたのである。そして、日本帝国の桎梏から解放されると同時に、ふたたび台湾人の意志とは関係なく、ただちに中国人の支配にバトンタッチされていった。

このような客観情勢の変化が突発的に作用するにおよんで、その盲点、弱さ、コンプレックスが一度にポッカリと口を開いて台湾人は虚脱状態におちいった。そこへ、間髪をいれずにおこなわれた〃わが親愛なる同胞よ〃という中国人の呼びかけが鵜のみのまま吸収されていった。しかし、それはまだ消極的部類に属していた。それとは別に一つの積極的要素があったのである。つまりその時、中国人支配者御入来のつゆばらいをやった半山と、島内の空想的漢民族主義者が、一般庶民を〃中国人歓迎〃のルツボにひきずりこむのに決定的な役割を果したことである。これが真相なのである。極端にいうならば、半山と空想的漢民族主義者が、一般大衆の意識上の盲点、弱さ、コンプレックスをついて、中国人支配者の前に台湾を跪かせたといって過言ではない。

二・二八勃発中の台湾人

中国政府の台湾接収時において、その手先となって大陸から帰ってきた黄朝琴、劉啓光、李万居などの〃半山〃および日本時代の旧文化協会系の羅万俥、蔡培火たちは、すでに過去のものとなった〃抗日〃あるいは〃反日〃を己れの政治資産として、中国歓迎の陣頭にたった。しかし、この少数の人たちが日本時代に考えてきた台湾解放と、台湾の現実とは符合しない空想的あるいは観念的民族主義に立脚していたにすぎなかったのだから、現実的に台湾が中国政府に占領されると、これで事足れりと言わんばかりに、台湾解放の夢も希望も雲散霧消し、後にのこされたことは、自己の名利からでた猟官と地位の追求のみであった。したがって、彼らはこのような変革期に際会して、バスに乗り遅れまいと、中国の権力に接近してはオベッカをつかって迎合し、台湾人にたいしては、支配者側にたいする不平不満を慰撫し、あるいは陰謀、中傷をも敢て辞さない買弁的な存在になり下っていった。

だが、これら機会主義者がひかに中国政府と中国人の提灯をもとうが、いかに暴君のため弁解しようが、台湾・台湾人と中国・中国人とは、所詮は他人同士であった。いな、すでに敵同士でさえあったのである。互に接触したその瞬間から矛盾は表面化し、対立の溝が見るみるうちに深くなっていった。それに加うるに、中国人の施した植民地主義が明確徹底するにおよんで、不満、憤懣、憎悪がつもりつもって、中国人来台後、一年半を出でずして二・二八事件にまで発展したのである。

二・二八事件は、中国人の植民地虐政と掠奪にたいする台湾一般民衆の怒りにみちた反抗闘争であった。名もない貧しい一般大衆の総意による自然発生的な暴動という点では、清朝時代の〝反唐山〟の一揆、日本時代の武装抗日のそれとまったく同じ性格のものである。

失業のために暴力団化した都市の若者たちが、自然発生的にその口火をきり、これに一般学生と青年が呼応して立ちあがったのが、二・二八事件であった。しかし、強烈な反抗心と積極的な行動性に富んだこれら青年たちには、近代的な政治闘争の指導理念をうちたて、かつ、それを組織的な政治運動にまで高めてゆく経験と能力に欠けていた。

さらに、その純粋性では各国の学生青年に劣らない台湾の青年・学生たちは、政治活動にたいする経験に乏しく、優秀な指導者をもたなかったうえに、スパイは各地に横行して彼らの未熟な判断力を惑わした。その結果、九日間にわたって全島を掌中におさめた彼らではあったが、結局は、各地とも互に連繫もとれず、各々が地方的な一揆に終わり全台湾をひっくるめた統一ある政治闘争にまで発展できなかったのである。

ただ、台中地区だけは経験豊富な謝雪紅、陳篡地のような終始一貫した立場の指導者をもって、軍事的にもたえざる勝利をつづけ、最後まで輝しい闘争の足跡をとどめることができた。

台湾各地では、南方および海南島の日本軍より復員してきた青年の二・二八事件における活躍がめざましく、台湾人のために昂然の気を吐いた。それは彼らが戦時中、日本軍より徹底した戦闘訓練をうけたことも一因となっていたが、それにもまして、外地で日本降伏後、日本人捕虜よりもいっそうひどく中国人に虐待され、かつ、南洋各地に澎湃としておこった民族独立の潮をジカに見てきたためである。それで、台湾が中国人に不当に植民地統治されていることを台湾島内にのみとどまっていた青年たちよりも、一そう敏感に感じとったからであった。

台湾の古きインテリたち（当時三十才以上）の大多数は、事件勃発とともに、しばし茫然自失して、拱手傍観の態であった。旧文化協会系の人たちはもちろん、後日海外にのがれて台湾独立を叫ぶようになった一部台湾人人士も、二・二八事件の最中には、その埒外にあって、これから逃避するかあるいは傍観的立場にあったことを否定するわけにはいかない。年若き同胞たちが大量の流血の犠牲を強いられている時、古きインテリの大多数は、中国・中国人にたいする幻想をいまだに捨てきれないで、敗北主義的妥協に狂奔していたのが実情であったのである。

台湾の一般庶民が流血のさ中で立ちあがったとき、台北にある省参議会を中心とする事件処理委員会の面々は、王添灯たちのごとき同胞愛に燃えた硬骨漢をのぞき、その他はスパイ、第五列、傍観者、台湾人意識の盲点を余計に背負った人たちであった。彼らは、同胞が命を賭して反阿山に立ちむかった時、分別ある調停者の如くふるまい、台湾人側にたって、中国人と戦う勇気と見識を失った輩であった。

一方、中国共産党は、いまだ、台湾人組織をつくることに成功しておらず、二万五千里の長征に参加した唯一人の台湾人で、中共中央委員候補の蔡孝乾（中共名は蔡前）は終戦後、華中の新四軍中国人幹部を二、三帯同して台湾にかえった。しかし、蔡孝乾自身が中共式の半山であり、彼の手で台湾に共産党組織を発展させる基盤がすでになく、もっぱら謝雪紅の台中における社会関係を利用してきた。しかし、当の謝雪紅は共産主義者ではあるが、半山の蔡孝乾とはちがって、台湾人意識が強烈で、中共一辺倒の蔡に全面的には同調することができなかったようである。

蔡が中共の代表として二・二八事件の指導に参画したのは、三月四日の〃台湾自治青年同盟〃であったが、当時すでに一般大衆が暴動をおこしており、そのあとから街頭宣伝的な政治活動をくりひろげても、民衆の暴動を指導して統一ある政治活動に発展させるにはいたらなかった。つまり、中共分子といえども、二・二八には台湾人大衆の尻について機を窺うにとどまり、大局を左右するところまでいけなかったのである。また、事件勃発とともに、延安の中共の中央が人民日報に〃台湾同胞に告ぐ〃という社説を掲げ、台湾人の徹底抗戦を説いているが、それは当時、台湾人にはほとんど読まれておらず、事件に対する実際効果は皆無であったといっていい。

このように、インテリなどの二・二八事件における態度は、台湾人意識の盲点、弱さ、コンプレックスを完璧に露出したが、それが覚醒をみるには、その直後にやってくる中国人によっておこなわれた「台湾人の大虐殺」という犠牲を支払わなければならなかったのである。

二・二八事件後の台湾人

全台湾の蹶起による、人間として当然あるべき権利を要求する行動も、アメリカ式の近代兵器による中国政府の手で鎮圧された。そして、その直後に行なわれた大屠殺、大虐殺は日本時代の西来庵事件（一九一五年）いらいかつてみざる凄惨さであった。殺害された人数、範囲、規模、さらにそのむごたらしい殺し方は、西来庵事件でさえ、到底その比ではなかった。二・二八事件に殺された台湾人の数は、日本統治五十一年間に殺された数を遥かに凌駕したと識者は回想している。

かくして、全台湾人の参加、あるいは念願とをこめた台湾人の植民地解放戦は一敗地に塗みれ、その結果、手足をへしおられた台湾人は、いままでよりもさらに厳重な桎梏を課せられ、従来よりもきびしい植民地圧迫のもとに呻吟することになった。

二・二八事件後、台湾警備総司令部の発表した数字によれば、その死者四百人、負傷者二千余となっているが、全島で、中国人に殺され、あるいは拉致された犠牲者のいない村落は一つもない。行方不明になったものの数をいれれば、犠牲者はおそらく全島で二、三万人になることは間違いないであろう。

現に生存している台湾人で、その父兄、肉親、あるいは知友が、ただ単に台湾人であるという理由だけによって、罪なくして殺された者をもたないのはほとんどない。したがって、正常なる台湾人である以上、中国人を憎悪することはけだし当然なことであり、ミイラ化してしまった「同じ漢族」を高唱する空想的漢民族主義では、もはや、この憎悪を払拭しつくせるものではないのである。

二・二八事件後、台湾人の一人ひとりが大虐殺を契機に、台湾意識の盲点、弱さ、コンプレックスを克服せねばならぬ最後の関頭にたたされた。二・二八事件は怨み骨髄に徹する悲惨な敗北に終ったが、もしこれで台湾人が意識上の従来の脆弱な面を克服できれば、そこにわずかながらの救いが見出されるであろう。

植民地主義はすでに死物化し、時あたかも植民地解放の世紀である。暗黒大陸アフリカにも民族解放の曙光がさしアジア民族はぞくぞく独立しているのである。台湾人にも誰もが剝奪できない人並みに生きてゆく当然の権利があることを考え、人口の稀小や国土の狭小なることなどに、問題はさらさらないのである。況んや、自分の目の前で、多数の同胞が一度に虐殺されるのを見てきた台湾人は、いままで心から拭い去ることのできなかった、「血縁の亡霊」「血の神話」から脱し得ることによって、大きく一歩前進したということができよう。

第十六章　蔣政権亡命後の台湾

蔣政権の大陸敗退

さて、一九四五年五月、ドイツの降伏は東西の戦争協力に終止符をうたせた。さらに、終戦後におけるソ連のバルト三国および、東欧諸国に仕向けた世界共産化の一歩前進は、米ソの対立激化を早くも表面化させた。

中国本土では、このような二大陣営の対立という国際情勢が反映し、かつ対外戦争のために一時的に中断状態にあった国共の対立抗争が、日本敗戦の気配のこくなってきた戦争末期からふたたびくすぶりはじめ、一九四五年八月、日本の無条件降伏とともに、対立は完全に尖鋭化することになった。そして、日本軍の武装解除と占領地区の接収をめぐって、国民政府と中国共産党の部隊が各地で武力衝突をひきおこし、これが全面的な内戦に発展する趨勢をみせてきたのである。

五月には毛沢東は重慶にいる蔣介石の許にとんで会談したが、この会談は和平協定をはかるよりも、むしろ毛沢東にとっては満州でソ連軍から受取った日本軍の武器を、北支の根拠地に運ぶ間の時間かせぎであったし、蔣介石は会談を行う一方、剿匪を密令して、各自の立場を有利に導こうとする、いわば狐と狸の化かしあいの芝居だった。

この間にあって、米国は中国内戦の前途を不利とし十二月にはマーシャル特使を派遣し国共和平の調停にあたらせ、一九四六年一月、双方の停戦協定を結ばせることに、一応、成功したのである。その結果、重慶では国民党、共産党、民主同盟、中国青年党、中国社民党の各党各派が参集し、「政治協商会議」を開催する運びとなった。

政治協商会議ではまず、国民党による一党専制を廃止し、憲法制定、国民代表大会の開催など、中国民主化の方向を決議したのである。しかし、長年、独裁専制に馴致してきた国民党はただ一片の協定文によって、従来の権力を放棄するはずがなかった。

また、中共の方は、それまでに満州からの武器輸送もほぼ完了し、装備も充実した結果、国共両軍はふたたび戦火を交じえることになった。

一九四六年四月、満州を占領していたソ連軍は撤収したが、それと同時に満州の主要都市は一つ一つ中共軍の手中に帰していった。そうなると、各地で起っていた国共の小ぜりあい的武力衝突も、全面的な内戦へと発展する様相を呈しはじめたのである。事態収拾に策を失った米国も一九四六年十一月ついに調停の打切りを声明、手をひかざるを得ぬ立場においこまれてしまった。

中共は一九四七年に入ると、中共軍を〝人民解放軍〟と改称して総反攻を宣言、国民党もまた対中共戦の徹底を宣言した。かくて、中国本土における内戦は、もはや、ひきかえすことのできない泥沼にはまりこんでしまった。

ところが、国民党治下の大陸は、経済的破綻と政治上の不安にともない、民心はすでに離反して、戦況はいたるところで国民党に不利に傾いていった。満州から国民党軍を一掃した中共軍は、中国本土においても彼らを敗退せしめ、大量捕虜を得て、ついに一九四九年末には、国民党を大陸からおいはらうこととなるのである。

さて、話は前後するが、内戦が全面的に発展した一九四六年十一月、国民政府は中共と民主同盟が参加しないまま〝制憲国民大会〟という御用的な国民大会をひらき、憲法を採択している。この憲法は一九四七年一月に公布された。ついで、同年七月に〝動員戡乱憲政完成実施綱要〟なるものを決定したが、これは中共軍を一掃するための総動員法であった。

そして、一九四八年三月に第一回国民大会を招集して、蔣介石を総統に、李宗仁を副総統に選出し、中華民国政府樹立を宣言した。しかるに、一九四九年に入ると、東北、華北は完全に中共の掌中に帰し、余勢をかった人民解放軍は大挙、揚子江岸に殺到してきた。ここで同年一月、蔣介石は下野して、李宗仁が総統を代理し、中共との和平談判にのぞむこととなった。しかし、国民党の全面屈伏を要求する中共は、「和平八条件」を呈示して李宗仁に城下の盟を迫った。これを国民党が受諾する筈なく、戦争は継続され、国民政府は広東に、ついで重慶に遷都、揚子江岸を放棄するにいたったのである。

北京での再度にわたる和平談判の決裂を機に、ヨーロッパのベルリン危機の隙に乗じ中共軍は揚子江をわたり、一九四九年五月には武漢、上海を陥しいれ、十月には広東を攻略して、〃中華人民共和国〃樹立を宣言した。蔣介石は一九四九年五月、上海陥落寸前に浙江省の溪口（蔣介石の郷里）から、台湾の台中に飛び、同年十二月に国民党とその政府は重慶から台北に大挙して移転してきた。かくして、蔣介石政権は、ここに名実ともに亡命政権の地位に転落したのである。

台湾にひしめく亡命政府

一九四九年に蔣介石政府は大陸で全面的敗退を喫し、台湾に亡命してからすでに十四年目になる。

この十四年間、蔣政府は台湾という一塊の肉塊と一千万台湾人（一九六一年）という奴隷をほしいままにし、米国の援助によってささえられてきた。

この十四年間に、彼らは台湾において、

一、立法、司法、行政、考試、監察の五院制をとる中央政府

二、六十万人の陸海空の軍隊

三、中国各省政府の弁事処およびその人員

四、二百余万人の亡命者および避難民

を台湾・台湾人に養ってもらってきたのである。

そして、これら二百余万人の中国人は政治的には支配者であり、経済的には搾取者であるのにたいし、台湾人は被支配者、被搾取者の立場におかれてきた。すなわち、中国人と台湾人の関係は、「支配者・搾取者」と「被支配者・被搾取者」という截然たる断層をつくり、典型的な植民地二重構造を現出してきたわけである。

たとえば、中央政府五院の各委員は台湾省長と同列の地位と待遇を与えられているが、立法院委員、国民大会代表、司法院委員、考試院委員、監察院委員の数は無慮数百名にも達しているので、台湾人は数百人の省長を上に頂いて養っていなければならないような不合理な状態をつづけてきた。そして、台北市にゆくと、場違いの吉林省政府弁事処のナンバープレートをつけた自動車が走り、上海市政府とネームの入った自転車が、白昼公然と行き交うという奇妙な光景にぶつかるのである。

このように、二百余万人の中国人が大きな岩石となって台湾人にのしかかっているのであるから、その重圧下にあ

る一千万（一九六一年）の被支配者は、支配者の施す植民地政策の前に、気息えんえんとしてあえぐしかない。

蔣政府と中国人は政治のみならず、貿易、商工業、金融を独占し、彼らの手になる輸入品、工業品を高く台湾人に売りつけている。台湾人はほとんどが農民、労働者、下級職員、低所得者であって、政府の低米価、低賃金政策によって食うや食わずの最低生活を強いられてきた。中国人の植民地政策は、かくて、経済的独占と政治的支配を二頭建の馬車として荒しまわって、全企業の九五％までを官営もしくは中国人とその走狗の買弁台湾人の掌中に壟断した。

財政上からみると、その歳入は一九五五年を例にとれば、有産階級の負担にかかる直接税はアメリカが八三％、日本が五〇％であるのにたいし、台湾のそれは一九五四年を例にとってみても、中国人および買弁台湾人の負担する直接税はわずか二〇％であった。残りの八〇％は、台湾人大衆の負担となる間接税によってきた。

左にかかげる国税負担表から、戦後、台湾人がいかに吸血されてきたか、日本時代の戦争中の重税とくらべても、その搾取のほどが明白にうかがわれるであろう。

租税負担の推移

年　月	一人当り国税額	同米穀換算比
一九三七年（昭和十二年）	六・六円	米約一〇〇キロ（一キロ六・六銭）
一九四三年（昭和十八年戦時）	二〇・三円	二〇〇キロ（一キロ　十銭）
一九五四年	五五八元	二一〇キロ（一キロ二・七元）

国民政府の財源は、税収、官業収入、米国援助の三つが主たる柱となっているが、一九五四年度における歳入は、中央政府は三六・二億元、省政府一二・六億円の計四八・八億元となっている。一九六〇年度には中央、省、地方

自治政府の総合予算が歳入百二十億元に対し、歳出が百三十五億元である。そして、その歳出は台湾人のために支出するものがごく小額で、これも財政支出の重点が軍事費に圧倒的におかれていることは衆人の認めるところである。

その具体例はつぎに示す、総生産や国民所得と財政の関係にもみられるのである。

総生産にしめる財政の比率（一九五四年）

台湾	二六%	軍事費と政務費によって占められる
日本	二五%	財政投融資、国民保険など
米国	二七%	この三国の財政比率の大きい原因は、医療、社会保障支出が大なることにある。
英国	三七%	
仏国（一九五〇年）	二九%	

国民所得にしめる財政比率（一九五四年）

台湾	二六・〇%（一九六〇年は二八・三%）	
日本	一八・八%	
米国	二二・六%	
英国	三四・三%	医療、社会保障費が大きい。
仏国	二九・六%	

軍事費の財政にしめる比率

台　　湾（一九五四年）	八四％
日　　本（一九五四年）	一三％
米　　国（一九五五年）	六五％
仏　　国（一九五五年）	四三％
西　　独（一九五五年）	三八％
英　　国（一九五五年）	三三％

軍事費の総生産にしめる比率

台　　湾（一九五四年）	二二・三％
米　　国（一九五二年）	一三・〇％
仏　　国（一九五二年）	一〇・〇％
日　　本（一九五四年）	一・〇％

この表だけでも、国民政府が台湾に行う財政経済の一端がわかるであろう。

しかし、以上挙げてきたのは、政府が公然ととりたてる法定のものであるが、このような重税の外に、正規の税額に付加される諸負担や、おびただしい数の官吏や警察が権力を笠にきて台湾民衆にたいして行う強要、賄賂などのすさまじいことは、知る人をして身の毛のよだつおもいをさせるものがある。

稀にみる植民地抑圧と植民地略奪

一九四五年、国民政府の台湾亡命の後、台湾にはおびただしい数の中国人が流入してきた。それいらい、台湾人はこの多数の亡命軍人、政客、公務員、避難民を養なってきたわけである。言葉をかえていうと、中国の台湾植民地支配は、これら中国人を養なっていくことを基調として遂行されてきたのである。

では、いったい台湾に亡命してきた中国人は、どのくらいの数にのぼったのであろうか。もちろん、現在にいたるまで国民政府はその実数をひたかくしにかくして、この十数年来発表したことがない。国民政府は、アメリカの経済ならびに軍事援助を得るために、種々の統計を作製しては発表しているが、それは一つの目的を達成するためのデッチあげのものばかりで、その実態をつかむには、彼らのだした文献、統計と実際を比較検討しなければならない。

まず、二十世紀に入ってからの世界における人口の趨勢をみると、ヨーロッパ諸国のそれは大体五十年で二倍になっている。それに較べると、戦前ではアジアと中南米などの後進国の自然増加率が高く、そのうちでも台湾は特に急上昇していた。日本統治下における台湾は、一九〇〇年を基準にすると一九三八年には早くも二倍になっている。人口に関するかぎり、三十八年間で倍になったわけである。

一般に戦後は、全世界の人口増加率が急上昇しているのであるが、台湾も戦前にくらべて、出生率の上昇、死亡率の低下にともない、自然増もさらに急速に上昇を示している。

一九四五年から一九四六年にかけて、日本人はほとんど帰国し、台湾の総人口は約六百万人強と減少した。この六百万という数字は、台湾人の総数とほぼ一致しているといえる。一九四五年から七年かかって、一九五二年に台湾の米産も戦前水準に回復したといわれているが、台湾では一九四〇年（昭和十五年）にすでに人口増加率が三％に達していたから、この間における人口の自然増を年率三％、一九五三年から五五年までの年率三・二％（国民政府発表の統計による、以下同じ）、一九五六年から一九六〇年までを三・五％、一九六〇年以降を三・八％として台湾人口を推算すると、おおむね、実数に近い台湾人人口の算定ができる。それは次表のとおりである。

台湾人人口の推移

年	年増加率（％）	人口（千人）
1945		6,000
1946	3.0	6,180
1947	3.0	6,365
1948	3.0	6,550
1949	3.0	6,740
1950	3.0	6,942
1951	3.0	7,148
1952	3.0	7,354
1953	3.2	7,585
1954	3.2	7,822
1955	3.2	8,070
1956	3.5	8,352
1957	3.5	8,642
1958	3.5	8,942
1959	3.5	9,253
1960	3.5	9,573
1961	3.8	9,933

さらに、食糧消費量から台湾総人口を逆算することも一便法であるので、これを推算してみよう。

国民政府の統計によれば、一九五九年における台湾の米穀生産は、約百八十六万トンに達したことになっている。そのうち輸出その他に十六万トン向けているので、島内消費はさしひき約百七十万トンになるわけである。

台湾人口の七〇％をしめる台湾の農林漁民は、従来から米に五〇％のサツマイモを混入して常食としてきた。これに対し大陸からやってきた中国人の方は、米のほかに小麦粉を主食として用いる習慣があり、年々十五万トンから二十万トンの小麦粉を輸入している。したがって、台湾人、中国人を問わず、台湾島内においては、主食としての米の消費量は、日本時代と大差なく、年に一人約一石（二百五十斤＝百五十キロ）とみてよいであろう。

つまり、米の消費量は一九五九年において百七十万トンということは、石に換算してほぼ一千百三十二万二千石になるので、この年の台湾総人口はおおよそ一千百三十二万人という結論がひきだされる。しかるに、国民政府の発表した数字によると、一九五九年の人口は一千四十三万人であって、それは、はるかにすくなめに発表した数字であることがわかる。

前述したように、一九四五年を基準として、自然増年率三%ないし三・二%、そして三・五%で計算した台湾人の人口は前掲表のように、一九五九年には、九百二十五万人である。この数字を食糧から推算した同年の台湾総人口一千百三十二万人よりさしひいた二百七万人というのが、台湾における中国人人口だということになる。台湾における中国人人口が二百万人を優に上まわっていることは、従来から台湾島内で識者の推定してきたところであるが、このような推算の結果がそれとほぼ合致していることは、注目に値いするであろう。ちなみに、一九六一年末における台湾の総人口は一千二百万人を突破した、とみられている。

このような台湾における台湾人と中国人の人口構成上の数字を念頭におかなければ、以下のべる台湾の政治経済を理解することは困難であろう。

日本統治下において、台湾に在住した日本人は最高のときでも約四十万人、総人口の六・五%をしめていた。世界各地の植民地の中、アルゼリアおよび南阿連邦は白人支配者のもっとも多く在留しているところといわれるが、それでもアルゼリアのコロンは全人口の一〇%(約百万人)しか占めていない。

それにひきかえ台湾では、一九六一年現在で総人口の一六・六%が支配者の中国人によってしめられている。換言すれば五人の台湾人が一人の中国人を養い、一人の中国人が五人の台湾人を支配している仕組みになっているのである。

しかも、二百万人の台湾における中国人は、ほとんど軍人、官吏、高級職員およびその家族たちであってほとんどが非生産人口である点は、日本時代と何ら変るところがない。この非生産人口が農民、労働者、下級職員の台湾人を支配し、台湾全産業を蔣政府と中国人の支配下において、政府の管理および半官半民の独占企業とし、商工業の九〇%を握り、全耕地の生産を管制しているのである。

支配される側の台湾人の大多数をしめる七〇%は農林水産の農村労働人口であり、二八%が工業労働者、日雇労働者、中小商工業者および下級職員なのである。残りの僅か二%だけが、中国人支配者の政治的、経済的買弁階級の〃半山〃および〃靠山〃といわれる人たち、およびその家族となっているにすぎない。

ここで、ちょっと、人口密度をのぞいてみると、台湾の人口密度は一九六一年で一平方キロ当り三百三十人を突破し、オランダについで世界第二位、耕地面積当り人口密度をみると、一平方キロ当り千三百三十三人となって、日本についで、これもまた世界第二位にランクされている。

一九五六年から一九六〇年にいたる五年間に、人口は一七・四%（軍人を除く）も増加したのに、米の生産は一四・五%ふえたにすぎない。しかも食糧の増加率が逓減するのに、人口増加率が相変らず急上昇している。これでは住民の生活水準が豊かになるどころか、日ましに低下していくのも無理からぬことである。

台湾社会はこのようにして、中国に〃解放〃されても、日本時代と何ら変ることなく、完全に植民地社会の二重構造をもちつづけてきた。換言すれば、中国人と台湾人の対立に、支配と被支配、非生産と生産、搾取と被搾取の対立矛盾がはっきりとかさなりあうにいたっているのである。

被支配の一千万台湾人が生産した財貨は、その大部分を中国人によって搾取、掠奪の形ですいあげられ、それによって非生産者の二百万余の中国人が生活し、享楽しているのが今日の台湾なのである。

さらに、すでに述べたように、台湾の経済基盤そのものが社会生産の限界にきているうえに、蔣政府と中国人の後進的乱脈ぶりと敗残的な亡命性格をおびた腐敗が、台湾を末期的なドン底につきおとし、ほとんど食いつぶさんばかりにしている。

台湾人の失業

日本の治台当時、在留四十万人の日本人のうち、約十五万人が就業者であった。ところが、国民政府が台湾に亡命してくると、軍隊六十万のほか、政府要員や難民の要就職者は五十万人を突破した。これら中国人に職をあたえるため、各政府機関、官営事業の職場は優先して中国人を吸収したことはもちろんであったが、その勢いたるや、実にすさまじいほどであった。

生産体制の未だ回復しない一九五〇年代に、早くも日本人時代に数倍する中国人を、一つの機関や企業に採用し、仕事もろくにしないのに、ただ給料をもらいうける人員が急増した。ことに、生産部門における非生産的な事務職員が洪水のごとくふえたものである。一例をあげると、台湾塩業公司などでは、生産に従事する労働者（台湾人）よりも、事務系の人間（中国人）が多かった。そして、このような笑えない事例がいたるところにみられた。

政府部門で人員のもっとも膨れあがったのは、警察関係であった。日本時代には山間僻地にまで設けた派出所に、巡査二人ないし、三人ぐらい駐在させていたところを、今度は十人、二十人もの中国人警官が配置されるようになった。汽車のなかには鉄路警察、炭鉱や工場には工鉱警察、そのうえ、四六時中、いたるところをうろつく便衣の特務人員を勘定にいれれば、その数は大へんなものであった。もちろん、中国人に職をあたえることと、台湾人の統治支配の強化という一石二鳥をねらったのに相違ないが、こういう強権を操る冗員が、各政府機関や専売事業、製糖事業などのあらゆる官営部門をむしばむ穀つぶしとなったばかりでなく、人件費はじめ、庶務経費などの間接費の加重となって、台湾産業の後足をひっぱる一因となった。

しかし、問題は単にそれだけでは済まされなかった。たとえば、日本時代には五州三庁に区分されていた行政区画を、これら敗残の官僚どもを収容するために、十六県四特別市一管理局にづたづたに寸断するという、時代逆行ぶりを示したのである。

近々十年、台湾では年に十万人から十五万人の新しい就労人口を吸収してゆかねばならない。だが、現在の生産体制では十五万という新規労働力を吸収する経済成長をのぞむのは無理である。しかも、めぼしい職場はほとんど中国人によって占領されている。結局、就職難でもって、大多数の台湾青年はあぶれて働くに仕事なく、学校はでたけれども、家業の手伝いなどの、いわゆる潜在失業者になるしかない。ことに、人口増加はいちじるしく農村にしわよせされ、彼らは労働予備軍となって農家経済を圧迫し、農業生産の集約度を高め、農民一人当りの生産と所得低下に拍車をかけ、農村をますます困窮においこんでいる。

総人口の七〇%をしめる農林漁民が貧窮化し、総生産の四〇%（一九五九年）近くをしめる農林漁業生産が行詰ることは、全台湾経済の衰退をも導くわけで、その前途はまことに憂慮にたえない。

慢性インフレの昂進

人口過剰と乱脈浪費のため、国民経済のアンバランスがますますひどくなり、インフレは昂進した。だが、それにもましてインフレの大きな根源となったのは、国民政府の赤字財政、掠奪と搾取、通貨の人為的な膨張であった。一九四九年、台湾に亡命してきた国民政府は、終戦いらい果しなく悪化してゆくインフレの緩和策として、デノミネーションを断行した。旧台幣四万元を新台幣一元に切り下げ、限界発行高を二億元に限定することになった。

しかるに、根がまさに滅びさらんとする封建軍閥の残滓であるうえに、六十万という軍隊をかかえている蔣政権にとって、このような幣制改革も、単なる一つの経済措置であって、それでもって彼らの植民地にたいする掠奪、搾取、浪費を終息させられるものではない。結局は、いつもの通り〝要るだけ刷る紙幣〟をもって、物資を掠めとる以外に手がないわけである。六十万の軍隊を維持するためには、その軍費の大半をアメリカにたよるとはいえ、国民政府と台湾省政府の予算の八〇%を投入してもなお不足するような状態であった。

そこで、軍需物資の調達には、米は農民から掠めとり、その他は、官営企業と半官半民の生産工場の生産品を市中値段の半値で納入させてきた。こういうふうに官営企業から奪うが如く物資を納入させるには、当然、政府の投資あるいは金融貸付をともなわない限り、生産がなりたたない。これが政府の企業にたいする膨大な貸出過剰となり、ひいては通貨の膨張を招来し、インフレの一つの原因ともなったのである。一九六一年一月現在を例にとれば、銀行総貸付百二十五億元のうち公営企業が三〇%、政府借上と公債引受が三七%、民営企業（そのうち七割が半官半民）が三八%、そして、純然たる民間や個人にたいする貸付が、驚くなかれたったの五%にすぎない。

別の角度からみると、一九五五年の全銀行貸付金のうち、六〇%を台湾銀行一行でしめ、そのまた九〇%までを公営企業の低金利貸付と政府借上にむけていた。したがって、いくら紙幣を余計に印刷しても、民間中小企業などには正当な融資がまわってくるはずがなく、高利貸、ヤミ金融に依存するのみであった。この高利貸とヤミ金融がいかに横行したかは、全島の高利資金の八〇%（一九五四年）が常時、台北市に集中され、中小企業にたいする高利貸付のみならず、金、ドル、商品の投機売買に活用されていたことをみても明かなことである。

一九四九年六月に公布された〃新台幣発行弁法〃によって、新台幣の発行高が二億元に限定されたが、それが守られるはずがなく、一九五五年の政府発表は十六億元（実際は二十億元以上と推定されている）一九六〇年には二十九億元、一九六一年二月には二十八億元（実際は四十億元を突破と推定）というように、はるかに発行限度をこえる結果となった。

通貨発行高の消長と、物価の高低とは表裏の関係にあって、一国の経済安定度のバロメーターとして重要である。戦後、各国の通貨発行の状況をみると、一九四八年を一〇〇として、一九五四年には米国一二六、英国一一二、フィリッピン九七、インド九三で、これらの国々は世界のうちでも安定している部類に属する。西独三〇七、イタリア一九一は率としては大きくなったが、社会生産自体の躍進的拡大のためであった。そこへいくとチリ五四四、アルゼンチン三一九は率も高いし、物価騰貴もはなはだしく、インフレになやまされた。

さて、台湾の方はどうであったか。

一九四九年六月	一〇〇
一九五四年	六二一
一九六〇年一二月	一、四七六

政府発表の数字でさえかくのごとしである。いかに諸国にくらべ、通貨が乱発され物価騰貴がはげしく、インフレを昂進させたか、南米諸国でさえ到底その比でないことがわかる。

国民政府は、台湾人のつくっている米を安く買い上げるために、低米価政策を一貫してとってきた。米の生産者価格は、消費者価格の約半値におさえられてきたが、その消費者価格でさえ諸物価よりも上昇テンポが緩慢におさえられ、一般物価の上昇指数に比べれば、その約半分にとどまっていた。つまり一般の平均物価が一元から十元になっても米の消費者価格は五、六元にしかなっていないようにおさえられてきたのである。そして、さらに政府は生産者価格として、その半値の二・五元の米価で換算した米穀を税金や肥料代金として農民百姓から吸い上げるのである。

このように低くおさえられてきた米価でさえ、台北市の消費米価で一九四九年末に一斤新台幣〇・六元であったものが、一九六一年夏にはすでに三・六元ないし、四元に上昇しており、一九六〇年とくらべても倍近い騰貴をみせている。

このように、終戦後五年の間の経済大混乱をへたのち、一九四九年からあらたに開始された通貨の人為的膨張、物価騰貴、慢性インフレを続けること実に十年。これで台湾人がまだ生きていられるということは、まことに不思議という他ないが、それは台湾の豊富な天然資源と、日本時代の開拓と建設があずかって幸いしたといえよう。一部の半山と靠山が、〃発光復財〃（光復して中国人と組むことによって火事ドロ式に金儲けした）した以外は、農民百姓はじめ一般庶民ともども、日本時代とはくらべものにならぬほど貧窮化し、甚だしいものは破産寸前にあるのである。

たとえば、一九六〇年度（昭和三十五年）の日本の国民所得は一人当り十二万六千余円（三五二ドル）であるのにたいし、台湾は一九五九年度で三千五百八元（九五ドル）と国民政府が発表した。戦前には日本々国にくらべ、台湾の生活水準が低いことはもちろんであるが、それでも何倍もちがうような大差がなかった。それが終戦後十数年へた今日において台湾人の一人当り国民所得が日本の三分の一にも達しないとは、戦後、日本の所得水準が向上したこともあるが、現在の台湾住民の生活低下が如何に甚だしいかがうかがわれる。ちなみに、一九六〇年の一人当りの国民所得は、米国二、三一〇ドル、英国一、〇八二ドル、西独九六五ドルである。

そのことは、大学卒が政府機関や公営企業に就職したときの月給にも如実にあらわれている。もっとも、大学をでても就職すること自体がたいへんな大仕事なのであるが、その幸運児にしてからが、つぎのような苦しさである。一九六一年に例をとれば、初任給は本俸、手当その他をいれると新台幣で約一千元になる。これは低米価の米に換算して三百斤を買うのがようやっとである。

ところが、日本時代の中学卒業者は村役場に就職すれば三十円、大学卒が七十円で（一九三五年＝昭和十年）、米に換算すれば、それぞれ七百五十斤、一千七百五十斤に相当する収入であった。現在の大学卒は、日本時代の中学卒の半分以下のサラリーに甘んじなければならないわけである。

国連資料によれば、一九五四年から五九年までの物価の上昇率をみると日本〇％、アメリカ九％、インド一二％、韓国五六％、台湾は実に六二％という最高率を示している。しかも、その国連資料の台湾部分が、蔣政府の提出にかかる真実ならざる数字によった点に留意する必要がある。

1948年を100とした
1955年の各国の物価指数

日本	268
インド	97
チリー	702
フィリピン	80
米国	106
英国	155
西独	113
フランス	153

世界各国は一九四八年ころから終戦の混乱を脱しはじめ、一九五一年ころから次第に安定状態に入ったが、中南米や台湾はインフレから逃れることができなかったことは、前述した通貨および物価とのウラハラの関係からも分ろう。これに相応する台湾の物価指数はまかりまちがえても、その真実が発表されるはずがないが、台北市重要商品卸売物価指数でみることによって、大方の推察を願うことにしよう。

台北市商品卸卸物価指数

一九四九年六月＝一〇〇

一九四九年末	一四五	一九五〇年末	三三九
一九五一年〃	四一一	一九五二年〃	五一五
一九五三年〃	五八〇	一九五四年〃	六五一
一九五五年〃	七六〇	一九五六年〃	八二〇
一九五七年〃	八五〇	一九五八年〃	九二六
一九五九年〃	一〇二五	一九五〇年〃	一、一九七
一九六一年春	一、三一二		

（一九五五年までは、時事通信社刊、中華民国便覧より）

前掲表が一九四九年六月を基準にしている点に注目すべきである。もし、それを一九四五年八月の終戦時に遡ってみれば、一九六一年春には台湾の物価指数は無慮百万倍以上に達することになろう。

国民政府は低金利政策をとってきたが、これは前述のように公営企業のためのもので、産業全般の拡大に貢献するところがなかった。そして、増発される新台幣は、もっぱら政府赤字財政の補塡と官営や半官半民の独占企業にのみ貸しだされ、民間企業まで資金がまわってこなかったのである。

そこで、民間企業は銀行貸出に依存できず、ほとんど民間の高利貸にたよるわけである。その金利たるや月三分から五分の高利で、これが命とりとなって倒産した企業もすくなくない。たとえば、一九六〇年に倒産した〃唐栄〃は負債四億元のうち七〇％までを民間の高利資金にたより、それで倒産してしまった。

この民間資金の主たる来源こそは、いわゆる〃亡命資金〃なのである。中国人が台湾に逃げてくるときに、省政府県政府の公金あるいは個人的に掠奪した金や米ドルを台湾にもちこんだ。物価暴騰して経済不安のときは、それを金や米ドルとして死蔵し、経済が小康状態を保ってくると、新台幣にかえて、資金涸渇になやむ民間企業に貸付けて高利をとった。

このように、台湾の経済が変動をみるたびに金、米ドルと新台幣が買い換えられるのであるが、それには香港の金・ドル市場というアウトサイダーもあって、台幣が有利なときはドルや金が香港から台湾に流入し、不安定になると台幣は台湾の市場に還元されて、金・ドルは香港へ逃避していくのだから、その都度、台湾経済が暴風雨のなかの樹木のごとく前後左右にゆさぶられてきた。

それから、蔣政権は第一商業銀行、華南銀行、合作金庫、儲蓄合会のような半官半民の市中銀行を経済的餌食として、半山と靠山にあたえ、黄朝琴、劉啓光、陳逢源たちをして、台湾人側の企業を壟断、独占させていることが、さらに輪をかけて資金の偏重を招いていることも見落せない。もちろん、このようなことが、台湾の物価上昇をうながす要因ともなってきた。ここで台北市米価卸値と米ドルの公定相場を年次別に記しておこう。

米の台北市卸値――一キロに付

一九四九	〇・七元	一九五六	三・二元
一九五〇	一・〇元	一九五七	三・四元
一九五一	二・〇元	一九五八	四・二元
一九五三	三・一元	一九五九	四・八元
一九五四	二・七元	一九六〇	五・六元
一九五五	二・九元	一九六一	六・〇元

一米ドル換算新台幣レート（公定）

一九五二年	一〇・三〇元	一九五五年	二四・七八元
一九五三年	一五・六五元	一九五八年	三六・六八元
一九五四年	一八・七八元	一九六一年	四〇・〇〇元

米ドルのヤミ値は公定の二〜四割増。金銀外貨の所有は認めるが自由売買は禁止され、台湾銀行に売買される。

一九六一年になってからも物価の上昇がつづき、一九六一年一月から九月ごろの間に、

電力	三二・五%	上昇
電信	三〇・〇%	上昇

鉄道運賃　三三・〇% 上昇
配給米　一台斤(〇・六kg)に付二・五元から二・七元に
自由米　一台斤(〇・六kg)に付二・八元から四・〇元に上り三・六元に落着く
砂　糖　約一倍上昇
セメント　約一倍上昇
専売品　約三〇・〇% 上昇

となっている。これに比較して工場労働者賃金の方は大した上昇もみせず、一九五〇年を一〇〇として、一九五三年一五〇、一九五八年二〇〇、一九六〇年二五〇、一九六一年三五〇にとどまっている。

このようにして、国民政府の封建的植民地の政治経済体制、すなわち公的には植民地政策で掠奪し、私的には独占と汚職で掠奪をほしいままにし、それに過重な軍事負担で台湾を食い荒らしてきたのである。

不均衡な国際貿易、米援にたよる

物価騰貴、インフレによる台湾生産物資の世界市場における割高は、必然的に輸出の不振とともに、舶来品の台湾市場における氾濫をもともなってくる。そのうえ、対外貿易を政府が独占して超過利潤をつくりだし、貿易上の辻褄をあわすために、米、砂糖などの農産輸出品を不当に低価格で政府の手に集中し、その見返りとして、日常品、化学肥料などを輸入して農民に高く売りつけてきた。

台湾は日本時代から、米、砂糖、バナナの特産国として出超を誇ってきた。そして出超の一部は、日本資本の利潤として、あるいは運賃として日本国内で処分される以外は、台湾に必要な中小工業品の輸入となって、台湾に還元されていたのである。

ところが、国府が台湾をとってからは、年々輸出の八〇%は農産物およびその加工品であるのにたいし、それによって得た外貨の四〇%だけを、農業に必要な化学肥料、綿花、小麦、大豆、その他の民生物資にあてるだけであった。残りの六〇%の外貨は国民政府の政治・軍事の出費につぎこまれ、それでも六十万の軍隊と亡命政権を維持することができず、その補塡策として米国援助にたよってきたのである。一九五二年いらい、年に八千五百万ドルないし九千万ドルの米国援助が行われてきたが、それがなければ年々大幅な入超はまぬがれなかったわけで、一九六〇年に例をとってみても、米援は総輸入額の三五%強に達し、ほぼ国民政府の財政支出に匹敵する。

不均衡な国際貿易米援にたよる

台灣外貨受取支払額（単位百万ドル）

年	受取額（輸出）	支払額合計	輸入	米援	その他
一九四九	三三・九	三四・九	二六・〇	八・九	—
一九五〇	九三・一	一二二・七	九一・〇	二〇・五	一〇・六
一九五一	九三・一	一四三・三	八四・〇	五六・六	二・四
一九五二	一一九・五	二〇七・五	一一五・〇	八九・一	二・七
一九五三	一二九・八	一九〇・六	一〇〇・〇	八四・一	六・一

一九五四	九七・八	二〇四・〇	一一〇・二	八七・九	五・九
一九五五	一三三・四	一九〇・一	九一・六	八九・二	九・三
一九五六	一三〇・一	二二八・三	一一四・四	九六・五	一七・四
一九五七	一六八・五	二五二・二	一三八・八	九八・七	一四・七
一九五八	一六四・四	二三二・八	一二七・七	八二・三	二二・八
一九五九	一六〇・五	二四四・四	一五〇・四	七三・四	二〇・六
一九六〇	一六九・九	二五二・二	一四三・二	九〇・四	一八・一

輸出入はすべて政府あるいは政府系の中央信託局が独占し、台湾人の民間が自由に輸出できるものは、バナナ、パイン罐など、ごく小数のものにすぎない。たとえば、一九五八年に国民政府は十七万九千トンの米を輸出したが、当時の米の国際価格はトン百五十米ドルで、新台幣換算四千四百元である。だが、その年、政府は生産者価格を千八百元ときめ、農民から地租その他の税金として、現物を吸いあげた。この米を輸出して暴利をむさぼったわけである。

そして、米輸出でえた、この三千万ドル近い外貨で、化学肥料を外国から輸入し、農民に配給するが、このときの輸入価格に膨大な利潤をふくめて農民に売り渡し、その代金として受取る米穀を低米価でおさえ、市価の半値の公定価格で換算した分で受とるのだから、一斤の肥料と一斤の米という不当な交換となった。台湾農民がいかにひどく搾取されているかが、これによってもうかがわれる。

ごまかしの農地改革

台湾の総面積のうち六〇%は高山峻岳で、農耕に適さず、残りの四〇%は西部平野に集中し、総面積のうちの二五%、八十八万甲歩が終戦時における開拓耕地であった。この耕地面積はその後、八十八万余甲歩になっているが大して進展をみせていない。

八十八万余甲歩のうち、水田が約六〇%をしめ、畑は四〇%である。日本時代には耕地面積の四八%が稲作水田で二毛作による最高生産高は百四十万トンを記録しているが、実際は百六十万トンまでいったことは、識者の一致した意見である。米産は一九五〇年にようやく戦前水準にまで回復した。その後、世界的な化学肥料の発達と稲作面積の拡大で、一九六〇年には百九十万トンの生産をあげたと公式に発表されている。

砂糖生産では、日本人時代全耕地の一二ないし一五%を甘蔗畑にあてて、一九三九年に最高産額の百四十万トンを記録した。戦後には一九五〇年に年六十五トンの砂糖を生産していたが、一九五七年に九十万トンを突破したと報ぜられている。

その他、甘藷、バナナ、パイナップル、落花生、黄麻、甘橘類など、農業生産額は日本時代には台湾産業の約五〇%をしめ、一九四二年を例外として、その他は年々第一位をしめていた。

この農産物を生産する農家戸数は、約五十万戸、農業人口は三百三十六万人で総人口の約五一%をしめていたが、一九五〇年には六十三万八千戸に増加し、農業人口は約四百万人で総人口の五三%となった。その後さらに農業人口は漸増して、一九五二年度は総人口の六〇%が農民と発表され、その後は発表をみないが、現在はそれをうわまわっている筈である。

しかし、台湾は、その他のアジア地域ほどでないにせよ、農地は不足し、農業人口は過剰である。一九三九年(昭和十四年)の調査によれば、農地総面積の約五六%は小作地であり、農業人口のうち小作農は三八%、小作兼自作農は三〇%、合計六八%におよんでいる。

これを土地所有別にみると、二甲歩未満の農家が全農戸数の八一%をしめ、その半数は〇・五甲歩未満の零細農である。耕作面積では二甲歩以下の農家が全農家の七二%をしめ、その三分の一が〇・五甲歩以下の猫の額のような土地を耕しているのである。一戸当りの平均耕地面積は一九四五年の終戦時に一・八甲歩であったのが、一九五〇年には一・三甲歩に低下し、その後、人口増加で逓減の一路をたどっている。したがって、農業集約度は非常に高く、人口の自然増加の圧迫をうけて年々上昇していく傾向にある。普通、小農一戸家族で六、七人を養いゆくにも、日常の生活を維持するだけでせい一杯で、かつ経済上の地位の低いことが、総人口の多数を占める農民の政治的、社会的地位を最下層におとしいれているわけである。

小作料は依然として高く、総収穫量の五、六〇%をとられ、肥料、農機具、種子代を合計すれば、八、九〇%は営農費になる計算であった。

日本時代、台湾の各種産業は相当の進展をみせたが、統治支配の観点から、地主と農民のごとき封建的な社会構造は昔のままに温存され、農民は最下層の被搾取階級の地位に沈淪したままであった。このような経済上の貧困と政治、社会上の最下層の地位が、台湾農民の尖鋭なる抗日行動の温床ともなってきたのである。

一九四九年春、陳誠が台湾省主席のときに、〃中国農村復興連合委員会〃という中米合作機関が、台湾の農地改革にのりだしてきた。これは米人二人、中国人三人の農政専門家によって構成された機関で、台湾の農地改革の調査、契約書の印刷、登記官吏や監督官吏の人件費などの諸経費（三万米ドル）を米国が援助して、蔣政府の行政権力をバックにして実行にふみきった。

このような米国の援助と、日本時代の土地台帳の完備、そして、二十六等則に区分された土地の生産基準があったうえに、台湾人地主階級の政治的代表勢力が欠如していたから、農地改革は比較的に順調に進捗していったのである。

農地改革は、大体、つぎのような段階をふんで行われた。

一〃三七・五減租〃　最初の段階としてまず一九四九年に小作料の軽減が実施された。いままでの五、六〇％の小作料を、孫文の建国綱領の精神に従い、主作物の年間収穫の三七・五％におさえることを眼目にし、いままで不定期であった契約期間を確定せしめ、契約保証金の軽減などをあわせ規定し、農民の利益を擁護することにした。

二〃公有地売渡〃　山林をのぞき、八十八万甲歩のうち二〇％の十七万六千甲歩は、日本人企業から接収したものだから、その一部を民間に払い下げることにし、売渡価格は主作物の年間収穫量の二・五倍と定め、十年の年賦払いで一九五七年までに、約七万甲歩を十万戸の農民に売却した。これは、農民に官有地を解放するとともに、蔣政府の財政上の赤字を補塡するうえにも大なる役割を果して、一挙両得の作用をおこした。

三〃限田〃　これは農地改革の最終段階としてとられた措置であって、台湾農村の古い社会構造を掘りかえす進歩的な一大変革として喧伝された。まず、不在地主もしくは自から耕作しない地主の土地を対象として、地主は一人に付き、水田を等級に応じて、一—二甲、畑地は二—三甲の所有を許すだけで、それ以外の私有地はすべて政府に売りわたすことにした。政府の買取り価格は、年間主作物の二・五倍で、一時金と十年賦払い、および官業株券の三種によって支払われた。

政府は地主から買上げた土地を小作人に売渡すことにした。その結果、一九五八年の売渡し完了までに、約十四万甲歩の小作地が農民の手にわたり、十九万戸（小作人の六五％）の農民が自分の土地を得たが、これによって小作農は全農家の一六％に減少したのに反し、自作兼小作は六一％とふえたのであった。

この十年間に、国民政府がおこなった台湾の農地改革がもし額面通りのものであるならば意義あることであったろう。アジアにおける封建的な土地関係が、農民貧困をつくり、アジア社会の前進を妨げるガンとなっていたことはいうまでもない。戦後、アジアで行なわれた土地改革は、中共、ベトミンのほかに、米国が日本に強制した農地改革があるが、それについで第三番手となったのが、台湾における蒋政府の土地改革である。その土地改革の理念、方法ともに、孫文の中国社会改革綱領から出たものであると宣伝されてきた。中国本土においては、国民党は地主党でもあるので、本国では実施すこるとができず、中共時代になって中国本土に実行された土地改革を、無抵抗の台湾社会に権力づくで強制したのである。

台湾の農地改革は、最初、減租から出発し、地主の土地保有制限と公有地の払い下げをおこない、最終的には小作農の買収による土地の獲得へもっていった。これが事実とすれば、台湾社会を根底から覆がえしたということができないにしても、すくなくとも旧封建的な残滓をこれによって没落過程におい こみ、社会的には前向きのレールがしかれたということができよう。たしかに、改革当初は農民にたいする恩恵的効果もあらわれた。農民は長年にわたって地主より課されてきた経済的桎梏から幾分なりと解放されて、自分の土地が得られることで希望に燃え、その生産意欲があがったことも事実であった。国民政府が「三七・五生産」（孫文綱領には小作料は三七・五％以上とってはならないという一項があり、土地改革を三七・五という代称でよんできた）とか「三七・五住宅」（土地改革によってえた住宅をさす）といって、特筆大書したのも理由のあることだったといえよう。

しかし、個人の経済生活というものは、社会全般の経済情勢とは不可分の関係にあって、いかに台湾農民が土地を入手し、生産意欲を高めても、蔣政権がつくりだす超弩級的なインフレの嵐と、とどまることをしらぬ社会破産の波浪を前にして裕福どころか、かえって窮乏の道をたどる情勢においこまれていったのも当然である。低米価政策と肥料の交換代金という形で、生産物が吸いあげられたうえ、いままで地主の負担となっていた重税の納付義務をそのまま転嫁され、さらに一時も猶予をゆるさない土地買収の年賦金を政府に納入せねばならぬとあっては、窮乏しない方がむしろ不思議であろう。

あたら、理想的な農地改革綱領もその運営と施策の裏に掠奪搾取の魂胆がありありと存在すれば、さらに貧困を招く禍痕をつくる原因となることを、蔣政府の農地改革は如実に示してきた。

農民たちは、土地を所有できると喜んだのも束の間で、やがて、「台湾無三日好光景」（いいことは三日とつづかない）と嘆くようになり、地主は地主で「政府が地主になったのだ」と怨言をはくにいたった。

「耕者有其田」（耕す者に土地を所有させる）という孫文の理想は、まことにアジア社会の病弊をついた進歩的綱領であった。そして、台湾のような植民地社会における農地改革は、封建制反対による経済変革の達成をめざすものであると同時に、反植民地主義の一面をも持つものであった。したがって、台湾の農地改革は、台湾が植民地的伽鎖を脱して台湾人自身が自から台湾の主人公になった暁において、はじめて、その真価が発揮されるものであるといわねばならない。

台湾という植民地社会における農地改革では、農村における土地所有を通じての経済変革は実現されたものの、社会全般を通じてみれば、旧地主階級は依然として上層の位置を保持しつづけ、農民はあいもかわらず下層の地位に低迷しているのである。たとえば、村政は、その考え方も運営も旧態依然としたままで、一向に刷新改善されていない。刷新されない主たる原因はもちろん、蔣政府の政策によるものであるが、農地改革の過程において、農民が直接、改革に参劃していないことにも起因するのであった。

つまり、農民は与えられた土地の所有者であったから、土地改革を通じて、農民の考え方の革命、農民社会の再編という重要な過程をへずに、土地改革が行われたために、土地所有による経済変革をへても、社会上の旧体制は、そのまま残存するようになってきたのである。

今後は、折角、行なわれた土地改革の果実を確保してゆくために、農村金融、農民組織、農事改良を強化推進して農民の独自の立場をうちたててゆくことが急務であるが、それも蔣政府治下ではのぞむべくもない。

一方、強制的に土地をとりあげられた没落旧地主の、国民政府にたいする怨嗟には深刻なものがあるし、土地を所有できた農民の生活が大してよくならぬとあっては、当初、成功したかにみえた農地改革も、政治的に台湾農民を味方に引き入れる、という蔣政府の最終の政治目的を達成することさえできなかったのである。

要するに、「農地改革」ということは進歩的であり、台湾社会全般のために長年の懸案を一つ解決するかにみえた。が、蔣政権の経済政策は農民の搾取に重点がおかれているから、台湾人地主が消滅した代りに、政府が地主となって農民から農作物を吸いあげ、農民は土地を取得しても、経済上の実質的恩恵はえられず、社会的、政治的にも相変らず最下層の地位に低迷しているのである。

農民の貧困

蔣政府の発表した台湾の資料をみると、日本時代は、さながら地獄のように悲惨な状態にあったこの孤島に、戦後、中国人という救世主の出現によって、いまではすっかり春が訪れ、理想郷が実現されたかのごとく描かれている。すなわち、政治は安定し、社会生産は拡大され、台湾住民は平和で、豊かな生活に満足しているというのである。果してそうであろうか。これが真偽を確かめるには、社会構成を基本として諸政策の具体的なあらわれ方を分析した後、その実際に接する以外に手はない。

そのうちでも、総人口の約七〇%をしめる農林漁業の勤労者階層であるが、一九五二年から順次に農地改革がなされ、十年後の今日には、農民たちの耕している土地がすっかり自分のものとなる、という遠景も早くから画かれた。また、低米価政策のために、米価の上り方が一般物価の上昇率には追いつかないとはいえ、生産拡大による農業収入の増大で、それをカーバーしてなお余りあると説明されてきた。それなのに、農村は日を追って衰亡していき、農民たちが相も変らず、赤貧の日日を送っているのは、一体どうしたわけだろうか。

台湾農民の貧困が蔣政府搾取下の台湾社会の全般的経済逼迫のしからしむるところであることは、いままで述べてきたことにすでに回答がでており、ふたたび繰返す必要もなかろう。ここでは、農村の二、三の具体的問題を説明するだけにとどめたい。

一口にいえば、蔣政府の台湾亡命による人口の激増と自然増加率の上昇で、台湾は食糧許容人口の限度にすでに達しており、しかも、これら外来支配者を養うために、農民は極端に安い値段で米をさしださなければならぬことが一つ。もう一つは、過剰人口の大部分が農村にしわよせされて、農業生産の集約度が高まり、農家人口がふえているのに一戸当り耕地面積が減る一方であること。この二つの要素が、農業生産のアキレス腱になっているわけである。したがって、農村には慢性の豊作飢きんの状態がつづき、米は昔よりも余計とれるのに、農民の暮しが日増しに落ちこんでいく実情にある。昨今の新聞では、南部地方で、女、子供を売らなければ生治できない農民が、ふたたびあらわれたと報道している。

台湾に限らず、日本も、また、アジアの全ての米産地帯ともに、戦後は化学肥料や農業技術の飛躍的進歩によって、米の生産がいちぢるしく伸びた。とくに台湾はアメリカの経済・技術援助によって、その伸びがずばぬけていた。

では、農民の生産した農産物はいかに分配されたのであろうか。

台湾を接収すると同時に、中国政府は日本時代の農産物の集荷統制機構をそのままそっくり継承したうえ、税金、化学肥料代、農機具代、水利税などを、すべて中国社会なみに〝穀納税〟でもって徴収するように改変した。このようにして年々、政府の手に集中された米の実際数量は極秘にされてきたが、ここに糧食局の発表にかかる貴重な資料が一つある。それは、一九五一年七月から五二年六月にかけての、台湾農家米穀供出量に関するものである。それによると、同時期に、政府が確保した米は、いろいろな名目のものをふくめて、総計四十万トン余りに達していた。

一九五二年における収穫量は百五十万トンと発表されているから、その約二七%を政府が実物で徴収したことになる。このような、国民政府のお台所をのぞかれるような統計資料は、その後ほとんど発表されることがなかったが、しかし、軍隊や政府の米の需要は増える一方で、米の糧食局への集中は年々ふえてきて、生産の三五%から四〇%におよんだとみてさしつかえない。

この政府手持米は、その約六五%を六十万の軍隊、官吏、公営企業の職員、およびその家族に配給されたほか、輸出にもふりむけた。さらに、この手持米で米市場を操作し、民間に放出しては政府がもうけると同時に、米価の上昇が一般物価の半分ぐらいのところであるようにおさえてきた。

農村社会からすれば、生産物の三、四〇%を供出させられて、つぎに小作料、農具、種子等に必要な分を差引くと手元にはいくらも残らなくなるわけである。そして、農地改革後は、地主に払ってきた小作料を政府に土地代金の年賦として供出したうえに、いままで地主の負担になっていた、税金、その他を引受けなければならないことになった。

日本時代はどうであったかといえば、小作料、税金、種子代、肥料代、農器具代等で、七、八〇%とられて、手元には自家用米や生活費として二、三〇%の米が残ったのであった。

この一事だけをもってしても、政府にとられる収穫量の三、四〇%の実物供出が如何に農民の生活を圧迫しているかがわかる。もちろん、その供出させられる実物のうち、地主負担になっている小作料の分も含まれているにはちがいない。しかし、それよりも、もっとも農民たちにとって手痛いことは、全供出量の半分以上の米が、化学肥料はじめ豆粕や農業機具の諸代金として、農民の直接負担として供出させられることであった。

なぜ、こんなに大量の米が政府に吸収されていくのだろうか。

そのからくりを知るには、蔣政権が台湾において一貫してとってきた、低米価政策および米と肥料の交換制度を分析しなくてはならない。

さて、一九六〇年の台湾銀行季刊第一期によれば、一九四九年から一九五八年までの十年間に、米価は六倍に上昇したものの一般物価指数に比べればその上昇率が緩慢で、一般物価に比べ、六〇％にしかなっていないことが分る。つまり、一般物価がこの期間中に十倍になったのにたいして、米の値段は六倍しかあがっていないということである。しかも、六倍というあがり方は、米の自由販売の市場価格からみた結果であって、政府はそれとは別に、毎年糧食局をして、消費者米価格と生産者米価格なるものを決定発表せしめている。消費者価格は政府米の配給価格であって、いつも市場価格よりやや低くめに定められる。米生産者価格は農民から実物供出させるためのもので、それは年年、消費者価格の五、六〇％の低米価で定められている。つまり、一九五八年を例にとれば、一キロに付き、

台北市場の卸米価	四・二〇元
消費者価格（公定）	三・七七元
生産者価格（公定）	一・八〇元

ということになる。

そして、台湾農民は、その生産者価格である、米一キロに付き一・八〇元でもって税金、肥料代などが換算され、それに相当する米を納入させられてきたのである。つまり、農民が粒々辛苦をかさねて作った米を、市場にだせば四・二〇元に売れるところを、政府には一・八〇元で納入しなければならないのである。言葉を換えていえば、政府に供出する米を生産者価格で換算されたために、一斤ですむところを、二斤以上も掠めとられてゆくということである。しかも、年々、台湾農村の総生産の三、四〇%の米を、かかる市価の半分以下の低米価で供出させられるのだから、台湾農民が貧困化してゆく道理が理解できよう。

ところが、台湾農民の困り様はそれのみにとどまらない。

一九五九年の政府発表によれば、台湾輸出の七〇%をしめるものは、農産物およびその加工品となっている。そして、総輸出でえた手持外貨による輸入の四〇%を、肥料、農具の如き、農業生産に必要とされる中小工業品の輸入にふりむけていた。

米や砂糖を生産するものは台湾農民であるし、中小工業品や肥料、農具を購入するのも農民が主である。この輸入を牛耳っているのが、中央信托局という浙江財閥系の政府機関であるので、台湾農民は自分の生産する産物も、使用する物資もすべて、この政府機関によって壟断されるという恰好になっているわけである。そして、台湾人の生産する農産物を公定値段で安く取り上げ、これを輸出して政府が儲け、さらに、それで得た外貨で農民の必需品を輸入して独占価格で高く売りつけてまたもうける、という二重の超過利潤を掠めとっているのである。

一例をあげると、政府は一九五八年に米を約十八万トンばかり輸出している。その年の米一トンの国際市場の価格は百五十米ドルであった。その輸出米は農民から税金などとして供出させたもので、生産者米価で一トンに付千八百元で換算した分である。それを米ドルに換算すると約五十ドルたらずである。したがって、輸出業務の諸経費を差引いても、政府は米一トン輸出して七十ドルは儲けたことになる。

では米輸出で得た外貨をもって、同じ年に農民の必要な化学肥料を輸入したことにしよう。台湾では使用される化学肥料の中で硫安が大部分をしめているが、それを政府が一括して独占輸入し、農家に一手配給する仕組になっている。その配給方法は、最近まで米一斤と硫安一斤の比率で交換する制度をとってきた。硫安の国際価格は約五十ドルであった。それの輸入手数料や通関費用、税金などを三〇％とみて、輸入価格は六十五ドルつまり新台幣二千三百八十四元である。ところが、米一トンの市場価格は四千二百元である。ここでまた、政府は米一斤に硫安一斤の交換率でもって一トンの硫安を農民に売りつけることによって、千八百十六元を儲けているわけである。農民側からすれば、自分で米を市場へもっていって硫安を買い替えれば、一斤の硫安を買うのに半斤ちょっとの米ですむところを、政府に独占されているため一斤も掠めとられているのである。しかも、こんなに儲かる化学肥料を少しでも余計に台湾農民におしつけようと、一九五八年には五十三万トン、一九五九年に六十万トンも輸入してきた。ところが、化学肥料というものは、倍使ったからといって米が倍とれるわけでなく、必要量以上もつかうと、かえって生産が逓減してくるものである。台湾農民はそれを知っていて、一九五八年以来、余分の硫安をおしつけられて泣寝入りしているような状態である。

このような、米、肥料を通じての不当な掠奪ぶりは、もちろん農民の怨嗟のまととなったが、蔣介石政府はそれを十余年もつづけてきた。一九六〇年になって、はじめて硫安一斤につき米〇・九斤に値下げしたが、それは世間の耳目をごまかす一種の糊塗策にすぎないことは目にみえたことであった。

炎天下ではげしい作業をする台湾農民や労働者は、芋がゆを好んですする。台湾人の習慣として、このカユにはいわし、さんまなどの塩ザカナを副食にして、最低生活を維持するのが日常のことになっていた。日本人のミソ汁や沢庵に相当するのが塩ザカナというわけである。この塩鹹魚は、清朝時代には主として大陸沿岸でとれるものを輸入し日本時代には日本でとれた塩ざけ、塩さんまなどを用い、不足分はカナダからも輸入していた。終戦後も相変らず日本とカナダから輸入してきた。

この生活必需品にも匹敵する塩ザカナの値段をみると、日本時代には、だいたい、市場米価一斤の値段で、魚一斤を買うことができた。これを肉と比較すると、豚肉一斤で塩魚六斤と交換できる勘定になるのであった。

終戦後においては、たとえば一九四九年には、米五、六斤の市場価格ではじめてカナダ産の塩魚一斤が手に入ったのである。その後、貿易が正常化しても、三斤の米ではじめて塩魚一斤が買える状態である。

一方、衣服の方をみても、日本時代には農民が酷暑の下で仕事をするのにプリントの木綿シャツが必需品とされてきたが、米三、四斤で一枚買えたのが、現在では、アメリカから年々、多量の綿糸の経済援助をうけながらも農民たちは六、七斤もださねば手に入らないようになってしまったのである。政府は農民にこんなに高い綿製品を買わせておきながら、一方では、キャラコの香港むけ輸出を奨励してきたのだから、饑餓輸出といわれる所以である。

これらの事例をみただけでも、台湾農民の困窮の実情が分ろう。台湾農家は、平均世帯人数が七人であるのにたいし、就業労働者は四人である。四人が汗水たらして働いても、七人家族の生計を維持するのに窮々としているのである。これもひとえに、税金による苛斂誅求、低米価政策による搾取、および農家の死命を制する化学肥料の独占配給によって、農民を塗炭の苦しみにおいやっているためである。

一九六二年といえば、農民が地主に小作料を支払う代りに、政府に納入する十年賦の土地代金が完了する年である。老獪な蔣政府は、早くもそれに先手を打ち、一九六一年八月一日の日付をもって法律を改正公布し、地租を一挙に五二％も増徴することとなった。地租があがれば、それと同率で戸税、土地附加税、防衛税などがあがり、土地にかかる諸公課の加重はたいへんな額になる。台湾農民は土地を所有しても、それは名のみで、実質的には、相も変らずに貧困の泥沼にたたきこまれていく以外の何者でもない。

今日の台湾

十年来このかた、蔣政府は、「経済開発四ヵ年計画」を大々的に宣伝し台湾の進歩と安定を、鳴り物入りで内外に宣伝してきた。そして、そのような自画自讃には、まず、台湾の道路が広くなったこと、豪華な近代式ホテルが円山の旧台湾神社の趾にできたこと、近代建築や七〇ミリの映画館が台北に出現したこと、縦貫鉄道の列車がモダンになったこと、台中と東部海岸の蘇澳を結ぶ横断道路が貫通したこと、日月潭発電所の拡張工事が進捗したこと等々、ありとあらゆる写真を持ち出しては、目に見える情景描写からはじまる。

次にでてくるのが、数字や統計に示した、生産の拡大とか米、砂糖の増産である。これは第一段の情景描写に比べると、そろそろ〃粉飾〃あるいは〃偽装〃が、彼らの政治目的のために物をいってくる。

ところが、形の上ではあらわされないもの、そして最も大切なこと、すなわち、住民の人権、自由、平和、生活などの真相については、政府は黙して語らず、外部からは杳として知ることができない。

たとえば、蔣政権の在外公館で、台湾視察の査証をうける時、一くさりの宣伝文句をきかされ、どっさりパンフレットをもらいうけた旅行者がいるとする。彼は、東京の羽田空港から出発しジェット機なら二時間余で台北松山飛行場に降り立つことができるが、台湾についてみると、珍らしい台湾の風物とともに台北市街の整然とした鉄筋の三、四階建ての近代建築が並んでいることが、まず視界に入ってきて、蔣政府の思惑通り、この旅行者は〝台湾はすばらしい〟と驚嘆の眼を見張らすであろう。

それから、台北入りするのであるが、そこでまた冷房のきいたホテルに泊り、北京で有名な鹿鳴春や、上海の老正興のような、一流の中国料理店で舌づつみをうつにおよんで、すっかり桃源境に迷い込んだ気分にひたってしまうのも人情のしからしむところであろう。

さらに、この旅行者が蔣政府の覚え宜しき有名人か、あるいは政府招待の賓客であるとしたら、政府のいたれりつくせりの案内で、製糖工場を視察し、特別列車で穀倉地帯の西部平野を南下し、あるいは、御自慢の横断道路を省政府さしまわしのハイヤーで、ドライブでもさせられると、ますます中国人の建設能力に驚嘆するにちがいない。

それだけではまだ無罪放免にはならない。そのうえ、台北市の総統官邸前にくりひろげられる近代装備の陸海空軍の立体的閲兵分列を参観するにおよんで、人々は頭のてっぺんから足の先まで、〝反共抗俄、反攻大陸〟のペースにまきこまれ、蔣総統の〝偉大さ〟を讃めたたえる機会をあたえられる。

かくて、毎日の参観や招待に追いまわされているうちに、気がついてみれば滞在期限は目の前に迫り、あたふたと松山飛行場に送られていって、これで、進歩せる台湾の視察旅行が終りを告げるのである。

しかし、くだんの旅行者は、仕立てられた盛りたくさんのスケジュルを通じて、あのあかあかと灯の輝く高層建築の窓の内に住む人たちの日常生活は、いかなるものか、近代工場のなかに働く女工たちの生活はどうであるか、街々を賑かに往き交う住民たちの人権や自由の問題はどうなっているか、車窓からみる農民たちの生活はいかなる状態にあるか、これら一連のことにいたっては皆目知るよしもなく、遂にそれを考えるいとまさえなかったのである。

それなら、蔣政府とかかわりあいがなく、かつ、絶えず台湾問題の本質を研究し、その前途を注視する人士――こういう貴重な存在は非常に稀れであるが――に語ってもらう方がよりよくその真相をつかめることになる。

さて、台湾の政治は、蔣政府と中国人によって壟断され、蔣経国を長とする一握りの特務分子が、蔣介石の名によって独裁制を布き、恐怖政策で住民を制圧しているが、彼らの望むとおりには世界第三次大戦という慈雨が降ってくる空模様はなく、大陸反攻の空念仏もとうに色あせて、中国人側の不安動揺は蔽うべくもない昨今である。これに反して、台湾人側は、がんじがらめに縛りあげられ、現実は息づまるほど苦しいけれども、中国人側の不安動揺に反比例して、未来にたいする可能性を心ひそかに求め、希望が日増しに湧きでている。

産業は統制され、政府独占が八〇%をこえ、税金が繁雑苛酷のうえに、警察官吏の賄賂・強要が横行して、住民はそれに困りぬいている。財政経済は浙江財閥が牛耳り、政府支出の膨張と乱費が甚だしく赤字財政が続き、通貨は天文学的数字にまで増大し、公私企業を問わず、出血輸出で自らの首をしめている。政府・中国人と半山・靠山が金融を独占し、一般民間の企業はまず資金涸渇と闇金利でしめあげられて、首がまわらない。

文化水準が低下し、生産技術は、飛躍的進歩をとげる国際レベルからますます落伍していっている。小学教育や中高等教育は学生が何倍にもなったのに、校舎や設備は旧日本時代そのままを使用し、教員は待遇が悪いため教育に専心できない。大学と専門学校は数こそ増えたが、内容がともなわず、戦前より質的に数段と低下した。留学生として出国できる青年学徒の大多数は、中国人要人、半山、靠山の子弟、あるいは要路に縁故あるものによって占められている。

現在、六十万を数える大軍のうち、ほとんどは台湾人の子弟によって占められ、大陸沿岸の金門、媽祖も、台湾青年が守るという状態にある。しかも、彼ら台湾青年たちは、軍隊の中に網を張る特務組織のため横の連絡ができず、がんじがらめにされ、いたずらに中共の弾雨にさらされている。

かって、中国本土の四百余州に網目をはりめぐらしてきた特務、憲兵、警察が統治網を形成して台湾島をすっぽり包み、住民の挙動は一々監視統制され、鉄道には鉄路警察、工場鉱山には工鉱警察、保安警察、各種企業、団体、学校には保安室、というように世界にも稀れなる警察国家となっている。

猿芝居は次々となされ、政府要員や公共団体には半山、靠山、あるいはその縁故者をすえて、これでもって台湾人の政治経済への参劃を粉飾しては、内外の耳目をだますとともに、アメリカ援助を引き出す道具に使ってきた。省議会議員、県市議会議員、県市長は形式のうえでは民選となっているが、すべて国民党と特務分子の意のままに行われ、台湾住民に擁護される進歩分子といえども、彼らと提携するか、少くともそう偽装しない限り、もちろん当選はむずかしい。

言論集会の自由はみ塵もなく、公然と政府を攻撃できる者は暗黙裡に特務たちと了解済みの背徳漢だけにかぎられている。中国人のうちには、台湾人と提携しようとする稀な例もあるが、新党結成の計画が漏れ、かつて政府要人であった雷震は逮捕され、叛乱罪の科で徒刑十年を喰い(一九六〇)、彼の主催する〃自由中国〃の刊行は禁止された。独裁反対を唱える半山の李万居も特務にその政治活動を扼殺されて、〃公論報〃は靠山の張祥伝にのっとられた（一九六〇）。一般人は中共分子という赤い帽子でもかぶせられたら、たちどころに〃匪諜〃として逮捕され、拷問、銃殺も彼らの意のままである。中共の台湾人間における地下組織は一応破壊され、蔡孝乾は一九四九年に逮捕されたうえ、足のもも肉をそがれる程の惨酷な拷問にあって、転向協力を強いられた。郭秀琮・許強はじめ台湾人の親共分子や中共の力を借りて蔣政府を倒そうと考えた人たちは大方、逮捕、銃殺にあった（一九五〇年―一九五一年）。二・二八事件にことよせて一九五〇年代ごろまで台湾青年に逮捕の魔手がのび、叛逆、独立のかどでその後も相継ぐ大量検挙にあった。一般の台湾人は、いまにいたるも、日本の奴化教育を口実に、よく面罵指弾をうけ、日本語ばかり喋るといってはいじめられてきた。

おびただしい数の下級公務員や公司職員は、中国人台湾人を問わず、最低生活にあえぎ米恐慌のときには労働者は三度の飯もおかゆをすすってその日を暮し、農民で女子供を売りにだす悲惨な境遇においこまれたものが続出した。住民は生活が苦しいのみならず、身辺はたえず監視され、〃居住証〃を持たされて、外泊や来客は、その日のうちに一々それを警察に報告しなければならない。夜中によく戸口の抜打検査をかけられ、交通遮断し、一戸毎に住民を叩きおこして居住証の写真と戸籍と本人を照合させられる。旅客は、列車のなかで切符ならぬ居住証の検査をうけ、携帯しないものは即座に検束されることをまぬがれない。

海外旅行は、彼ら政府に近い者から優先的にビザが発給され、種々の制約を設けて出国を監視されている。国外にでても特務の眼から離れられず、誰とどこで会ったかとか、何を見てきたかを一々警備総司令部の特務や警察に報告しなければならない。

台湾人のうちで、例外的にこれら統治支配や不自由・貧困からまぬがれうるものに半山と靠山たちがある。彼らは政治的には特権階級であり、経済的にも金融機関などを牙城にして、市中金融は彼らの一族郎党、縁故者のみが独占できるようになっており、特権のつきまとう事業は、中国人とともに彼らの壟断するところである。

もともと、蔣政府の台湾植民地統治は、アメリカの援助指導をぬきにしては、その一半も語れないのである。アメリカ政府は、いままでに年間平均八千万ドルの経済援助をしてきた。インフレ防止、技術改善、農村改良、台湾基幹産業の復興と発展にたいする援助、道路、橋梁の修築から電化事業の建設、留学生、技術者の訓練などおよそ建設と名のつくことで、一つとしてその協力援助にあずからないものはない。縦貫鉄道を走る快適な客車も、裏をのぞけばアメリカ国旗のマークを貼りつけた援助物資の一つであり、遙か窓外に見える立派な鉄橋も、そばへ近づいてみれば、ちゃんとアメリカ援助のマークが入っている。戦後のありとあらゆる復興と開発は、すべてアメリカの物資と協力があってはじめて可能であった。また、軍事的にも専らアメリカの援助と補給にたより、アメリカ軍事顧問団が六十万軍隊を訓練し、金門・媽祖はアメリカのにらみがあってこそ確保することができ、台湾海峡はアメリカ第七艦隊が守っている。

しかし、蔣政府の特務も憲兵も警察も米式訓練をうけ、二・二八事件にはアメリカ製のカービン銃でもって、台湾青年が大量に虐殺されたことも忘るべきではない。

要するに、蔣介石政府と中国人の台湾植民地統治を、アメリカが積極、消極の両面ともに維持しているわけである。アメリカのささえがなければ、内は台湾人の反撃にあい、外は中共の侵略をうけること必至である。

ところがそのアメリカが手を咬まれる、大使館の占拠事件が一九五六年の五月に発生した。それは蔣経国一派の指導した、特務分子のやぶれかぶれの仕業でもあるが、ここに蔣政府および国民党内部の複雑さを露呈しているわけである。国民党内の派閥闘争は、昔から名物の一つに数えられているが、こうも内外ともに行詰り、さらに中共が絶えず陰に陽にその瓦解工作をしかけていては、その内部における暗闘・動揺はさぞ深刻なことと察せられる。いまのところ表面はさも平穏なように糊塗されてまだ爆発の段階にはないが、八十をこえた御大の蔣介石がいわゆる天寿を全うして終りを告げたら、その内部崩潰の連鎖劇はさぞかし見ものであろう。

かつてのヒットラー、スターリンしかり、台湾における蔣政権もその例外であるはずなく、極右であろうと極左であろうと、およそ「独裁」「専政」と名のつくものは、どんな美名をもってカムフラージュしても、その実質はおおいがたく、まさしく人民の頭上に君臨する巨大な岩石の如き存在である。台湾民衆にとって、蔣政府は野蛮な絶対君主であり、林立する銃劔のさ中では反抗闘争もたちどころに鎮圧され、不平不満はおしつぶされる。二・二八事件の失敗以来、台湾人のありとあらゆる武器はとりあげられ、力という力は剝奪されて、二重にも三重にも縛りあげられてしまった。それは台湾人と名のつく以上、島内に住むものも海外にいるものも例外ではない。

そして、台湾人社会自体でも、正義と気骨は影をひそめ、狡猾と懦弱が横行してきた。その中にあって、青年たちのみは熱情にかられて不平心をならし、散発的に反抗しては闇から闇へと葬り去られてきた。一九五〇年から開始された志願兵制の実施に際して、台湾青年は敢然として志願し、赤ダスキをかけ幟りをたて〝天に代りて不義を討つ〟と日本語で高らかに歌って入隊したものである。それは中国人が考えた如く、台湾人が日本時代の勇猛さを未だ金科玉条としているのでもなく、また、殊勝にも蔣介石一派のために中共を討とうとするのでもない。まして、軍隊にもぐりこんで謀叛でもおこしてやろう、という遠大かつ緻密な政治性をも持ち合わせてはいなかった。ただ、本能的にあの窒息せんばかりの不自由な息ぐるしさからのがれようと、また、二・二八事件の時のあの敗北と虐殺にたいする怨みからでた〃いまにみろ〃という決意、そして、中国人にはもち合せないからこそ、日本時代に習い覚えた歌などを持ちだして行うレジスタンス、これらの諸原因からでたものであることは、外部の人が理解するに困難をともなうかもしれない。あれ以来、十幾年の歳月がながれ、犠牲者は絶えず葬りさられてきた。昨今では、靠山や半山までが、首を左右にふっては〃不行了〃(もう駄目だ)とひそかにいいだしてきた。

日本では廖文毅を首領とする台湾民主独立党の台湾独立を叫ぶ声がますます大になっており、彼の主催する亡命政府の存在も時代の脚光をあびてきつつある。〃台湾青年〃という刊行物は次第にその声価を高めてきた。アメリカでも、台湾人学生青年は台湾人にも人なみに生存してゆく権利があることを世界に訴え、「独立のための台湾人連合」(UFI)は、アメリカ連邦警察の団体登記の承認をかちえた。

一方、国際情勢は日に日に国民政府のために不利になりつつあり、中国人側の不安動揺はかくしようもない。そこは大陸敗退の経験をもつ彼らのことである。機を見るに敏で、昨今では台湾銀行が日本支店開設の計画をしているることがうわさされ、台湾製糖公司の株式をアメリカで売却することを画策中というニュースが紛々としてつたわり、もう逃げ仕度がはじまった、とうがった見方をするような消息通がでてくるような関頭にたちいたった。

第十七章　世界のなかの台湾

アメリカの政策と蔣政権の将来

一九四九年大陸を敗退した蔣介石政権は、台湾に亡命していらい、名実ともに、台湾の独裁者として君臨してきた。この間、台湾人を犠牲にすることによって、植民地の支配的地位を維持してきたが、それは一面、アメリカの援助によって全面的にささえられてきたものである。

しかし、いままでみてきたように、台湾を植民地として統治してゆくことが、蔣政権の実力およびその体制からいっても、荷が勝ちすぎ、無理になってきた。国府がいかに鳴りものいりで景気のいい宣伝をしようと、実状は日に日に没落の一途をたどっていることは周知のとおりである。そして、このような気息奄々たる蔣介石一派の台湾支配に最後のとどめをさす刃が、すでに国際情勢の変化のうちに準備されていることは、衆目の一致するところである。

まず、アメリカがいままで台湾を援助してきた理由には、二つあった。

一、東南アジアと東北アジアを結ぶ戦略的要衝であり、かつ、重要な軍事拠点である台湾を、中共にわたしたくない。

二、台湾に亡命中の蔣介石政権を中共の対抗勢力として温存しておく。

という二面の理由からでていた。それで、アメリカは台湾には莫大な経済援助を行うとともに、軍事的にも蔣政権をいままで維持強化してきて、時機到来すれば、大陸に送り返えす含みを持っていたことは、言うまでもなかった。

しかるに、第二次大戦が終了してこのかた、東西両陣営の対立やその他の困難なる問題をいくた抱きながらも、世界の大勢は、たえず平和への道を捜し求めてきた。それが米ソ両国をして全面戦争に走らせないブレーキとなり、ひいては蔣介石の大陸反攻の機会を失なわせてきたのである。

一方では、大陸を支配する中共が日を追って強大となり、その存在が次第にクローズアップされてくるが、それは裏をかえせば、必然的に国府の前途を没落へと導くものであった。

かくて、アメリカにとって国府を維持、温存してゆくことが、だんだんと困難かつ無意味になってきつつあるが、その結果、台湾を援助するのに、いままで五分五分に重視してきた二つの要素のうち、蔣政府の維持よりも、むしろ〝戦略的台湾の保持〟という方に重心を余計かけるようになってきたのも、当然の帰結といわねばなるまい。

昨今では中共の国連加盟が、世界注視のまとになってきたのにたいし、アメリカは台湾問題と関連してこの十年来それを阻止してきた。しかし、好むと好まざるとにかかわらず、中共は大陸本土を支配する既成事実をつくりあげた。共産圏の諸国はもちろんのこと、アジア、アフリカの新興国家の大多数も中共支持に傾き、自由国家群のうちでも、英国の如き大国がとおの昔に、中共の大陸支配を無視しえないこととして認めてきた。そして、現在では、核兵器使用禁止や軍縮の如き世界的問題の取極めにも、中共の参加が不可欠になりつつある。中華人民共和国政府が中国を代表して国連加盟するのも、すでに時間の問題となってきた観が深い。

しかし、世界情勢が中共に有利に転換しても、アメリカは従来の対中国政策を清算しきれず、昨年の国連総会で、再三、中共の加盟阻止を企図し、重要事項に指定することに持ちこんで、きわどいところでその目的を達成することができた。が、これが次回でも奏効するかは、疑問視されるところである。

中共の内外における地位向上とは正反対に、台湾の蔣政権はアメリカの絶大なる援助庇護あるにもかかわらず、外では、国際上の地位をおびやかされ、やがてはその坐る椅子さえも失なおうとしている。内においては、民心動揺と経済不安に見舞われ、かつて大陸で演じた総崩れをふたたびやりかねない寸前にある。大陸反攻もすでに見果てない夢となった現在、国府とその一党が生きる道としては、このまま台湾にとどまってその王国を持続し、いわゆる二つの中国論を認めてゆくことがせいぜいのところであろうが、それは帰するところ、自らの首をくくり、墓穴をほるに等しく、彼らとしては万々とることのできない袋小路なのである。

さりとて、八方塞りのうちに、アメリカの阻止策が、世界輿論におしきられ、中共国連加盟の実現をみた暁には国民政府は否応なしに国際場裏から転落し、政治生命に終止符がうたれるであろう。そうなれば、いよいよ台湾に蟄居して孤立してゆく以外に路はないが、それも一時しのぎにしかすぎないのである。

その場合、たとえアメリカが従来通り援助の手をさしのべても、あるいは台湾人が相も変らず従順な奴隷であっても、それが蔣政権一派の延命になるかといえば、そうもいくものではない。その時には、国府の家庭事情が話題の中心となって、浮びあがってくるであろう。それは蔣政権の死滅、つまり、大黒柱の蔣介石の死によって、国府が内部崩壊する最終段階を踏むことである。

昔から国府内部の複雑きわまる派閥争いは有名である。台湾に渡った後も親米派、大陸復帰派、民族主義派、浙江財閥派、政学系、太子派、皇后派、黄埔系というふうに、混然と錯綜して互いに泥試合をかさねてきた。特務の中でも軍統系とC・C系が四六時中、縄張り争いで暗闘を繰り返し、仮面をかぶった中共分子の潜在的な力も見逃しえないものがある。このように各党各派が睨みあっているところへ、いままで千鈞の重きをなしてきた〃蔣総統〃が倒れてしまえば、底流をなしていた対立反目が一挙に表面化して、収拾のつかぬほどの混乱を招くことは、火をみるよりも明らかである。

さらに、蔣政権についてきた中国人の下級職員や避難民にとって、中国大陸は生まれ故郷であり、親戚知友の住んでいる墳墓の地でもある。大勢すでに去り、台湾における支配的地位が危殆に瀕してきた時、中共の甘言が彼らの耳朶に効果的に響くのも無理からぬことであろう。

もちろん、このような諸般の成行きは、蔣介石自身の早くから察知するところであった。さればこそ、複雑なる内外の諸事情にもかかわらず、彼の胆煎りで、国府の中に一つの中心勢力が培養されてきた。それは、特務組織を一手に掌握する蔣経国一派の勢力を、育成、伸長することによってなされた。

かくして蔣経国は、ここ数年来、並びいる国民党元老をおしのけ実力者の地位にのしあがり、父、蔣介石の名によって台湾のすべてを支配下においてきた。ところが、彼はモスクワ東方大学の出身、夫人はロシヤ人である。その身につけている特務政治のやりかたは、ソビエト共産党によって伝授されたものである。中共要人のうちで、彼とかつては同窓であり同志であったものも少くない。蔣介石の死後、その衣鉢を蔣経国がつぐものと思われるが、その際、中共からかなりの誘惑の手がむけられることは、容易に想像できよう。蔣経国が中共と暗默の了解なったというニュースが、現に、香港から頻々と伝ってくるのも、あながち故なしとはしないのである。

だが、蔣介石亡きあと、実力者蔣経国といえども、台湾に君臨するためには、アメリカの強力なる援助が不可欠であることは論をまたない。それにもかかわらず、彼は普段からアメリカを快くおもわず、かつ、義母にあたる宋美麗の親米派とは犬猿の仲にある。一方、アメリカ政府も蔣経国にたいしては、父、蔣介石にたいするような信任を与えてはいない。ここに問題がある。

これから先、国際情勢の推移いかんによってはアメリカが「二つの中国論」を国府に押しつける破目におちいらないとはかぎらない。その場合、彼らは最後のあがきを試みること必至であるが、窮鼠猫を咬むといわれる如く、窮地においこまれた蔣経国一派が、〝台湾および台湾人〟を統治支配したまま、大陸復帰を声明しかねないのである。いままで中共は〝台湾問題は中国の純然たる内政問題〟と主張し続けてきたが、その中共の言葉に国府が唱和してきたのをみても、いざ最後の関頭にたたされた場合の、台湾在住中国人の向背を示唆することとして、玩味しておく必要があろう。たとえ、中国共産党と不倶戴天の立場にある蔣介石自身といえども、台湾を中国領土から切り放す言動を軽々しくなしえないのである。

要するに、国府が国際政治の舞台から転落した時、あるいは、蔣介石が死んだ時、その二つの問題のうち、いずれか一つでも発生すれば、台湾における蔣政権の支配的地位が大きくゆらぐことは間違いのないことである。

では、この厄介な荷物を背負わされてきたアメリカ政府の台湾政策は、いかなる推移をたどってきたのだろうか。

一　第二次大戦後アメリカは、世界政策の一環として、蔣介石政権の支配下にある中国を、極東の安定勢力たらしめようと、大幅の援助をあたえてきた。それで、国共衝突するや、アメリカはただちにマーシャル元帥を派遣して、内戦終息の居中調停にあたらせた。その後、双方ともに内戦の泥沼に次第にはまりこんで手がつけられず、一九四六年末、トルーマン大統領は最終的に国共双方へ停戦要望の声明をのこして、マーシャル特使の調停を打切るの已むなきにいたった。

しかし、対華経済援助は間断なく続けられ、米華友好通商条約もその年のうちに締結された。一九四八年八月、さらに中国援助法が米上下両院で可決され、米華経済援助協定の成立とともに、中国経済援助使節団（ＥＣＡ）が派遣された。

二　一九四九年、蔣介石政権が大陸で総崩れとなった後は、アメリカは極東における政治的、軍事的防禦線をいわゆるアチソン（当時の国務長官）ラインと呼ばれた日本、沖縄、台湾、フイリッピンの線まで後退することを余儀なくされ、極東政策の再検討に入った。しばらくの空白をへた後、アメリカは太平洋という自国の湖水を防衛するうえにおいて、台湾を不可欠なものであることを再確認し、ここで「台湾政策」なるものが確立された。

一九五〇年一月、トルーマン大統領は、蔣政権が逃げこんだ台湾について、経済援助はするが蔣介石にたいする軍事的な干渉や援助はしないという一線を画した。ついで、同年四月には米下院で、南鮮および台湾にたいする経済援助法案が可決された。

三　しかし、同年六月に勃発した南、北鮮の武力衝突は、アメリカをして、軍事不干渉の台湾政策を、急遽、変更させることとなった。トルーマン大統領は台湾防衛を声明するとともに、いち早くアメリカ第七艦隊を台湾海峡に出動せしめ、不時の攻撃に備えさせたのである。だが、この際、果てしなく戦争が拡大して世界大戦に発展することを避けるため、国府軍の本土攻撃をも併せ阻止することを忘れなかった。ついで、国連軍最高司令官に任命されたマッカーサー元帥は、台湾防衛のため、一九五〇年八月から国府軍への軍事援助を開始した。

ところが、朝鮮動乱がますます拡大されて、中共が武力介入するにおよび、アメリカは台湾防衛の決意をいよいよかためていった。これが蔣政権にとっては、思わざる拾物となったことは論をまたない。すなわち、一九五一年二月、アメリカと国府間に〝相互安全保障条約〟が成立、W・チェース少将を団長とする軍事顧問団が台湾に派遣され、MSAがECAに代り、軍事経済援助が大々的につづけられることになった。

それからというものは、台湾防衛という共同の目的を通じて、アメリカと蔣政権の関係は政治的にも軍事的にも、あるいは経済の面においても、かつてその前例をみないほどの緊密さを加えるにいたった。一九五四年末には、期限をつけない〝米華相互防衛条約〟が結ばれ、台湾澎湖島を武力侵略又は領土保全、および政治的安定にたいする外部からの共産主義の破壊活動に対抗するための防衛力の強化を約するにいたった。そして、同条約は台湾および澎湖島の領域内、又はその周辺におけるアメリカの陸海空軍の配置をも約束する行動性に富んだものであった。これで中共は、アメリカと一戦を交える覚悟なしには、あるいは世界大戦の危険を冒さないでは一方的に内政問題として台湾をとることも、蔣介石を攻撃することも不可能になったわけである。

アメリカはまた、従来のMSAを対外活動本部（FOA）に改編した後は、その中国分署を台北に設置し、いままでの経済援助をさらに一段と強化しておこなうことになった。このようなアメリカの経済援助額は毎年、国府の予算総額にほぼ匹敵し、台湾の経済管理、インフレ防止、技術改善や産業開発、見返資金贈与分の運用など、台湾の財政経済に果した役割は大きなものであった

ここまでは、朝鮮戦争の進展、中共の南支那海における陽動作戦、かつ世界大戦勃発の危惧も手伝って、アメリカは台湾防衛と国府勢力の温存の両方を混然一体として重視し、援助の手を差のべた時期であった。しかし、これから先、世界情勢の進展で、国府勢力の温存の方はだんだんと色あせてゆくのである。

四　その後、朝鮮事変の停戦をみ、インドシナ戦争も終結して、国際情勢がいくぶんか小康をとりもどした。世界

の世論は、せっかくかちえた平和の糸口をふたたび見失なうまいとして、必死の努力を傾けていた。一方、ミサイルなどの大量破壊兵器の発達が、かえって大戦回避に役立ち、ますます話しあいによる平和の追究へと世界を導いた。このような平和を求める情勢の変化が、米ソをして、世界政策の戦略的な手直しを、徐々に余儀なくさせたことはいうまでもない。

それが、ひいてはアメリカの対中国政策にも響いてきたことは当然であろう。さればこそ、一九五五年早々、中共の浙江省沿岸の一江山島占領と大陳島攻撃に際し、アメリカは、国府軍の大陳島撤退を勧告し、無用な軍事行動によって世界大戦に発展することを極力警戒した。そして、米議会の上下院は、台湾、澎湖島の防衛については大統領に軍事行使権を付与したが、金門、媽祖に関するかぎり、その法的措置を差控えたのである。

五　このようにして、アメリカの大戦回避策に影響されて、一歩一歩後退していった国府軍は、一九五八年になると、中共の金門砲撃にあうが、アメリカは米華相互防衛条約にもとづき、ただちに台湾、澎湖島の防衛に責任をとることを明かにした。しかし、大陸沿海の金門、媽祖については、積極的な意志表示をしなかった。

一方、世界の大勢はいよいよ話しあいによる平和の維持を熱望させ、東西両陣営をして全面戦争回避の方向へと圧力をかけていった。外交戦ではダレスも周恩来も、またフルシチョフもアイゼンハワーも、激しい言葉のやりとりを交えながらも、実際上は、中共には、どうしても金門を奪取しようとする確乎たる企図が見受けられず、アメリカもまた軍事的に深入りすることを極力さけていた。

ダレス長官が、はじめて国府軍の金門、媽祖撤退に言及したのはこの時である。ついで、アイゼンハワー大統領もそれについて触れるにいたった。これは、米政府当局による、蔣政権援助の一歩後退についての重大な意志表示となった。

そして、遂にダレスが台湾に飛び、国府軍の大陸沿岸からの撤退を蔣介石に膝詰め談判するところまで発展したのである。

それは、蔣介石の峻拒にあって、実現には至らなかったが、このときアメリカの腹が最終的に固ったとみてさしつかえない。つまり、台湾はあくまで中共には渡さないが、蔣政権の温存は、場合によれば二の次にしても已むをえないということである。そして、アメリカが台湾政策の重心を片方にかけかえることによって、蔣一派の大陸反攻の夢は完全に雲散霧消していった。それは、実質的には国民政府が〝中国〟の絆から断ち切られたことになり、国際上の役割が終りを告げはじめたことをも意味した。

一方、そうすることによってアメリカ自身も一大ジレンマにおいこまれていった。否応なしに中共の国連加盟が刻一刻と迫ってくる情勢にあるにもかかわらず、いまだに蔣一派に代って台湾を有効に確保できる中心勢力が形成されていない。死滅寸前の亡命政権が頑張っている限り、台湾をそのまま確保してゆくのでさえ困難を感じつつある。たとえ、この中国の〝のこりかす〟を追払おうとしても、その捨て場所に困り、下手すると全台湾をそっくり支配したまま中共側に寝返りもされかねない。そうかといって、この〝のこりかす〟を放置しておけば、台湾は行詰ってくるし、台湾住民の意志を問うた方が上策であるという時機が到来しても、身動きがとれなくなる。そして、中共との話しあいもつかないであろう。かくの如く、アメリカの矛盾に満ちた苦悩はつきないのである。

六　かかるジレンマからぬけでる特効薬として、一九五八年ごろからアメリカの民間に、中共加盟と台湾独立を遠景に持つ〝二つの中国論〟が提案されだした。

コンロン報告は、〃二つの中国論〃を世界に向って打診する観測気球であったが、それは、一部著名人によって提唱されたものである。そのうちでも、米外交政策協会の会長であるユースタス・セリグマンの所論が最も世人の注目をひいた。彼はアメリカの対中国政策の転換を主張して、次のような措置をとるのが、最もアメリカ自身の利益になるとしたのである。

〃台湾〃を別の国家として承認し、その国連加入を認め、大国がその安全を保証し、将来、国連監視の下で住民投票を施行して、台湾の独立維持と中国への帰属のいずれかを決定させる、というのである。

もちろん、朝鮮事変で流血の犠牲を払ってきただけに、アメリカの国民感情は、中共の国連加盟に門戸を開け渡すような〃二つの中国論〃には、そう簡単に耳をかせる段階ではなかったろう。しかし、いずれにしても、何らかの打開策を構じなければ、アメリカの世界政策そのものが危殆に瀕する恐れがある、という考え方がようやく浸透しつつある時に、一九六一年、政権が変り、ケネディが大統領に就任した。

ケネディ政権の誕生によって、対中国政策の転換が当然、予想された。ケネディ自身が思い切った外交刷新の提唱者であり、かつ、大統領のブレインや新外交陣の主脳に〃二つの中国論〃者と目される著名人が加っていたからである。

しかるに、ケネディ政権が成立早々、ボールズ新国務次官は〃現状のままでは中共承認は不可能〃と発言し、スチブンソン国連大使は〃中共問題の解決はきわめて困難〃といってしまった。これは、台湾の国府を狂喜させはしたがケネディに大きな期待をかけた平和論者をば、またもとの焦慮のるつぼにおしもどしてしまった。

〃二つの中国論〃はもとをただせば、アメリカの対中国政策の失敗をつぐなうためのものであり、現在の時点では、

（一九六一年まで）中国や台湾の現実には役立たなかったようである。中共はアメリカの陰謀といって反対し、国府は自らの首をしめることとしてこれを拒否し、また、台湾人にしてみれば、中国の暴君にこれ以上居坐ってもらうことは忍べないことである。要するに二つの中国論は、米国にとって一寸した麻酔剤になりえても、中共、国府、台湾人の当事者たちには、一時的な鎮静剤にさえならなかったわけである。

かくて、二つの中国論とそれにともなう中共加盟は、いまだにアメリカ政府の対中国政策として実のらず、中共加盟阻止と台湾支配の国民党支持が、アメリカの国是として、一九六一年度の国連総会でふたたび踏襲されたのである。しかし、目下のところ〃二つの中国論〃より優れた台湾政策がアメリカ政府に見出される公算はなく、一九六二年九月の国連総会に臨むアメリカの態度が注目されているゆえんである。また、昨今では、第二次大戦中における米中関係の外交文書が米政府によって発表され、戦時中の国府の腐敗ぶりと非民主的な事実が暴露された。

国府側に同情をよせる駐台湾のドラムライト大使は更迭され、国務次官補ハリマンと蔣介石総統の会談が予定されて、何となく、国府にとってはただならぬ雲行を予想せしむる事態が、アメリカ政府の方からつぎつぎと打たれてきている。

中共の態度

戦後、中共が予定どおり中国大陸を制圧して、アジア共産革命の中枢が不動なものとなるや、こんどは自国の利益のために、世界共産主義化を利用する方に逆転しだし、北は朝鮮で武力闘争を開始し、南では、インドシナに歩をすすめて、植民主義者フランスを追いだした後は、ベトコンやパテト・ラオの活躍に次第に発展し、東南アジアに浸透してゆく第一の関所をきりひらいた。マライ、ビルマでは現地の共産ゲリラがジャングルの中で孤軍奮闘したが、海一つへだてたインドネシヤの共産勢力は着々とのびて、保守勢力を凌駕するまでに強大となった。そして、これらアジア各地で活躍している各国共産党の幹部は、おおむね、中共の民族学院で訓練を受けた後、本国へ送りかえされたものである。

さて、このような共産主義勢力がアジアに浸透する時期に、蔣介石政権が逃げこむことによって、台湾はアジアの舞台に登場してくる。ここにおいて、中共は二つの観点から台湾を重視するようになった。

一つは、国内建設のためにも、またアジア全体の共産化を謀るうえにおいても、台湾を〝紛争の目〟として利用することであった。中共は時々、台湾に政治攻勢をかけたり、あるいはその出店の金門・媽祖を砲撃しては、国内の緊張をしめなおし、アメリカ帝国主義に対する敵愾心をアジア民族に呼びさまし、あるいは東南アジアに進出するかくれみのとして利用し、かつ、自らの存在と実力を全世界に誇示してきた。

もう一つは、地理的に要衝の地位をしめる台湾を、占領することによってえられる利点であった、すなわち、

(1) 〝残りかす〟である蔣政権を殲滅することによって、中国統一の画竜点睛とすることができる

(2) アジア地域を南北に切断して、日本の孤立化を促進することができる

(3) アメリカの独壇場である太平洋に、くさびを打込むことができる

(4) 一千万人台湾人と豊かな台湾を共産圏にそっくり包含することができる

(5)　フイリッピンを側面から脅かし、アメリカにたいして〝紛争の目〟をつくることができる。

というように、その計り知れない利益をうることを重視した。

つまり、アメリカが中共にわたしなくない理由を裏がえした理由で、中共は台湾を利用し、かつ、どうしても手にいれたいのである。それで戦略的には台湾問題を純然たる中国の内政問題と主張して、二つの中国論にも一矢をむくい、アメリカの武力による台湾保持の非を鳴らしてきた。そして、台湾海峡に沿って福建沿岸に五十万の大軍と三百のミグ・ジェット戦闘機を配置し、福州の東海艦隊と黄埔の華南艦隊を、四六時中、南支海上に游弋させていた。一方、中国本土には一万人ばかりの台湾人をかりあつめて訓練をほどこし、将来、台湾のパテト・ラオたらしめようとしている。

もちろん、アメリカの第七艦隊はじめ陸海空軍が台湾周辺に頑張っている限り、第三次世界大戦勃発の危険を冒さないでは、武力による台湾進攻はなしうべくもなかった。それで、いままで中共は前述の二つの観点のうち、台湾を武力でとるというよりもむしろ、〝紛争の目〟として政治的に利用する方を選んできた。

したがって、中共は金門、媽祖を砲撃し、台湾海峡を波だたせては、国連の眼を台湾に向けさせ、アメリカと国府の孤立化、中共の国連加盟の促進をねらうことによって、柿が熟して落ちる如くに、台湾を政治的にしめあげてゆこうと企図してきたのである。

中共は、国府やアメリカにたいしては戦術的には、拳骨をふりあげるばかりでなく、硬軟両様の微笑外交を併せ用い、相手の離間や懐柔を策することをも忘れなかった。そして、アメリカ、国府、台湾人、国連にたいする諸政策を各々異にし、それを一々、使いわけてきた。ことに、帝国主義としてアメリカを非難するときには、国府に同胞の笑顔をみせ、反動派の国府を集中攻撃するときには、自由民主のアメリカに秋波を送るというふうに、双方の離間につとめたものである。

国府にたいする政策も一様でなく、その時その場合に応じて、ちがった的には異なる矢をもってむくゆるという巧妙さである。たとえば、〝国府全体およびその附随者をすべて一掃する〟〝蒋介石一人だけを不倶戴天の敵とする〟〝蒋介石とも話あおう〟〝蒋介石さえ応じれば北京に迎えて高官につかせる用意がある〟〝台湾を中共に渡しさえすれば蒋介石の台湾支配を認める〟というふうに、千変万化の応変ぶりを示してきた。中共としては、できれば一兵一卒をも損じないで、台湾を手中に入れるという得意の謀略工作を仕掛けているわけである。

前述のごとく、中共はあくまで、政治的には、台湾を内政問題として扱う立場をとってきた。すなわち、台湾、澎湖島は昔から中国の領土だった、それが第二次大戦後、日本から中国に返還されたものである、だから、中国人民の支持する中華人民政府だけが台湾を支配する資格をもっている、そして、中国人民が、蒋介石の手から解放しようとしているのは中国領土の台湾であり、アメリカがそれに内政干渉しているのは不当である、というのである。

一方、中共は台湾人をばほとんど問題にしないできたが、それでもときには、蒋政権はまさに亡びさらんとする「のこりかす」であることを強調し、真に中国を自由、平和に導き、かつ台湾を解放できる救世主は、六億中国人が支持する中国共産党および中華人民政府以外にはない、と宣伝し、台湾がもし蒋政権およびアメリカ帝国主義の手から解放されれば、チベットあるいは新疆のごとく、自治区として扱おうとほのめかして、台湾人の政治的関心をつなぎとめることにしてきた。

さて、ここで以上のような臨機応変な中共の台湾にたいする外交措置を列挙しておく必要がある。

まず、一九四九年、蔣政権が台湾に亡命するや、周恩来外交部長は、ただちに国連にたいし、国府の代表資格取消しを要求した。

さらに、一九五四年には、台湾が中国の一部分であることを主張する提訴文を、国連事務総長のもとに提出している。それから、周恩来がインドシナ停戦のために開かれたジュネーブ会議の席上で、アメリカ軍の台湾撤退を要求する演説をしたのに呼応して、朱徳総司令官は国内で、〝台湾は必ず解放する〟という声明を発した。

一九五五年早々から台湾海峡の情勢が緊迫し、中共は一江山島を占領するや、アメリカ下院は米大統領に台湾防衛権限を附与する決議案を採択し、大統領は〝中共、国府の停戦に国連の仲介を期待する〟という言明をした。事ここにいたって、国連安全保障理事会が、台湾停戦問題討議のため招集され、中共の招請を可決した。しかし、周恩来外交部長は、台湾が純然たる内政問題であることを理由にして、出席を拒絶したため、安保理事会は再会したまま無期限休会になった。

しかし、同年四月、首席代表としてバンドン会議に参加した周恩来首相は、その席上で、〝台湾地域の緊張緩和問題で米政府と直接交渉を望む〟と声明して、国府を牽制する挙にでた。ついで、七月に中共の人民大会が開催され、周恩来はアジア太平洋諸国の集団平和条約なるものを提唱した。八月になると、ポーランドのワルシャワで、米国のビームと中共の王炳南が中米大使会談を開始した。

一九五六年になると、中共は、以前の強硬態度をガラリとかえて、蔣介石政権に親密の手をさしのべるようになった。四月に毛沢東主席が〝第三次国共合作準備中〟と言明して世界の注目を浴びたが、それにひきつづき、周恩来が蔣介石に、北京にきて政府の高官につくことを呼びかけ、さらに、台湾を領土的に政府に引渡せば、蔣介石の台湾支配をそのまま承認してもいいといって盛に誘いの水をむけた。

しかし、中共のアメリカ政府と蔣政権にむけた硬軟相半ばする微笑外交は、結局は成功するにいたらなかった。それは、アメリカの対中共の強硬態度をも緩和できなかったし、蔣介石は国共会談の誘惑にはとうとう見向きもしなかったからである。かえって、逆にアメリカによる蔣介石軍の強化を導き、台湾は依然として国府の手中にあり、国連の中国代表の議席は相変らず国府が占めるところとなった。

このような微笑外交の失敗が、やがて中共の金門砲撃の再開となり、一九五八年の八月から台湾海峡の風波がまた高まってきた。

殷々と響く砲声にまじって、フルシチョフ首相とアイゼンハワー大統領の応酬、周恩来首相の領土保全についての演説、彭徳懐国防部長の前後二回にわたる〃台湾同胞に告ぐる書〃の発表、ダレス長官の武力をもって領土を拡張することに反対する強硬声明、それに国府情報部が〃中共は、国府とアメリカの離間を狙っている〃と反駁するなど、一場の外交戦を賑かに応酬しあった。

このような、台湾海峡を挾んでおこなわれた武力と外交の二重の戦いは、

(1) 行動でもって一つの中国の内戦であることを主張、

(2) 中共の存在と実力の誇示、

(3) 中共の国連加盟を促進、

という中共の所期の政治目的は達成され、アメリカも台湾・澎湖の防衛という限界からでることなく、双方ともワルシャワの米中大使会談に問題をもちこんで、台湾海峡の波は一応おさまったのである。

それ以来、中共は、台湾は中国の領土であることを機会あるごとに主張し、たえずその奪回を、虎視たんたんとねらってきた。そして、アメリカが台湾を占領しているからアジアの平和が脅かされている。アメリカは台湾から手をひくべきである、と主張しつづけてきたのである。

いまのところ、決定打をもちあわせない中共は、将来に備えてどっちに転んでもいいような長期計画を持しているわけである。台湾を現状のままでゆさぶることによって、国内緊張、中共の存在を誇示し、アジア民族の反帝国主義の眼をアメリカに向けしめる。あるいは東南アジアの華僑にたいする影響をねらうことに当面の台湾政策を利用しているわけである。将来、台湾が中共の手中に落ちればそれでよし、あるいは、蔣介石が倒れ国府の台湾支配が終れば時機到来とばかりうけとめ、万一、台湾が国連管理になっても、その時には、一万人のスジ金入りの台湾人を台湾に送りかえして、ベトコンやパテト・ラオの役を果させて、台湾を内部からほりくずす準備もおさおさおこたりなく進めていると見て間違いはなかろう。

ソビエトは台湾に関する限りその観点も政策も、中共と同じである。中共が台湾をとり、そこに潜水艦の基地でもつくれば、アメリカの湖である太平洋をわがものにすることができる。もちろん、中・ソの進むべき世界政策の路線には若干のちがいがあるが、これはあくまで内部問題であって、共産主義による世界赤化の観点からして、台湾にたいする政策の根本的なくいちがいということはありえないのである。

もちろん、台湾問題によって世界大戦が惹起されたり、あるいは、ソビエトがアジアにおいて中共よりも劣勢になることはのぞまないであろうが、アジアにおいて中共が台湾を領有して、世界赤化の一環を確保することはのぞむところであって、そのため、中共による台湾の支配、中共の国連加盟を積極的に支持することはいうまでもない。

台湾がもしも中共のものとなり、共産圏の勢力が拡大すれば、アメリカにたいする勢力の伸長にもなり、ソ連は全世界にたいして大きくふみだす礎石が一つ増えたことになる。

ソビエトにとっても、台湾は、あくまで微々たる一孤島でないことはいうまでもない。

台湾問題の本質を直視せよ

以上のごとく、世界のなかの台湾はその本質が論ぜられず、あくまでも各国の利害のためにのみ論ぜられ、各国の政策論によって左右されてきた。それは台湾にとっては、まことに不幸といわねばならない。

世界の眼や頭には、台湾に一千万を越える台湾人のいることが閑却されている。まして、この一千万の人間衆団の来歴、本質、前途、幸福、あるいは当然有すべき権利といったものが、真剣に論ぜられた試しはない。台湾はむしろ無人島のごとくあつかわれてきた。アメリカも中共もインドも、イギリスも、台湾についての論議はもっぱら自国の立場を有利にみちびくための政策論から出発した。その政策論は自国の利害のためにするもので、台湾および台湾人の本質にふれてこれをどうするか、という政治論には、いまのところ発展していない。

アメリカはアメリカで、太平洋を自分の湖とするために台湾を防波堤とすることに汲々とし、中共は世界赤化の観点から、いかにして台湾を入手して、東南アジアと東北アジアを両断して戦略的にも太平洋の利益を獲得しようと考えてきた。日本にしても、ただ観念的に、台湾・台湾人は中国・中国人の一部分であると大多数のものは考え、日本社会党の如きは、中共の機嫌をとるために台湾は中国の一部分であるといって、思想的にも、政治的にもみ自ら中共の植民地にすぎないことを暴露してきた。このように、各国の台湾をみる眼はまことに救いがたいものがある。

国連で人権宣言が行われ、植民地主義反対の狼火があがり、アフリカの五十万、百万という小国がつぎつぎと自由を獲得して独立していく二十世紀の今日において、ひとり台湾・台湾人だけが、過去四百年もの間沈淪してきた植民地的奴隷の地位からぬけ出てゆく権利がないのだろうか。

台湾がいかにあるべきか、という問題は台湾人の意志から出発すべきである。そして、台湾人および台湾社会がいかにして形成されてきたか。それからみてかからねばならない。パリやロンドンにゆけば、ヨーロッパ人は中国人も日本人も区別することができないであろう。それと同じように、外部からみれば台湾人と中国人が区別できないのも、無理ないことであるが、しかし、そのような粗雑な見方から出発して台湾問題を論ぜられることは、台湾人にとって迷惑であり、かつ、いささかも台湾問題の解決にはならない。

かくも利害が錯綜し、かくも社会生活が細密に分化した今世紀において、台湾・台湾人と中国・中国人の本質的相違をぬきにして、台湾問題を語ることは非現実的であり、罪悪でさえある。台湾人の幸福と発展に即して台湾問題を処理するという。台湾問題の正しい解決の仕方はアメリカはじめ、世界のいかなる国家あるいは民族の理想とも相反しないはずである。ただ、これに相反するものは台湾人をいつまでも奴隷の地位につないでおき、歴史と現実を無視して「台湾は中国の領土である」とあくまで強弁する中共と国府だけなのである。たとえ、中共が称揚する〃中国のなかの台湾人の自治〃という論法でもってしても、それは、もはや生存と自由を渇望してやまない台湾人を納得させるには無力である。なぜなれば、台湾人はいまさら、あえてチベット人の前車の轍をふむほど無智ではないからである。世界の人々はこの点を注視しなくてはいけない。前述したとおり、中共の問題は国民政府とちがって、それは中国問題であるよりも、むしろ共産主義というイデオロギーの問題なのである。したがって、「中共の台湾政策」という問題は、共産主義の是非というイデオロギーの問題から始められるべきであるが、それは本書の説き及ぶべきテーマではない。

とにかく台湾・台湾人はいかなる国家、いかなる民族の植民地や奴隷の境遇に甘んじるものではない。台湾人四百年の歴史のあゆみのなかにこそ、台湾の進むべき方向がはっきり示されていることを、世の有識者たちは認識すべきである。

増補　蔣父子独裁専制下の植民地統治

1　三重統治・三重搾取の植民地体制

蔣介石とその国民党一派が中国本土を追われ、中国の中央政府——中華民国政府——をそのままそっくり提げて台湾に亡命してきたのが一九四九年（民国三八年）、あれから二十五年の歳月が流れ去った。その間、蔣一派が植民地統治者として、一貫して台湾に盤踞し、台湾人大衆を奴隷として君臨してきたことは、周知のとおりである。もとより彼らは、古くから台湾を植民地としてしか見ない歴史的な偏見を持ちつづけてきた。さらにまた、今は大陸本土より顧りみられない敗残集団の身上である。したがって、彼らは来台早々から、

(1)　台湾人と中国人の間における被支配と支配の差別を厳然と維持する
(2)　台湾の政治・経済・文化・社会の各般にわたって、その最上層かつ最中枢を占拠し、植民地体制を堅持する
(3)　敗残の六十万軍隊（近時、五十万に改編）を植民地統治の後楯とし、かつまた内外と取引する政治資本とする
(4)　〃中華民国政府〃と〃大陸反攻〃の虚構を維持する

という四項を主たる内容とした〃台湾統治基本策〃を確立した。

さらにまた、蔣介石一派には、㈠封建中国の官僚政治、㈡中国軍閥式専制政治、㈢特務組織を骨幹とする独裁政治の三つの体質が混然一体となっていた。それが基本となり、彼らが台湾に一歩を印するや、たちまち、

(1)　植民地統治の外郭機関（下級機関）――中華民国政府
(2)　植民地統治の中核機関（上級機関）――中国国民党
(3)　植民地統治の権力中枢（真の統治主体）――蔣父子を長とする特務組織

というような、世にも稀なる〃三重統治〃の体制を造りあげた。

ここで少し説明を要するのは、いくら落魄したとはいえ、いまだに一国の中央政府を呼号してやまない中華民国政府をつかまえて、〃植民地統治の外郭機関〃だということであろう。これは一見して、誰しも奇異の感を抱くにちがいない。しかし、実はこの言い方が、蔣父子独裁専制下における植民地統治の本質をもっとも衝いているのである。なぜならば、今日の台湾においては、蔣父子とその子飼いの特務組織だけが真の植民地統治者だからである。その他は、たとえ〃政府〃といえども、彼ら真の統治者の意のままに動く下級機関にしかすぎない。

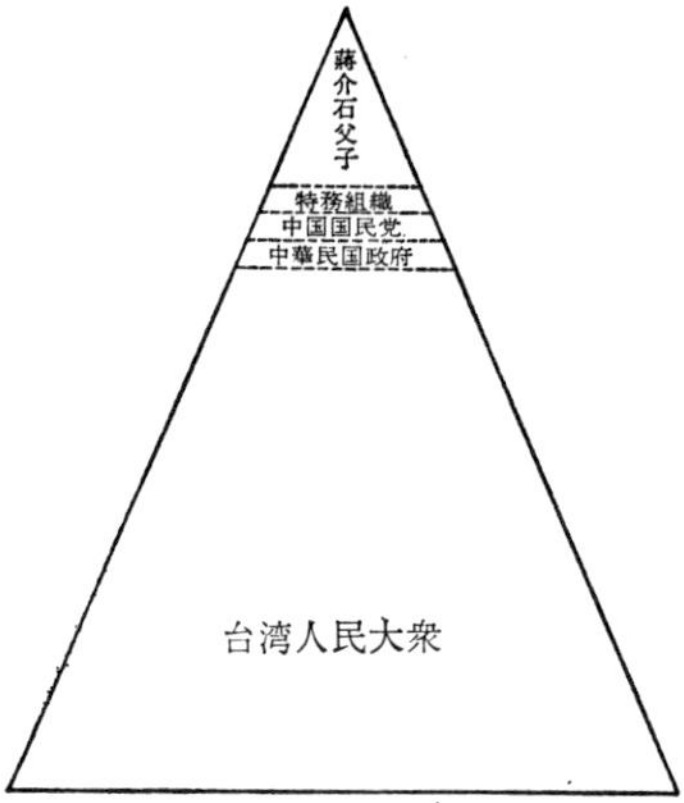

〔図1〕蔣介石台湾統治の権力構造

かくして「中華民国政府」は、台湾に逃亡してからというものは、単なる虚構の代物になりさがり、実質的に高度の政策決定の権限なく、統治の核心は、蔣父子の意を受けた中国国民党（総裁蔣介石）にあった。

さらにまた、党・政府の背後には、蔣父子一党の特務人員が入りこんでいて、それらの上層かつ中枢を占め、四六時中、政策決定や政務執行を左右し、監視の目をひからせる仕組みになっていた。

このように台湾という同じ一塊の土地に、蔣派の特務・党・政府による統治支配が三重にかさなりあい、千四百万台湾大衆をがんじがらめにしてきた。そして、この三重統治を土台にして、次の如き残酷な〃三重抑圧搾取〃がなされてきたのである。

⑴　植民地的収奪――外来者の蔣派中国人が政治を独占するのに対し、土着の台湾人大衆は、もっぱら植民地奴隷として経済生産に従事させられ、政治が経済を支配し、〃台湾人労働、中国人享受〃の前提のもとに、単なる一片の法令や政治措置だけで、資源や生産手段（土地・企業・工場など）が奪われ、労働果実が収奪された

⑵　資本主義的搾取――蔣一派は〃鶏を肥らせて卵を取る〃式に台湾の資本主義発展を計り、生産力の増大を期する一方、同時に台湾の資本・金融・生産・流通・貿易・分配の全過程を独占支配することによって、剰余価値を搾取した

⑶　封建的掠奪――蔣一派は中国軍閥の本領を発揮し、台湾の土地を奪い、高利貸資本を支配して、台湾農民のさらに広い土地や労働果実を掠奪し、封建的苛斂誅求、貪官汚吏の集団汚職、特務の金品強奪が、当然のごとく横行した。

かかるすさまじい三重統治、三重抑圧搾取の結果、四百年来歴史的に発生した台湾と中国の間に横たわる社会的差異（民族的相異）の溝が、ますます深まり、和蘭、清朝、日本とつづいた台湾社会の植民地的二重構造が、さらに一段と浮き彫りにされてきたのである。

⑴　台湾人社会・台湾人＝土着者＝被圧迫民族＝植民地被支配者＝農民・労働者・都市貧民・農村貧民・中小商工業者・中下級職員・民族資本家・地主＝下級軍官・兵卒＝工業製品高価買入＝農業生産品廉価供出＝台湾人意識

(2)中国人社会・中国人＝外来者＝圧迫民族＝植民地統治者＝軍閥・特務・警察・官僚・資本家・公営企業幹部・大地主＝中高級軍官＝資本独占・金融独占・工業独占・流通独占・貿易独占＝土地独占＝工業製品高価放出＝農業生産品廉価収奪＝台湾人買弁階級＝大中華思想。

2 植民地統治の外郭機関——中華民国政府

蔣父子一派は、中国本土を逃げだした後も、さかんに中華民国政府（国府）こそ全中国を代表する唯一の正統政府と叫びつづけてきた。しかし、彼らのいう〝中国〟は、すでにその支配下にはなく、あるのはただ福建沿岸の金門・馬祖のごとき二、三の小島嶼にしかすぎなかった。したがって、彼らは、もっぱら植民地の〝台湾〟だけを唯一の支配区域としてしかもたない、たんなる亡命政権に転落したのである。

この意味において、中華民国政府は、二十年来、ひとつの虚構として存在してきたにすぎなかった。そしてまた、上述のごとく蔣父子子飼いの特務や党に支配・監視される台湾統治の表面上の、名目上の機関、もしくは単なる下級行政機関になりさがったという意味においても、もうひとつの虚構性を有しているわけである。

しかるに、このような二重の虚構性をかねそなえた中華民国政府を、実際に見てみると、まず、㈠機構の巨大にして煩雑なこと、㈡その上層かつ中枢を中国人の特務幹部が完全に占拠していること、に一驚せざるをえない。

まず、彼らが権力の最高機関と宣伝し、実際は有名無実の「国民大会」がある。それは、いまだに本土時代と寸分違わない大きな規模を備え、笑止にも二十数年前、南京時代に、たとえば河北・雲南・四川のごとき全国各省から選出した「国民大会代表」（国会議員）を、そのまま存続させてきた。今日でさえ、いまだに千四百四十一人（その後、何回も補選して台湾人代表は現在数八十二人いるが、いずれも伴食代表にしかすぎない）の穀つぶしをただで養い、狭い台湾は、いやがうえにもこれら無為徒食の亡命政客でひしめきあった。

次に、内閣に相当する「行政院」になると、その機構は、むしろ本土時代よりも拡充され、八部・二処・二局・九委員会の大世帯に膨脹した。しかも、そのうちの外交部・国防部・僑務委員会（海外華僑を管掌）・蒙蔵委員会（ありもしない蒙古・チベット両地区を支配するという）などを除く、その他のすべての内局が、一様に下級機関である「台湾省政府」とだぶついているのだから、その重複・無駄・乱雑ぶりは大へんなものであった。

しかし、機構のかくのごとき重複や乱雑さは縦の系統のみにかぎらなかった。横の関係も同じように甚だしかった。

まず、蔣介石が総統（大統領）を兼任する「総統府」である。そこには副総統（厳家淦―中国人）・秘書長（鄭彦棻―中国人）・参軍長（高魁元―中国人）・総統府資政（張群以下十四人―全部中国人）・国策顧問（張任民以下五十四人―台湾人二人、その他は中国人）・戦略顧問委員会（主任委員何応欽以下二十二人―全部中国人）・光復大陸設計委員会（主任委員薛岳以下六人―全部中国人）・中央研究院（院長銭思亮以下全部中国人）・国史館（館長黄季陸―中国人）・中央銀行（総裁兪国華―中国人）・国防研究院・国父陵園管理委員会等々と有象無象の雁首が列べたてられ、これら骨董品のアクセサリーを数えるのにいとまのないぐらいである。

「国家安全会議」（主席蔣介石、秘書長黄少谷—中国人）は、蔣父子独裁の政府機関における牙城といえるが、それには、国家建設委員会（主任委員周至柔—中国人）・国家総動員委員会（主任委員蔣経国—中国人）・科学発展委員会（主任委員呉大猶—中国人）・戦地政務委員会（主任委員袁守謙—中国人）・国家安全局（局長周中峰—中国人）がある。

そしてまた、蔣父子一派は、唯一の支配地区である台湾を統治するのに、相も変らず、あの仰々しい「五院制」をとくとくと持ちこんだ。それも本土時代とは少しもかわらない「行政院」（院長蔣経国、副院長徐慶鐘—買弁台湾人）を先頭に立て、その部局として、秘書処（秘書長費驊—中国人）・政務委員（葉公超以下七人—中国人四人、買弁台湾人三人）・内政部（部長林金生—買弁台湾人）・外交部（部長沈昌煥—中国人）・国防部（部長馬啓聡—中国人）・財政部（部長李国鼎—中国人）・経済部（部長孫運璿—中国人）・教育部（部長蔣彦士—中国人）・司法行政部（部長王任遠—中国人）・交通部（部長高玉樹—買弁台湾人）をならべたてた。

「立法院」（院長倪文亜—中国人、立法委員陶希聖以下五百十八人、そのうち台湾人四十七人）。

「司法院」（院長田烱錦—中国人、大法官張金蘭以下十一人—全部中国人、最高法院々長銭国成—中国人、最高検察長王建今—中国人、行政法院々長周定宇—中国人）。

「考試院」（副院長楊亮功—中国人、考試委員張邦珍以下十九人—全部中国人）。

「監察院」（院長余俊賢—中国人、監察委員丁俊生以下八十四人—そのうち台湾人十三人）。

ざっとこんなものである。そして、この五院の中央政府の下に「台湾省政府」（主席謝東閔—買弁台湾人）があるが、もちろんそれは、下級のまた下級の行政機関ということであり、蔣父子独裁下においては、決策の権限があろうはずがなかった。ただ上級の指令や特務の監視をうけながら、台湾人大衆の頭上に居坐るのみである。台湾省政府の各部局は、上述どおり中央政府の行政院とだぶついて、二重になっていた。したがって、各部局とも上級から降された行政事務を、そのまた下級の県市・郷鎮の各級に伝達するのが関の山である。そして、下部行政区画までが、ずたずたに寸断され、日本統治時代の五州三庁が一挙に十六県四市、一行政院直轄市に細分された。すなわち、台北・宜蘭・桃園・新竹・苗栗・台中・彰化・南投・雲林・嘉義・台南・高雄・屏東・台東・花蓮・澎湖の十六県、基隆・台中・台南・高雄の四市、それに台北直轄市である。

これで、彼らのいう〝天羅地網〟の統治網が全島に張りめぐらされ、台湾人大衆はいよいよ植民地統治の魔手から逃れられなくなったのである。それにひきかえ、亡命中国人は、大なり小なり職を得ることができ、その手が蔣父子一派の台湾統治に血染ったことは、もはや多言を必要としないであろう。少なくとも三千人の亡命政客と一千人の旧将領や旧官僚多数が救済され、そして、ポストが足らないときは、いつでも委員・顧問・代表のごとき空位を際限なく増設していったのである（図2参照）。

もちろん蔣一派にしてみれば、そのように虚構の中央機関を温存し、大量の冗員を按排することによって、㈠国際的に中華民国政府の正統性を装う、㈡国内的に植民地統治の密度を高める、㈢大量の亡命中国人に職をあたえる、という政治目的は一応達成できたといえよう。

しかし、ただでさえ苛酷を極める植民地統治が、さらに幾倍もが加重されただけにとどまらず、それによる政務の煩雑、行政の非能率、財政負担の加重、封建中国式の繁文縟礼や貪官汚吏の横行等々、その害悪をもろにかぶる台湾人大衆は、実にたまったものではなかった。

〔図2〕

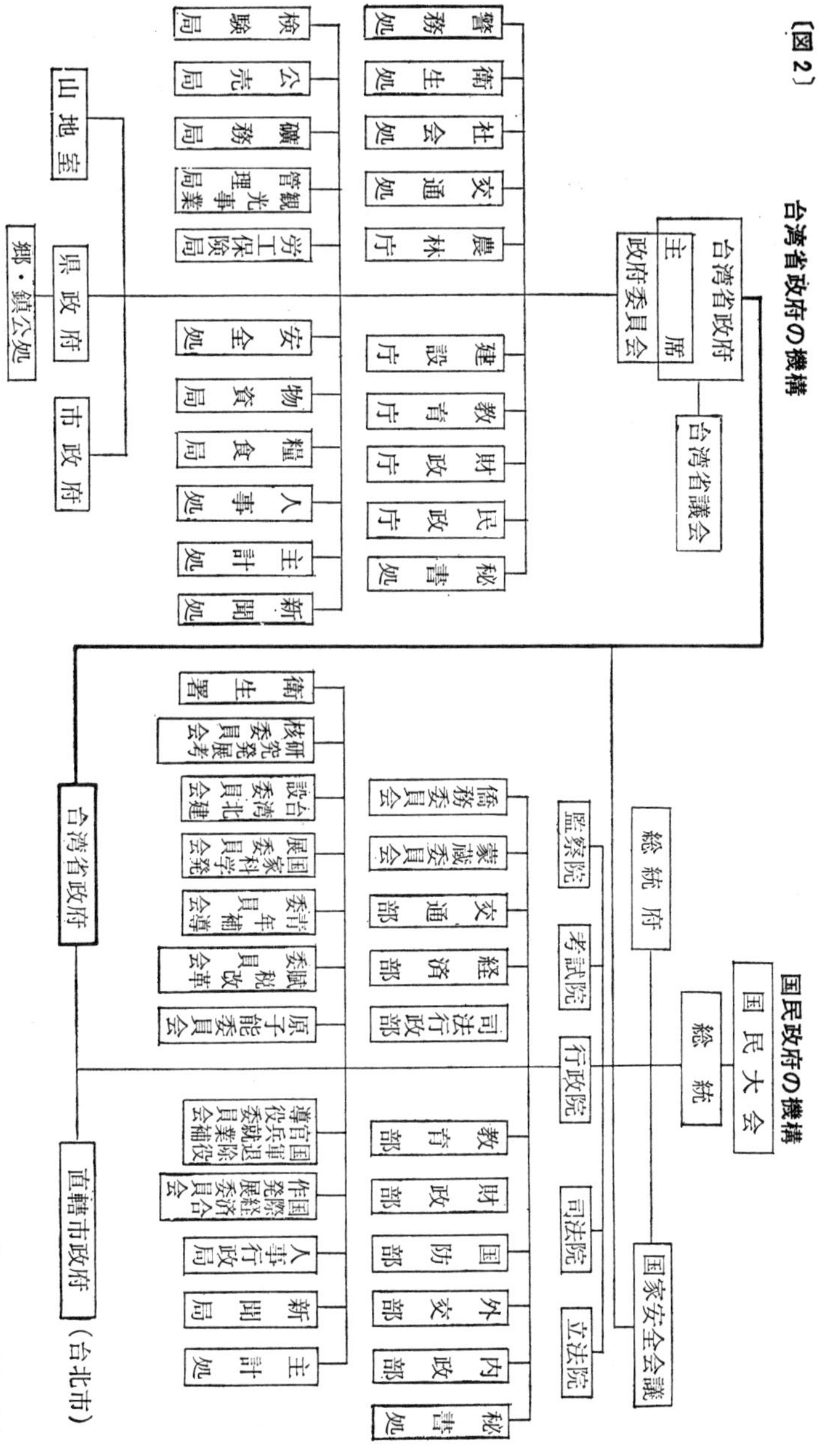

（1973年3月現在）

3　植民地統治の中核機関――中国国民党

たとえば、「国民党中常会は、現任台湾高等法院々長の銭国成を最高法院々長に任命する……」と台北の連合報一九七三年七月二十日版にでている。一国の最高法院長の任免権が第一次的に政党の手中にあり、しかもそれを新聞で堂々と報ずるのだから、これでもって中国国民党が台湾統治に占める地位がわかるであろう。

「中国国民党」は、元来が孫文の創設にかかり、政治綱領として〝三民主義〟を掲げた、民国革命以来の政治団体である。それは、三民主義実現のために、〝以党治国〟〝以党領政、以党統軍〟という当初の一時期をもっていたことは万人周知である。しかるに孫文の死後、蔣介石が後継者についてからは、これら革命時期における党の指導権を極端に拡大化し、かつまた半永久化して、〝党権高於一切〟（党の国政に対する指導権がすべてに優先する）と宣言し、名実ともに国民党による一党独裁を樹立した。そして彼自身は国民党総裁の地位を占め、独裁者としての足場を築いてきたのである。

蔣介石は、台湾に逃げてくるや、さっそく、中断していた国民党総裁の椅子に復帰し、中華民国総統および三軍総司令をもかねて、ふたたび蔣父子独裁を前面におしだした。彼は、こうすることによって、台湾統治の大権を一手に握っただけでなく、子飼いの特務分子を骨幹として、党と政府の人事・組織・財政を交流させた。かくして、国政の上級機関たる行政院であろうと、あるいは省政府・県市政府・郷鎮公所にいたるまで、一律に特務の牛耳る〝党〟の組織が浸透し、その指図を受けなければならない仕組みをつくりあげたのである（図3参照）。

〔図3〕

蔣介石（国民党総裁）→中央党部→省党部→県市党部→区分部
蔣介石（中華民国総統）→中央政府→省政府→県市政府→郷・鎮公所
（中央党部→中央政府、省党部→省政府、県市党部→県市政府、区分部→郷・鎮公所）

国民党には党員が約百万人（一九七二年現在、人口十五人に党員一人の割合）いるが、そのうち中国人党員が六二%を占め、大多数は中高級幹部の地位にある。台湾人党員は三八%いるが、ほとんどが中国人党員に支配される中下級党員である。これら百万党員が、すなわち蔣父子独裁の手足であり、台湾の各階層、各職域、各地区に入りこんで、水も漏らさぬ統治体制を築きあげた。たとえば、伴食的存在にしかすぎない国民大会さえ、代表千四百四十一人のうち、国民党員が八三%を占め、立法委員五十八人の九〇%、監察委員八十四人の八四%、台湾省議会議員七十二人の八三%、台北市議会議員四十八人の九六%、県市会議員計八百四十七人の七九%、県市長二十一人の一〇〇%という具合に圧倒的多数を占めてきた（一九七三年五月現在）。憲法で禁止されているはずの軍人や司法官までが党籍を持ち、また持っていなければ昇進できない仕組みになっていたのである。

国民党の組織は案にたがわず厖大である。中央機関としては、総裁蔣介石のもとに「中央常務委員会」「中央委員会」がおかれた。中央委員は蔣経国以下九十八人（中国人九十四人、台湾人四人）、それから選出された中央常務委員会は、蔣経国以下二十一人（中国人十八人、台湾人三人）で党務の中枢を握って采配を振っている。その他に、候補委員

〔図4〕

中国国民党組織系統

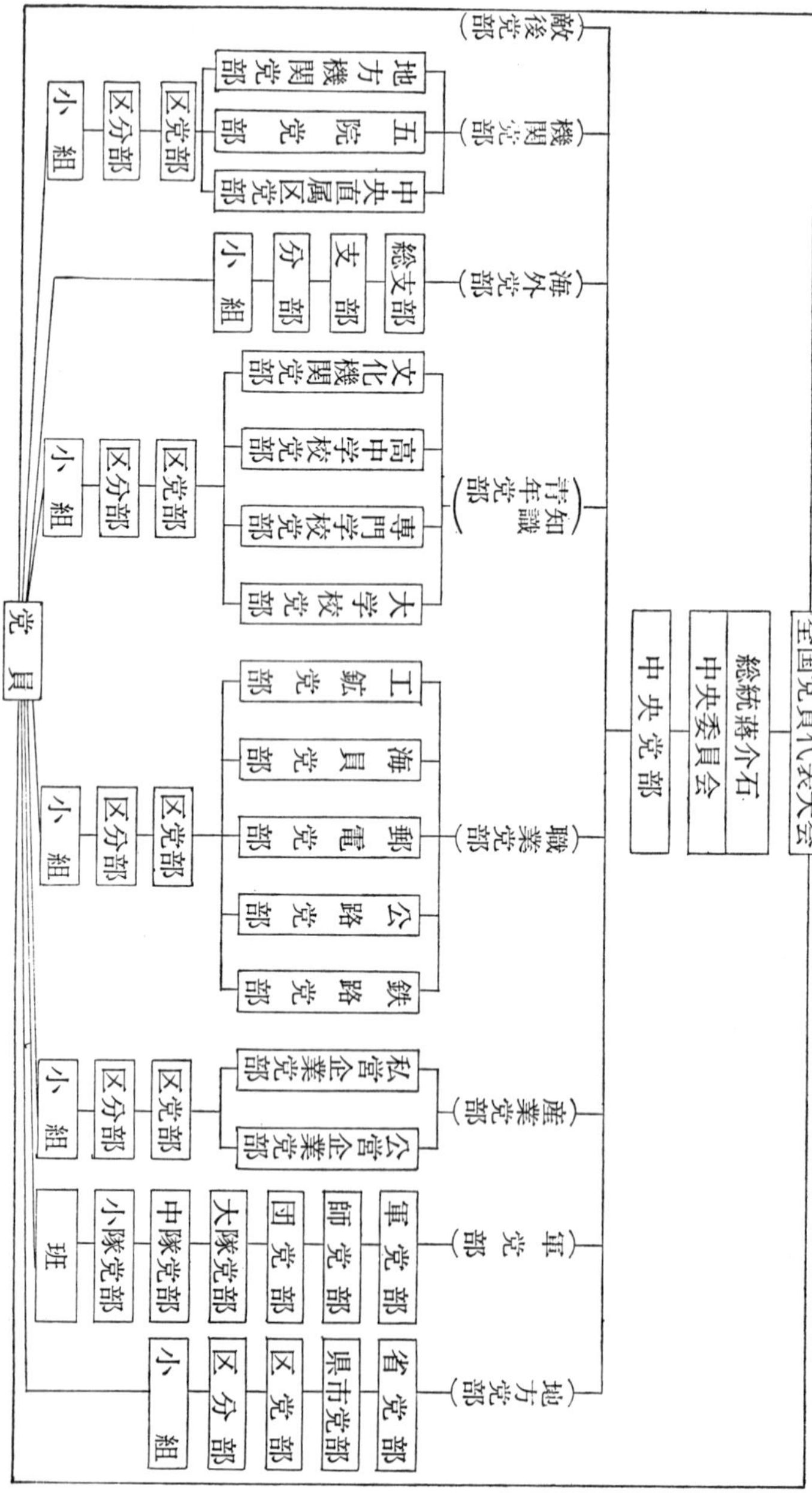

〔図 5〕

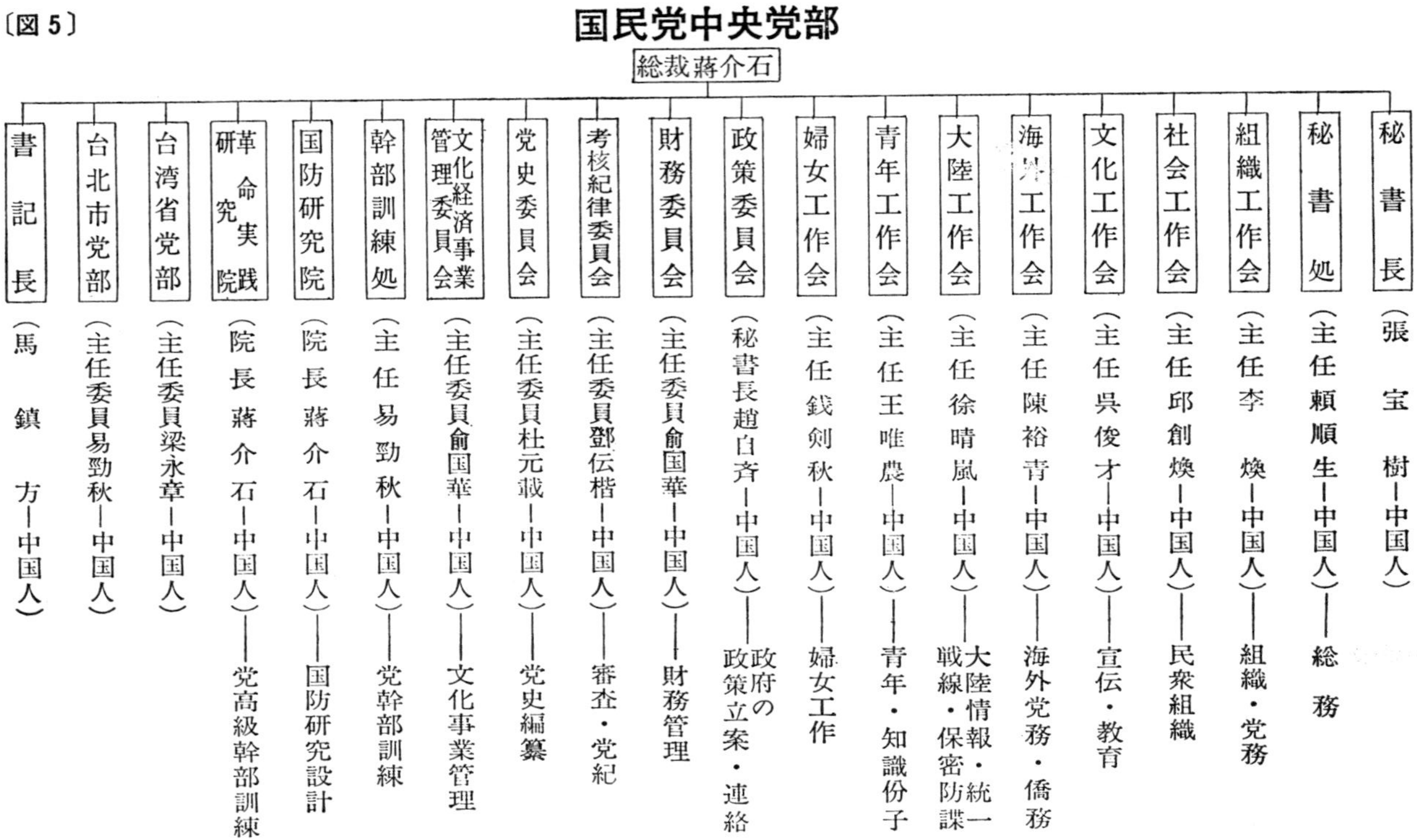
国民党中央党部
総裁蔣介石
秘書長（張宝樹—中国人）
秘書処（主任頼順生—中国人）—総務
組織工作会（主任李煥—中国人）—組織・党務
社会工作会（主任邱創煥—中国人）—民衆組織
文化工作会（主任呉俊才—中国人）—宣伝・教育
海外工作会（主任陳裕青—中国人）—海外党務・僑務
大陸工作会（主任徐晴嵐—中国人）—大陸情報・統一戦線・保密防諜
青年工作会（主任王唯農—中国人）—青年・知識份子
婦女工作会（主任銭剣秋—中国人）—婦女工作
政策委員会（秘書長趙自斉—中国人）—政府の政策立案・連絡
財務委員会（主任委員兪国華—中国人）—財務管理
考核紀律委員会（主任委員鄧伝楷—中国人）—審査・党紀
党史委員会（主任委員杜元載—中国人）—党史編纂
文化経済事業管理委員会（主任委員兪国華—中国人）—文化事業管理
幹部訓練処（主任易勁秋—中国人）—党幹部訓練
国防研究院（院長蔣介石—中国人）—国防研究設計
革命実践研究院（院長蔣介石—中国人）—党高級幹部訓練
台湾省党部（主任委員梁永章—中国人）
台北市党部（主任委員易勁秋—中国人）
書記長（馬鎮方—中国人）

が鄧袞福以下五十一人（中国人四十九人、台湾人二人）いて、補佐の役目を果すことになっている（図4参照）。党務の執行は「中央党部」が一手に掌握し、一切の権力を蔣父子のもとに集中する役割を果すようになっていた（図5参照）。

4　覆面した真の植民地統治者——蔣父子を頭とする特務組織

ところで、台湾植民地の真の統治者は、どの部類の中国人なのであろうか。それは、まぎれもなく党・政・軍の背後にあって、爛々と〃監視の眼〃を台湾人大衆に注いでいる狼群の特務分子であった。彼らこそ真の台湾植民地を支配するオールマイテーであり、蔣介石の長子蔣経国がそのボスとして絶対権力を振っていることは、いまや公然の秘密として誰一人知らないものはない。

そもそも中国の特務組織は蔣介石とともに興り、そして、蔣はそれを人民圧迫の黒い手として利用してきたことは前にも述べた。

蔣介石は、一九四九年五月に台湾へ亡命してきたときも、まず最初に手をつけたのは、台湾情勢に対応する特務組織の整備改編であった。彼は同年七月、さっそく特務の幹部（蔣経国・唐縦・鄭介民・毛人鳳・葉秀峯・毛森・陶一珊・彭孟緝・魏大銘）を秘密裡に人目のつかない高雄に召集した。

その時の決定に基づいて、八月二十日には、「政治行動委員会」(書記室と士林の石碑訓練班を下部機構に持つ)を台北市中山北路の円山に創設し、大陸本土から逃げてきた〝軍事委員会調査統計局〟(軍統)系と、〝中央党部調査統計局〟(中統)系との二つの特務組織の人員を統合・強化することから着手した。この行動委員会が後で「総統府機要室資料組」になり、一九五四年(民国四三年)には「国防最高会議国家安全局」に変り、さらに三転して、今日の「国家安全会議国家安全局」(局長周中峰―中国人)に拡充されたのである。国防最高会議あるいは国家安全会議には、いずれも蔣介石が自ら議長もしくは主席として君臨し、蔣経国自身あるいはその代理人が、秘書長として実権を握ってきたことは論をまつまでもない。

そこで蔣経国は、ソ連留学中の体験を生かし、いままでの中国ギルド的な古臭い特務組織を近代化して建てなおした。そして、国家安全局に十万人の筋金入りの特務幹部を配し、外郭として五十万人の特務通報員をおいて、かつまた国民党員にも情報の報告義務を負わせて、軍事・政治・党務・情報・公安・治安・交通・生産・流通・出入国・貿易・青年・学生・民衆というふうに、ありとあらゆる部門に浸透していった。それ以来、党・政・軍の重要ポストはもちろんのこと、学校・公私団体・各種企業・工場・鉱山の末端にいたるまで、はては汽車・バスのなかから、料理店・喫茶店にいたるまで、覆面の特務人員やその走狗が横行するにいたったのである。

元来この国家安全会議なるものは、似而非民主政治の法的手続さえ取らないで、蔣父子が勝手にでっちあげた代物であった。それでいて、公然と執行府の一機関として存在し、蔣介石が直接に権力を行使する形をとってきた。しかも、このような不法の特務政治を偽装して合法化するためには、あえてれいれいしく〝動員戡乱時期臨時条款〟(一九四八年大陸本土で制定し、一九四九年台湾にも有効と宣言)を持ちだして、台湾全島を二十余年間も戒厳令下におさえつけてきた。

蔣経国自身は、当初は「国防部総政治部」（後の国防部総政治作戦部）、および「国軍退徐役官兵就業輔導委員会」を主宰して、中国人軍人や退役軍人のなかの特務組織の再建に専念した。一方では台湾人社会に特務組織を浸透させることをも重視し、「中国反共救国団」の主任を兼任して、台湾人青年を特務工作のために訓練してきた。その他、たとえば「青渓山荘後備軍人幹部訓練班」のように、政府機関の名称を用いて偽装した訓練所で、高度の秘密工作幹部を訓練し、それを各部門に秘密配置して、各種の特別工作を担当させている。

台湾人一般大衆のなかには、その特務網の拠点として、すべての民衆組織や企業・学校・新聞社・文化機関などに「安全室」なるものを置いた。あるいは「台湾省民衆服務社」、その下に県市の「支社」、郷鎮の「分社」、その他、職能別に支社・分社を設けた。名称こそ服務社とあるが、実は、それを社会の末端にまで浸透させて、民衆抑圧の網として活用したのである。

それでもなお不足として、こんどは移動式の「民衆服務工作総隊」三十隊、「工作大隊」五百二十隊を作って特務工作の補助的作用を果たさせてきた。

かくて台湾全島が名実ともに夜行動物の天下となり、監視と相互監視、または連坐責任制――三人組制度――の下で、台湾人大衆は身動きもできないほどに押えつけられてきたのである。

この特務組織を踏台として、蔣経国自身もまた着々と地歩をかため、当初は国防最高会議秘書長・国防部長・国民党中央常務委員の要職を獲得した。そして、今では〝国民党中央常務委員〟〝国家安全会議国家総動員委員会主任〟〝行政院長〟にのしあがったのである。またかつて〝行政院国際経済合作社会発展委員会主任委員〟（今は張群の長男張継正が担任）を兼ねることによって財政・経済の分野ににらみをきかすことをも忘れなかった。かくして蔣経国は親父に代り、党・政・軍・経を全面的に手中に掌握したのである。

彼の周辺には、㈠一九三八年に創立した江西省の赤硃嶺の「贛南青年訓練班」出身者、㈡一九四四年重慶に創立した「中央幹部学校」時代の服心、㈢台湾にきてから抜擢した幹部、㈣ソビエト留学時代の同窓生などを集めて重用し、遂に〝蔣経国王国〟を実現したのである。そして、彼が集めた幹部人員が、ほとんど特務工作や情報工作の専家であるのをみても、その統治方式が何であるかを察することができよう。

特務の黒い手は、ありとあらゆる部門に伸びていったが、特に、㈠党の中央党部・軍隊党部・知識青年党部、㈡政府の行政院司法行政部調査局・国軍退除役官兵職業輔導委員会・台湾省警務処・各級警察局・各級検察局・各級法院、㈢軍の国防部総政治作戦部・国防部第二庁・国防部情報局・憲兵司令部・台湾警備総司令部、㈣中国青年反共抗俄救国団・各級教育機関、㈤各級文化宣伝機関・新聞・放送・雑誌社、㈥各種企業会社、などがその支配下におかれた。

特務人員は夜行動物の陰険さを発揮するのが得意で、なかなか白昼公然と民衆の面前に現われないが、しかし、いくら地下に棲息するもぐら生活とはいえ、時に応じては地上に首をもたげ、民衆と接触することを免れなかった。そして、その顔出しの窓口として、前述の安全室や民衆服務隊の他に、主として「司法行政部調査局」（局長沈之岳—中国人）・「台湾警備総司令部」（総司令尹俊—中国人）・「台湾省政府警務処」（処長周菊村—中国人）、およびその下部機関の各地警察局が選ばれた。

司法行政部調査局は、読んで字のごとく「司法行政部」（日本の法務省に当る）のなかの一局で、一般犯罪の摘発もするが、主として思想犯や政治犯の捜査・逮捕に当る。たとえば、なんの法的手続も経ずに勝手に政治上の異分子

――台湾独立運動志士――を監視・摘発・逮捕・拷問・処刑してきたのは、これら調査局の黒い虫けらどもであった。

台湾警備総司令部は、台湾人抑圧の表向きの総本山で、機構のうえでは国防部に隷属しているが、内部の要員はすべて覆面の特務分子によってかためられ、二・二八大革命の台湾人虐殺の首魁である彭孟緝、あるいは国家安全局長出身の陳大慶が総司令を担任してきた。今は蔣経国の腹心の尹俊がそのポストを占めている。

警備総司令部は、二十余年間も長期にわたって戒厳令下におかれてきた台湾全島の治安・公安・検閲・警備・検察・出入国管理・軍法・情報を表向きの任務とし、実際は特務政治の重要な探台として、広く間口をひろげてきた。特に思想・政治上の異分子の検索や管制には手段をえらばず、いったん彼らの手にかかったら、ほとんど一命を全うすることは困難である。たとえば、一九六〇年（民国四九年）五月の台湾省議会において警備総司令が前代未聞の発表をおこない、〝台湾人口のうちで行方不明人口が十二万六千八百七十五人〟と公言して、暗に二・二八大革命以来、彼らの毒手にかかって果てた台湾人犠牲者の多数なることを認めた。もちろんそれは、これら多数の犠牲者を戸籍上から抹殺する処置を取るために発表したのであった。そのほか、政治犯と名のつくものは、たとえ、一命は残し得ても、大は外島送り（緑島・蘭嶼・琉球嶼・東引島）になるか、さもなければ島内の大政治監獄（台北・新店・板橋・桃園・台中・東港・東河・台東）、あるいは島内各地の地方政治監獄（淡水・基隆・木柵・宜蘭・花蓮・新竹・苗栗・豊原・彰化・南投・員林・嘉義・新営・台南・高雄・屏東・澎湖）に入れられ、それとも金門島の重労働送りになることを免れなかった。現に政治犯として拘禁されて悲惨な迫害にあいながら日々を送っている台湾同胞が数万人を数えるといわれている。

警備総司令部の下に台湾省警務処・台北直轄市警察局（局長王魯翹—中国人）、および各級警察局と分局がある。

台湾省警務処は、下部機構に五科六室をおき、そのほかに保安警察二総隊・刑事警察一大隊・工鉱警察一大隊、および鉄路警察・公路警察・経済警察・塩務警察・港務警察・森林警察・外事警察などを配備し、警務処長には必ず特務幹部の高級軍人を任命した。

下部機構としては、各県市の警察局四、警察分局百二十を置き、警官が全島に満ち溢れて、拳銃やカービン銃を携えては、台湾人大衆をその大弾圧下においてきた。全警官の三分の一は台湾人である。しかし、台湾人はほとんど下級警官にかぎられ、実権あるポストは、例のごとく中央警官学校出身の中国人特務によって占められ、特に局長や分局長には徹底して台湾人を任用しない周到さである。

このような警察を手先に使って台湾人大衆を抑圧する特務統治の具体的な手は、数限りなくあって枚挙にいとまがないが、そのもっとも基本的な制度は〝戸籍制度〟と〝国民身分証〟である。戸籍は元来は中国本土にはなく、日本統治時代の遺留物であった。国民身分証は、日本軍が戦争中に中国大陸の占領地区で使っていたものを、蔣一派が台湾に転用したのである。

たとえば国民身分証とは、十四歳以上の男女が警察局から発行をうけ、四六時中、身辺に携帯するように強制され特務・憲兵・警察の〝戸口検査〟（たいていは真夜中に各家の戸を叩く）、路上の〝突撃検査〟、あるいは〝車中検査〟などに提示しなければならない。もし身分証の不携帯を発見された者は、すぐその場で検束される。そして、住居の転出入を届けなかったり、あるいは旅行や外泊を警察所に届けなかった者は、発覚次第ただちに検束され、身許の証明がつくまでは決して釈放されないのである。悪くすると政治犯の名目をかぶせられ、もしくは〝流氓〟（遊び人）〝破落戸〟（ならずもの）扱いされ、いずれも〝外島送り〟を免れなかった。台湾では、常時、流氓や破落戸という烙印をおされた台湾人が、数千人もいて各地の監獄に拘禁されてきた。

中国人統治者は、今も昔もかわりなく、台湾人に対しては一段下等の奴隷として、強烈な優越感を持ちつづけてきた。かつて清国も、そして今の蔣一派も、なにかといえば、台湾人大衆をすぐ流氓扱いにし、迫害を加えるわけである。

近頃はまた、理不尽な中国人に反抗する血気の台湾人少年まで〝不良少年〟扱いにし、〝少年輔導院〟（桃園・彰化・高雄）に拘禁するようになってきた。

そして、彼ら特務の本領である台湾人迫害の残酷さは天人ともに許さざるもので、尾行・監視からはじまって、逮捕あるいは秘密拘禁などは誰はばかることなく勝手におこなわれてきた。台湾人が容疑者としてにらまれたら最後、供述強要や拷問・殴打・体罰がかぎりなく続けられる。殊に政治犯に対しては、容赦なく手段をつくして残酷な拷問にかけ、特務自身が仕組んだ罪状を認めないかぎり、決してやめない。そして、政治犯を殺害する彼らの手が黒い血によごれきっていることは、外国にもよく知られていることである。

〔図6〕

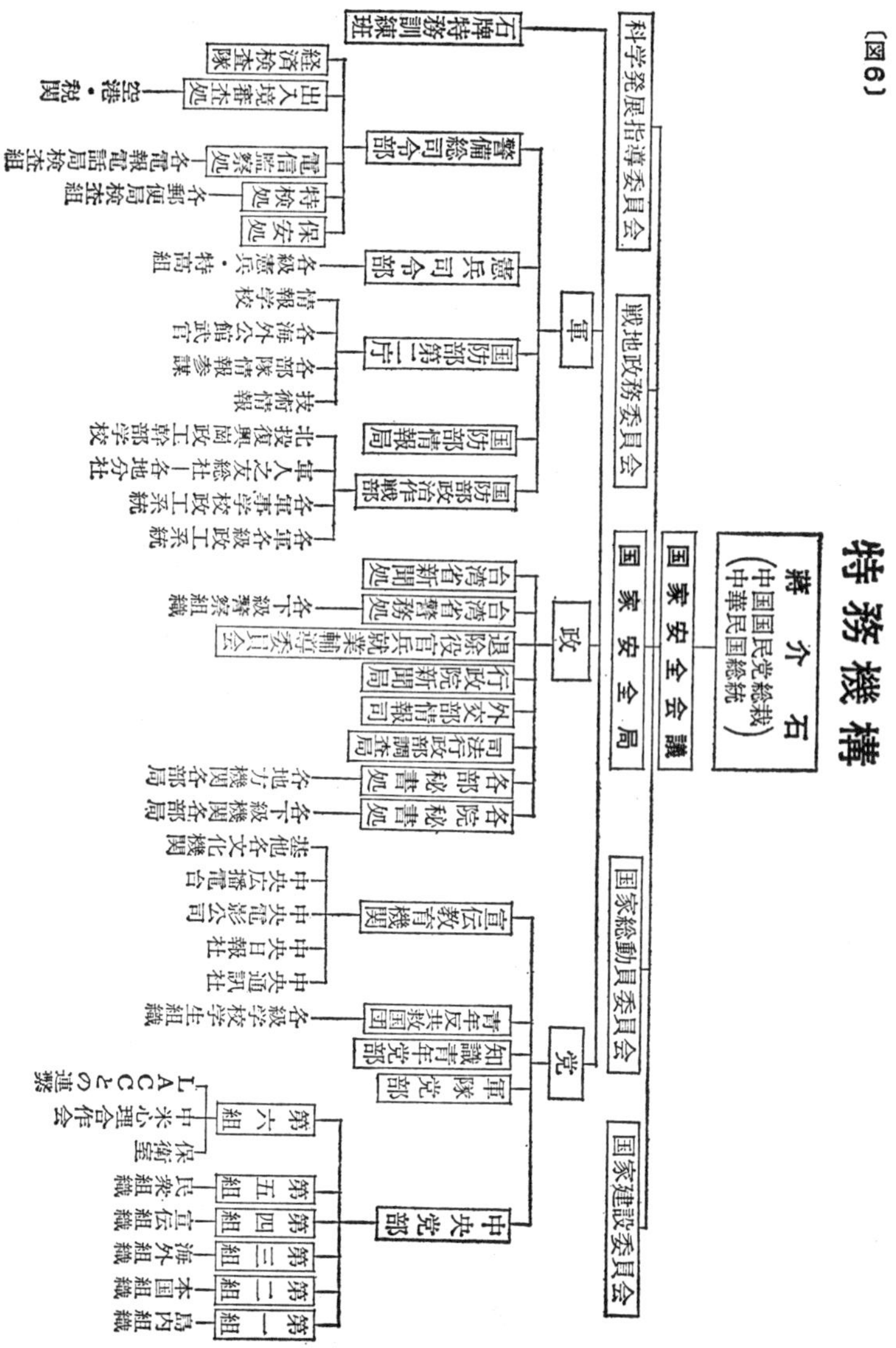
特務機構
蔣　介　石
（中国国民党総裁
中華民国総統）
国家安全会議
国家安全局
科学発展指導委員会
戦地政務委員会
国家総動員委員会
国家建設委員会
軍
石牌特務訓練班
警備総司令部
経済検査隊
出入境審査処
空港・税関
電信監察処
各電報電話局検査組
特検処
各郵便局検査組
保安処
憲兵司令部
各級憲兵・特高組
国防部第二庁
情報学校
各海外公館武官
各部隊情報参謀
技術情報
国防部情報局
国防部政治作戦部
北投復興崗政工幹部学校
軍人之友総社－各地分社
各軍事学校政工系統
各軍各級政工系統
政
台湾省新聞処
台湾省警務処
各下級警察組織
退除役官兵就業輔導委員会
行政院新聞局
外交部情報司
司法行政部調査局
各部秘書処
各地方機関各部局
各院秘書処
各下級機関各部局
党
宣伝教育機関
其他各文化機関
中央広播電台
中央電影公司
中央日報社
中央通訊社
青年反共救国団
各級学校学生組織
知識青年党部
軍隊党部
中央党部
第六組
中米心理合作会
保衛室
LACCとの連繋
第五組
民衆組織
第四組
宣伝組織
第三組
海外組織
第二組
本国組織
第一組
島内組織

5　仕組まれたロボット芝居――偽の民主政治

蔣父子一派は、台湾で世にも稀なる非道な独裁専制の植民地統治をおこなっているが、一方では、台湾人を嘘にも〝同胞〟と呼ぶ手前、かつまた、世界の耳目を欺くためにも、植民地統治をカムフラージュする似而非民主政治を振りまわさないわけにはいかなくなった。特に、アメリカ援助や日本政府の経済協力をより多く騙し取るためにも、この胡魔化しを弄することが、是が非でも必要であった。

こうして彼らが鳴り物入りで自画自讃するにいたった〝民主政治〟とは、すべて特務のピストルや軍隊の銃剣を人の背中につきつけた、仕組まれたロボット芝居にしかすぎなかった。こうして彼らは、一群の走狗の買弁台湾人を台湾人を代表する者だと称しては、国民大会代表に仕立て、立法院や監察院の委員にまつりあげた。さらにまた、偽りの地方自治をかかげて、台湾省議会、県・市・鎮（街）・郷（村）の各級民意機関を設け、これら各級民意機関の議員、および県長・市長を、彼らの言うところの〝自由選挙〟で選ぶことにした。

しかし、その自由選挙とは、㈠中国人優先であること、㈡台湾人なら国民党員優先であることを二つの大前提としていた。そしてそれは、特務分子が選挙事務を裏面から操作することであり（選挙事務の法定担当者がすべて国民党員、投票や開票の監察員もまた国民党員の特務分子）、警察や検察官が干渉することであり、果ては脅迫・迫害による異分子立候補人の排除から、投票箱のすりかえ、反対派違反事件の捏造、通敵罪の捏造による逮捕・拘禁にいたるまで、ありとあらゆる陰謀をつくしては、普通に言う民主政治の実質を骨ぬきにすることであった。したがって、選挙の結果は、いつも彼らの大勝利に終り、せいぜい走狗の買弁台湾人が登場するのが落であった。

けれども、このようなだまかしの民主政治でも、自由を奪われ、反抗の武器も取り上げられた台湾人大衆にとっては、それを最後のレジスタンスの手段として利用しないわけにはいかなかった。そこで、台湾人大衆はここ数年、特務の脅迫をものともせず、選挙あるごとに熱血の士が立候補したり、あるいは大衆が真正の台湾人代表を一人でも当選させようと一生懸命になったものである。

しかし、このような台湾人大衆の必死のレジスタンスも、強大な特務勢力とその銃剣を前にしては、どうしようもなく、選挙でひとさわぎするごとに敗北を吃し、抑えつけられてきた。

ひるがえってみれば、蔣介石一派がいまだ中国本土にいた一九四九年に国民大会代表、一九四八年に立法院委員と監察院委員をそれぞれ選出した。この三者が中華民国の一応の〝民意代表〟であるわけである。そして、一九四九年蔣介石一派が本土から台湾に逃げてきたときには、これら〝全中国〟の民意代表をもひっさげて、台湾の小島に引越してきたのである。あれ以来、驚くべきことには、これら有名無実に化した〝全中国の民意代表〟の名において台湾を統治してきたのである。しかも、これら全国の民意代表は、二十余年を通じて一度も改選されることなく、ただ、〝国民代表補充条例〟を制定し、少数の補充や入れ換えでもって、事態を糊塗してきたにすぎなかった。これら中国から渡ってきた二十年代表や二十年議員は、一九七三年現在まで、ずっと捨て扶持を当てがわれ、台湾人の膏血でもって養われているのである。

それから、一九七〇年代に入って、世界の緊張緩和の風潮が急速に進み、蔣派国府の国連追放、米中接近、日中国交回復が相継いで起り、蔣一派はいよいよ世界の孤児になって、国際政治の舞台において坐る椅子がなくなった。ここで彼ら自身の危機感を隠し、不安動揺のボロをださないために、またまた台湾人大衆を騙す挙にでた。そして、その新手として急に出現したのが、〝革新保台〟(政治を革新し、台湾人と共に台湾を守ろう)、および〝国台合作〟(蔣派中国人と台湾人が合作して、台湾を中共の侵攻から守ろう)という代物であった。このようなだまかしの甘い言葉が、島内各地でさかんに放たれ、海外(主として日本とアメリカ)でも、これを台湾独立運動者に対する切り崩しの具として利用してきた。要するに、これからは台湾人を〝国政〟に参加させ、一緒に台湾を中共の攻勢から守ろうというのである。

一九七二年十二月、このような情報の下で、国民大会代表と立法委員の補選、および台湾省議員や県市長の改選が行われた。この時も矢張り例の鳴り物入りの宣伝が持ちだされ、行政院長蔣経国は、〝三公選挙〟(公正・公平・公開)を保証するといって見得を切り、〝革新〟に対する期待をあおった。しかるに、選挙の実際は蔣経国の言うこととはうらはらに、相も変らず国民党特務が裏面で一切を操作し、異分子に対する中傷・迫害・いやがらせ・逮捕が頻発した。

蓋をあけてみれば、案の定、依然として中国人や台湾人国民党員が当選者の圧倒的多数を占めた。すなわち、当選者として国民大会代表五十三人(台湾人四十八人でほとんど国民党員、これで台湾人代表総数が八十二人になる)、立法院委員三十六人(そのうち台湾人二十七人で全部国民党員、これで台湾人委員が四十七人となる)省議会議員七十三人(台湾人議員七十人、そのうち六十五人が国民党員)、県市長二十人(全員台湾人国民党員)である。

これでは、台湾人大衆の民意を〃代表〃するどころか、民意の〃強姦〃である。しかし、たとえ幾人かの気骨ある台湾人が、大衆の支持をうけて各級の代表や議員に当選したとしても、彼らは常に抑えられた少数派の立場に追いやられ、台湾人大衆の利益の代弁者になることは、とうていできなかったであろう。そして、㈠特務の拳銃と捕縄が四六時中つきまとう、㈡代表や議員の大多数を似而非台湾人の走狗買弁が占める、㈢省議会といえども〃建議〃だけは認められ、議決権がないという状態は依然として今日まで続いているのである。

さらにまた、一九七三年三月になって、台湾省の〃地方自治〃を大巾に認めると蔣派国府がいいだし、全島各地の県市会議員と郷鎮市長の改選がおこなわれた。これもまた九八％の当選議員が国民党員によって占められ、地方自治どころか、台湾人の地方人士が半強制的に引っ張りだされては（これがまた選挙費用のために台湾人の懐中が乏しくなる）、無理矢理に国民党に加入させられた挙くの果ての猿芝居にすぎなかった。そして、〃民選〃された台湾人の県長・市長や郷長・鎮長には、例外なく省政府が直接に任命する事務主管の中国人（特務）の〃主任秘書〃（官房長）が一人つけられ、この中国人主任秘書が人事・財政・警察・安全室一切を掌握し、政策立案や政務執行に絶対権力をふるった。したがって、台湾人の〃長〃は、いくら合法的に〃民選〃されたといっても、しょせんは〃有責無権〃（責任のみ負わされて実権がない）のロボットでしかなかったのである。

一方、中央・省の各行政機関もまた、台湾人公務員を数多く登用する形をとりだした。これもまた蔣一派中国人の仕組んだ〃革新〃の猿芝居で、彼らはやっきになって、台湾人公務員の吏員全体のうちに占める比率が日本統治時代よりはるかに多いといっては、鳴り物入りで宣伝にこれつとめた。数からいって、公務員全体の六〇％を台湾人が占め、薦任官（高等官）以上のうちでも台湾人が四〇％を占めていることは、二百万中国人で千四百万台湾人を統治する彼らとしては致し方あるまい。問題は公職にある台湾人公務員の権限の方はどうかということである。台湾人公務員のうちで、多数を占めるのは平教員（教員の待遇が低いから中国人はあまりなりてがない）、工員（官営の専売事業や鉄道・公路バス・港湾・山林など）、それに地方機関の下級吏員のような、およそ実権のないポストばかりである。たとえ高等官の待遇をえて、ちゃんとしたポストがあたえられようが（中国式官庁は〝閑職〟が多い）、責任のみは大きく、実権なぞはとても手にとどかないものであった。したがって、台湾人で役職についている者でも、彼らも国民党員でありながら、かえってそれだけ中国人特務の監視が厳しくなり、余計に頭をぺこぺこ下げなければならない破目になるのがせいぜいであった。

それでは、権力中枢の特務組織のなかではどうか。特務組織のなかで高級幹部の台湾人といえば中国青年反共救国団の副主任で、台湾省政府主席を兼ねる謝東閔一人だけである。国民党の中枢には、台湾人は中央常務委員謝東閔・林挺生・徐慶鐘の三人、中央委員謝東閔・林挺生・徐慶鐘・辜振甫の四人、候補委員林金生・周百練の二人しかなく、もちろん、いずれも一級の走狗買弁台湾人であるゆえ、台湾人側に立つ筈がない。

行政院で、台湾人は副院長徐慶鐘、政務委員連振東・李連春・李登輝、部長級（閣僚級）二十三人のうち林金生（内政部長）・高玉樹（交通部長）がいる。これがまたいずれも走狗か、変節漢の裏切り者ばかりである。これら走狗たちは、蔣派国民党が〝狗肉〟を売るのに、台湾人を騙すために必要な〝羊頭〟として利用されるのみで、実権はさらさらなく、台湾人の面前でこそ猛々しいが、中国人の主人の前に出れば、やたらに尻尾を振りまわしては、おべっかをたらたらのべる卑劣漢にしかすぎなかった。

したがって、けっきょくは彼らの統治陣営に、いくら買弁台湾人が雁首をならべ、たとえ政府機関で台湾人吏員が多数いても、蔣父子独裁専制による植民地統治の本質を改変することには決してならなかったのである。

6 教育統制と言論圧迫

台湾は戦前から適齢児童就学率が九五・二％の高率を示してきた。蔣政権の手に渡った後も就学率は依然として高く、小学児童の就学率は九八％に達した。一九七二年現在で、台湾の小学校の学校数二千二百八十九校、児童数二百四十四万人である。そのほか、中学の学校数九百二十三校、中学生数百二十三万人（初中、高中）、大学・専門学校の学校数九十六校、学生数二十二万人である。

国民党の言うところの〝教育重視〟は、かけ声のみで、実際は中・小学校の校舎がほとんど日本統治時代の建造物を今まで使い、腐敗老朽して、これ以上は使用に耐えられないものばかりである。たとえば、台北市万華の老松国民小学校などは、名称・敷地・校舎ともに日本時代そのままを使い、それでもって小学児童一万二千人という、とてつもないマンモス学校になった。そのために朝・昼・夜と三次に分けて教育せざるを得ない実情にある。それにひきかえ、教師の数は不足がちで、勤務時間が長いのに待遇が極端にわるく、公務員のなかでは一番の冷飯組に属してきた。教師の任免は校長の一存でおこない、一年契約制という前代未聞の不安定な代物である。それでも、年々、大学・専門学校を卒業するおびただしい数の台湾人青年男女は、中国人子弟に比べて就職難のため、いきおい教師志願に走るものが最も多く、競争がはげしい。したがって、校長に賄賂をつかって小中学校の教師職を買う傾向が相当に普遍的である（小学教師で新台幣五—十万元）。もともと校長もまた県教育課長や督学（視学）に賄賂をつかって初めてえられた職だった。

教育方法は、あくまで時代錯誤の難解な漢字の四書五経のごとき封建意識のまる暗記による詰めこみ主義に終始し、そのうえ、〝三日一小考、一週一大考〟（三日に小試験一回、週に大試験一回）というふうに、昔日の中国封建的な〝科挙〟（国家官吏登用試験）式の試験制度をそのまま地でいった。だから、台湾青少年は小学生から、昔の士大夫や読書人のごとく、古臭く、青白く、まる暗記や試験に喘ぎ、青少年の生気を全く失ってしまうような、悲惨な状態になってしまった。

しかし、問題はそれだけでは終らなかった。蔣派国府は、台湾児童に中国語を徹底して教えこむことによって、言語教育を通じて封建的な中国式思考方式や行動形態をたたきこむことに努めた。幼いときから台湾人としての意識的芽生えを摘みとることに汲々とし、従順な奴隷にしあげることを期するわけである。そのために、小学校一年から週に七時間の国語のように非能率な漢文を教え、さらに二—四時間の政治教育（三民主義教育）を強制してきた。それにひきかえ、肝心な算数教育は逆に最小限におさえられ、ひどいのになると週に一時間しか教えない学校もでてきたのである。

中学に進むと国語教育は変じて、さらに一段と暗記能力を要する漢文教育となり、限られた青少年の能力は、その古臭い古文や古典語の丸暗記にすっかり疲労してしまう。そのうえ〝国父遺教〟〝総統言論〟などの暗誦を強いられ、これが、彼らが〝台湾人の奴隷性を匡正する〟といって、鳴り物入りで宣伝にこれつとめる〝公民教育〟であった。

かかる反動的な時代錯誤の中国人化や愚民扱いは、彼ら得意の〝大中華思想〟に根ざしており、台湾人を一段と下にみる思想意識のあらわれ以外の何ものでもなかった。このような愚民扱いの教育が高校・大学に進むごとに反覆され、孫文の〝三民主義〟〝建国方略〟〝実業計画〟〝心理建設〟、および蔣介石の〝中国の命運〟〝反共抗ソ基本論理〟などと果てしなく必修課目がつづき、それをまた〝連考〟（合同試験）といっては、ここでも丸暗記の馬鹿げた方法によって学生一人々々の学力の良否をテストされた。そしてこの連考の成績が生涯つきまとい、進学・就職・海外留学などのすべてに影響していくのである。

もちろん、三民主義や試験制度がすべて悪いというのではない。彼らは一方では台湾人大衆に対して植民地抑圧・搾取を恣ままにし、さらに台湾人と中国人間の矛盾対立をたえず挑発しながら、他方、三民主義教育を通じて中国人の亜流となることを強要し、挙げくの果ては、台湾人を中国的に愚民化しようとし、純真な青年男女に中国式士大夫観念や立身出世主義をあおっておいて、台湾統治の手先に利用しようとする、その植民地的性格の教育方法に問題があるのである。

そして、蔣一派の思想統制や奴隷教育を語るのに、ここでもまたその背後において絶大な権力を振う〝教育特務〟の役割を不問にすることができない。

蔣経国が台湾にきてまもなく、さっそく、大陸反攻と反共救国を呼号し、その思想教育と実地訓練を台湾人の青少年にぶちこむために〝中国反共抗俄連合会〟をつくり、さらに一九五二年一月、〝中国青年反共抗俄救国団〟と改称した。それ以来、蔣経国自らその団主任（団長）に就任して直接支配にのりだし、配下に腹心の特務幹部李煥・姚舜・林宝樹・謝東閔・胡一貫などを集めた。

救国団は台湾青少年の訓練・統制に当るのみならず、教育機関の重要ポストを独占し、小・中学校の校長や教員、および大学教授の任免に干与し、教育行政を左右して、その権力は行政院の教育部および省政府教育庁や県市政府教育課まで浸透していった。

教育の上級行政機関には、行政院教育部（部長蔣彦士―中国人）、台湾省教育庁（庁長許知偉―中国人）があるが、これとは別に、各級学校には〝訓導処〟という機関が必ずあって、国家安全局の下部機関である各学校の〝安全室〟とともに、学生と教員の思想動向を監視し、教育統制の要になっていた。救国団は、これら各学校の訓導処の方をおさえていたのである。そしてまた、訓導処を通じ、救国団の団員を有効的に吸収してきたのである。

救国団は秘書室のほかに、組織・輔導・文化・青年・訓練の各部をおき、中学以上の学生の大部が加入させられ、かつまた、各県市に〝支隊〟、各学校に〝大隊〟〝小隊〟〝分隊〟を創設した。

そして、附属機関として〝幼獅通信社〟〝幼獅出版社〟などを持ち、大学関係の定期刊行物だけで百種以上で、年年の出版物が七十万冊に達し、高中関係が百五十種で百四十万冊、その活動資金は年間数十億元にのぼるという厖大さで、まさに〝蔣経国王国〟としてその存在を誇ってきたのである。

団員に対する思想管制は厳密をきわめ、一週ごとに各人に〝週記〟（反省文）を書かせてきた。そして男生徒に軍事訓練、女生徒には看護訓練を与えてきたのである。そのうちでも、学校休暇を利用した夏季訓練や冬季活動には、数万人の台湾人学生を集めてその強大さを誇示し、その時には首領の蔣介石が、自ら閲兵分列を主催するほどの力の入れようで、ここで青少年に対しては、蔣介石に対する〝忠誠心〟を植えつけようと、やっきになるのである。かくして救国団の団員は、思想統制と生活管制を実地でたたきこまれ、軍隊就役の予備訓練をほどこされ、かつまた、めぼしい団員は、特務分子の卵として特殊訓練をほどこされてきた。

一九六〇年代になり、さすが、中国人のなかから、かかる不合理な思想統制機関を見るにみかねて、激しい批判の声がでた。すなわち、かつて台湾省主席を経験し、後で蔣経国の放った特務分子の圧迫に耐えかねた呉国楨が、亡命先のアメリカで〝救国団はソ連の共産主義青年団、ナチ・ドイツのヒットラー・ユーゲントと同じく、ファッショの団体だ〟(「東亜時論」一九六二年十一月号)と非難した。さらにまた、雷震(台湾在住)が勇を鼓して、〝救国団は第二の三民主義青年団であり、国民党の予備隊である。その訓練のやりかたは、国防部の下部機構に等しい〟(「自由中国」一九五九年一月一日号)、といって為政者に一矢をむくい、その結果、蔣父子の逆鱗にふれ、節を守って敢然と入獄した。

もちろん、蔣経国には忠言を聴きわける耳がなく、そんな批判などはどこ吹く風と相手にもせず、いよいよもって救国団を強化し、台湾人青少年をうまく引きいれて、己れの政治資本として利用し、今日のごとき権勢を張る端緒をつくってきたのである。

このような人を人と思わない思想統制と、人間向上の武装解除をなしえた陰謀は、台湾人青少年の心を大へん毒してきた。

しかし、いくら未熟とはいえ、生気あふれる台湾人青年男女を、そういつまでも騙すことはできなかった。やがて台湾人青年男女は騙されたと気づき、蔣父子の命とりになるような〝反植民地〟〝反権力〟〝反独裁〟の芽が、むくむくと起きてきて、あるものは台湾独立運動の底流と合流してきたのである。

そのほか、台湾人青年の極く一部のものは、かかる〝生き地獄〟と〝文化砂漠〟に等しいレ・ミゼラブルから脱出するために、窄き門の海外留学を熱望したものである。彼らは世にも稀なる困難な留学試験を突破し、海外に一応逃がれることになるが、いったん国外で自由の空気を吸った以上、再び生地獄にはとても帰れない留学生が多数続出した。

次に、蔣一派は、来台早々から〃出版法〃(一九四九年十一月修改公布)をだし言論の自由を〃法律の許す範囲内〃に限定した。そして、一九五八年には、その出版法をさらに拡大し、〃修正出版法〃を公布して、内乱・外患・公務妨害・投票妨害・秩序破壊の煽動の作用ある〃言論〃を罰すると宣言した。このような解釈のしようひとつで、誰をも罪におとしいれられる危険な立法は、およそ、民主主義国家と名のつく国々では、とうてい考えられない代物であった。

しかし、それにはかかわりなく、蔣派国民党のファッショ的言論統制は、すでに国際的に悪名高く、攻撃のまとになってきた。たとえば、ＩＰＩ(国際新聞編集者協会)は、一九五六年の第五回総会(東京)で、〃台湾にも大陸にも同様に新聞の自由がない〃と論難した。一九五八年ワシントン開催の第七回総会では、蔣派の〃修正出版法〃がさっそく俎上にあげられ、〃これは台湾に真の新聞の自由がない証左である〃とこっぴどく非難された。そして一九六〇年三月開催のＩＰＩ総会には、国府の新聞記者代表が、参加を拒否された。そして、一九七一年六月ヘルシンキ開催の理事会で、国府地域新聞記者代表の追放提案がだされたのである。これは、欧州代表たちが賛成し、アジア代表たちの反対で、ようやく否決されたのである。

一方、台湾島内で、政府機関紙の中央日報(国民党中央党部機関紙、社長楚崧秋―中国人)・中華日報(台湾省国民党部機関紙、社長蕭自成―中国人)・青年戦士報(国防部総政治部作戦部機関紙、社長蕭濤英―中国人)・新生報

（台湾省政府機関紙、社長謝東閔—買弁台湾人）、などが真実を公然と曲げた嘘の報道をしてきた。それにひきかえ、連合報（社長王惕吾—中国人）・中国時報（社長余紀忠—中国人）・経済日報（社長王惕吾—中国人）など民間新聞が、少しでも真実を語って政府の逆鱗にふれると、〝反政府〟の罪を問われ、容赦なく処罰もしくは取りつぶしに処されてきた。

その代表的事例として、㈠一九六〇年九月雷震・劉子英・馬子驌・傅中梅の逮捕と〝自由中国〟の廃刊、㈡一九六一年三月李万居に対する迫害と〝公論報〟（台湾人経営の唯一の新聞）の差し押え、㈢一九六一年九月〝人間世〟と〝影劇春秋〟の停刊処分、㈣一九六三年四月〝時潮〟の停刊処分、㈤一九七一年六月マニラ華僑商報編集長于長庚兄弟の投獄、㈥一九七二年十二月李荀孫大華晩報理事長らの大量逮捕などがあった。

その他、新聞社説の統制、新聞記事の制限、ページ数の制限、記事の検閲、ニュース・ソースの追求など、〝戡乱時期〟という口実のもとで、言論の圧迫・統制を理不尽にも強行し、そのために難に遭った事件が数知れずあった。

かくして、蔣派国府は、台湾の言論界を、機構・人事・論調・報道・経営で統制し、島内に生活する台湾人大衆の是非に対する判断を誤まらせ、世界情報に対する耳目を塞いだ。そして、すべての新聞記事には、例外なく、国家安全局・警備総司令部・行政院新聞局（局長銭復—中国人）・台湾省政府新聞処（処長周天固—中国人）などが、よってたかって検閲のハサミを入れた。

特に外電や国際記事は、国民党〝中央通訊社〟（社長魏景蒙—中国人）の独占取扱いにかかり、蔣派に都合の悪いニュースは容赦なく握りつぶされ、島内の台湾人大衆は、世界ニュースに対しては、基本的につんぼさじきにおかれるような仕組みになっていたのである。

このような息の詰まる劣悪な環境にあって、台湾人大衆のニュースに対す渇望は、かえってかきたてられ、新聞事業は逆に異状な発達をとげてきた。すなわち、一九七二年現在で、新聞三十一、通信社四十三、雑誌千四百三十一、そして新聞発行部数百五十万に達した。ＩＰＩ一九六八年の調査によれば、台湾の新聞購読数が千人に付き、六九・二部とあって、アジア地域では日本に次ぐ高水準を保ってきたのである。

そのほか、書籍の検閲、郵便物の検査、歌曲の検閲、海外放送の受信禁止など、厳しく締めつけられ、特に外国書籍や外国新聞雑誌などは、徹底的に検査され、少しでも彼らの間尺にあわないものは、遠慮会釈もなく、どしどし没収された。

最後に、報道のうちの放送は、会社三十六、放送局八十、中継局二十五と数多くあるが、いずれも規模の小さいものばかりである。そのうちで比較的に大規模なのは政府系のもので、たとえば、中央広播電台（台長劉侃如―中国人）・中国広播公司（ＢＣＣ、社長黎世芬―中国人）・軍中広播電台（台長唐啓春―中国人）・空軍広播電台（台長王永泉―中国人）・幼獅広播電台（台長程全生―中国人）のごとく、ほとんど〝官〟のものに属する。テレビもまた、台湾電視（ＴＴＶ、社長林柏寿―買弁台湾人）・中国電視（社長谷鳳翔―中国人）・中華電視（ＮＥＴＶ、社長劉先雲―中国人）と、三つとも政府系のものである。

かくのごとく台湾の言論統制やニュース封鎖は広汎にしてかつ厳重を極めたのであるが、それらは蔣父子自ら陣頭指揮で掌握しているというから、彼らの言論統制に対する執念深さには全く驚くほかない。つまり、蔣介石は〝宣伝会議〟を、蔣経国は〝心理作戦会議〟なるものを、それぞれ直接に指揮し、隔週ごとに党・政・軍の〝文化特務〟や言論統制機関の幹部、および各新聞社の社長や編集責任者を集めては、言論統制の作戦に浮身をやつしてきていたのである。

7　だまかしの〝大陸反攻〟

蔣派中国人は、台湾にきてから、一貫して国軍六十万（近時では五十万に改編、員数の上では、世界第七位、アジアで第四位）と、百万の後備役軍人を維持しつづけ、〝反攻大陸〟を叫びつづけてきた。しかし、実際は台湾人弾圧にしか役だたなかったことは万人周知のとおりである。そして、蔣派国府の維持してきた国軍の常備軍は、千五百万台湾総人口の三・三％（千三百万台湾人の三・八％）、予備役を合算すれば一〇・〇％（台湾人人口の一一・六％）に当り、この大部隊を台湾人から吸い上げた膏血で養ってきたのである。

蔣派国府の官方数字にあるごとく、〝一般行政・国防費〟において、軍事費が大きい比重を財政支出にかけていることは否定し得ない。しかし、実際はそれどころか、年々の財政支出のなかに軍事費が八〇％台を占めていることは、いまや公然の秘密となっている。

英国戦略研究所の Military Balance によれば、蔣派国府の一九七二年度における国民一人当りの国防費は、四一米ドル（日本は二七ドル）で、GNPに占める率は八・四％（日本は〇・八八％）の大きい比重である。同じく英国戦略研究所によれば（一九七二年）、国府軍の総兵力五十万人、㈠陸軍兵力三十五万人（装甲旅団二、空挺旅団二、特殊部隊四、その他ミサイル部隊を含む)、㈡海軍兵力三万五千人(老朽艦艇百三十隻、基隆・左営・高雄・馬公の旧日本海軍々港を使う)、㈢空軍八万人(大小航空機七百)などで、その他に、補助兵力十七万人がある。

そもそも蔣介石は、台湾にきた当初は、〝一年準備、両年反攻、三年掃蕩、五年成功〟と豪語して世界の注目をひくのにやっきになった。しかし、年月の経過とともに彼の化けの皮が次第にはげてきて、二十年たっても、いまだその第一目標さえ達成しえないでいた。実際は、国府軍が単独の力で、常備軍五百万・民兵一億と公称する中共軍に立ち向って勝算あるはずがなかった。それに中国本土の民心はすっかり蔣派から離反していた。したがって、大陸反攻は最初から夢物語にしかすぎなかった。むしろ誰あろう、蔣介石本人がよくそれを承知のうえで、大陸反攻といっては台湾人大衆を締めつけ、かつアメリカの軍事援助を引きだす具に用いていたのである。「蔣介石が六十万軍隊を維持す

表 1　国府発表の軍事費

年	一般政務費 国防費	財政支出との比較
	百万元	%
1960	7,371	60.5
1961	8,563	60.8
1962	9,100	59.1
1963	9,759	59.3
1964	10,795	58.4
1965	12,055	53.8
1966	14,619	61.3
1967	15,668	51.0
1968	17,938	54.4
1969	20,393	48.7
1970	23,977	48.7
1971	26,172	47.8

(資料)「台湾年鑑」

表 2　軍事費一般推定

年	財政支出との比較
	%
1953	85.1
1955	89.9
1960	82.8
1963	85.9
1966	86.1
1970	82.2

(資料)「台湾の経済」

るのは、第一にアメリカから金を引きだすためであり、第二に独裁体制を維持するためだ」（William J. Lederer "A Nation of Sheep" 1962）。

蔣介石としては、アメリカを第三次大戦に引きずりこみ、それに便乗して中国本土に帰えれたらそれでよし、たとえできなくとも、軍隊を持っているかぎり、台湾における植民地統治者の座はゆるがない、とどっちに転んでもいいような胸算用をしてきたわけである。ところが一九六〇年代に入ると、米ソの二大対立が緩和され、世界の平和ムードが発展して、第三次大戦の暗雲は遠のいた。さらに一九七〇年に入ると情勢は更に蔣一派には不利で、近時では国府の国連追放、米中接近、日中復交の結果、国際社会において彼の坐るべき椅子さえなくなってきた。その間にベトナム戦争が緊迫してきても、誰も台湾の蔣一味に目をくれようとせず、アメリカでさえ、地理的に遠隔な韓国軍を利用しても、蔣介石のベトナム派兵の申入れに対しては、ついに首を縦に振らなかった。

一方、中共は一九五〇年に建国して以来、すっかり本土支配の基礎を固めてしまい、核実験を成功裡に終らせ、国中を不安動揺に陥れた文化大革命も一応終息して、アジア・アフリカ地域に対する政治浸透も圧倒的成功を納めつつある。国連加入も実現し、米・日との国交も密になってきた。

そこで蔣介石は、反攻大陸は〝政治七分、軍事三分〟〝敵前三分、敵後七分〟といって、後退作戦についで、さらに昨今では〝荘敬自強〟〝処驚不変〟と自らの不安動揺をごまかすのにおおわらわである。今日では反攻大陸など、三歳の稚児でも真にうけるものはいない筈である。しかし、このような厖大な軍隊を台湾で養いえたのは、もちろん台湾人から絞れるだけしぼる植民地統治があって、初めて可能であった。

さらに、いまひとつの要因として、蔣経国の軍中における特務工作の復活が挙げられよう。蔣経国は父に進言し、一九五〇年、国防部に〝総政治部〟を創設し、自らその主任になった。さらにそれを〝総政治作戦部〟と改称し、各級部隊や学校に〝政治作戦部〟をおいて、師団政治作戦部に〝政治主任〟、団・大・中各隊に〝指導員〟、そして小隊に〝政治戦士〟を配置した。彼は当初には、腹心の胡偉克・張彝鼎を副主任に任命し、軍中の政治特務工作を確立した。今では、これまた腹心の羅友倫が総政治作戦部主任に任命され、蔣経国に代って采配を振っている。

総政治作戦部の最大の任務は、軍官や士兵の忠誠度を監視することであり、補給・人事・昇進を牛耳り、作戦をも左右することによって、全軍を統制下におくことであった。政治将校とは、軍中の特務であって、政治工作幹部学校の卒業者をもって充て、ほとんどが中国人で、彼らは絶大な権力を持ち、同格の軍事指揮官がだす命令でさえ、かならず政治将校の副署を得て、はじめて実行に移すことができるような仕組みである。

それから、アメリカ政府が、極東における戦略体制の見地から、国府軍に対しておこなう軍事援助をも見逃すことができない。アメリカ政府は自国の戦略体制上から、一九四九年以来、今日にいたるまで、およそ二十五億ドルの軍事援助を蔣介石に与えてきた。それは、〝人口一人あたりにすれば他のいかなる国に対する軍事援助よりも大きい〟(Robert A Scalapino "The USA and Taiwan") と言われてきた。さらに、〝米華相互防衛条約〟(一九五四年十二月) を結び、米第七艦隊が台湾海峡を遊弋し、台湾・澎湖島は米軍の防衛下におかれ、多人数の米軍事顧問団が台湾に派遣されて、国府軍の師団以上の一線部隊に配属されるなど、その軍事援助は広汎かつ細密にわたった。

しかし、アメリカ政府もまた、国府軍の大陸反攻が可能だとは夢にも思ってはおらず、それどころか、一貫して蔣介石の大陸に対する些細な軍事ゼスチュアでさえも押えてきたのである。そして、世界情勢の急変で蔣介石の利用価値がなくなってくると、それを重荷にさえおもうようになった。かくてアメリカ政府は一九六三年には対国府の軍事援助を削減し（前年度の一億七千五百万ドルから半額の八千二百万ドルへ削減）、一九六五年には経済援助まで打ち切った。昨今では、中共の〝武力による台湾解放をしない〟という暗黙の了解を取った後には、第七艦隊の台湾海峡からの引揚げ、軍事顧問や戦闘支援部隊の撤退へと発展しつつある。ただ、アメリカは自分の国益の観点から、中共の〝台湾は中国の一部〟という主張を実際にはいまだに認めず、民間による台湾投資でもって、台湾経済の国際上における孤立を救う方向に向っており、アメリカ政府も一九七三会計年度に、軍事買付信用借款五千五百万ドル、余剰物資四千六百五十万ドル、および贈与七百六十四万ドルを蔣介石に与えてきた。

なにはさておいても、蔣派中国人の台湾人抑圧と軍事的野心のために、台湾人が酷使虐待され、抑圧搾取をうけた挙句の果てに、台湾人青年までが血税を支払わされることは、とても我慢できないことである。台湾人青年は一九五〇年から幹部候補生志願の形で入隊させられ、一九五三年以後は徴兵制に切り換えられた。そして満十九歳の適齢期の一般台湾人はもちろん兵隊にとられ、大学卒業生も一定年限の兵役に在学中に服しないかぎり、卒業証書をもらえない仕組みになっている。

現在では現役軍人のうち、台湾人がその九〇％を占め、軍官の三分の一もまた台湾人であると言われるが、しかし彼らは、ただ〝台湾人である〟という理由だけで、暗黙のうちに差別され、昇進してもせいぜい小隊長どまりが関の山である。例外的に進級する者もいるが、それは指揮権のある一線部隊には稀で、ほとんど後方勤務部隊や幕僚的役職に限られている。

もちろん蔣一派は、いったん戦争にもなれば、台湾人士兵を前線にだして弾よけに当てるつもりである。しかし平時の監視は厳しく、差別がひどい。たとえば、㈠営長（大隊長）以上には任用しない、㈡政治将校に任用しない、㈢軍官学校の入学を制限する、㈣軽機から重火器にいたるまで単独には射手にしない、㈤実弾の管理をさせない、㈥台湾人だけの単独の部隊を編成しない。これで、〃中国人として戦え〃では土台無理な話で、いざとなれば、どういうことになるか、大へんな見ものになるであろう。

次に、金門・馬祖とは、大陸沿岸の小島で、正しくは大陸本土の一部である。それは澎湖島の馬公から一五二キロ、高雄から二七八キロ、淡水から二九六キロ、基隆から三六七キロの距離にある。現に約八万人の国府軍が常駐して中共の弾雨にさらされているが、そのほとんどが台湾人士兵である。

彼らは戦闘員というよりも、むしろ人質として台湾から隔離されているようなものである。少くとも金門・馬祖に台湾人士兵がいるかぎり、その親子兄弟や親戚知友は、たとえ台湾島内に何か異変がおきても、蔣一派と反対の立場をとりにくいことになる。中共の方は、これら金門・馬祖の八万人台湾人を捕えて洗脳し、台湾侵入に利用しようと虎視眈々と睨んでいる。

蔣介石一派は、金門・馬祖にかじりつくことによって、中国の正統政府を自称する手がかりとしているが、それがまた中共の思うつぼでもある。なぜなれば、蔣介石が金門・馬祖を占領し台湾を統治しているかぎり、中共の台湾侵犯の口実はいつまでも消えないからである。

〔図7〕

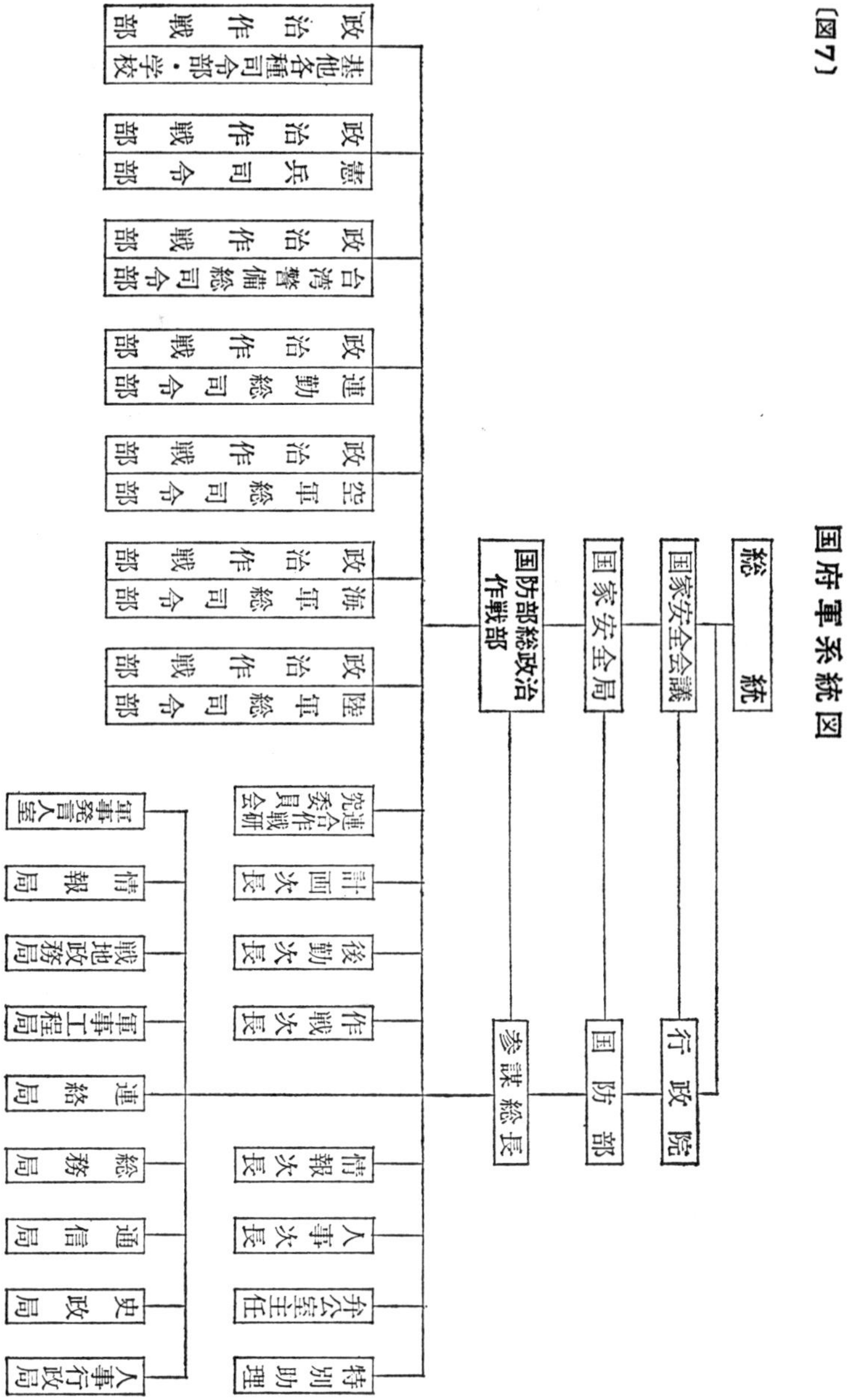
国府軍系統図
総統
国家安全会議
国家安全局
国防部総政治作戦部
行政院
国防部
参謀総長
陸軍総司令部政治作戦部
海軍総司令部政治作戦部
空軍総司令部政治作戦部
連勤総司令部政治作戦部
台湾警備総司令部政治作戦部
憲兵司令部政治作戦部
其他各種司令部・学校政治作戦部
連合作戦研究委員会
計画次長
後勤次長
作戦次長
情報次長
人事次長
弁公室主任
特別助理
軍事発言人室
情報局
戦地政務局
軍事工程局
連絡局
総務局
通信局
史政局
人事行政局

8　植民地経済を基底にした抑圧搾取

(a)　植民地経済の二重構造を拡大強化

すべて、植民地統治の窮極の目的は、統治者が本国ではなし得ない残酷なる手段をもって、経済的に植民地人民から、より多く収奪するにある。

まして蔣父子国府一派の場合は、ほとんど着のみ着のままで台湾に逃げてきたのだからなおさらのこと、台湾植民地を懸命に収奪して、厖大な難民人口と大軍隊を養うことしか考えていなかった。そこで彼らは、日本人の遺留した近代企業に眼をつけ、これを植民地統治の経済基盤として食いつないでいくことにしたわけである。

これより先、終戦時に蔣派国府の代理人として台湾にやってきた陳儀が、すでに日本人の巨大な近代企業（総督府官有企業と日本人民間資本家企業）およびその他一切の日本人財産を、〝敵産〟として接収し、無償で〝国有〟かつ〝官営〟の名目を付して収奪してきた。もちろん、蔣派父子国府が自ら台湾にきてから後も、これら元来は台湾人大衆の汗水になる〝国有官営企業〟を、ことごとく手中に収めたのである（台湾に加えた〝植民地収奪〟の最たるもの、蔣派官僚資本の植民地的本源蓄積の発端となる）。

ところが、これら陳儀が接収した戦前の日本企業（今は国有官営企業）は、蔣派国府が自らやってきた一九四九年までには、肝心な近代産業施設が、すっかり彼らの手下である前任接収官僚の無知と腐敗のために荒され、たとえば鉄道や発電所のような基幹産業は老朽し、大小工場は機械欠損や部品不足のために荒廃しきっていた。かつて台湾の二大産物であった米産は戦前の三分の二、砂糖生産は七分の一に落ちこんだうえに、悪性インフレは底なしに亢進し、物価は天井知らずに高騰していった。そして、街頭に満ちあふれるのは乱発された紙幣と失業人間だけだったことは前に詳述した。

けれども、このような窮境と混乱のさなかにあって、蔣派国府は、破滅の一歩寸前で幸運（台湾人にとっては不運）に恵まれた。たまたま一九五〇年（民国三九年）六月に勃発した朝鮮戦争のため、アメリカ政府は、自国の太平洋戦略体系に組み入れている台湾島に対し、さっそく台湾防衛の挙にでたからである。それ以来、アメリカ政府は軍事援助の一環として、日本治下五十一年間になされた台湾の経済開発を土台にし、一九五一年から一九六五年まで、年平均一億ドルの経済援助を続けてきた。かくして、瀕死の台湾経済は、このカンフル注射で再生したのみならず、台湾人の勤勉なことと、生産技術水準が高いことでもって、戦後アジア地域においては比較的に順調な経済成長をなしとげてきた。さらに一九六五年以降は、日本を一枚加えた、米・日両国の資本主義的浸透をうけ、急速な経済発展をみるにいたった。そして、これによりアメリカ資本主義と日本資本主義の台湾に対する帝国主義的支配がまたまたつづくことになった。

しかるに、台湾経済が全般的に高水準の成長を成しとげてきたとはいえ、それによって得られた成果は、かならずしもそのまま台湾人大衆の利益と結びつくことにはならなかった。むしろそれとは逆に、台湾の一般大衆は戦前に比べ生活水準の低下をみるにいたったのである。なぜならば、植民地支配がなくならないかぎり、台湾人大衆はより多く労働させられても、富の分配においては反対により少く受け取らされるような経済の仕組みが、依然として存在したからである。

すなわち、植民地的抑圧搾取の公式をもって台湾に臨んだ点においては、過去の日本政府も、現在の蔣派国府も、何ら異るところがないが、ただし、㈠日本政府は経済成長の成果をより多く台湾経済の再開発に投入したのに対し、蔣派国府は経済開発に必要な資金は米援や外資に頼り、自分たちは経済成長の分だけ余計に食いつぶす、㈡日本統治

表 3　1953—61年におけるアジア諸国の年平均経済成長率（%）

国	国民所得	一人当り所得
台湾	7.2	3.8
日本	11.7	10.5
フィリピン	5.4	1.6
ビルマ	4.0	2.5
スリ・ランカ	2.4	0.3
アメリカ	3.1	1.4
イギリス	3.5	3.0
西ドイツ	7.6	6.1

（資料）「国連統計月報」「自由中国之工業」

表 4　1961—69年におけるアジア諸国の年平均経済成長率（%）

国	国民所得	一人当り所得
台湾	12.7	11.9
日本	12.7	11.7
フィリピン	9.5	6.2
タイ	8.5	6.2
アメリカ	4.4	4.1
イギリス	2.5	2.3
西ドイツ	5.0	4.8

（資料）「国連統計月報」「自由中国之工業」

表 5　台湾経済指標（％）

年	人　口	国　民 総生産	国　民 所　得	一人当 り所得	工　業	農　業	輸出	輸入
1952	100.0	100.0	100.0	100.0	100.0	100.0	100	100
1960	132.7	362.1	368.0	281.5	244.5	144.3	146	122
1961	137.1	404.6	411.8	305.0	272.9	158.1	183	157
1962	141.6	445.4	450.1	323.2	304.9	158.1	205	158
1963	146.2	506.2	509.0	356.0	335.7	161.1	305	163
1963	100.0	100.0	100.0	100.0	100.0	100.0	100	100
1964	103.1	119.7	119.9	116.0	119.6	112.7	128	122
1965	106.3	129.8	129.6	121.6	142.2	121.1	136	135
1966	109.3	154.4	144.4	132.7	165.0	127.4	160	150
1967	111.9	163.1	163.1	146.3	192.7	134.9	186	190
1968	114.9	188.9	188.7	165.2	234.0	143.1	231	248
1969	120.5	201.7	211.1	180.7	274.4	141.6	305	326
1970	123.5	241.8	242.3	202.8	325.7	150.1	430	418
1971	126.2	288.5	277.9	227.4	394.2	153.3	587	560
1972	128.7		320.8	258.3			857	846

（資料）「自由中国之工業」

時代は官営企業と日本人民間企業に大別されて両者が併存したが、蔣派国府は官僚資本の牛耳る国有企業が圧倒的に強力であった、という両者の違いがあった。したがって、蔣派国府の台湾人大衆の労働に対する統制が統一的に強力だっただけに、搾取が数段と加重されたことは言を俟つまでもなかった。殊に、できもしない大陸反攻を叫び、六十万軍隊を養うために、成長しただけの経済成果を庶二無二もぎとっていったのだから、酷使されたうえに、もぎとられる側に立つ台湾人大衆はたまったものではないわけである。けっきょくは、蔣派国府のもとにおける経済成長は、台湾人大衆のより多い汗水とより多い犠牲のうえに築かれてきたということである。

かかるがゆえに、台湾の経済成長のたんなる数字的側面だけをみて喜ぶのは早計である。かならず、その実態を探究することを忘れてはならない。そのためには、植民地統治を背景にもつ台湾の経済構造に直接にメスを入れ、それと関連して個々の経済現象の持つ政治的意味を見極めて、初めて正確にその本質を解明することができよう。それから、独裁国家の発表する官製統計は、とかく政治目的のためにする粉飾・欺瞞が多く、信憑性がうすい。従来の国府の官製資料もその例に漏れず、植民地的圧政を隠すために、でたらめの部分が多かった。だから、彼らの発表した官製数字を実際と照り合せ、然るのちに経済構造と関連して検討することが肝要である。

さて、台湾の植民地的経済構造である。話を前に戻して、蔣派国府が国有官営企業を独占しつくしたところまで述べてきたが、それによって、

(1)　巨大な国有官営企業（蔣派中国人の植民地的官僚資本を形成）

(2)　零細な土着民間企業（台湾人の民族資本を形成）

という〃植民地的二重構造〃の企業体制が、旧態依然と存続することになった。かつまた前者が後者を支配するのみならず、台湾人大衆は相変らず双方から搾取されることになったのである。

(1)　国有官営企業のマンモス振りは大へんなもので、一九五四年〃台湾省第一次工商業者普査報告〃によれば、製造業総数四万社のうち、国有官営企業は数こそ〇・一三％の五十二社に過ぎないが、資本金額は逆に全産業資本総額の五九％(二十四億元)を占めていた。さらに米援がさかんに資金を投下し、経済生長が進んだ一九六五年に、巨大企業百社のうち、〃国営〃とか、〃省営〃と名のつく大企業を数えあげれば、社数が七十七、(製造業六十四、鉱業十三)、台湾糖業・台湾電力・台湾肥料の三大公司はじめ、アルミニウム・石油・アルカリ・鉄鋼・造船・農産加工などの重要産業を網羅していた。その総資本額がざっと百億元、これに対し残りの民間企業の資本総額は四十億元にすぎなか

った。この一事でもって、国有官営企業がいかに巨大な集団で、それを牛耳る蔣派中国人の官僚資本の支配力がいかに強大であるか窺い知ることができよう。

⑵　しかるに国有官営企業がいくら巨大だといっても、それを語るには背後に控えるアメリカの経済援助をぬきにしては語りえない。アメリカは一九五一―六五年の間に十五億ドルの経済援助を蔣派国府に与えてきたが、その援助資金の八〇％を国有官営企業に与えてマンモス化を促進してきた。しかもその資金の給与の仕方が、たとえば資金・物資の優先割当、輸入品・外貨の優先割当などと凡ゆる特権を附与するようにした。これによって、官営企業と民間企業の差がますます大きくなり、また、これに比例して蔣派官僚資本の経済支配がますます強固になったのである。

⑶　それから、蔣父子一味の特務組織をぬきにしても、国有官営企業をよく語れないのである。彼らは、〃政治が経済を支配する〃という植民地統治基本策に基づいて暗躍した。そして、〃経済特務〃として一群の経済官僚・官営企業幹部・中国人資本家・台湾人買弁資本家を従え、法秩序や社会道義などは眼中になく、官営企業に盤踞しては、民間企業を支配し、公的にも（職務のうえで）、私的にも（私利追求のために）台湾人大衆から絞りとった。

⑷　かくして、蔣派中国人は、国有官営企業を掌握することによって、台湾経済の心臓部をおさえ、巨額のアメリカ援助と外来資本を壟断し、政府財政・金融市場・生産過程・交通運輸・分配過程というふうに経済の全過程を系統的に支配していったのである。

その後、㈠中国人民間資本が大陸本土からどしどし逃避してきた、㈡台湾資本主義の発展にともない土着零細企業資本もまた成長した、㈢国府が財政操作（主として軍費調達）や農地改革のために一部国有企業を手放した、㈣蔣派中国人の貪官汚吏がさかんに国有財産を私物化した、というようなことが相ついでおきたが、それでも、蔣派中国人の台湾経済に対する支配権は微動だにしていない。

一方、台湾土着の零細企業のことであるが、元来が日本統治時代に、一握りの台湾人走狗が日本政府からもらった経済特権で肥った買弁資本家、および当時の米・糖産業の発展にともなって地方に勃興した零細商工業者を主としていた。それに戦時中の戦時経済膨脹期に多少なりとも生産事業に従事したことのある地主的資本家が一枚加わっていた。彼らとて、かつては日本資本の支配をうけ、今度また新支配者の蔣派中国人官僚資本に支配される破目になった。その半面では、彼らもまた大なり小なり支配者側の手先となって、台湾人大衆の抑圧搾取に加担し、甘い汁を吸っていたことは言を俟つまでもないことである。

さらに一九六〇年代になると、台湾人土着資本家もまた経済成長の波に乗って急速に発展してきた。ここで彼らの買弁性が一段と表面化してくるが、そのうちでも特に大企業に成長したものは、経済の分野のみならず、政治的にも蔣派国府と密接に結びつき、その手先となって台湾人大衆から絞りあげた。そのうちでももっとも罪深いものとして、たとえば、台湾水泥公司総経理で台湾商工会議所会頭でもある辜振甫（国民党中央委員）、および大同鋼鉄機械公司董事長林挺生（国民党中央常務委員）を逸することはできない。

そのほか、いわゆる民間資本として、国府に追随して大陸から逃げてきた中国人の中国紡績資本があった。これは蔣介石との同郷（浙江省）を利用してアメリカ援助の棉花を独占し、肥ってきた。さらに新興の中国人自動車産業資本もまた国府の庇護のもとに、米・日資本と結びつき、自動車の製造販売を一手に独占して大きくなった。しかしこれら中国人資本家は、民間資本というよりも、その実質はほとんど政商として国府との関係深く、むしろ蔣派国府の経済支配の一翼として数えられるべきである。

〔図8〕

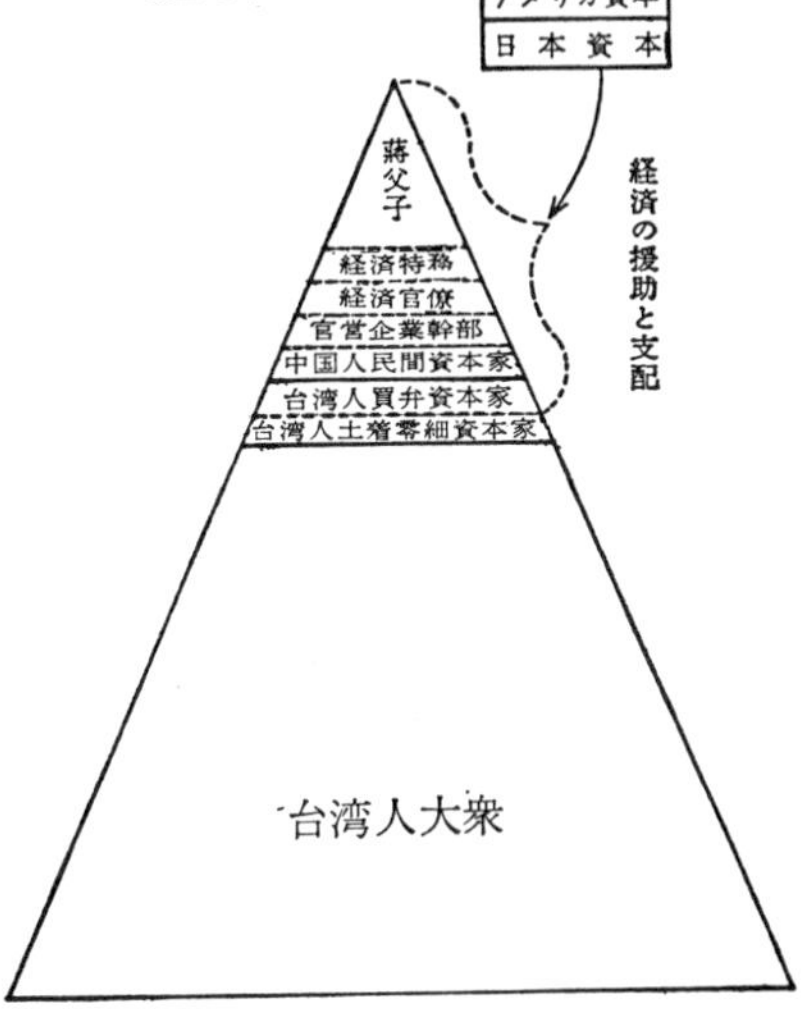

以上が台湾企業の二重構造を基底にした、蔣派中国人による台湾支配の経済的メカニズムである。これあってこそ、彼らの目指す〃台湾人労働、中国人享受〃の政治目的が着々と実現してきたのである。かつまた、かかる経済上の二重構造が台湾植民地社会全体の二重構造の基底になっているわけである。

(b)　経済成長と財貨独占

今次大戦後、世界的な一般傾向として、発展途上国はいうにおよばず、先進国においても、戦前に比べはるかに高い経済成長をとげてきた。したがって二十年来、各国ともに国民経済の規模が著しく拡大された。台湾もまた、このような世界的経済成長の波にのって、国民総生産が飛躍的に伸びてきたのである。

次頁の諸表を見れば、台湾経済が高水準の成長をとげてきたことが大体わかってくるが、これについて、蔣派国府は相も変らずドラ太鼓をならしては、〃台湾統治〃の成果がしからしめたと宣伝にこれつとめてきた。

実際はまぎれもなく、

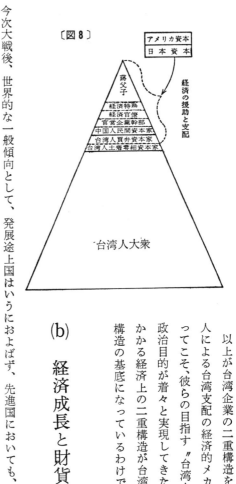

(1)　台湾人の日夜を分けない重労働（台湾人の勤勉さとよく困苦に耐えうることは、開拓者子孫としての四百年来

表 6　主要国の年平均経済成長率

1960／61—1968／69年

	%
日本	11.9
ソ連	6.7
フランス	5.8
カナダ	5.2
西ドイツ	5.0
オランダ	4.9
デンマーク	4.5
スエーデン	4.5
アメリカ	4.4
ベルギー	4.4
スイス	4.4
イギリス	4.4
シンガポール	15.9
香港	14.6
台湾	13.6

（資料）「ＯＥＣＤ諸国の国民経済計算」「自由中国之工業」

（注）台湾は1963—1970年，シンガポール・香港は 1960—1968年

表 7　1969年主要国国民総生産指数

（1960＝100）

	%
日本	258
ソ連	168
フランス	166
西ドイツ	155
イタリア	154
アメリカ	147
イギリス	126
台湾	304

（資料）「国連統計月報」「自由中国之工業」

表 8　アジア開発途上国一人当り国民所得（1970）

	ドル
シンガポール	800
香港	700
台湾	330
フィリピン	210
韓国	205
タイ	185
スリ・ランカ	135
パキスタン	130
中国	235
北朝鮮	105
（1969年）	
アメリカ	3,814
スエーデン	2,818
西ドイツ	1,910
イギリス	1,513
日本	1,304
ソ連	1,136

（資料）「ＩＭＦ統計月報」「国連統計年鑑」

の伝統である）

(2) 台湾人の高水準の近代生産技術（日本統治時代から汗水であがなってきた技術的蓄積）

(3) アメリカ資本と日本資本の経済侵略（政府と民間）

によってもたらされたのであった。このことはさらに、誰がどういう産業でどの程度の寄与をしてきたか、を考察することによって一目瞭然となるであろう。

戦後二、三十年来、台湾経済の成長は、主として工業生産（台湾人労働者の労働による）の飛躍的発展によって造りだされ、それに農業生産（台湾人農民の労働によ

表 9　台湾経済名目成長指標

年	国民総生産			国民所得		一人当り国民所得	
	総額	指数	成長率	総額	指数		指数
	百万元	%	%	百万元	%	元	%
1962	76,882	100	10.2	61,524	100	5,189	100
1963	87,134	117	13.3	70,603	115	5,782	111
1964	102,209	133	17.3	84,565	137	6,728	129
1965	112,867	146	10.4	91,559	148	7,081	136
1966	125,554	163	11.2	101,967	165	7,677	148
1967	143,045	186	13.9	115,219	187	8,461	165
1968	167,975	218	17.4	133,236	216	9,554	184
1969	190,806	248	13.6	149,047	242	10,477	201
1970	218,428	285	14.5	170,418	277	11,684	225
1971	249,275	324	14.1	196,125	318	13,168	254
1972	287,300	377	15.2	226,500	370	14,887	286

（資料）「自由中国之工業」

る）の発展がつづき、さらに交通運輸業（台湾人労働者の労働による）、商業（台湾人小商人）、サービス業（台湾人都市貧民の労働による—工業生産が国民総生産の三〇％代まで達すると、サービス業が自ら発達するのが通例）が次々とさかんになってきた結果であった。特に、農林水産業の総生産における割合が低下したのに対し、工業生産の割合が飛躍的に上昇したのをみても、台湾人工場労働者の戦後経済発展に対する貢献が目立って大きかったことがよくわかる（表10参照）。

では、このような台湾経済の高度成長によって潤沢になった財貨は、どういうふうに消費（分配）されていったのだろうか。ふつう、一国が生産した財貨の分配の実態は、その国の〃国民総支出〃における使途とその比率によってわかるものである。国民総支出とは、国民総生産と同額のものであって、その国のつくりだした国民所得(純附加価値の総額)に、生産に用いられた固定資本の償却費を加えた〃総額〃がそれである。つまり、その〃総額〃を、生産の面からとらえたのが国民総生産であり、支出（消費）の面からとらえたものが

表10　純生産に占める産業別比較

年	計		工業		農業		交通運輸		商業		サービス業		其他
	百万元	%	百万元	%	百万元	%	百万元	%	百万元	%	百万元	%	%
1952	13,050	100.0	2,296	17.9	4,595	35.7	591	3.8	2,190	18.7	1,091	8.3	15.6
1956	26,046	100.0	5,308	17.6	8,557	38.0	1,110	3.9	4,296	16.9	1,763	6.6	17.0
1960	48,013	100.0	10,124	24.7	16,390	32.5	2,050	4.1	7,315	15.2	3,426	7.0	16.5
1961	53,606	100.0	11,712	24.9	16,993	31.3	2,711	4.8	7,966	14.8	4,274	7.8	16.4
1962	61,646	100.0	15,857	25.7	17,896	29.0	2,833	4.6	8,918	14.4	3,441	5.5	20.5
1963	70,749	100.0	19,780	27.9	18,844	26.6	3,084	4.3	10,434	14.7	3,213	5.9	20.4
1964	84,722	100.0	23,856	28.1	23,509	27.7	3,674	4.3	12,657	14.9	4,739	5.5	19.3
1965	91,888	100.0	25,940	28.2	24,797	26.9	4,363	4.7	13,687	14.9	5,490	5.9	19.6
1966	102,296	100.0	29,256	28.6	26,326	25.7	5,501	5.3	14,686	14.3	6,069	5.9	20.0
1967	115,432	100.0	33,898	29.3	28,336	24.5	5,994	5.1	16,745	14.5	6,675	5.7	20.5
1968	133,694	100.0	40,565	30.3	31,748	23.7	7,396	5.5	18,624	13.9	7,307	5.4	20.8
1969	149,260	100.0	47,215	31.6	30,244	20.2	8,446	5.6	21,757	14.5	8,967	6.0	22.4
1970	170,558	100.0	54,583	32.0	32,791	19.2	9,740	5.7	24,699	14.4	10,303	6.0	22.4
1971	196,580	100.0	67,655	34.2	34,674	17.7	11,470	5.7	28,295	14.0	12,208	6.2	22.0
1972	226,577	100.0	82,833	35.5	35,483	15.6	12,892	5.7	32,718	14.4	14,489	6.4	22.4

（資料）「自由中国之工業」

表11　台湾国民総支出の割合（%）

年	国民総支出	個人消費	政府消費	固定資本形成
1955	100.0	67.8	24.1	10.0
1956	100.0	66.0	26.6	11.0
1957	100.0	68.0	26.8	10.1
1958	100.0	68.8	25.1	11.6
1959	100.0	65.8	25.0	13.1
1960	100.0	65.9	23.5	41.1
1961	100.0	65.5	22.2	15.0
1962	100.0	65.9	23.7	14.5
1963	100.0	64.4	20.7	15.3
1964	100.0	65.5	17.4	14.6
1965	100.0	63.2	17.8	16.5
1966	100.0	61.0	14.8	11.0
1967	100.0	60.0	16.8	21.6
1968	100.0	60.0	16.8	23.5
1969	100.0	58.6	16.9	24.0
1970	100.0	56.0	16.3	25.5
1971	100.0	53.8	15.1	27.4
1972	100.0	52.6	17.0	25.0

（資料）「自由中国之工業」

表12　主要国国民総支出の割合（%）

年	個人消費			政府消費			固定資本形成		
	日	米	英	日	米	英	日	米	英
1955	63.9	63.1	68.0	10.4	16.9	16.8	19.9	17.7	14.3
1960	56.9	63.8	65.6	8.9	17.8	16.6	30.2	16.8	16.0
1965	55.9	62.6	64.0	9.6	18.1	16.7	31.3	18.1	16.7
1969	51.0	61.2	62.4	8.2	20.9	17.9	35.2	20.9	17.9

（資料）「ＯＥＣＤ諸国の国民経済計算」(1953—69年)

国民総支出ということである。

国民総支出の構成（使途）は、主として、㈠個人消費支出（個人の家計）、㈡政府消費支出（国家の財政）、㈢固定資本形成（企業の会計）、の三つの部門に分けられる。そのほかに貿易上の差額の支出とか、いろいろあるが、それらが総支出に占める割合は極めて小さく、余り問題にならない。三部門の支出のうち、個人の生活のため、または生命の再生産のために使われる〝個人消費支出〟が、国民経済の基本であり、いちばん大きい支出項目として重視される。だいたい一九五五年から先進諸国において、国民総支出の三分の二を個人消費支出が占めるようになってきた。もちろん、これには例外もあって、たとえば、日本と西ドイツのごとく、個人消費支出を押え、その代り、押えた分だけを固定資本形成（設備投資）に廻して、自国経済の超高度成長を実現してきた。

右の官製の表11、12を比べてみると、蔣派国府統治下の台湾は、財貨の分配に関するかぎり、すでに世界的な優等生の列につらなったと言えそうである。つまり、潤沢になった財貨は先進国なみにその大半を国民生活の個人消費が占め、政府は低い消費（財政）に甘んじていて、文句ない理想社会だということである。果してそうであろうか。それは総論的には、あるいはそうだと言えないこともないが、問題はその総論のなかに隠されている各論の細目である。元来、蔣派国府が今迄、国民総支出においてもっとも忌み嫌ったことは、個人消費支出と政府消費支出の比較、および官営企業固定資本形成と民間企業資本形成の比較の数字的側面を正確に明らかにすることであった。それもそのはず、彼らは植民地統治者として、個人消費支出（台湾人大衆の所得―生活費）を極端におさえてきたからである。そして、三つの政府（国民党・中央政府《五院》・台湾省政府）と大軍隊を養うために、大半の富を政府支出と官営企業個定資本形成に吸上げたからである。つまり、台湾経済が高度に成長すればするほど余計に絞りとったことを衆目から隠す必要があったからである（特に米援をより多く獲得するためには、アメリカ政府の喜びそうな数字を準備しておく必要があった）。そのために、彼らは、でたらめな数字を平気でならべたてたり、細目を複雑化したり、あるいは各論を仕分けするのに小細工を弄しては、実勢とはまるきり違った、人為的な理想の総論を造りあげたりして、その政治目的に合致するような数字を捏造するのに一生懸命になるわけである。

したがって、彼らの誇らしげに発表する数字のみを鵜呑みにするわけにはいかず、さらに一段と掘りさげて検討することが是非とも必要である。ところで、彼らは、いくら細工してもすべてを隠しおおせるものではなく官方数字の体裁を整える必要上、別に〝国民所得之分配〟を発表することを余儀なくされた。

そこで、先進諸国のうちでも個人消費支出が国民総支出に占める割合のもっとも低い日本を選び、台湾のそれと対比したのが表13と表14である。この表の数字的側面の比較と、台湾の社会的・経済的二重構造とを関連させてみれば、次のいくつかの重要ポイントを知ることができる。

(1)　〝雇用者（勤労者）所得〟は、日本が世界的に低いとされているが、台湾は日本よりさらに低い。台湾では雇用者の絶対多数を台湾人大衆が占めているから、雇用者所得が低いということは、台湾人大衆の受けとる労働賃金の総額が少ないことを意味する。しかも十年間も高度成長がつづき、経済規模が三倍に増大していながら、一九六三―六九年の七年間だけで就業人口が二三％も増加したというのに（「台湾地区労働力調査報告」）、雇用者所得のシェアが一向にそれに見合うだけの増加を示していない。それどころか、〝一人当り雇用者所得〟が減りさえしている実勢にある。つまり、いくら台湾人の一人当り国民所得が培増した数字を示しても、いくら個人消費支出の割合が先進国なみに六〇％以上を示したといっても、逆に一人当り雇用者所得は減っていき、勤労者の生活水準が日一日と下ったということである。より多く働かされてより少く受け取らされるとは、まさしくこのことである。

(2)　日本は個人消費支出を先進諸国より低く押えた代りに、その分を固定資本形成（設備投資）に振り向け、自力で日本経済の超高度成長をなしとげた。台湾の場合は、日本に勝るとも劣らない高い成長率を記録したと宣伝しておきながら、経済成長に必要な固定資本形成の八〇%を外資（米援・借款・外人投資）に仰いできた。そして、個人消費支出を低く押さえた代りに、高度成長の成果を政府消費支出および軍事費に集中し、これをもって植民地統治の強化に利用し、もしくは食いつぶしてきた。

(3)　台湾の国民所得成長率が平均一二・七%（一九六一—六九年）をつづけたというのに、〝個人業主所得〟の割

表13　台湾と日本の国民所得分配における比較　（国民所得＝100）

年	雇用者所得（受雇人員報酬）		個人業主所得（個人業主所得）		個人賃貸料・利子所得（個人財産所得）		法人所得（公司儲蓄）		官公企業所得（営利事業直接税，政府財産及企業所得，公債利息）	
	台湾	日本	台湾	日本	台湾	日本	台湾	日本	台湾	日本
	%	%	%	%	%	%	%	%	%	%
1960	45.3	50.0	26.8	26.3	20.5	8.1	2.1	14.6	5.3	1.1
1962	47.2	53.0	24.3	24.4	22.7	8.3	0.8	12.8	5.2	1.3
1965	47.9	56.6	22.6	23.3	21.4	9.4	2.0	10.4	6.5	0.4
1967	49.0	55.0	20.5	22.2	22.4	9.1	2.0	13.3	6.8	0.4
1969	51.2	54.8	16.6	20.8	21.8	9.1	3.9	9.1	7.5	0.2

（資料）「日本国民所得統計年報」「自由中国之工業」

表14　台湾と日本の固定資本形成（設備投資）における比較

（国民総生産＝100）

年	台　湾	日　本
	%	%
1960	13.7	31.1
1962	3.2	33.5
1965	26.3	30.4
1967	24.6	33.2
1969	19.2	35.8

（資料）「国連統計年鑑」「自由中国之工業」

合が十年のうちにかえって一〇%も減った。〃個人業主〃とは台湾人の零細な農民・小商人・小工業者のことである。したがって個人業主所得率の減少は、これら下積みの台湾人零細自家業者が絶えず倒産し、数がだんだん減っていき、終には単なる雇用者(勤労者)あるいは失業者（産業予備軍）に転落していったことを意味する。

(4)　一方では〃個人賃貸料・利子所得〃の占める割合が日本に比べ、べらぼうに高い数字を示している。これは、台湾人大衆や零細企業を食いものにする無為徒食の不労所得者（高利貸・亡命資金所有者・小資金利子生活者・闇金融業者―蔣派亡命中国人および買弁台湾人）が多い証左である（〃封建的掠奪〃の一典型）

(5)　逆に法人所得の比率が、話にならないほど低いのは、台湾では国有官営企業（蔣派中国人）に比べ、土着民間企業（台湾人の民族資本家）の経済力がはるかに弱く、社会勢力が小さいことを意味する。

(6)　台湾の〃官公企業所得〃（政府消費支出とともに蔣派中国人が牛耳る）の割合が日本に比べ、四倍から七倍も高い。これは既述のとおり、官営企業の巨大なることを示し、蔣派国府が三つの政府、厖大な亡命人口および大軍隊を養ってこれた秘密の一端が、実にここに存する。

以上のごとく、台湾はこの二十年来、高度成長をつづけ、国民総生産が飛躍的に増大し、一人当り国民所得も大きくなったには違いないが、では、このような厖大な財富を前にして、誰がこれを独占して栄え、そして誰が窮乏していったか、この問に対しては、これらの数字がもっともよく答えているわけである。

そして、少しでも台湾の事情に明るいものならば、これらの数字が画きだした台湾社会の経済側面が、実に今日の台湾の現実にぴったり合致していることに気づくであろう。

(c) 財政支配

台湾経済の成長にともなって、蔣派国府の財政規模も著しく膨脹した。そのために、蔣派中国人の台湾経済に対する支配力がますます強大化し、台湾人大衆の経済生活に対する介入の度合もまた大へん大きくなった。

このような政府財政の強大化は戦後世界の各国に共通した傾向ではあるが、蔣派国府の場合は、増え方が各国に比べて特に甚だしかった。かつまた、その意味するところも全然違っていた。たとえば、㈠一九六五―七〇年のうちにアメリカ六〇・六％、イギリス六六・六％、西ドイツ三九・一％、フランス四七・三％、日本一一〇・〇％というふうに財政の膨脹をみたのに対し、蔣派国府は一一九・三％にはねあがった、㈡世界各国の財政中に占める軍事費の割合が漸減しているのに（一九六九年でイギリス一七・二％、アメリカ三八・三％）、蔣派国府は相変らず中央財政の八〇％を軍事費に占められてきた、㈢社会福祉費が各国財政支出中の最大の項目になったが（イギリス四二％）、蔣派国府には社会福祉の影も形もない、という具合である。

蔣派国府が、台湾支配の経済的かなめとして政府財政を掌握していることは当然といえば当然であろう。しかし、彼らはそのために例のごとく、なかなかその実勢を明かそうとしない。それどころか、逆にいろいろと技巧を弄して

表15　国府歳入（純）

年　次		計	租税収入	専売益金	税外収入	その他
（100万元）						
CY	1953	3,876	2,337	590	177	772
（1～6月）	1954	2,180	1,338	398	52	392
FY	1954	5,302	3,458	895	196	753
	1957	9,096	5,561	1,442	739	1,354
	1958	10,833	5,927	1,663	1,117	2,126
	1960	12,111	6,991	1,886	1,144	2,090
	1961	14,026	7,349	2,286	1,435	2,956
	1962	15,040	7,401	2,740	1,957	2,942
	1963	15,841	8,372	2,886	1,849	2,734
	1964	19,054	9,957	2,883	3,030	3,184
	1965	23,384	11,973	3,273	4,326	3,812
	1966	25,192	13,593	3,697	4,686	3,216
	1967	31,639	15,306	4,244	7,082	5,007
	1968	35,333	19,665	4,779	6,526	4,363
	1969	44,677	27,327	5,433	6,764	5,153
	1970	51,757	30,551	5,788	8,214	7,204
	1971	56,482	34,228	6,438	9,247	6,542
（%）						
CY	1953	100.0	60.3	15.2	4.6	19.9
（1～6月）	1954	100.0	61.4	18.3	2.4	17.9
FY	1954	100.0	65.2	16.9	3.7	14.2
	1957	100.0	61.1	15.9	8.1	14.9
	1958	100.0	54.7	15.4	10.3	19.6
	1960	100.0	57,7	15.6	9.4	17.3
	1961	100.0	52.4	16.3	10.2	21.1
	1962	100.0	49.2	18.3	13.0	19.5
	1963	100.0	52.9	18.2	11.7	17.2
	1964	100.0	52.3	15.1	15.9	16.7
	1965	100.0	51.2	14.0	18.5	16.3
	1966	100.0	53.9	14.7	18.6	12.8
	1967	100.0	48.4	13.4	22.4	15.8
	1968	100.0	55.7	13.5	18.5	12.3
	1969	100.0	61.2	12.2	15.1	11.5
	1970	100.0	59.0	11.2	15.9	13.9
	1971	100.0	60.6	11.4	16.4	11.6

（資料）　「中華民国年鑑」

表16　国府歳出（純）

年　次		計	一般行政・国防費	教育科学文化	社会開発	企業基金	衛生・厚生	債務	その他
（100万元）									
CY	1953	3,745	2,356	313	418	38	234	75	311
（1～6月）	1954	2,270	1,510	202	236	16	127	68	111
FY	1954	5,356	3,254	737	481	48	323	137	376
	1957	8,906	5,507	1,276	745	203	544	72	550
	1958	10,670	6,661	1,429	889	239	730	69	653
	1960	12,193	7,371	1,648	1,387	305	839	129	514
	1961	14,068	8,563	2,054	1,323	465	909	380	374
	1962	15,414	9,100	2,196	1,306	680	1,117	562	453
	1963	16,457	9,759	2,315	1,544	759	1,260	399	421
	1964	18,486	10,795	2,546	1,798	773	1,495	674	405
	1965	22,391	12,055	2,794	1,816	2,455	1,699	970	602
	1966	23,836	14,619	3,459	2,285	1,108	1,124	776	465
	1967	30,727	15,668	4,070	2,676	4,103	2,198	1,540	472
	1968	33,002	17,938	4,865	3,438	2,004	2,581	1,588	588
	1969	42,198	21,051	6,711	3,570	3,373	3,624	3,007	562
	1970	50,068	24,231	9,761	3,790	3,190	4,519	2,679	1,898
	1971	54,829	23,875	9,636	5,011	3,501	5,686	3,832	3,291
（%）									
CY	1953	100.0	62.9	8.3	11.2	1.0	6.3	2.0	8.3
（1～6月）	1955	100.0	66.5	8.9	10.4	0.7	5.6	3.0	4.9
	1954	100.0	60.7	13.8	9.0	0.9	6.0	2.6	7.0
FY	1957	100.0	61.8	14.3	8.5	2.3	6.1	0.8	6.2
	1958	100.0	62.4	13.4	8.3	2.2	6.9	0.7	6.1
	1960	100.0	60.5	13.5	11.4	2.5	6.9	1.0	4.2
	1961	100.0	60.8	14.6	9.4	3.3	6.5	2.7	2.7
	1962	100.0	59.1	14.2	8.5	4.4	7.2	3.7	2.9
	1963	100.0	59.3	14.1	9.4	4.6	7.6	2.4	2.6
	1964	100.0	58.4	13.8	9.7	4.2	8.1	3.6	2.2
	1965	100.0	53.8	12.5	8.1	11.0	7.6	4.3	2.7
	1966	100.0	61.3	14.5	9.6	4.6	4.7	3.3	2.0
	1967	100.0	51.0	13.2	8.7	13.4	7.2	5.0	1.5
	1968	100.0	54.4	14.7	10.4	6.1	7.8	4.8	1.8
	1969	100.0	49.9	15.9	8.5	8.0	8.6	7.1	2.0
	1970	100.0	48.4	19.5	7.6	6.4	9.0	5.3	3.8
	1971	100.0	43.5	17.6	9.1	6.4	10.4	7.0	6.0

（資料）　「中華民国年鑑」

表17 国府財政収支（100万元）

年	現行価格					1966年価格				
	歳入		歳出		増減	歳入		歳出		増減
	金額	指数 1952=100	金額	指数 1952=100		金額	指数 1952=100	金額	指数 1952=100	
1960年	12,111	334.0	12,193	341.0	− 82	14,242	181.5	14,338	185.3	− 96
1961年	14,206	386.8	14,068	393.3	− 42	15,122	192.7	15,108	196.0	− 46
1962年	15,040	414.8	15,414	431.0	− 374	15,910	202.7	16,306	210.7	− 396
1963年	15,841	436.9	16,457	460.2	− 616	15,935	303.1	16,555	213.9	− 620
1964年	19,054	525.5	18,486	516.9	+ 568	18,176	231.6	17,634	227.9	+ 542
1965年	23,384	644.9	22,391	626.1	+ 993	22,880	291.7	21,918	283.2	+ 972
1966年	25,192	694.8	23,836	666.6	+1,356	25,192	321.0	23,836	308.0	+1,356
1967年	31,639	872.6	30,727	859.3	+ 912	30,528	389.0	29,648	383.1	+ 880
1968年	35,235	971.7	22,002	922.9	+2,233	33,423	425.9	31,306	404.5	+2,117
1969年	45,046	1,242.2	41,869	1,170.8	+3,177	40,996	522.4	38,104	492.4	+2,892
1970年	51,215	1,412.4	49,153	1,374.5	+2,062	45,805	583.7	43,961	568.0	+1,844
1971年	56,482	1,557.7	54,829	1,533.2	+1,653	48,000	611.7	46,596	602.1	+1,404

（資料）*Taiwan Statistical Data Book, 1972.*

（注）会計年度は7月1日より翌年の6月30日まで，金額は中央および地方政府の歳出入総額。

は財政収支の重要問題（とくに軍事支出と国民党経費）をひたかくしにかくしてきた。したがって、これもまた数字や項目から当りなおし、その他の諸要素と比較検討する必要があるが、本書ではとてもこんな大仕事はできない。

たとえば、蔣派国府のもっとも重要とされる財政支出は、軍事費・特務費・国民党諸経費（国民党の経費一切を中央・地方各級政府の支出で賄っていることは今や公然の秘密）のうちのどれひとつをとってみても、他人に知られたくない代物ばかりである。それゆえ、この黒い支出をかくすのに、いろいろ財政上のからくりをするわけである。表16の国府歳出に一般行政費・国防費という項目があって、肝心な軍事費を独立した項目として扱わず、その実勢が外部に知られないようにしている。これなどは、いわゆる〝国府財政〟のインチキの標本という外ないが、彼らの国費の使い振りからみて、表に現われた歳出全体の数字が少なすぎる。一般に、国民経済計算上の財政とは(一)政府一般経常支出（表16がその例）に、(二)国家事業総資本形成を合計した総額のことである。この総額を、国民総生産や国民所得などと比較して、はじめて一国の財政規模の実勢がつかめる。蔣派国府の場合は、おそらく財源操作のため、このうちの国家企業総資本形成の部分に細工を施して、大半を別の特別会計（非公開）にかくしてしまったのではないかと推測できる。したがって、表15、16のごとき胡魔化しの多い数字を、いくら比較検討してみても無意味である。

一方、蔣派国府は政府財政収支表とは別に、〝国民所得之分配〟（「自由中国之工業」所載）のなかに〝政府財産及企業所得〟

表18　国民経済計算上の“国府財政”試算（100万元）

年	一般経常支出	総資本形成	合　計
1961	14,068	9,990	24,058
1962	15,414	12,285	27,699
1963	16,457	15,520	31,977
1964	18,486	22,305	40,791
1965	22,391	24,010	46,401
1966	23,836	28,755	52,591
1967	30,727	31,615	62,342
1968	33,002	35,430	68,432
1969	42,198	43,740	85,938
1970	51,215	47,020	98,235

（資料）「自由中国之工業」「中華民国年鑑」

の項目を掲上している。これがつまり例の厖大な国有官営企業の経営利潤の一部とみることができる。そこで、試みにこれら独占事業の経営収益を年五%とみて、まず㈡の資本形成を逆算し、さらに㈠の政府一般経常支出（表16）に加算すれば、表18のような数字が試算される。おそらくは、この数字の方が掛値なしの国民経済計算上における〃国府財政〃に近い数字ではなかろうか。

表19　国民総生産に占める国府財政の割合

	%
1961	34.4
1962	36.9
1963	36.6
1964	39.9
1965	41.1
1966	41.8
1967	43.6
1968	40.7
1969	45.0
1970	44.9

（資料）「自由中国之工業」（前掲表18）

表20　主要国の国民総生産に占める財政の割合（1972年）

	%
イギリス	31.3
西ドイツ	32.7
フランス	32.4
アメリカ	30.0

（資料）「国民経済計算統計年鑑」

表21　国民所得に占める国府財政の割合

	%
1961	42.2
1962	44.8
1963	45.3
1964	48.2
1965	50.7
1966	51.7
1967	54.2
1968	51.3
1969	57.6
1970	57.4

（資料）「自由中国之工業」（前掲表18）

表22　主要国の国民所得に占める財政の割合（1968年）

	%
フランス	50.1
イギリス	49.3
西ドイツ	48.1
カナダ	46.1
イタリア	42.4
アメリカ	39.1
日本	28.9

（資料）「ＯＥＣＤ諸国の国民経済計算書」
（注）西欧諸国において財政の割合が高いのは福祉関係の財政支出が大きいためである

表23　主要国の所得税負担（1971年）

	%
日本	67.8
イギリス	66.8
アメリカ	59.7
西ドイツ	49.3
フランス	36.9
台湾（1972年）	13.2

（資料）「ＯＥＣＤ諸国の国民経済負担」

さて、蔣派国府財政は、徹頭徹尾、植民地統治の基本線によって貫かれ、その特点は次のごとく各種の側面に遺憾なく発揮されてきた。

(1)　国民総生産に占める国府財政の割合は表19、20のとおりで、世界的に非常に高い。

(2)　国民所得に占める国府財政の割合は、表21、22のごとく、世界でも一、二を算えるほど高く、さらに年を追って高率化しつつある。

(3)　国府の歳入は大別して㈠税金、㈡借金、㈢国有官営企業運用益および官有財産収益の三つに分けられる。税金は台湾人大衆から年度毎に徴収する血税であり、借金およびその利子は、将来まで長期にわたって同じ台湾人大衆の血税で返済しなければならない性質のものである。国有企業運用益などは、台湾人大衆の汗の結晶である。

台湾の税金は植民地収奪の典型であり、直接税よりも間接税を主にして、台湾人大衆から余計に絞りあげてきた。たとえば、一九七三年の中央財政予算を例にとってみても、租税収入のうち、所得税や事業税などのような、有産者負担の直接税がわづか二六・三%に対して、大衆負担の間接税が七三・七%に達していた。そして、特に高所得者（蔣派中国人および買弁台湾人）の利益擁護のためには、直接税のうちの所得税をもっとも軽くし、租税収入のうちで所得税収入がたったの一三・二%に過ぎなかった。試みに表23と比較してみれば、台湾がいかに上層・富裕者（蔣派中国人および買弁台湾人）の支配する国であるかを理解することができよう。

かつて日本統治時代には、台湾人大衆の租税負担が重いことが（昭和時代で一人当り所得に対する租税負担の割合が年平均一二%——「日本政府大蔵省統計」）、台湾人反日運動の導火線のひとつとなった。しかるに蔣派国府治下にあっては、表24のごとく、台湾人大衆の租税負担が日本統治時代より更に重く、しかも年を追って加重されてきた。

表24　台湾の国民一人当り租税負担

年	元	ドルに換算	一人当り国民所得における比率
			%
1961	623	15.5	12.8
1962	642	16.0	12.4
1963	704	17.1	12.1
1964	811	20.3	12.0
1965	947	23.7	13.7
1966	1,047	26.2	13.7
1967	1,151	28.8	13.6
1968	1,440	36.0	15.0
1969	1,906	47.6	18.0
1970	2,081	52.0	18.8
1971	2,281	57.0	17.5

（資料）「自由中国之工業」「中華民国年鑑」

しかるに、蔣派国府の官僚は、表15における租税収入の歳入総額に占める割合が諸外国に比べ大きくないのを引例しては、台湾の税金が安いとうそぶく。それは全く自らを欺いて他人をも欺く戯言であって、国府財政における租税率の低いのは、政府が全台湾の近代産業を独占し、挙くの果てに年々国債・借入金と金をかき集め、その結果として他の収入が租税収入よりもずばぬけて大きいために招来した数字上の比較にしかすぎない。

(4)　日本政府の創作にかかる現行の専売事業は、植民地収奪の最たるもので、それは、政府独占事業として経営上の超額利潤を搾取するのみならず、多額の酒・煙草・塩などの専売税（間接税）を絞りあげ、台湾人の怨嗟の的であった。逆に日本総督府には財政上のドル箱として珍重されたが、蔣派国府もまた、この植民地収奪の機械をそっくり受け継いだわけである。

(5)　表15の〃税外収入〃の比率の大きさは、国有官営企業および政府財産の巨大さを、財政上でも証明していることを意味する。

(6)　国府歳入のいまひとつの特長は、年々の公債発行と政府借入金、および外資借款の大きいことである。表15の〃その他〃の条項がこれに該当し、それが歳入総額に占める割合の大きいことは他国に余り例のないことである。

そして、公債発行額は、近年のみを数えても、一九七一年二六億元、七二年七億元、七三年一〇億元とつづき、発

表25　一般経常収入の内容における国府と日本政府の比較

年	租税収入		専売収入		税外収入		その他	
	国府	日本	国府	日本	国府	日本	国府	日本
1963	52.9	82.5	18.2	7.5	11.7	4.8	17.2	5.2
1964	52.3	78.3	15.1	5.1	15.9	4.4	16.7	6.3
1965	51.2	80.8	14.0	4.8	18.5	5.6	16.3	5.2
1966	53.9	74.8	14.7	4.4	18.6	5.1	12.8	14.6
1967	48.4	77.2	13.4	3.4	22.4	4.2	15.8	13.4
1968	55.7	81.3	13.5	4.2	18.5	3.9	12.3	7.6
1969	61.2	85.6	12.2	3.7	15.1	3.8	11.5	6.5
1970	59.0	87.3	11.2	3.3	15.9	3.7	13.9	5.4

（資料）「日本政府大蔵省財政金融月報」「中華民国年鑑」
（注）　△日本政府は，官営企業や専売事業が大きくなく，政府歳入の大部分を租税収入にたよる。
△日本政府の公債発行は，1966，67年と多額になったが，それは当時の経済不況の救済策としておこなわれた。

表27　主要国の国民生産に対する軍事費の比率（1965年）

	%
アメリカ	11.1
イギリス	5.8
西ドイツ	4.3
フランス	4.2
イタリア	2.6
日　本	0.5
国　府	14.5

（資料）「国連統計年鑑」
「中華民国年鑑」

表26　主要国の財政支出に占める軍事費

	1960年	1965年	1969年
	%	%	%
アメリカ	38.6	41.5	33.8
西ドイツ		26.4	
イギリス	27.6	25.7	17.2
フランス	25.0	19.7	17.2
イタリア		12.2	
日　本		8.2	7.2

（資料）「国連統計年鑑」
「日本政府大蔵省；財政金融統計月報」

行累計は九六・三六億元で、そのうち一八・六億元しか償還していない。

国府当局が好きな時に勝手に発券銀行（台湾銀行）から借りあげる借入金は、常識はずれの巨額なものであり、過去において世にも稀れなる紙幣乱発と財政インフレの誘因となった癖物である（本書第十三章参照）。彼らは、かくのごとき、台湾人大衆の生活を窮乏と混乱に陥し入れるような〝紙幣を要るだけ刷る式〟の理不尽を今でも平気でしかねないでいる。そのほか、外資借款については後述する。

蔣派国府は上述のごとく、将来にわたって返済しなければならない公債・借入金・外国借款をかくも多額にかかえていながら、それで一九六四年度から黒字財政になったと有頂天になるとは、まことに笑止千万である。

(7)　戦後の各国財政が膨脹した理由として、経済成長の他に、軍事費の増大が挙げられてきたが、蔣派国府ほどべらぼうな軍事費をかかえてきた国はどこにもいなかった(ベトナム戦争開始以後のアメリカ財政は別)。しかも近年、各国ともに財政支出に占める軍事費の割合が低下しているのに、独り蔣派国府だけは依然と高率を維持してきた。

蔣派国府は、台湾人口一千五百万のところへ、五、六十万の常備軍を養ってきた。それに必要な軍事支出は台湾の国民総生産からみて、実に大へんな重荷というほかない。そして、彼らがそれをひたかくしにかくしているため、外部から軍事費の正確な数字は知る由もないのであるが、もちろん表16にある〝一般行政・国防費〟などの数字では、とても賄いきれない代物である。

ある国府財政に詳しい人士の言によれば、国府の軍事費は一九五〇年代に引きつづき、現在にいたるまでずっと、〝中央歳出の八〇%、もしくは中央・地方歳出合計（国府経常支出）の六〇%を占めてきた〟とふんでいる。仮りにそうとすれば、台湾の国民総生産に対する軍事費の割合は、一七・五%（一九七〇年）という、とてつもない数字を占めるわけになるが、表27のごとく、各国の軍事費率（国民総生産との対比）と比べてみた場合、この財政通の試算した数字は、あながちそんなに実勢とかけ離れているとは思われず、当らずとも遠からずということができよう。

(8)　戦後世界の各国において、軍事費とならんで、社会福祉費が増大していることもまたひとつの特徴であるが、蔣派国府統治下の台湾では、どこをみても人並みの福祉施設があるわけがなく、あるのはただ社会福祉を思わせるような胡魔化しの〝統計数字〟（たとえば、表16における〝衛生・厚生〟の項目であるが、その支出内容はほとんど軍事衛生に関連のある諸経費につきる）か、それとも厚顔にも政府要人が誇らしげに語る社会福祉的な〝談話〟のみである。

これを要するに、いくらかの経済成長があったとはいえ、台湾のような、一人当り国民所得がまだまだ低いうえに、所得分配の極端に不平等な植民地社会においては、軍事費を主とするかくも厖大な亡命政府の財政を頭から押しつけられてきた台湾人大衆こそ、大へんな災難だという他ないのである。

(d)　金融独占

さて、蔣派中国人の台湾・台湾人に対する植民地統治は、台湾経済を徹底して独占支配する面にもっとも端的にあらわれているが、それは既述の国府財政を要とする権力・財力・組織力・人力による、㈠金融の独占、㈡近代工業生産の独占、㈢土地政策と農産品低価格による農産物の独占、㈣外国経済援助資金と対外貿易の独占、㈤台湾の人的・物的資源の独占、を五本の柱としてきた。

およそ、経済活動というものは〝金〟がついてまわらなければできない相談である。したがって、その金を流通させる〝金融〟は一国の経済の中枢であり、動脈に当る。

蔣派中国人および買弁台湾人は、台湾経済の動脈や中枢をおさえるためには、まず政府の重要な財政・経済のポストから独占しつくした。すなわち、行政院の経済部（部長孫運璿—中国人）・財政部（部長李国鼎—中国人）・国際経済合作発展委員会（主任委員張継正—中国人）・台湾省政府の財政庁（庁長鐘時益—中国人）・物資局（局長何挙帆—中国人）である。それから、金融機関の主要な椅子も、蔣派中国人および買弁台湾人によって独占された。主なるもので、国営の中央銀行（総裁兪国華—中国人）とその傘下にある交通銀行（工鉱金融、董事長馬兆奎—中国人）・中国農民銀行（農業金融、董事長唐縦—中国人）・中央信託局（購買・貿易・信託保険、局長騰傑—中国人）から、台湾省営の台湾銀行（国庫兼発券兼政府企業金融、董事長陳勉修—中国人）・台湾土地銀行（農業金融、董事長蕭錚—中国人）・台湾省合作金庫（組合金融、董事長朱樵榕—買弁台湾人）、および民営の中国国際商業銀行（董事長林伯寿—買弁台湾人）・彰化商業銀行（董事長呉金川—買弁台湾人）・台湾第一商業銀行（董事長郭建英—買弁台湾人）・華僑商業銀行（董事長蔡功南—中国人）・上海商業儲蓄銀行（董事長陳光甫—中国人）・台北市銀行（董事長金克和—中国人）・台湾合会儲蓄公司（董事長劉潤才—中国人）・華南開発信托公司（董事長林柏寿—買弁台湾人）にいたるまで、ざっとこんなふうである。

そのうち台湾銀行（陳勉修は陳誠の弟）は、日本統治時代と同じく中央銀行業務と通貨発行を代行するのみでなく、全台湾の資金量の六〇％を握って君臨する金融界の法皇庁である。そして、台湾銀行は低金利資金を一手に握り、官営企業と政府機関、および政府関連の民間企業に優先的に供給してきた。特に官営企業は一九五〇年代から台湾銀行の貸付総額の七〇%を独占してきたが、民間企業貸付金利が年平均一二%という高金利に対し、官営企業貸付は四%の超低金利で利用できた。かくして台湾銀行は、〃金〃の面を通じて台湾の公・私企業を統制下においたのである。

蔣派中国人および国府による金融独占はかくも極端なもので、その結果として、蔣派中国人関係の公・私企業、あるいは市中銀行を私物化する買弁台湾人の関連事業には、資金が潤沢に廻るが、これに反して、権力とは遠い普通の台

貸出残高			政府公庫貸越し	公債
計	官営企業	政府借上げ		
百万元	百万元	百万元	百万元	百万元
5,607	2,816	149	2,092	225
6,792	3,090	129	2,033	201
8,152	3,183	102	2,073	359
9,420	3,662	145	2,660	317
12,865	4,904	203	3,810	282
16,316	6,462	228	3,627	478
17,449	5,298	278	3,968	789
21,513	5,946	526	4,112	1,035
26,970	6,687	994	3,921	1,674
31,847	7,362	1,683	4,159	2,420
39,668	8,835	2,439	4,250	2,936
49,889	9,745	3,257	2,277	3,468
61,519	11,173	4,015	4,209	2,666
73,543	13,298	4,564	3,938	2,931
90,525	17,306	4,959	1,716	2,610
110,334	19,012	5,865	1,040	2,287

表28　台湾金融指標

年	通貨発行残高			預金残高		通貨供給量	
	(A)	1952=100	増加率	(B)	1952=100	(A)+(B)	1952=100
年末	百万元		%	百万元			
1952	262	100		574	100	1,336	100
1953	918	350	250.3	765	133	1,683	126
1954	1,140	435	25.2	988	172	2,128	159
1955	1,368	522	20.0	1,187	206	2,555	191
1956	1,540	587	12.5	1,689	294	3,229	241
1957	1,896	723	23.1	1,905	331	3,801	284
1958	2,351	897	23.9	2,778	483	5,129	383
1959	2,571	988	9.3	2,998	522	5,570	416
1960	2,666	1,023	3.5	3,444	600	6,110	457
1961	3,076	1,180	11.9	4,259	742	7,335	549
1962	3,396	1,303	10.4	4,527	788	7,923	593
1963	4,127	1,584	21.5	6,071	1,057	10,198	763
1964	5,198	1,980	25.9	8,233	1,434	13,431	1,005
1965	5,779	1,834	11.1	9,066	1,579	14,845	1,111
1966	6,584	2,530	13.3	10,809	1,883	17,393	1,301
1967	8,363	3,215	31.9	13,737	2,393	22,100	1,654
1968	9,409	3,615	12.4	15,065	2,624	24,474	2,164
1969	11,015	4,230	17.0	17,899	3,118	28,914	2,223
1970	13,499	5,154	21.8	21,587	3,760	35,085	2,626
1971	16,681	6,384	23.9	28,995	5,051	45,676	3,507
1972	22,176	8,500	39.1	38,632	6,515	60,808	4,676

（資料）「Taiwan Statistical Book 1972」「国府中央銀行金融統計月報」

湾人の民間企業の方は、資金涸渇で倒産したり、あるいは亡命資金などの高利の闇金融で苦しみぬいてきたのである。

蔣派国府当局の財政乱脈と紙幣乱発のすさまじさは、すでに悪評さくさくであるが、一九六〇年代に入って経済成長が軌道に乗ってからは、さすがに、そのようなべらぼうなことはできなくなった。しかし、そうはいっても軍事費支出の厖大なことと、経済成長による資金不足のために、やはり手っ取りばやい手段として、かくれた紙幣増発や金融操作がこきざみにつづけられてきた。これは、先進国においてはとても真似のできない芸当である。表28は金融操作の辻褄をあわせるための、よくできすぎた官方数字というほかないが、かといって、そのまま鵜呑みにしたら、大へんな実勢誤認になること必至である。少なくとも以下の数点を見直す必要があろう。

(1)　一九五〇年代では、国府の通貨発行額の実数は、官方発表より二〇％増と見るのが妥当だとされてきた。一九六〇年代はそんなにひどくはないにしても、相変らずの金融操作に明け暮れたのをみても、通貨発行高が全然官方数字のとおりだとは、とても考えられない。仮りに発表数字どおりだとしても、表28のごとく、発行高が年々大巾に増えつづけているのが実勢で、しかも隔年ごとに決って激増するところに、操作のからくりが窺われる。

いずれにしても、経済が成長して商品取引の量が増えるから、紙幣の需要量が増加するのに違いはないが、だからといって、表29のごとく、台湾の通貨発行高が、経済成長の枠からそんなにはみだしていいという理由にはならない。通貨発行がすぎて、市中にだぶつくと、物価騰貴してインフレを招く。台湾は既述のとおり、戦後において前代未聞のものすごい悪性のインフレ旋風に見舞われてきた。それでも、いままでは政府の強権でもっておさえてきたものの、昨今では、国際上の政治的孤立や台湾人大衆の政治的目覚めから来る政情不安の底流と相俟って、市場の物価が急速に高騰しだした。台湾経済の今後の変動が見ものである。

(2)　政府借入金（表28の政府借上げ・政府公庫貸越し・公債引受け）、および官営企業貸出が、全銀行貸出残高に占める比率の大きさは、まさに他国では見られない、驚くべきことである（表30参照）。

(3)　金利は資金に対する需要と供給の関係で定まるが、台湾の金利水準は非常に高い（表31、32参照）。それは、㈠絶対量の資金不足、㈡政府および官営企業の独占に起因する資金偏重、㈢中国人亡命資金の闇金利を保護する含みを持った政策意図の三つに原因していた。

そのうえ、市中金利は、中国式の銭荘的な封建色彩が強く、銀行から金を借りる場合は、普通金利のほかに複利が加算され、さらに法外な印紙税・保険料・倉敷料・諸手数料の出費を余儀なくされ、銀行職員に差しだす袖の下もまた多額なものである。

表29　国民生産成長率と通貨発行増加率の比較

年	国民総生産	通貨発行
	%	%
1963	14.9	21.5
1964	11.8	29.5
1965	8.3	11.2
1966	11.3	14.0
1967	13.1	25.5
1968	15.8	12.5
1969	11.8	27.7
1970	14.8	22.3
1971	11.5	23.9

（資料）「自由中国之工業」

表30　銀行総貸出残高に占める政府借入および官営企業貸出の割合

年	政府借入金	官営企業貸出	計
	%	%	%
1957	43.9	50.2	94.1
1958	34.7	45.5	80.2
1959	31.1	38.6	69.7
1960	33.1	38.8	71.9
1961	33.5	38.1	71.6
1962	26.5	39.5	66.0
1963	28.8	30.3	59.1
1964	26.3	26.6	52.9
1965	24.4	24.8	49.1
1966	25.9	23.1	49.0
1967	24.5	22.5	47.0
1968	22.0	19.5	41.0
1969	17.9	18.1	36.0
1970	15.4	18.0	33.4
1971	11.3	19.1	30.4
1972	9.6	17.8	27.4

（資料）「自由中国之工業」

表31　各国の中央銀行貸出金利の比較（%）

	台　湾	日　本	英　国	西ドイツ	アメリカ
1968年1月	11.8	6.25	5.50	3.00	4.50
1969年1月	10.3	6.00	8.00	8.00	5.48
1970年1月	9.8	6.25	7.00	7.00	6.00

（資料）「国連統計年鑑」「国府中央銀行金融統計月報」

表32　台湾の銀行金利調整表（1972年）（%）

	旧金利	新金利	調整幅
(1) 銀行預貯金金利			
定期預金			
2～3年	9.50	9.00	0.50
1年	9.25	8.75	0.50
9カ月	8.25	7.75	0.50
6カ月	7.75	7.25	0.50
3カ月	6.50	6.25	0.25
1カ月	5.50	5.25	0.25
当座預金および郵便預金	5.50	5.00	0.50
通知預金	1.50	1.50	不変
乙種当座（普通預金）	1.25	1.25	不変
(2) 銀行貸出金利			
手形割引	10.75	10.00	0.75
担保貸出	12.00	11.25	0.75
信用貸出	12.50	11.75	0.75
輸出貸出	7.50	7.50	不変
(3) 中央銀行貸出金利			
手形再割引	9.25	8.50	0.75
担保付融資	10.00	9.25	0.75
短期融資	12.00	11.25	0.75
公債担保融資	10.25	9.50	0.75
輸出貸付融資	6.50	6.50	不変

（資料）中央銀行『台湾金融統計月報』
（注）1972年7月1日に実施。

しかるに、近時になって、中国人側から低金利政策が唱えだされるようになった。近年、銀行預金が増えたことにも起因はするが、それにもまして、昨今の政治情勢にかんがみ、彼ら統治者側が万一の場合に備え、何かと言っては他国へ再亡命する時のために、ひどい汚職や金儲けに身をやつしてきたことに原因の一端を見いだすことができよう。それで、各自の再亡命資金づくりには、高金利では都合が悪いからである。

さらに、外貨事情がいくぶんなりとも好転したことが丁度よい口実になって、彼らはさっそく、遊資吸収という名目などをつくりだし、一段と金の操作に乗りだしたのである。それは、㈠国有官営企業や政府保有の企業株の一部を放出し、あるいは公債を増発して、蔣派中国人と国府の現金手持ちを増やす、㈡金利を下げて銀行資金を使いやすいようにする、㈢外貨を放出して個人の手持ち外貨の制限を緩和する、㈣手持ち現金（元）を手持ち外貨（ドル）に交換しやすいようにする、というように、金を握る蔣派中国人および買弁台湾人が、いつでもドルを持って台湾を逃げだせるような、〃逃げ仕度〃のための金の操作が絶えず行われるようになったのである。

(4)　さらに、蔣派中国人統治下の台湾資本主義は、アメリカ資本主義および日本資本主義によって、世界資本主義体制のなかに組み入れられてきた。そして、金の面では、アメリカ経済援助十五億ドルの外に、一九七二年末までに、外資として、国連技術協力約二千万ドル（八億元）、日本借款約一億七千万ドル（六十八億元）、国際金融機関借款残高約五億ドル（二百億元）、という厖大な借金を国際的につくってきた。

このように金融の面においても、台湾は世界経済とのかかわりあいが深くなっているが、それがゆえに、台湾経済は世界経済の変動にいちいち影響されることを免れなかった。たとえば、一九六〇年代の世界金融情勢は、㈠インフレ亢進、㈡金利の乱高下、㈢国際通貨危機の激発、という三つの悪材料が重なりあった。一九七〇年代に入って、このような悪材料はいささかも減少せず、むしろ激化の方へ進んでいる。特に昨今などは国際通貨の危機が一段と亢進しているところへ、石油危機が俄かに加わってきて、世界をあげて混乱のるつぼに投げこまれていった。

蔣派中国人統治下の台湾は、今まで、経済発展をかさねてきたが、一方では世界的経済危機の波浪をも少なからず受けてきた。今後、台湾の通貨・金融面はもちろんのこと、経済全般にわたって、さらに大きい世界的危機の荒波をかぶる時がくるのは、もはや避けられないことである。

(e) 蔣派国府の台湾支配を支えてきた〝米援〟

アメリカ政府は、第二次大戦の時代に、武器弾薬や軍需品を他国に売り渡して儲けた数百億ドルを元手にして、諸外国に貸与し、それによって、経済的側面から戦後世界を支配することを意図してきた。このような政治的意図を持った国家資本を台湾にふりむけ、蔣派国府に貸与したのが、いわゆる〝米援〟である。

蔣派国府に対する〝米援〟は、もとをただせば、一九四八年蔣派国府の大陸本土時代まで逆のぼる。すなわち、一九四八年（民国三七年）四月、アメリカ国会を通過した〝対華援助法〟に基づいておこなわれた〝米華経済援助双務協定〟によって開始されたのであるが、一九四九年に蔣派国府が中国本土より敗退したため、〝中国〟を対象とする米援は、これをもって中止になった。

こえて一九五〇年六月、朝鮮戦争の勃発が契機となり、アメリカ政府は、自国の極東戦略体系下にある重要な台湾島に対し、軍隊を入れる口実ができた。それと同時に〝台湾〟を対象として〝軍事ならびに経済の援助〟を開始することになり、かくして、台湾島を直接占領している蔣派国府に対する援助を再開したのである。それは、次のような順序と変遷をへて行われてきた。

(1)　一九五一―五七年の期間は、〝相互安全保障法〟(MSA)に基づいて、贈与性援助が行われた。

(2)　一九五七年からは、一九五四年にアメリカ国会で成立した〝農産物輸出援助法〟(Suplus Agricultural Commodities Under P/L 480)に基づいて、農産物が台湾に輸入された。そして、それを売った見返り資金は、新台幣(元)で積み立てられ、蔣派国府に直接軍事費や各種経済建設資金として貸与した。

(3)　一九五八―六一年の期間は、一九五七年アメリカで〝開発借款基金〟(Developement Loan Fund=DLF)が設立され、これに基づいて、いままでの贈与性米援は漸減し、四十年間無利子の借款性援助が取って代った。

(4)　一九六二―六五年の期間は、米ドル防衛のために一九六一年アメリカで〝国際開発法〟(Act for International Development Loan)ができ、これが今までのDLF借款に取って代った。これは一九六四年に再改正され、こんどは二十年返済の年利三・五％に変えられた。

(5)　一九六五年七月、米援の打切りと同時に、今までにたまった見返り資金を基金として、新たに〝中米経済社会開発基金〟が設立され、引きつづき、台湾の経済開発の有力な資金源として残存した。

かくして、アメリカ政府は、一九五一―六五年までの十五年間に、蔣派国府に対して合計十四億八千万ドル、年平均九千八百八十万ドル、年最高一億三千万ドルの経済援助を与えてきた。しかし、その名称は〝経済援助〟といっても、本来が台湾の軍事力の培養をねらいとしているものであるから、援助内容は、直接軍事費・防衛援助・余剰農産

表33　アメリカ対国府の経済援助（100万ドル）

年	総　計	一般経済援助				開発借款基金	余剰農産物P/L480
		合　計	防衛援助	技術援助	直接軍事援助		
1951～54	375.2	374.3	289.1	4.1	81.1	—	0.9
1955	132.0	129.4	97.5	2.4	29.5	—	2.6
1956	101.6	92.0	78.7	3.3	10.0	—	9.6
1957	108.1	87.0	77.0	3.4	6.7	—	21.0
1958	81.6	64.7	53.3	3.5	7.8	—	17.0
1959	128.9	71.2	62.2	2.6	6.4	30.6	27.1
1960	101.1	74.4	68.2	2.4	3.8	19.1	7.6
1961	94.2	50.1	45.7	2.0	2.4	16.1	28.0
1962	65.9	6.6	3.9	2.7	—	—	59.3
1963	115.3	21.6	19.8	1.8	—	—	93.7
1964	83.9	57.7	56.2	1.5	—	—	26.2
1965	56.5	0.4	—	0.4	—	—	56.1
1966	4.2	—	—	—	—	—	4.2
1967	4.4	—	—	—	—	—	4.4
1968	29.3	—	—	—	—	—	29.3
総　計	1,482.2	1,029.4	851.6	30.1	147.7	65.8	387.0

（資料）「Taiwan Statistical Data Book」

物援助などと複雑にして多岐にわたった。

表33の各項目の運用の仕方は次のとおりである。

(1)　〃防衛援助〃（DS）は、アメリカ国務省国際協力庁（ICA）が監督し、国府に資金を使用させた。これは台湾経済の安定と発展を計ることによって、軍事費負担能力を高める性質のもので、道路・橋梁・ダム建設から工場建設や原材料の供給にいたるまで、広汎に資金が使われた。

(2)　〃技術援助〃（TC）もまた、アメリカ国務省国際協力庁が監督し、国府に資金を使用させた。この資金は米人専門家の招請や国府側の技術者の養成・留学に使われた。

(3)　〃直接軍事援助〃（MDAP）は、〃軍事協力援助〃（DFS）とともに、アメリカ国防省国際安全局（ＩＳＡ）の管理下にあった。この資金はアメリカ政府が所有し、使途を指定して使った。そして軍需と民需の両方に使われたが、特に国府に一定の軍事力を保有させるために、軍用の被服・食糧・薬品・石油・兵舎や飛行場の建設資材のような軍需物資を援助することに重点がおかれた。この資金割当にはＩＣＡも関与した。

(4)　〃第四八〇号公法余剰農産物〃（ＳＡＣ）は、アメリカ本国の余剰農産物の輸出促進と対外経済援助を兼ねる一石二鳥の性質のもので、売り上げ代金は〃四八〇号特別勘定口座〃に新台幣でプールして、アメリカ政府が所有し、使途を指定して蔣派国府に使わせた。

以上がアメリカ政府が蔣派国府に与えた〃経済援助〃の概略である。このような巨額の経済援助のほかに、国府軍の武装部隊の戦闘力を直接的に増強することを目的とした〃軍事援助〃があって、艦船・飛行機・戦車・車輛・兵器・弾薬などが大量に供給された。さらに兵器廠・飛行場・軍用道路などの軍事施設の建設や維持にも援助した。かかる軍事援助の多寡は極秘にされているため、確かな実数を知る由もないが、専門家は一九六五年までの軍事援助総額を二十五億ドルは下るまいと推算した。

したがって、アメリカ政府が蔣派国府に与えた、いわゆる〃軍事ならびに経済の援助〃は、十五年間に合計四十億ドルに昇るとみてほぼ間違いない。これは、年平均にして二・六六億ドルである。これは、同じ十五年間の国府財政の年平均歳出額の八五％に相当する巨額のものである。

しかも、アメリカ政府が行った、かくも厖大なドルと物量の投入は、〃決して単なる補助ではなくして、見返り資金としての使用審査、爾後審査をうける〃（在台湾日本大使館編「台湾経済の現状」）ことを規定し、アメリカ政府の駐台湾の出先当局が、蔣派国府に対して行ってきたのである。

かかる性格と比重を持った援助は、直接的にも間接的にも、かつまた量的にも質的にも蔣派国府を政治的経済的に支配するのみならず、台湾社会そのものを支配せずにはおかなかった。つまり、台湾が政治的にアメリカに隷属し、アメリカ資本によって台湾経済が征服され、アメリカの軍事戦略体制に台湾島が完全に封じこまれることを意味した。その結果、台湾・台湾人は、蔣派国府の植民地統治と搾取を受けると同時に、実質的にアメリカ帝国主義の植民地主義的抑圧搾取をも受けることになったのである。

かくしてアメリカ政府は、㈠台湾の政治的経済的基幹を押える、㈡台湾を自国戦略体制のなかに確保しつづける、㈢台湾を商品市場として余剰農産品と工業原料をダンピングする、㈣台湾を投資市場とする、という彼ら本来の目的を達することができた。

蔣派国府の方もまた、㈠台湾統治の政治的・経済的・軍事的基盤を強固にすることができた、㈡六十万軍隊を維持しつづけた、㈢赤字財政を補塡し破産から免れた、㈣台湾巨大企業の独占を強化した、㈤貿易の赤字を補塡した、という大きい拾い物をした。

これらに対し、台湾人大衆は、㈠余計に働かされ余計に搾取された、㈡アメリカ帝国主義と蔣派国府の二重の植民地的搾取を受けた（後に日本帝国主義が一枚加わる）、という犠牲を代価にして、初めて台湾経済の高度成長を手に入れたのである。すなわち、

⑴　まず、蔣派国府の赤字補塡である。本来ならば一九四八年の経済援助双務協定第五条に基づき、国府は援助受入れに際し、供与された物資および労務のドル額に相当する現地通貨（新台幣）を、アメリカ政府の承認のもとに、特定勘定として預託する義務が負わされていた。

ところが、蒋派国府の国庫はいつも空っぽで、アメリカ政府との約束どおり、援助物資がついても新台幣の積立をする能力がない。そこで、アメリカ政府はやむなく、蒋派国府が援助物資として受取った物資の処理代金だけを、いわゆる〃見返り資金〃として積み立てることを認めざるをえなくなった。

けっきょくは、このように積み立てた見返り資金が、逆にまた、火の車の国府財政を救うことにあてがわれ、年々の大きい赤字を補塡することになったのである。表34が示すごとく、補塡総額は大へん巨額なもので、国府財政の毎年の歳出の一〇―一五%、歳入の二〇―三〇%を占めてきた。特に一九五〇、五一年などは、国府の中央財政を丸かかえにしたにも等しく、その六〇―七〇%を見返り資金によって補塡し、ようやく財政破綻をまぬがれたのである。

(2)　アメリカ援助は、資金の大半を国有官営企業に集中して投入

表34　国府の歳出入に占める見返り資金の比重

（100万元）

年	純歳出額	歳　入	補塡した見返り資金	差　額
1952	6,194	4,751	1,383	(−)60
1953	12,668	4,383	1,207	(−)39
1954	7,922	6,448	1,369	(−)107
1955	8,635	7,374	1,193	(−)68
1956	10,059	7,898	2,183	(＋)23
1957	11,551	7,881	1,814	(＋)146
1958	11,051	9,557	1,634	(＋)83
1959	13,334	11,199	2,162	(−)75

（資料）「Edward A. Fenenbaum, Taiwan's Turning Point, 1964年」（米援運用委員会，経済叢書刊之24）

（注）△歳出入は中央政府と省政府の綜合予算
△1960年の固定価格で計算

表35　経済計画に占める米援資金の比重（億元）

	年	①投資総額	②米援資金	②÷①
第一次	1953—1956	67.9	23.2	34%
第二次	1957—1960	221.0	84.0	38
第三次	1961—1964	500.0	186.0	37

（資料）「日本外務省；中華民国経済事情1964」

し、その存立を可能ならしめた。たとえば、アメリカ政府は資本援助の八〇%を国有官営企業に与え、それは現地台湾通貨資金による貸付総額の七〇%、およびアメリカ通貨資金の九〇%を占めた。その結果、台湾におけるトップ巨大企業百社の借入金総額の五〇%、長期借款の八三%を、このアメリカ援助資金に依存したのである。

そして、アメリカ政府は、官営企業に対する資金援助を通じて、蔣派国府の独占支配する台湾の国防産業やエネルギー産業、および電信電話・運輸交通・肥料工業・化学工業・農産加工業などの巨大基幹産業を背後から掌握したのである。つまり、アメリカ国家資本と蔣派官僚資本が、国有官営企業に対する資本の集中投下を通じて、密接に結びつき、ともによってたかって台湾経済の命脈を独占支配したのである。

(3)　蔣派国府は、初期の三次にわたる四カ年経済計画において、投資総額の三六%をアメリカ援助に依存した。特

輸入超過		米援を勘定に入れない時の輸入超過率
⑥金額	⑥÷①	
1.0	% 2.9	29.2
29.7	24.3	46.5
50.7	54.3	115.0
87.4	73.0	147.6
60.8	46.1	111.8
105.2	108.7	208.8
56.7	42.5	109.2
98.1	75.4	149.6
83.7	49.6	107.7
67.3	41.5	91.6
83.8	52.2	98.0
78.0	48.4	101.9
105.8	51.4	103.3
82.1	36.9	70.5
(+) 26.9	(+) 5.7	15.4
(+) 59.6	(+) 4.9	28.8
(+) 42.4	(+) 8.6	8.1
(+) 78.2	(+) 13.3	1.3
(+) 35.1	(+) 5.4	5.2
(+) 3.9	(+) 4.6	1.0
(+) 14.2	(+) 1.2	1.3
(+)150.4	(+) 8.9	9.5
(+)145.5	(+) 6.7	
(+)270.8	(+) 8.9	

表36　台湾貿易収支（100万ドル）

年	①輸　出	輸				入
		②　計	③通　関	④米　援	⑤その他	④÷②
						%
1949	33.9	34.9	26.0	8.9	—	25.5
1950	93.0	122.7	91.6	20.5	10.6	16.7
1951	93.1	143.8	84.8	56.6	2.3	39.3
1952	119.5	206.9	115.2	89.0	2.6	43.0
1953	129.7	190.5	100.5	84.0	6.0	49.8
1954	97.8	204.0	110.2	87.8	5.9	43.0
1955	133.4	190.1	91.6	89.1	9.3	46.9
1956	130.1	228.2	114.3	96.4	17.4	42.2
1957	168.5	252.2	138.8	98.7	14.7	39.1
1958	165.5	232.7	129.7	82.3	22.8	35.3
1959	163.7	244.4	150.4	73.4	20.6	34.1
1960	174.2	252.2	143.2	90.8	18.1	36.0
1961	218.3	324.1	192.4	108.1	23.5	33.3
1962	244.4	326.5	224.6	80.1	22.8	27.6
1963	363.5	336.8	226.5	76.0	34.2	22.2
1964	461.5	410.1	331.4	39.7	36.8	9.6
1965	495.8	453.4	453.4	65.9	35.9	14.5
1966	584.2	505.6	505.6	34.3	61.2	6.9
1967	675.1	640.0	640.0	30.6	176.9	4.8
1968	841.8	837.0	837.0	19.8	169.1	2.3
1969	1,110.6	1,096.4	1,096.4	13.8	94.6	1.4
1970	1,561.6	1,411.3	1,411.3	0.1	116.3	
1971	2,135.5	1,990.0	1,854.3		135.7	
1972	3,114.1	2,843.3	2,617.5		225.8	

（資料）「自由中国之工業」「Taiwan Statistical Data Book 1972」
「Foreign Trade Quarterly 1964」

に電力部門の開発資金は、その七〇％をアメリカの資金で賄ったのである。

(4)　アメリカ援助は、アメリカ国家資本をもって台湾の投資市場を開拓し、自国の民間資本の進出を準備する役割をも果してきた。この点は、日本政府が台湾を占領した当初において演じた役割と同じであった。そして、一九六〇年代に入って台湾が外資を受け入れられる状態になった後は、今までの贈与性援助から漸次、借款性援助に切り換えられ、援助対象も国有官営企業から、自国の民間資本が投資している台湾民間企業へと広げていった。

(5)　最後に、貿易上の入超を補塡したことである。アメリカ政府が対外援助をしてきた本音が、あり余っている自国の農産物を売りさばくためのハケロを外国に求めることにある、ということは既述した。この点に関しては、アメリカ政府は、台湾において、大きくその目的を達したといえよう。たとえば、援助物資十五億ドルのうち、その四五％は余剰農産物の小麦粉・棉花・大豆によって占められていたのである。さらにまた、援助物資の大量投入によって、戦前の日本依存の台湾貿易が、一挙に逆転し、一九五〇年代から米国依存に変っていったのである。

一方、一九五〇年代の台湾対外貿易は、蔣派中国人の牛耳る〝中央信託局〟によって独占されてきたが（輸出の八〇％、輸入の六〇％を独占）、貿易収支は戦前の日本統治時代（年々二五―三〇％の黒字）とは逆に、大巾の赤字を記録しつづけた。この貿易上の赤字をも米援にたよって、初めて補塡できたのである。この時期において、アメリカ援助に基づき輸入した援助物資の金額が、輸入総額の四〇％を占め、その見返り資金が台湾貿易の純輸入超過額の八〇％を補ってきて、これで蔣派中国人の独占する台湾貿易がようやく事なきを得たのである（表36参照）。

この時点で、台湾経済は急速に戦前のモノカルチュア的（米・砂糖の生産と輸出）生産構造から脱却することになるが、その代償として、アメリカの世界経済支配の圏内に組み入れられ、その経済変動にいちいち左右される破目になった。

以上のごとく、アメリカ政府の経済援助は、蔣派国府の赤字財政を補填し、経済成長の資金を賄い、破産に瀕する対外貿易を長期にわたって支えてきた。こういった蔣派中国人の失政を助け、その台湾に対する植民地統治を可能ならしめ、かつまた台湾経済の高度成長を促進した。その代りに、台湾の政治・経済を見えざる手で掌握したのみならず、台湾全体をアメリカの一色で塗りつぶした。たとえば、台湾島に一歩踏みいれると、眼につく限りの鉄道・道路・橋梁・ダム・大小工場、あるいは都市の大廈高楼にいたるまで、日本統治時代の遺物をのぞいたその他は、すべてアメリカ（後になって日本が一枚加わる）の息のかかったものばかりである。

歴来、アメリカ政府の後進国に対する援助は、帝国主義的であった。特に被援助国の支配階級の勢力維持にばかりつっぱしり、いつも他国の大衆圧迫に加担してきた。そして、台湾に対する援助は、まさしく、その見本のようなものであった。蔣一派中国人とその国民政府は、いままでアメリカ援助を独占し、それを台湾人に対する植民地統治の武器にすることによって、自分たちの吸血・腐敗・乱費を増長してきた。

台湾人大衆は過去も現在も、アメリカ製の武器で武装された特務・憲兵・警察によって抑圧・殺害され、そのカービン銃のもとで生活することを強要されてきたのである。

(f) 蔣派国府植民地統治の新しいスポンサーとなった日本借款と外人投資

表37　主要国輸出入金額拡大の比較（1970年）

	1960年＝100	1960—70年間の平均増加年率
フランス	260	10.0
西ドイツ	299	11.7
イタリア	366	13.7
日　本	208	16.9
アメリカ	208	7.6
イギリス	189	6.6
世　界	244	8.9
先進諸国	261	
ＥＣ諸国	298	
低開発諸国	200	
社会主義諸国	193	
台　湾	897	24.9

（資料）「国連貿易統計年鑑」
「Taiwan Statistical Data Book」

一九六一―七〇年の十年間といえば、世界貿易好調の時期であった。この期間に、世界全体の輸出貿易額は金額で二・四四倍、数量で二・二三倍となった。これは年平均八・九％という高い増加率である。しかし、世界貿易のかくも急速な発展のうちには、先進国と低開発国のいままでの深い溝がさらに深くなる（表37参照）、という大きなひずみがあった。たとえば、先進諸国の輸出額がこの時期に二倍半以上に増加したのに、低開発諸国はようやく二倍になる程度であった。それから、先進諸国の世界輸出貿易に占める割合は一九六〇年の六六％から七〇年の七一％に高まったが、低開発諸国は二一％から逆に一七％に低下した。つまり、この十年間の世界貿易の増大はもっぱら先進諸国相互間の貿易拡大によって造られ、低開発諸国はその犠牲に供されてきた。したがって、いわゆる〝南北問題〟は解決に向うどころか、かえって悪化の方向をたどっていったのである（「国連貿易統計年鑑」）。

このような世界貿易発展の明暗うづまく影響のもとで、低開発国のうちでも上位にランクされる台湾は、十年来、著しい貿易の伸長をみせ、一九七一年には対外輸出額が世界各国のうちで二十六位、国民一人当り貿易額は二十三位になった（「ＩＭＦ統計」）。

表36～41のとおり、台湾の対外貿易が一九六〇年代において、急速な拡大をしてきたことが明かであろう。そし

て、その拡大のテンポと巾は、六〇年代の後半に特に著しく、むしろ異常さをさえ感じさせる伸び方であった。

しかし前述のごとく、蔣派独裁の植民地統治下にある台湾の〝経済成長のたんなる数字的側面だけをみて喜ぶ〟のは禁物である（しかも、台湾の輸出が急伸長したとはいえ、実勢としては、一九七〇年世界輸出総額のわずか〇・〇五%にすぎない）。いまの政治的経済的支配体制がなくならないかぎり、たとえ台湾の経済がどんなに発展し、貿易がいかに伸びようとも、その伸びただけの成果を蔣派中国人と買弁台湾人、およびその背後に控える帝国主義者がよ

表38　台湾貿易輸出構造

年	計	農産品	農産加工品	工業品
	千ドル	%	%	%
1952		27.4	68.2	3.9
1953	129,793	13.1	79.6	7.3
1954	97,756	14.7	77.4	7.9
1955	133,441	29.5	62.8	7.7
1956	130,060	14.7	72.1	13.2
1957	168,506	16.4	74.9	8.7
1958	165,487	23.6	73.3	13.7
1959	163,708	23.7	63.9	23.9
1960	174,195	10.7	55.4	33.9
1961	218,324	14.1	43.1	42.8
1962	244,379	12.7	36.5	50.8
1963	363,467	13.3	43.6	43.1
1964	469,468	14.5	41.5	44.0
1965	497,813	23.4	30.7	45.9
1966	584,239	19.3	25.8	54.9
1967	675,092	18.0	22.0	60.0
1968	841,775	13.0	20.6	66.4
1969	1,110,623	11.1	16.4	72.5
1970	1,561,652	9.1	12.7	78.2
1971	2,135,546	8.1	11.5	80.4
1972	3,114,100	6.8	10.4	82.8

（資料）「Taiwan Statistical Data Book」

表39　台湾貿易輸入構造

年	計	資本財	農工原料	消費財
	千ドル	%	%	%
1952		13.7	53.0	33.3
1953	190,597	17.3	68.6	14.1
1954	203,976	19.3	69.1	11.6
1955	190,065	18.6	71.2	10.2
1956	228,225	24.1	68.0	7.9
1957	252,235	26.4	65.8	7.8
1958	232,785	25.9	62.9	11.2
1959	244,350	31.1	61.2	7.7
1960	252,216	27.5	63.0	9.5
1961	324,050	28.4	59.7	11.9
1962	327,542	25.7	64.6	9.7
1963	336,787	24.6	67.0	8.4
1964	410,401	25.0	64.5	10.5
1965	556,402	29.5	62.7	7.8
1966	603,109	29.6	62.4	8.0
1967	847,496	37.6	55.1	7.3
1968	1,025,862	35.2	57.4	7.4
1969	1,204,804	30.9	62.6	6.5
1970	1,527,697	31.1	62.2	6.7
1971	1,990,023	32.4	61.2	6.4
1972	2,843,300	33.6	60.5	5.9

（資料）「Taiwan Statistical Data Book」

ってたかって山分けするだけで、台湾人大衆にとっては骨折り損のくたびれ儲けでしかなく、せっかくの高度成長も鼻の先にぶらさげられた人参にすぎないからである。

そもそも、資本主義経済の体制下における一国の経済成長たるや、その国の経済的諸条件に合致した一定のテンポと巾を持続できてこそ、バランスのとれた大衆のための発展を期待できるものである。さもなければ、たとえ、どんなに高度成長をなし得ても、かならずその成長の大きさに比例するだけのひずみを造りだし、かつ、それによって惹き

表40　地域別輸出（100万ドル）

地域	1970年		1971年		1972年		1972対前年増加	
	金額	%	金額	%	金額	%	金額	%
アジア地域	620.4	39.7	718.6	33.7	1,020.1	32.8	301.5	42.0
香港	138.8	8.9	158.0	7.4	230.3	7.4	72.3	45.8
日本	235.6	15.1	267.0	12.5	406.1	13.0	139.1	52.1
北米地域	632.7	40.5	996.6	46.7	1,411.2	45.3	414.6	41.6
アメリカ	578.9	37.1	883.2	41.4	1,272.4	40.9	389.2	44.1
カナダ	53.8	3.4	113.4	5.3	138.8	4.5	25.4	22.4
欧州地域	162.8	10.4	224.6	10.5	370.0	11.9	145.4	64.7
西ドイツ	73.2	4.7	93.8	4.4	140.0	4.5	47.1	50.2
オランダ	32.9	2.1	45.6	2.1	63.3	2.0	17.7	38.8
アフリカ地域	60.2	3.9	65.0	3.0	90.5	2.9	25.5	39.2
其他	85.6	5.5	130.7	6.1	222.3	7.1	91.6	70.1
合計	1,561.7	100.0	2,135.5	100.0	3,114.1	100.0	978.6	45.8

（資料）「国府中央銀行外匯統計」

表41　地域別輸入（100万ドル）

地域	1970年		1971年		1972年		1972対前年増加	
	金額	%	金額	%	金額	%	金額	%
アジア地域	734.5	48.1	954.2	47.9	1,353.6	47.6	399.4	41.9
日本	582.1	38.0	767.4	38.6	1,080.9	38.0	313.5	40.9
北米地域	480.1	31.4	607.5	30.5	845.5	29.7	238.0	39.2
アメリカ	463.4	30.3	594.5	29.9	822.3	28.9	227.8	38.5
欧州地域	135.5	8.9	199.8	10.0	273.1	9.6	73.3	36.7
西ドイツ	51.0	3.3	76.2	3.8	116.3	4.1	40.1	52.6
中東地域	54.2	3.5	72.2	3.6	118.7	4.2	46.5	64.4
其他	123.4	8.1	156.3	7.9	252.4	8.9	46.1	61.5
合計	1,527.7	100.0	1,990.0	100.0	2,843.3	100.0	853.3	42.9

（資料）「国府中央銀行外匯統計」

おこされる凡ゆる破綻・不利益・困窮が、すべて弱き者の庶民大衆に皺よせされるわけである（この十年来の日本の無理な高度成長と、昨今の経済的混乱と不安が好い例）。

さて、一九六〇年代の台湾貿易は、その拡大のテンポといい（一九六八年以降のわずか数年に貿易拡大が突拍子もなく集中し加速されてきた）、拡大の巾といい（世界貿易が二倍半になったのに対し、台湾の方は九倍というべらぼうな数字をだした）、あまりにも極端で異常だった。かくして台湾は、いままでの植民地のひずみを拡大しながら、貿易拡大を進めてきたのである。

したがって、もしも、自分たちの故郷の健全な発展を願ってやまない台湾人本来の立場からすれば、こんな台湾・台湾人の骨身を削るような過度の経済成長や貿易拡大を、憂いこそすれ、とても蔣派国府の宣伝に躍らされて喜ぶ気にはなれないであろう。

では、いままでの植民的ひずみは、極端な経済拡大にともなって、いかに深化していったか。それは、一方では強大な搾取者側がますます肥っていくのに対し、他方、困窮しきった被搾取側がますます痩せ細る、という矛盾拡大の方向をとって進んだ。そして、このような搾取側の肥大化に推進役をつとめたのが、同じ一九六〇年代に台湾に新たに登場してきた〝日本借款と外人投資〟であったわけである。

先に、アメリカ政府の経済援助は、一九五七年を境にして性格的に変化をきたし、一九五八年から従来の無償贈与性の援助が、有償借款性に変更された。それと同時に今までの政府援助が徐々にアメリカ資本の民間投資に切り換えられていったのである。アメリカ政府はさらに、自国のドル防衛のために、一九六五年六月末日をもって蔣派国府に対する経済援助を打切ることにしたのである。そうはいっても、アメリカ政府が台湾の戦略的地位を重視するのを止めたわけではなく、その後も蔣派国府を変った形で面倒をみつづけ、軍事援助の方も継続的に行われてきた。

しかるに、このような経済援助の後退をみて、これでアメリカ政府に見捨てられたと慌てだしたのは蔣派国府の方であった。彼らは台湾支配の足もとに火がついたとばかりに急遽、別口のスポンサーを捜すのにやっきになった。その挙げくの果てに捜し求めたのが、日本政府の借款援助と外国人の民間投資だったわけである。

(1)　日本借款

日本は一九五〇年代に戦後の混乱・窮乏から早くも立ち直り、六〇年代に入ると、猛烈な勢いで国内経済の発展に突走った。そして、ふたたび息を吹きかえした日本資本主義は、ここでアジア地域に対して再度の帝国主義的経済進攻を計るようになるが、この際に第一の攻撃目標に挙げられたのが、かつて自国の旧植民地であった台湾であった。

かくして一九六五年四月、日本政府は蔣派国府の要請に応えて、一億五千万ドル（五百四十億円）の第一次円借款を約束した。さらに一九七一年八月に二千二百四十五万ドル（八十億八千二百万円）の第二次円借款を約束し、いずれも順次に実行に移してきたのである。強い政治性を持ったこの種の借款は、蔣派国府の台湾支配を強固にするのに役立ち、またそれだけ余計に食いつぶされるのが落ちであった。台湾人大衆にとっては、これはとうてい納得できないことであって、さらにそのうえ、これだけの借金を血税によって今後長期的に返済しなければならなくなった。たとえ、この借款でもって台湾の経済・貿易が一時的に伸びることがあったとしても、その成果は蔣派国府と買弁台湾人に壟断され、日本政府に収奪されるだけで、台湾人大衆にとってはほとんど得るところがないのである。

(2)　外人投資と華僑投資

〝資本〟というものは水が低きに流れるごとく、投資条件がより多い利潤の方へ流れていくものである。

だから、蔣派国府が自分たちの救世主として急速に〝外資〟をかきあつめるのには、他国よりも有利な投資条件をぶらさげておく必要があった。そこで、彼らは恥も外聞もなく台湾経済を切り売りするような外資導入の便法を取りそろえ、低賃金におさえた台湾人の労働力を売りものにした。

かくして〝外国人投資条例〟（一九五四年制定、一九五九年修改）・〝華僑帰国投資条例〟（一九五五年制定、一九六〇年修改）・〝投資奨励条例〟（一九六〇年制定、一九六五年修改、一九七一年再修改）・〝技術合作条例〟（一九五九年制定、一九六四年修改）・〝加工輸出区設置管理条例〟（一九六五年制定）を、やつぎばやに制定し、かつ、外国資本に有利なように修改してきたのである。

これらの〝条例〟は、いかめしい名称とは裏腹に、その内容たるや、すべて外人投資に至れりつくせりの好条件を提供したものであって、

① 外人投資には如何なる制限も加えない（外資一〇〇％の企業でも可、外国人単独でも共同出資でも可）
② 資本元本の本国還元および利益金の本国送金とも、その自由を保証する
③ 外資企業の非国有化を宣言し、その将来性を保証する
④ 租税を減免する
⑤ 工場用地取得に対する便宜を計る
⑥ 加工輸出区の設置と原料搬入および産品搬出の関税を免除する
⑦ 投資業種にほとんど制限を加えない。

というように、国権と台湾人の生活を売りものにした、屈辱的な代物であった。台湾が彼ら蔣派中国人のかけがいの

ない郷土でないから、そしてまた、台湾人を彼らは奴隷としか思っていないから、かくも恥しらずの切り売りを平気でやれたと解する他ない。

そのうちでも、保税加工を許容した〃加工輸出区〃の設置が、もっとも外国資本の垂涎のまととなった。これによれば、外国資本家は、台湾という他人の国土に、自分の好き勝手な計画・運営・管理でもって、工場を設置でき、そこで低賃金（一九七〇年調べでは、加工区で働く台湾人女工の賃金は台湾一般よりも高いが、それでも日本の約三分の一の低さであった）と世界的に安い電力をもって製造した工業生産品は、台湾の国内税を減免されるだけでなく、関税をも支払うことなく、フリー・パスで他国の市場へ持ちだし自由であり、しかも、ストライキとか、公害問題が発生しないことが保証されているときては、台湾は今も昔も外国資本家（特に日本資本家）の目には、〃投資天国〃と映るのも、けだし当然であろう。

かくして、一九六五年ごろから日・米両国を主とする外国民間資本が、短期日のうちにせきを切った奔流のごとく台湾に押しよせ、工場設備や原材料を満載した外国船が台湾の港を頻繁に出入りして、島内各地の空はたちまち外国人所有の大小工場の黒煙で黒く染った。このために、一九六六年末に設置された〃高雄加工輸出区〃はすぐ一杯になり、一九七〇年一月に〃楠梓区〃、同年五月に〃台中区〃がそれぞれ追加されねばならなかったのである。

かつて、アメリカ政府が一九五〇年代に台湾の大企業を掌中におさめたのに対し、その後にやってきた日本政府や外人投資家は、一九六〇年代に台湾の民間企業の大小を問わず、隅から隅まで、その支配下においたのである。一九七三年三月現在で、日本企業の投資件数三百八十九、技術提携件数四百五十六、日・米両国で台湾の輸入の七〇％、輸出の五五％を占めた。そのほか、この外資侵入の尻馬にのって、外国で荒かせぎして得た泡銭を台湾に送金し、蔣派国府や外国資本の手下となって、台湾人大衆を食いものにするような、いわゆる〝華僑投資〟があった。彼らは名は華僑でも、本質的には買弁台湾人と同じ穴の狢である海外在住台湾人で、私利私欲のためには祖国や同胞をも敢て外国に売り渡す輩である（表42参照）。

(3) 国際金融機関借款

蔣派国府は日本借款と外人投資だけでは不足とし、国際復興開発銀行（世銀）などの国際金融機関から多額の借款を引きだした（表45参照）。

このような蔣派国府の誘いに乗る金融機関はアメリカ系に多く、たとえば、チエス・マンハッタン、ファースト・ナショナル・シテイ、バンク・オブ・アメリカ、アメリカン・エクスプレス、アービング・トラスト、コンチネンタル・トラスト・イリノイスの六行も、次々と台北に支店を開設しだした。

(4) 国連の経済技術協力

上述の借款や外人投資とは性質が違うが、蔣派は今までに国連や諸国からもできるだけの経済技術協力を引きだし、自分の延命策に一生懸命であった（表43、44参照）。

華僑	
件数	金額
5	1,067
12	1,654
3	128
3	176
13	2,484
10	1,574
6	1,402
—	820
6	1,135
24	8,340
10	1,660
22	7,703
28	8,007
30	6,470
51	8,377
105	18,340
203	36,449
90	27,499
80	29,731
86	37,808
114	26,466
901	227,290

表42　外国人および華僑の年度別投資（1,000ドル）

年	総計		外国人					
			計		日本人		アメリカ人	
	件数	金額	件数	金額	件数	金額	件数	金額
1952	5	1,067	—	—	—	—	—	—
1953	14	3,695	2	2,041	1	160	1	1,881
1954	8	2,220	5	2,092	1	14	3	2,028
1955	5	4,599	2	4,423	—	—	2	4,433
1956	15	3,493	2	1,009	—	—	2	1,009
1957	14	1,622	4	48	3	37	1	11
1958	9	2,518	3	1,116	3	1,116	—	—
1959	2	965	2	145	1	45	1	100
1960	14	15,473	8	14,338	3	309	5	14,029
1961	29	14,304	5	5,964	3	1,301	1	4,288
1962	36	5,203	26	3,543	16	2,664	8	738
1963	38	18,050	16	10,347	6	1,397	9	8,734
1964	41	19,897	13	11,890	2	728	7	10,196
1965	66	41,610	36	35,140	14	2,081	17	31,104
1966	103	29,281	52	20,904	35	2,447	15	17,711
1967	212	57,006	107	38,666	76	15,947	18	15,714
1968	325	89,894	122	53,445	96	14,855	20	34,555
1969	201	109,437	111	81,938	75	17,379	30	27,862
1970	151	138,896	71	109,165	51	28,530	16	67,816
1971	130	162,956	44	125,148	18	12,400	18	43,736
1972	166	126,656	52	100,190	26	7,728	17	37,307
総計	1,584	848,842	683	621,552	430	109,138	191	323,242

（資料）「国府行政院経済部華僑及外国人投資審議委員会資料」

表43　外国技術協力件数

年	合計	日本	アメリカ	その他
1952—60	60	41	14	5
1961	13	9	3	1
1962	20	15	3	2
1963	17	10	5	2
1964	18	11	3	4
1965	28	23	5	—
1966	41	28	8	5
1967	45	41	2	2
1968	79	68	8	3
1969	93	72	12	9
1970	117	101	10	6
1971	102	79	19	4
1972	63	36	17	10
計	696	534	109	53

（資料）「台湾年鑑」

表44　国連の経済技術補助（1,000ドル）

資　金　区　分	補助額
一般技術協力（1963—72年）	523
開発技術協力（1952—72年）	4,648
開発特別基金	14,011
完成プロジェクト（15件）	11,549
実施中のプロジェクト（3件）	2,462
工業開発機構関係	404
合　計	33,597

（資料）「台湾年鑑」

以上のごとく、蒋派国府が外国から引きだした借款と投資（外人投資および華僑投資は借款勘定と同じで、やがては本国に引張りかえされる）が、ざっとこんなにすさまじい有様である。

これを一九七二年末現在で整理してみたら、次のとうりである。

①　アメリカ有償借款性援助――

ⓐ一九五八―六四年まで合計五八七・〇百万ドル（四十年返済、無利子）のうち、二五％返却済みとみて、残額四五一・〇百万ドル

ⓑ一九六五―六八年まで合計一七八・三百万ドル（二十年返済）のうち、二五％返却済みとみて、残高一三三・

表45　国際金融機関借款（1973年3月現在）（1,000ドル）

機関	年	①契約額	②受入額	③返済額	未受入 ①—②	未返済 ②—③
国際復興開発銀行	1971	312,170	133,909	15,565	188,261	118,344
	1972	312,170	183,305	23,796	128,865	159,509
国際開発協会	1971	13,074	13,074	—	—	13,074
	1972	13,074	14,091	102	—	14,089
米輸出銀行	1971	211,481	80,227	20,693	131,254	59,534
	1972	395,345	108,450	29,882	186,895	78,568
	1973	8,000	—	—	8,000	—
アジア開発銀行	1971	75,280	14,619	—	60,661	14,616
	1972	92,639	32,404	1,451	60,235	30,952
合計		1,433,233	580,079	91,479	764,171	488,656

（資料）「台湾年鑑」

五百万ドル

②　日本借款——合計一七二・四百万ドル（二十年返済と十五年返済の二口、二—五年の措置き）

③　国際金融機関借款——契約額一、四三〇・〇百万ドルのうち既に受入れ済みが五八〇・〇百万ドル、返却済み九一・四百万ドル、未済残額四八八・六百万ドル

借款小計十二億四千五百五十万ドル

④　外人投資——八四八・八百万ドル

総計二十億九千四百三十万ドル

こんなに大へん厖大な数字である。一九七二年の一人当り国民所得一万四千八百八十七元に対し、蔣派国府の対外国の借金は、台湾人口一人当り百三十八ドル（五千二百四十四元）に当る。台湾人大衆はかくも大きい借財をこれから先、何十年もかけて返済しなければならないことになる。そして、これら元本のほかに、年利平均〇・〇五％と低くみても、台湾人大衆は血税で、本年（一九七二年）、六二・二百万ドル（二十三億六千三百六十元）の利子を外国に支払わなければならない。しかも、借金は今後も増えつづけるであろう。

したがって、前述の〝台湾経済の高度成長〟とは、かかる大借財とそれによる経済成長の成果を前提にした高度成長であった。しかも、これらの大借財を勝手に使い、経済成長の果実を食い物にするのは蔣派中国人であり、逆に返済の義務を負わされるのは血税を納めさせられる台湾人大衆である。かかるがゆえに、植民地の統治者兼搾取者の蔣派中国人は、居ながらにしてますます肥り、植民地の支配的地位はますます安泰になるわけである。これとは逆に、被統治者で被搾取者の台湾人大衆は、安い賃金で加工輸出区や各地の外人大小工場で酷使され、そして、蔣派中国人と外国人資本家の二重の搾取を受けて痩せ細り、そのうえ、一切の公害汚染・経済混乱・物価騰貴・生活困窮・道徳頽廃を、一身に引きうけてきたのである。

こんな非人間的で不合理な悪徳をますます拡大しながら、とてつもなく膨脹してきたのが、蔣派国府統治下の経済成長であり、貿易拡大であったわけである。

(g)　台湾工業の発展

台湾は、戦前において既に近代開発が進展し、アジア地域においては、日本に次ぐ産業発展の水準を保ってきて、一九四二年に早くも工業生産が農業生産を追いこして首位に立った。このような工業発展の遺産は、終戦直後から蔣派国府の前近代的な貪官汚吏のために根底より覆えされた。その後、台湾人大衆が長い年月をかけて苦辛惨憺のすえ、ようやく一九六〇年代から再び発展の道を辿りながら、一九六五年に再度、農業生産を追いこしたのである（表10参照)。

一九五〇、六〇年代における台湾産業の立ち直りならびに発展の全般的流れについては、前段で詳しく説明してきたから、ここでは台湾工業の根底に横たわる欠陥のいくつかに触れることにとどめる。

さて、一九六〇年代の世界の工鉱業生産は、各国の発展が著しい不均等を示してきたとはいえ、全般的にいって、その発展指数が一九九を記録し、軽工業から重工業化がさらに進展して、技術革新が行われ、石炭より石油へのエネルギー革命がますます進展をみた(表46、47参照)。このような世界工業発展の環境下にあって、台湾の工鉱業は前述どおり、植民地的ひずみを拡大しながら、とてつもなく発展の方向へ突走ったのであるが、しかし、それは台湾人大衆の背中に大借財を背負わせた、極端に異常な工業発展ぶりであったことも前述した(表48参照)。

台湾の工鉱業生産は、一九六〇―七〇年の年平均成長率一七・七%で(世界先進諸国のうちでもっとも工業成長率の高い日本でさえ一三・九%)、国民総生産の年平均成長率一三・六%に比べて、ずいぶんと高いのである。

(1) しかし、台湾は人口が多いが、面積狭小で、そのうえ工業生産に必要不可欠のエネルギー源(石油・石炭)や鋼鉄原材料に乏しい土地である。したがって工業生産が驚異的に発展したといっても、それは、ほとんど軽工業の段階に停滞している状態にあった。重工業の発展は、今後の海洋資源開発にまつか(澎湖島周辺あるいは尖閣列島周辺の海底石油資源)、さもなくば、従来どおり、もっぱら外国からの輸出入に頼るほかない。そうすれば、たとえば石油輸入で世界各国が逢着しているごとく、中東産油国の石油減産、あるいは禁輸による打撃を嫌でも受けることになるであろう。

(2) 蒋派国府が、台湾の経済活動に強く政治的要素を加えた例でもっとも甚だしいことは、日本統治時代の植民地

表47　世界各地域の重工業と軽工業の比率

（1969年）

	重工業	軽工業
社会主義諸国	70.3%	29.7%
アメリカ・カナダ	70.1	29.9
ヨーロッパ	67.2	32.8
日本	63.2	36.8
ラテン・アメリカ	51.0	49.0
東南アジア（日本を除く）	40.4	59.6
台湾	20.1	79.9

（資料）「大内兵衛；世界経済図説」
「自由中国之工業」

表46　主要国工業生産指数

（1960＝100）

世界（1971年）	199
（世界水準以上の伸び）	
日本（1971年）	379
ソ連（〃）	253
ユーゴ（〃）	245
ポーランド（〃）	224
スエーデン（〃）	210
（世界水準以下の伸び）	
チェコ（1971年）	189
西ドイツ（〃）	187
フランス（〃）	187
東ドイツ（1970年）	180
EC（1971年）	174
アメリカ（〃）	157
イギリス（〃）	131
台湾（1970年）	446
（1971年）	551
（1972年）	695

（資料）「国連統計月報」「自由中国之工業」「国連統計年鑑」

表48　工業生産の純生産に占める比率

年	純生産総額		工業生産（%）				
	100万元	%	計	礦業	製造業	水電ガス	建築業
1964	84,722	100	28.2	1.8	20.4	1.7	4.3
1965	91,888	100	28.2	1.9	19.9	1.9	4.6
1966	102,926	100	28.6	2.0	20.1	1.7	4.7
1967	115,431	100	29.4	2.0	20.9	1.7	5.8
1968	133,694	100	30.3	1.7	21.9	1.7	5.3
1969	149,260	100	31.6	1.4	23.0	2.0	4.2
1970	171,346	100	32.6	1.4	23.8	2.3	6.0
1971	196,580	100	34.4	1.3	25.7	2.3	5.2
1972	226,577	100	36.6	1.1	27.9	2.3	5.3

（資料）「自由中国之工業」

遺制をそのまま継承して台湾の電力料金を世界的に最低水準におさえ、かつまた台湾島内でも二重価格制にし、そして、工業用電力価格を、一般営業用電力や家庭用電力よりはるかに低料金にしたことである。その結果、大量に電気を使用する国有官営企業は、毎年の電力消費総量の六五％内外を独占使用しながら、電気料金はただみたいに安いもので済ませてきた。かくして官営巨大企業のアルカリ工業・アルミ工業・化学肥料工業は電力の差別的低価格によって特に大きい利益を独占し、民営企業のうちでも鉄鋼業・製紙業・セメント業などのごとき政府色の強い大企業もその利益にあづかった。そして、このような安い電力を使える特権がまた、中小民間企業製品の市場価格に対する大きな圧迫としてあらわれるのである。

(3)　蔣派国府は、一九五三年以来、六次の四カ年経済計画を遂行してきた（第六次は一九七六年完了予定）。その都度に〃重工業の育成発展〃をうたってきたが、いずれも計画だおれに終った。さらに一九七一年には、十カ年経済計画を発表し、今度こそは〃重化学工業の発展に重点を置き、生産力を高め、工業製品の国際競争力を強化することにより、経済構造の高度化を計る〃とうたいあげたが、これも成果が疑わしいというほかない状態にある。

なぜかといえば、重工業化の計画・実行・資金を握るのは何時も蔣派国府経済官僚と国有官営事業要員であるが、彼らは台湾経済の中枢を握りながら特権階級然として不正・腐敗が甚だしく、冗員採用・非能率・コスト高の方へ官営企業というマンモス企業を堕落させ、かつまた外国資本におべっかを使っては私腹を肥やす買弁性を強く持っているからである。

彼らは外資を独占して巨大な資金をかかえ、電力・水道・ガスをただみたいに使い、運輸・原材料の優先割当を受けながら、それで資金難と原材料高価買入や苛酷な税金に苦しむ台湾土着の中小企業を主とした民間企業よりも生産能率が低いのである。たとえば一九七二年の民間企業の成長指数が三四八（一九六六年＝一〇〇）であるのに対し、国有官営企業は二一三にすぎない低さであった。

そのうえ、官営企業の製品は、大半を政府と軍隊のために生産し、コストを割る価格で納入してきた。そして、それによって生ずる欠損は、民間市場の独占価格を吊上げて補塡した。その余波を食って、民間企業までが生産品を低価格で政府や軍隊に納入することを余儀なくされてきた。たとえば、セメントなどは、市場価格の六〇％の値段で納めさせられたのである。

ちなみに、国有官営企業は、例のごとく、すべて中国人の手に壟断されている。台湾糖業公司（董事長張研田―中国人）・台湾電力公司（董事長楊家瑜―中国人）・台湾肥料公司（董事長朱江准―中国人）・中国石油公司（董事長凌鴻勛―中国人）・台湾鋼業公司（董事長胡能南―中国人）・台湾碱業公司（董事長李林学―中国人）・台湾機械公司（董事長李惟梁―中国人）・台湾造船公司（董事長王先登―中国人）・台湾硫酸錏公司（董事長蔣堅忍―中国人）・台湾航業公司（董事長林則彬―中国人）・唐栄鉄工廠（董事長呉嵩慶―中国人）・台湾省招商局（局長曹仲周―中国人）・台湾省菸酒公売局（局長譚文懋―中国人）・台湾省物資局（局長何挙帆―中国人）などである。

これほど理不尽で不合理なあの手この手の搾取掠奪に、台湾人の労働者や中小企業が歯を喰いしばって我慢できるのは、台湾の天然が温順のうえ豊かで、食うのにはどうにか食っていけることと、台湾人が古来から重労働によく耐えてきた習慣が、一助になったからであろう。

(h) 経済搾取の主対象となった農業生産と台湾農民の窮乏

工業生産の飛躍的発展に比べ、農業生産は概して伸び方が緩慢なのが普通であり、世界の農林水産業は一九六〇―六九年において二三％の伸びにとどまった。

台湾農業は戦前には日本本国の需要に支配された米・砂糖のモノカルチュア的生産構造であったとはいえ、土壌改良・品種改良・化学肥料使用・灌漑設備が進み、当時、東南アジア地域においては高水準の農業生産を維持してきた。戦後は一九六〇年代から工業発展が異常に進んだために、農業生産の台湾産業における比重が相対的に低下し、農業人口の比率も低くなったが、台湾において農業生産が依然として重要であることは、今も昔も変りないのである。

もちろん戦後は化学肥料の増量投与や機械技術の導入によって、農業生産の規模がひと廻り大きくなり、特に米産が大巾に増えた（表49～55参照）。

しかし、台湾農業は、他国とは違って、余計に六十万軍隊と二百万中国人難民（大多数は官僚・軍人・公務員・官営企業幹部とそれらの家族）を養い、かつまた蔣派国府の搾取に耐えぬくように義務づけられたうえに、さらに工業発展のために資金を提供することを余儀なくされてきた。つまり政府・軍隊や工業発展のために農業生産が犠牲を強いられることである。このことは一見して、後進地域の数ある国家によくある現象で、已むを得ないとも思われがちであるが、台湾の場合は、見逃すことのできない構造的な問題を包蔵していた。すなわち、〝国府＝軍隊＝工業発展

表51　主要国農業従業者一人当り耕地面積　（1969年）

	ヘクタール
カ　ナ　ダ	81.1
ア　メ　リ　カ	48.4
ソ　　連	6.1
フ　ラ　ン　ス	5.8
西　ド　イ　ツ	3.2
パ　キ　ス　タ　ン	1.1
日　　本	0.6
台　　湾(1966年)	0.44

（資料）「ＦＡＯ生産年鑑」「自由中国之工業」

表52　主要国における米の単位面積の収穫高

	（1ヘクタール当りトン）
世　界(1970年)	2.2
中華人民共和国	3.0
イ　ン　ド	1.7
パ　キ　ス　タ　ン	1.8
インドネシア	2.1
日　　本	5.6
タ　　イ	1.8
ビ　ル　マ	1.7
ブ　ラ　ジ　ル	1.4
ベトナム共和国	2.2
韓　　国	4.4
フ　ィ　リ　ピ　ン	1.7
台　　湾(1969年)	4.2

（資料）「ＦＡＯ生産年鑑」「自由中国之工業」

表49　世界各地域における農業生産の成長　（1960＝100）

世　　界(1969年)	123
低開発諸国(1969年)	129
先進諸国(　〃　)	123
社会主義諸国(　〃　)	121
台　　湾(1969年)	178
(1970年)	200
(1971年)	211
(1972年)	217

（資料）「大内兵衛;世界経済図説」「自由中国之工業」

表50　主要国における米の生産高　（1970年）

	百万トン
世界　生産高	308.2
世界　指　数(1960＝100)	129
中華人民共和国	100.0
イ　ン　ド	64.5
パ　キ　ス　タ　ン	21.0
インドネシア	18.1
日　　本	16.5
タ　　イ	13.4
ビ　ル　マ	8.3
ブ　ラ　ジ　ル	7.5
ベトナム共和国	5.7
韓　　国	5.5
フ　ィ　リ　ピ　ン	5.4
台　　湾	2.3

（資料）「ＦＡＯ生産年鑑」「自由中国之工業」

表54　台湾の戦前・戦後の総人口における農工労働人口の比重

年	総人口	全人口に占める就業人口	全就業人口に占める比率	
			農　業	工　業
1905	312万人	—%	71.3%	6.4%
1920	376	44.7	69.5	10.0
1930	468	38.9	67.7	9.8
1940	608	38.1	64.7	9.4
1947	692	38.1	67.5	6.8
1952	812	36.0	61.0	9.3
1960	1,079	31.0	56.1	11.3
1963	1,188	30.4	55.4	11.7
1966	1,299	29.8	53.0	12.3
1967	1,329	30.1	49.4	14.6
1968	1,365	31.8	49.4	16.4
1969	1,433	34.4	45.0	15.9
1970	1,467	34.4	44.5	15.9
1971	1,510	36.3	42.3	18.0

（資料）「台湾総督府統計書」「台湾地区労働力調査報告」

表53　台湾の戦前・戦後の純生産における農工業の比重

年	農　業	工　業
1902	78.3%	16.8%
1909	66.9	27.9
1919	61.3	31.5
1929	49.1	42.8
1939	44.5	45.9
1940	41.0	41.7
1941	43.0	49.9
1952	35.7	17.9
1955	33.4	19.3
1960	32.5	24.7
1963	26.6	27.9
1966	25.7	28.6
1967	24.5	29.3
1968	23.7	30.3
1969	20.2	31.6
1970	19.2	32.0
1971	17.7	34.4
1972	15.6	35.5

（資料）「ＥＣＡＦＥ資料」「自由中国之工業」

表55　主要農産物の生産量と輸出価額（1,000トン）

品　名	1970年	1971年	1972年	1972年 輸出額
				100万ドル
米（玄　米）	2,462.6	2,313.8	2,397.7	—
サツマイモ	3,440.6	3,391.4	2,939.1	—
茶	27.6	27.0	27.2	16.9
煙　草	20.8	16.0	16.5	—
甘　蔗	5,990.7	7,881.1	7,093.6	85.0
落花生	122.2	97.6	95.1	—
バナナ	461.8	470.6	360.0	35.7
パイナップル	338.2	358.5	364.3	27.8
柑　橘	209.1	253.1	265.8	6.3
アスパラガス	112.3	127.5	114.8	42.5
マッシュルーム	39.0	57.4	85.5	55.6
豚　肉	392.8	400,1	420.0	20.3
鶏（1,000羽）	29,644.4	33,404.7	45,533.0	—
アヒル（〃　）	13,596.9	14,606.5	17,154.0	—
卵（鶏・アヒル 100万個）	1,038.5	1,055.7	1,220.9	0.6
用材（1,000m^3）	1,109.9	1,564.7	1,118.5	15.0
漁獲量	613.2	650.2	694.3	113.8

（資料）「台湾年鑑」

＝外来の蔣派中国人および買弁台湾人〃に対し〃農業生産＝台湾人大衆〃という、画然と分けられた二重の社会構造のうえですべての政治・経済が回転していくということである。したがって、農業生産が犠牲を払うことは、とりもなおさず台湾人大衆が犠牲になることを意味した。たとえば台湾農民が米を作っては低米価で取りあげられ、政府・軍隊は安い配給米を食べ、そして、台湾人一般大衆は米に不足して市場で高い米を買う、というのがもっとも象徴的な例であろう。

農業生産もまた、総体的な数字や単なる経済現象だけでは、その根底にある本質問題を解明できないわけである。

⑴　既存の植民地遺制のうえで台湾農民を搾取

蔣派国府は、農業生産においても日本政府の遺留していった〝米穀強制集荷制〟と〝製糖原料独占収買制〟を温存し、それに種々の新手を加えて、台湾農民から主要産物の米と砂糖を奪いとった。

先ず、台湾省糧食局が、日本統治時代の〝戦時米穀集荷機構〟を駆使し、さらに〝米肥不等価バーター制〟（一斤の化学肥料で農民の二斤の米と交換する制度）、および〝低米価政策〟（市場価格の半値以下の公定価格で、農民の余剰米を買上げ、あるいは米で租税などを実物徴収し、市場米価の操作にも当る）を併用して、ただみたいに米糧を台湾農民から捲きあげた。それからまた、〝分糖制度〟（独占価格で甘蔗を台湾農民から強制的に買上げ、その代金の代りに砂糖生産の一部を分与する）、および〝差別為替レート〟（砂糖を輸出して外価を得たのち、農民に分与された砂糖の分を一般為替レートよりも低いレートで新台幣に換算して蔗農に支払う）をかみあわせて、台湾最大の国有官営企業王国である台湾糖業公司が蔗農から砂糖原料の甘蔗を騙し取ってきたのである。（機構的に行う巧妙な〝植民地収奪〟）。

これは、先にみてきた国有官営企業の工業生産機構とともに、台湾人大衆から吸血する経済機構の二大支柱となった。そして国有官営企業の代表的なマンモス企業である〝台湾糖業公司〟と、国府の権力代表である〝台湾省政府糧食局〟が、農民収奪の二大牙城をなしてきたのである。

これら蔣派国府に吸い上げられた厖大な農業生産の財富は、陰に陽に国府財政に繰りこまれて、㈠国府とその貪官汚吏の享用に供され、㈡六十万軍隊を養うことを可能にし、㈢国有官営企業の資金源となった。しかし、それだけにとどまらず、もっと台湾社会全般を害する社会的変動をも生みだしたのである。すなわち、㈣生活苦に追われる農民は都市周辺に集り兼業農家または出稼ぎ労働者になる（産業予備軍の増大）、㈤兼業農家や出稼ぎ労働者は低賃金であるゆえ政府が一般賃金を低くおさえる低賃金政策を可能にする（低賃金政策の長期継続）、㈥生活の苦しい農民が余計に働かざるをえないため農業生産が増大し農産品や農産加工品の輸出が増大する（政府手持ち外貨の増大）、というようにどれひとつをとってみても、蔣派国府が甘い汁を吸わないものはなく、かくして彼らの植民地統治がますます安泰になる結果を招いたわけである。

しかし、そのために台湾農民の蒙った損失は空前のもので、いくら汗水ながして働いても、いくら農業生産性が伸びても、農家の所得はそれ相応の増加をみせず、けっきょくは、低米価で苦しんだ挙くの果ては、日常必需品や生産

表56　台湾省糧食局の米穀集荷実態（1.000トン）

年	地租	地主米の政府買上	官有地地代	農地払下代金	肥料等とバーター	生産資金貸出の返済	地租附加税	防衛附加税	その他	合計①	米産②	①÷②
1950	74	63	17		228		14	14	30	440	1,421	31.0%
1951	72	61	16		194	70	13	13	50	489	1,484	33.5
1952	72	61	19		260	33	15	15	40	515	1,570	32.7
1953	74	70	17	115	262	34	12	12	35	631	1,641	38.4
1954	70	59	17	95	273	47	15	15	60	671	1,695	37.4
1955	65	54	7	88	268	45	15	15	73	640	1,614	36.9
1956	69	58	17	112	278	47	16	16	74	687	1,789	38.2
1957	67	55	18	80	332	15	18	18	33	618	1,839	38.2
1958	82	71	22	121	350	20	18	18	20	720	1,894	38.1
1959	85	70	32	118	355	20	19	19	20	748	1,856	39.2
1960	96	85	33	70	385	15	20	20	15	739	1,912	38.1

（資料）「日本政府外務省資料」「台湾の表情」「自由中国之工業」「台湾農業年報」

器具の高騰、および財政インフレのために、その日の暮しにも困る窮迫ぶりを示してきた。

表56は早期のものに属するが、現今といえども状況は大同小異で、要するに糧食局は、年々、農民から米産の三五—四〇%を直接に吸い上げていくからたまったものではないわけである。そして、残りのうちから農民自家用を除いた、僅か二〇—三〇%ばかりが自由価格の市場に出回るわけで、こんどは、都市在住の一般台湾人の方が逆に高い米を買わされるのである。

蔣派国府が、自分たちの食糧を真先に確保し、かくして植民地統治を強固にしていくために、いかに台湾農民が苛じめられ、いかにして低米価で収奪したかわかるであろう。

⑵　農地改革と農民の貧困化

農業生産性が拡大して、農民がかえって貧しくなり、さらにこんどは、農民が土地を獲得しても、また一段と貧困化していく。このような不合理で悲惨なことは、植民地社会ならではのことである。

戦前においては、日本政府は、植民地統治のうえの観点から、後進的台湾社会の象徴である〝小作制度〟には手をつけず、台湾地主階級を温存しつづけてきた。また、彼らの台湾統治の後半から産業資本（日本人資本）が発展してきて、大会社による土地所有の集中がなされ、日本人企業や政府だけで、全耕地の二三・七%（二〇余万甲歩）を所有していた。それを、蔣派国府がそっくり接収して、台湾最大のマンモス地主になったのが終戦当初である。

したがって、戦後は、日本統治時代に引きつづき、農家戸数の六八%が小作地に依存し、耕地面積二甲歩以下の零細農が七二%を占めていた。しかも、一九四四年に一戸当り耕地面積が平均一・八甲歩のところを、一九五三年の統計によると一・三甲歩に低下し、人口増加が、農業生産の零細化をますます促進していった。

蔣派国府は、台湾に亡命後、低廉な食糧を大量に確保することを至上命令として、一九五三年から台湾の農地改革に踏みきった。それは、中国本土とは異り、中国人自身の腹を痛めることなく、台湾人地主の土地を取り上げて農民に分与するのだから、安易に土地改革を実行できたわけである。このことは本書の第十六章に詳述したから、ここでは繰りかえさないことにする。

では、土地を取得できた台湾農民は、その後、どんな変革を身辺に体験したのだろうか。まず、当初は、労働意欲が向上して生産が一時的に増加をみた。これは蓋し当然のことといえよう。それにともない生活も一時は向上したことも否めない。そして手元資金に余裕ができて、それを肥料代金に振りむけ、蓬萊米を余計に作った結果、生産がさらに一段と発展した。一甲歩当り米産が、一九五三年以後に二トン台から三トン台に増加していったのはその現れである。

ところが、台湾農民が嘆く時が意外に早くやってきた。蔣派国府は案の条、農民が一生懸命に働き、農業生産の上昇するのをまって、蛇が蛙をねらうごとく、どっと誅求の手を酷しく加えてきたのである。まず、その年の農作の良否にかかわらず（モンスーン地帯の真中に位する台湾は、農業生産が台風の影響を著しく受ける）、省政府に支払うべき土地代金として産米が、遠慮会釈もなく糧食局に持っていかれ、今まで地主の負担になっていた租税やその他の諸公課は、今度は加重して直接に農民の身上にかかってきた。かくのごとく、農民は名目上の土地をもらって喜んだのは束の間、みるみるうちに生活は再び泥沼のなかに落ちこみ、暗い日々がまたまたつづいたのである。

それでは旧地主の方はどうかというと、彼らは、旧所有地十四万甲歩を政府に買上げられ、当初は、実物債券・官営企業株券の形で総額二十九億元近い補償をもらって、一応ほっとしたのである。しかし、そうはいうものの、彼らが株券をもらいうけた官営企業四大公司（台湾水泥公司・台湾紙業公司・台湾農林公司・台湾工鉱公司）たるや、今までに中国人幹部に食い荒された赤字つづきのボロ会社であった。しかもその株券を旧地主に土地代金として渡す直前になって、政府が資産を再評価した結果として、旧資本額を一挙に九倍ちかくに水増ししてから民営に移管した代物であった。そして、こうして水増しした資本総額九億七千万元のうち、旧地主に補償にだしたのは、その一部分の六億六千万元にとどまり、残りの株券を政府が保有したのだから、四大公司は旧台湾人地主の所有に完全になったわけではなく、経営権は依然として大株主の政府が派遣する中国人および買弁台湾人の手中に握られた。

究極においては、農民（台湾人）は土地所有の名目を得ただけで実質的には何もなく、かえって各種の義務を負わされて生活にあえぎ、旧地主（台湾人）は土地所有と小作料の両方を失い、そして政府（中国人）だけが、旧地主の分まで農民から搾取できるようになり、安い食糧を大量に確保し、かつまた赤字の公営企業を民間（台湾人）に押しつける、という三重の実質的利得を得たのである。〃政府が全台湾の地主になった〃、とは騙されたと気がついた台湾農民が、後になって口にする怨言であるが、土地改革の本質をよく衝いているといえよう。

しかし、土地改革がおこなわれて、台湾農民に与えた経済的側面の損失もさることながら、社会的側面に引きおこした農村の変革と、それがまた経済的側面にはねかえって、農民にさらに与えた大きい損失を忘れるべきではない。すなわち、土地改革は、そのほかに、㈠農民の耕地所有が零細化し、農家が専業農家として存在することが困難になった、㈡旧地主を排除することによって、政府が農家に直接介入することが可能になった、という社会的変革を引きおこしたのである。

土地改革によって、台湾の農家戸数が六十一万一千戸から一挙に七十八万九千戸に急増し、そして一ヘクタール以下の農家がその八五％を占めるまでに増えたのである。このような耕地所有の零細化は、農民をして農業だけに頼っては生活し得ない社会現象をつくりだし、けっきょく、必然的に〝兼業農家〟を急速に生みだしたのである。そしてかくのごとく、自作農家ではあるが兼業農家にならざるを得ないものは、いわゆる自作兼小作農家よりも、兼業の比率が高く、かつまた零細化の度合が高くなればなるほど、兼業農家になる割合が多いのも必然の理といえよう。これは、前述したごとく、台湾社会に深刻な失業や産業予備軍の諸問題を引きおこす一方、政府の低賃金政策を成功させた一因になったのである。しかも、かくして作りだされた産業予備軍なるがゆえに、農村に寄生していて、どうにか食いつないでこれたから、外部には目立たず、政府が台湾の失業問題を隠蔽する好材料にもなったのである。

次に、政府が農業生産や農村に直接介入できることは（台湾人と中国人の間には外来と土着の隔りがあるため、いままでは政府はなかなか農村社会の内部に深入りできなかった）、政治的、経済的に政府の統治支配を農村に浸透させることを得せしめ、米穀集荷制や低米価政策を一段と徹底させられる結果を招いたことはいうまでもない。

一九六二年には、土地代金が完納される年で、理窟からいえば、農民は政府に納める小作料やその他の搾取から解放され、負担が軽減する時がきたことになるが、案の条、貪慾な蔣派国府はそうはさせず、その前年に既に手をうって、地租を二五・八％増徴し、その他の附加税や水利税なども同時に大巾の引きあげを宣言した。けっきょくは、土地代金を完納しても、それと同額の米穀が引きつづき政府に吸い上げられる仕組みになっていたのである。

そもそも、農地再分配は封建遺制を一掃する民主革命の一段階であり、台湾のごとき植民地では、必然的に〝反植民地主義〟と表裏一体になって、初めて農民の手にその果実が確保できる性質のものであった。それを、事もあろうに、植民地の直接支配者であり、かつまた、中国封建の残滓たる蔣派中国人が彼らの命とりになる土地革命をいじくるとは、そのいじくり方が本気であろうはずがなく、最初から植民地支配のためのまやかしそのものであった。そのまやかしを初めから見ぬけなかった台湾農民は、土地を取得しても、生活は一向によくならず、負担も軽減されず、時が立つにつれ重税と肥料代金に加うるに、天災人災などで負債が増える一方で、遂に土地を手放し、あるいは子女を売るものが続出したのである。

台湾が政治的・経済的・社会的に独立し、台湾人大衆自身が主人公になった暁に、初めて真の土地革命の本領が発揮されることを忘れてはならない。

(i) 物価高騰・失業増大・生活困窮

蔣派国府が宣伝するまでもなく、上述どおり二十年来の台湾経済が異常に高度成長をなしとげ、工業化が進んで、農業と工業の地位が逆転した。どちらかといえば、経済発展そのものは戦後世界の各国に共通の一般現象であり、それに台湾の場合は、台湾人の技術水準が高く勤勉であるうえに、外国資本が台湾人の利益を無視してまで無限に流入したことをも計算に入れれば、むしろ当然の帰結ということができよう。しかし、台湾の工業発展は、他の開発途上国と比べてこそ、一歩先んじているといえるが、先進国と比較すれば、まだまだかなりの隔りがあり、特に戦後の日本の工業発展に大きく引きはなされたことに留意すべきである。

いずれにせよ、経済が成長し生産力が増大すれば、正常な社会で戦争に捲きこまれないかぎり、生産コストが低下して物価安定し、一般大衆は安い日常品を豊富に入手できて、生活が一段と豊かになるのが普通であろう。

しかるに、台湾の場合は、そうは問屋がおろさなかった。なるほど経済成長して一人当り国民所得が数字の上では八倍に上昇したが、その半面では、富が極端に偏在しているうえに、物価が騰貴し、失業者もまた潜在的に増大して、台湾人の生活はじり貧の一途を辿ってきたのである。つまり、蔣派国府は、一方で経済の高度成長を造りだしながら、他方ではその高度成長以上に大量の財貨収奪をしつづけ、そのために物価騰貴が慢性化して、台湾人大衆がますます貧窮していったということである。このことは、今までにみてきた植民地的独占支配の基本構造と関連してみれば、その内幕がさらに一段と明らかになるであろう。

(1) 蔣派国府は、植民地統治の権力を後楯にして、台湾経済の生産過程を独占支配し、低賃金と低米価でもって、台湾人大衆の〝労働〟を搾取した

(2) 蔣派国府は、流通過程と金融市場をも独占支配し、紙幣乱発と金融操作によって、台湾人大衆の労働果実の〝財貨〟を収奪した

(3) 蔣派国府は、軍閥的な重税と貪官汚吏の苛斂誅求によって、台湾人大衆の〝生活資料〟を掠奪した

(4) 蔣派国府は、米・日資本の台湾に対する帝国主義的支配の手先となり、彼らのために〝台湾経済〟を切り売りし、〝台湾人大衆〟を搾取した

要するに、台湾人大衆を酷使するだけ大いに酷使して、それによって生産された財貨を、蔣派中国人があらゆる手段をつくして奪いさったということである。したがって、いくら経済が高度に成長しても、それだけ多い財貨が、水が低きに流れるごとくに蔣派国府の手中に集中され、米・日資本家に収奪され、かつまた、買弁台湾人やそれとかか

わりある一部の中上層台湾人が分け前にありつくのみで、実際に汗水流した肝心な台湾人大衆は、乱発された紙幣をあてがわれ、低収入と高物価、および生活苦にあえぐしかなかった。

上記の労働搾取などの項は今までに詳述してきたから、紙幣乱発による流通過程の財貨収奪だけをもう一度説明することにする。これは、一国の中央政府を植民地に引越してきたものが初めてできる、苛酷な経済収奪の一典型であり、台湾人大衆を窮乏のどん底に追い込んだ悪の根源だからである。

先に、蒋派国府の貪官汚吏は、台湾にやってくるや、軍隊を背景にして、政府を私物化し、国帑を湯水のごとく費すだけにとどまらず、自己勢力の拡大に腐心しては、冗員を余計に養い、そのために政府支出が大へん膨んで、赤字財政が深刻化していった。

彼らは当初においては、日本政府の発行した〝台湾銀行券〟をしばらく従来通りに流通させたが、一九四六年五月になって、ようやく台湾にしか通用しない（中国ではもちろん通用しない）〝台幣〟に切り換えた。かくして紙幣発行の機能を掌握した蒋派国府は、どうにもとまらない赤字財政を補塡するために、外部に流通もできず兌換もできない台幣を、要るだけ無制限に発行し、それでもって、台湾人大衆の手より財貨を片端から吸上げていった。

その結果、台幣の発行高が見ているうちにどんどん膨んでいき、一九四九年六月の幣制改革の前夜までには、台幣と本票（インフレの真っただ中で、蒋派国府が大量の物資を調達するために台湾銀行に発行させ、市中に流通させた前代未聞の高額銀行小切手）の発行総額が、一兆四百億元という天文学的数字に達し、終戦から四、五年のうちに一千二百倍の通貨膨脹をみるにいたった。そのときの台湾省政府の歳入がわずか三十億元にしかすぎず、敗戦後の経済混乱に苦しんだ日本でさえ、同時期の日本銀行券の発行高が終戦時の十倍にもならなかった時代のことである。

表57　台北市米価上昇（1斤＝0.6kg）

時　期	価　格	指　数
		倍
1945年8月	20銭（日本円）	1
1946年2月	16.8円（〃）	84
1947年1月	30.0元（旧台幣）	150
1949年4月	4,000.0元（〃）	20,000
1950年1月	0.6元（新台幣）	120,000
1955年12月	1.9元（〃）	380,000
1960年12月	3.8元（〃）	760,000
1965年12月	5.0元（〃）	1,000,000
1970年12月	4.8元（〃）	960,000
1972年12月	4.8元（〃）	960,000

（注）△1950年までの米価上昇率は，一般物価上昇率の半分。
△1950年以降は低米価政策に押えられ，1960年からその圧力が益々強化された。
△日本円と台幣は1946年6月に等価で交換
△新台幣1元＝旧台幣40,000元で交換（1949年6月）

このような、普通ではとても想像できないような、とてつもない通貨の乱発は、蔣派国府の台湾人大衆に対する財貨強奪の発端でしかなく。それからというものは、悪性インフレ・物価高騰・失業倒産・物資欠乏が踵を接して襲来し、食糧不足のために前代未聞の米騒動が穀倉の台湾に頻発した（表57参照）。このような混乱と窮乏は、被支配の立場に立たされた台湾人大衆の身上にのみ集中して降りかかり、逆に蔣派国府は、火事泥式にますます紙幣を乱発しては、大量の財貨を収奪していったのである。

次に、一九四九年（民国三八年）六月、時の台湾省政府主席陳誠は、ようやく〝新台幣発行弁法〟を公布し、いままでの台幣を旧台幣と呼んだ。そして旧台幣四万元を新台幣一元の比率で回収し、一ドルを新台幣五元のレートに公定して、新台幣の発行高を二億元に限定した。つまり、デノミネーションによって、過去五カ年つづいた経済破綻を収拾しようとしたのである。物価高騰し経済不安定の真っただ中において、このような通貨改革を行うことは、結果として台湾経済にまた一回り輪をかけた大変動を引きおこし、悪性インフレにあえぐ台湾人大衆に更に一段と大きい犠牲を強いることになった。かくして台湾人の財貨が、またまた吸取器にかかったごとく大量に蔣派国府に吸上げられていった。

もちろん、一片の紙片のすり換えだけでもって、長期にわたり台湾社会をゆさぶってきた悪性インフレを終息せしめることができるはずがなく、その後も新台幣の発行高が引きつづき膨脹して、またたくまに限定額の二億元を突破し、ドルの闇値が横行して、物価が相変らず急騰したのである。けっきょくはアメリカ援助が台湾経済の急場を救い悪性インフレは一応の終息をみたことは、前述のとおりである。しかし、その半面、これでもって、かえって植民地的独占支配の経済体制が補強され、蔣派国府をして、これ以後は、腰をすえて安易に台湾人大衆から吸血できるようにならしめた。

蔣派国府の欺瞞の言を借りれば、その〝善政〟のたまもので、台湾は一九四九年から悪性インフレを断ち切り、一九五二年には戦前の水準まで経済が回復したという。〝悪性〟のインフレは終息したが、それなら、その後の経済変動は何を意味するかといえば、それはまぎれもなく、相も変らない通貨増発による財貨収奪であり、慢性化した物価騰貴であった。

表58が示すごとく、一九四九—六二年において、農業生産一・九倍、工業生産四・九倍、人口一・五倍とそれぞれ増大したのに対し、それをうわまわって財政支出が七倍、新台幣発行高十九倍と跳ねあがり、米価だけが四倍の上昇でおさえられた。しかも、これが蔣派国府の発表した官方数字であって、実勢は数段と悪い点に留意されたい。

過去二十余年を通じて、台湾人大衆のうちでも、農民大衆が最もひどく搾取され、生活がもっとも苦しい状態に追いこまれていったことは周知のとおりである。蔣派国府行政院はかつて、一九五三—六二年のうちに農民の所得が五〇%増えたと発表したことがあるが、まったく虚言そのものだという他ない。台湾農民は、農業生産においては低

表58　1949—62年の新台幣発行指数・物価指数と其の他経済指標の比較

年	新台幣	台北市卸物価	米ドル比（公定）	人口	農業	工業
1949	100.0	100.0	5.00元	100.0	100.0	100.0
1950	197.4	339.0	5.00	104.8	106.2	111.1
1951	300.5	411.0	5.00	106.3	108.2	128.4
1952	403.0	515.0	10.30	109.9	123.2	162.0
1953	496.7	580.0	15.65	114.1	135.1	201.6
1956	845.9	820.0	24.78	126.9	149.7	252.4
1957	1,030.7	850.0	24.78	130.9	164.0	287.1
1960	1,516.7	1,197.0	39.82	146.0	177.7	397.3
1961	1,767.6	1,667.0	39.82	150.1	194.6	438.3
1962	1,903.5	1,734.0	39.82	155.6	195.6	495.2
1963	2,271.1	1,844.0	39.82	160.5	194.5	540.7

（資料）「自由中国之工業」

米価政策でもって一も二もなく収奪され、兼業農家として外へ出稼ぎにいけば、こんどは低賃金政策で搾取されているだけに、いざ経済全体が成長し農業生産が拡大しても、農民にはそれに見合うだけの収入が入ってきようがなかった。そして、甘藷やおかゆを常食している台湾農民のエンゲル系数が一九六五年で六五・三％（日本は三六・三％）に達し、しかも自分たちのつくった米が安いのに反して、外部から購入しなければならない生産用具や生活必需品が高くなる一方で、これではいつまでたっても生計がよくならないのも当然というべきであろう。

表59は、一九五〇年代において、農業生産の六〇％を占める米作農家の実質収入を算出したものである。植民地の底辺に生きる台湾農民がいくら汗水流して働いても、その労働果実の大半は統治者側に収奪されて、自分たちの手もとにはいくらも残らないことをよく示している。

かくして、蔣派国府が自慢する一九五〇年代の国民生産・国民所得・一人当り所得の、それぞれの数字上における発展の成果は、一方では相継ぐ通貨膨脹・物価騰貴によって、その名目上の価値は、実質的には大巾に打消されてきた。そして、そのうえに低賃金・低米価・重税・苛斂誅求と次次に襲いかかってきて、台湾人大衆は、経済成長には関係なく、貧しい生活を強いられてきたのである。

さらに一九六〇、七〇年代になると、蔣派国府は、こんどは、やたらに〝外資〟を導入しては、その外力に頼って第三、四、五、六次の経済四カ年計画を強行し、工業生産と対外貿易を庶二無二と押しすすめた。それと同時に、今までよりもさらに一段と声を大にして、台湾経済の高度成長や生活水準の上昇を歌いあげ表60、のような数字を発表するにおよんだ。

表59　1950年代の農家稲作実質収入

年	米収穫量	農家戸数	毎戸当り収穫量	毎戸当り収穫量指数①	米価率（一般物価と米価の指数）	米価率指数②	①×②の指数	台北市一般卸物価指数
	千トン	千戸	トン					
1949	1,214.6	620.8	19.5	100	64	100	100	100
1950	1,421.5	638.0	22.2	114	63	98	112	339
1951	1,484.8	661.1	22.4	115	40	63	72	411
1952	1,570.1	679.7	23.1	118	50	78	92	515
1953	1,641.6	702.3	23.3	119	74	116	138	580
1954	1,695.1	716.5	23.6	121	63	98	119	635
1955	1,615.0	732.5	22.0	113	58	91	103	756
1956	1,789.8	746.3	23.9	123	56	88	108	820
1957	1,839.0	759.9	24.2	124	56	88	109	850

（資料）「台湾の表情」「自由中国之工業」

表60　1963—72年新台幣発行・物価指数と其の他経済指標の比較

年	新台幣発行		台北市	人　口	農　業	工　業
	発行高	指　数	卸物価			
	百万元					
1963	4,497	100.0	100.0	100.0	100.0	100.0
1964	5,705	126.9	102.5	103.1	112.7	119.0
1965	6,458	143.6	97.7	106.3	121.1	142.2
1966	7,329	163.0	99.2	109.3	127.4	165.0
1967	9,355	208.0	101.7	111.9	134.9	192.7
1968	10,647	236.8	103.7	114.9	143.1	234.0
1969	12,128	269.7	103.4	120.6	141.6	274.4
1970	14,418	320.6	107.3	123.5	150.6	325.7
1971	17,901	398.1	107.4	126.2	153.3	394.2
1972	22,176	493.1	108.6	128.7	156.3	496.6

（資料）「自由中国之工業」

昨今では、行政院国際経済合作発展委員会編「六十一年（一九七二年）台湾経済年報」（一九七三年一月一〇日発行）で、㈠一九七二年の経済成長率一一％（七一年は一一・四％）、㈡国民総生産七十一億八千万ドル（前年比九億五千万ドル増）、㈢一人当り国民所得三百七十二ドル（前年比四十三ドル増）、㈣輸出三十億五千万ドル（前年比四八・一％増）、㈤輸入二十五億三千万ドル（前年比三七・二％増）と発表した。

さらに、一九七三年一一月三〇日、行政院は〝第六次台湾経済建設四カ年計画案〟（一九七三—七六年）を発表して、㈠年平均経済成長率九・五％、㈡年平均工業生産成長率一三・一％、㈢年平均農業成長率四・一％、㈣一九七六年における国民総生産百十六億ドル、一人当り国民所得五百五十ドル、㈤一九七六年における輸出入貿易総額百十億ドル、㈥雇用を年平均十九万人増、ということを目標にすると宣言している。

もちろん、一九六〇、七〇年代の台湾経済は、一九五〇年代に比べ、悪性インフレは終息して生産が大巾に拡大したことは言を俟たないことである。だからといって、彼らの官方数字が示すごとくに台湾経済のすべてがよいことづくめであるわけがなく、生産拡大が直接に台湾大衆の生活向上に結

表61　労働力と就業人口

年	①総人口	労働力						潜在労働力	
		② 計	②÷①	③就業人口	③÷①	④失業人口	④÷②	⑤ 計	⑤÷③
1905	3,120 千人			1,450 千人	46.5 %				
1920	3,760			1,680	44.7				
1930	4,680			1,820	38.9				
1940	6,080			2,316	38.1				
1947	6,920			2,646	38.1				
1952	8,128			2,824	36.1				
1960	10,792			3,345	31.0				
1961	11,149			3,422	30.7				
1962	11,512			3,499	30.4				
1963	11,809	3,807 千人	32.2 %	3,607	30.5	200 千人	5.2 %	2,191 千人	60.7 %
1964	12,047	3,782	30.8	3,617	30.0	165	4.3	2,191	60.5
1965	12,386	3,760	30.3	3,633	29.2	127	3.5	2,364	65.0
1966	12,773	3,764	29.4	3,647	28.5	117	3.2	2,564	70.3
1967	13,131	4,067	30.9	3,973	30.0	94	2.6	2,567	64.6
1968	13,442	4,232	30.8	4,159	30.7	72	1.7	2,805	61.4
1969	13,883	4,517	32.3	4,434	31.8	85	1.9	2,645	60.8
1970	14,467	4,625	31.2	4,546	30.4	79	1.7	2,744	60.3
1971	14,807	4,820	32.5	4,739	32.0	80	1.7	2,918	61.5
1972	15,109	4,947	32.0	4,873	31.8	74	1.5	2,975	60.9

（資料）「日本台湾総督府統計書」「中華民国台湾地区労働力調査報告」

びつかないところに植民地統治の必然の帰趨があったのである。

たとえば、一九六〇、七〇年代における台湾の雇用状態、および台湾人大衆の生計の実態をみれば、すぐわかることである。

まず、雇用問題であるが、これは、今日にいたるも、蔣派国府の宣伝に反して、ちっとも好転していない。それどころか、実情はかえって悪化さえしている。前述どおり農村には潜在失業者、したがって表面に現われない失業者や半失業者が溢れ、都市は都市で、定職なき貧民が相変らず下層にはいつくばい、知識青年の大多数のものもまた学校はでたけれども、働くに職なく、臨時に小中学生の進学補修にたずさわってはその日ぐらしの半失業状態に甘じ、せいぜい一年契約の小中学校の教師になるのがいい方であった。

表61のごとく、総人口に対する就業人口の比率が、いつまでたっても三〇%代に降ったままで止まり、〝飛躍的〟経済成長に相応するだけの就職機会が廻ってこない。台湾産業界は、年々、社会に送りだされる労働人口の増加を吸収しきれず、年毎に職にあぶれる失業者や半失業者が増えるばかりである。ところが、官方数字をみれば、それとは逆に失業率が年々低下して、いかにも台湾は失業率に関するかぎり、先進国なみの体裁をしているが、これこそ数字による胡魔化しのからくりなることを知るべきであろう。つまり、失業人口と潜在労働人口の区別が曖昧なのをいいことにして、官方統計では、過大の失業者数を〝潜在労働力〟（未就業人口）の項目に入れることによって胡魔化しただけのことである。しかし、その潜在労働力が就業人口の六〇%にもなっているところから、胡魔化した矢先から馬脚が現われたのである。ちなみに世界における主要国の失業率は表62のとおりである。

ここで見落せないことは、就職機会が少なく競争の激しいなかで、中国人子弟の就職(外国留学も同じ)だけが優先的に保証される仕組みになっていて、彼らは権力に近い地位を占めることができ、かつまた良い生活を享受できることである。たとえば、街頭や職場で見掛ける人々のうち、顔色よく福々しく肥えているのは中国人とその走狗台湾人、痩せて青白い者は決って台湾人、という笑えない譬え話が現に台湾でいわれている程である。

そのほか、軍隊の中には五、六十万の台湾人青年が一定年限の就役を終われば、産業予備軍として社会にほおりだされることをも想起すべきであろう。

次に、台湾人大衆の生活の実態はいかなるものであろうか。ここでまた台湾農民の生活を規準にして考えることが妥当だとおもう。農業生産の地位が低下したとはいえ、農業人口がいまだ総人口の四〇％を占めているうえに、農民がもっともひどい搾取をうけているからである。

表62　主要国の失業率（%）

	1960年	1965年	1970年	1972年
アメリカ	5.5	4.5	4.9	5.4
イタリア	4.2	3.6	3.1	3.7
イギリス	1.6	1.5	2.7	4.0
日　本	1.1	0.8	1.2	1.5
西ドイツ	1.2	0.6	0.7	0.7

（資料）「国連統計年鑑1970」「国連統計月報1973年１月」

まず、台湾農村の一般状況として、次のことを予め知る必要がある。㈠一九七一年現在で耕地面積九〇・二万ヘクタール（そのうち水田五二・五万ヘクタール、旱田三七・七万ヘクタール）、㈡二期作水田三三・四万ヘクタール（第一期作一五・五万ヘクタール、第二期作一七・九万ヘクタール）、㈢農家人口が総人口に占める比率三九・七％（五九五万八千八一九人）、㈣農家戸数が総人口に占める比率三二・五％（八七万九千戸）、㈤農家一戸当り平均構成員六・七人、㈥農家一戸当り平均耕地面積一・〇三ヘクタール（一ヘクタール以下の農家戸数が全農家戸数の六五％を占める）。

上記の台湾農村の一般状況と関連させながら、北部台湾の米産地帯である桃園県大園附近の農家一戸当りの農業生

表63　9等則水田1ヘクタールの農業生産における収支概況

〔収入〕	
(1)　一期収穫　籾6,000斤	
(2)　二期収穫　籾4,000斤	
計　10,000斤×2.5元＝25,000元	
〔支出〕	
(1)　肥料二期分代金	4,500元
(2)　耕耘機等経費二期分	3,000元
(3)　田植人夫雇二期延べ20人（1人工賃100元，食事等50元）	3,000元
(4)　除草人夫雇二期延べ10人（　〃　）	1,500元
(5)　収穫人夫雇二期延べ20人（1人工賃120元，食事等50元）	3,400元
(6)　租税・水利税二期分	1,900元
(7)　器具破損，雑費等	1,000元
計	18,300元
〔差引〕	6,700元

産収支を概算してみれば、表63のとおりである。台湾の耕地は一―十二等則に分れ、等則の少ないほど良田だとされている。大園附近はだいたい八―十等則に属し、北部台湾の平均的水田といえる。

つまり、大園地区の台湾農民が、一年のあいだ艱難辛苦して働いた結果、手もとに残った益金が農家一戸につき、たったの六千七百元（一六二・五ドル）にしかならないということである。これを一戸平均人口六・七人の頭数で割れば、一人に付き一千元（二五ドル）になる。しかるに蔣派国府は、一九七一年の一人当り国民所得を一万三千八百元（三四五ドル）と発表した。ということは、米作農民一人当りの農業所得は、官方数字における一人当り国民所得の十四分の一にしかならない。植民地に対する搾取とはこんなに苛酷なものだということ、蔣派国府の低米価政策がかくも悲惨な生活を台湾農民に強いていることを、この事実が雄弁に実証しているわけである。

このままでは、台湾農民はとても生きていかれないので、彼らは少しの農閑期を利用しては、甘蔗を栽培し、野菜を植え、養豚・養鶏などを副業として必死に働いた。あるいは借金に頼った。それでもまだ生計が苦しいから、都市に出ては工場の日雇い人夫として働き、現金収入の途を求めた。かくして兼業の出稼ぎで得た現金収入（非農業収入）

が、農家の年間総収入の四〇％にもなり、それでようやく糊口の足しにしてきた。

しかも、このように話にならないほどの低収入のなかから、農民たちは、蔣派国府が何かと口実を設けては取りたてる、国防臨時特別税だの、水害復興建設税だの、その他の雑多な附加税を納入させられ、かつまた貪官汚吏たちに饗応しなければならなかった。

そして、こんなに血みどろになって働いても、運悪く不慮の災害（台風や水害など）とか、病気にもかかれば、まず借金に頼り、それでもどうしようもない時は、ついに子女まで売って急場をしのぐ以外に手がなかったのである。近来、蔣派国府が台湾の〃観光〃を売りものにし、外人観光客もまた、北投温泉で旅の恥はかきすてとばかり、一夜の乱痴気さわぎを催すのを常とするが、そこで接する伎女の台湾女性が、貧しいゆえに売られてきた農村子女であることを知るべきであろう。

それでも農民といえば、曲りなりにも土地という生産手段を有し、あばらやでも住家を持っているだけ、まだいい方だといえよう。そのまだいい方の農民が、このように赤貧洗うがごとき状態におかされているのだから、その他、身に何も帯びない都市労働者や都市貧民の貧困さは、推して知るべしである。

一九七一年現在で、定職を持つ工場労働者の日給が平均八十元、高雄加工区はいい方で男工日給百元、女工は四十―六十元であった（表64参照）。彼らはこの低収入でもって、家賃を支払い、工場に通う交通費を支出し、そして一家（都市人口は一戸平均五人）の衣食を賄うのだから、農民より苦しいことがあっても、決して楽なことはなかった。まして定職のない貧民階層になると、更に一段とどん底に沈淪するしかなかった。

大学卒業の月給が千二百―千五百元、高中卒で一千元、そして、大学教授が三千―五千元である。

表64　主要国の工場労働者の一時間当り賃金　（1971年）

	ドル
アメリカ	3.57
西ドイツ	2.06
イギリス	1.88
日　本	1.40
イタリア	1.19
フランス	1.01
台　湾	0.20

（資料）「日本政府労働省；労働統計要覧1973」

昨今では、中東戦争につづくアラブ石油の削減で、世界を挙げて経済恐慌に直面しつつあるが、台湾もその圏外である筈がなく、蔣派国府はいち早く主要工業生産の三割減を宣言した。それでもって日常必需品がたちどころに欠乏をきたし、物価がふたたび急騰をみせた。いままで反落をみせていた米の市場価格までが、みるみるまに一斤五元から十五元に急騰して、ひさかたぶりの異常を示した。かくして、台湾人大衆はいま一度、大経済変動による大収奪に直面させられているが、今後の台湾経済の行方もまた、蔣派国府の将来を卜なうものとして、見物であるに違いない。

9　台湾における民族的矛盾と階級的矛盾

すべて植民地社会において、構造的に避けられない特徴として、

(1)　政治が経済を支配する

(2)　外来の政治的統治者が必然的に経済的搾取者を兼ね、したがって、民族的矛盾と階級的矛盾が重なりあう

(3)　階級闘争は民族闘争を通じて顕現化し、民族闘争は階級闘争を基底とする

という三点がある。もちろん、台湾・台湾人もまた、その例外であろう筈がない。

もともと、中国本土とは隔絶した別個の地理的・社会的環境のもとで、過去四百年のあいだ、独自の移民・開拓、および近代化・資本主義化の歴史的歩みが重ねられてきたのであるから、その結果、台湾に、社会的にも心理的（意識的）にも中国・中国人とは次元を異にする、〃台湾社会と台湾人〃（台湾民族）の生成をみたのである。

もう少し詳しく説明を加えれば、台湾社会と台湾人（漢人系台湾人と原住民系台湾人）は、呱々の声をあげたその日から今日にいたるまで、一貫して外来支配者の植民地統治を受けて、生成してきたのであるが、それは、オランダ人・日本人の異民族の植民地統治を受けたのみならず、鄭氏・清国および蔣派中国人のような同一種族の漢人からの植民地統治をも受けてきた。

特に、清国統治時代においては、移民・開拓のために台湾にやってきて定住した開拓農民（台湾社会の主成分、今日の台湾人の源流）と、台湾統治の目的で入れかわり立ちかわりやってきた清国勢力との間に、〃植民地的統治〃が介在し、その故をもって、同じ漢人でありながら、両者の間に植民地的被支配と支配に基づく矛盾対立が発生した。そして、この植民地的矛盾対立の溝が深まれば深まるほど、それが外的圧力となって、開拓者側の内的結合（共感的結合、意識的結合）が促進され、〃中国〃に対立する〃台湾〃の社会形成が進んでいったのである。

次いで日本統治時代に入ると、日本政府の打算からでた台湾・台湾人に対する近代化・資本主義化の強行が、結果的には中国と異る台湾の社会的実在を明確化し、強固にする役割を演じてきた。

かくして中国とは違う台湾・台湾人が、社会的・心理的に一応生成したところへ、第二次大戦終結・日本敗退という外的変革がおこり、蔣派中国人という同じ漢人が、再び台湾に登場することになったのである。

ところで、新来の蔣派中国人もまた、〃台湾・台湾人は中国とは別個なるものだ〃、という考え方を牢固に持っていて、当初から中国本土とは違う〃植民地統治〃をもって台湾に君臨した。かつまた、かかる植民地的統治を土台にして、台湾経済のすみずみまで手中に収め、支配していった。したがって、蔣派中国人がやってきた後も、日本統治時代とは本質的に変らない植民地統治・搾取体制が、旧態依然と存在しつづけたのである。

(1)　外来征服者の蔣派中国人＝政治的統治者＝経済的搾取者

(2)　土着被征服者の台湾人＝政治的被統治者＝経済的被搾取者

そして、このような植民地統治・搾取の基本構造が土台となって、民族的矛盾と階級的矛盾が重なりあい、台湾の階級構成が築かれていったわけである。

(a)　**統治階級＝搾取階級＝外来蔣派中国人**

それは外来の蔣父子を頂点とする特務・党・政・軍・官僚・警察の政策決定者および上級執行幹部、蔣派国府の委員・代表・資政・顧問、国有官営の大企業・大工場・大商店・大貿易公司・大財団の高級幹部、教育・文化機関の高級幹部、大資本家・大地主などからなる外来中国人の一大統治・搾取集団である。彼らと眷族を計算に入れた数は、わずか総人口の一―一・五％(十五―二十万人)にしかすぎない最少数者ではあるが、これに反して、最大の権力と財力を握り、政治・経済・文化・社会各般の中枢かつ核心を占拠してきた。彼らはもとは中国封建軍閥の残滓であるが、今では世界資本主義および米・日帝国主義の走狗買弁をも兼ねるようになった。彼らはまた米・日・中それぞれの委託をうけて、台湾が別人の手に落ちるのを防ぎ、かつまた台湾独立運動が成功するのを阻止するための番犬でもある。以上のごとく彼ら蔣派統治搾取階級こそ台湾人の最大の敵であり、それを打倒しなければ、台湾の植民地解放がありえないわけである。しかし、彼ら内部同士の利害は錯綜し派閥もまた複雑である。したがって、台湾人大衆が蹶起する他に、各派の軋轢が表面化して内部崩壊にもなりかねない。または、どさくさまぎれに中共に乗っとられかねないのである。それを予知してか、彼らのほとんどが、すでに財産と子女をアメリカや中南米に移している。

(b)　**台湾人買弁資産階級＝統治搾取階級＝上層特権台湾人**

外来の蔣派中国人は、台湾に対する統治・搾取をより有効かつ徹底にするために、台湾人のなかから社会のボス的存在のもの、あるいは経済に詳しく財力のあるものを選びだして手先に使い、一群の政治買弁・経済買弁、もしくは文化買弁を造りだした。そのうち、経済買弁が多数を占め、政治買弁は比較的に少数で、党・政・官僚の台湾人上・中級幹部、台湾人の委員・代表、国有官営の大企業・大工場・大商店・大貿易公司・大財団・合作社・同業会の台湾人幹部、各種文化団体の台湾人幹部、新興の民間大資本家、大地主などがこの部類に属した。彼らは台湾人でありながら、外来の蔣派統治搾取階級の側に立ち、その手先となって主人のために台湾人大衆を圧迫し吸血するとともに、自分たちもまたその分け前にあづかって、不当に肥ってきた手合である。彼らは家族をも入れてこれまた総人口の一％にしかならないが、台湾人社会の上層特権にのしあがり、台湾人買弁資産階級を形成した。しかし、彼らは裏切者として台湾人大衆に〝半山〟〝靠山〟と呼ばれて憎まれ、外来の蔣派統治搾取階級と同じく台湾解放の最大の敵である。彼らもまた財産と子女をアメリカ・中南米や日本に移しつつある。

(c)　**民族資本家階級＝搾取階級＝上層特権台湾人**

戦前の日本統治時代には、いくらかの御用資産家・大地主・高級技術者が温存されていたが、彼らは、戦後の台湾の資本主義発展にともなって経済的に発展し、新興の民族資本家階級として出現した。彼らもまた総人口の一％にしかすぎないが、主として地方に地盤を持つ中級資本・中級企業・中級工場・中級商店の持ち主とその幹部、中・小地主で、保身のため以外には政治にかかわることを好まず、蔣派中国人およびその走狗の台湾人買弁階級に圧迫され搾取をうけている。その半面では、自分たちも台湾人の農民や労働者を大いに搾取して、地方の財閥にのしあがった。彼らは蔣派中国人の植民地統治を心よくおもわず、暗に台湾独立に賛成もするが、革命には反対し、財産と子女を日本に分散しつつある。

(d)　**労働階級＝被統治被搾取階級＝下層台湾人大衆**

台湾唯一の富の生産者である労働階級は、ほとんど台湾人である。彼らは無産と半無産あわせて総人口の六〇％(九五〇万―一、〇〇〇万人）の多数を占め、もっぱら肉体労働によって生活する。過去四百年を通じて、彼らは農耕開拓と工業建設によって台湾の発展を実現し、今日の繁栄をもたらした。しかし、彼らは外来支配者とその走狗に政治的に圧迫され、経済的にその財富を搾取・収奪・掠奪されて、自分たちの生活は塗炭の苦しみに終始してきた。彼らこそ台湾社会の存立の基盤であると同時に、社会発展（生産力発展）の推進者であり、かつまた植民地解放（民族的・階級的）の主力軍である。台湾の労働階級は農民・労働者・都市貧民を三本柱とし、附随的には戦後に出現した中国人退役兵卒がいる。

(1)　農民階級――近年になって農業生産の地位が低下したとはいえ、総人口の四〇%を占める台湾農民が、労働階級の主成分であることに変りはない。それは米作農・蔗農・山林労働者・漁民・塩民およびその家族からなり、農業労働によって生活する。彼らの多くは生産手段の土地を有し、住家を持っているゆえに、外見上は小資産階級に属するようであるが、大多数は所有農地が一ヘクタールにも満たない貧農であり、低米価と低賃金によって最もひどく搾取されて生活は苦しく、実質的には半無産の肉体労働者である。台湾農民は強烈な現状打破の特性を持ち、古くから対外反抗の大衆行動の主力となる伝統がある。

(2)　産業労働者階級――台湾資本主義発展にしたがい、産業労働者陣営が強大化するのも必然の理である。それは工場労働者・炭鉱労働者・船員・鉄道従業員・バス従業員・日雇労働者などからなり、総人口の一〇%(百六十万人)を占める。彼らは生まれつきの無産者で、かつ名実ともに被統治・被搾取階級である。それ故に生まれつきの進歩主義者でもあり、反体制の意欲に富む植民地解放の先鋒である。

(3)　都市貧民階級――台湾の都市には昔から、植民地特有の無産の貧民階級が存在してきた。それは露天商人・下級雇員・日雇い人夫・ホテルボーイ・走り使い・侠客・遊び人・乞食・遊民・下女・女給・伎女などのような最下層に落ちこんだ人たちによって構成され、総人口の一〇%を占めると推定できる。彼らは赤貧洗う日々を送りながら、義理人情を重んじ、普段はおとなしく外来者の統治・搾取に甘んじているが、いったん事あらば、大衆行動の火つけ役になる能力と伝統がある。

(4)　中国人下級退役軍人――台湾人ではないが、自分たちの肉体労働にたよって生活するものに、二、三十万人を数える中国人下級退役軍人がある。彼らは元来、中国の故郷で蔣派国民党の人さらいに捉まり、強制的に兵隊にされて台湾につれて来られた中国農民であるが、年取って役にたたなくなったために、ていよく軍隊からほおりだされ、退役軍人という称号を賜ったものの、自力で生きるほかなく、生活は苦しく孤独である。彼らは蔣派国府の権力には縁遠いが、かといって、軍隊時代にたたきこまれた征服者然とした優越感を捨てきれず、台湾人労働者側も粗暴な中国人として敬遠し、そのために台湾人大衆社会に融けこむことができない。彼らは蔣派国民党を怨んでおり、故郷の中国に帰れる日を待ちわびている。

(e)　**小資産階級＝被統治被搾取階級＝上中層台湾人大衆**

台湾人の小資産階級は、層が厚く各分野に進出しており、数も総人口の約三分の一（五百万―五百五十万人）を占める。それは上層・中層・下層に分かれて、それぞれ幾分かの性格上の相異があり、附随的には中国人小資産階級がある。

(1)　上層小資産階級――地方の党・政・軍・警察の中下級職員、民間の中小企業・中小工場・中小商店の持ち主およびその幹部、農村の富裕農民、大学教授・医者・弁護士・高級技術者・会計士・新聞記者・文化工作者などがこれに属する。彼らもまた政治的に圧迫され、経済的に搾取されているが、それとは別に、県市長・議員・郷鎮長・農会幹部に任ぜられて、蔣派統治搾取階級に政治的に利用されることを好しとする一面を持つ。彼らは経済的には自給してなお余剰があり、名利観念が強く、資産階級になりあがることを夢みがちである。植民地的統治搾取には反対するが、革命を恐れる傾向を持つ。

(2)　中層小資産階級――これには地方の党・政・警察・農会の下級職員、小企業・小工場・小売店の持ち主、手工業者、富裕な自作農、小中学校幹部などがある。彼らもまた圧迫され搾取されて、経済的には自立できるが余剰はない。発財思想を持っているが、解放運動にも賛成する。初めは革命を恐れるが、そのうちに参加する可能性がある。

(3) 下層小資産階級――地方の党・政・警察の最下級職員、小企業・小工場・小店の職員、小中学校教員・学生・知識分子・下級文化工作者などからなる。安サラリーマンのうえに、圧迫され搾取されて、その日暮しに終始し、生活苦しく、精神的にも苦悩しどおしの貧乏書生の集団である。知識あり物を見る明もあって、組織力や宣伝力をも兼ねそなえていて、反体制派に属し、独立と革命を望んでいるが、行動力において欠ける嫌いがある。

(4) 中国人上・中層資産階級――蔣派国府は、中央政府とその附属機関や縁故者をそのままそっくり携げて台湾に亡命してきたために、党・政・軍の中国人下級職員、官営企業の中国人下級職員、中国人の御用教授・御用弁護士・医者・技術者・小中学校教員・学生・知識分子・文化工作者などが数多く台湾にやってきた。彼らもまた元来は一介の安サラリーマンで、実質的には被統治・被搾取の小資産階級に属するけれども、その大多数は単に中国人であるということだけで、唯々諾々と植民地統治の体制側に加担した。そして、また、単に中国人であることだけで、すべての点で便宜を得られ、生活水準も社会的地位も台湾人小資産階級よりは高く、就学・就職・海外留学などの機会も一般台湾人より恵まれていて、いいめにあってきた。彼らもまた一定の知識水準を持ち、情理を弁別する頭があるにもかかわらず、〝大中華思想〟を他人に押しつけるのが難点で、甚だしいものは、精神的統治者を自認するにいたった。たとえば、台湾人が中国人であるかどうかは、台湾人自身が決めることなのに、彼らは頭から〝お前は中国人だ、中国人だ〟と高飛車に極めつける点は、蔣派統治搾取階級と同断である。もちろん、彼らもまた口では蔣派独裁の植民地統治を批判もするが、一面ではその植民地統治を好しとして安住する心理を持っている。かかるが故に、彼らには、とうてい台湾人の植民地解放や台湾独立の声が耳に入るわけがなく、いまのところ、右派は〃国台合作〃（蔣派中国人の植民地統治を前提にして、台湾人に合作を呼びかける）を唱え、左派は中共に走って〃中国統一運動〃（台湾を中国の一部として中国復帰を呼びかける）を主張するのが関の山である。

主たる参考文献

日本文化地理大系台湾篇　平凡社
世界の民族（世界文化史大系巻二）　角川書店
台湾地理学記事　台北帝大理学部地質学教室
台湾考古学民族学概観　鹿野忠雄
台湾先史時代概説（人類学先史学講座第十巻）　宮本延人
台湾古代文化の謎　石坂図南撰
古代閩越人与台湾土著族（台湾文化論集）　凌純声
台湾土著族的源流与分類（台湾文化論集）　衛恵林
南方民族の宗教と文化　久野芳隆
台湾における体質人類学方面の研究の概説（民族学研究第十八巻、第一—二号）　金関丈夫
台湾蕃人風俗誌　鈴木質
蕃人奇習と伝説　田上忠之
民族学研究（台湾研究特集）
高砂族の物質文化　宮本延人
高砂族の生業　瀬川孝吉
高砂族に関する人類社会学　馬淵東一
高砂族の移動及び分布　馬淵東一
台湾誌（明治三十五年）　伊能嘉矩
台湾文化誌（昭和三年）　伊能嘉矩

主たる参考文献

台湾文化誌説（昭和六年）　伊能嘉矩

台湾研究必読書十部（台湾風土第五十四、五十六期）　楊雲萍

荷蘭与西班牙占拠時期的台湾　曹永和

台湾史概要（民族学研究—台湾研究特集）　中村孝志

蘭人治下の台湾（一九〇三年）　ウイリヤム・キャムペル

台湾島史（明治三十一年・東京）　ルードリッヒ・リース

ゼーランジヤ城・築城史話　村上直次郎

ゼーランジヤ城日記

巴達維亜日記

長崎出島商館日記

上代の台湾（民族学研究、台湾研究特集）　桑田六郎

唐以前の福建及び台湾（東洋学報）　市村瓚次郎

琉球台湾の名称について(東洋学報第十一巻第四号)和田清

太平御覧巻七八〇　東夷伝

三国誌呉志孫権伝

宋史琉求伝

元史瑠求伝

南宋楼鑰・攻媿集（巻八十八汪大猷行状）

南宋趙汝适・諸蕃志（巻上）

元汪大淵・島夷誌略（澎湖、毗舎耶の段）

何喬遠・鏡山全集、および閩書島夷志

台湾三百年の史料（台湾文化史説・昭和六年）　山中樵

鄭氏時代の文化（台湾文化史説・昭和六年）　連雅堂

鄭氏の台湾地図（和田清博士還暦記念論叢）　田中克巳

国姓爺の台湾攻略とオランダ風説書（日本歴史・四八）　森克巳

オランダ人の台湾蕃人教育（天理大学々報、四、一）　中村孝志

台湾経済史研究（昭和十一年）　東嘉生

台湾通史（三巻）　連雅堂

台湾府志（康熙三十三年）　高拱乾修・王璋纂

台湾府志（康熙四十九年）　周元文修・陳璸纂

台湾府志（乾隆六年）　劉良璧纂・修

台湾府志（乾隆十一年）　范咸纂・修

台湾府志（乾隆二十五年）　余文儀修・黄佾纂

澎湖志略（乾隆五年）　胡格重修

台湾移民史略（台湾文化論集）　陳漢光

台湾建省与劉銘伝（台湾化論集）　林熊祥

台湾革命史（台湾文化論集）　黄旺成

台湾水利史（台湾文化論集）　謝東閔

丘逢甲伝（台湾文化論集）　沈雲竜

台湾通志二冊（台湾方誌彙刊巻九）　台湾銀行経理研究室編印

欽定平定台湾紀略六冊（台湾文献叢書）　台湾銀行経理研究室編印

台湾八日記　兪明震

靖海記二巻　施琅

稗海紀遊　郁氷河

平台記略　藍鼎元

台海使槎録　黄叔璥
清朝時代の台湾地方志　山中樵
近衛師団台湾征討史（昭和十年）　松本正純
台湾統治史（明治三十八年）　竹越与三郎
台湾大年表（大正十四年）　台湾経世新報社刊
最新世界年表　三省堂編修所
台湾旧慣制度調査一班　台湾総督府土地調査局
台湾総督府統計書（第一―第四十五）　総督府編
台湾外国貿易年表（明治三十五――昭和十四）　総督府編
台湾銀行四十年誌（昭和十四年）　台湾銀行編
台湾経済年報（昭和十六年版）　台湾経済年報刊行会
台湾事情（大正八年――昭和十八年）　台湾総督府刊
台湾製糖株式会社史
帝国主義下の台湾　矢内原忠雄
殖民政策下の台湾　山川均
日本殖民政策一班　後藤新平
昭和財政史（旧外地財政）　東洋経済新報社
日本資本主義講座第一巻　岩波書店
台湾貨幣問題（明治三十六年）　木村匡求
台湾議会の設立運動　蔡培火編
台湾人は斯く観る（昭和五年）　謝春木
台湾古今談（昭和五年）　劉克明
台湾農民運動（昭和二年）　宮川次郎
台湾省通志稿（巻九）　台湾省文献委員会

主たる参考文献

日本本国民に与う　蔡培火
台湾地方自治制改革案（昭和六年）　楊肇嘉
台湾訪問の記　田川大吉郎
月刊〝台湾青年〟（大正九年七月──　）
台湾の専売事業（昭和五年）　総督府専売局
台湾現勢要覧（大正十三年──昭和十五年）　総督府
南方農業問題　根岸勉治
世界の経済（一九五六年）　日本経済新聞社
世界経済図説（昭和二十九年）　有沢、脇村、美濃部共著
アジア総覧（一九五六年）　時事通信社
中華民国便覧（一九五六年）　時事通信社
終戦後の台湾における金融経済法規並に資料　台湾銀行特殊清算事務所
台湾農業年報（民国四十年──四十四年）台湾省政府農林庁
世界各国における土地制度と若干の農業問題　日本、農政調査会
自由中国之工業（各期）　自由中国之工業発行委員会編印
アジア貿易統計（一九五六年──一九五八年）　アジア経済研究所
台湾土地改革（民国四十三年）　王長霊、張維光
台湾人民革命闘争簡史（一九五五年）　華南人民出版社─李稚甫
台湾二月革命記（一九五一年）　泥土社、王思翔
台湾青年（一九六一年、二・二八特集号）
台湾省、台湾銀行季刊（各期）

台湾省、糧食局統計
台湾省財政経済月刊
台湾島内の新聞——中央日報、新生報、公論報、徴信新聞
香港新聞
中立案——星島日報、工商報、新聞天地（週刊）
国民党系——中央日報香港版、自由中国（週報）
中共系——大公報、文滙報、人民日報香港版、祖国（週報）

著者略歴

一九一八年　台北市士林生まれ、本名施朝暉、台北市建成小学校卒業、台北州立第一中学校四年修了。
一九四二年　日本早稲田大学政治経済学部政治課卒業、直ちに中国大陸に渡り、中国共産党の抗日戦に参加。
一九四九年　中国共産党のスターリニズムに失望、、万難を排して封鎖線を突破し、五月台湾に帰る。
一九五〇年　二二八事件の生存者三十数名を糾合し、台北・草山・苗栗・大湖などで、「台湾独立革命武装隊」の地下組織を編成、蒋介石暗殺を計する。
一九五一年　中国国民党特務に三十数挺の小槍を発見され、逮捕令下る。
一九五二年　基隆港でバナナ運搬工に化け、日本に密航、神戸で日本官憲に逮捕されるも、政治犯として日本在留を許可される。
一九六二年　日本版「台湾人四百年史」出版、ペン・ネーム史明。
一九六七年　「独立台湾会」を創立、台湾島内地下活動に従事、月刊「独立台湾」を出す。
一九八〇年　漢文版「台湾人四百年史」発行。
一九八六年　英文版 Taiwan's 400 year History 発行。
一九九三年　六月日本から密航して台湾に帰還、九月中華民国政府特務に逮捕される。
一九九四年　帰台後、「台湾独立宣伝車隊」を編成し、高雄・台北・新竹・嘉義・台中・台東等各都市で、台湾大衆啓蒙運動に従事して今日に至る。

一九九六年　漢文版「台湾人四百年史」増補版出版。

二〇〇〇年　「史明教育基金会」を設け、一般大衆の政治水準向上を計る。

史明　池袋　新珍味

台灣人四百年史

定價：1500 元

1994 年(民 83)3 月 20 日日本新裝版第 1 刷

2005 年(民 94)5 月台灣再版第 1 刷

本出版社經行政院新聞局核准登記

登記證字號:局版臺業字 1292 號

著　　者：史　明

發 行 人：黃成業

發 行 所：鴻儒堂出版社

地　　址：台北市中正區 100 開封街一段 19 號二樓

電　　話：(02)2311-3810・(02)2311-3823

電話傳真機：(02)23612334

郵政劃撥：01553001

E —mail：hjt903@ms25.hinet.net

法律顧問:蕭雄淋律師

台灣人四百年史 漢文版（三大冊）

定價5000元

作者：史明

發行所：史明教育基金會

地址：台北縣新莊市中平路110巷17號3樓

電話：(02)8992・7683

傳真：(02)8993・1053

郵政劃撥：18931412

戶名：施朝暉

漫畫台灣人四百年史

定價２００元

作　者：史明
發行所：史明教育基金會
地　址：台北縣新莊市中平路１１０巷１７號３樓
電　話：(０２)８９９２・７６８３
傳　真：(０２)８９９３・１０５３
郵政劃撥：１８９３１４１２
戶　名：施朝暉